비 부 명 리
자연의 실상
(新)사주 명리

비부명리 자연의 실상 (新)사주 명리

초판 1쇄 발행 2022년 8월 22일

지은이 김대현
펴낸이 장길수
펴낸곳 지식과감성#
출판등록 제2012-000081호

교정 이혜지
디자인 이은지
편집 정한나
검수 양수진
마케팅 고은빛, 정연우

주소 서울시 금천구 벚꽃로298 대륭포스트타워6차 1212호
전화 070-4651-3730~4
팩스 070-4325-7006
이메일 ksbookup@naver.com
홈페이지 www.knsbookup.com

ISBN 979-11-392-0607-4(93180)
값 45,000원

- 이 책의 판권은 지은이에게 있습니다.
- 이 책 내용의 전부 또는 일부를 재사용하려면 반드시 지은이의 서면 동의를 받아야 합니다.
- 잘못된 책은 구입하신 곳에서 바꾸어 드립니다.

지식과감성#
홈페이지 바로가기

비부 명리

자연의 실상
(新)사주 명리

김대현 지음

天地無日月 空殼 日月 無知人 虛影

천지(天地)는 일월(日月)이 없으면 빈껍데기요
일월(日月)은 알아주는 사람이 없으면
헛된 그림자이다.

들어가는 인사말

벗님들께 인사드립니다.

명리(命理)를 탐구(探究)하시는 벗님들! 진심으로 반갑습니다.

필자는 역인이 되기 전 기독교인으로 목회신학을 공부하던 중 진리 탐구에 대한 끝없는 목마름으로 산사(山寺)에서 공부도 해 봤지만, 그럼에도 채워지지 않는 목마름으로 수많은 종교 진리를 탐구(探究)하다가, 자연의 실상만큼 큰 공부가 없으며 진정한 스승은 자연이라는 것을 깨닫고 자연과 사주를 이해할 수 있게 되었습니다.

많은 사람들이 사주 명리를 공부하고자 하지만 끝을 보는 사람은 많지 않습니다. 그 이유는 기초를 튼튼히 다지는 공부를 하지 않고 통변술을 공부하다가 이현령 비현령이라는 생각 때문에 명리 공부의 끝을 보지 못하는 것입니다.

그러므로 사상누각(砂上樓閣)이 되지 않기 위해서는 기초명리 공부를 확실히 하지 않으면 좌절하기 쉽고 사주명리에 대한 깨달음을 얻지 못합니다. 거듭 강조하는 바이니 기초명리 공부를 확실히 하시는 벗님이시기 바랍니다.

필자가 자연에 통달한 각자(覺者)가 아니므로 부족한 부분이 많지만, 필자가 아는 한도 내로 밝혀 보겠습니다. 일반론에서 제일 문제가 되는 체(體)와 용(用)의 관계를 알아야 사주 명리에 한 걸음 다가설 수 있습니다. 필자의 경험을 말씀 드린다면, 성인의 말씀을 통해서 깨달음을 얻고 체용(體用)의 관계를 알고 난 후에야 명리 공부에 한 걸음 다가설 수 있었습니다.

"비부명리(祕府命理)"의 '비부(祕府)'는 남이 알아서는 안 되는 소중한 물건을 넣어 두는 창고를 '비고(祕庫)' 또는 '비부(祕府)'라고 합니다. '명리(命理)'란, 자연의 법칙을 뜻하며 또는 법칙성 안의 하늘에서 주어진 '생명의 이치'를 명리(命理)라고 합니다.

대부분의 사람은 사주명리가 인간의 길흉화복(吉凶禍福)을 보는 점술로 알고 있으나, 형이상(形而上)의 큰 틀로 본다면 '자연의 이치를 공부할 수 있는 해탈서(解脫書)'이며 음양론(陰陽論)이라고 할 수 있습니다.

사주명리의 음양론(陰陽論)은 자연의 이치가 담겨져 있는 천문 25글자인 '십천간(十天干), 십이지지(十二地支), 천지인(天地人)'을 통해서 자연의 이치를 사주에 대입하여 풀어 가는 지침서이며, 자신을 제일 잘 이해할 수 있는 지혜서라고 할 수 있을 것입니다.

비부명리의 '(新)사주 명리' 책은 자연의 실상을 더 많이 이해할 수 있을 것입니다. 현업에 종사하시는 역인께서 책을 본다 해도 새로운 이론을 접할 수 있는 내용으로 구성되었습니다.

天地無日月 空殼 日月 無知人虛影
천지(天地)는 일월(日月)이 없으면 빈껍데기요 일월(日月)은 알아주는 사람이 없으면 헛된 그림자이다.

事之當旺 在於天地 不必在人 然無人 無天地故 天地 生人用人 以人生 不參於天地用人之時 何可曰人生乎
무릇 일의 흥왕(興旺) 함이 천지(天地)에 있는 것이므로 사람에게 있는 것은 아니지만, 사람이 없다면 천지(天地) 또한 없는 것이므로 천지(天地)가 사람을 내고 사람을 쓰는 것이니, 인생으로 태어나서 천지(天地)가 사람을 골라 쓰는 이때 자연의 이치를 깨닫지 못한다면 어찌 인생이라 할 수 있으랴!

광대(廣大)한 것을 알고자 하면 천지(天地)를 볼 것이요.

변통(變通)을 알고자 하면 사시(四時)를 볼 것이며,
음양(陰陽)의 이치(理致)를 알고자 하면 일월(日月)을 볼 것이오.
공덕(功德)의 사업을 알고자 하면 성인을 볼 일이니라.
만물이 생겨나서 무궁(無窮)하게 이어짐은 천지(天地)의 대업(大業)이요
운행(運行)하면서 쉬지 아니함은 천지의 대덕(大德)이니라.

윗글 성인의 말씀을 음미한다면 명리(命理)의 체용(體用) 관계를 이해할 수 있을 것입니다. 한 깨달음 있으시기를 기원합니다.^^

-대현(旲炫) 배상(拜上)-

목차

들어가는 인사말	4
명리학(命理學)의 역사	12
정확한 사주 정립	14
년월일시의 사주 정립	21
지구의 공전과 자전	28
야자시와 조자시	33
동지(冬至)는 세년의 출발점이다	40
해외출생자 문제	44
대운 배열법	48
음양오행(陰陽五行)	53
천간지지(天干地支)	56
오행(五行)의 상생상극(相生相剋)	58
합(合) 형충파해(刑沖破害)	61
갑목(甲木)의 성분	71
을목(乙木)의 성분	73
병화(丙火)의 성분	75
정화(丁火)의 성분	77
무토(戊土)의 성분	79
기토(己土)의 성분	81

경금(庚金)의 성분	83
신금(辛金)의 성분	85
임수(壬水)의 성분	87
계수(癸水)의 성분	89
합천간(合天干)의 성격	91
입태월(入胎月)	99
지장간(支藏干)	104
십이운성(十二運星)	106
운성(運星)에 따른 성격	111
육친(肉親) 표출법	120
생극제화(生剋制化)	124
암합(暗合) 명합(明合) 명암합(明暗合)	132
통근력(通根力)의 변화	138
허자론(虛字論)	147
공협(拱挾)	151
도충(倒沖)	153
전실(塡實)과 오운(五運)	155
기반(羈絆)	159
충(沖)에 대해서	161
사지동주(死地同柱)	165

목욕동주(沐浴同柱)	170
묘고동주(墓庫同柱)	174
천간합(天干合) 분석	179
합(合)의 성패(成敗)	186
내격(內格)의 취용법	191
격국론(格局論)	193
잡기격(雜氣格)	198
억부용신(抑扶用神)	202
조후용신(調候用神)	206
통관용신(通關用神)	209
병약용신(病藥用神)	213
건록격(建祿格)	216
양인격(羊刃格)	222
식신격(食神格)	229
상관격(傷官格)	237
정재격(正財格)	251
편재격(偏財格)	257
정관격(正官格)	267
편관격(偏官格)	275
정인격(正印格)	291

편인격(偏印格)	297
월주(月柱)는 사주의 환경이다	306
대세운 적용하는 법	315
세년 운세해법(運勢解法)	324
운세 길흉해법(吉凶解法)	330
명식의 화기(火氣)가 용신일 때	340
간지에 따라 길흉이 다르다	347
甲木日干의 월별 용신	353
乙木日干의 월별 용신	368
丙火日干의 월별 용신	388
丁火日干의 월별 용신	406
戊土日干의 월별 용신	426
己土日干의 월별 용신	446
庚金日干의 월별 용신	467
辛金日干의 월별 용신	486
壬水日干의 월별 용신	507
癸水日干의 월별 용신	529
맺음말	551

명리학(命理學)의 역사

【글의 편의성을 위해서 모든 글은 낮춤말로 진행한다는 것을 미리 말씀 드립니다. 벗님들의 큰 이해 있으시기 바랍니다.^^】

사주학은 출생한 년월일시의 여덟 글자의 간지(干支)에 나타난 음양오행(陰陽五行)의 배합을 보고 그 사람의 부귀(富貴), 빈천(貧賤), 부모(父母), 형제(兄弟), 처자(妻子), 질병(疾病), 직업(職業), 결혼(結婚), 성패(成敗), 길흉(吉凶) 등의 제반 사항을 판단하는 학문이다.

고대 중국에는 주역(周易)에 의한 음양학설(陰陽學說)이 먼저 존재했었고, 춘추전국 시대에는 메소포타미아 문명의 영향을 받아 태양계의 오행성(五行星)으로 운명을 판단하는 오행학설(五行學說)이 유포되기 시작했다.

중국에서 년월일시의 간지(干支)로 시간을 기록한 것은 동한 순제(서기 126년) 이후의 일이었고, 그 이전에는 세성(歲星)으로 연주(年柱)를 기록하지 않았기 때문이다.

전설 시대 은(殷)나라 이전에 하도낙서(河圖洛書) 주역(周易)의 초기 저작이 이루어졌으며 주(周)나라 초기에 주역(周易)의 괘사(卦辭) 효사(爻辭)가 저술되었다.

주(周)나라 중기 말기(춘추전국시대)에 음양오행론(陰陽五行論)이 본격적으로 발아되었으며 이 시기에 황제내경(黃帝內經)이 저술되었다. 그 후 당(唐)나라 이허중(李虛中)이 연주를 납음(納音) 위주로 생극제화(生剋制化)에 의하여 간명하였다.

그 후 송(宋)나라 시대에 서자평(徐子平) 선생께서 일간(日干) 위주의 간명법을 정하여 명리학의 최대 전환점이 이루어지기 시작했다. 이후 자평(子平)의 학문을 계승한 서대승(徐大升) 선생이 자평법(子平法)을 완성하여 연해(淵海)를 저술하였으며 이 책이 나중에 연해자평(淵海子平)으로 발전하였다.

원(元)나라 경도(京圖) 선생이 적천수(適天髓) 원문을 지었다.
명(明)나라 주원장을 도와 유백온(劉伯溫) 선생이 적천수(適天髓)에 주석을 달았다.
장남(張楠) 선생이 명리정종(命理正宗)을 저술하였다.
만육오(萬育吾) 선생은 삼명통회(三命通會)를 저술하였다.
청(淸) 초기 난강망(欄江網)(작가 미상)을 기초로 하여 궁통보감(窮通寶鑑)이 저술되었다.
진소암(陳素菴) 선생은 적천수집요(適天髓輯要)와 명리약언(命理約言)을 저술하였다.
청(淸) 중기 말기, 심효첨(沈孝瞻) 선생이 자평진전(子平眞詮)을 저술하였다.
임철초(任鐵樵) 선생이 적천수천미(適天髓闡微)를 저술하였다.
서락오(徐樂吾) 선생이 적천수징의(適天髓徵義), 궁통보감평주(窮通寶鑑評註), 자평진전평주(子平眞詮評註), 자평수언(子平粹言) 등을 저술하였다.
중화민국 원수산(袁樹珊) 선생은 명리탐원(命理探原)을 저술하였다.
위천리(韋千里) 선생은 명학강의(命學講義), 팔자제요(八字提要)를 저술하였다.
오준민(吳俊民) 선생은 명리신론(命理新論), 화제관주(花堤館主)의 명학신의(命學新義)를 저술하였다.
하건충(何建忠) 선생은 팔자심리학(八字心理學)을 저술하였다.
일본의 아부태산(阿部泰山) 선생은 사주추명학 전집과 고목승(高木乘) 선생의 사주추명학(四柱推命學) 등이 있다.
한국에서는 자강(自彊) 이석영(李錫暎) 선생의 사주첩경(四柱捷徑)과 도계(陶溪) 박재완(朴在玩) 선생의 명리요강(命理要綱) 등이 있다.

-사주 명리의 장을 열어 주신 선배님들께, 대현 배상(拜上)-

정확한 사주 정립

인간의 생활은 자연환경과 대단히 밀접한 관계가 있으며, 더 나아가 성공과 발복 건강에까지 깊은 관련이 있으므로 고대로부터 천문역(天文易)에 깊은 관심을 두고 자연환경의 변화를 찾기 위해 노력해 왔으며, 그 결과 인간과 밀접한 자연의 주기를 이용해서 태양력(太陽曆), 태음력(太陰曆), 절기력(節氣曆) 등을 세분하여 만들기에 이르렀다.

태양력(太陽曆)은 지구가 태양을 1회전 하는 지구의 공전주기를 기준으로 하였으며, 태음력(太陰曆)은 달이 지구를 1회전 하는 달의 공전주기(公轉週期)에 바탕을 두고 있다. 그리고 음력(陰曆)에 양력(陽曆) 성분을 포함해서 만든 것이 절기력(節氣曆)으로, 천구상(天球上)에서 태양의 위치를 기준으로 한다.

태양력(太陽曆)

양력(陽曆)은 태양의 운행에 맞춘 역법으로 계절의 변화와 밀접한 관계가 있어서 정확하지만, 태양년과는 시간의 차이가 발생하므로 윤일(閏日)을 넣어 이것을 조정하고 있다.

BC 46년 1월 1일부터 널리 사용되었던 율리우스력의 태양년과의 오차를 없애기 위해서 3년마다 윤일(閏日)을 넣었다. 그러나 BC 8년 아우구스투스 황제 시대에 이르러 1년을 365일로 정하고 윤일(閏日)을 4년마다 1일씩 넣어 1년은 평균 365.25일이 되었다.

실제 태양년의 1년인 365.2422일과 율리우스력으로 1년인 365.25일과의 차(365.25일-365.2422일=0.0078)를 구한다면 약 11분 14초가 된다. 따라서 128년마다 1일의 차이가 나게 되고 세월이 흐를수록 태양년과 많이 달라진다.

이런 단점을 해결하기 위해서 개정되어 나온 것이 현행 그레고리력이 되는데, 새롭게 규약을 만들어 연도가 4로 나누어지는 해를 윤년(閏年)으로 정하였다.

단, 4로 나누어지면서 100으로도 나누어지는 해는 평년 100으로 나누면서 400으로 나누어지는 해는 윤년(閏年)으로 정했다. 따라서 400년 동안 97회의 윤일(閏日)이 있게 되며, 1년의 평균 길이는 365.2425일로 실제 태양년과 0.0003일, 약 26초의 차이가 나게 된다. 다시 말해서 약 3년 323일에 1일의 차이가 있게 된다.

이것은 태양년과 가장 오차가 적은 역(曆)으로 오늘날 거의 모든 나라에서 이용하고 있다. 우리나라는 조선시대 효종 이후 태음 태양력인 시헌력(時憲曆)을 사용하였으나 1896년 1월 1일부터 태양력을 채택하여 오늘날까지 사용하고 있다.

태음력(太陰曆)

음력(陰曆)을 태음력(太陰曆)이라 하며 계절의 변화와 관계없이 달의 삭망(朔望)을 기준으로 한다. 삭망이란 태양, 달, 지구 순서로 일직선이 된 때를 말하며, 매월 초하루이며 합삭(合朔)이라고 한다.

태음력에서 한 달이란, 달이 합삭(合朔)되었다가 지구 주위를 한 바퀴 돌아서 다시 합삭(合朔)이 되기까지의 기간으로 약 29.53059일이다. 따라서 1년 12달을 계산해 보면 29.53059일×12달=354.36708일이 되는데, 실제 태양년에서 1년인 365.2422일보다 약 10.9일이 적다.

이렇게 되면 여러 해가 지나서 달력의 날짜와 실제 계절과 많은 차이가 발생하므로 한여름에도 눈이 오는 겨울과 같아져 혼란이 발생하게 된다.

그러므로 중간에 윤월(閏月)을 넣어서 1년을 13개월로 만드는 방법으로 달력의 날짜와 계절을 맞추게 되었다. 이때의 윤월(閏月)은 24절기의 12 중기에 의해서 결정되며, 큰달과 작은달은 달의 정확한 합삭 기간을 계산하여 나온다. 음력을 기준으로 합삭 기간이 30일이면 큰달이며, 29일이면 작은달이라 칭한다.

절기와 윤달

우리나라의 음력(陰曆)은 달의 변화로 날짜를 계산하고, 태양의 움직임을 나타낸 절기로 계절의 변화를 알 수 있다. 그래서 빼놓을 수 없는 것이 절기(節氣)와 윤월(閏月)이다.

음력에서 달을 결정짓는 것이 24절기이며, 달력의 날짜와 실제 계절이 다른 태음력(太陰曆)인 음력의 문제점을 해결하기 위한 것이 윤달(閏月)이다.

절기	의미	황도	시기
동지(冬至)	태양이 남회귀선 23도 27분에 위치	270°	12월 21일~23일경
소한(小寒)	추위가 시작됨	285°	1월 5일~7일경
대한(大寒)	지독하게 추움	300°	1월 20일~21일경
입춘(立春)	봄이 시작됨	315°	2월 3일~5일경
우수(雨水)	생물을 소생시키는 봄비가 내림	330°	2월 18일~20일경
경칩(驚蟄)	동면한 동물들이 깨어나 꿈틀거림	345°	3월 5일~7일경
춘분(春分)	밤낮의 길이가 같음	0°	3월 20일~22일경
청명(淸明)	맑고 밝은 봄 날씨가 시작됨	15°	4월 4일~6일경
곡우(穀雨)	봄비가 내려 곡식을 기름지게 함	30°	4월 19일~21일경
입하(立夏)	여름이 시작됨	45°	5월 5일~7일경
소만(小滿)	여름 기운이 나기 시작함	60°	5월 20일~22일경
망종(芒種)	모를 심기에 적당함	75°	6월 5일~7일경
하지(夏至)	태양이 북회귀선 23도 27분에 위치	90°	6월 21일~24일경
소서(小暑)	더워지기 시작함	105°	7월 6일~8일경
대서(大暑)	몹시 더움	120°	7월 22일~24일경
입추(立秋)	가을이 시작됨	135°	8월 7일~9일경
처서(處暑)	더위가 식기 시작함	150°	8월 23일~24일경
백로(白露)	가을 기운이 스며들기 시작함	165°	9월 7일~9일경
추분(秋分)	태양이 춘분점 반대에 위치	180°	9월 22일~24일경
한로(寒露)	찬 이슬이 내림	195°	10월 8일~9일경
상강(霜降)	서리가 내림	210°	10월 23일~25일경
입동(立冬)	겨울이 시작됨	225°	11월 7일~8일경
소설(小雪)	눈이 오기 시작함	240°	11월 22일~23일경
대설(大雪)	눈이 많이 내림	255°	12월 6일~8일경

절기(節氣)는 태양의 움직임을 고려한 것으로 태양력(太陽曆, 양력)의 성격을 지니고 있다. 천구상(天球上)에서 태양의 움직임을 황도(黃道)라 하고, 24절기(節氣)는 태양의 황도(黃道) 360도를 15도씩 나누어 생긴 24개의 점을 절기(節氣)로 정했으며, 12절기와 12중기로 되어 있어 절기(節氣)와

중기(中氣)가 번갈아 오게 된다.

특히, 음력(陰曆)에서 12절기는 달의 결정에 중요한 역할을 하는데, 12절기 중 어떤 절기(節氣)가 들었느냐에 따라 달이 정해진다. 가령, 입춘(立春)이 들어 있으면 1월, 경칩(驚蟄)은 2월, 청명(淸明)은 3월이 되는 등이다. 또한 윤달을 결정할 때 중요한 것은 절기(節氣)의 중기(中氣)이다.

24절기가 각각 15일 간격이므로 대개 절기와 중기가 하나씩 들게 되는데 간혹 어떤 달은 절기(節氣)만 있고 중기(中氣)가 없는 달도 있다. 음력(陰曆)에서 이런 달은 윤달로 정하게 되며 전달의 이름을 따서 가령, 4월 다음이면 윤사월이라 하고 5월이면 윤오월이라 한다.

이처럼 중기(中氣)가 없는 무중월(無中月)을 윤월(閏月)로 하는 것을 무중치윤법(無中置閏法)이라 하며, 절기만 있고 중기가 없는 무중월(無中月)이 1년에 두 번 이상 있으면 앞의 달만 윤달(閏月)로 인정하고, 1년이 12달일 때는 무중월(無中月)이라도 윤달(閏月)로 보지 않는다. 그리고 태양력과 태음력의 차이를 없애기 위해 19년 동안 7번의 윤달(閏月)을 넣어 주는 19년 7윤법을 적용한다.

19년 7윤법이란, 태양력 19년(19×365.2422)과 태음력의 235개월 235(19의 228개월+7개월)×29.5636이 약 6.939일로 거의 차이가 없다는 점에 착안하여 19년 동안 음력으로 235개월이 되도록 하는 것이다. 즉, 1년은 12개월이고 19년은 228개월이므로 235개월이 되도록 윤달을 7번 넣어 주는 것이다.

위의 표에서 윤달의 월별 분포사항을 보면 2월이 6번, 3월이 6번, 4월이 8번, 5월이 11번, 6월이 7번, 7월이 5번, 8월이 3번, 9월이 1번, 10월이 1번으로 우리나라에서는 봄과 여름에 윤달이 집중되고 겨울에는 없다는 사실을 알 수 있다.

1903년	윤5월小	1968년	윤7월小
1906년	윤4월大	1971년	윤5월小
1909년	윤2월小	1974년	윤4월小
1911년	윤6월小	1976년	윤8월小
1914년	윤5월小	1979년	윤6월大
1917년	윤2월小	1982년	윤4월小
1919년	윤7월小	1984년	윤10월小
1922년	윤5월小	1987년	윤6월小
1925년	윤4월小	1990년	윤5월小
1928년	윤2월小	1993년	윤3월小
1930년	윤6월小	1995년	윤8월小
1933년	윤5월大	1998년	윤5월小
1936년	윤3월大	2001년	윤4월小
1938년	윤7월大	2004년	윤2월小
1941년	윤6월大	2006년	윤7월小
1944년	윤4월大	2009년	윤5월小
1947년	윤2월小	2012년	윤3월大
1949년	윤7월小	2014년	윤9월小
1952년	윤5월大	2017년	윤5월小
1955년	윤3월大	2020년	윤4월小
1957년	윤8월小	2023년	윤2월小
1960년	윤6월小	2025년	윤6월小
1963년	윤4월小	2028년	윤5월小
1966년	윤3월小	2031년	윤3월小

사주는 절기학이다

　절기(節氣)는 양력(陽曆)으로 구성되어 있다. 따라서 사주팔자의 간지(干支)를 정립할 때는 음력(陰曆)보다는 양력(陽曆)으로 정립하는 것이 정확하다. 무속(巫俗)에 종사하는 사람이나 일부 학인들 사이에 사주간지가 음력(陰曆)으로 산출된 것으로 잘못 아는 사람들이 간혹 있으나, 사주는 양력(陽曆)으로 산출된 것이며 절기력(節氣曆)으로 사주는 정립된다.
　절기(節氣)는 월주환경에 해당하며 인생사 전반에 걸쳐 관여하게 되는데, 절기의 절입시각 이전과 이후로 월주와 대운수가 달라지므로 분(分) 단위까지 정확히 알아야 한다.
　절기(節氣)가 드는 날의 시간을 절입시(節入時)라 한다. 가령, 2014년 5월 5일 22시 59분은 입하절입(立夏節入)이다. 그러므로 2014년 5월 5일 22시 59분 출생이라면 갑오년(甲午年) 기사월(己巳月) 병자일(丙子日) 기해시(己亥時)이며, 남명은 0대운수이고 여명은 10대운수이다.
　그러나 입하절입(立夏節入) 전의 2014년 5월 5일 22시 58분에 출생했다면 1분 차이지만 입하(立夏) 전이므로, 갑오년(甲午年) 무진월(戊辰月) 병자일(丙子日) 기해시(己亥時)가 된다. 1분 차이에 무진월(戊辰月)과 기사월(己巳月)이 바뀌고, 대운수는 남녀 변함이 없다. 이처럼 절입시각을 기준점으로 월주가 형성된다.
　즉, 입하절입(立夏節入) 시간에 따라서 월주가 변하고 망종절입(芒種節入) 전까지 기사월(己巳月)이 된다. 이러한 사실을 모르고서 가령, 2월은 인월(寅月), 3월은 묘월(卯月), 4월은 진월(辰月), 이처럼 막연하게 생각하는 사람도 있으나 절입시각을 전후로 월주가 바뀐다는 사실을 유념해야 할 것이다.

년월일시의 사주 정립

년주 정립

사주란 인간의 운명을 결정하는 년월일시(年月日時)의 4개의 기둥이 있게 되는데, 이것을 근묘화실(根苗花實)이라 하고, 년월일시는 4글자이지만, 사주의 간지(干支)는 두 글자씩이므로 년월일시는 여덟 글자가 되고 이것을 사주팔자라 하는데, 출생한 해의 간지를 연주(年柱) 또는 태세(太歲) 또는 세년(歲年)이라 하며, 연주를 세우는 법은 간단하다.

2012년에 출생했다면 임진년(壬辰年)이 연주가 되며, 2000년에 출생했다면 경진년(庚辰年)이 연주가 된다. 여기서 주의할 점은 사주명리는 절기학(節氣學)이므로 24절기에 의해서 사주간지(四柱干支)가 변한다.

그러므로 세년의 구분 경계선을 음력(陰曆)이나 양력(陽曆) 1월 1일로 하지 않는다. 일부 역인은 입춘(立春) 절입시(節入時)를 연주의 기준점으로 보는 사람도 있으나, 동지(冬至) 절입시(節入時)를 기준점으로 하여 연주가 변한다.

동지(冬至)는 일양시생(一陽始生)의 첫 출발점으로 하지(夏至)까지 하루 1분씩 양기운(陽氣運)이 늘어나고, 음기운(陰氣運)은 1분씩 줄어들게 되는데, 매년 양력(陽曆) 12월 21일~23일 사이에 동지(冬至) 절입시(節入時)가 들어 있다.

적도 이남 23.5도의 동지선(冬至線), 남회귀선(南回歸線)과 황경(黃經) 270도 동지선(冬至線)에 도달한 때로 밤이 제일 길고, 반대로 남반부에서는 낮이 가장 길고 밤이 짧으며 동지 후부터는 밤이 짧아지고 낮이 길어지기 시작한다.

옛사람들은 24절기 중 가장 큰 명절로 동지(冬至)를 즐겼으며 이날을 태양이 죽음으로부터 부활하는 날로 생각하였고 잔치를 벌여 태양신에게 제사를 올렸다.

고대 로마력에서는 12월 25일이 동짓날이었고, 유럽이나 중근동(북아프리카, 서아시아) 지방, 중국 주나라에서는 이 동짓날을 설날로 지내기도 했다.

예를 들면, 2005년 12월 22일 03시 34분부터 병술년(丙戌年)의 군주가 사령(司令)하는 동지(冬至)이다. 그러므로 병술년(丙戌年) 무자월(戊子月) 경진일(庚辰日) 무인시(戊寅時)가 사주팔자가 되고, 남명의 대운은 순행하고 5대운수가 되며, 여명의 대운은 역행하고 남명과 같이 5대운수가 된다.

그러나 2005년 12월 22일 03시 33분 출생했다면, 동지절입(冬至節入) 시간에 1분이 부족하므로 을유년생(乙酉年生)이며, 남명의 대운은 역행하고 여명의 대운은 순행한다.

월주 정립

월주(月柱)는 출생한 달의 간지(干支)를 가리키며 월건(月建)이라 한다. 월주(月柱)는 계절을 상징하며 음양오행(陰陽五行)의 기(氣)를 좌우하는 중요한 자리이다.

월지는 매년 같은 월지를 사용하여 12월은 子月, 1월은 丑月, 2월은 寅月, 3월은 卯月, 4월은 辰月, 5월은 巳月, 6월은 午月, 7월은 未月, 8월 申月, 9월은 酉月, 10월은 戌月, 11월은 亥月, 따라서 월간(月干)을 붙이는 방법을 알면 월주(月柱)를 세울 수 있다.

갑기(甲己) 세년에는 갑자월(甲子月)부터 시작한다.
을경(乙庚) 세년에는 병자월(丙子月)부터 시작한다.
병신(丙辛) 세년에는 무자월(戊子月)부터 시작한다.
정임(丁壬) 세년에는 경자월(庚子月)부터 시작한다.
무계(戊癸) 세년에는 임자월(壬子月)부터 시작한다.

즉, 갑목(甲木)과 기토(己土) 세년은 갑기합토(甲己合土)가 되므로 토기(土氣)를 극(剋)하는 양천간(陽天干) 갑목(甲木)부터 시작하여 갑자월(甲子月), 을축월(乙丑月), 병인월(丙寅月), 정묘월(丁卯月), 무진(戊辰), 기사(己巳), 경오(庚午), 신미(辛未), 임신(壬申), 계유(癸酉), 이처럼 12개월이 진행한다.

을목(乙木)과 경금(庚金) 세년 또한 을경합금(乙庚合金)의 금기(金氣)를 극(剋)하는 병자월(丙子月)부터 시작하여 정축월(丁丑月), 무인월(戊寅月), 기묘월(己卯月), 경진월(庚辰月), 신사월(辛巳月), 임오(壬午), 계미(癸未), 갑신(甲申), 을유(乙酉), 이처럼 12개월을 진행하게 된다.

월간지 조견표							
망종	소서	입추	백로	한로	입동	입하	
庚午	辛未	壬申	癸酉	甲戌	乙亥	己巳	
壬午	癸未	甲申	乙酉	丙戌	丁亥	辛巳	
甲午	乙未	丙申	丁酉	戊戌	己亥	癸巳	
丙午	丁未	戊申	己酉	庚戌	辛亥	乙巳	
戊午	己未	庚申	辛酉	壬戌	癸亥	丁巳	
세년	대설	소한	입춘	경칩	청명	입하	
甲己	甲子	乙丑	丙寅	丁卯	戊辰	己巳	
乙庚	丙子	丁丑	戊寅	己卯	庚辰	辛巳	
丙辛	戊子	己丑	庚寅	辛卯	壬辰	癸巳	
丁壬	庚子	辛丑	壬寅	癸卯	甲辰	乙巳	
戊癸	壬子	癸丑	甲寅	乙卯	丙辰	丁巳	

이때 본월에 출생하고도 전월이 되는 경우가 있다. 가령, 양력 2005년 3월 5일 20시 30분 생이라면, 2005년의 연주인 을유년(乙酉年)은 그대로 쓰고, 3월 5일 생이라 하더라도, 20시 44분이 경칩(驚蟄) 절입시각으로, 30분 생은 경칩(驚蟄) 전이므로 무인월(戊寅月)이 되고, 3월 5일의 일진을 그대로 쓴다.

(아래 명식)
年 月 日 時
乙 戊 戊 壬
酉 寅 子 戌

그러나 20시 45분에 출생했다면, 경칩절입(驚蟄節入) 후가 되므로 아래처럼 기묘월(己卯月)이 되고 일주와 시주는 변하지 않는다.

年 月 日 時
乙 己 戊 壬
酉 卯 子 戌

년주는 동지절입(冬至節入)이 변경선이고, 월주는 절입시각을 기준으로 한다.

대설(大雪)은 子月의 시작, 소한(小寒)은 丑月의 시작.
입춘(立春)은 寅月의 시작, 경칩(驚蟄)은 卯月의 시작.
청명(淸明)은 辰月의 시작, 입하(立夏)는 巳月의 시작.
망종(芒種)은 午月의 시작, 소서(小暑)는 未月의 시작.
입추(立秋)는 申月의 시작, 백로(白露)는 酉月의 시작.
한로(寒露)는 戌月의 시작, 입동(立冬)은 亥月의 시작이다.

일주 정립

일주(日柱)는 태어난 날의 간지(干支)를 가리킨다. 일주는 사주의 주인으로 절기(節氣)와 관계없이 그날의 일진을 그대로 쓴다. 다만 년월과 마찬가지로 일진 또한 하루를 시작하는 시간이 있으며 자시(子時)가 변환점이다.

시주 정립

시주(時柱)는 태어난 생시의 간지(干支)를 가리키며 월지(月支)가 정해져 있듯이 시지(時支) 또한 정해져 있다(동경 135도 청주시 기준이다).

子時는 전일 23시 30분부터 금일 오전 01시 29분까지,
丑時는 오전 01시 30분부터 오전 03시 29분까지,
寅時는 오전 03시 30분부터 오전 05시 29분까지,

卯時는 오전 05시 30분부터 오전 07시 29분까지,
辰時는 오전 07시 30분부터 오전 09시 29분까지,
巳時는 오전 09시 30분부터 오전 11시 29분까지,
午時는 오전 11시 30분부터 오후 13시 29분까지,
未時는 오후 13시 30분부터 오후 15시 29분까지,
申時는 오후 15시 30분부터 오후 17시 29분까지,
酉時는 오후 17시 30분부터 오후 19시 29분까지,
戌時는 오후 19시 30분부터 오후 21시 29분까지,
亥時는 오후 21시 30분부터 오후 23시 29분까지이다.

따라서 시간(時干)이 변하는 법을 이용하면 되는데, 시두법(時頭法) 역시 연천간(年天干)에 따라 월주(月柱)가 변하듯이 일간(日干)에 따라 시천간(時天干)이 변하게 된다.

시두법(時頭法)

시간지 조견표

	子時	丑時	寅時	卯時	辰時	巳時
甲己日	甲子	乙丑	丙寅	丁卯	戊辰	己巳
乙庚日	丙子	丁丑	戊寅	己卯	庚辰	辛巳
丙辛日	戊子	己丑	庚寅	辛卯	壬辰	癸巳
丁壬日	庚子	辛丑	壬寅	癸卯	甲辰	乙巳
戊癸日	壬子	癸丑	甲寅	乙卯	丙辰	丁巳
	午時	未時	申時	酉時	戌時	亥時
甲己日	庚午	辛未	壬申	癸酉	甲戌	乙亥
乙庚日	壬午	癸未	甲申	乙酉	丙戌	丁亥
丙辛日	甲午	乙未	丙申	丁酉	戊戌	己亥
丁壬日	丙午	丁未	戊申	己酉	庚戌	辛亥
戊癸日	戊午	己未	庚申	辛酉	壬戌	癸亥

갑목(甲木)과 기토일간(己土日干)은 갑자시(甲子時),
을목(乙木)과 경금일간(庚金日干)은 병자시(丙子時),
병화(丙火)와 신금일간(辛金日干)은 무자시(戊子時),
정화(丁火)와 임수일간(壬水日干)은 경자시(庚子時),
무토(戊土)와 계수일간(癸水日干)은 임자시(壬子時)부터 시작한다.

즉, 갑목일(甲木日)이나 기토일(己土日)의 자시(子時)는 갑자시(甲子時), 축시(丑時)는 을축시(乙丑時), 인시(寅時)는 병인시(丙寅時)가 된다. 이처럼 시두법을 알고 있으면 편리하다.

또한, 서머타임 문제, 동경 135도 표준시와 127도 30분 표준시의 문제, 그리고 조자시(朝子時)와 야자시(夜子時)의 문제 등으로 시주정립을 자세히 숙지(熟知)하지 않으면 많은 혼란이 오게 되는데, 또한 지역 간의 시간 차이 등으로 시주가 잘못 정립되기 쉬우므로 그 내용을 정확히 숙지해야 한다.

지구의 공전과 자전

천체(天體)가 다른 천체의 주위를 도는 것을 공전(公轉)이라 하고, 천체 내부의 한 축을 중심으로 회전하는 운동을 자전(自轉)이라 한다. 지구는 태양의 주위를 약 365일 주기로 공전하며 동시에 지구의 남북을 잇는 자전축(自轉軸)을 중심으로 약 1일, 24시간에 한 번씩 자전(自轉)한다.

공전과 자전은 역법에서 시간과 날짜를 정하는 중요한 기본원리이며 역(曆)을 이해하기 위해서는 시간과 자전 거리와의 관계를 알아야 한다.

지구의 반지름은 약 6,400km이며, 지구 둘레는 2×6,400×3.14=40,192km이다. 그리고 지구는 1일 24시간에 1회 자전을 하므로 40,192÷24=1.674.6…으로 1시간에 약 1,675km를 움직이며 이것을 60분으로 나누면 1,675÷60=27,916…km로 1분에 약 28km를 움직인다.

지구상의 위치를 나타내는 좌표에는 위도(緯度)와 경도(經度)가 있다. 위도는 지구를 가로로 나누어 적도를 위도 0도로 보고 적도 아래 남반구의 남위 90도, 적도 위의 북반구의 북위 90도로 되어 있다.

경도(經度)는 그리니치 천문대를 지나는 본초 자오선을 중심으로 동서(東西)로 나뉘어 동경 180도, 서경 180도로 보게 되므로 전체 360도가 된다. 특히 시간은 경도와 밀접한 관계로, 지구가 1회 자전(自轉)하는데 약 24시간이 걸리므로 360÷24=15, 즉, 1시간에 15도씩 움직인다.

1시간은 60분으로 60÷15=4가 된다. 그러므로 지구가 경도 1도를 움직이는 데 4분이 걸린다. 시간 4분은 4×60=240초이며, 경도 1도는 경도 60분이므로 240÷60=4가 된다. 그러므로 지구는 1시간에 15도씩 움직이며 경도 1도를 자전하는 데 4분, 경도 1분을 자전하는 데는 4초가 걸린다.
 따라서 경도상의 위치가 제각기 다른 나라들 사이에 시간 차이가 생길 수밖에 없다. 따라서 각 나라는 이러한 시간 차이를 고려하여 고유의 시간을 사용하고 있다.

 그러나 모든 나라가 자국을 지나는 자오선을 기준으로 고유의 표준시를 정하면 국가 간 시간 차이를 계산하는 것이 복잡해지고 교통과 통신 등에 수많은 문제가 발생하게 된다.
 그러므로 국제법상 이웃 나라와 1시간 이상 차이가 나지 않을 때는 같은 표준자오선을 사용하게 된다. 이렇게 경도 15도 단위로 나뉘는 경도선을 표준자오선으로 정하여 세계 표준시와 정시의 시간 차이가 나는 것을 지방 표준시라 한다.
 우리나라는 일본을 지나는 동경 135도 표준자오선을 채택하여 현재 동경 135도 표준시를 사용하고 있지만, 이전에는 동경 127도 30분을 표준자오선으로 채택하여 동경 127도 30분을 표준시로 사용하였다. 그런데 동경 127도 30분과 동경 135도는 경도상 7도 30분(7.5)도 차이가 난다.
 지구가 경도 1도를 움직이는데 4분이라는 시간이 걸리므로 7.5×4=30으로 30분의 차이가 생긴다. 따라서 국제법의 동경 135도를 채택하고 있으나 각 지역의 실제 시와는 차이가 있다.

우리나라의 표준시 변경			
동경 127도 30분 표준시	시작	1908.1.29	18시 30분을 18시로 조정
	종료	1912.1.1	11시 30분까지 사용
동경 135도 표준시	시작	1912.1.1	11시 30분을 12시로 조정
	종료	1954.3.21	00시 30분까지 사용
동경 127도 30분 표준시	시작	1954.3.21	00시 30분을 00시로 조정
	종료	1961.8.9	24시까지 사용
동경 135도 표준시	시작	1961.8.10	00시를 00시 30분으로 조정
	현재 사용 중		

물론 우리나라를 지나는 동경 127도 30분 표준자오선을 사용해도 경도상의 차이로 각 지역의 실제 시간과는 차이가 있게 된다.

가령, 동쪽의 독도와 서쪽의 백령도를 비교해 보면 독도가 동경 131도 55분이고, 백령도가 동경 124도 53분으로 경도상 7도 02분의 차이가 있으므로 실제 시간에서는 28분 08초의 차이가 생긴다.

해당 지역의 정확한 실제 시간을 알기 위해서는 동경 135도 표준시를 사용한 해였으면 동경 135도와의 경도 차이를 구하고 시간 차이를 계산해서 당시의 동경 135도 표준시에서 빼 줘야 한다.

우리나라는 12시에 태양이 남중(머리 꼭대기에 옴)하게 되는데, 135도 경도를 쓰므로 청주 기준 30분을 앞당겨 사용하므로 낮 12시 30분에 태양이 남중하게 된다. 따라서 서울에서 원래 시간을 찾으려면 현재의 시간에서 32분을 빼야 한다.

위에서는 청주 기준으로 말했지만, 지역에 따라 차이가 있다. 따라서 사주를 정확히 뽑으려면 출생지를 알아야 한다. 가령, 부산은 동경 129도 03분쯤 되는데, 이것은 동경 135도와 24분의 시간 차이가 있게 된다. 즉, 부산에서는 낮 12시 24분에 태양이 남중한다. 따라서 원래 시간을 찾으려면 24분을 빼야 한다.

간단하게 대도시의 표로서 보게 되면 아래와 같다.

동경135도 표준시 기준					
지역	서울	부산	대구	광주	인천
경도	E127	E129	E128.7	E126.8	E126.7
시차	+32분	+24분	+26분	+33분	+33분

현재의 정확한 시간의 분계선을 나타내는 것은 위 표에 해당한다. 동경시 135도와 지역별 경도와 시차, 동경 127.5도 기준, 한국의 청주를 기점

으로 시간 차이가 발생하므로, 서울은 32분을 빼 줘야 하고, 부산은 24분을 빼 줘야 한다.

그러므로 가령, 서울에서 2011년 10월 23일, 07시 33분에 태어났다면 31분까지는 신묘시(辛卯時)이고 32분부터는 임진시(壬辰時)가 되므로, 신묘년(辛卯年) 무술월(戊戌月) 신해일(辛亥日) 임진시(壬辰時)가 된다.

한국에서는 대체로 청주시의 30분을 빼고 시주(時柱)를 정하고 있지만, 시간의 경계선에 있는 사주는 감명과 문진을 통해서 시주(時柱)를 정해야 한다.

이것이 큰 문제가 아닌 듯하지만, 시주(時柱)는 귀숙지(歸宿地)이며 근묘화실(根苗花實)의 열매에 해당한다. 또한 육친법 적용에서 발복의 희기작용을 하므로 매우 중요하다.

아래 도표는 각 지역의 시주가 변하는 시간이다.

각 지역의 실제 시간과 동경135도 표준시와의 시간 차이					
지역	경도	시간 차이	지역	경도	시간 차이
백령도	124도 53분	+40분 26초	청주	127도 29분	+30분 03초
홍도	125도 12분	+39분 10초	순천	127도 44분	+29분 04초
흑산도	125도 26분	+38분 14초	여수	127도 45분	+29분 00초
연평도	125도 42분	+35분 34초	충주	127도 55분	+28분 20초
덕적도	126도 06분	+35분 34초	원주	127도 57분	+28분 12초
신안군	126도 11분	+35분 14초	사천	128도 05분	+27분 20초
목포	126도 23분	+34분 26초	김천	128도 07분	+27분 12초
서산	126도 27분	+34분 10초	상주	128도 10분	+26분 56초
제주	126도 32분	+33분 52초	통영	128도 26분	+25분 52초
보령	126도 33분	+33분 48초	마산	128도 34분	+25분 44초
서귀포	126도 34분	+33분 44초	속초	128도 36분	+25분 36초
인천	126도 42분	+33분 32초	대구	128도 37분	+25분 32초
완도	126도 42분	+33분 32초	안동	128도 44분	+25분 04초
군산	126도 43분	+33분 28초	강릉	128도 54분	+24분 23초

지역	경도	시차	지역	경도	시차
정읍	126도 52분	+32분 52초	태백	128도 59분	+24분 07초
광주	126도 55분	+32분 17초	부산	129도 02분	+23분 48초
서울	126도 59분	+32분 05초	동해	129도 07분	+23분 28초
수원	127도 02분	+31분 53초	경주	129도 13분	+23분 07초
평택	127도 07분	+31분 33초	울산	129도 19분	+22분 43초
전주	127도 09분	+31분 24초	포항	129도 22분	+22분 33초
천안	127도 09분	+31분 24초	울진	129도 24분	+22분 25초
남원	127도 23분	+30분 28초	울릉도	130도 54분	+16분 25초
대전	127도 25분	+30분 19초	독도	131도 55분	+12분 21초

경도는 초 단위에서 반올림하여 분 단위까지만 표기했음.
시간 차이는 동경 135도 표준시에서 각 지역의 실제 시간을 뺀 값임.

　가령, 신약한 정화일간(丁火日干)이 서울에서 19시 30분에 태어났다면 서울의 19시 32분 전이므로 기유시(己酉時)이다. 그러나 부산에서 19시 30분에 태어났다면, 17시 24분부터 경술시(庚戌時)가 된다.
　즉, 동시간(同時間)에 태어났어도 지역에 따라서 시주(時柱)가 달라지므로 당주의 운명의 차이가 다르게 나타난다.

야자시와 조자시

　명리에서 야자시(夜子時)와 조자시(朝子時), 서머타임, 지역 간 시간 차이로 정확한 사주 정립이 안 되는 일도 있는데, 일주 변경 선에 있는 사주는 역인마다 다르게 보는 차이점이 있다.
　가령, 날짜 변경선에 있는 사주에서 혹자는 야자시(夜子時)가 없다고 하며 23시 30분부터 다음 날 일진을 적용하는 역인도 있다. 가령, 23시 40분에 태어났다고 하여 갑인일주(甲寅日柱)를 을묘일주(乙卯日柱) 병자시(丙子時)라고 감명하는 역인도 있다.
　또는, 야자시(夜子時)를 적용하여 청주 기점 00시 30분을 경계선으로 하여 갑인일(甲寅日) 병자시(丙子時)가 되는 때도 있는데, 역인이 풀어 가야 할 숙제이다.
　현재 '동경시' 문제는 이제는 누구나 알고 있는 보편적인 일로 30분쯤이 시주(時柱)의 변환점이 된다고 알고 있다. 그러나 일주 변환점인 자시(子時)에서는 야자시(夜子時)와 조자시(朝子時)의 문제는 깊이 있는 통찰력이 매우 중요하다.

　'첨언' 자시(子時)에는 두 가지의 학설이 있다. 야자시(夜子時)와 조자시(朝子時)를 쓰는 역인과 또는 쓰지 않는 역인으로 나뉜다.
　위 두 가지 설은 당일 23시 30분부터 00시 30분 출생이면 다음 날 일진에 따른 자시(子時)를 쓴다는 점은 동일하다. 그러나 일주를 보는 시각이 전혀 다르다.
　가령, 갑인일주(甲寅日柱)와 을묘일주(乙卯日柱)는 목기(木氣)라는 특성이 같으므로 그 특성이 적게 나타날 수도 있다. 그러나 을묘일주(乙卯日柱)와 병진일주(丙辰日柱)는 전혀 다른 특성이 나타난다.

또한, 육친 적용에서는 매우 큰 차이점이 나타난다. 그러므로 일주의 변환점이 되는 자시(子時)의 문제에 따라서 전혀 다른 사주 통변 또는 육친 적용이 될 수도 있다. 왜냐면 일간이 사주의 주인이기 때문이다.

특히, 양일간(陽日干)의 차이점보다는 음일간(陰日干)의 차이점이 더욱 크고, 성격의 특성이 다르게 나타날 수밖에 없다. 양일간(陽日干)보다 음일간(陰日干)은 식신(食神)과 칠살(七殺)을 대체로 반기지 않기 때문이다.

야자시(夜子時)는 청주시 기준으로 23시 30분부터 00시 29분까지를 야자시(夜子時)라 하고, 조자시(朝子時)는 00시 30분부터 01시 29분까지를 조자시(朝子時)라 한다.

자수(子水)는 열두 띠 중에서 첫 번째인 쥐를 상징한다. 쥐는 다산(多産)의 상징으로 자수(子水)에 해당하는 글자를 보면 종자(種子), 정자(精子), 난자(卵子), 오미자(五味子), 구기자(枸杞子), 노자(老子), 장자(莊子), 공자(孔子), 맹자(孟子) 등이 있다.

사람 이름에도 순자, 영자, 미자 등 아들 낳기를 원하는 뜻으로 '자'라는 글자를 이름에 넣어 사용했다고 한다. 이런 의미를 볼 때 자수(子水)에는 분명히 씨앗이라는 의미가 포함되어 있다. 씨앗은 번식해야 하므로 쥐라고 하는 동물이 첫 번째로 선택된 것일 것이다.

쥐는 앞 발가락이 4개, 뒤 발가락이 5개이며 가장 안쪽의 앞 발가락 옆에는 발가락이 퇴화한 것처럼 보이는 작은 돌기가 있어서 엄지처럼 보인다. 또한 앞발을 손처럼 이용해서 여러 가지 물건을 잡기도 하는데 영장류 외에 손을 사용할 수 있는 몇 안 되는 동물에 해당하며 뛰어난 생명력과 번식력을 지니고 있다.

쥐들은 생후 5개월이면 성숙해져 새끼를 가질 수 있고 한 마리의 암컷은 6개월 동안에 200마리의 새끼를 낳을 수 있으며, 식량이 떨어져 목숨이 위태로

울 때에는 새끼를 먹어 버리기도 한다. 그렇게 살아남은 어미 쥐는 상황이 좋아지면 먹어 버린 새끼의 몇 배로 새끼를 낳으므로 다산(多産)의 상징이다.

쥐는 죽이고 또 죽여도 없어지지 않으며 만약, 인류의 종말이 온다 해도 쥐들은 살아남아 그들만의 세상을 만들지도 모른다.

동물들의 발가락 숫자를 보고 음양(陰陽)을 구별하게 되는데 홀수는 양(陽)이라 칭하고 짝수는 음(陰)이라 칭한다. 그런데 쥐만은 유일하게 앞 발가락이 4개, 뒤 발가락이 5개로 음양(陰陽)을 모두 갖추었으므로 12지신의 으뜸으로 삼았다는 이야기가 있다.

쥐는 유일하게 음양(陰陽)을 모두 가지고 있으므로 지난해의 끝과 새로운 해의 시작을 한 몸에 지니고 있으며, 하루 중에도 자시(子時)는 2일에 걸쳐 있으므로 조자시(朝子時)와 야자시(夜子時)를 적용하는 것이 순리이다.

일주는 사주의 주인으로 '나'를 상징하고 사주에 나타나는 생로병사(生老病死), 희로애락(喜怒哀樂), 그리고 육친의 행복 및 불행을 일간 입장에서 판단하게 되는데, 그 일주를 구분 짓는 자리가 자시(子時)이다.

연주 즉, 세년은 지구가 속해 있는 태양계의 큰 변화를 상징하고, 월주는 지구가 태양을 공전(公轉)하는 1회의 변화 속에 있으며, 일주는 지구의 1회 자전(自轉)을 뜻한다.

그러므로 일주는 월주의 절기 속에 들어 있음을 상징하며, 시주는 지구의 자전(自轉) 속의 변화이다. 즉, 시간은 자전(自轉)의 거리이다. 그러면서도 지구가 공전하는 거리만큼의 변화가 1일 속의 시천간(時天干)의 변화이다.

공전(公轉) 속도는 1초에 약 30km이며, 자전(自轉) 속도는 1초에 462m이다. 총알의 속도가 초속 1km를 넘지 않는다고 하고, 제일 빠른 포탄의 속도가 2km를 넘지 않는다고 하는데, 그러므로 우리는 상상을 초월하는 속도의 열차를 타고 있는 것과 같다.

공전(公轉)과 자전(自轉)의 속도로 움직이는 지구는 하루 약

2,600,000km를 움직인다. 그렇다면 사주에서 말하는, 가령, 조자시(朝子時)의 갑자일(甲子日) 갑자시(甲子時)가 야자시(夜子時)가 될 때는 갑자일(甲子日) 병자시(丙子時)에 도달했다는 뜻이다.

이때 야자시(夜子時)를 적용하지 않는 역인은 하루 약 2,600,000km의 움직임이 있는 지구이므로 23시 30분이면 다음 날 일진을 써야 한다고 주장하지만, 필자가 윗글에서도 설명했듯이 시주(時柱)는 일주에 속해 있고 일주는 월주(月柱)에 속해 있다는 부분을 간과해서는 안 된다.

즉, 지구의 운행이 직선상의 움직임이 아닌 ○의 움직임으로 시주(時柱)는 일주(日柱)에 속해 있다. 다시 말해서 서울에서 부산을 향해 출발한 기차가 아니라 부산을 거쳐 다시 서울로 돌아오는 ○의 자전(自轉) 속이다.

그러므로 자시(子時)가 서울역이라 했을 때 야자시(夜子時) 역시 서울역이다. 그러므로 야자시를 정확히 구분해야 한다. 다만 이때 다음 날 일진을 참고해야 한다. 야자시(夜子時)는 다음 날의 일진(日辰)을 향해 가고 있으며 접근한 상태이기 때문이다. 즉, 오늘의 일진(日辰)이 내일이라는 일진(日辰)을 향해 전진하고 있음을 간과하지 않을 수 없다.

진인(眞人)께서 출세하시어 이것이 이러하다고 확실한 정의를 내려 준다면 더욱 좋겠지만 아직 확실한 정의를 내린 역인이 없었고, 동지, 입춘, 동경시, 서머타임, 야자시 문제 등으로 명조가 바뀌어 혼란스러운 점이 많으므로 깊이 있는 통찰력이 우선되어야 할 것이다.

야자시(夜子時) 적용, 양력 2014년 3월 2일 00시 20분 청주 출생

年 月 日 時
甲 丙 辛 庚
午 寅 未 子

신미일(辛未日)은 무자시(戊子時)가 되어야 하지만, 야자시(夜子時) 적용 사주이므로 00시 30분이 일주 변경선이다. 그러므로 3월 1일의 일진인 신미일(辛未日)이고, 다음 날 일진인 임신일(壬申日)에서 시간을 정하므로 경자시(庚子時)가 된다.

그러나 조자시(朝子時)와 야자시(夜子時)를 무적용 한다면, 23시 30분부터 다음 날의 일진을 사용한다. 그러므로 임신일(壬申日)이 되고 시주는 변하지 않는다. 그러나 신미일주(辛未日柱)와 임신일주(壬申日柱)와의 차이점은 대단히 크며 아래의 명식이 된다.

야자시(夜子時) 무적용

年 月 日 時
甲 丙 壬 庚
午 寅 申 子

육친 통변에서 매우 큰 차이점이 발생한다. 가령, 여명일 경우 신미일주(辛未日柱)라면 병화(丙火)가 남편이지만, 임신일주(壬申日柱)일 때는, 무관성(無官星)에는 용신이 남편이라는 법칙에 따라 경금(庚金)이 남편이 되는데 남편의 단명을 암시하고 있다.

서머타임

여름철의 긴 시간을 효율적인 사용을 위해서 자국의 표준시보다 인위적으로 1시간을 앞당기는 것이 서머타임, 즉 일광절약 시간이다. 우리나라를 비롯하여 여러 나라에서 시행했으나 일상생활의 혼란을 가져와 이익보다 손해가 커 중단하게 되었다.

더구나 우리나라는 동경 135도 표준시를 쓰므로 이미 30분 동안 일광을 절약하는 셈인데도 행정 당국자들이 깊이 있게 따져 보지 않고 졸속으로 제정했다가 철회하기를 반복했으며, 1995년~1960년, 1987년~1988년 등 모두 12년에 걸쳐 서머타임을 시행하였다.

동경 127도 30분을 사용하던 시기는
1908년 4월 1일 00시부터 1911년 12월 31일까지.
1954년 3월 21일 00시부터 1961년 8월 9일까지다.

현재 한국 표준시는 동경 135도를 사용하고 있다.

한국의 서머타임 실시 기간: 아래 시기에는 02시를 03시로 사용.
1948년 06월 01일부터 09월 13일까지,
1949년 04월 03일부터 09월 11일까지,
1950년 04월 01일부터 09월 10일까지,
1951년 05월 06일부터 09월 09일까지,
1955년 05월 05일부터 09월 09일까지,
1956년 05월 20일부터 09월 30일까지,
1957년 05월 05일부터 09월 22일까지,
1958년 05월 04일부터 09월 21일까지,
1959년 05월 03일부터 09월 20일까지,
1960년 05월 01일부터 09월 18일까지,
1987년 05월 10일부터 10월 11일까지,
1988년 05월 08일부터 10월 09일까지.

서머타임을 시행할 때는 사용하는 표준시보다 1시간이 빨라지므로 각 지역의 실제 시간을 구할 때 1시간을 빼 주어야 한다.
즉, 동경 135도 표준시를 사용한 경우라면 동경 135도 표준시와 실제

시의 차이를 구하여 동경 135도 표준시에서 빼 주고, 서머타임 시행 중이라면 빨라진 1시간을 더 빼 주어야 한다.

  동경 127도 30분 표준시를 사용한 해라면 동경 127도 30분 표준시와 실제 시와의 차이를 구하여 동경 127도 30분 표준시에서 빼 주거나 더해 주고, 서머타임 시행 중이라면 빨라진 1시간을 빼 주어야 한다.

동지(冬至)는
세년의 출발점이다

　12지지는 천지인(天地人) 삼재(三才)가 북동남서(北東南西)를 순행하는 것으로 자수(子水)는 천(天)에 해당하고, 축토(丑土)는 지(地)에 해당하며, 인목(寅木)은 인(人)에 해당한다.
　그러므로 자수(子水)에 천개어자(天開於子)하고, 축토(丑土)에 지벽어축(地闢於丑)하며, 인목(寅木)에 인인기동(人寅起動)이 되는 천지인삼재(天地人三才)가 이루어진다. 즉, 자월(子月)의 동지(冬至)에서 하늘이 열리고, 축월(丑月)의 이양지지(二陽地支)에 땅이 열리며, 자축합(子丑合)으로 인목(寅木)을 태어나게 하는 것과 같다.
　축토(丑土)의 지장간 기신계(己辛癸)와 인목(寅木)의 지장간 갑병무(甲丙戊)가 서로 암합(暗合)을 하고 자축합(子丑合)의 모든 기운을 인목(寅木)에 넘겨준다. 인목(寅木)은 갑목(甲木)의 록근(祿根)으로 인인기동(人寅起動)이다. 그러므로 입춘(立春)이 연주의 시작이라는 이야기는 자연법칙을 모르고 하는 말이다.
　즉, 생각이 있어야 몸이 응(應)하고 몸이 동(動)하므로 움직임이 발생하는데 이것을 임관(任官)했다고 한다.
　영혼(靈魂)이 있으므로 육체가 존재하여 영육(靈肉)을 갖춘 인간이 된다. 만약 사람이 움직임이 없거나 생각이 없다면 인간이라 할 수 없는 동물일 뿐이다. 그러므로 천지(天地)의 나타남이 만물이며 만물의 영장이 사람이다. 그런데 입춘(立春)이 절기(節氣)의 시작이며, 연주가 바뀐다고 말하는 것은 자연의 현상을 모르면서 하는 말과 같다.

천지인(天地人) 삼재(三才)의 법칙은 원방각(圓方角) ○□△의 법칙으로 사지(四肢)가 나타나게 되는데, 이것이 인목(寅木)으로 각(角) △에 해당하며 사생지(四生地)이다.

왕지(旺地)인 자오묘유(子午卯酉)는 ○(원, 圓)에 해당하며, 방(方)을 상징하는 □는 축진미술(丑辰未戌)이다. 그래서 왕지(旺地)에는 도화성분(桃花成分)인 색정살(色情殺)이 함유되어 있으며, 생지(生地)에는 역마살(驛馬殺)의 활동력이 포함되어 있다.

자축합(子丑合)으로 하늘과 땅이 합(合)을 이루고 인목(寅木)에게 후천의 기운을 전이(轉移)시켜 새로운 선천 기운으로 작용한다.

오화(午火)의 하지(夏至)에서 일음시생(一陰始生)하고, 선천의 기운인 오화(午火)는 미토(未土)와 합(合)을 하고 선천의 열기를 미토(未土)가 넘겨받아 신금(申金)에게 전이(轉移)시킨다.

미중을정(未中乙丁)과 신중경임(申中庚壬)이 암합(暗合)을 이루고 무기토(戊己土)는 가지고 있는 모든 기운을 신금(申金)에게 전이(轉移)시켜 후천 기운으로 작용하도록 하는 것이다.

하루 중에서도 이런 현상은 무한 반복하며 음양(陰陽)의 변화법칙을 따르고 이것이 모여 세월이 된다. 이처럼 12지지의 기운은 순행하는 것이며, 천지인(天地人) 삼재법(三才法) 원방각(圓方角)의 순행이라 하며 동지(冬至)가 세년의 시작점이 된다.

그리고 24절기를 말할 때 입춘(立春), 우수(雨水), 경칩(驚蟄)으로 말하지 않고, 동지(冬至), 소한(小寒), 대한(大寒), 입춘(立春), 우수(雨水), 경칩(驚蟄)의 순서에 따라 말하는 것이나, 寅 卯 辰 巳 午 未가 아닌 子 丑 寅 卯 辰으로 자수(子水)가 1번으로 지지의 시작임을 뜻한다.

수많은 고전에서 입춘(立春)이 세년의 시작, 절기의 시작이라 말하는 부분이 없다. 그런데도 일부 역인은 입춘(立春)이 세년의 시작이라 말하는 사람이 있어서 혼란을 가중시키고 있다.

다시 말해서 마음에 반응하는 몸이 없고, 자축합(子丑合)의 천지합(天地合)이 없이 인목(寅木)이 어찌 선천의 시작점이 될 수 있겠는가? 동양에서는 태중의 나이를 포함하지만, 서양에서는 태중의 나이를 계산하지 않는다. 그러나 태중 생활이 있었으므로 현재의 내가 될 수 있는 것이다. 명리학에서 입태월을 중요시하는 이유도 이것과 같다.

천간의 시작은 갑목(甲木)이며, 지지의 시작은 자수(子水)이다. 그러므로 60간지의 시작은 갑자(甲子)이고 종점은 계해(癸亥)이다. 계수(癸水)는 10천간의 끝으로 갑목(甲木)으로 순행하는데, 즉, 10수는 1수로 환원되는 법칙을 따른다.

해수(亥水)는 지지의 끝이지만 자수(子水)로 순행하며, 해중(亥中)에는 갑목(甲木)을 암장하고 있으며 갑목(甲木)의 장생지이다.

자수(子水)는 갑목(甲木)의 욕지(浴地)이고, 축토(丑土)는 관대지(冠帶地)이며, 인목(寅木)은 록지(祿地)로 임관(任官)의 활동성이 부여된다. 즉, 갑목(甲木)이 사람의 형상을 갖춘 것이다. 그러므로 어느 천간이나 임관(任官)이 없으면 공허하게 되는데, 자축(子丑)의 부모가 없이 어찌 인목(寅木)의 입춘(立春)이 나 홀로 시작점이 된다는 말인가?

이러한 이유 등으로 자월(子月)의 동지(冬至)가 절기의 시작임과 아울러 연주 태세의 시작인 것이다.

또한, 자시(子時)는 일진의 분기점(分岐點)으로 야자시(夜子時)와 조자시(朝子時)의 구별을 확실히 해야 한다. 이러한 사실을 모르고 옛사람의 고전을 답습하고 그 길을 따라간다면, 지팡이 없는 봉사의 뒤를 따라가는 것과 같아서 진정한 자연법칙은 깨달을 수 없다.

필자가 쓰는 사주 명식은 모두 좌(左)에서 우(右)로 쓰고 있다. 이것은 우주가 좌(左)에서 우(右)로 회전 순행하는 이치와 같으며, 모든 양(陽)의 글들은 좌(左)에서 우(右)로 쓰고 있다.

다만 음(陰)의 학문인 한자들은 우(右)에서 좌(左)로 역행으로 기록되어 있는 것은 타당한 것이지만, 현재 우리가 쓰고 있는 모든 글은 좌(左)에서 우(右)로 써 가는 수평의 글로서 한글은 양(陽)의 글자이다.

그런데 이것을 역행해서 몇 글자의 한자를 쓰면서 우(右)에서 좌(左)로 글을 쓴다는 것은 시대를 역행하는 것으로 혼란을 가중하는 처사이다. 그러므로 필자는 좌(左)에서 우(右)로 년월일시 순으로 순행하여 기록하고, 대운 역시도 좌(左)에서 우(右)로 써 나간다.

다만 간지(干支)의 기록에서는 수직을 취하였는바, 그 이유는 가령, 갑인(甲寅)이라 쓴다면 천간과 지지가 수평적 관계에 있으므로 천지(天地)의 구별이 없는 것과 같다.

甲 乙 丙 丁 戊 己 庚 辛
子 丑 寅 卯 辰 巳 午 未

이처럼 수직으로 썼을 때는 하늘과 머리를 상징하는 천간이 위에 있으며, 땅과 육체를 상징하는 지지가 아래에 있으므로 타당하다 하겠다. 또한, 천기(天氣)는 하강(下降)하는 기운이며 지지는 상승(上昇)하는 기운이므로 이렇게 쓰는 것이 맞는 것이다.

우주 법칙이 양기운(陽氣運)인 천간(天干)은 상좌(上坐)에 있으며 지지(地支)를 포용하고, 음기운(陰氣運)인 지지(地支)는 하(下)에 있으면서 상승(上昇)하는 기운을 내포하고 있으므로 이렇게 하는 것이 타당한 것이다.

역인들이 빨리 이런 사실을 깨달아 필자와 같이 써 나가야 할 것이며, 인터넷의 만세력 사이트 역시 좌(左)에서 우(右)로 기록하는 것이 순리이다. 이 시대에 역행하는 것은 후인들에게 혼란만을 가중하는 처사라는 것을 빨리 알아야 할 것이다.

해외출생자 문제

해외 출생자의 사주를 논하기 전에 먼저 절입시각(節入時刻)에 대하여 다시 한번 살펴보자. 지구는 태양 주위를 공전(公轉)하고 있으며 공전주기는 365.242196일이다. 지구의 공전 주기상의 한 지점에 도달했을 때 절기(節氣)가 들어오는데, 이 말은 바꾸어 말하면 전 지구상의 모든 지점이 동시에 절기(節氣)가 들어온다는 것이 된다.

즉, 서울에서 동지(冬至)이면 그 순간 뉴욕이건, 런던이건, 로마이건 동시에 동지(冬至)이다. 그러므로 해외 출생자의 사주를 감명할 때 출생지의 절입시각(節入時刻)을 알아야 한다.

출생지의 절입시각(節入時刻)을 판단하는 법은 비교적 간단하다. 가령, 워싱턴 출생이면 뉴욕 표준시를 사용하는데, 뉴욕 표준시는 서경 75도이고, 동경 135도와는 210도의 경도 차이가 생긴다.

이것을 시간으로 환산한다면 210도÷15도=14시간이다. 따라서 서울의 절입시각에서 14시간을 빼면 뉴욕의 절입시각이 된다.

워싱턴이라면 워싱턴과 서경 75도 사이의 시간을 또 바로잡아야 한다. 서울과 부산처럼 출생지에 따라 경도가 다르므로 거기에 맞게 바로잡아야 한다.

그리고 해외출생자의 출생시간은 그 나라의 현지 시간을 기준으로 판단하면 된다. 따라서 위 절입시각을 주의하여 월주(月柱) 판단을 신중하게 결정하면 된다. 그리고 외국은 서머타임을 실시하는 기간이 자주 있으므로 이 역시 참고해야 한다.

구미인의 사주

일주(日柱)를 정하고 시(時)는 현지 시각을 취한다. 어떤 이는 시(時)는 중국의 시(時)로 환산한다고 말하는 사람도 있지만, 현지의 일시(日時)를 취함이 타당하다. 태양력의 동서 시차와 부합되기 때문이다.

그렇다면 지구상의 위도 차이에서 오는 계절의 차이는 어찌할 것인가? 지구의 적도를 중심으로 북반구와 남반구는 계절이 반대로 나타난다. 그러나 객관적으로 볼 때 지구의 계절이란 태양을 중심으로 공전(公轉)하는 데서 오는 주기상의 변차, 즉, 태양과 지구의 거리를 나타낸 것이므로 계절도 세계 공통으로 쓰는 태양력에 따라야 한다.

단지 참조할 것은 여름에 출생한 자가 수기(水氣)를 채용할 때는, 북반구 지역에서 출생한 자가 남반구에서 출생한 자보다 더 유리하다.

반대로 겨울에 출생한 자가 화기(火氣)를 취용(取用)할 때는, 남반구 지역 출신자가 북반구 출신자보다 더 유리하다.

정확한 출생시간

태아가 모체로부터 분리되어 공기 중에 노출된 시간이 아니라, 첫울음으로 인한 호흡으로 후천 기운을 받아들인 시간이다.

태아는 모태 중에서는 배꼽으로 숨을 쉬지만, 모체에서 분리되어 첫울음을 울면서 기도(氣道)가 트여 후천 기운을 받아들인다. 즉, 이때부터 폐호흡이 시작되는 것이다.

모체에서 분리되어 바로 우는 아이도 있지만 10분 또는 20분 후에 우는 아이도 있고, 심지어는 1시간~2시간 후에 우는 아이도 있다고 한다. 1분 차이로 년월의 간지(干支)가 바뀌는 것을 생각할 때 이 점도 소홀히 할 수 없다.

음력 표기의 오류

천문대에서 발표한 만세력의 음력 1일 표기 오류로 인하여 발생한 문제가 있는데, 양력 생일을 지내는 사람은 관계가 없다.

전통적으로 음력 1일은 삭(朔, 그믐)이 되는 날을 1일로 정한다. 이날은 현대적으로 해석한다면 태양과 지구와 달이 일직선이 되므로 태양의 빛을 지구가 가리므로 달이 보이지 않는다.

그런데 삭(朔)이 되는 시간은 현재 국제표준시에 따라 동경 135도를 쓴다. 그런데 이때 00시 00분~00시 31분 사이에 삭(朔)이 들어온다면 어떻게 해야 할까? 서울 기준으로 전날이다.

양력 1995년 7월 28일 00시 12분 57초에 삭(朔)이 드는 것으로 되어 있다. 이 경우, 양력 7월 27일이 음력 7월 1일이다. 그런데 만세력에는 7월 28일이 음력 7월 1일로 되어 있다.

동경시 기준으로 하다 보니 음력 1일이 잘못되어 있는 것이다. 이런 사례가 많이 있는데, 어찌 되었건 과거 달력에는 7월 28일이 음력 7월 1일로 표기되어 있다.

역법 원리상으로는 잘못된 것은 확실하지만 그렇다고 일주가 바뀌는 것은 아니다. 여기에 대하여 오해하는 사람들이 있으나 현재 만세력은, 천문연구원에서 받은 자료이므로 틀림이 없다. 그리고 양력으로 생일을 지내는 것이 현명하다.

양력 1995.7.27. - 음력 6월 30일 己未 (음력 7월 1일)
양력 1995.7.28. - 음력 7월 01일 庚申 (음력 7월 2일)

위 경우 생일이 음력 7월 1일인 사람은 기미일주(己未日柱)를 써야 한다고 잘못 보는 사람이 있으나 현재 만세력을 그대로 써도 사주를 잘못 보는 일은 없다. 다만, 음력 1일이 잘못되었다는 것만 알고 있으면 된다.

음력은 여러 가지 복잡한 문제와 오류가 있으나 양력은 정확하고 절기와도 일치하므로 생일은 될 수 있으면 양력으로 지내는 것이 좋으며, 사주에서는 절기가 언제 들어오느냐 하는 것 역시도 양력으로 산출하는 것이 좋다. 사주는 절기력이기 때문이다.

대운
배열법

　명식의 팔자는 고정적이지만 세년의 운은 누구나 맞이하는 유동적인 운이다. 일간은 유동적인 과정에서 공간적 현상을 제외하고도 후천적 시간의 변화인 대운과 팔자의 제한을 받으며 길흉화복(吉凶禍福)을 결정하는 계기가 된다.

　그러므로 사주의 격국(格局)과 음양오행(陰陽五行)의 구조와 배합의 관계, 일간의 강약(强弱)과 성쇠(盛衰), 희기신의 유무력(有無力)을 살핀 연후에 대운의 용신에 의한 길흉화복이 발생하는 시기를 판단한다.

　사주 원국이 탁하더라도 길운이 오면 그 기간에는 발달하지만, 흉운이라면 장애가 많고 매사가 마음과 같지 않다. 그러나 좋은 명식은 흉운에서도, 비록 장애는 있을지라도 굳게 버티어 좋은 운이 올 때 크게 발달하므로 대체로 평안한 일생을 보낼 수 있다.

　그러므로 타고난 사주가 좋아야 한다. 그런데 원국은 좋은데도 일생 길운이 오지 않아 불행한 일도 있는데 이것은 전생에 베풂의 덕이 부족한 결과이다.

　대운은 큰 운의 흐름을 말하는 것으로 반드시 알아야 할 부분이다. 그래야 때를 아는 농부가 수확 철을 아는 것과 같다. 대행운의 흐름은 남녀 성별에 따라서 순행(順行)과 역행(逆行)으로 나타난다.

　출생한 해의 세년에 따라 양천간(陽天干)의 세년과 음천간(陰天干)의 세년으로 나누어지는데, 甲, 丙, 戊, 庚, 壬은 양천간(陽天干)이고, 乙, 丁, 己, 辛, 癸는 음천간(陰天干)이다.

양천간(陽天干)의 세년에 태어난 남명과 음천간(陰天干)의 세년에 태어난 여명은 월주 간지에서 대운이 순행하고, 음천간(陰天干) 세년에 태어난 남명과 양천간(陽天干) 세년에 태어난 여명은 월주 간지에서 대운이 역행한다.

가령, 갑자년(甲子年) 병인월(丙寅月)에 출생한 남명이라면 월주인 병인월(丙寅月)에서 순행하므로 병인월주(丙寅月柱)의 다음 간지가 첫 대운이 되므로 정묘(丁卯), 무진(戊辰), 기사(己巳), 경오(庚午), 신미(辛未), 임신(壬申), 계유대운(癸酉大運)으로 순행하고, 여명이라면 역행하므로 을축(乙丑), 갑자(甲子), 계해(癸亥), 임술(壬戌), 신유(辛酉) 등의 행운으로 역행한다.

이때 대운수를 찾게 되는데 역행 또는 순행하여 처음 만나는 절기의 날짜까지가 며칠인지를 계산한다.

역행한다는 것은 생일에서 지나온 날짜 쪽으로 전 절기까지의 날짜를 헤아리는 것이며, 순행한다는 것은 생일에서 다음 절기까지의 날짜를 헤아린다. 그 후 헤아린 날짜 수를 역행하거나 순행 날짜를 헤아려 천지인(天地人) 삼재법(三才法)에 따라 3으로 나눈 다음 나머지가 1이면 버리고, 3으로 나누어진 몫만 취하여 그 숫자가 대운수가 된다.

이때 2가 남았다면 3으로 나누어진 몫에 1을 더하여 대운수로 취하게 된다. 가령, 역행하거나 순행하여 절기까지 남은 숫자가 14일인 경우 3으로 나누면 4수는 대운수 몫이 되고 2가 남으니 4수에 1을 더해 주므로 실지 대운수는 5수가 된다.

대운의 간지가 인생 10년의 길흉(吉凶)을 관장하고, 세년의 간지는 1년의 길흉을 관장한다. 대운은 월주가 변한 것으로 연주 속에 속한 것이므로 12개월을 상징한다. 인간은 누구나 대운의 환경 속에 살아가고 있다. 왜냐면 월주에 속한 것이 일주이기 때문이다.

월주에서 변화되는 한 간지를 10년으로 보는 이유는, 1년은 12개월이고 12간지가 되는데, 10수는 완성수이므로 10대운수 이상은 없으며, 10개의 천간이므로 10년으로 취하였다.

그러므로 3일은 1년이며, 1일은 4개월이다. 따라서 대운수에서 간지로 12시간(1일)은 실제 시간으로 4개월을 말하고 더 나아가 1시간은 10일, 일반적인 1시간은 5일에 해당한다. 이러한 상관관계를 알고 절기까지의 날짜뿐만 아니라 시차까지 계산한다면 대운이 드는 날 또는 바뀌는 날까지 정확하게 계산해 낼 수가 있다.

자신의 만 나이 생일에서 태어난 시간을 계산하게 되는데, 대운 1시진은 10일이므로 자시(子時)는 생일날부터 시작하고, 축시(丑時)는 10일 후, 인시(寅時)는 20일 후, 묘시(卯時)는 30일 후, 진시(辰時)는 40일 후, 사시(巳時)는 50일 후, 오시(午時)는 60일 후, 미시(未時)는 70일 후, 신시(申時)는 80일 후, 유시(酉時)는 90일 후, 술시(戌時)는 100일 후, 해시(亥時)는 110일 후 대운이 바뀌게 된다. 그러므로 아무리 대운이 늦게 들어도 자기 생일 후 4개월 후가 되면 대운이 들어온다.

(예) 2005년 4월 15일 오전 10시 20분 양력

年 月 日 時
乙 庚 己 己
酉 辰 巳 巳

남명의 음천간(陰天干) 세년은 과거 절로 역행한다고 했으니 아래의 대운 간지가 성립된다.

己 戊 丁 丙 乙 甲 癸
卯 寅 丑 子 亥 戌 酉

여명이라면 음천간(陰天干) 세년에 출생했으니 순행하므로 아래의 대운 간지가 성립된다.

辛 壬 癸 甲 乙 丙 戊
巳 午 未 申 酉 戌 亥

대운수를 찾아보면 남명 음천간(陰天干) 세년은 과거절기까지 역행하므로 기사일(己巳日)에서 과거절기인 청명(淸明)까지 역순(逆順)하므로 청명(淸明) 후 10일에 태어난 것이다.

10일을 천지인(天地人) 3수로 나누므로 3수가 나오고 나머지는 1수가 되는데 1수가 나오면 버리라 했으니 남명은 3대운이 성립한다.

여명은 음천간(陰天干) 세년에 태어나면 미래절기까지 순행(順行)한다고 했으니 기사일(己巳日)에서 입하(立夏)까지 20일째이다.

20일을 천지인 3수로 나누니 6이 나오고 나머지 2가 나온다. 음수 2수가 나오면 1수를 6수에 반올림을 하므로 7이 된다.

이 7수를 7대운수라 칭하고 07세, 17세, 27세, 37세, 47세, 57세, 67세, 이런 식으로 7수에 대운이 바뀌게 된다.

2012년 2월 9일 8시 30분
年 月 日 時
壬 壬 庚 庚　坤命
辰 寅 子 辰　금수상관격(金水傷官格)
辛 庚 己 戊 丁 丙 乙 甲 癸
丑 子 亥 戌 酉 申 未 午 巳
02 12 22 32 42 52 62 72 82

임진년(壬辰年)의 임수(壬水)가 양천간 세년에 태어난 여명이므로 역행 대운이다. 과거 절기인 입춘(立春)까지 날짜 수는 5일이므로 2대운이며, 남명이라면 미래절기인 경칩(驚蟄)까지 24일이므로 8대운수가 된다.

그런데 이때 1952년 2월 24일 07시 44분 또한, 아래 명식과 같다. 이러한 원인은 60년마다 같은 동일사주가 형성되지만 대운수는 다르다.

1952년 2월 24일 07시 44분 남명
年 月 日 時
壬 壬 庚 庚 乾命
辰 寅 子 辰 금수상관격(金水傷官格)
癸 甲 乙 丙 丁 戊 己 庚 辛
卯 辰 巳 午 未 申 酉 戌 亥
04 14 24 34 44 54 64 74 84

위의 대운수가 성립하고, 여명이라면 양천간 세년에 태어났으므로 역행(逆行)하고 과거절기인 입춘(立春)까지 19일이므로, 19÷3=6 하여 6대운수가 된다.

계사년(癸巳年) 만 1세, 갑오년(甲午年) 만 2세, 을미년(乙未年) 만 3세, 병신년(丙申年) 만 4세가 되는데, 병신년(丙申年) 2월 24일 진시(辰時)에 태어났으므로 2월 24일 생일 후 40일 후에 대운 계수(癸水)가 들게 된다.

최근에는 이렇게 복잡한 계산을 하지 않고도 대운이 드는 나이에서 생일이 지나면 운이 바뀐다고 보는 것이 일반적이다. 또한, 요즘은 만세력에 대운수가 표시되어 있으므로 쉽게 알 수 있다.

1952년에 태어난 명식의 주인과 2012년에 태어난 명식의 주인공이 같은 삶을 살 것인가? 그렇지 않다. 60간지의 조합은 같을지라도 1952년도의 환경과 2012년의 환경은 다르다.

1950년 6월 25일 새벽에 전쟁이 발생하고 1953년 7월 27일에 체결된 정전협정으로 휴전이 되었다. 그러므로 당주는 전쟁 중에 태어나 힘든 삶을 살았다.

국가의 평화 시기가 있는가 하면 전쟁 중일 수 있으므로 그 시대의 환경에 따라서 다른 삶이 될 수 있다. 즉, 삶의 형태가 비슷한 점은 있겠지만 똑같은 유형의 삶을 산다고 할 수 없다.

음양오행
(陰陽五行)

　우주 만물은 음양(陰陽)으로 이루어져 있으며 양(陽) 중에 음(陰)이 들어 있고, 음(陰) 중에 양(陽)이 들어 있으며, 순일한 양기(陽氣)나 음기(陰氣)는 없으며 만물은 음양대립(陰陽對立)을 통해서 생멸작용(生滅作用)을 무한 반복한다.
　만약, 양기(陽氣)나 음기(陰氣)로만 존재한다면 만물의 생성(生成)과 소멸(消滅)은 현상계에 나타날 수 없다. 다시 말해서 만물은 존재(存在)하려는 속성과 소멸(消滅)하려는 속성이 통일된 모습으로 존재한다.
　이것을 동양의 관점에서는 음양(陰陽)으로 표현했고, 주역(周易)에서는 "한 번은 양(陽)이고 한 번은 음(陰)이 되는 것이 도(道)이다"라고 했으며 서양의 논리학에서는 대립물의 통일이라 표현하고 있다.
　음양(陰陽)은 서로 대립하는 속성을 지니고 있지만, 한쪽이 없으면 다른 한쪽도 존재할 수 없으며 서로가 상생상극(相生相剋)을 이루고 변화하므로 삼라만상도 변화하며 존재한다.

　하루 중에도 양기(陽氣)가 성(盛)했다가 쇠(衰)하고, 음기(陰氣)도 성(盛)했다 쇠(衰)하기를 무한반복을 하고 있으며 이것이 모여 무상세월이 되며, 인생 역시도 윤회(輪廻)를 거쳐 생성소멸(生成消滅)을 반복한다.
　명리에서는 이것을 음생양사(陰生陽死)하고 양생음사(陽生陰死)라고 말한다. 음(陰)이 극(極)에 이르면, 극쇠(極衰)한 양(陽)이 점차 성장하기 시작하고, 동지(冬至) 일양시생(一陽始生)이라 하며, 양(陽)이 극(極)에 이르면, 극쇠(極衰)한 음기(陰氣)는 점차 성장하기 시작하고, 하지(夏至)는 일음시생

(一陰始生)이라 한다.

그러므로 모든 만물에는 양생음사(陽生陰死)와 음생양사(陰生陽死)의 법칙으로 작용하며 이것이 존재의 본질이다.

양기(陽氣)의 성질은 팽창, 발전, 빛, 열, 긍정, 남자, 하늘 등을 상징한다.
음기(陰氣)의 성질은 소멸, 축소, 쇠퇴, 어두움, 차가움, 부정, 여자, 땅 등을 상징한다.
그러나 음(陰) 중에 양(陽)이 있고, 양(陽) 중에 음(陰)이 있는 것이며, 순수하게 음(陰)만 있거나 양(陽)만 있는 것은 아니다.
이러한 음양(陰陽)의 변화과정을 다섯 가지로 구분하여 오행(五行)이라 한다.

화기(火氣)는 양(陽)이 매우 왕성한 것으로 태양(太陽)이라 하며 여름을 주관한다.
목기(木氣)는 양(陽)이 비교적 왕성한 것으로 소양(小陽)이라 하며 봄을 주관한다.
수기(水氣)는 음(陰)이 매우 왕성한 것으로 태음(太陰)이라 하고 겨울을 주관한다.
금기(金氣)는 음(陰)이 비교적 왕성한 것으로 소음(少陰)이라 하며 가을을 주관한다.
토기(土氣)는 금목수화(金木水火)의 상호변환을 매개(媒介)하는 작용으로 중정작용(中正作用)을 하며, 음양(陰陽)을 전환하는 매개체(媒介體) 작용을 한다. 즉, 사계절의 사이에서 계절이 바뀌는 것의 매개체(媒介體) 역할을 하는 것이 토기(土氣)의 작용이다.

음양(陰陽)은 상반된 개념을 가지고 모든 만물에 존재하며 기(氣)와 질(質)을 규정해 줄 뿐만 아니라 서로 공존하는 것으로 하늘과 땅이 있고, 밤과 낮이 있듯이, 양(陽)이 있으므로 음(陰)이 있고, 음(陰)이 있으므로 양(陽)이 존재한다.

음양(陰陽)은 이처럼 서로 공존하면서 조화를 이루며 끊임없이 변하게 되는데, 이런 자연현상을 밝혀 내는 학문이 음양학(陰陽學)으로 명리학(命理學)이다.

그리고 음양오행(陰陽五行)에 기호를 붙이게 되는데, 이것이 10천간 12지지이다. 사주팔자를 구성하는 4개의 년월일시 천간(天干)과 4개의 년월일시 지지(地支)에는 각각의 음양(陰陽)의 기(氣)가 존재한다.

음양오행(陰陽五行)이 적절하게 조화를 이루면 길하지만, 음(陰)이 많다거나 양(陽)이 많아서 조화를 이루지 못한다면 인생사에 장애로 나타난다.

천간지지
(天干地支)

甲, 乙, 丙, 丁, 戊, 己, 庚, 辛, 壬, 癸 10개의 글자가 하늘을 상징하는 천간(天干)으로 천문(天文)이라 하며, 인체의 정신으로 작용하는 천기(天氣)이다.

子, 丑, 寅, 卯, 辰, 巳, 午, 未, 申, 酉, 戌, 亥의 12개의 글자가 땅을 상징하는 지지로서 형이하(形而下) 작용을 하는 질(質)에 해당하며 인체의 육신에 해당한다.

지지(地支)에서 특히 주의할 점은 자수(子水), 사화(巳火), 오화(午火), 해수(亥水)의 글자 중 자수(子水)와 오화(午火)는 음(陰)으로, 사화(巳火)와 해수(亥水)는 양(陽)으로 작용한다.

자수(子水)와 오화(午火)는 체(體)는 양(陽)이지만, 용(用)의 작용에서 지장간의 정기(正氣)인 계수(癸水)와 정화(丁火)이므로 음(陰)으로 작용한다.

사화(巳火)와 해수(亥水) 역시 음화(陰火)와 음수(陰水)로 체(體)는 음(陰)이지만 작용에서는 양기(陽氣)로 작용하는데, 사화(巳火)에는 본기인 병화(丙火)가 암장되어 있고, 해수(亥水)에는 본기인 임수(壬水)가 암장되어 있으며 양기(陽氣)로 작용한다.

육십간지(六十干支)

10천간과 12지지를 일정한 방법으로 양(陽)의 천간지지(天干地支)와 음(陰)의 천간지지(天干地支)로 결합하면 60개의 간지(干支)가 형성되는데, 이것을 육십간지(六十干支)라 하며, 순서대로 정리한다면 아래와 같다.

甲子	乙丑	丙寅	丁卯	戊辰	己巳	庚午	辛未	壬申	癸酉
甲戌	乙亥	丙子	丁丑	戊寅	己卯	庚辰	辛巳	壬午	癸未
甲申	乙酉	丙戌	丁亥	戊子	己丑	庚寅	辛卯	壬辰	癸巳
甲午	乙未	丙申	丁酉	戊戌	己亥	庚子	辛丑	壬寅	癸卯
甲辰	乙巳	丙午	丁未	戊申	己酉	庚戌	辛亥	壬子	癸丑
甲寅	乙卯	丙辰	丁巳	戊午	己未	庚申	辛酉	壬戌	癸亥

천간(天干)의 상징

天干	甲	乙	丙	丁	戊	己	庚	辛	壬	癸
음양	陽	陰	陽	陰	陽	陰	陽	陰	陽	陰
오행	木		火		土		金		水	
수리	3	8	7	2	5	10	9	4	1	6
계절	춘(春)		하(夏)		계(季)		추(秋)		동(冬)	
방위	동(東)		남(南)		중앙(中央)		서(西)		북(北)	
색	청(靑)		적(赤)		황(黃)		백(白)		흑(黑)	
맛	신맛		쓴맛		단맛		매운맛		짠맛	
소리	각음(角音)		징음(徵音)		궁음(宮音)		상음(商音)		우음(羽音)	
의	인(仁)		예(禮)		신(信)		의(義)		지(智)	

지지(地支)의 상징

地支	子	丑	寅	卯	辰	巳	午	未	申	酉	戌	亥
음양오행	陽水	陰土	陽木	陰木	陽土	陰火	陽火	陰土	陽金	陰金	陽土	陰水
천간	癸	己	甲	乙	戊	丙	丁	己	庚	辛	戊	壬
계절	冬	冬	春	春	春	夏	夏	夏	秋	秋	秋	冬
방위	北	北	東	東	東	南	南	南	西	西	西	北
동물	쥐	소	범	토끼	용	뱀	말	양	원숭이	닭	개	돼지
인체	머리	비장	사지	신경	자궁	심장	정신	다리	대장	폐	뼈	신장
월	11	12	1	2	3	4	5	6	7	8	9	10

오행(五行)의 상생상극(相生相剋)

천간지지(天干地支)를 목(木), 화(火), 토(土), 금(金), 수(水) 다섯 종류로 분류하여 오행(五行)이라 한다. 오행(五行)은 음양(陰陽)과 함께 동양철학의 근간이 되는데, 오행작용(五行作用)의 변화에 따라 인간의 명(命)을 포함한 우주의 모든 현상을 규명할 수 있다.

상생(相生)의 구조는 목생화(木生火) → 화생토(火生土) → 토생금(土生金) → 금생수(金生水) → 수생목(水生木)을 상생(相生)이라 한다.

즉, 나무가 불을 생조하고, 불은 흙을 생조하며, 흙은 광물을 생조하고, 광물은 물을 생조하며, 물은 다시 나무를 생조하는 것이다.

천간지지(天干地支)의 오행도(五行圖)

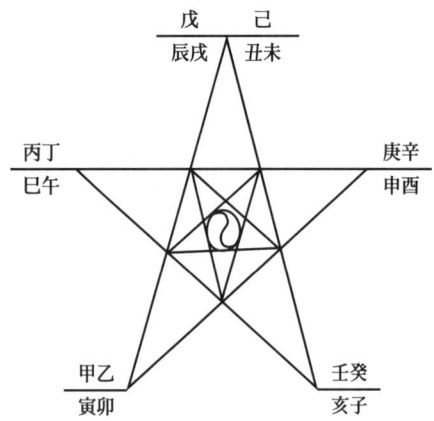

상극(相剋)의 구조는 목극토(木剋土) → 토극수(土剋水) → 수극화(水剋火) → 화극금(火剋金) → 금극목(金剋木)을 상극(相剋)이라 한다.

나무는 흙을 뚫고 나오며, 흙은 물을 막고, 물은 불을 끄며, 불은 쇠를 녹이고, 쇠는 나무를 극(剋)한다. 일반적으로 상생(相生)은 서로가 다정하며, 상극(相剋)은 서로가 무정하다.

왕쇠(旺衰)

기(氣)를 가진 만물에는 왕성(旺盛)과 쇠약(衰弱)이 있으며, 이와 같은 이치가 오행(五行)에도 작용하므로 왕쇠(旺衰)가 존재한다. 무엇보다도 오행(五行)의 왕쇠(旺衰)에 큰 영향을 주는 것은 계절의 변화이다. 계절에 따른 오행(五行)의 왕쇠(旺衰)를 보면 다음과 같다.

목기(木氣)는 봄에 가장 왕성(旺盛)하다. 여름에는 화기(火氣)가 왕성한 시기로 자연히 쇠약해지고, 가을에는 금기(金氣)의 극(剋)을 받아 가장 쇠약(衰弱)하다. 겨울에는 수생목(水生木)하므로 왕성(旺盛)해지기 시작한다.

화기(火氣)는 여름에 가장 왕성(旺盛)하지만, 봄에는 여름을 기다리는 희망이 있고 목생화(木生火)하므로 왕성(旺盛)해지기 시작하는데, 가을에는 화기(火氣)를 생조하는 목기(木氣)가 쇠약(衰弱)하므로 화기(火氣) 또한 쇠약(衰弱)해지고, 겨울에는 수기(水氣)가 화기(火氣)의 불을 끄고 춥기에 가장 쇠약(衰弱)하다.

토기(土氣)는 계절과는 큰 관련이 없으나 여름에 왕성(旺盛)하고 봄, 가을, 겨울에는 쇠약(衰弱)하다. 그러나 진술축미(辰戌丑未月)월에는 토기(土氣)가 왕성(旺盛)하다.

금기(金氣)는 가을에 가장 왕성(旺盛)하며, 토생금(土生金)하므로 진술축미(辰戌丑未)월에도 왕성(旺盛)하다. 여름에는 화극금(火剋金) 당하므로 쇠약(衰弱)해지고, 겨울과 봄에도 쇠약(衰弱)함을 벗어나지 못한다.

수기(水氣)는 겨울에 가장 왕성(旺盛)하고, 가을에도 금생수(金生水)하므로 왕성(旺盛)해지기 시작한다. 그러나 봄에는 수설생목(水洩生木)하여 기(氣)를 빼앗기므로 쇠약(衰弱)하며, 여름과 진술축미(辰戌丑未)월에는 토극수(土剋水)하므로 가장 쇠약(衰弱)하다.

합(合)
형충파해(刑沖破害)

합(合)이란, 글자 그대로 합(合)한다, 화합(和合)한다, 묶는다는 뜻이 있다. 또한, 합(合)이 되면 본분을 망각하여 자기 할 일을 못 하는 탐합기반(貪合羈絆), 탐합망생(貪合忘生), 탐합망극(貪合忘剋), 탐합망아(貪合忘我) 등의 원인으로 작용한다.

천간합(天干合)

천간합(天干合)은 음양(陰陽)이 다른 극(剋)하는 관계에서 합(合)을 이룬다. 이것은 남자와 여자가 만나 합(合)을 이루는 것과 같으며 모두 5쌍으로 다음과 같다.

甲+己 = 合 → 土
乙+庚 = 合 → 金
丙+辛 = 合 → 水
丁+壬 = 合 → 木
戊+癸 = 合 → 火

이처럼 5종류의 합(合)이 이루어지며, 오행의 성질이 변하는 화(化)하는 합(合)과 서로 묶이는 기반(羈絆)의 합(合)이 있으며, 각기 사주의 구조마다 다른 특성이 나타난다.
천간합(天干合)에서 일간이 기신(忌神)과의 합(合)은 매우 흉하며, 반면 희신(喜神)과의 합(合)은 길하다.

인간사에 선연(善緣)과 악연(惡緣)에 따라 화복(禍福)이 달라지듯이, 잘못된 결혼이 평생을 후회하거나, 길인연(吉因緣)을 만나 신분상승이 되는 것처럼, 간지의 합(合)은 희기작용이 다르다.

일간의 탐합(貪合)은 자기 본분을 망각한 것이므로 인성(人性)을 상실한 것과 같아서 부모를 나 몰라라 한다거나, 몰염치하거나, 탐합망생(貪合忘生)으로 자식을 돌보지 않거나, 탐재(貪財)로 인해서 인색하거나 탐관(貪官)으로 헛된 명예에 집착할 수 있으며, 명식의 타 천간의 합(合) 또한 명식의 구조에 따라 길흉이 다르게 되는데, 육친을 적용에서 희신과 기신의 구별을 하게 된다.

지지육합(地支六合)

亥+寅 = 合 → 木 선합후파(先合後破)
卯+戌 = 合 → 火
午+未 = 合 → 변하지 않음
子+丑 = 合 → 土
辰+酉 = 合 → 金
巳+申 = 合 → 水 형합후파(刑合後破)

육합(六合)은 부부지합(夫婦支合)으로 다정살(多情殺)이라 하며, 특히 해인합(亥寅合)과 사신합(巳申合)은 선합후파살(先合後破殺) 작용으로 애정에 결연을 맞이하는 일이 많다.

특히, 육합(六合)에서 탐합(貪合)에 의한 천간의 통근력 상실로 작용하기 쉬우므로 감명에 주의해야 한다.

년월지 육합(六合)은 초년에 애정 문제가 발생하기 쉽다.

월일지 육합(六合)은 초년, 중년에 애정 문제가 발생하기 쉽다.

일시지 육합(六合)은 중년, 노년에 애정 문제가 발생하기 쉽다.

특히, 육합(六合)에서는 투출천간의 통근력과 희기를 구별해야 한다. 기신을 육합(六合)하여 희신으로 변하면 길하고 희신을 육합(六合)하여 기신으로 변하면 흉(凶)하다.

해인합목(亥寅合木)은 선합후파살(先合後破殺)이므로 헤어질 때 시비 수가 생기기 쉽고, 유진합금(酉辰合金)은 도화지합(桃花之合)으로 큰 문제는 없으나 정(情)으로 인해 문제가 될 수 있으며, 사신합수(巳申合水) 형합후파(刑合後破)는 부부 이별 또는 애정의 배신으로 나타나는 일이 많다.

묘술합(卯戌合)은 극합(剋合)으로 선길(先吉)할지라도 후흉(後凶)하기 쉬우며 시비구설이 발생한다.

지지삼합(地支三合)

지지삼합(地支三合)은 가족 간의 합(合)이라 칭하며, 3개의 지지가 음양(陰陽)의 구분 없이 합하여 목국(木局), 화국(火局), 금국(金局), 수국(水局) 등의 4개의 삼합국(三合局)이 춘하추동(春夏秋冬) 동서남북(東西南北) 사상(四象)에 자리한다.

삼합(三合)은 다른 합(合)과는 달리 종합적인 기(氣)를 형성하므로 원국의 삼합(三合)이 아닐지라도 행운에서의 삼합(三合)으로 운명의 길흉(吉凶) 작용이 크게 나타난다.

亥+卯+未 = 三合 → 木局
寅+午+戌 = 三合 → 火局
巳+酉+丑 = 三合 → 金局
申+子+辰 = 三合 → 水局

삼합(三合)의 핵심은 자오묘유(子午卯酉) 4왕지에 있으며, 합국(合局)의 조건에 맞지 않으면 진합(眞合)이 되지 않는다.

특히, 삼합(三合)을 대표하는 천간투출이 있어야 하고, 삼합(三合)을 방해하거나 자오묘유(子午卯酉) 왕지월(旺支月)이 아니면 삼합(三合)을 이루지 못하는 일이 많으며, 2개의 지지(地支)만 있는 경우에는 반합(半合)이라 한다.

지지방합(地支方合)

방합(方合)은 방위(方位)와 계절을 뜻한다. 삼합(三合)과 달리 친척이나 친구들의 합(合)이라 칭하며, 결속력은 약하지만, 힘의 세기는 강하며, 방합(方合)을 대표하는 천간이 있어야만 합(合)을 인정한다.

방합(方合)은 천간의 통근력과는 무관하다. 가령, 무토(戊土)가 있다면 인묘진방합(寅卯辰方合)에 의한 통근처 상실로 이어지지 않으며 진중(辰中)에 통근한다.

寅+卯+辰 = 木方 동쪽, 봄
巳+午+未 = 火方 남쪽, 여름
申+酉+戌 = 金方 서쪽, 가을
亥+子+丑 = 水方 북쪽, 겨울

방합(方合)은 삼합(三合)보다는 결속력이 떨어지지만, 대운을 볼 때는 유용하게 쓰이며, 천간의 통근력에 따른 힘의 경중(輕重)이 중요하다.

천간충(天干沖)

천간충(天干沖)은 서로 극(剋)하는 관계에 있으면서 양대양(陽對陽) 음대음(陰對陰)으로 충(沖)이 되는데, 천간을 배열했을 때 일곱 번째 만나는 천간이 충(沖)이 된다고 하여 칠충(七沖)이나 칠살(七殺)이라 한다.

갑경충(甲庚沖): 가족 우환, 직업 변동, 신경통

을신충(乙辛沖): 간장 질환, 부부 불화, 문서 문제

병임충(丙壬沖): 대장 질환, 금전 손실, 사적인 비밀이 밝혀짐

정계충(丁癸沖): 소장 질환, 손재수, 관재 구설

무갑충(戊甲沖): 피부 질환, 위장 장애, 다툼

기을충(己乙沖): 복막통(腹膜痛), 중풍, 사기, 손재

경병충(庚丙沖): 두통, 직업, 주거 변동

신정충(辛丁沖): 폐렴, 관재 구설, 고통

임무충(壬戊沖): 간경화(肝硬化), 경제적 고통

계기충(癸己沖): 복부 질환(腹部疾患), 관재 구설

지지충(地支沖)

지지충(地支沖)은 자오충(子午沖), 축미충(丑未沖), 인신충(寅申沖), 묘유충(卯酉沖), 진술충(辰戌沖), 사해충(巳亥沖) 등의 6개의 충살(沖殺)이 형성되고, 무정함과 냉정함을 상징하지만, 일장일단(一長一短)이 있으므로 무조건 나쁘다고 할 수는 없다.

충살(沖殺)은 대체로 부정적인 경향이 강하여 질병을 유발하거나 주의를

잃게 하여 흉작용이 되는 일도 많지만, 가령, '잘못된 건물을 헐어 내고 새로운 건물을 짓는 것'처럼 새롭게 시작한다는 의미가 있으므로 무조건 흉(凶)하다고 단정 지을 수는 없다.

지지충(地支沖)은 천간충(天干沖)과 같이 음대음(陰對陰), 양대양(陽對陽)의 극(剋)하는 관계로 강제적 제압에 해당하므로 충(沖)을 당하는 처지에서는 반발심이 발생한다.

가령, 신월(申月)의 인목일지(寅木日支)라면 내가 충(沖)을 당하려고 들어간 것이므로 신금(申金)에 해당하는 육친을 원망할 필요가 없는데도 원망한다.

이때 신금(申金) 입장에서는 평안함을 깨트리는 인목(寅木)이므로 인목(寅木)에 해당하는 육친이 미울 수밖에 없다. 그러므로 근묘화실(根苗花實)과 충(沖)하는 지지, 당하는 지지의 육친판단이 중요하다.

특히, 금목상전(金木相戰)이나 수화상전(水火相戰)의 충(沖)에서 정신계 문제와 해(害) 작용이 있지만, 적군에게 아군이 충(沖)을 당하는 오행과 아군이 적군을 충(沖)하는 오행이 있으므로 충(沖)이 무조건 나쁜 것은 아니다.

진술축미(辰戌丑未)의 충(沖)은 붕충(朋沖)이라 하는데, 창고충(倉庫沖) 묘지충(墓地沖)으로 창고나 묘지가 허물어진 격으로 음덕(蔭德)이 무너지고 희망이 무너지는 격이다. 그러므로 안정되지 않으며 순일한 정신이 되지 않는다.

지지충(地支沖)은 천간의 뿌리가 흔들리고 사주 격에 큰 영향을 주므로 정신의 문제와 지체와 장애가 발생하는 일이 많다.

자오충(子午沖): 하늘과 땅이 충돌(衝突)하고 물과 불이 싸우는 형상으로 불안하고 예민해지는 정신계 문제로 작용한다. 또는 이성 간이나 사회생활에 분쟁불화(分爭不和)와 이익이 없는 곳에 공연히 동분서주하고 역마살로 작용한다.

묘유충(卯酉沖): 골육손상(骨肉損傷), 부부불화, 주색으로 재화(災禍)를 자초하는 일이 많다. 지지부진한 충(沖)으로 쉽게 결판나지 않으며 시간만 허비한다. 독심을 품은 여자들의 싸움과 같다. 겉은 온화하지만 심중에는 권리나 이해관계로 우애나 애정이 불미하며 수족 및 말초신경계의 질병을 조심해야 한다.

인신충(寅申沖): 인정이 많은 듯하지만 속마음을 숨기는 일이 많고 대체로 무정한 편이다. 자신은 실수를 잘 하면서도 타인의 실수는 용납하지 않는 경향이 강하고 애정 풍파와 남녀 구설수가 많다. 간 질환 신경통을 조심해야 하고 교통사고를 조심해야 한다. 속전속결로 승패가 결정되는 특징이 있다.

해사충(亥巳沖): 긁어 부스럼을 만드는 충(沖)으로 작은 일도 크게 확대되는 일이 많아서 처음은 작지만 큰일로 변하는 일이 많다. 무심히 지나칠 일도 참견하여 손해를 본다. 감정과 기분에 좌우되기 쉽고 배경을 좋아하므로 신중해야 하는데, 손해 보는 일을 반복하므로 쓸데없는 일을 자제해야 한다. 심장, 방광, 혈압 관련 질병을 주의해야 한다.

진술충(辰戌沖): 수기창고(水氣倉庫)와 화기창고(火氣倉庫)의 충돌로 보관창고가 깨어지면 남 좋은 일을 하는 경우가 많다. 주위에 내 재물을 탐내는 사람이 많고, 자신 또한 탐욕(貪慾)으로 친구나 동기를 배신하고 배반당하는 일이 많다. 소송, 시비, 위장 질환, 피부암, 자궁암, 신장 질환을 주의해야 한다.

축미충(丑未沖): 금기창고(金氣倉庫)와 목기창고(木氣倉庫)의 충돌로 보관창고가 깨어지면 남 좋은 일을 시키는 결과가 된다. 이권 다툼으로 은혜가 원수로 변하고, 파혼, 패가, 재난, 위장 질병, 소화기 계통, 심장 질환, 시력,

치매, 건망증의 질병을 주의해야 한다.

지지형(地支刑)

형살(刑殺)은 충(忠)과 같은 유사한 뜻을 가졌지만 그 작용력은 확연히 다르다. 형살(刑殺)은 동(動)하는 성분으로 작용하고 충(沖)은 깨어짐을 상징한다. 그러므로 형살(刑殺)은 천간의 통근력이 인정되지만, 충살(沖殺)은 천간의 통근처가 사라지는 것으로 통변 한다. 그러나 충살(沖殺)이라 해서 무조건 깨지는 것은 아니다. 즉, 교통사고라 해서 무조건 사상자(死傷者)가 나오지 않음과 같다.

인사신(寅巳申) 삼형(三刑): 무은지형(無恩之刑)이라 하며 은혜를 원수로 갚고, 혹 신세를 지고도 자의든 타의든 배은망덕(背恩忘德)하기 쉽다. 또한 생지충(生地沖)은 역마지살(驛馬地殺)에 해당하므로 노상횡액을 조심해야 한다.
일지가 인목(寅木)이고 삼형(三刑)과 탕화살(湯火殺)이 중첩되면 약물 중독, 가스 중독, 인생 비관, 염세 비관, 자살, 총탄 부상, 파편 부상 등의 위험이 있다.

축술미(丑戌未) 삼형(三刑): 지세지형(持勢之刑)이라 하며, 세력을 믿고 경거망동(輕擧妄動)하거나 세력에 아부하는 특징이 있다. 명식이 편고(偏固)하면 언행이 다른 표리부동(表裏不同)으로 염치를 모르고 뻔뻔하기도 한다.
또한, 믿음이 배신당하며 소화기 계통, 피부 질환 등의 질병이 있어 본다. 일지가 축토(丑土)이고 삼형(三刑)과 탕화살(湯火殺)이 중첩되면 위경련 질환이 많으며 약물 쇼크, 가스 중독, 인생 비관, 우울증, 총탄 부상, 피부

병, 성병 등의 위험이 있다.

자묘상형(子卯相刑): 무례지형(無禮之刑)이라 하며, 추운 사주라면 자묘형살(子卯刑殺)이 강하게 작용하지만, 화기(火氣)가 유력하면 무난하다. 사주가 편고(偏固)하면 성격이 난폭하여 무례(無禮)를 범하기 쉽다. 특히 비뇨기 계통의 질환, 성병, 방광염, 전립선 등에 주의해야 한다.

진진자형(辰辰自刑)과 해해자형(亥亥自刑): 수기(水氣)가 넘쳐 해(害)가 된다. 냉해(冷害) 피해를 조심해야 한다. 피부병, 위장병, 자궁암, 유방암, 전립선, 유산, 간암, 신장 질환, 당뇨 등을 주의해야 한다.

오오자형(午午自刑): 불길이 치솟아 해(害)가 되므로 항상 불조심과 즉흥적 기분에 사로잡히는 일과, 음란호색(淫亂好色)을 주의해야 한다. 안질, 눈병, 시력, 색맹, 장님, 심장 질환 등의 위험이 있게 되는데, 수기(水氣)가 유력하고 진토(辰土)가 있다면 무난하다.

유유자형(酉酉自刑): 금기(金氣)가 지나쳐 해가 되므로 비밀이 있고 추억을 간직하며 꽁하는 성격에 미소 중에 마(魔)가 숨어 있다. 담석증, 폐 질환, 간 질환, 골절, 대장 질환, 여성 산부인과 질환과 유방 질환 등의 염려가 있다.

자형살(自刑殺): 사주에 있으면 길흉화복(吉凶禍福)의 반응이 빨라서 기신으로 흉살(凶殺)을 겸하면 자해(自害)하기 쉽고 몸에 흉터가 있게 된다. 또한 속수무책으로 관재재앙(官災災殃)이 발생하는데, 행운에서 3개 이상의 자형살(自刑殺)이 겹치면 예상치 못한 정신계 문제가 발생하고 형벌(刑罰)을 당하거나 수술을 받는 등 흉작용을 하지만, 희신 작용이면 판검사, 의사, 경찰, 군인 등의 직업에서 형권(衡圈)을 잡는 일도 있다.

파살(破殺): 자유(子酉), 축진(丑辰), 인해(寅亥), 묘오(卯午), 사신(巳申), 술미(戌未) 등의 글자들이 서로 근접(近接)하고 있을 때 6개의 파살(破殺)이 성립하는데, 년월파살(年月破殺), 월일파살(月日破殺), 일시파살(日時破殺) 등이 있다.

자수(子水)가 유금(酉金)을 파(破)하고,
오화(午火)가 묘목(卯木)을 파(破)하고,
신금(申金)이 사화(巳火)를 파(破)하고,
인목(寅木)이 해수(亥水)를 파(破)하고,
진토(辰土)가 축토(丑土)를 파(破)하고,
술토(戌土)가 미토(未土)를 파(破)한다.

파살(破殺)은 파괴와 분열을 의미하므로 서로 원만하지 못하고 화합하지 못하면서도 이별하기도 힘든 관계가 되기 쉬우며, 단체나 조합을 분열시키는 분파(分破) 작용을 하기 쉽고 가정의 화합(和合)도 깨트려 불화하기 쉽다. 그러므로 가령, 명식에 자유파살(子酉破殺)이 있다면 자수(子水)에 해당하는 육친이 유금(酉金)에 해당하는 육친과 파살(破殺) 관계라고 본다.

해살(害殺): 자미(子未), 축오(丑午), 인사(寅巳), 묘진(卯辰), 신해(申亥), 유술(酉戌) 등의 글자들이 서로 근접(近接)하여 있는 경우 6개의 해살(害殺)이 성립한다. 명식에 년월해살(年月害殺), 월일해살(月日害殺), 일시해살(日時害殺) 등이 있다.

해살(害殺)은 서로의 장점을 찾아 칭찬하지는 못하고 결점만 보고 지적하는 일이 많다. 그러므로 서로가 불편한 관계가 되기 쉬워서 신뢰와 존경심이 없게 된다.

대체로 파살(破殺)과 해살(害殺)의 피해는 적은 편이지만, 행운에서 형충(刑冲)이 가세하여 충동(沖動)이 될 때 강력하게 나타나는데, 육친적용에 중점을 두게 된다.

갑목(甲木)의 성분

갑목(甲木)은 10천간의 처음으로 시작, 으뜸, 왕, 유일, 우두머리, 유아독존, 절대자, 존재, 통일, 연합, 외로움, 고립 등을 상징하며 공간적(空間的)으로는 1차원의 점을 상징한다.

갑목(甲木)은 아무것도 없는 무한(無限)의 세계에서 유한(有限)의 세계가 처음으로 나타남을 뜻하는 글자이다. 그러므로 처음이자 시작이며 유아독존(唯我獨尊)이지만, 무(無)에서 유(有)를 창조해야 하므로 외롭고 고독하며 고집스럽지만, 목표가 생기면 최선을 다해서 전진무퇴(前進無退)의 기질로 나타난다.

갑목(甲木)은 만물의 기초가 되는 성분으로 하늘의 천관성(天官星)이 비추고 있으나 덕을 베풀지 않으면 반발을 사서 애써 이룬 공(功)이 허사가 되므로 덕을 베풀어야 길하다.

천장지구(天長地久)라 할 수 있는 갑목(甲木)은 격국이 길하면 일생 평안하고 행복과 부귀, 명예를 얻고 장수할 수 있는데, 정열적이고 용감하기 때문이다.

갑목(甲木)은 남성적으로 씩씩하게 인생을 개척해 나가는 강한 의지를 지녔고, 자신에 대한 절대적인 신뢰와 자부심이 있다. 그러므로 일이나 공부에서도 무모하게 보일 정도로 열심히 노력하지만 외로움을 많이 타고 호색하는 기질이 있다.

갑목(甲木)은 강한 자신감의 소유자이므로 누구 앞에서도 거리낌 없이 자신의 의견을 표현하며 비굴하게 보이는 일이 없으며 웬만해서는 자신의 실수를 인정하지 않는다.

　타인으로부터 지시받는 것을 싫어하고 독립자존으로 자신의 이상을 관철하지 않으면 기분이 풀리지 않는다. 흔들리지 않는 확고부동한 자신감으로 목표를 달성하고 완수하려는 기질이 강하다.

　이러한 성격은 때로는 완고하게 보여 적군을 만들기도 하지만 그렇다고 비겁하고 부정한 수단에 호소하는 일은 하지 않는다. 항상 공명정대하고 정의감이 강하기 때문이다.

　대체로 명랑하고 밝은 성격으로 교제를 좋아하고 개방적이며 자주 웃고 농담 등을 잘하는 성격으로, 타인을 즐겁게 하는 소질이 있으며 능숙한 언변은 아니지만 강한 설득력을 가지고 있다.

　어딘지 모르게 위엄(威嚴)이 있고 당당해 보이므로 사람들로부터 의지하게 만드는 묘한 매력이 있고 뒤끝이 없는 사람으로 의외로 섬세하고 고독하며 순진한 면을 가지고 있으며 세세한 일에는 구애받지 않는 편이다.

　한 가지 단점이라면 타인의 충고나 조언을 받아들이지 않는 성격으로 스스로 적군을 만드는 일이 많다. 이러한 자존심을 지키기 위해서 허세(虛勢)가 강하고, 인색하다는 평가나 타인에게 나쁜 말 듣는 것을 싫어한다. 그러므로 남 앞에서는 아낌없이 돈을 사용하거나 몸치장을 많이 하여 외화내빈을 만들기도 한다.

을목(乙木)의 성분

을목(乙木)은 갑목(甲木)의 지엽(枝葉)으로 활목(活木)이다. 나뭇가지나 잎사귀가 바람(風)을 만나면 흔들리는데 사람이 이것을 보고 바람을 볼 수 있다. 고로 을목(乙木)은 바람(風)에 속하고, 간(肝), 담(膽)(쓸개), 손가락, 발가락, 눈썹, 머리카락, 음모(陰毛), 신경선(神經線) 등을 상징한다.

또한, 을목(乙木)은 머리카락에 해당하여 하늘로부터 양기(陽氣)를 받아들이고, 음모(陰毛)는 음기(陰氣)를 받아들이는 작용을 한다. 그러므로 을목(乙木)에 문제가 생기면 음모(陰毛)가 없는 사람이 될 수 있으며, 병화(丙火)가 강하거나 정화(丁火)가 을목(乙木)을 태우는 상이라면 심한 곱슬머리가 되고 얼굴 피부 또한 흉터나 화상이 생길 수 있으며, 눈썹 또한 숱이 적으며 그 뿌리가 약하다.

을목(乙木)으로 태어난 사람은 순수하고 맑으면서 인내력이 강하여 힘든 고난도 이겨 내려는 의지가 강하다. 갑목(甲木)이 성장의지(成長意志)의 상징이라면 을목(乙木)은 갑목(甲木)의 성장의지를 바탕으로 만물을 무성하게 하고 결실에 해당하는 꽃과 열매 맺는 것을 사명(使命)으로 한다.

그러므로 을목(乙木)은 어려운 환경으로부터 살아남아서 꽃과 열매를 맺어야 하므로 지혜가 있으며, 만물을 품 안에서 성장시켜야 하므로 도화성(桃花性)을 겸비하여 벌 나비를 유혹하여 잉태시키는 목적을 가진다. 그러므로 병화(丙火)가 있으면 자식을 위해서 자신을 희생시킬 수 있음을 뜻한다.

을목(乙木)은 자신의 몸은 혹사(酷使)하더라도 자식은 지키려 하는 성질이 강하지만, 새(鳥)가 되는 성분으로 작용한다면 자식이든 부모든 모른 척하고 날아가는 냉정함을 겸비하고 있다.

폭(幅) 잡기 어려운 사람도 많은데, 목적과 사명을 이루기 위한 변신에 능하여 연예인에 적합한 성질이지만 변덕이 심하고 배신을 잘하기도 한다.

분리와 독립 바람(風)을 상징하는 을목(乙木)은 춘풍도화(春風桃花)로 색욕(色慾)과 욕망(慾望)을 상징하므로 화조(花鳥)가 되기도 하며 소식을 전하는 비둘기가 되기도 한다.

을목(乙木)은 타 천간보다 생각이 많을 수밖에 없는데, 그것은 신경선에 해당하므로 끊임없이 바람이 부는 것처럼 돌아다니기를 좋아하고 사회 활동을 선호한다.

사치와 장식을 좋아하고 지나치게 화려함을 좋아하는 성격으로 보석(寶石)과 장신구(裝身具)를 좋아하지만, 관살(官殺)이 희신이라면 착용해도 좋겠지만 기신(忌神)이라면 좋을 바 없어서 해됨이 많다.

어느 장소에서나 화려하게 자기를 나타내고 싶어 하지만, 때에 따라서는 너무나 자기 개성이 강하여 남과 마찰이 발생하기 쉬우며 입이 가벼운 편이다.

그러나 사주 격이 좋으면 친근하고 사랑스러운 사람이 되는데, 을목일간(乙木日干) 중에 미인들이 많은 것이 하나의 특징으로 누구에게나 착착 감기는 낙지 발과 같아서 거부감을 주지 않는 장점이 있다. 그러나 지조 없는 여인들도 많아서 남편의 의처증을 불러오기도 한다.

병화(丙火)의 성분

병화(丙火)는 양중양(陽中陽)으로 용기와 과단성 활동력이 왕성하며 어떠한 난관에도 굽히지 않는 보스 기질이 있으나 지나치게 강하다 보니 저돌적이거나 폭발적인 히스테리 기질이 있으며 무모한 모험이나 투기를 좋아하기도 한다.

여성의 경우 활동력이 강하고 대인관계가 원만해서 다방면으로 사회 활동을 하며 밖에서는 인기가 좋으나 가정적으로는 살림이 엉망인 경우가 많으며 남편 알기를 우습게 아는 사람도 많다.

높이 떠 있는 태양처럼 이상과 포부가 원대하고 계획이 크며 사물을 판단하는 안목이 정확하고 빠르지만, 자신이 가장 높은 것처럼 생각하여 어지간해서는 다른 사람에게 굽히지 않거나 무시하고 이상과 현실 사이의 괴리감에서 고뇌하는 때가 많다.

병화(丙火)는 어떤 천간을 만나도 두려운 바 없으나 유독 계수(癸水)를 만나 흑운차일(黑雲遮日)을 당하면 그 권위를 나타내지 못하는 일이 많다.

또한, 신금(辛金)을 만나 탐합(貪合)이 된다면 자신의 할 바를 잊고 일사무성(日事無成)이 되기도 하는데, 이때 임수(壬水)를 만나 탐재집착(貪財執着)을 풀어 주는 것이 길하다.

병화일간(丙火日干)은 명랑하며 열정적이지만 인내력이 부족한 경우가 많으며 싫증도 잘 내고, 여자일 때 전업주부가 되는 것을 극히 싫어하며 활동하지 않으면 없는 병도 생기는 여성도 있다.

병화(丙火)는 표면적(表面的)인 아름다움에 쉽게 잘 속는 편으로 항상 본질을 파악하는 안목을 기르는 것이 중요하다. 비록 박학다식(博學多識)하다고 하지만, 현시대는 전문가를 요구하는 시대이므로 팔방미인이 되는 것보다는 정통으로 하나를 확실히 알아서 그 부분의 전문가가 되는 것이 길하다.

병화(丙火)는 이미 아는 지식이 많으므로 몇 개의 직업을 가질 수가 있는데, 한 분야를 독파한 것이 아니므로 어중간하게 끝나고 이것이 발전에 장애로 작용하기도 한다. 인생을 개척하는 대담한 행동도 중요하지만 냉정(冷情)하게 검토한 후에 실행으로 옮겨야 하며 특히 경솔함을 주의해야 한다.

화기(火氣)는 예(禮)에 해당하므로 예절이 밝은 편이며, 대체로 위장이 약하고 변비와 설사의 증세가 있기 쉬우며 물 마시기 좋아하는 사람들이 많은데, 많은 물을 마시는 것은 그리 좋지 않다.

행운에서 흉운(凶運)이 올 때는 눈에 관한 안질 및 시력에 주의해야 하는데, 화기태왕(火氣太旺)으로 기신일 때 장님이 되는 사람도 있다. 상징적인 동물로는 주작(朱雀)으로 표현하는데, 언변이 좋고 매사에 푸짐하여 설단생금(舌端生金)이라 하며 입으로 벌어먹는 사람이 많으며 이마가 넓고 대머리인 사람도 많다.

아는 체와 잘난 척을 많이 하고 입바른 말을 잘하거나 남의 비밀을 지켜주지 못하는 단점이 있으며 자기 속마음을 그대로 노출하여 구설수가 따르기도 한다.

정화(丁火)의 성분

정화(丁火)는 음화(陰火)이다. 천지가 어두울 때이니 밤중에 빛나는 별, 등대, 등촉화, 전등, 공업용 전기, 산소불, 화롯불 등의 물상이 되는데, 명식에 병화(丙火) 태양이 밝으면 정화(丁火)는 그 존재를 드러낼 수 없으므로 2등 인생으로 추락하게 된다.

태양 빛이 밝은 낮에는 별을 볼 수 없기 때문인데, 낮에 등을 켜고 다니는 격이므로 나타남의 쓰임이 적은 사람이 된다. 그러므로 2등 인생으로 참모 역할에 만족해야 할 명이 된다.

그러므로 음화(陰火)인 정화(丁火)는 빛을 발할 수 있는 밤에 태어나는 것이 좋으며, 신약하면 또 다른 정화(丁火)가 있는 것은 좋으나 병화(丙火)는 반갑지 않다. 그러나 겨울 생이라면 병화(丙火) 형제의 도움을 받는 것이 길하다. 성공 출세한 형제가 있으면 그 덕을 볼 수 있기 때문이다.

정화(丁火)는 덜렁대거나 급한 성격처럼 보이지만 생각이 깊고 넓으며 의협심(義俠心)이 있어서 자기보다 딱한 처지에 있는 사람을 보면 측은지심(惻隱之心)이 강해서 돕고자 애쓴다.

정화(丁火)는 음(陰)에 속하고 인위적(人爲的)인 화력과 같아서 그 성질은 병화(丙火)보다 유순하고 화평하며, 열기(熱氣)로 작용할 때에는 경금(庚金)을 녹여 그릇을 만들고, 빛으로 작용할 때는 조명등으로 실내를 밝혀 인간을 이롭게 한다.

정화(丁火)는 예(禮)를 상징하므로 예의(禮義) 바르고 겸손하며 총명하고 판단력이 좋으나 소심한 단점이 있다. 유달리 잔정이 많아서 정(情)에 약하고 남을 잘 믿는 경향이 있어서 간혹 배신을 당하기도 한다.

그러나 자신은 남에게 악(惡)한 일은 안하는 편이며 평소에 지나칠 정도로 느긋하지만 급할 때는 병화(丙火)보다 더 급하므로 완급조절(緩急調節)이 필요하다.

정화(丁火)는 자신의 몸을 태워서 어둠을 밝히고 빛을 발하는 촛불이나 등대처럼 헌신적인 선비 정신이 강하다. 그러므로 남명은 대체로 고지식하며 잔꾀를 부리지 않는 것은 좋으나 자기와 이해관계가 없는 일인데도 표시가 나도록 혐오하거나 옳고 그름을 따지다 보니 스스로 미움을 사서 손해를 보는 일이 많다.

정화(丁火)는 경금(庚金)을 만나야 부지런하고 근면 성실하지만, 신약하고 갑목(甲木)이나 무토(戊土)가 없으면 역량미달로 경금(庚金)을 연금(鍊金)시키지 못하여 무시당하는 일도 있다.

정화(丁火)와 격(隔)하고 있는 임수(壬水)를 만나는 것이 좋으며, 정화(丁火)와 근접(近接)한 무토(戊土)가 있는 것이 좋다. 정임합(丁壬合)이 된다면 자칫 음란지합(淫亂之合)으로 변질할까 두렵고, 합목(合木)하여 문서를 만든다고 하지만 목적 없는 문서는 없으므로 잘못 찍은 도장으로 날아가는 문서가 될 수 있다.

정화일간(丁火日干)이 무토(戊土)를 만나면 대체로 건강하고 정력이 강하지만 심장 계통의 질병 및 순환기 질병을 주의해야 한다.

무토(戊土)의 성분

무토(戊土)는 늙은 토기(土氣)와 같아서 왕성한 호기심을 만족시키기 위해서 활동적이고 민첩하며 때로는 대담한 모험정신을 발휘한다. 대체로 지루한 것을 싫어하며 즉흥적으로 무언가에 도전하는 성향이 강한 편이다.

이 도전정신은 두뇌 회전이 빠름으로부터 생기는데 날카로운 지성(知性)으로 다방면에 활동력이 넘치고 지적 욕구를 채우기 위해서 언제나 탐구적이다.

묵직한 중후함에 날카로운 이론적 분석력이 추리 능력과 결합하여 선견지명이 발생하는데, 어느 정도까지 파고들면 스스로 결과를 예견하여 흥미를 잃고 또 다른 대상으로 옮기는 성격 때문에 하는 일에 실패를 가져오기도 한다.

무토(戊土)는 성곽과 제방 또는 태산에 비유할 수 있다. 중정(中正)하므로 고요한 것이 좋으며 동요하는 것은 좋지 않다. 그러므로 신약(身弱) 할지라도 형제인 기토(己土)는 산정붕괴(山頂崩壞)시키는 원인이 되므로 형제 덕이 없는 편에 해당한다.

고요한 것을 좋아하므로 외롭고 고독하게 되는데, 기본적인 성격이 시끄럽고 번잡스러운 것을 싫어한다. 무토(戊土)가 중화(中和)를 잃으면 욕심이 많고 다른 사람은 안중에도 없으며, 이기주의로 남의 일에는 관심을 두지 않는다.

또한, 사람들과 어울리지 않고 한쪽으로 치우칠 수 있어서 이것도 저것도 아닌 것처럼 보이기도 한다. 높은 산에서 아래를 내려다보듯 사물을 관찰하는 능력과 사람을 파악하는 안목이 좋아서 멀리 내다보는 이상으로 계획을 세우지만 우리가 사는 현실은 산꼭대기에서 사는 것이 아니라, 산 밑의 혼탁한 도시에서 살다 보니 이상과 현실이 잘 맞지 않아서 갈등을 느끼고 세속의 인연을 멀리하는 사람도 많다.

무토(戊土)는 무게가 있고 중후하며 포용력이 있으나 때에 따라서는 무능하게 보이지만 신의를 중히 여기고 언행이 진중하다. 책임감을 바탕으로 계획한 일을 박력 있게 밀고 나가는 추진력도 있으며 원수를 만들지 않고 교제하는 장점도 있다.

무토(戊土)는 태산과 같아서 어지간해서는 흔들리지 않는 주관과 개성이 뚜렷하고, 주체의식이 강하여 자신의 주장을 관철하려고 한다. 그러나 자신의 판단을 과신하여 남의 말을 듣지 않는 아집과 다른 사람의 말을 무시하는 경향도 있어서 교만하다는 오해를 받기도 한다.

무토일간(戊土日干)은 신경계통이 매우 약할 수 있으므로 혹사해서는 안 된다. 특히 조열하면 많은 신경을 쓰게 되므로 신경이 예민하게 된다. 특히 토기일간(土氣日干)은 윤택(潤澤)해야 인생이 풍요롭다.

그러므로 수기(水氣)가 있어서 윤택하면 만물이 살 수 있으나 흙이 메마르면 만물이 병(病)들게 되므로 화염조토(火炎燥土)가 되어서는 안 된다. 조열(燥熱)한 무토(戊土)는 정신적으로나 육체적으로 신경계통의 균형이 맞지 않아서 질병이 만들어지고 잘못된 가치관을 만들게 된다.

이러한 신경계통의 이상은 척추질병과 장(腸)이 약하여 장암이거나 직장암, 치질 등의 질병이 되므로 주의해야 한다.

기토(己土)의 성분

하늘에서 구름이 되는 기토(己土)는, 구름 운(雲) 기토(己土)와 우레(雷)인 갑목(甲木)이 합하여 비(雨)가 되어 땅으로 내려오므로 갑목(甲木)과 계수(癸水)를 좋아하고, 구름을 흩어지게 하는 을목(乙木) 바람을 꺼린다.

을목(乙木)에 해당하는 육친은 비가 내려야 만물이 풍성해지고 을목(乙木) 자신도 성장하게 될 것인데 구름을 흩트려 놓으니 구름은 다른 곳으로 옮겨 가 비를 뿌리므로 스스로 자신의 발등을 찍는 것과 같다.

기토(己土)는 오행의 중앙으로 중정지토(中正之土)라 하며 그 작용과 성분이 무토(戊土)와 비슷하지만, 양기(陽氣)가 음기(陰氣)로 변환되는 과정에 있으므로, 무토(戊土)보다 축장(蓄藏)의 기운이 강하며 만물을 기르고 배양(培養)하는 성분으로 마음이 부드럽고 평평한 토양(土壤)과 같아서 모든 것을 받아들이는 포용성(包容性)이 강하며 항상 자신의 행동이 상대에게 어떠한 영향을 미치게 될 것인가에 마음을 쓴다.

사주 구성에 따라서 차이는 있겠지만 자신의 주장이 강하지 않은 것은 좋으나 소극적(消極的)이고 우유부단(優柔不斷)한 편에 해당한다.

기토(己土)는 전원(田園)의 습토(濕土)로 만물을 성장시키며 그 성질이 중정(中正)하여 편고하지 않으므로, 무한대로 모으고 저장할 수 있으므로 그 효용이 크지만, 병화(丙火) 태양이 화창하고 격(隔)하고 있는 계수(癸水)가 있어야 전원옥답(田園沃畓)의 가치가 드러난다.

기토(己土)는 중정지토(中正之土)로 사교성이 좋으며 적을 만들지 않는 장점이 있지만, 자칫하면 이쪽저쪽으로 중심(中心)을 잡지 못해서 남에게 오해를 사기도 한다. 기회를 엿보는 능력이 뛰어나 남보다 좋은 기회를 잡을 수도 있지만 무게감이 없어서 언행일치(言行一致)가 안 되는 단점이 있으며 스스로 움직이기보다는 타인에 의해서 움직이는 변동수로 나타난다.

을목(乙木)은 무토(戊土) 태산에서 꽃을 피우면 알아주는 사람이 없어서 외로운 상이지만, 기토(己土)는 태산 밑의 옥토(沃土)이므로 기토(己土)를 좋아한다.

그러나 을목(乙木)을 만난 기토(己土)는 재목(材木)을 성장시키지 못하므로 현실은 화려하지만 미래가 보장되지 않으므로 불안함이 있게 된다. 그러므로 귀(貴)함을 얻을 수 있는 갑목(甲木)을 좋아한다.

여름에 태어난 기토일간(己土日干)의 명식에서 임수(壬水)가 투출했다면 조후로 쓸 수 있을 듯하지만, 도움 되지 않으므로 오히려 수고로움이 따르고 인덕이 없게 된다.

그러므로 임수(壬水) 만나기를 꺼리는데, 임수(壬水) 또한 기토(己土)를 꺼리므로 서로가 피해가 된다. 그러므로 기토(己土)와 임수(壬水)는 서로 근접(近接)하지 않는 것이 좋다.

신강하면 목기(木氣)가 왕성해도 두렵지 않으며, 금수(金水)가 왕성해도 걱정할 바 없으나 허약하고 태양이 없는 음습(陰濕)한 땅이라면 쓸모없는 땅으로 의지할 데 없는 천덕꾸러기 인생이 되기 쉽다.

경금(庚金)의 성분

경금(庚金)은 하늘에서 달에 비유하였으니, 을목(乙木)과 사화(巳火)가 있는 가을의 경금(庚金)은 청풍(淸風)이 불어 달빛이 빛나니 미남미녀이다.

봄과 여름의 경금(庚金)은 광채(光彩)가 약하고 흐린 날이 많아서 사람이 게으르고 끊고 맺음이 분명치 못한 사람이 많으며, 경금(庚金)이 정화(丁火)를 기뻐하는 것은 달 주변에 별들이 같이 있으면 아름답기에 미남미녀가 많다.

경금(庚金)은 아직 제련되지 않은 금속을 상징하므로 유력한 정화(丁火)가 있으면 쓸모 있는 기물이 된다. 그러므로 정화(丁火)를 매우 반긴다.

갑병무임(甲丙戊壬) 양천간(陽天干)은 정관(正官)을 꺼리는 관계이지만, 유독 경금(庚金)은 정관(正官)인 정화(丁火)를 매우 반기며, 병화(丙火)와는 무해, 무덕한 관계이다. 태양과 달은 함께 할 수 없으므로 병화(丙火)에 대한 피해의식이 발생하는 것이다.

경금(庚金)의 성질은 한마디로 의리를 대표한다 해도 과언이 아니다. 한번 사귀거나 믿었던 사람에게는 충성을 다하며 배신하는 일이 드물지만, 너무 의리를 따지다 보니 자기 실속이 미약하여 외화내빈이 되는 사람도 많다.

그러므로 가족들에게 환영받지 못하는 사람도 있지만, 밖에서는 사람 좋다는 칭찬을 듣는다. 한편 친구나 선후배를 좋아하고 따르다 보니 건달이 되기도 한다.

의협심이 강하고 정의를 부르짖는 용감한 성격으로 동료애나 소속감이 남달리 강하고, 강자에게는 대항하고 약자는 도와주며 희생정신이 강하지만 한편으로 성격이 조급하거나 난폭하고, 선악의 구별이 심하거나 명예욕심이 강하고 독선적인 데가 많아서 적이 생기거나 스스로 재앙을 불러들이는 일이 많다.

경금(庚金)은 무조건 나를 믿고 따르라는 독선적인 성분이 강한 편으로, 사회를 개혁시키는 성분이다. 그러다 보니 적군이 많으며, 남명에는 어울리지만 여명에는 애교가 부족하고 내 말을 듣는 것이 좋다고 밀어붙이는 격으로 가정불화가 발생하고 외로워지는 사람도 많다.

경금(庚金)이 제련된 기물이 되어야 숙살지기(肅殺之氣)의 권능을 지니므로 법과 진리가 우뚝 서게 된다. 이때 정화(丁火)가 없다면 임수(壬水)가 경금(庚金)을 설기순화(洩氣馴化)시켜야 한다.

임수(壬水) 강물로 달빛을 멀리 반사해 주면 강물 위에 밝은 달이 휘영청 빛을 발하므로 미남미녀가 되지만, 겨울 경금(庚金)이 계수(癸水)를 만나면 게으르고 추하며 무위도식(無爲徒食) 자가 되는 사람이 많다.

경금(庚金)은 화기(火氣)의 단련을 매우 반기는데 화기(火氣)가 무력하거나 없고, 계수(癸水)와 기토(己土)가 투출했다면 범법자가 되는 일이 많으며, 또는 질병으로 많은 고생을 한다. 그리고 산성 체질이 되기 쉬우며 대장 관련 질환과 하체가 약한 특징이 있다.

그러나 원국에 을목(乙木)이 근접하고 있으면 골격(骨格)이 크고 뼈가 단단하다. 겉보기에는 냉정하지만, 내면에는 따뜻한 정(情)을 품고 있는 사람으로 믿음성이 있으며 결단력이 빠른 장점이 있다.

또한, 모든 일을 일사천리로 진행하는 형으로 의협심이 강하고 불의를 보면 참지 못하는 성격이지만, 반면에 너무 순진해서 애정 관계에서는 불행을 맞는 일이 종종 있다.

신금(辛金)의 성분

　신금(辛金)은 하늘에서 서리 상(霜)이라 하였으니 백로(白露)를 지나 서리가 내리면 초목에 단풍이 들고 잎이 떨어진다. 이것은 서리 맞은 연유이며, 신금(辛金)이 병화(丙火)를 보면 병신합수(丙辛合水)하여 물로 화(化)하는 이치가 여기에 있다.
　신금(辛金)은 유약하므로 화기(火氣)의 제련(製鍊)을 매우 싫어하며 오로지 임수(壬水)를 사랑한다. 여명은 남편이 없어도 자식은 있어야 한다는 식으로 자식에게 집착하는 기질이 강하다.
　임수(壬水)가 있으면 두뇌가 총명하며 자만심이 강하고 냉정하여 무정한 듯하지만, 남에게는 예의범절(禮儀凡節)을 꼭 지키는 편이다. 그러나 실수가 없는 완벽함을 강요하므로 신금(辛金)을 꺼리는 경우도 많은데, 강요는 반발심을 만들기 때문이다. 그러나 신금(辛金)은 빚지고는 못 사는 성질로 계산력이 강하여 타인에게 피해를 주지 않으려고 한다.

　대체로 이기적이며 까다로운 것이 흠이다. 그러므로 결벽증(潔癖症)이 강해서 우울증이 되는 사람이 많다. 나는 완벽한데 세상이 나를 알아주지 않는다며 불평불만이 생기고 우울증에 괴로워하기도 한다.
　특히, 명식에 신금일간(辛金日干)을 사이에 두고 기토계수(己土癸水)가 근접(近接)해 있을 때는 우울증(憂鬱症)이 가중되어 자신도 예상치 못한 일을 벌이고 자살하는 사람도 있다.
　신금(辛金)은 감수성이 예민하고 정(情)에 좌우되기 쉬운 것 같지만, 정확하면서도 치밀하며 단호하게 일을 처리하는 성향이 강하다. 다만 그 행동력이 강하게 나타날 때는 남들이 두려워할 정도의 냉혹함과 칼로 도려내는 듯한 야유와 독설이 강하고, 한쪽으로 치우치거나 음침하게 느껴지는 사람도 있다.

  신금(辛金)의 완벽성은 공주병으로 작용하고, 냉정하여 일도양단하는 마음과 말로서 공 갚는 일이 발생한다. 한번 마음에 안 드는 사람과는 말을 섞기조차 싫어하는 성품으로 속세에 적응하지 못하는 사람도 많다.
  또는 물고 늘어지는 집요함도 있지만, 대체로 사교술은 뛰어나고 다소 외고집이지만 의지가 굳세어 곤란과 어려움을 무릅쓰고 목적을 달성하고자 한다.
  신금(辛金)은 어느 계절에 태어나도 금설세광(金洩洗光)시키고 도세주옥(淘洗珠玉)을 이루게 하는 임수(壬水)가 있어야 한다.
  신금(辛金)은 정밀하고 세밀한 완성품이므로 디자인, 금은 세공, 치과의사, 반도체, 정밀 가공업, 정밀 전자제품 등의 직업군을 좋아하며, 밝고 화려하므로 의상 디자인, 건축, 패션 등 디자인에 관련된 일을 하는 사람도 많다.
  또한 미용실, 세탁소, 의류 가공업, 의류 판매업을 하는 사람도 많으며 화원, 꽃집, 분재, 관련업 등을 하는 사람도 많다.
  신금일간(辛金日干)은 호흡기 계통이 약하므로 감기에 잘 걸리며 천식, 신경통에 약하지만, 병화(丙火)가 근접하고 있으면 건강하다. 그러나 겨울에 병화(丙火)는 반기지만 여름에는 그다지 좋아하지 않으며 화기(火氣)는 지지에 있는 것을 더 좋아한다.

임수(壬水)의 성분

　임수(壬水)는 하늘에서 '추로(秋露)'가 되는데, 신금(申金)에 장생(長生)하므로 이슬이라고 본다. 이슬은 목기(木氣)를 생조(生助)하므로 목기(木氣)가 동량목(棟樑木)이 될 수 있도록 쉬지 않고 자라게 하려면 반드시 태양이 화창하여 온수(溫水)가 되어야 하고, 병화(丙火)와 수화상조(水火相照)를 이루어야 임수(壬水)의 임무를 이루었다고 할 수 있으므로 임수(壬水)의 락(樂)이 된다.

　임수(壬水)는 유랑심(流浪心)이 있으며 법이나 도덕규범(道德規範) 등을 무시하는 성격으로 차고 냉정하지만 내심은 따뜻한 면이 있으나 수기(水氣)가 왕성할수록 속마음을 짐작하기 어렵다.

　대체로 머리가 총명하고 자신이 손해 보는 일은 하지 않으며 암기력과 기억력이 뛰어나지만, 색정(色情)이 강하여 바람둥이 기질도 강한 편이다.

　수기일간(水氣日干)은 선천적으로 두뇌가 총명한 사람이 많으며 창의력과 선견지명(先見之明)이 뛰어나고 심오한 지혜를 지니고 있다.

　항상 노력하는 자세로 새로운 것을 탐구하며 서두르지 않고 전진하는 의욕이 강하지만, 시작보다 끝마무리가 부족하여 계획했던 일이 변질하거나 기회주의로 변하는 사람도 많다.

　다른 사람과 동조를 잘하며 타협에도 능하여 대립하지 않는 성품으로 정을 주며 원만하지만 미워하는 마음이 생기면 겨울철의 얼음처럼 냉정해지고 의심이 많아서 남을 못 믿거나 포용력이 떨어지는 경향이 있다.

　수기(水氣) 성분은 밀착(密着)하는 힘과 응집력(凝集力)이 강하여 서로 잘 뭉치는 통일성이 있지만, 너무 진드기처럼 달라붙어 괴롭히거나 한쪽으로 쉽게 치우치는 편고함이 내재한다.

그러나 담는 그릇에 따라서 모양이 바뀌듯이 재능이 뛰어나고 임기응변(臨機應變)에 능한 장점과 자신감이 강하여 적극적이지만 그러나 자신을 너무 과신하여 자기 꾀에 넘어가는 수도 많다.

너무 경솔하거나 자주 변하여 신뢰감이 떨어지는 것은 물론 타인을 이용하거나 권모술수(權謀術數)가 지나쳐 사기성(詐欺性)으로 변하기도 한다.

애정적인 면에서는 남녀 모두 사교적인 솜씨가 좋아서 부드러운 분위기를 잘 조성하며 지적인 연애를 추구하는 타입으로 많은 사람이 따르기도 하지만, 한편으로 너무 정(情)이 헤프거나 유흥이나 유행에 치우쳐 방탕한 사람도 많다.

특히, 여명은 개방적인 기질이라 적극적으로 남자를 유혹하는 일이 많으며, 명식이 흉하면 부부 해로가 어렵고 의부증으로 집착하고 남자를 괴롭히기도 하며 호색 음란한 사람도 많다.

임수(壬水)는 탁수(濁水)가 되는 것을 매우 싫어하므로 습토(濕土)의 묘고충(墓庫沖)은 흉하다. 또한 금백수청(金白水淸)을 원하므로 금목상전(金木相戰)이 되거나 금수과다(金水過多)한 것을 싫어한다.

임수(壬水)는 수승화강(水昇火降)이 제대로 이루어지지 않으면 삼초 계통과 당뇨병에 약하므로 항상 몸을 보온해야 한다.

계수(癸水)의 성분

　계수(癸水)는 하늘에서 '봄비'에 해당하므로 봄과 여름의 계수(癸水)가 되어야 모두에게 칭송받는 미남미녀가 될 수 있으나, 가을이나 겨울의 계수(癸水)가 수기과다(水氣過多)하면 천덕꾸러기 인생이 되기 쉽다.
　계수(癸水)는 약간은 신약(身弱)해서 만물의 우로수(雨露水)가 되어야 공덕(功德)이 있으나, 한랭음습(寒冷陰濕)하고 또 다른 계수(癸水)가 있으면 만물이 냉해를 입게 되므로 형제 동료 덕이 부족하고 무자식이 될 수도 있다.
　계수(癸水)는 기본적으로 졸졸 흐르는 물과 같아서 행동에 생기가 있고 활달하여 상대의 상황에 따라 변신이 자유로운 면이 있으나, 남의 일에 참견해야 할 일과 그렇지 않은 일을 구별하지 못하고 참견이 심하며 잔소리를 많이 하는 단점이 있을 수 있다.
　또한, 물의 특성처럼 고정적으로 머물지 못하고 유동적인 변신을 좋아하므로 기본적인 도화살(桃花殺)에 역마살(驛馬殺)이 추가되어 역마도화(驛馬桃花)로 작용하게 되는데, 활달한 성품으로 신선한 변화를 항상 요구한다.

　화기(火氣)가 왕성하면 많은 변화를 상징하지만, 음기(陰氣)가 왕성하면 활동력이 극히 제한적으로 무력해진다. 계수(癸水)는 사고방식이 개방적으로 무엇이든지 그 원인을 이치적으로 추리하는 탐구심이 있으므로 신기술 분야에 관심이 많다.
　계수(癸水)는 항상 생각이 많은 사람으로 활동력이 강하고 유통이 되는 분야에서는 일에 흥미를 느끼지만, 한곳에 안주하는 직업에서는 답답함을 느끼므로 능력을 발휘하기 어렵다.

계수(癸水)는 항상 자신의 흐름을 유지하고 냉정하게 사물을 관찰하는 폭넓은 사고력으로 앞뒤를 조용히 관조하는 종교적인 성향도 강하다. 다만 앞에 나서서 경우 없이 우쭐대는 사람이 있으면 그냥 지나치지 못하고 참견하다가 본전도 못 찾는 일이 많으므로 참견하는 일을 안 하는 것이 좋다.

계수(癸水)는 하늘 높은 곳에서 내려온 것이므로 주제파악을 못 하는 사람이 많으며 허황된 심리가 되는 사람도 많다.

그러므로 자신이 최고라 여기는 냉정한 사람이 많지만, 속마음은 따스한 사람으로 측은지심(惻隱之心)과 자비심(慈悲心)이 내재하고 있지만, 그러나 잘난 척하는 사람에게는 양보하지 않는 독심(毒心)도 있다.

또한, 그 속마음을 헤아리기 어려운 사람도 많은데, 계산력이 빠르며 자신을 위해서는 수단과 방법을 가리지 않고 목적을 달성하려고 하지만 자존심이 강해서 남의 말을 듣지 않고 실행하여 후회하는 일도 많다. 또한 너무 개인적인 성격이 강해서 교제에 문제가 따르고 허황된 생각에 실수 또한 많은 편이다.

계수(癸水)는 대체로 신장 계통이 약하여 신장, 편도선, 감기, 냉병으로 인한 냉대하, 낭습, 당뇨, 질병에 약하므로 몸의 보온에 힘써야 한다.

합천간(合天干)의 성격

갑기합토(甲己合土): 고집이 셀 때도 있지만 자신이 설 자리를 알고 원만한 성격을 형성한다. 그러나 이기주의자가 될 수 있다.

을경합금(乙庚合金): 곧고 바른 성격의 소유자로 생활력·인내력이 있으나 융통성이 부족하여 문제가 된다. 타인을 배려하는 성격이 부족하고 자신감이 넘쳐 실패하기도 한다.

병신합수(丙辛合水): 두뇌와 수완이 좋고 언변이 좋으나 성공과 실패가 분명하고 정조관념(貞操觀念)이 박하여 부정을 저지르거나 오락, 춤바람, 혼외정사 등 위험한 일을 즐겨 하기도 한다.

정임합목(丁壬合木): 섬세한 일에 적합하고 대체로 장수하며 변덕스러운 성격의 소유자가 많다. 주색에 빠지면 빠져나오기 힘든 단점도 있으며 이성관계가 문란하기 쉬우므로 만혼이 길다.

무계합화(戊癸合火): 끊고 맺음이 정확하고 세심한 재주꾼으로 감추어진 수완이 많다. 그러나 까다로운 편으로 질투심이 많고 연하 남자와 결혼한다든지, 늙은 남자와 결혼한다든지, 상식 이하의 일을 벌이고 주변 사람을 피곤하게 하며 그 속마음을 짐작하기 어려운 사람도 있다.

※ 천간합에서 가령, 갑목일간(甲木日干)이 기토(己土)를 합(合)하는 것과

기토일간(己土日干)이 갑목(甲木)을 합(合)하는 때가 다르다. 타 천간합(天干合)도 이와 같다. 그러므로 천간합(天干合)은 무조건 상기와 같은 성격이라고 단식·판단하는 것은 금물이다.

설명을 계속해 나가겠지만 간지(干支)의 조합에서 수많은 변수가 발생한다. 다만 합(合)이 된 대상에 집착(執着)하는 것은 변함이 없다.

천간합(天干合)의 입장차이

합생극(合生剋)의 관계는 항상 상대적이다. 그러므로 적군이 아군이 되기도 하고, 믿었던 아군이 적군이 되기도 한다. 일간이 합(合)이 되는 천간이 기신인가, 희신인가 하는 구별이 매우 중요하다. 일간이 희신과의 합(合)은 언제나 좋은 것이지만, 기신과의 합(合)은 매우 좋지 않아서 도적의 세력에 가담하는 것과 같아서 대흉하다.

천간합(天干合)이 부부지합(夫婦支合)으로 한 가정을 이룬다고 하지만 남편의 입장과 아내의 입장은 서로 다를 수밖에 없다.

갑기합(甲己合): 갑목일간(甲木日干)의 마음이 온통 기토(己土)라는 재물에 향하므로 이것을 탐재(貪財)라고 하는데, 갑목(甲木)의 성향이 잘 드러나지 않으며 몰염치한 사람으로 기토(己土)의 덕을 보려는 마음이 되기 쉽다.

이때 기토(己土)에 거는 기대가 크고 기대가 큰 만큼 원망심 또한 잠재되어 있다. 그러나 자신이 성장하기 위해서 기토(己土)를 벗어날 수 없으므로 기토(己土)의 말을 고분고분 따르며 기토(己土)가 하는 일을 간섭하는 형태로 나타난다. 이때 또 다른 갑목(甲木)이 있거나 대세운에 갑목(甲木)이 나타나면 의처증이 될 수도 있다.

기갑합(己甲合): 기토일간(己土日干)은 갑목(甲木)을 성장시켜야 하는 임무이므로 힘들고 고통스러워도 모든 것을 체념하며 갑목(甲木)이 하는 일을 적극적으로 돕고, 헌신적이며 강한 인내력을 발휘한다. 이때 갑목(甲木)에 근접계수(近接癸水)가 있다면 시어머니나 아버지의 도움으로 장애를 극복하게 된다.

남편이 사업자금이 부족하면 친정에 가서라도 기필코 사업자금을 가져온다. 그러므로 기갑합(己甲合)에서 망할 때는 부부 크게 망하기도 하지만, 동반자살 같은 것은 하지 않는다.

기토(己土)는 갑목(甲木)이 성공해야 자신의 공이 드러나므로 자식 돌보듯 갑목(甲木)을 성장시키려 애를 쓴다. 그러므로 갑목(甲木)이 기토(己土)를 만나면 현명한 내조자를 만나는 것이지만, 기토(己土)가 갑목(甲木)을 만나면 힘들고 고통스럽다. 그러므로 갑목(甲木)이 하는 일을 간섭하고 통제하려고 한다.

게이나 레즈비언, 호모와 같이 성 정체성에 문제가 있는 사람들도 있다.

경을합(庚乙合): 경금일간(庚金日干)이 을목(乙木)과 합(合)하는 것이 냉철한 이성적 판단이나 결단력이 흐려지는 것이 된다. 이 또한 탐재(貪財)가 되는 것인데 이성적인 면에서 감성적인 면으로 변화가 되는 것이며, 육체적으로는 근육이 이완되는 것과 같은 현상으로 볼 수 있다.

한마디로 경금(庚金)이 을목(乙木)과 합(合)하는 것은 경금(庚金) 본연의 성정이 을목(乙木)이란 현실적이고 감성적인 문제에 변질하는 것이 된다. 즉, 경금(庚金)의 숙살지기(肅殺之氣)가 을목(乙木)의 부드러움을 함유하게 된다.

경을합(庚乙合)이 되어 있는 사주는 뼈가 튼튼한 특징이 있으며 을목(乙木)을 보호하려는 자상함이 있지만, 을목(乙木)은 경금(庚金)에서 벗어나고자 한다. 그리고 경금(庚金)은 을목(乙木)을 꼼짝 못 하게 하고 가정에만 있기를 요구하며 자신은 어린 여자와 심한 바람을 피우는 일도 있다.

게이나 레즈비언, 호모와 같이 성 정체성에 문제가 있는 사람도 있다.

을경합(乙庚合): 을목일간(乙木日干)은 경금(庚金)이 거칠고 무모한 모습으로 보여 자신이 아니면 보호할 수 없다고 생각하는 측은지심(惻隱之心)이 있지만, 을목(乙木)은 새장에 가둬지는 것을 매우 싫어한다. 그러므로 경금(庚金)으로부터 벗어나고자 하는 심리가 된다.

또는 시가(媤家)에 들어가 시가의 생활사를 간섭하는 형태로 나타나기도 한다. 이 경우 친정과는 완전히 담을 쌓는다. 남편이 사업을 한다면 을목(乙木)은 남편의 사업을 간섭하는 형태로 나타나기도 하며 남편을 감시하기도 한다.

경금(庚金)은 도끼이며 을목(乙木)은 도낏자루가 되는데, 나무와 쇠가 한 몸을 이루는 것과 같아서 한 몸의 역할을 충실히 하는 것이다. 또한 경금(庚金)은 을목(乙木)을 만나야 자신의 임무를 이루게 된다.

을목(乙木) 입장에서는 부드러움이 숙살지기(肅殺之氣)에 동화되어 신금(辛金)과 같은 성정으로 변한다. 즉, 을목(乙木)은 남성화되어 가고 경금(庚金)은 여성화되어 간다.

병신합(丙辛合): 병화일간(丙火日干)이 신금(辛金)과 합(合)이 되면, 병화(丙火)의 밝고 청명(淸明)한 성향이 사사로움에 치우치게 된다. 이것은 병화(丙火)가 변질하는 것으로 병화(丙火)의 특성이 드러나지 않게 된다.

천간합(天干合)은 합(合)의 대상에 집착하는 성분이므로 탐재괴인(貪財壞印)이나 탐관괴인(貪官壞印)이 되기도 하는데, 이것을 학마재(學魔財) 또는 학마관(學魔官)이라고도 한다. 탐재(貪財)나 탐관(貪官)에 빠져 인의도덕(仁義道德)을 상실하여 일사무성(日事無成)이 되는 것을 말한다.

그러므로 합(合)은 격(隔)하고 있는 것이 바람직하지만, 병신합(丙辛合)이 되었을 때 임수(壬水)가 있어서 탐재탐관(貪財貪官)의 합(合)을 풀어 줘야 자기 본연의 정신으로 할 바를 하는 사람이 된다. 모든 천간합(天干合)은 이와 같다.

만물은 태양의 공덕으로 존재하는데 병화(丙火)는 신금(辛金)을 만나 태양 본연의 임무를 상실하는 것이므로 부모 형제를 나 몰라라 하는 형태로 이기주의가 되어 간다.

또한, 인색한 성향이 강해지고 주변 사람에 손해를 끼치게 되는데, 애타행(愛他行)이 아닌 자신의 이익만을 위한 현실적이고 개인적 성향으로 나타난다.

병화(丙火)가 재물을 탐(貪)하다 자살하는 때도 있는데 강물에 투신하거나 명예가 추락하여 음독(飮毒)하는 때도 있다.

신병합(辛丙合): 신금일간(辛金日干)은 병화(丙火)에 의해서 숙성이 잘되어 맛이 드는 것이 되어 자신의 가치를 드러낸다. 남들이야 죽든 살든 신경 쓰지 않으며 자신만 좋으면 된다는 식으로 이기적이며 자식에 집착하고, 병화(丙火)의 행동을 감시하므로 무력한 병화(丙火)가 되어 간다.

그러나 신금(辛金) 본인은 관성(官星)을 이용하는 활동성이 발현되어 사회 활동을 적극적으로 참여하게 된다. 또한 병신합수(丙辛合水)를 해야 수생목(水生木)이 이루어지므로 병화(丙火)를 적극적으로 이용하게 된다.

다시 말해서 관성(官星)을 치마폭에 넣고 이용하는 격이 되는데, 이때 병화(丙火)가 기신(忌神)이라면 사망의 골짜기를 찾아가는 것이 되며, 희신이라면 신금(辛金) 보석이 빛을 발하므로 부귀겸전(富貴兼全)하게 된다.

남명의 신금일간(辛金日干)은 어린 자식에게 심한 매질을 하는 일이 많고, 매우 엄격하여 병화(丙火) 자식이 가출하는 때도 있는데, 한마디로 자식을 제 마음대로 하려고 한다.

정임합(丁壬合): 정화일간(丁火日干)은 임수(壬水)를 이용하여 현실을 변화시키는 것이므로 자신의 능력을 적극적으로 활용하게 된다. 정관(正官)을 인수(印綬)로 당겨오므로 사택 입주가 되는 것이며 관성(官星)에서 주는 문서를 받으므로 승진 문서이며 주택 문서이다.

그러나 기토(己土)가 임수(壬水)에 근접(近接)하고 있다면 탁수(濁水)로 변질한 물과 합(合)하는 정화(丁火)이므로 시궁창이나 정화조에 빠진 격으로 대흉하다. 여명이라면 득자 이후 관재구설(官災口舌)이 되므로 매우 흉하다.

일간의 합(合)에서 부부 이별을 하려 해도 상대가 응하지 않으므로 헤어지기가 쉽지 않으며 더욱 고통을 주는 일로 작용하기도 하는데, 합(合)은 대상에 집착하는 현상으로 나타난다.

정임합(丁壬合)은 탐관(貪官) 성분으로 일사무성(日事無成)이 될 수 있으므로 갑목(甲木)이나 무토(戊土)가 반드시 있어야 한다.

수기(水氣)는 흑색(黑色)이며 정화(丁火)는 적색(赤色)을 상징하는데 정화(丁火)가 임수(壬水)와 합(合)을 하면 권모술수(權謀術數)를 사용하여 암계(暗計)를 꾸며 범법(犯法)을 저지르고 은밀한 일을 꾸미는 경우가 많다. 특히 여명은 남모르는 비밀 애정사가 있는 사람도 있다.

임정합(壬丁合): 임수일간(壬水日干)이 정화(丁火)와 합(合)을 하면 정화(丁火)로 인해서 사용하는 물과 같으니, 임수(壬水)의 가변성(可變性)에 문제가 된다. 이것은 겨울 감자에 싹이 나는 것과 같으니 본래 자신의 역할을 잃는 것과 같아서 공덕이 없게 된다.

다만 신강(身强)하면 정임합목(丁壬合木)의 기운이 다시 정화(丁火) 재물을 생조하므로 다행이지만, 신약한데도 정임합(丁壬合)이 된다면 재물을 탐하다 패망의 길로 들어가는 것과 같다. 임수(壬水)는 흑색으로 밤중을 상징하고 정화(丁火)는 홍등으로 유흥가를 상징하니 이것이 음란지합(淫亂之合)이다.

임정합(壬丁合)에서 정화(丁火)에 해당하는 육친이 자살하는 일이 많은데, 정화(丁火) 별빛이 고공 높은 곳에서 떨어지는 상으로 고층 아파트에서 떨어져 자살하고, 또는 임수(壬水) 강물에 투신하여 자살하는 일도 있다. 사화(巳火)나 오화(午火) 록왕지(祿旺地)의 지지가 없고, 극쇠약(極衰弱)할 때 이런 현상이 나타나기도 한다.

무계합(戊癸合): 무토일간(戊土日干)이 계수(癸水)와 합(合)을 하면, 무토(戊土)의 위용이 계수(癸水) 처녀의 부드러움에 흐트러지므로 무토(戊土)의 중후함과 중정(中正)이 드러나지 않게 된다.

그러므로 태산이 언덕으로 변한 격이며, 재물을 탐하면 속세의 혼탁함에 찌든 것이 되므로 흉하다. 그러나 신강한 무토(戊土)에 계수(癸水)가 희신이라면 산정 높이에서 비 내리는 격으로 만물의 공덕이 되므로 미남미녀가 된다.

무토(戊土)는 늙은 토기(土氣)이고 계수(癸水)는 처녀라 표현하는데, 꼭 처녀이지는 않다. 왜냐면 산전수전(山戰水戰) 다 겪은 늙은이가 처녀의 애교를 가진 여자에 해당한다.

그러므로 무토(戊土)는 계수(癸水)의 꼬임에 빠져 가진 재산 모두를 계수(癸水)에게 바치는 격이 되는데, 여명 무토(戊土)가 무관살(無官殺)로 계수(癸水)가 남편이라면 무계합화(戊癸合火)를 해서 문서를 만들자고 하는 것이니 늙은 처녀가 젊은 총각이나 늙은 남자를 꼬이는 격이 된다.

이때 계수(癸水)가 기신이라면 무토(戊土)는 패망의 길로 들어가는 것과 같다. 꼬임에 빠져 재물이나 명예가 추락하는 사람이 많은데, 이때는 목매달아 자살하거나 산에 올라 실족사하거나 산정 높은 곳에서 계곡으로 뛰어내려 자살하는 일이 된다.

계무합(癸戊合): 계수일간(癸水日干)은 자신을 드러내는 대상으로 적극적으로 무토(戊土)를 이용의 대상으로 삼으려 하며, 갖은 아양을 떨며 이용하는 것이 된다. 그리고 황당한 생각과 행동을 하며 변태 행위도 서슴지 않는다.

그러나 신강한 계수(癸水)가 무토(戊土) 희신과 합(合)이 되었다면 관성(官星)이 계수(癸水)에 임하므로 대길하고 계수(癸水)의 위용을 천하에 드러내는 것이므로 길하다.

그러나 신약한 계수(癸水)가 합(合)이 되었다면 허무맹랑(虛無孟浪)한 합

(合)으로 관재망신(官災亡身)이 발생하고 첩실이 되는 일이 많으며 단명하는 일도 있다. 계수(癸水)는 무토(戊土)를 이용해서 신분상승(身分上昇)을 노리는 일이 되는데, 계수(癸水)는 속마음을 교묘히 숨기게 된다.

계무합(癸戊合)에서 자살하는 경우 산에 올라 실족사하거나 산정 높은 곳에서 계곡으로 뛰어내려 자살하는 일로 나타난다.

※천간의 합화(合化)는 합작용(合作用)에 의해서 발생하는 것이지만, 대부분 합(合)이 화(化)하는 경지에 이르기 위해서는 화격(化格)의 조건에 맞아야 한다.

입태월
(入胎月)

태월(胎月)이란, 잉태될 때의 기후(氣候)를 보는 것이다. 명식의 월주에서 천간은 한 자리를 전진하고, 지지는 세 자리를 전진하면 태월(胎月)이 된다.

가령, 병인월(丙寅月) 출생이라면, 병화(丙火)에서 한 자리 전진하면 정화(丁火)이고, 인월(寅月)에서 세 자리 전진하면 사화(巳火)가 된다. 그래서 정사(丁巳)가 태월(胎月)이 된다.

그러나 절입 전후에 태어났다면 1·3 전진하는 간지가 맞지 않을 수도 있다. 동양에서는 태중 256일이나 276일, 286일, 296일 등, 6수에 인간이 태어난다고 보고 있다. 그러므로 정확한 입태월(入胎月)을 알기 위해서는 자신의 생일에서 276일을 후진시켜 보면 알 수 있게 되는데, 276일 부근에서 자신의 일주와 천합지합(天合地合)의 간지를 찾으면 그날이 입태일(入胎日)이다.

가령, 병인일주(丙寅日柱)라면 276일 부근에서 병인(丙寅)과 천합지합(天合地合)의 신해일(辛亥日)이 입태일이다. 그러므로 신해일(辛亥日) 전월과 당월 후월에서 신해일(辛亥日)이 속한 월주(月柱)가 정확한 입태월(入胎月)이 된다.

필자가 말하는 276일은 하도 낙서에 의한 인간이 태어나는 숫자이다. 그리고 입태월(入胎月)과 입태일(入胎日)은 선천지기를 찾아내는 핵심이다.

오성학(五星學)은 태양의 궁도를 중요히 여기므로 명궁(命宮)을 중요시하지만, 자평학(子平學)은 기후를 중요시하므로 태월(胎月)을 중히 여긴다. "이허중 명서에 이르되, 연천간을 록(祿)이라 하고 연지를 명(命)이라 하며 연주의 납음(納音)을 신(身)이라 했다. 사주란 태월(胎月), 월주(月柱), 일주(日柱), 시주(時柱)를 말한다"라고 기록되어 있다.

고대의 록명법(祿命法)은 세년을 따로 적고 그 밑으로 연주의 위치에 태원(胎元)을 쓰고, 그다음에 월주, 일주, 시주를 쓰고 연주 대신에 태원(胎元)을 넣어서 사주라고 했다. 연주의 납음오행을 주체로 보고 태원, 월주, 일주, 시주의 순서대로 연주의 납음오행을 대입시켜 왕쇠강약(旺衰强弱)을 정했다.

그러나 그 후에 서자평(徐子平) 선생이 일간 위주의 사주학을 창안하면서 태원(胎元)의 자리에 연주를 넣었다. 태원(胎元)을 태월(胎月)이라고도 하는데 잉태(孕胎) 당시의 기후를 대표하므로 천간보다 지지를 중요시한다.

천간의 역량보다 지지의 역량이 배정도 강하기 때문이다. 그러므로 태원(胎元)의 지지는 년일시지보다 강한 역량이 있고 월지보다는 약하다고 본다.

태월(胎月)을 볼 때, 태원천간(胎元天干)이 태원지지(胎元地支)를 방조하거나 가령, 갑오(甲午) 을사(乙巳)이거나, 간여지동(干與支同)의 동일오행으로 가령, 갑인(甲寅) 을묘(乙卯)이면 태월(胎月)의 역량은 더 강해진다.

태월천간(胎月天干)이 태월지지(胎月地支)를 극(剋)하는 가령, 임오(壬午)나 계사(癸巳)일 때, 태월지지가 태월천간을 극(剋)하는 가령, 갑신(甲申) 을유(乙酉)일 때, 태월지지가 태월천간을 생조하는 가령, 병인(丙寅) 정묘(丁卯)일 때, 태월지지(胎月地支)의 역량은 감소한다.

태월(胎月)이 사주에서 필요한 희신이라면 사주가 더 좋아지고, 태원(胎元)이 사주의 기신이라면 사주가 더 나빠진다. 사주에 용신이 없거나 쇠약할 때는 태월(胎月)로 보완한다. 즉, 태원이 유력해야 타고난 기운이 왕성하고 건강하다.

사주가 좋으면 후천적 기운이 좋은 것이므로 태월의 도움이 필요치 않으나, 태원으로 사주의 결함을 보충할 때 행운에서 태월(胎月)을 극(剋)하면 중상을 당하거나 실직될 염려가 있다. 또한 운기가 좋아야 함에도 장애가 발생하고 건강상에 문제가 있는 것은 행운에서 태원(胎元)을 충파(沖破)할 때 문제가 발생한다.

年 月 日 時
庚 辛 乙 戊　　乾命
寅 巳 酉 寅　　극설교집(剋洩交集)
壬 癸 甲 乙 丙 丁 戊 己
午 未 申 酉 戌 亥 子 丑

월주신사(月柱辛巳)에서 1·3을 전진하니 임신(壬申)이 입태월(入胎月)이 되는데 신금(申金)은 을목(乙木)의 천을귀인이다. 그러므로 음덕(蔭德)이 있게 되는데, 정관격(正官格)이지만 관살혼잡(官殺混雜)으로 탁하게 되었다.

신약한 것은 아니지만 여름의 을목(乙木)은 반드시 임수(壬水)나 계수(癸水)가 있어서 온도조절의 중화를 이루고 금설생목(金洩生木)해야 하지만 수기(水氣)가 없으므로 고초(枯草)한 형상이다.

또한, 사유반합(巳酉半合)으로 사화(巳火)는 금기(金氣)의 통근처이므로 극설교집(剋洩交集)의 형상이다. 그러므로 적군은 득세하고 아군이 없는 것과 같다. 그러나 다행히 입태월(入胎月) 임신(壬申)이 있어서 금설생목(金洩生木)을 하므로 보이지 않은 천우신조(天佑神助)의 음덕(蔭德)이 임하게 되었다.

그러나 69세 무토대운(戊土大運) 무술년(戊戌年) 태원천간(胎元天干)인 임수(壬水)를 파극(破剋)하므로 사망하였다.

상기 명처럼 희용신이 허약하여 용신으로 쓸 수 없거나, 사주에 희신이 없으면 태원으로 용신을 정한다.

태월(胎月)이 납음오행의 길신으로 상생(相生)하고 천덕귀인(天德貴人), 월덕귀인(月德貴人), 천을귀인(天乙貴人) 등에 해당하면 어렸을 때, 조상의 음덕(蔭德)이 많았고 가정환경이 양호하며 안락한 삶을 살아가게 된다.

태월(胎月)이 일간의 록근(祿根)이면 양가(良家)에서 출생하고, 조상의 음덕(蔭德)이 양호하다.

태월(胎月)이 기신으로 형충(刑沖)이 겹치면 출산 당시에 재해가 자주 발생하였고 부모의 어려움이 많았음을 상징한다.

태월(胎月)이 년월지와 형충(刑沖)이 되었다면 부모와 조별하고 일찍 고향을 떠나는 일이 많으며 형제 덕이 부족할 때가 많다.

태월(胎月)이 일시지(日時支)와 형충(刑沖)이라면 처자 궁이 불미하고 노년의 불미함을 암시한다.

태월(胎月)이 공망이면 선천적으로 부모 등 모든 육친과 인연이 약하거나 무능하며, 간혹 정신이 혼미한 일도 있으며 저능아가 되는 일도 있다.

공망(空亡) 중에서도 태월공망(胎月空亡)이 가장 흉하다. 그러나 사주 명식이 양호하면 무난하지만, 편고(偏固)할 경우 공부를 많이 하고도 성공하기 어렵고 매사 이루어지는 일도 없이 동분서주하고 실속이 없다.

태월(胎月)이 양인(陽刃)이고 형충(刑沖)이 되면, 불량아가 아니면 선천적 장애인 또는 부모가 흉사(凶事) 당하는 일도 있다.

입태월(入胎月)이 용신일 때 행운에서 형충(刑沖)을 하면, 관재구설, 수옥살, 신병신액이 발생하기 쉬운데 태월(胎月)을 형충(刑沖)하는 기신을 제어하거나 합거(合去)하면 무사하다.

태월(胎月)이 일시와 삼합(三合)이 되면 남녀 부부 해로가 쉽지 않고, 태월(胎月)이 고신과숙(孤神寡宿)에 공망이라면 부모를 조별하고 타가기식(他家寄食)의 의탁할 곳이 없는 떠돌이가 되는 사람이 많다.

年 月 日 時
戊 戊 甲 庚   坤命
子 午 戌 午   신약용인(身弱用印)
丁 丙 乙 甲 癸 壬 辛
巳 辰 卯 寅 丑 子 亥

월주무오(月柱戊午)에서 1·3 전진하니 기유월(己酉月)이 입태월(入胎月)인데, 태월(胎月)과 관살(官殺)이 공망으로 일사무성(日事無成)에 단명수를 상징한다. 또한 일지가 기신으로 매사 장애가 발생하며 재물이 모이지 않는다.

진토대운(辰土大運)은 자진합(子辰合)으로 문서가 되므로 결혼했으나 일지를 충(沖)하는 혼파살(婚破殺) 작용으로 바로 이혼하게 되었고, 을묘대운(乙卯大運)에 미용을 배워 미용 업에 종사하다 묘술합(卯戌合)으로 유부남을 만나 깊은 관계로 사귀었으나, 본처가 있는 사람이었고 사기를 당하고 헤어지게 되었다.

갑인대운(甲寅大運)은 화국(火局)을 이루므로 흉액(凶厄)이 가중하는 운으로 패륜 자를 만나게 되었고 미용실을 하면서 벌어 놓은 모든 돈을 탕진하고 매일같이 주먹질에 얻어맞아 퍼런 멍 자국이 가실 날이 없었다.

이처럼 태월(胎月)과 관살(官殺)이 공망이면 매사 장애로 힘겨운 인생이 된다.

지장간
(支藏干)

사주의 간지에 천지인삼재(天地人三才)는, 천간을 천원(天元), 지지를 지원(地元), 지지 중에 암장된 천간을 인원(人元)이라 하는데, 인원(人元)을 지장간(支藏干)이라고 한다.

지지는 원자재(原資材) 창고이다. 창고 속에 들어 있는 제품은 지장간(支藏干)이다. 또한 용신을 파악하는 데 결정적인 역할을 하며 육친을 이해하는 데도 긴요하게 쓰이므로 명리를 공부함에 반드시 알아야 한다.

1년은 12개월이고, 1개월은 30일이며, 또 1년은 4계절로 나뉘듯이 1개월에도 여기(餘氣), 중기(中氣), 정기(正氣)가 있다. 여기(餘氣)란 전월의 기(氣)가 아직 남아 있음을 뜻하고, 중기(中氣)는 여기(餘氣)와 정기(正氣)의 중간을 뜻하며, 정기(正氣)란 당월 본기로 주인이며, 기(氣)가 가장 무르익었다는 것을 뜻한다. 따라서 지지의 오행과 같은 천간을 사용한다.

구분	子	丑	寅	卯	辰	巳	午	未	申	酉	戌	亥
餘氣	壬	癸	戊	甲	乙	戊	丙	丁	戊	庚	辛	戊
	10일	9일	7일	10일	9일	7일	9일	9일	7일	10일	9일	7일
中氣		辛	丙		癸	庚	己	乙	壬		丁	甲
		3일	7일		3일	7일	3일	3일	7일		3일	7일
正氣	癸	己	甲	乙	戊	丙	丁	己	庚	辛	戊	壬
	20일	18일	16일	20일	18일	16일	18일	18일	16일	20일	18일	16일

(참고) 지장간(支藏干)의 시간은 책마다 다르다.

모두 제각각으로서 무엇이 정확하다고 말하기 어렵다. 다만 합리적인 자기 생각이 우선되어야 한다고 본다.

지장간 표에 나와 있는 몇 분 단위까지는 모른다 해도, 날자까지는 반드시 알아야 한다(필자가 360°에 근거해서 만들어 본 표이다. 성인이 오셔서 확실한 답을 해 주기 전까지는 지구상에 정확한 시간을 말할 수 있는 사람은 없을 것이다).

(첨언) 지지 중에서 인목(寅木)과 신금(申金)에서 커다란 문제가 있다. 인목(寅木)의 여기(餘氣)가 무토(戊土)라 하지만, 축토(丑土)에서 인목(寅木)으로 전이(轉移)된 것이므로 무토(戊土)가 아닌 기토(己土)여야 한다.

신금(申金) 또한 미토(未土)에서 전이(轉移)된 것이므로 무토(戊土)가 아닌 기토(己土)여야 한다. 12지지의 암장간 전체의 일수를 살펴보면 현 지장간은 무토(戊土)가 기토(己土)보다 암장 시간이 더욱 많다.

12지지의 무토(戊土)는 寅, 辰, 巳, 申, 戌, 亥에 6개가 들어 있으며 64일이고, 기토(己土)는 丑, 午, 未의 3개의 지지에만 암장되었고 39일이다.

그러므로 무토(戊土)와 기토(己土)는, 매우 큰 힘의 차이와 함께 암장간 일수도 25일 차이가 난다. 그러므로 정음정양(正陰正陽)이 될 수 없으며 음양기(陰陽氣)의 형평성에 문제가 있다.

물론 지축이 23.5도 기울어져 있는 원인이 있다고 하지만 잘못된 선천의 암장간 일수이다.

인중무토(寅中戊土) 7일과 신중무토(申中戊土) 7일이 기토(己土)로 변환되어야 한다. 그래야만 후천 음시대(陰時代)의 형평성에 맞게 된다.

십이운성
(十二運星)

　십이운성(十二運星)의 생왕사절(生旺死絶)을 모르고는 사주를 감명할 수 없다. 십이운성(十二運星)이란 천간(天干)을 월지(月支)에 대입하거나, 각주 지지에 대입하거나, 대운 지지에 대입하여 기(氣)의 강약을 판단하는데, 포태법(胞胎法) 또는 십이운성(十二運星) 또는 천간의 생왕사절법(生旺死絶法)이라 한다.

　십이운성(十二運星): 포(胞) → 태(胎) → 양(養) → 생(生) → 욕(浴) → 대(帶) → 관(官) → 왕(旺) → 쇠(衰) → 병(病) → 사(死) → 장(藏) → 포(胞)

　양간(陽干)은 삼합(三合)의 첫머리에서부터 시작하여 순행하고, 음간(陰干)은 양간(陽干)의 사지(死地)에서 시작하여 역행한다. 가령, 양간(陽干)인 갑목(甲木)은 해수(亥水)에서 장생(長生)하여 亥 → 子 → 丑 → 寅 → 卯 → 辰 → 으로 순행하고, 음간(陰干)인 을목(乙木)은 갑목(甲木)의 사지(死地)인 오화(午火)에서 장생(長生)하여 午 → 巳 → 辰 → 卯 → 寅 → 丑 → 子 → 로 역행한다.

　십이운성(十二運星)을 인간의 일생과 비교한다면 다음과 같다.

　생(生): 약 10세까지 - 모체로부터 출생하여 성장하는 과정과 같다.

　욕(浴): 약 10대 - 몸을 깨끗이 하고 새 출발을 하는 것과 같다.

대(帶): 약 20대 - 옷을 입고 띠를 두른 것을 관대라 하며 성장했음을 뜻한다.

관(官): 약 30대 - 벼슬길에 나아가 관직을 맡아 보는 것을 뜻한다.

왕(旺): 약 40대 - 가장 왕성하게 일을 하므로 전성기라 할 수 있다.

쇠(衰): 약 50대 - 전성기를 지나 쇠약해지기 시작하며 전과 같지 않다.

병(病): 약 60대 - 몸이 쇠하므로 병이 찾아들고 기력이 허약해진다.

사(死): 약 70대 - 병이 깊으면 명(命)을 다하고 죽음에 이른다.

장(藏): 약 80대 - 누구나 죽으면 땅에 묻히게 되므로 장(藏)이라 한다.

절(絶): 영혼의 기가 다시 생(生) 할 수 있도록 준비하는 과정이다.

태(胎): 모체를 통해 태어나기 위해 잉태하게 됨을 뜻한다.

양(養): 태중으로 태어날 때까지 자라는 것을 뜻한다.

십이운성(十二運星) 조견표

구분	生	浴	帶	官	旺	衰	病	死	藏	胞	胎	養
甲	亥	子	丑	寅	卯	辰	巳	午	未	申	酉	戌
乙	午	巳	辰	卯	寅	丑	子	亥	戌	酉	申	未
丙	寅	卯	辰	巳	午	未	申	酉	戌	亥	子	丑
丁	酉	申	未	午	巳	辰	卯	寅	丑	子	亥	戌
戊	寅	卯	辰	巳	午	未	申	酉	戌	亥	子	丑
己	酉	申	未	午	巳	辰	卯	寅	丑	子	亥	戌
庚	巳	午	未	申	酉	戌	亥	子	丑	寅	卯	辰
辛	子	亥	戌	酉	申	未	午	巳	辰	卯	寅	丑

| 壬 | 申 | 酉 | 戌 | 亥 | 子 | 丑 | 寅 | 卯 | 辰 | 巳 | 午 | 未 |
| 癸 | 卯 | 寅 | 丑 | 子 | 亥 | 戌 | 酉 | 申 | 未 | 午 | 巳 | 辰 |

십이운성의 행운

 십이운성(十二運星)으로 대운을 보는 방법은, 내 사주의 희신이 갑목(甲木)이라면 갑목(甲木)의 힘이 되는 운이 길하므로 갑목(甲木)의 생지(生地) 욕지(浴地) 록지(祿地) 왕지(旺地)가 갑목(甲木)에 힘이 된다.

 또는, 갑목(甲木)이 기신이라면 그 힘을 빼 주는 쇠병사장(衰病死藏) 절태양(絶胎養)의 운에서 갑목(甲木)의 기운이 꺾인다.

 또는, 일간의 강약성쇠(强弱盛衰)에 따른 길흉 여부를 판단하여 세년과 운성을 결부시켜 본다. 또한 추운사주로 화기(火氣)의 운이 길하다면 사오미술(巳午未戌)의 운성이 길하고, 더운 사주라면 수운(水運)에 해당하는 해자축진(亥子丑辰) 운성이 길할 것이다. 이때 관심 있게 볼 것은 내 사주와 대운의 합충(合沖) 관계의 용신을 살펴야 한다.

 또한, 사주의 희신이 천간에 있지 않고 지지에 있을 때는 지지의 정기가 해당 천간이 된다. 가령, 인목(寅木)은 갑목(甲木), 묘목(卯木)은 을목(乙木), 이런 식이다. 그리고 무토(戊土)는 진술(辰戌)이고 기토(己土)는 축미(丑未)이다. 이때 추운사주라면 술미(戌未)가 길하고 더운 사주라면 진축(辰丑)이 길하다.

 절지(絶地): 모든 일이 의도대로 되지 않는 때이므로 매사 자신이 직접 해야 한다. 극절(極絶)의 운이므로 절처봉생(絶處逢生)하는지 그렇지 못한지의 통변이 중요하다.

 태지(胎地): 새로운 사업을 시작하는데 좋고, 지금까지의 나빴던 일도 점차 호전되기는 하지만 호기심으로 실패와 좌절을 겪을 수 있으므로 주의해야 한다.

양지(養地): 큰 행운은 기대할 수 없지만, 실패가 적고 경제적으로 변혁을 꾀하는 시기이지만, 수술, 건강 악화, 주변 사람의 사망 등 예상치 않은 일들이 발생하기 쉽다.

장생지(長生地): 사업이나 무슨 일을 시작해도 양호하지만, 그러나 양일간(陽日干) 신약이라면 길하지만, 음일간(陰日干) 신약이라면 좋다고 할 수 없다. 다만 조후로 사용할 때는 길하다.

목욕지(沐浴地): 주거지를 옮기거나 가택 수리 등을 하게 된다. 또 사물을 보고 판단하는 데 혼동이 오는 시기로 신용을 잃거나 색정 문제가 발생하기 쉽다.

관대지(冠帶地): 진술축미(辰戌丑未) 사고지(四庫地)에 있으며, 일간에 따라서 조토(燥土)와 습토(濕土)를 원하는 글자가 다르므로 일정하지 않다. 다만 기(氣)의 측면에서는 왕성해진다고 볼 뿐이다.

관대지(冠帶地)가 희신일 때는 사업 등이 호전되고 공직자나 회사원은 승진·승급의 기회가 온다. 이때 임수(壬水)의 관대지(冠帶地)는 술토(戌土)이지만, 토설생수(土洩生水)하는 금기(金氣)가 없다면 관대지(冠帶地) 작용을 할 수 없다. 이와 마찬가지로 병화(丙火)의 관대지(冠帶地)는 진토(辰土)이지만 목기(木氣)가 없다면 화회(火晦)시키는 작용일 뿐이다.

건록지(建祿地): 소득이 높아지고 경사스러운 일도 많지만, 과욕은 금물이다. 신약명식은 길하지만, 좋은 운일 때 겸손해야 한다. 재성(財星)이나 관성(官星)이 과다한 신약에서 부부 이별하는 일이 많다. 또한 비겁과다(比劫過多) 명식은 흉하다.

제왕지(帝旺地): 신약명식일 때 행운이 최대치가 된다. 가정 내에 기쁜 일이 많지만, 좋은 운일 때 겸손해야 한다. 재성(財星)이나 관성(官星)이 과다한 신약에서 부부 이별하는 일이 많다. 또한 비겁과다(比劫過多) 명식은 흉하다.

가령, 갑목(甲木)의 제왕(帝王)은 묘목(卯木)이고, 반대의 글자는 유금(酉金)이며 유금(酉金)은 갑목(甲木)의 태지(胎地)이다. 그러므로 태지(胎地)를 보면 "새로운 사업을 시작하는 데 좋고 지금까지의 나빴던 일도 점차 호전되기는 하지만 호기심으로 실패를 겪을 수 있으므로 주의해야 한다"라는 내용을 참조한다.

쇠지(衰地): 매사가 잘 풀리지 않고 손실(損失) 등이 많으며 여러 가지 재난(災難)이 발생하기 쉬우므로 주의해야 한다. 쇠운(衰運)은 진술축미(辰戌丑未)에 있고 조토(燥土)와 습토(濕土)의 구별이 필요하다. 진축(辰丑)은 습토(濕土)이고 술미(戌未)는 조토(燥土)이다.

병지(病地): 집안에 환자가 생기고 예상치 못한 곳에서 손실이 온다. 그러나 기신을 제압하는 역할이라면 오히려 평안하다.

사지(死地): 어떠한 일도 도모할 수 없으며 재난(災難)이 많고 친족 간에 이별하게 되므로 주의해야 한다. 그러나 기신을 제압하는 역할이라면 오히려 평안하다.

묘지(墓地): 행복·불행의 변화가 심하다. 편재(偏財)가 묘운(卯運)에 있으면 부친과 사별하게 되며, 인수(印綬)가 묘운(墓運)이면 모친과 사별하거나 사업 실패를 하는 등 좋지 못한 일이 생긴다. 중년까지의 묘운(墓運)은 좋지 않지만, 노년에서는 양호하다.

운성(運星)에 따른 성격

　월지(月支)는 제강본부(提綱本府)로 사주 원국의 환경이다. 그러므로 일주를 월지에 비교하게 된다. 일간은 정신이고 일지는 나의 육체에 해당한다. 그러므로 일주는 나의 성향(性向)이다.

　일주가 월지환경(月支環境)을 만나서 행복 불행의 변화를 겪는다. 그러므로 일주의 십이운성(十二運星)을 살피게 되는데, 이것은 사주 원국의 형상이고, 대운이 들어오면 대운지지에서 일주의 십이운성(十二運星)을 살핀다. 대운은 사주 원국의 환경이므로 행복, 불행, 성공, 실패가 대운의 환경에서 이루어진다.

　절지(絶地): 입태 전의 상태로 혼(魂)이 육체를 떠난 상태이다. 권모술수를 쓸 줄 모르는 호인(好人)이지만 한 가지 일을 일관되게 해내기는 어렵다.

　안정되지 않아서 침착성이 부족하고 생각은 많으나 실행 능력 또한 부족하며 정신이 산만(散漫)하여 방금까지 책을 읽던 사람이 어느새 훌쩍 밖으로 나가 버리는 등 얌전하게 있지 못한다. 또한 차분하지 못하며 눈동자를 많이 굴린다.

　그리고 싫증이 많아서 이 일 저 일 두서없이 덤벼들고 본다. 대체로 사회적 환경보다 영적인 일이나 종교업에 흥미가 강하며 책을 읽다가 그냥 놔두고, 무슨 일을 하다가도 정리 정돈을 못하고 주의가 산만(散漫)한 편이다.

　그러나 사람이 좋아서 남을 의심할 줄 모르고 남의 말을 순수하게 믿으므로 기만(欺瞞)당하거나 감언이설(甘言利說)이나 유혹에 넘어가기 쉬워서, 여성은 일찍 성관계를 경험하기도 한다.

아랫사람을 잘 돌봐 주지만 신임 받는 일이 적으며, 개중에는 꿈과 현실을 착각하여 몽유병이 되는 일도 있다. 그리고 꿈과 현실의 괴리감(乖離感)으로 정신계의 문제가 발생하는 일도 있는데 착각 속에 살아가기 때문이다.

태지(胎地): 월지에서 태지(胎地)인 사람은 대부분 여성적이며 근면 성실하지만, 노력의 결과물이 작을 때가 많다. 타인과의 교제는 썩 잘하는 편으로 특히 화술(話術)이 오묘하지만, 실행력이 따르지 못한다. 그러므로 한 번쯤은 사람들에게 신뢰를 얻어도 그 신뢰를 오랫동안 붙들어 놓기 어렵다.

부드러운 성격에 온후하므로 폭력을 극단적으로 싫어하며 품위 있게 처신하려는 경향이 강한데, 결점이라면 강한 신념과 관용(寬容)의 도량이 부족하다.

대인관계는 아무나 가볍게 잘 사귀는 편이지만, 연애나 결혼 상대를 선택할 때는 극단적으로 까다롭기도 하며, 아버지나 어머니와 같은 성격의 사람을 결혼 상대로 선택하는 때도 있다. 또는 성격이 강하거나 개성적인 용모나 성격이 드러나는 사람, 자신을 강하게 인도해 줄 사람과 결혼하는 일이 많다.

그러므로 괜찮은 상대라 여겨 결혼을 권해도 별로 마음에 안 들어 하다가 막상 본인이 선택한 사람은 엉뚱한 사람인 경우가 많다. 새로운 것과 신기한 것에 호기심이 많으며 장난을 좋아하는 순수한 특징이 있다.

순박하고 세상 물정 모르는 순진함으로 남 좋은 일을 시키는 일이 많으며, 남의 부탁이나 청탁을 쉽게 수락하고 실행이 지연되거나 실행하지 못해서 신용을 잃기도 한다.

양지(養地): 침착하고 느긋한 성격으로서 아무리 급해도 서두르거나 뛰어다니지 않는 편이다. 침착하기보다는 게으르다는 느낌이다. 그러므로 주변 사람들이 답답해한다. 근심 걱정이 없는 편으로 걱정하지 않으며 죽으면 같이 죽을 뿐 나 혼자만 당한다고 생각하지 않는다.

영계와 현실 사이에서 정신적 방황을 하는 일이 많으며 신병에 시달리기도 하는데, 때로는 무속인이나 종교가가 되는 일도 많다. 꿈은 크지만 이루어지는 일이 적은데, 현실을 무시한 자기만의 꿈이므로 이루어지는 일이 적은 것이다.

대인관계는 누구와도 잘 사귀며 호감을 사므로 원만하고 인덕이 있어서 윗사람의 도움을 받는 편으로 순박하지만 쓸데없는 고집과 의리로 손해를 보는 일이 많다. 즉, 타인의 일은 적극적으로 잘 해결하지만, 자신의 실속은 챙기지 못한다.

현실 세상을 살아가기 위해서는 자기만의 독특한 기술을 연마해야 하는데, 적극적으로 인생사에 대처하려는 마음이 약한 편이다. 그러므로 독창성을 길러야 하며 전통이 있는 일을 장기간에 걸쳐 습득하는 일에 적합하다.

그리고 양지(養地)의 특징 중 하나는 양자로 가는 사람이 있는가 하면 고아가 되는 일도 있다. 어쨌든 원만한 신사형에 가깝고 전통 깊은 점포의 주인장 같은 사람이 많다. 무슨 일이거나 무리하지 않으며 모험하지 않으므로 급격한 발전을 이루기는 어렵지만, 반대로 급속히 패망하는 일도 적다.

장생지(長生地): (약 0세~10세) 월지나 일지가 장생(長生)에 있으면 용모와 태도가 여성적으로 부드러우며 어딘지 청아(淸雅)한 인상을 준다. 내향적인 성격으로 자신의 의견을 말할 때 조심성이 있다.

무엇을 시작할 때 주위 사정이나 남의 처지를 생각해서 되도록 남과 마찰이 없기를 바라므로 대담하고 결단성 있는 행동을 취하기는 어렵다. 그러므로 좋은 운을 놓칠 때도 있지만, 주변 사람에게 호감을 사므로 사회적으로 어느 정도 지위도 얻으며 비교적 평안하게 지내며 인덕이 많다.

취미도 고상해서 품위 있는 예술적인 것을 좋아하며 복장이나 장식 등에도 센스가 있다. 그러나 모친의 지나친 간섭으로 마마보이가 되는 사람도 있으며 또는 모친을 모시고 살거나 친정 식구의 간섭 때문에 힘들어하기도 한다.

　스스로 개척하고 결정하는 일을 나 몰라라 하는 격으로 자기 일을 타인에게 미루는 경향이 있어서 능동적(能動的)이기보다는 수동적(受動的)인 편으로 고부간 불화나 부모의 불화가 있는 사람도 있다.

　사업가로서의 재능은 떨어지지만 학문 연구에는 탁월한 소질이 있으며 인덕이 많아서 살아가는 것에 부족함이 없는 장점이 있다.

목욕지(沐浴地): (10대) 주변 환경에 따라 양호하기도 하지만, 목적이 불안정하고 주의력이 산만하며 인내력 부족으로 싫증을 잘 느낀다. 모방심이 강하므로 교양을 갖추기에는 보통 이상의 노력이 필요하다.

　자신의 결점을 알지 못해서 자기 감정대로 행동한다면 성공했다가도 실패하는 부침(浮沈)이 심한 인생을 되풀이하다가 끝내는 고독하고 불우한 인생이 되는 사람도 많다.

　대체로 심신이 불안정한 만큼 일정한 곳에 정착하기 어려워서 직업과 주거 변화가 심하고 윗사람의 말을 잔소리로 듣는 일이 많으며 쓸데없는 고집을 부리는 일도 많다.

　대체로 친구를 좋아하므로 만나는 친구에 따라서 잘못되는 일도 많은데, 개중에는 수시로 직장을 바꾸며 나이 먹어서도 자신이 무슨 일을 해야 하는지를 모르고 이 일 저 일 벌이기만 하고 뒷일을 수습하지 못하는 사람도 많아서 가족에게 근심을 준다.

　가무(歌舞) 예능적(藝能的)인 일을 좋아해서 고생을 사서 하고 육친에게 걱정과 폐를 끼친 끝에 뒤늦게 빛을 보는 사람도 있지만, 마냥 불우함의 시간을 보내는 사람도 있다.

　목욕(沐浴)은 성적으로 조숙하거나 이성 교제가 많아서 이성문제가 발생하기 쉬운데, 싫증을 빨리 느끼고 인내력이 부족해서이다.

관대지(冠帶地): (20대) 왕성한 운성(運星)이지만 많은 변화가 나타나므로 자칫 허황된 심리 속에 주제파악을 못할 수도 있다. 또한 철없는 행동이 많고 자존심이 강하여 타인의 조언을 듣지 않고 무모한 도전으로 후회하는 인생을 만들 수도 있다.

어떤 일이건 손해 보지 않고 자기 뜻을 유리하게 하려고 제멋대로 행동하기도 한다. 그러면서도 타인의 행동에 대해서는 비판적이며 자신의 결점은 온갖 구실로 변명하면서 남의 결점은 신랄하게 꼬집어 헐뜯는 기질도 있다. 그러므로 적군을 만드는 수가 많다.

그러나 어떠한 어려운 일도 혼자의 힘으로 해결해 내는 패기와 장애를 만나더라도 약한 태도는 보이지 않는 면도 있다. 명예심과 경쟁심이 강하여 스스로 두각을 나타내기 위해서 유명인들과의 교제도 좋아하지만, 그 교제가 지속되기는 어려운데 그것은 조금이라도 상대방에게 지는 것을 싫어하기 때문이다. 그러나 부하나 아랫사람을 대함에는 동정심도 많고 잘 돌봐 주는 장점도 있다.

만사를 해결함에 지혜가 우선되어야 하지만 작은 지식과 힘을 앞세워 무모한 도전을 하는 일도 많은데, 타인이 하는 일은 어설퍼 보이고 자신은 잘할 것 같다는 생각과 남을 무시하는 마음이 잠재되어 있다.

건록지(建祿地): (30대) 학자 형으로 선비와 같으며 사고방식이 치밀한 편으로 한 번 더 생각하고 실행에 옮기므로 실수가 적은 편이다. 경위가 밝고 건전하며 착실하므로 위험성이 있는 일은 함부로 하지 않으며 매사 심사숙고하므로 실수가 적지만 인덕은 부족한 편에 해당하므로 타인을 의지하기보다는 스스로 개척해야 한다.

증권 주식 같은 투기적인 것들은 충분한 재정적인 여유가 있으면 몰라도 무리한 돈으로 먼저 저지르고 손해 보는 일은 하지 않는 편이다. 대체로 총명해서 큰 실패는 없는 편이지만 실패하지 않으려다 보니 오는 기회를 놓치는 일도 있다.

정신적으로 고독성이 있고 내향적이며 타인의 간섭을 싫어하고, 사물에 대한 비판과 안목이 뛰어나고 기술에 대한 재능도 뛰어나며 성품이 고상하다.

건록(建祿)은 이삭이 알차게 무르익은 성숙한 벼처럼 신중하며 무게가 있고 권위가 있으며 사리에 밝고 지식이 풍부함으로 만사에 치밀함이 나타나는 시기로 치밀하고 꼼꼼한 것이 건록(建祿)이다.

대체로 인자하고 위엄스러운 풍채가 있으며 엄할 때와 자비스러울 때, 나가고 물러날 때를 아는 것이 건록지(建祿地)에 해당한다.

제왕지(帝旺地): (40대) 자존심이 강하여 타인의 조언이나 남의 밑에 들어가 일하기 싫어하며 스스로 독립해서 성공하고자 한다. 관대지(冠帶地)가 청년이라면 제왕(帝旺)은 장년이므로 좀 더 신중한 편에 해당하며 쉽게 실수하지 않는다.

타인의 도움을 원하지 않으며 솔선수범하여 일을 처리하는 신념이 강하고 타인의 지시받기를 거부하며 오히려 지시하려는 성향이 강하다.

대체로 윗사람의 인덕은 부족하지만 아랫사람의 도움은 큰 편에 해당한다. 그리고 개중에는 의심이 많아서 아무도 믿지 않고 스스로 하는 일만 믿는다. 곤경에 처하더라도 호언장담하는 기질로서 약점을 보이기 싫어하며 특히 타인에게 폐를 끼치기 싫어하고 의리가 두텁다.

함께 식사했다면 솔선해서 자기가 먼저 계산하며 어쩌다 대접을 받으면 반드시 갚아야 직성이 풀린다. 그러므로 보통 친한 사이에도 금전 거래는 꺼리며 은행이나 사 금융을 이용하는 편이다.

또한, 상사의 지시에 따라 움직이는 것을 싫어하므로 어떤 일이나 자기 생각대로 자유스럽게 하려고 한다. 다시 말해서 조언 듣는 것을 별로 좋아하지 않는다.

그러므로 자기주장이 강해서 의견충돌이 발생하고 적을 만들기 쉽다. 이러한 경향은 양간(陽干)일 때 더 강하고 음간(陰干)일 때는 내향적인 성격이 많다.

쇠지(衰地): (50대) 원숙한 성품으로 타인과 다투기 싫어하며 남녀 온순해서 꾸준하고 진지하게 제 몫을 해 나가는 편이다. 그러므로 패기나 적극성이 모자라서 앞장서서 타인을 이끌지 않고 따라가는 편이다.

투기적인 일들을 싫어하는 편으로서 증권, 도박, 주식 같은 변동이 큰 직업은 부적합하고 즐기지 않는다. 재무관리 직종이나 안전관리에 적합하며, 철저하게 저축하며 만일의 사고를 대비한다. 또한 자신의 재능을 언제나 작게 평가하여 허풍 떠는 행동은 하지 않는다.

자존심이 없는 것은 아니지만 참고 인내하는 것이 복이라는 것을 아는 사람으로 싸워서 이기는 것을 좋아하지 않는다. 그러면서도 속으로만 궁리하는 편이다. 교제도 화사하지 못하므로 남의 눈에 띄지 않아서 상사에게 인정받는 일도 적은 편이다. 그러므로 좀 더 자기 재능을 발휘하도록 힘쓰는 것이 중요하며 인간적인 명랑함도 함께 지니는 것이 필요하다.

그러나 지혜로운 성품으로 주변 사람과 원만한 관계를 유지하고자 노력하는 성품이 아름답다. 여성은 대체로 현모양처이다.

병지(病地): (60대) 신체가 허약해지면 공상적이거나 지나친 걱정이 많아진다. 이처럼 쓸모없는 생각들이 많고 근심 걱정이 많은 성격이다. 남이 볼 때 외면은 명랑하고 밝으며 농담도 잘하고 사교성도 좋지만 내심에는 근심 걱정을 사서 하는 편으로 내일 일을 미리 걱정하는 비관적인 성격이 함께하고 있다.

결단력과 실행력이 약한 것이 특징이지만 그런 결점을 명랑한 성격으로 포장했다고 볼 수도 있는데, 타인에게 자신의 속마음을 들키기 싫어하며 운동이나 사회생활에 집착하는 경우도 있으며 보건 복지, 의사, 간호사, 상담직에 근무하는 사람이 많다.

사회적인 교제가 많고 인품이 좋아서 신용도가 높으며 남과 대화하고 회식하는 것도 좋아하는 편이라서 자연히 남을 돌봐 주고 자원봉사도 잘하며 골칫거리를 도맡아 내 일처럼 해결해 주기도 잘한다.

그러나 가정 내에서는 공연히 불평불만을 토로하며 작은 일도 걱정하며 배짱이 두둑하지 못하다. 그러나 봉사심과 희생심이 많아서 주위 사람들이 많이 몰려들지만, 인간적인 규모가 크지 않아서 두령으로서의 재간이나 수완을 크게 떨치지는 못한다.

사지(死地): (70대) 자성이 담백하고 명랑한 성격으로 근면한 노력가이다. 그러나 육신이 따라 주지 않으므로 혼자 사색하는 일을 즐겨 하거나 혼자만의 운동을 즐겨 하는 사람도 많으며 대체로 다정한 성품으로 지적인 성품이 되려고 노력한다.

운동도 좋아하고 그림도 좋아한다. 일할 때는 열심히 일하고 놀 때는 철저히 놀아 버리는 성격이지만 자신을 희생하면서까지 전념하지는 않는다. 지나치게 적극적이지는 않지만 그렇다고 소극적인 것도 아니며 낙천적으로 자신에게 맞는 근면성을 발휘한다.

능변가는 아니지만 타인을 설득해서 자기 입장을 유리하게 만드는 일은 못한다. 그러나 진지한 인품에 호감을 사서 사회적으로 신용을 얻게 된다.

대인관계에서 적을 만들지 않는 장점이 있지만 말수가 적어서 가정이나 사회생활에서 가끔 오해를 받기도 한다. 전문직, 기술 분야, 연구원, 종교가, 상담직, 교육직 등으로 대성하는 사람이 많으며 역학 연구가 등에서도 많이 볼 수 있다.

묘지(墓地): (80대) 묘고(墓庫)는 인간 나이 80세~90세의 중간을 의미하므로 육체는 죽어 있고 혼(魂)만 살아 있는 정적인 상태를 가리킨다. 그러므로 이산(離散)의 비애(悲哀), 슬픔을 암시하고 이동과 변동이 많음을 암시하며 인색한 구두쇠로 움켜쥘 줄만 알고 자기 형제나 친족하고만 살려는 특성이 발생한다.

있는 것을 지키는 것은 탁월하지만 욕심이 많아서 타인의 눈살을 찌푸리게 하는 일들도 많이 하는 편인데, 일지나 월지에 묘(墓)가 있는 사람은 대체로 두 가지 형이 있다.

첫째 형은 투지가 없는 여성적인 형으로 소박하고 견실한 인생을 살아간다. 그러므로 학자, 연구가, 종교가 등에 적합하다. 매사를 꾸준히 다듬어 나가며 계획성도 있고 탐구심도 강하다. 낭비벽이 없는 것도 특징이며 고정된 수입이 있는 것을 선호한다. 또한 남녀 모두 정신적인 것에 흥미를 느끼며 화려한 생활을 좋아하지 않는다. 그러므로 종교적인 성향이 강하다.

두 번째 형은 사업가로서 계획성도 있고 경제적인 관념도 강해서 매우 적극적인 추진을 하므로 사업가로 성공하기도 한다. 형충(刑沖)이 있으면 크게 발전하는 때도 있으며, 하격이면 중소기업의 범위에 머물기도 하는데 신강(身强)하거나 종격(從格)이 되어야 더 길하다.

대체로 신기술 사업과는 거리가 멀고 구기술 사업으로 장묘업, 종교업, 고물상, 박물관, 수집가 등이 적합하다. 대체로 하고자 하는 일의 계획은 많지만 추진력이 부족하므로 새로운 일을 확장하기보다는 있는 것에 대한 활용을 잘해야 한다.

대체로 인색한 편이지만 때로는 가족에게 유산을 상속하지 않고 사회에 환원하는 일도 있으며 자기 자신에게는 인색하면서도 남에게 베풀기도 잘한다.

육친(肉親) 표출법

육친(肉親)은 연주는 조부모, 월주는 부모, 일주는 나와 배성, 시주는 자녀, 즉 나와 혈연관계가 있는 사람을 상징하는데, 인생의 길흉화복(吉凶禍福)에서 육친은 운명의 직접적인 환경으로 작용한다.

육친(肉親)을 육신(六神) 또는 통변성(通辯星)이라 하며, 정인(正印), 편인(偏印), 비견(比肩), 겁재(劫財), 식신(食神), 상관(傷官), 정관(正官), 편관(偏官), 정재(正財), 편재(偏財) 등의 십신(十神)으로 나눠 보게 된다.

남자 육친		여자 육친
형제, 사촌, 친구, 동료,	비견	형제, 친구, 사촌, 동료
형제, 이복형제, 며느리, 고조모	겁재	시아버지, 시동서, 형제, 친구, 사촌
손자, 장모, 조모, 증조부	식신	아들, 딸, 조카, 증조부, 시 증조모
손 자녀, 조모, 증조부, 외조부	상관	아들, 딸, 조모, 외조부, 시고조부
아버지, 숙부, 고모, 제수, 처 형제	편재	아버지, 시어머니, 백부
처, 처의형제, 첩, 형수, 백부, 고모	정재	시조부, 시숙모, 숙부, 고모
아들, 매부, 외조모, 고조부	편관	고조부, 외조모, 시아주버니, 며느리
딸, 아들, 조카, 증조모	정관	남편, 남편형제, 시누이, 증조모
이모, 장인, 외숙, 조부	편인	어머니형제, 손녀, 조모, 시조모
어머니, 이모, 장인, 조부	인수	어머니, 손 자녀, 사위, 시증조부

정인(正印): 일간을 생조하는 오행으로 음양(陰陽)이 다르다.

편인(偏印): 일간을 생조하는 오행으로 음양(陰陽)이 같다.

비견(比肩): 일간과 음양(陰陽)과 오행(五行)이 같다.

겁재(劫財): 일간과 음양(陰陽)이 다르지만 오행(五行)은 같다.

식신(食神): 일간이 생조하는 오행으로 음양(陰陽)이 같다.

상관(傷官): 일간이 생조하는 오행으로 음양(陰陽)이 다르다.

정재(正財): 일간이 극(剋)하는 오행으로 음양(陰陽)이 다르다.

편재(偏財): 일간이 극(剋)하는 오행으로 음양(陰陽)이 같다.

정관(正官): 일간을 극(剋)하는 오행으로 음양(陰陽)이 다르다.

편관(偏官): 일간을 극(剋)하는 오행으로 음양(陰陽)이 같다.

육신(六神)의 이해

육신(六神)을 보는 방법은, 육신(六神)에 의한 방법과 자리 궁(宮)으로 보는 근묘화실(根苗花實)에 의한 방법이 있다.

천간(天干) 육신 조견표

日干六神	甲	乙	丙	丁	戊	己	庚	辛	壬	癸
비견	甲	乙	丙	丁	戊	己	庚	辛	壬	癸
겁재	乙	甲	丁	丙	己	戊	辛	庚	癸	壬
식신	丙	丁	戊	己	庚	辛	壬	癸	甲	乙
상관	丁	丙	己	戊	辛	庚	癸	壬	乙	甲
편재	戊	己	庚	辛	壬	癸	甲	乙	丙	丁
정재	己	戊	辛	庚	癸	壬	乙	甲	丁	丙
편관	庚	辛	壬	癸	甲	乙	丙	丁	戊	己
정관	辛	庚	癸	壬	乙	甲	丁	丙	己	戊
편인	壬	癸	甲	乙	丙	丁	戊	己	庚	辛
인수	癸	壬	乙	甲	丁	丙	己	戊	辛	庚

일반적으로 육신(六神)에 의한 관계를 중요시하고 궁(宮)으로 보는 것을 무시하거나 참고만 하는 일이 많지만, 근묘화실(根苗花實)과 육신에 의한 방법을 동시에 취하는 것이 중요하다.

자연의 법칙이 묘하고 또 묘해서, 위에 설명하는 육친은 대략적일 뿐 정확성에는 문제가 있다. 사주의 종류가 천인천태(千人千態) 만인만상(萬人萬象)으로 전혀 다른 결과가 나오기도 한다.

즉, 유(有), 무(無), 편고(偏固), 중첩(重疊), 외격(外格) 등에 따라서 육친이 다를 수 있다. 가령, 무재성(無財星)일 때 식상(食傷)이 아버지가 될 수도 있고, 또는 재성(財星), 또는 인성(印星), 또는 비겁(比劫)이 아버지가 될 수도 있다. 그러므로 만인만상(萬人萬象)이다.

지지(地支) 육신 조견표

日干六神	甲	乙	丙	丁	戊	己	庚	辛	壬	癸
비견	寅	卯	巳	午	辰戌	丑未	申	酉	亥	子
겁재	卯	寅	午	巳	丑未	辰戌	酉	申	子	亥
식신	巳	午	辰戌	丑未	申	酉	亥	子	寅	卯
상관	午	巳	丑未	辰戌	酉	申	子	亥	卯	寅
편재	辰戌	丑未	申	酉	亥	子	寅	卯	巳	午
정재	丑未	辰戌	酉	申	子	亥	卯	寅	午	巳
편관	申	酉	亥	子	寅	卯	巳	午	辰戌	丑未
정관	酉	申	子	亥	卯	寅	午	巳	丑未	辰戌
편인	亥	子	寅	卯	巳	午	辰戌	丑未	申	酉
인수	子	亥	卯	寅	午	巳	丑未	辰戌	酉	申

 그러나 기본적인 육친관계를 반드시 알아야 변화하는 육친을 적용할 수 있다.
 즉, 계산기가 있고 컴퓨터가 만국 언어를 대신할 수 있다고 하지만, 구구단과 컴퓨터 활용법을 모른다면 무소용이듯이 기초가 확실해야 한다.

생극제화
(生剋制化)

　한난조습(寒暖燥濕)은 오행(五行)의 생극제화(生剋制化)의 기본이다. 한난조습(寒暖燥濕)의 균형이 편중(偏重)되었다면 오행의 상생(相生)과 상극(相剋) 제화(制化)가 이루어지지 않는다. 그러므로 명식을 관찰할 때 가장 우선해야 할 것이 음양(陰陽)의 균형을 관찰해야 하는데, 보편적으로 양실음허(陽實陰虛)와 음실양허(陰實陽虛)의 한난조습(寒暖燥濕)을 살펴야 한다.
　한난(寒暖)은 천간 문제로 정신작용에 영향을 미친다. 대부분 시기를 맞추지 못하는 것에서 발생한다.
　조습(燥濕)은 지지문제로 길흉관계에 직접적인 영향을 미치며 주로 환경적인 문제가 발생한다.

　금생수(金生水): 금기(金氣)가 수기(水氣)를 생조하지만, 음기(陰氣)가 강하면 생수(生水)하지 못하므로 태양이 화창해야 생수(生水) 할 수 있다.

　수생목(水生木): 수기(水氣)가 목기(木氣)를 생조하지만, 음기(陰氣)가 강하면 응결현상(凝結現象)되므로 목기(木氣)가 상(傷)한다. 그러므로 태양이 화창해야 목기(木氣)가 성장한다.

　목생화(木生火): 목기(木氣)가 화기(火氣)를 생조하지만, 화기(火氣)가 강하면 목기(木氣)가 불타므로 정신분열 현상이 나타난다. 그러므로 비가 내려야 목기(木氣)는 평안함을 얻는다.

화생토(火生土): 화기(火氣)가 능히 토기(土氣)를 생조하지만, 화기(火氣)가 강하면 토기(土氣)가 마르고 불모지(不毛地)가 되므로 비가 내려야 만물을 기를 수 있고 윤토(潤土)가 된다.

토생금(土生金): 토기(土氣)가 금기(金氣)를 생조하지만, 불모지(不毛地)의 먼지만 날리는 땅에서는 토생금(土生金)을 못 하므로 오히려 금기(金氣)가 상한다. 그러므로 비가 내려야 한다.

반극작용과 반생작용

반극작용(反剋作用)과 반생작용(反生作用)이 될 때 오행이 한쪽으로 편중(偏重)되면 피해를 보는 오행(五行)이 있게 된다. 그러므로 질병 체질이나 성격의 편고함이 발생한다. 해당 육친은 태왕즉절(太旺則絶) 현상으로 다자(多字)는 무자(無字)가 되기 쉬우며 파란풍파(波瀾風波)를 겪는 인생이 될 수 있다.

목기과다(木氣過多)는 수기(水氣)는 쇠약(衰弱)해지고, 화기(火氣)는 꺼지게 된다. 이때 금기(金氣)의 제어함이 있으면 화기(火氣)는 살아나고 수기(水氣)는 넉넉해지므로 목기(木氣)는 동량목(棟樑木)이 된다.

화기과다(火氣過多)는 목기(木氣)는 불타고 금기(金氣)는 녹는다. 이때 수기(水氣)의 제화(制火)가 있으면 금기(金氣)는 모습을 갖추고 화기(火氣)는 분수를 알게 되며 목기(木氣)는 자신을 지킨다.

토기과다(土氣過多)는 금기(金氣)는 파묻히게 되고 수기(水氣)는 물 흐름이 막힌다. 이때 목기(木氣)의 제토(制土)가 있으면 금기(金氣)가 자리를 지키므로 수기(水氣)는 유통을 하고 토기(土氣)는 위엄을 갖추게 된다.

금기과다(金氣過多)는 수기(水氣)는 탁해지고 목기(木氣)는 상처를 입는다. 이때 화기(火氣)의 제금(制金)이 있으면 수기(水氣)는 살아나고 목기(木氣)의 상향지기(上向之氣)가 바르게 서므로 금기(金氣)는 형상을 이룬다.

수기과다(水氣過多)는 목기(木氣)는 부목(浮木)되며 화기(火氣)의 불은 꺼지게 된다. 이때 토기(土氣)의 제수(制水)가 있으면 목기(木氣)는 뿌리를 내리고 화기(火氣)의 위상이 살아나며 수기(水氣)는 조용해진다.

 수다목부(水多木浮), 목다화식(木多火熄), 화다조토(火多燥土), 토다매금(土多埋金), 금다수탁(金多水濁)
 수다금침(水多金沈), 목다수허(木多水虛), 화다목분(火多木焚), 토다화회(土多火晦), 금다토허(金多土虛)
 수다토류(水多土流), 목다금결(木多金缺), 화다수허(火多水虛), 토다목절(土多木折), 금다화식(金多火熄)

이러한 현상들은 오행의 편고함으로 직업과 재물 건강에 문제를 일으키고 고통스러운 인생이 되며 길운이 온다 해도 큰 발복을 기대하기 어렵다.

지지(地支)의 합(合)

합(合)과 형충파해(刑沖破害)는 오행(五行)의 생극제화(生剋制化) 중의 일부분의 작용을 말하는 것으로 생극제화(生剋制化) 전부를 말하는 것은 아니다.

그러므로 각기 지지의 독자적인 성분과 상대적 성분으로 작용하는 성향을 살필 수 있다면 굳이 합(合)과 형충파해(刑沖破害)를 별도로 논하지 않아도 그 작용을 파악할 수 있다. 다시 말해서 음양(陰陽)은 합충(合沖)과 생극(生剋)이지만, 이름에 얽매여 그 작용을 외우는 것으로 활용한다면 한두 개의 것을 얻기 위해 전부를 버리는 것과 같다.

사주는 용희기구한(用喜忌仇閑)에 의해서 기신(忌神)과 희신(喜神)을 구별하지만, 행운에서 이들 성분이 새옹지마(塞翁之馬)와 같은 변화가 있으므로 그 변화를 아는 것이 더 중요하다.

자연법에서는 영원한 아군도 없고 적군도 없다. 다만 잠시 그 배역을 맡아서 그 역할에 충실히 하는 것이며 인생은 새옹지마(塞翁之馬)이며 달도 차면 기운다는 큰 틀에서 감명해야 한다.

합(合)을 관찰할 때 가장 우선해야 하는 것이, 합(合)의 기준이 어디에 있는가를 살펴야 한다. 이것은 합력(合力)의 정도를 파악하는데 중요한 것이지만, 그보다 우선하는 것이 합(合)의 방향(方向)을 결정해야 한다.

삼합(三合)은 생지(生地) 왕지(旺地) 묘지(墓地)가 합(合)을 이루므로 혈족이 모이는 것과 같아서 세력보다 기(氣)를 중심으로 모이는 합(合)이다.

그러므로 끈끈한 혈연의 합(合)이므로 합력(合力)의 기(氣)가 통하고 형충(刑沖) 등의 방해에는 약하지만, 강한 합력작용(合力作用)이 발생한다.

삼합(三合)은 지지에서 온전하게 합(合)을 형성해도 천간투출(天干透出)이 없으면 진합(眞合)이 되지 않으며, 삼합(三合)을 방해하는 글자가 있으면 단순한 유정합(有情合)으로 판단한다. 이것은 대표 천간이 있어야 합력작용(合力作用)이 강화되므로 화(化)할 가능성을 갖추게 된다.

이때 천간투출(天干透出)이 없고 왕지월(旺支月)이 아니라면 국가는 있지만 핵심 수장이 없는 것이므로 단지 유정한 합(合)일 뿐이다.

생지(生地)인 인신사해(寅申巳亥)는 왕지(旺地)인 자오묘유(子午卯酉)의 기운을 주체로 새로운 운력(運力)을 만들어 낸다. 그러므로 기존의 상황에 생기(生氣)를 보충하는 것이 되지만, 잘못되면 안정된 기반이 흔들리므로 세심한 관찰이 필요하다.

진술축미(辰戌丑未)는 왕지(旺地)를 기준으로 고지작용(庫地作用)인지, 묘지작용(墓地作用)인지 먼저 살펴야 한다. 고지(庫地)로 작용하면 안정된 기운을 유지하므로 자신이 하는 일의 진행결과를 도출하는 것과 같다.

그러나 묘지(墓地)로 작용하면, 진행 과정이나 목적하는 바가 한순간에 정지되거나 작용력을 상실한다. 그러므로 삼합은 왕지(旺地)를 기준으로 생지(生地)나 묘지(墓地)가 어떻게 전개되는지 자세히 살펴야 하는데, 지지(地支)의 상좌천간(上坐天干)의 의향을 살펴야 함을 뜻한다.

방합(方合)은 친구들이나 친족들이 모이는 것과 같으며, 형충(刑沖) 등의 방해에는 강하고 합(合)에는 약하며 개별적 성향을 지니는 특징이 있다. 또한 왕지(旺地)를 중심으로 방향이 주어지지만, 왕지(旺地)가 월지(月支)가 아니고 대표천간이 없으면 합(合)의 중심을 잃었으므로 방합(方合)으로 인정하지 않는다. 이것은 왕지(旺地)가 월지(月支)를 잃으면 세력이 하나로 뭉치지 않으며 혼잡(混雜)으로 나타난다.

육합(六合)은 합(合)의 중심이 주관적이어서 주변 환경에 따라 합(合)의 방향이 달라진다.

반합(半合)은 왕지(旺地)가 월지 중심으로 생지(生地)나 고지(庫地)와 합(合)을 이루는 경우로 화(化)하지는 않으나 유정함을 뜻한다. 그러나 월지와 천간의 의향에 따라서 유인력(有引力)에 의한 불러옴의 법칙이 성립하므로 세심한 관찰이 필요하다.

생지(生地)와 합(合)이 되면 기적(氣的)인 팽창(膨脹)을 말할 수 있으며, 고지(庫地)와의 합(合)은 기적(氣的)인 안정(安定)을 뜻하지만, 육친의 유정무정(有情無情)을 판단해야 한다.

가합(假合)은 왕지(旺地)가 빠진 상태에서 생지(生地)나 고지(庫地)가 월지를 중심으로 합(合)이 되는 것으로, 이것은 왕지(旺地)가 없으면 합력(合力)이 떨어지므로 현실적 작용력은 미약하지만 정신적 부분은 무시할 수 없다. 없는 것을 더 찾는 심리가 될 수 있으며 인연법의 심리구조로 활용되는 요소이다. 또한 대운에서 진삼합(眞三合)을 이룰 준비가 되어 있다.

삼합(三合)의 물상

목국(木局)의 물상은 목재, 건축 자재, 섬유질, 영농, 종묘, 방직, 가구, 펄프, 목장, 농산물, 약초, 묘목 등을 상징한다.

화국(火局)의 물상은 정신문화, 화학 공업, 연료, 예술 계통, 언론 기관, 미술, 화기, 폭발물 등을 상징한다.

금국(金局)의 물상은 고체, 금속 자원, 기계 장비, 무기, 화폐, 전기, 전자제품, 화약고 등을 상징한다.

수국(水局)의 물상은 액체, 수자원, 해안, 강하(江河), 상하수도, 댐, 저수지, 정보 산업 등을 상징한다.

삼합의 기본구조는 오행 상으로 생지(生地)가 왕지(旺地)를 생조하는 구조로 이루어져 있으나, 금국(金局)은 생지(生地)와 왕지(旺地)가 극(剋)하는 구조로 이루어져 있다. 이것은 오행(五行)의 작용 내면에 금화교역(金火交易)이 내포되어 있으며 진정한 합력작용으로 나타난다.

육합(六合)은 부부의 합(合)이라 하는데, 단체나 사회의 합(合)인 방합(方合) 또는 삼합(三合)의 목적을 변질시키거나 방해하는 작용을 하는데, 끈끈한 이성 간의 정이나 이익을 위해서 끌리는 합(合)으로 그 속에는 비밀이 숨어 있으므로 서로의 이익을 위한 비밀 성분이라고 할 수 있다.

가령, 어느 회사의 기밀(機密)을 다루는 직원이 비밀스럽게 접근하는 타인과 공모해서 회사 기밀을 팔아넘기는 일도 발생시키는 합(合)이 육합(六合)이다. 또는 부모의 유산을 부부가 공모(共謀)하여 착취하는 형태이기도 하다.

육합(六合)의 입장에서 본다면, 대의적 명분이나 공적인 일을 사생활을 활용해서 이익으로 발생시키기도 하고 또는 환경을 교란하는 작용을 하기도 하는데, 자축합(子丑合), 오미합(午未合), 진유합(辰酉合)에서는 이런 일들이 대체로 적은 편이며, 해인합(亥寅合)과 사신합(巳申合)이 더 문제가 더 많은 편이다.

육합(六合)은 은밀한 합(合)으로 이익이 다한 후 헤어질 때는 법정출두나 서로를 음해하고 해코지하는 형태로 나타나기도 하는데, 해인합(亥寅合), 묘술합(卯戌合), 사신합(巳申合)에서는 애정의 결연을 맞는 일이 많으며 비밀이 잠재되어 있다.

합국의 분석

해자월(亥子月)에 수국(水局)을 이루는데, 임수(壬水)나 계수(癸水)가 투출해야 진삼합(眞三合)을 인정한다. 그러나 수기천간(水氣天干)이 없으며 수국(水局)을 반대하는 술토(戌土)나 미토(未土)가 있다면 삼합(三合)은 유정할 뿐이다.

그러나 술토(戌土)나 미토(未土)가 없고, 혹은 무토(戊土)가 있어도 갑목(甲木)이 무토(戊土)를 제압하거나, 경금(庚金)의 토설생수(土洩生水)가 있다면 삼합(三合)을 인정한다.

또한, 진월(辰月)은 수기(水氣)의 대표 천간과 반대 세력의 유무경중(有無輕重)을 살펴야 한다. 토기(土氣)의 유무경중(有無輕重)에 따라서 진합(眞合)과 가합(假合)으로 달라진다. 따라서 수국(水局)을 이루는 세력 천간의 유인력(誘引力)을 살펴야 한다.

어떠한 합(合)이든 조건이 이루어져야 진합(眞合)이 된다. 조건을 이루지 못했을 때는 진합(眞合)을 인정하지 않지만, 대운에 의해서 진합(眞合)이 이루어질 수 있다.

특히, 진술축미(辰戌丑未)는 묘고(墓庫)이므로 입묘(入墓) 작용인지, 통근처(通根處) 작용인지를 반드시 살펴야 한다.

가령, 진토(辰土)를 판단할 때 상좌천간(上坐天干)에 따라서 진토(辰土)의 성분은 달라진다. 그러므로 임진(壬辰)과 병진(丙辰)의 진토(辰土)는 물을 많이 머금은 흙과 마른 흙으로 차이가 있다.

신진합(申辰合)은 수기(水氣)가 발생한다고 판단하지만, 가령, 진신(辰申)에 임수(壬水)가 좌(坐)했다면 수국(水局)에 동화(同化)되었다고 본다. 그러나 병화(丙火)나 무토(戊土)가 좌(坐)했다면 수국(水局)이 될 확률이 매우 약하고 진토(辰土)는 묘지(墓地)로 작용할 가능성이 크다.

신자반합(申子半合)은 80% 합(合)으로 보지만, 이 또한 상좌천간(上坐天干)에 의해서 임신(壬申)과 임자(壬子)라 했을 때 90% 수기(水氣)가 된다고 판단하지만, 그러나 무토(戊土)가 좌(坐)하고 경금(庚金)이나 갑목(甲木)이 없다면 신자합수(申子合水)를 거역하므로 합(合)이 되지 않는다. 그리고 모든 합(合)은 월지와 대표 천간이 투출해야 한다.

암합(暗合) 명합(明合)
명암합(明暗合)

　천간(天干)끼리 합(合)하는 것을 명합(明合)이라 하고, 투출천간이 지장간과 합(合)하는 것을 명암합(明暗合)이라 하며, 지지끼리 합(合)하는 것을 암합(暗合)이라고 한다.
　암합(暗合)에는 인생사의 희로애락(喜怒哀樂), 애정사(愛情事), 비밀(祕密), 욕심(慾心)과 화평(和平), 육친의 이별(離別), 사별(死別), 흉사(凶事) 등이 숨겨져 있다.
　간지(干支)가 합(合)하는 명암합(明暗合)은 지지본기와 합(合)하는 무자(戊子), 정해(丁亥), 임오(壬午), 신사(辛巳) 등의 명암합(明暗合)이 있으며, 지지의 여기나 중기와 합(合)하는 갑오(甲午), 을유(乙酉), 을사(乙巳), 병술(丙戌), 무진(戊辰), 기묘(己卯), 기해(己亥), 경진(庚辰), 계사(癸巳), 계해(癸亥) 등의 명암합(明暗合)이 있다.
　이 경우 지지본기가 아니므로 암합(暗合)이 약하지만, 암합(暗合)의 대상 천간이 투출했을 때는 그 성질은 100% 달라진다.

　당주의 성격과 육친을 알기 위해서는 명암합(明暗合)을 알아야 하는데, 상기에서 거론한 기묘(己卯) 을유(乙酉)는 명암합(明暗合)이 아니라고 말하는 역인도 있다.
　또한 묘목(卯木)에는 갑을(甲乙)의 지장간이 있으나, 을목(乙木)을 중요시하고 갑목(甲木)은 무시하거나, 또는 유금(酉金)에서 경금(庚金)은 중요하지 않다고 말하는 역인들도 있으나 그것은 잘못된 판단이다.
　가령, 묘목(卯木)에는 갑목(甲木) 10일과 을목(乙木) 20일의 지장간이 있는데, 여기(餘氣)를 무시한다는 것은 인원용사(人元用事)를 모르는 것과 같다. 그렇다면 진술축미(辰戌丑未)에 들어 있는 중기(中氣) 3일은 무시해야 한다는 이야기 아닌가?

또한, 해수(亥水)에는 무토(戊土)가 7일 암장(暗藏)되어 있는데, 무토(戊土)를 무시한다면 인사신(寅巳申)의 무토(戊土)도 무시해야 하는 것 아닌가?

이런 일이 발생하는 원인은 목화토금수(木火土金水) 오행을 나무, 불, 흙, 쇠, 물 등으로만 보기 때문이다. 즉, 임계해자(壬癸亥子)를 단지 물로만 보기 때문에 이런 현상이 발생하는 것이다.

오행(五行)을 쉽게 이해하기 쉬운 물상으로 나무, 불, 흙, 쇠, 물 등으로 나누었을 뿐이다. 그러므로 이제는 좀 더 폭넓게 오행(五行)을 이해할 필요가 있다. 즉, 수기(水氣)라고 해서 물로만 한정 짓지 말라는 이야기이다. 물이 얼면 고체로 얼음이고, 온수가 되면 기체가 되어 가며 수증기로 변한다.

축토(丑土)는 북극 빙산(氷山)의 물상이다. 그 빙산은 물이 얼어 있는 상이다. 그러므로 해중무토(亥中戊土)는 조토(燥土)가 아닌 한랭(寒冷) 성분의 토기(土氣)라 보면 될 것이다.

이때 신금(申金)이나 해수(亥水)에서 무토(戊土) 7일을 뺀다면 ¼이 사라진다. 또한 묘유(卯酉)에서 여기(餘氣) 10일을 뺀다면 ⅓이 사라진다. 지지는 천간의 자재창고(資材倉庫)이다. 그런데 정기(正氣)만 사용한다면 온전하지 못한 창고이지 않은가?

여명 기묘일주(己卯日柱)에 갑목(甲木)이 투출했다면 갑목(甲木)이 남편이다. 그런데 갑목(甲木)이 없고 을목(乙木)이 투출했다면 이때는 을목(乙木)이 남편이다. 그런데 갑을목(甲乙木)이 혼잡(混雜)으로 투출했다면 갑목(甲木)도 남편이고, 을목(乙木)도 남편이다. 이때 합관(合官)이나 합살(合殺)이 없다면 남자로 인한 풍파를 당하고 직업이 순일하지 못하며 부부 인연이 변하기도 한다.

이처럼 지지 내의 암장간(暗藏干)이 인생사의 수많은 희로애락을 만드는 작용을 하고 있으며 각기 명식의 구조배합에서 투출(透出)해야 할 것과 투출하지 않아야 할 것이 정해진다. 따라서 투출하지 않아야 할 천간이 투출했을 때는 사주의 탁한 기운이 되고 인생사에 흉한 일을 만들게 된다.

이에 반해서 반드시 투출해야 할 천간도 있으며 이것들이 모여 부귀의 높낮이와 희로애락(喜怒哀樂)을 만든다. 이러한 천간투출(天干透出)은 월지 환경(月支環境)과 밀접한 관계를 갖는다.

가령, 겨울의 자일(子日)에 좌(坐)한 갑병무경임(甲丙戊庚壬) 일간이라면 계수투출(癸水透出)이 없어야 배우자 복이 있다. 그러나 여름에는 계수(癸水)가 투출해야 배우자 복이 있으므로 해당 육친의 은덕(恩德)을 입는다.

그런데 가령, 여름에 태어난 신미일주(辛未日柱)에 정화(丁火)가 투출했다면 배성의 덕이 부족하다. 또는 을유일주(乙酉日柱)의 신금투간(辛金透干), 임진일주(壬辰日柱)의 무토투간(戊土透干) 등, 다시 말해서 있어야 할 때는 있고, 없어야 할 때는 없는 것이 양호한 인생이 된다.

지지암합(地支暗合)에는 정기(正氣)가 우선이다. 자중계수(子中癸水)와 술중무토(戌中戊土)가 암합(暗合)을 이루고, 축중기토(丑中己土)와 인중갑목(寅中甲木)이 암합(暗合)을 이룬다.

인중갑목(寅中甲木)과 미중기토(未中己土)가 암합(暗合)을 이루고, 신중경금(申中庚金)과 묘중을목(卯中乙木)이 암합(暗合)을 이루며, 오중정화(午中丁火)와 해중임수(亥中壬水)가 암합(暗合)을 이룬다. 이것은 지지정기(地支正氣) 대 정기(正氣)가 암합(暗合)을 이루므로 작용력이 크다.

이러한 암합(暗合) 성분들에 의해서 탐합망극(貪合忘剋) 탐합망생(貪合忘生)과 같이 자기 고유의 성분을 잃는 작용과 또는 통근력의 변화가 나타난다.

또는 미토(未土)와 신금(申金)이 근접하고 있다면 정기(正氣) 대 정기(正氣)의 암합(暗合)이 아니라 할지라도 신중(申中)의 경임(庚壬)은 미중(未中)

의 을정(乙丁)과 암합(暗合)을 한다.

　이러한 암합 작용으로 인해서 인생사의 희비가 엇갈리는 삶이 되는데, 가령, 갑인일주(甲寅日柱)에 근접한 축토(丑土)가 희신이라면, 축중(丑中)의 기신계(己辛癸)와 인중(寅中)의 갑병무(甲丙戊)가 온전한 암합(暗合)을 이루고 인목(寅木)에 끌려온다.

　즉, 축토(丑土)의 재물과 관성(官星)의 창고가 당주에게 끌려와 무한한 복을 준다. 그러나 축토(丑土)가 기신이라면 천을귀인(天乙貴人)이 업인살(業因殺)로 변하여 슬픔과 고통만 주는 삶이 된다.

　가령, 신약한 정유일주(丁酉日柱)에 신금(辛金)과 계수(癸水)가 투출했다면 만사불성(萬事不成)으로 힘겨운 삶이 되지만 신강하다면 매우 길하다.

　이러한 암합성분(暗合成分)과 투출천간(透出天干)으로 인해서 당주의 또 다른 성격과 해당하는 육친의 감추어진 비밀사가 되기도 하며, 신살(神殺)과 연결되어 성도착증, 미워함, 증오심, 사랑, 자비심, 명예를 탐하고, 재물을 탐하며 음침하거나 밝은 성격, 이중성격 등이 되기도 한다.

　이때 합충(合沖)에 의해서 암합성분(暗合成分)과 통근력(通根力)의 변화가 발생하고 각기 천간과 지지의 구조배합에 따라서 만인만상(萬人萬象)의 변화가 있다는 것도 참고해야 한다.

　합(合)과 암합(暗合)이 동시에 이루어지는 것도 있다. 가령, 사축(巳丑)이 반합(半合)을 하고, 또는 사유(巳酉)가 반합(半合)을 하고, 사중병화(巳中丙火)가 축중신금(丑中辛金)이나 유중신금(酉中辛金)에 암합(暗合)을 하면서 자기 본분을 망각하는 사화(巳火)가 되거나, 자진(子辰)이 반합을 하면서 진중무토(辰中戊土)가 자중계수(子中癸水)를 암합(暗合)을 하거나 등의 변화를 살펴야 한다.

　그러므로 인간사에서 배신을 당하고 믿는 도끼에 발등 찍히거나, 돈과 몸을 주고 마음마저 바친 후에 배신을 당하고 피눈물을 흘리거나, 전 가족이 사망하고 어린 자식이 고아가 되거나, 자식을 버리고 도망간 여자가 나타나 자식의 사망보험금을 탐내거나, 등의 현상들이 명암합(明暗合)과 천간투출(天干透出)이 신살(神殺)과 연결되어 합충(合沖)을 당할 때 나타나는 현상들이다.

합(合)의 목적은 결과를 만드는 데 필요한 것이지만 자기 본분을 망각하기 쉬워서 충(沖)보다 해(害)됨이 더 많이 발생하기도 한다.

즉, 미워하고 원망하면서도 헤어지지도 못하고 서로가 원수처럼 지내기도 하고, 한집에 살면서도 각방 쓰며 헤어지지 못하고 마음속에 증오심을 품고 사는 것도 암합작용(暗合作用)이다.

근접(近接)한 묘신(卯申)이 있으면 암합원진(暗合怨嗔)이다. 이때 투출된 을경(乙庚)이 있다면 원진관계(怨嗔關係)이며, 또는 갑신(甲辛)이나, 갑경(甲庚), 을신(乙辛) 모두가 원진관계(怨嗔關係)를 형성한다. 그러므로 만날 때 만나고 헤어질 때 헤어지는 결단심(決斷心)이 없으므로 유야무야(有耶無耶)한 인생이 되기도 하는데 이런 현상들은 모두 합(合) 때문이다.

다시 말해서 부부가 밤중에 합궁(合宮)한다면 그 누가 뭐라 말할 사람이 없겠지만, 시도 때도 없이 합궁(合宮)을 탐한다면 만사불성(萬事不成)을 불러오게 된다. 넘치는 것은 부족함만 못하다는 말은 영원한 진리인 것이다.

특히, 천간(天干)의 합(合)은 반갑지 않으며, 지지가 합(合)이 되어 기신으로 변한다면 오히려 충파(沖波)시키는 것이 바람직하다.

합(合)과 동시에 암합성분(暗合成分)을 갖추고 어떤 작용을 하는지, 진실로 변한 것인지, 가짜로 변한 것인지, 육신은 합(合)이지만 그 속에서 탐하는 것은 무엇인지 그 작용력을 살펴야 한다.

지지정기(地支正氣)의 암합작용(暗合作用)은 묶이는 현상으로 나타난다. 가령, 사신육합(巳申六合)이라면 병무(丙戊)는 사용하지 못한다.

암합(暗合)에는 해당 육친의 감추고 싶은 비밀적인 일이 숨겨진 일이 많다. 그러나 명합(明合)은 드러나 있는 합(合)으로 싫고 좋음이 바로 보이지만, 암합(暗合)은 은밀한 합(合)이므로 합(合)하고자 하는 마음이 명합(明合)보다 더 간절하게 염원하고 추구하는 경우로 작용하기도 한다.

가령, 을유일주(乙酉日柱)라면 유중경금(酉中庚金)과 암합(暗合)이다. 그런데 신금(辛金)이 투출했다면 남편이 되는데, 결혼을 했어도 경금(庚金)이 가슴속에 남아 있다. 이러한 현상은 상대를 저울질하는 성분으로 나타나 상대가 잘해 준다 해도 또 다른 상대에게 마음이 분산되는 작용을 한다.

그러므로 직장 생활이나 가정생활에 번뇌망상으로 작용한다. 그런 중에 경금대운(庚金大運)이 온다면 부부불화의 원인이 되기도 하며 개중에는 정통도주(情通逃走)로 나타나기도 한다.

이처럼 암합(暗合)은 인생사의 또 다른 변화를 발생시키는 요인이 되기도 하는데, 이것을 잘 추론하면 드러나지 않는 비밀스러운 일들을 찾아낼 수 있으며 육친 통변과 함께 상대의 심리를 알 수 있기도 한다.

통근력(通根力)의
변화

　통근력(通根力)은 격국 용신을 정하는데 있어서 매우 중요한 성분으로 천간이 통근하는 지지가 많을수록 통근력 또한 강해진다. 통근력은 지지본기(地支本氣)를 더욱 중요하게 판단한다. 그러나 자수(子水)에 임계수(壬癸水)가 투출했다면 자수(子水) 본기는 계수(癸水)이지만, 임수(壬水)는 자수(子水)에 양인(羊刃)이고 계수(癸水)는 록지(祿地)일 뿐이다.

　자수(子水)의 지장간에 임수(壬水) 10일, 계수(癸水) 20일이므로 계수(癸水)가 통근력이 더 강할 듯하지만, 왕지(旺地)가 록지(祿地)보다 더 강하다.

　또한, 계수(癸水)가 투출한 임수(壬水)는 진양인(眞羊刃)이고 계수(癸水)는 임수(壬水)에 합류(合流) 당하는 성분이므로 왕성한 기질의 임수(壬水)가 된다. 이처럼 통근력에는 수많은 변화가 있게 된다.

　인목(寅木)에서 갑목(甲木)과 병화(丙火)가 투출했다면 인목(寅木)의 정기인 갑목(甲木)이 투출한 것이므로 갑목(甲木)이 병화(丙火)보다 더 강한 힘을 보유한다. 그러나 병화(丙火) 역시 인목(寅木)에 통근하고 갑목(甲木)의 생조를 받으므로 유력하다고 판단한다.

　그러나 병오(丙午)가 인목(寅木)에 근접(近接)하여 인오합(寅午合)을 했다면 병화(丙火)는 갑목(甲木)보다 더 큰 힘을 보유하게 된다. 이러한 현상은 근접(近接)한 지지합(地支合)에 의한 통근력(通根力)의 변화작용이다.

　사주지지(四柱地支)의 힘에 크기는 월지 → 시지 → 일지 → 연지 순이라고 하지만, 꼭 그렇지만은 않다. 왜냐면 상좌천간(上坐天干)이 지지(地支)를 극(剋)할 수도 있고 생(生)할 수도 있기 때문이다.

또한, 천간의 자좌지지(自坐地支)와 합충(合沖)에 의한 변화가 발생하고, 근묘화실(根苗花實)과 또는 일간과 멀고 가까움의 차이가 있으므로 틀에 얽매여서 연지나 일지에는 통근하는 힘이 약하다고 섣부른 판단은 금물이다.

가령, 진토(辰土)에서 계수(癸水), 을목(乙木), 무토(戊土)가 투출했고 무토사령(戊土司令)이라면 무토(戊土)가 제일 강한 힘이지만, 을목사령(乙木司令)이라면 을목(乙木)이 제일 강하다. 그러나 자진합(子辰合)에 의한 변화가 있다면 계수(癸水)가 제일 강하다.

그러나 근접(近接)한 술토(戌土)와 진술충(辰戌沖)이 되었다면, 계수(癸水)와 을목(乙木)의 통근처는 사라지고 진술(辰戌)은 무토(戊土)의 통근처로 작용한다.

일지는 나의 육체이고 배우자이므로 일지에서 투출천간의 희기에 따라 행복과 불행이 결정되는데, 일지에서 투출된 정기천간(正氣天干)이 희신이라면 배성(配星)이 희신이므로 행복한 인생이 되는 것이다.

지지충(地支沖)이 있을 때 해당 천간이 통근력 상실로 연결될 수도 있다. 가령, 인신충(寅申沖)이 있는 명식이라면 수기(水氣)의 원천(源泉)이 파괴되거나 화기(火氣)의 생조력이 파괴된 것과 같다. 이처럼 충(沖)이 되면 부부 싸움 중에 자식을 돌볼 여력이 없는 것과 같아서이다. 그러므로 인신(寅申)에서 투출천간은 깨어진 가정에서 안정을 찾기 어려운 것과 같으므로 격의 구성은 물론 용신으로 삼을 수 없을 만큼 무력해진다.

그러나 월지와의 관계, 또는 충(沖)을 합(合)으로 풀었느냐, 또는 충(沖)을 제어하는 글자가 있느냐에 따라서 충(沖)의 경중(輕重)이 달라진다. 그러므로 모든 합충(合沖)은 주변 여건에 따라서 다르므로 각기 사주마다 다른 특성으로 나타나며, 지지합(地支合)으로 변화되는 경우 등 수많은 변수가 있게 된다.

삼합(三合)이나 방합(方合) 등으로 방국(方局)을 형성하여 오행 세력이 극대화되었다면, 타오행 세력을 무력화시킬 수 있다. 가령, 목국(木局)이 이루어졌다면 화기(火氣)는 목다화식(木多火熄)이 될 것이며 수기(水氣)는 목기(木氣)에 설기당하므로 극히 무력해짐을 상징한다.

명식에 방국(方局)이 형성된 경우, 대운의 육합운(六合運)이 삼합(三合)을 풀지 못한다. 가령, 사주에 수국(水局)이 있고 유금운(酉金運)이 온다면 수국(水局)은 그대로 유지되므로 유진합(酉辰合)도 인정한다.

삼합국(三合局)은 가족 간의 합(合)으로 가문을 보존하고자 하는 합(合)이 되는데, 수국(水局)과 금국(金局)은 서로가 유정한 상생관계로 사신합(巳申合), 자축합(子丑合), 유진합(酉辰合)의 육합(六合)이 되면서 수기(水氣)를 강화하는 힘으로 작용한다. 그러므로 삼합국(三合局)이 깨어지지 않는다.

천간은 순수한 기운으로 단순하여 합충(合沖)만 존재하지만, 지지는 복잡하여 하나의 글자가 삼합(三合), 방합(方合), 육합(六合)의 세 개의 합(合)이 성립한다.

명식에서 천간합(天干合)이 성립되었다면 합(合)의 목적이 무엇인가를 판단해야 한다. 천간합(天干合)에서도 여러 가지 변수로 작용하기 때문이다. 가령, 병신합(丙辛合)일지라도 병신합수(丙辛合水)가 있고, 병신합금(丙辛合金)이 있으며, 신병합화(辛丙合火)가 될 수도 있기 때문이다.

진합화(眞合化)가 되었다면 대운에서 다시 이것을 합(合)할 수 없으며, 투합(鬪合)의 상황이 발생하지 않는다. 가령, 갑기합(甲己合)이 있는 명식에, 갑목세년(甲木歲年)이나 기토세년(己土歲年)이 왔을 때를 말하는 것이다.

천간은 순일한 기운으로 1남에 2녀가 살지 못하고, 1녀에 2남이 합(合)하지 못한다고 하지만 진합화(眞合化)가 아니라면 동적인 요소로 작용하며 서로의 피해나 이익이 될 수 있다.

가령, 갑인일주(甲寅日柱)가 명식의 기사(己巳)와 합(合)이 되었다 해도 천합지형(天合支刑)이지만, 행운에서 기해(己亥)를 만났다면 천합지합(天合地合)이므로 마음은 온통 기해(己亥)로 향할 수밖에 없다. 그러므로 비밀 애정사가 되기도 하는 것이다.

　대운의 천간이 원국의 희신을 합(合)하여 합거(合去)되었다면 한 해의 성패에 지대한 영향을 미치므로 주의해서 관찰해야 한다. 가령, 병화(丙火)가 용신인데 신금세년(辛金歲年)에 병신합(丙辛合)으로 기반(羈絆)시키는 것을 말한다. 그러나 병화(丙火)가 유근유력(有根有力)하다면 합거(合去)당했다고 생각해서는 안 된다.
　가령, 병오(丙午)로 와 있는데 신사년(辛巳年)이라면 신병합(辛丙合)으로 신금(辛金)이 병화(丙火)에게 합(合)으로 끌려온다. 이때 신금(辛金)에 해당하는 육친은 사망할 수도 있다. 그러나 병화(丙火)에 해당하는 육친은 신금(辛金)을 득(得)하는 현상으로 나타난다.
　형충(刑沖)에서 개고(開庫)된 지장간이 명식의 천간과 합(合)이 된다면 개고(開庫)된 지장간도 못 쓰지만 합(合)이 된 명식의 천간 또한 기반(羈絆)으로 사용불능이 될 수 있다. 그러므로 명식 천간의 지지구조에서 득(得)인지 실(失)인지를 구분해야 한다.
　가령, 경금(庚金)이 용신인데, 행운에서 묘유충(卯酉沖)이 발생하고 묘중 을목(卯中乙木)이 경금(庚金)과 합(合)이 되었다면 기반이 되었는지에 따라 경금(庚金)의 작용력이 달라진다.

　천합지합(天合地合)의 합력(合力)은 더욱 강하며 두 개의 간지가 기반(羈絆)이 되는 경우가 있는데, 가령, 정해일주(丁亥日柱)가 임인(壬寅)을 만나 천합지합(天合地合)으로 인수(印綬)가 된 경우, 인수가 희신이라면 무난하지만, 기신이라면 일사무성이 될 수도 있다.
　가령, 병화일간(丙火日干)에 인목(寅木)이 용신인데, 해수대운(亥水大運)이 해인합(亥寅合)을 하면 사주의 구조에 따라 당주가 사망할 수도 있다.
　또는 을묘일주(乙卯日柱)가 신약으로 묘목(卯木)에 통근하고 있는데, 경술대운(庚戌大運)이 들어와 을경합(乙庚合)과 묘술합(卯戌合)으로 입묘지(入

墓地)에 들어가면 사망할 수도 있다.

명식의 신진(申辰)이 있을 때 자수대운(子水大運)이 와서 진수국(眞水局)을 이루면, 온전하던 신금(申金)과 진토(辰土)는 사용 불가이며 수기(水氣) 하나만을 사용할 수 있다. 이때 수기(水氣)가 희신일 때는 길하지만, 기신이라면 재앙(災殃)이 발생한다.

또는, 갑목일간(甲木日干) 여명에서 신금(申金) 하나만을 관(官)으로 갖추었을 때, 합국(合局)이 되는 시점에서 관(官)을 잃는 상황으로 나타나며 부부 이별, 사별, 별거, 신상 이변수로 나타난다.

그러나 경금(庚金)이 있다면 수국(水局)이 되어도 경금(庚金) 남편을 잃지는 않으나 번거로움은 피할 수 없다.

또는, 병정화(丙丁火) 일간 여명이 해수(亥水)가 천을귀인 작용을 하며 용신으로 길한 중에 대운과 합(合)하여 목국(木局)을 이룰 때, 남편이 사망이나 행방불명이 되는 일이 발생할 수 있다. 이럴 때 목국(木局)이 희신이라도 육친의 희로애락(喜怒哀樂)은 어찌할 수 없다.

年 月 日 時
? 丑 午 ?

년월일시 순으로 합충(合沖)이 발생한다는 역인도 있으나 그렇지 않다. 생성시키는 합(合)이 먼저이고, 변화를 상징하는 충(沖)은 그다음이다. 이때 미토운(未土運)이 들어왔다면 오미합(午未合)을 하려고 하지만, 축미충(丑未沖)으로 오미합(午未合)을 이루지 못하고, 축미충(丑未沖)도 이루어지지 않으며 동(動)하는 현상으로 나타난다. 그러므로 축오(丑午)에 통근하고 있는 천간의 통근처는 사라지지 않는다.

年 月 日 時
? 丑 寅 午

충(沖)은 문제의 해결 또는 새롭게 변신함을 상징한다. 이때 미토운(未土運)이 들어왔다면 인오합(寅午合)에 의해서 오미합(午未合)의 합력(合力)은 약해지므로 축미충(丑未沖)이 발생하지만, 상전(相戰)은 아니다. 왜냐면 미토(未土)가 인오합(寅午合)을 풀게 하고 오미합(午未合)을 하려는 마음이 강하므로 상전(相戰)이 되지는 않는다. 이때의 통변은 탕화살(湯火殺)과 인미귀문(寅未鬼門)에 중점을 두어야 한다.

年 月 日 時
? 丑 寅 午

자수운(子水運)이 온다면 자오충(子午沖)이 발생하지만, 일반적인 자오충(子午沖)과는 다르다. 자축합(子丑合)으로 자오충(子午沖)은 보류되며 전체가 동(動)하는 현상으로 나타난다.

반합(半合)이나 육합(六合)이 이루어진 경우, 육합(六合)과 반합(半合)의 합력이 다르다. 인오합(寅午合)의 경우 인중갑목(寅中甲木)이 오중기토(午中己土)와 합(合)을 이루고 인중병화(寅中丙火)가 있으므로 목생화(木生火)의 생조하는 관계이므로 합력(合力)이 강하다.

그러나 오술합(午戌合)에서는 오중병화(午中丙火)가 술중신금(戌中辛金)과 합(合)하려 하지만, 오중정화(午中丁火)의 반대로 합(合)을 이룰 수 없다. 그러므로 오술합(午戌合)은 인오합(寅午合)보다 결속력이 약하다.

육합(六合) 또한 해인합(亥寅合)보다 묘술합(卯戌合)의 결속력이 약하다. 그러므로 합(合)을 깨는 글자에서의 차이점이 다르게 나타난다.

삼합(三合)에서 왕지월에 삼합(三合)을 거역하는 세력의 유무, 삼합(三合)을 대표하는 투출천간(透出天干) 등에 따라 합력(合力)의 차이가 발생한다. 또한 지지의 상좌천간(上坐天干)이 거역하면 합(合)이 이루어지지 않는 일이 많은데 육체의 주인은 정신이기 때문이다. 정신은 육체를 바탕으로 존재하며 그 정신에 의해서 활동성이 나타나므로 간지 서로가 유정해야 건왕한 정신이 된다.

삼합(三合)을 육합(六合)이 풀지는 못한다. 그러나 방합(方合)은 육합(六合)으로 풀게 된다. 힘의 강약으로 볼 때 방합(方合)은 삼합국(三合局)보다 더 강한 힘이 있지만, 합력은 삼합국(三合局)이 더욱 강하다. 또한 진삼합국(眞三合局)은 통근력의 변화가 발생하지만, 방합(方合)은 통근력과 무관하다.

반합(半合)은 언제든지 육합(六合)으로 풀 수 있으며, 신자합(申子合)의 반합(半合)은 확실하지만, 자진합(子辰合)의 반합(半合)은 불확실하며 조건이 있다. 자월(子月)의 자진합(子辰合)은 인정하고, 진월(辰月)의 자진합(子辰合)은 인정할 수 없으나 육친관계에서는 유정하다. 그러나 상좌천간(上坐天干)에 따라 달라진다. 임진월(壬辰月)에 임자일주(壬子日柱)라면 자진합(子辰合)을 인정한다.

오월(午月)의 인오합(寅午合)과 인월(寅月)의 인오합(寅午合) 또한 인정하지만 오월(午月)의 합력(合力)보다는 부족하다. 그러나 상좌천간(上坐天干)에 의해서 합력(合力)이 다르다.

술월(戌月)의 오술합(午戌合)은 약하지만, 상좌천간(上坐天干)이 병화(丙火)라면 강한 합력(合力)이 된다. 다른 모든 합(合)도 이와 같다.

육합(六合) 또한 조건이 있다. 이것은 오로지 월지와 합화오행(合化五行)의 천간 그리고 합(合)을 방해하는 오행(五行)이 없어야 순일한 합(合)이 된다. 그 외에는 육친 간의 유정한 합이다.

축월(丑月)의 자축합(子丑合)이 강하고, 인월(寅月)의 해인합(亥寅合)이 강하며, 묘월(卯月)의 묘술합(卯戌合)이 강하고, 유월(酉月)의 유진합(酉辰合)이 강하며, 신월(申月)의 사신합(巳申合)이 강하고, 오미합(午未合)은 어느 때나 상관없다.

가령, 정묘월(丁卯月)에 무술(戊戌)이라면 합력은 더 강해지겠지만, 계묘월(癸卯月) 임술(壬戌)이라면 묘술합(卯戌合)은 이루어지지 않으며 다만 유정할 뿐이다.

사주에 육합(六合)이 있고 반합(半合)도 있다면 육합(六合)을 먼저 채용하고, 삼합(三合)이 있으면 삼합(三合)을 먼저 채용하여 경중을 가려야 한다. 그런데도 이 합(合)이 어려운 것은 천간의 유인력과 월지의 힘, 그리고 상좌천간(上坐天干)에서 벗어날 수가 없다는 점이다.

정신이 거역하면 육체는 움직이지 않으므로 분란만 가중된다. 가령, 60대의 여자와 20대의 남자가 이성(異性)이 다르다고 합(合)이 되지 않는 것과 같다. 그러므로 천간합(天干合)이라 해서 무조건 합(合)이 되지 않으며 합(合)의 조건에 맞아야 한다.

방합(方合)은 개별적이므로 결속력이 없으며 도충(倒沖)의 역량이 나타나지 않는다. 그러므로 목방(木方)인 인묘진(寅卯辰)은 금방(金方)인 신유술(申酉戌)을 도충(倒沖)하지 못하므로 신유술(申酉戌)을 육친에 적용할 수 없다.

삼합(三合)에서 왕지(旺地)가 빠진 삼합(三合)은 인정하지 않지만, 사축합(巳丑合)은 인정한다. 사중(巳中)의 병무(丙戊)가 축중(丑中)의 신계(辛癸)와 병신합(丙辛合)과 무계합(戊癸合)으로 암합(暗合)을 이루고 사화(巳火)가 축토(丑土)를 생조하기 때문이다.

```
年 月 日 時
? 庚 ? ?
?  子 丑 巳
```

자축합(子丑合)이 있으나 합토(合土)를 대표하는 천간이 없고 자월(子月)이므로 축토(丑土)의 의향은 오로지 사화(巳火)에 향하고 있다. 그러므로 어느 오행이든지 월지와 천간의 유인력, 그리고 암합(暗合)을 먼저 판단해야 한다. 즉, 지지합(地支合)과 암합(暗合)도 되었는데 천간투출(天干透出)이 있다면 자축합(子丑合)보다 사축합(巳丑合)이 우선이다.

年 月 日 時
[?] 庚 [?] [?]
[?] 子 丑 酉

자축합(子丑合)보다 유축반합(酉丑半合)을 우선한다. 경금(庚金)의 유인력이 중심 기운이기 때문이다.

年 月 日 時
[?] 丙 [?] [?]
[?] 戌 午 [?]

단순한 오술(午戌) 반합이 아니라, 병화(丙火)의 유인력에 의해서 화국(火局)이 된 셈이니 화기(火氣) 하나를 생성시킨다. 그렇지만 술월(戌月)이므로 인목(寅木)을 협공(挾拱)할 수 없다. 그러나 갑오일주(甲午日柱)나 병오일주(丙午日柱)라면 인목(寅木)을 협공(挾拱)하는 힘으로 작용한다.

이러한 내용은 육친 적용에서 매우 중요한 성분이 되는데, 가령, 목기(木氣)가 없는 병오일주(丙午日柱)라면 협공(挾拱)된 인중갑목(寅中甲木)이 모친이 될 수 있다.

허자론
(虛字論)

　허자(虛字)란, 도충(倒沖)과 공협(拱挾)을 말하는 것으로, 도충(倒沖)이나 공협(拱挾)된 기운이 록(祿), 귀(貴), 재(財), 관(官)에 해당할 때 매우 기뻐하며, 이것을 허귀(虛貴)라 칭하고, 전실(塡實) 운을 가장 꺼리는데 만약 전실(塡實)이 되면 파격(破格)으로 논한다.
　허자론(虛字論)의 확장 응용은 일간이 무근(無根)할 때 매우 반기는 성분으로 이것은 조후를 성격시키는 작용을 하므로 허자론은 간과해서는 안 된다. 인간의 심리는 추우면 따스한 것을 찾고, 더우면 시원한 것을 찾는다든가, 또는 없는 것을 추구하고 더 찾는 심리가 형성된다.
　그러므로 남명의 무재성(無財星)일 때 여자와 재물 집착이 강하거나, 또는 무관성(無官星)일 때 명예 집착이 강한 경우가 많다. 또는 성장 과정에서 어머니가 형이나 아우를 자신보다 편애(偏愛)할 때, 어머니의 사랑을 얻기 위해 더 많은 애를 쓴다거나, 형제들을 원수 대하듯 하거나 비뚤어진 성격이 되기도 한다.

　한마디로 허자(虛字)는 없는 것을 충족시켜 주거나 마음의 허전함을 메우는 작용과 같다. 왜냐하면 허자(虛字)는 형상이 없는 귀신과 같은 존재이므로 심리 저변에 감추어진 비밀과 같은데, 명리에서 허자(虛字)의 응용은 숨겨진 비술과 같아서 통변술의 중요한 자리를 차지한다.
　가령, 일시지(日時支)가 신신(申申)이라면 인목(寅木)을 도충(倒沖)하고 투출된 허약한 갑목(甲木)이 있었다면 록귀(祿貴)로 작용한다. 만약 신금일간(辛金日干)이라면 인목(寅木)은 천을귀인(天乙貴人)의 재물에 해당한다. 즉,

눈에 보이는 재물은 갑목(甲木)이지만, 감추어 둔 재물은 인목(寅木)인 것이다.

허귀(虛貴)는 도충(倒沖)이나 공협(拱挾)을 이끄는 글자를 합충(合沖)의 대운에서 파괴된다.

가령, 사주에 자자(子子)가 있을 때 오화(午火)를 도충(倒沖)해 왔는데, 대운에서 축신진(丑申辰)의 운이 왔다면 자축합(子丑合), 자신합(子申合), 자진합(子辰合) 등이 이루어지므로 도충(倒沖)의 기운이 사라진다. 그러므로 오화(午火)를 불러오지 못한다.

그러나 자수(子水)와 합(合)이 되는 축신진(丑申辰)의 글자를 만났다 해도 원국에서 충(沖)으로 제거하면, 도충(倒沖)의 기운은 사라지지 않는다. 또는 사주에 자자(子子)가 있는데 근접한 축토(丑土)가 있어서 자축합(子丑合)이 된다면 오화(午火)를 도충(倒沖)하지 못한다. 그런데 미토대운(未土大運)을 만나면 축미충(丑未沖)이 발생하므로 자축합(子丑合)은 풀리고 자자(子子)는 오화(午火)를 도충(倒沖)하게 된다.

이때 오화(午火)가 재물이라면 의외의 횡재운(橫財運)이 된다. 그러므로 오화(午火)가 사주에 미치는 성분이 무엇인지 판단해야 한다. 이때 오화(午火)가 기신이라면 생각지 못한 흉액이 발생할 수도 있다.

명식의 재관(財官)이 유력하면 허귀(虛貴)를 파괴하는 운에도 큰 타격을 입지 않으나 허자(虛字)가 천을귀인(天乙貴人)이나 백호살(白虎殺) 또는 묘고(墓庫)에 해당할 때 형충(刑沖)의 운을 세심히 살펴야 하는데, 천간의 글자가 희신이라면 흉변길(凶變吉)하지만, 그렇지 않다면 흉액을 피하기 어렵다.

진합국(眞合局)은 도충(倒沖)의 유인력이 있으므로 합국(合局)을 형성시키는 왕지(旺地)를 충(沖)하는 때를 특히 두려워한다. 설령 합국(合局)이 기신이고 합(合)을 풀게 하는 글자가 희신일지라도 쇠신왕충(衰神旺沖) 현상으로 재앙이 발생하게 된다.

　반합(半合)이 구성되어 있으면 중간에 빠진 글자를 끌어당기는 힘이 강하다. 그러나 합국(合局)을 대표하는 천간(天干)이 없거나, 합국(合局)을 반대하는 글자가 있다면 인합(引合)은 성립되지 않는다.

　혹은 조건이 성립되어 인합(引合)이 된 경우 가령, 오화(午火)가 빠진 인술(寅戌)이 병화(丙火)나 정화(丁火)의 유인력으로 화국(火局)을 이룬 경우는 수국(水局)을 도충(倒沖)하지 못한다.

　또한, 허합자(虛合字)가 천을귀인(天乙貴人)이나 묘고(墓庫)에 해당하면 이것을 충(沖)하는 운에 화(禍)가 미친다는 암시가 있다. 가령, 임신(壬申)과 임진(壬辰)이 근접하고 있고 겨울이라면 임수(壬水)의 유인력(有引力)으로 자수(子水)를 불러와 수국(水局)을 이룬다.

　이때 불러온 자수(子水)와 충(沖)이 되는 오화운(午火運)을 유심히 살펴야 한다. 이처럼 허귀(虛貴)와 충(沖)이 되는 모든 글자를 살펴야 함을 뜻한다.

```
年 月 日 時
戊 庚 乙 癸    乾命
申 申 亥 未    관인상생격(官印相生格)
辛 壬 癸 甲 乙 丙 丁
酉 戌 亥 子 丑 寅 卯
```

　년월지의 두 개의 신금(申金)이 인목(寅木)을 도충(倒沖)하여 음실양허(陰實陽虛) 사주의 편고함을 해결해 주고 있다. 불러온 인중갑목(寅中甲木)에 등라계갑(藤蘿繫甲)하고, 인중병화(寅中丙火)는 상관(傷官)의 기술성으로 임기응변(臨機應變)이 뛰어난 언변으로 작용한다.

　또한, 일시지에서 해미(亥未)가 묘목(卯木)을 협공(挾拱)하여 목국(木局)을 이룬다. 그러므로 정관격(正官格) 신약용인(身弱用印)이지만, 협록격(夾祿格)에도 해당한다.

　당주는 미국 유학을 가서 성형외과 의사가 되었고, 병원을 개원하여 실력 좋은 의사로 많은 환자가 대기하고 있을 정도로 이름을 떨쳤으나 을축대운(乙丑大運) 43세 경인년(庚寅年), 성형수술을 받던 환자가 의료사고로 사망하게 되었다.

  그 집안의 가족들이 피켓시위 대모를 오랫동안 하게 되었고 결국 병원은 파산하였다.

  을축대운(乙丑大運)은 을경합(乙庚合)에 경금(庚金)이 쓰러지고 축미충(丑未沖)으로 묘목(卯木)을 협공(挾拱)을 하지 못하므로 협록격(夾錄格)이 파괴된 것이다. 인신충(寅申沖)이 발생하므로 신금(申金)의 도충(倒沖) 기운은 사라지고 금목상전(金木相戰)에 의해서 대재앙이 발생한 것이다. 이처럼 도충(倒沖)과 공협(拱挾)이 파괴되는 운에 대재앙이 발생한다.

공협
(拱挾)

　공협(拱挾)이란, 지지의 순서상 한 글자가 누락되었을 때 그 빈자리를 채우는 글자를 불러온다는 이론으로 두 글자가 서로 근접(近接)해 있어야 작용력이 발생한다. 가령, 자수(子水)와 인목(寅木)이 근접(近接)해 있다면 지지 순서상 축토(丑土)가 빠지므로 축토(丑土)를 불러와 채운다는 뜻이 공협(拱挾)이다.

　이때 두 글자에 합충(合沖)이 있다면 공협(拱挾)하지 못한다. 가령, 자인(子寅)의 합충(合沖) 글자인 신진축오(申辰丑午)가 자수(子水)에 근접(近接)하거나, 인목(寅木)의 합충(合沖) 글자인 해오신(亥午申)이 인목(寅木)에 근접(近接)하면 축토(丑土)를 공협(拱挾)하지 못한다.

　공협(拱挾)된 글자가 행운에서 오는 것을 반기지 않으나 공협(拱挾)된 글자와 명식의 다른 글자와 합(合)이 되고, 협귀(挾貴)를 해치지 않는다면 무방하다.

　특합(特合)이란, 자수(子水)와 축토(丑土) 사화(巳火)의 관계에서 성립하는데, 자수(子水)와 축토(丑土)의 지장간(支藏干)인 계수(癸水)가 사중(巳中)의 무토(戊土)와 합(合)을 이루는 특성을 적용하는 이론이다.

　가령, 갑자일(甲子日) 갑자시(甲子時)의 사주와, 신축일(辛丑日)에 축토(丑土)가 많을 때 사화(巳火)를 불러와 재관(財官)을 취(取)한다는 이론으로 소위 자요사격(子遙巳格)이나 축요사격(丑遙巳格) 등이 특합(特合)에 해당한다.

年 月 日 時
癸 癸 己 辛　坤命
未 丑 卯 未　신강의극(身强宜剋)
甲 乙 丙 丁 戊 己 庚
寅 卯 辰 巳 午 未 申

수기(水氣)를 대표하는 계수(癸水)가 있으므로 일시지 묘미(卯未)가 해수(亥水)를 불러와 해묘미(亥卯未) 목국(木局)의 암장부집(暗藏夫集)을 이루어 남난풍파(男難風波)가 발생하게 되는데, 남자 창고가 둘씩이나 있고, 정재(正財)를 불러왔다고 하지만 사주를 더욱더 한랭하게 만들어 조후가 파괴되었다.

병화대운(丙火大運)은 조후 운으로 병신합(丙辛合)의 자궁합(子宮合)을 하므로 결혼했고, 진토대운(辰土大運)은 홍염살(紅艶殺) 작용으로 친구와 함께 바람피우다 들켜 38세 경신년(庚申年) 이혼 당했다.

공협(拱挾)된 해수(亥水) 중에 갑목(甲木)과 명암합(明暗合)이 되었고 숨어 있는 을목(乙木)들이 많다. 여명 사주 암장부집(暗藏夫集)은 부부 해로 할 수 없도록 각본이 짜이게 되는데, 본인이 그런 운명을 자초하여 불행을 만들어 간다.

특히, 이처럼 여명 사주에서 삼합(三合)의 협공(挾拱)으로 암장부집(暗藏夫集)이 되면 하천한 인생을 스스로 만든다.

도충
(倒沖)

도충(倒沖)이란, 병립(竝立)된 글자에 의한 도충(倒沖)으로, 지지에 같은 글자가 병립(竝立)하여 존재하면 그것과 반대되는 기운을 불러온다는 이론이다.

가령, 년월지에 해해(亥亥)가 있다면 사화(巳火)를 불러 조후를 이룬다. 이때 명식의 다른 곳에 사화(巳火)가 있으면 전실(塡實)이라 해서 도충(倒沖)하지 않는다.

가령, 화기(火氣)가 없는 추운 사주 무기토(戊己土) 일간에, 해해(亥亥)나 자자(子子)가 병립(竝立)하고 사화(巳火)나 오화(午火)를 도충(倒沖) 했다면 사화(巳火)나 오화(午火)가 조후를 성격시키는 희신이다.

이때 인수(印綬)가 없다면 사화(巳火)나 오화(午火)가 비록 도충(倒沖)되어 온 귀신같은 글자이지만 모친으로 작용한다. 도충(倒沖)해서 들어온 글자의 암장간은 인연법(因緣法)과 육친법(六親法)에 해당 육친으로 작용한다.

허자(虛字)가 생성되는 조건은 오운육기(五運六氣), 도충(倒沖), 특합(特合), 공협(拱挾)에 의한 생성(生成)이 있으며, 명식에서 이미 생성(生成)되어 있거나, 대세운에서 생성되기도 하고 전실(塡實)되거나 기반(羈絆)되기도 한다.

이러한 허자(虛字)는 명식 천간의 통근처가 되지 못한다. 그러므로 원국 오행의 강약 판정에 사용하지 못한다. 또한 허자(虛字)를 생성시키는 글자가 합(合)이나 충(沖)으로 훼손되면 허자(虛字)를 만들지 못하지만, 운에서 합(合)이나 충(沖)으로 해소하면 작용력이 회복된다. 이러한 허자(虛字)의 장점은 명식을 중화시키거나, 귀인작용을 하거나, 조후를 이루는 작용을 한다.

年 月 日 時
丙 己 丙 戊　坤命
辰 亥 子 子　신약용인(身弱用印)
戊 丁 丙 乙 甲 癸 壬
戌 酉 申 未 午 巳 辰

2개의 자수(子水)가 오화(午火)를 불러 조후하고 뿌리가 되어 주며, 입태월이 경인(庚寅)으로 인목(寅木)이 희신으로 반가울 뿐이다. 그러나 인목(寅木)과 오화(午火)는 눈에 보이지 않는 귀신의 젖을 먹고 자란 형국으로 부모 형제 덕이 부족한 고아격으로 제수(制水)하는 무토(戊土) 조모님이 희신이다.

조모는 신불 기도를 하는 무속인이었고 당주의 부모는 어릴 적 헤어져 조모님 집에서 성장하다가 술토대운(戌土大運) 조모님 사망 후 사고무친이 되었다.

정유대운(丁酉大運) 모친에게 남자가 생겨 타부(他父)와 동거하게 되었고, 유진합(酉辰合)에 유중신금(酉中辛金)과 당주 병화(丙火)가 합(合)을 하므로 모친을 따라 후부에 의탁하게 되었다.

병신대운(丙申大運) 27세 임오년(壬午年) 결혼은 했지만 몇 번의 유산을 겪은 후 임신이 안 되어 신금대운(申金大運) 33세 무자년(戊子年) 이별하였다.

그 후 보험회사 영업직에 근무하며 외로운 시간을 보내면서 여러 남자를 만나 봐도 시원찮은 남자들뿐이었다. 태월(胎月)과 도충(倒沖)으로 불러온 오화(午火), 귀신같은 글자를 의지하는 사주에서 현실에 집착할수록 업인(業因)은 가중될 뿐이다.

인목(寅木)이 산신(山神)이며 오화(午火)가 허공이니 산신(山神)을 모시고 허공 기도를 많이 하면 의식주 걱정은 없을 것인데, 내림굿을 하는데도 1천만 원 이상이 든다고 하는데, 가난한 서민이 어찌 내림굿을 할 수 있겠는가?

전실(塡實)과 오운(五運)

전실(塡實)은 이미 채워져 있다는 뜻이다. 즉, 명식에 이미 오화(午火)가 있는데 굳이 병립(竝立)된 자자(子子)가 오화(午火)를 도충(倒冲)하는 일은 발생하지 않는다. 즉, 잡격(雜格)의 장점을 살리지 못하는 것을 의미한다.

기반(羈絆)과 전실(塡實)은 오운육기론(五運六氣論)에 따른 물상통변을 전개하는 과정에서 중요한 감명 통변술의 단서를 제공한다.

오운(五運)이란, 갑기합토(甲己合土), 을경합금(乙庚合金), 병신합수(丙辛合水), 정임합목(丁壬合木), 무계합화(戊癸合火) 등의 천간합(天干合)을 말한다. 가령, 갑목운(甲木運)이 오면 기토(己土)라는 물상을 끌어오게 된다. 반대로 기토운(己土運)이 오면, 갑목(甲木)의 물상을 끌어오지만, 합화오행(合化五行)인 토기(土氣)는 끌어오지는 않는다. 왜냐면 이미 기토(己土)가 전실(塡實)되기 때문이다.

그러나 병화운(丙火運)에는 신금(辛金)은 물론 합화오행(合化五行)인 수기(水氣)까지 끌고 들어온다. 그러나 신금(辛金)이 없고 임수(壬水)가 있다면 병화운(丙火運)이 신금(辛金)을 불러오지만, 임수(壬水)가 있으므로 수기(水氣)를 불러오지 않으며, 신금(辛金)이 있다면 기반(羈絆)으로 묶인다.

가령, 기축년(己丑年)이라면 기토(己土)가 갑목(甲木)을 끌어온다. 이때 무토일간(戊土日干)이 미혼 여성이라면 기축년(己丑年)의 기토(己土)가 불러온 갑목(甲木) 남자를 만나거나 직업이 생긴다는 암시이다. 그런데 명식에 갑목(甲木)이 있다면 기반(羈絆)으로 직업이 묶이고 남편이 바람나거나 변질할 수 있다.

가령, 정해년(丁亥年)으로 사주에 임수(壬水)가 있다면 정임합(丁壬合) 기반(羈絆)으로 문제가 발생하는 것인데, 이때 임수(壬水)가 희신이라면 그 피해는 크지만, 기신(忌神)이라면 길 작용이 된다. 이때 임수(壬水)가 있다면 전실(塡實)이라 하고 임수(壬水)가 없다면 임수(壬水)를 불러온다.

그리고 갑목(甲木)이나 을목(乙木)이 있으면 임수(壬水)를 불러오는 것으로 끝나고, 갑목(甲木)이나 을목(乙木)이 없다면 목기(木氣)의 기운이 생성되며 그 생성된 기운을 육친 통변으로 활용한다.

가령, 계수일간(癸水日干)이 정해년(丁亥年)을 만났고 임수(壬水) 갑목(甲木) 을목(乙木)이 사주에 없다면 정임합목(丁壬合木)으로 자식궁에 기운이 들어온다. 그러므로 미혼여성이라면 임신을 논하게 된다. 특히 정해년(丁亥年)의 해수(亥水) 중에 임수(壬水)와 갑목(甲木) 자식이 암장되어 있으므로 정해년(丁亥年)에 임신한 자식은 아들이다.

정화(丁火)는 부친, 백부나 고모, 또는 시어머니로 통변하게 되는데, 친족의 소개로 임수(壬水)를 만나게 될 것을 상징한다. 임수(壬水)는 시아버지이며, 계수(癸水)와 음양(陰陽)이 다른 겁재(劫財)이므로 남자가 된다. 그러므로 남자를 만나고 임신한다는 통변이 되는 것이다. 이 경우 임신 이후 결혼하는 일이 많다.

또는, 을목일간(乙木日干)일 때 사주에 임수(壬水)가 있고 정해년(丁亥年)을 만났다면 정임합(丁壬合) 기반(羈絆)이 된다. 그러므로 임수(壬水)는 정인(正印)으로 학문성이니 학업 중단과 문서로 인한 고통, 자식으로 인한 아랫사람의 말썽에 해당한다.

그러나 임수(壬水)가 기신이라면, 탁기를 제거한 것이므로 문서 잡고 변동 수로 작용한다. 또 임수(壬水)가 없고 계수(癸水)가 있다면 임수(壬水)를 불러오는데 희기에 따라 통변이 다르다.

이때 갑목(甲木)이 있다면 이미 있으므로 전실(塡實)되는 것이지만, 을목일간(乙木日干) 하나만 있다면 등라계갑(藤蘿繫甲)하는 갑목(甲木) 친구가 들어오는 것으로 친구 동료의 도움을 얻게 된다.

年 月 日 時
丁 癸 壬 戊

계미년(癸未年)이라면 계수(癸水)는 무계합(戊癸合) 기반(羈絆)이 된다. 그러므로 온전한 직업성 무토(戊土)를 계수(癸水)로 인해 잃게 되므로 낙직(落職)이나 직장 변동 수가 된다.

이때 무토(戊土)가 남편이라면, 남편이 바람나거나 부군작첩(夫君作妾)에 해당하는데, 무토(戊土)가 있으므로 전실(塡實)되었다고 한다.

年 月 日 時
丁 癸 壬 甲

계미년(癸未年)이라면 무토(戊土)가 없으므로 두 개의 계수(癸水)가 무토(戊土)를 불러온다. 그러므로 좋은 직장에 취직하며 남자나 직업이 생기고 상사로부터 귀염을 받는다. 그러나 정화(丁火)가 있어서 전실(塡實)되므로 횡재수로 연결되지는 않는다. 남자라면 득자(得子)도 예상할 수 있다.

年 月 日 時
庚 甲 戊 辛

병화운(丙火運)이 오면 사주에 신금(辛金)이 있으므로 병신합기반(丙辛合羈絆)이다. 그런데 병신합(丙辛合)이 기반(羈絆)이 되었는지, 합금(合金)이 되는지 합화(合火)가 되는지 세심히 살펴야 한다.

이것은 천간이 좌(坐)한 지지(地支)에 따라 결정된다. 가령, 신유시(辛酉時)에 병신대운(丙申大運)이라면 병신합금(丙辛合金)이 된다.

그리고 천간의 오운(五運)에서 명식에 있는 글자와 같은 대세운이 오면 오운(五運)의 작용은 더욱 강렬해진다.

육기(六氣)는 행운의 지지(地支) 글자와 반대되는 기운을 끌고 온다는 이론이다. 그러나 천간의 오운(五運)과는 달리, 육기(六氣)의 작용력은 미약하므로 채택하지 않는다.

천간합(天干合)은 순수한 작용이므로 쉽게 이루어질 수 있지만 지지(地支)는 질적(質的)인 존재이고 여러 지장간의 혼합체(混合體)이므로 육기(六氣)를 끌어오는 작용이 약하므로 채택하지 않으나 다만 오운(五運)과 연계하여 형식 논리로만 존재한다고 보면 될 것이다.

기반
(羈絆)

　기반(羈絆)이란 서로가 합(合)을 탐(貪)하여 묶이는 현상을 말한다. 즉, 탐합(貪合)으로 인한 망생(忘生)이나 망극(忘剋), 망아(忘我) 등 자신의 임무를 잊게 됨을 뜻하는데, 천간만 기반(羈絆)되는 것은 아니며 지지(地支) 또한 기반(羈絆)이 된다.
　그러므로 천간기반(天干羈絆)과 지지기반(支持基盤)이 있게 된다. 기반(羈絆)이란 서로 묶여서 작용력 상실로 이어진다. 특히 지지기반(支持基盤)에서는 천간의 통근력 상실로 이어지기도 한다.
　특히, 육합(六合)에서 이러한 현상이 많은데, 그에 따라서 천간의 통근력 상실과 공협(拱挾)이나 도충(倒沖) 작용이 발생하지 않는다. 즉, 병립(竝立)된 자수(子水)가 자축합(子丑合)을 탐하여 오화(午火)를 불러오지 않는다.
　또는, 해월(亥月)에 태어난 병인일주(丙寅日柱)라면, 해인합(亥寅合)으로 천을귀인(天乙貴人) 관성(官星)을 인수(印綬)로 당겨오고 일지에 합(合)이 되어 사택입주로 길한 것처럼 보이지만 사실은 그렇지 않다.
　해인합(亥寅合)으로 묶여 통근력 상실로 이어지고, 임수(壬水)가 있다면 병화(丙火)의 빛 반사를 이루므로 길해야 하지만, 해수(亥水)는 임수(壬水)의 통근처이길 거부했으니 임수(壬水)의 덕을 누릴 수 없다. 그러나 이때 합(合)을 반대하는 금기(金氣)가 유력하면 합(合)이 되지 않으므로 임수(壬水)의 통근처가 변하지 않는다.
　그러나 합(合)을 반대하는 금기(金氣)가 없고, 갑목(甲木)도 없다면 일사무성(日事無成)이나 단명이 될 수도 있으나 갑목(甲木)이 있다면 기사회생(起死回生)하는 격이지만 임수(壬水)를 사용하지 못하니 현달하기 어렵다.

年 月 日 時
乙 庚 丁 丙 乾命
未 辰 巳 午 신강의설재(身强宜洩財)
己 戊 丁 丙 乙 甲 癸
卯 寅 丑 子 亥 戌 酉

편인격(偏印格)이지만 을경합(乙庚合)으로 격국을 대표할 수 없으며, 비겁과다(比劫過多)이므로 신강의설재(身强宜洩財) 격이 된다. 경금(庚金)은 재물과 용신이 되어야 할 글자이지만, 기반(羈絆)으로 묶이니 부모 덕이 불미하며 무력한 부모로서 당주의 자식이 태어난 후 사별하게 된다.

당주 정화(丁火)는 을미백호(乙未白虎)에서 투출한 것이므로 백호살(白虎殺)의 혈광사(血光死)를 벗어날 수 없으며, 을목(乙木) 어머니는 목분화열(木焚火熱)되어 정신계 이상과 당주의 형제들을 낳은 후 산후통으로 많은 고생을 하며 모친의 친가가 하천(下賤)한 집안으로, 당주 7세 신축년(辛丑年) 을미백호(乙未白虎)와 천충지충(天沖支沖)으로 어머니가 사망했다.

정축대운(丁丑大運)은 두 개의 정화(丁火)가 임수(壬水)를 불러오는 운으로 27세 신유년(辛酉年), 사유합(巳酉合)과 유진합(酉辰合)을 이루므로 결혼을 했으나 29세 계해년(癸亥年) 일주정사(日柱丁巳)와 천충지충(天沖支沖)의 세년에 이혼하게 되었고, 진중계수(辰中癸水) 자식은 처의 육신 내에 있으므로 처가 자식을 데리고 갔다.

충(沖)에 대해서

　용희신은 아군(我軍)이고 기신은 적군(敵軍)이다. 그러므로 아군이 적군을 충(沖)하는 것은 좋다 하더라도 아군이 적군에게 충(沖)을 당하면 흉하다.
　가령, 오화(午火)가 아군일 때 행운에서 자수(子水)를 만나면, 적군이 침입한 것과 같다. 이때에는 인술(寅戌)이 있어서 합(合)이 되면 좋은 것이고, 또는 조토(燥土)가 있어서 토극수(土剋水)로 자수(子水)를 물리치면 승리하게 된다.
　그런데 신자진(申子辰)이 되거나 금수세력(金水勢力)이 많고 아군의 세력이 무력하면 패전(敗戰)이 되므로 재앙(災殃)이 연이어 발생한다. 이러한 상전(相戰)의 경중(輕重)에 따라 재앙(災殃)의 경중(輕重) 또한 다를 수밖에 없다.
　혹자는 충(沖)이 되는 지지에는 통근할 수 없다고 하지만, 그렇지 않기도 하며 그럴 수도 있다. 사주에 따라 각기 다르기 때문이다.

　가령, 승용차가 충돌을 했는데, 트럭이나 기차 또는 탱크와 충돌을 했는지, 동종의 승용차와 충돌을 했는지에 따라 승용차에 타고 있는 사람이 경상(輕傷)이나 혹은 중상(重傷)이 되기도 한다. 이때 지지정기(地支正氣)에 해당하는 육친의 질병, 무력, 단명이 다르게 나타난다. 그러므로 반드시 오행(五行)의 힘의 유무경중(有無輕重)을 살펴야 한다.
　희신이 자수(子水)일 때 대운에서 오화(午火)를 만나면 이때는 적군이 아군을 충(沖)하는 것이므로, 신진(申辰)을 만나 합(合)이 되면 길하다.
　그러나 화기(火氣)가 왕성한 사주라면 탱크에 승용차가 충돌하는 것과 같은데, 이것을 쇠신왕자충(衰神旺者沖)이라 한다. 여기서 왕신(旺神)이 대노(大怒)하므로 자수(子水)는 무참히 깨지게 되므로 대흉하다. 자수(子水)가 희신일지라도 화기세력(火氣勢力)의 경중(輕重)을 살펴야 한다.

만약, 희용신이 해수(亥水)라 할 때 미토(未土)가 있다면, 묘목(卯木) 운을 만나 목국(木局)을 이룬다면 희신이 합거(合去) 당한 것이므로 대흉하다. 아군이 적군으로 변한 것이므로 해중임수(亥中壬水)에 해당하는 육친의 신상 이변수가 발생한다. 그러므로 이것을 아군이 적군으로 변했다고 말하는 것이다.

대운에서 기신을 충(沖)하거나 합(合)하여 희신이 되어 주면 길경사가 발생하지만, 희신이 충(沖)을 당하거나 합(合)으로 기신이 된다면 재앙도 적지 않으니 행운에서 합충(合沖)하는 이치를 알아야 한다.

가령, 묘유충(卯酉沖)이 있는 명식에서 묘목(卯木)이 희신이라면 해수(亥水)가 와서 해묘합(亥卯合)으로 묘유충(卯酉沖)을 푸는 것은 길하지만, 진토(辰土)가 와서 유진합(酉辰合)이 되면 처음에는 좋은 듯하지만, 시간이 지날수록 흉력이 커지게 된다.

年 月 日 時
戊 甲 甲 癸   坤命
午 子 寅 酉   상관생재격(傷官生財格)
癸 壬 辛 庚 己 戊 丁
亥 戌 酉 申 未 午 巳

조상궁의 희신이 되는 무오(戊午)를 월주갑자(月柱甲子)가 천충지충(天沖支沖)을 하지만 구원해 줄 아군이 없어서 병(病)은 있고 약(藥)이 없는 사주가 되었다. 그러므로 모친의 덕이 부족하게 되고 학문으로 성공하기 어려움을 상징하며 우둔하고 지혜가 부족하다.

당주는 무자식으로 첫 결혼에 실패하고, 미용실을 하면서 첩살이 하는 여인으로 자궁암, 유방암에 걸리기 쉬운 명식으로 산부인과 질환이 위험하니 정기적인 건강진단이 무엇보다 우선되어야 한다.

이처럼 아군은 전멸하고 기신이 유력하면 인생사 한(恨)이 쌓이게 된다. 모친과는 인연이 없으니 고향을 떠나 살아가는 것이 길하다. 그리고 특히 정(情)을 그리워하는 마음을 멀리해야 살길이 열린다.

44기미대운(己未大運)부터는 정식 결혼도 하고 재물도 쌓이는 여유로운 운으로 젊어 고생은 늙어 행복을 준다는 말을 실감하게 될 것이다.

간지상생(干支相生)

간지가 순수하고 중화된 명식은 번창(繁昌)하지만, 혼란스러운 명식은 발복하기 어렵다. 그러므로 편고(偏固)하지 않아야 하며 하늘에서 덮어 주고 땅에서 실어 주는 간지상생(干支相生)이 중요하다.

또한, 기신은 허약하고 희신은 유력해야 하는데 월지환경에서 있어야 할 글자는 있어야 하고, 없어야 할 글자는 없어야 길하다. 즉, 없어야 할 글자가 유력한 경우에는 길운에도 별로 좋은 일이 없고, 없어야 할 글자가 없는 경우에는 흉운에도 흉사(凶事)가 없는 복이 있게 된다.

천간이 모두 한 가지 기운으로 형성된 천전일기(天全一氣)나, 지지가 모두 청(淸)하다는 지지쌍청(地支雙淸)이 중요한 것이 아니라 오로지 하늘에서는 덮어 주고 땅에서는 실어 주는 것이 중요하다.

간지가 상생(相生)할 곳에서는 서로 유정(有情)하게 상생(相生)해야 하고, 협력하지 않아야 할 곳에서는 서로 무정(無情)해야 한다.

가령, 신강 사주에 일지가 효신(梟神)으로 있다면, 이것은 간지상생(干支相生)의 기신(忌神)이므로 흉하다. 그러나 예외적으로 극왕(極旺)하면 오히려 일지효신(日支梟神)이 반가운 것이고, 태왕(太旺)하면 일지가 설기하는 식상(食傷)이 되어 준다면, 이것이 진정한 간지상생(干支相生)이다.

또는 병화(丙火)를 희신으로 쓰는 명식에서 병인(丙寅)이나 병오(丙午)로 왔다면 진정한 간지협력(干支協力)이지만, 병자(丙子)나 병진(丙辰)으로 왔다면 간지협력(干支協力)이 아니다.

年 月 日 時
癸 庚 丙 辛　乾命
丑 申 申 卯　탐재괴인(貪財壞印)
己 戊 丁 丙 乙 甲 癸
未 午 巳 辰 卯 寅 丑

탐재(貪財)에 빠져 재물로 인한 망신을 당하는 팔자인데도, 정신을 차리게 하는 임수(壬水)가 없으니 일사무성(日事無成)이 되어가는 팔자와 같은데, 세상천지에 믿을 사람이 없는 천애 고아처럼 가난하게 살아가는 인생을 자초한다.

그런가 하면 신금(辛金)은 축토(丑土)의 생조(生助)를 받으며 더욱 강왕한 힘으로, 묘목(卯木)의 상승지기(上昇之氣)를 자르고 있다. 아군은 간지상생(干支相生)이 없고 기신은 유력한데도 적군과 합(合)이 되어 정신 못 차리는 병화(丙火)이다.

당주는 일간 정신이 탐재괴인(貪財壞印)이 되었고, 묘목인수(卯木印綬)의 정신은 탐합망생(貪合忘生)으로 일지 신금역마(申金驛馬)에 택배 기사가 되었는데, 아무리 조심을 해도 묘하게 돈이 좀 모이면 자주 사고가 나서 돈이 모이지가 않았고, 40세가 넘어서도 결혼을 못 했으며 힘겹기만 하다.

이처럼 간지상생(干支相生)이 끊어지고 막히며 아군(我軍)은 무력하고 적군(敵軍)이 왕성하면 비록 길운이라 해도 힘겹기만 하다. 특히 일지기신에서 정기천간(正氣天干)이 투출한 사주는 처덕이 부족하며 재물이 모이지가 않는다.

사지동주
(死地同柱)

　사지동주(死地同柱)란, 일간이나 다른 천간이 자좌지지(自坐地支)에서 사지(死地)에 해당하는데, 특히 월지(月支)에서 사묘절(死墓絶)이라면 더 흉하다. 60간지에서 갑오(甲午), 을해(乙亥), 경자(庚子), 신사(辛巳)의 4개의 동주사(同柱死)가 있다.

　사신동주(死神同柱)는 무력함과 죽음을 상징하며, 인간계의 생각보다 과거에 대한 회상과 사후의 세계에 관심이 더 많다. 또한 대체로 인색(吝嗇)하며 애착(愛着)과 집착심(執着心)이 많고 건강도 허약한 사람이 많다.

　이때 월지(月支)에서 생욕록왕(生慾祿旺)이면 동주사(同柱死)의 특성이 감소하지만, 사묘절(死墓絶)에 해당하면 동주사(同柱死)의 특성은 강화된다.

　※ 궁(宮)으로 보는 동주사(同柱死)와 십신(十神)으로 보는 동주사(同柱死)가 다를 수가 있다. 그러므로 궁(宮)으로 보는 동주사(同柱死)와 십신(十神)으로 보는 동주사(同柱死)가 겹칠 때 그 흉력이 강한 것으로 봐야 한다. 그러므로 년월일시의 한주가, 동주사(同柱死), 동주묘(同柱墓), 동주절(同柱絶)이 십신(十神)과 겹칠 때를 주목해야 한다.

　가령, 을해일주(乙亥日柱)라고 했을 때, 동주사(同柱死)의 일주로 일간이 무력함을 상징한다. 이때 을목(乙木)의 처에 해당하는 재성(財星)이 무술(戊戌)이나 기축(己丑)이 있어서, 무토(戊土)는 술토(戌土)에 동주묘(同柱墓)이고, 기토(己土)는 축토(丑土)에 동주묘(同柱墓)이다. 이처럼 해당육친이 사묘절(死墓絶)에 동주(同柱)할 때 흉력이 더 가중된다는 점을 참고해서 감명한다.

년주 동주사: 무력하여 뜻을 펼치지 못한 조상이기 쉽다. 그러므로 일주는 허약한 씨앗과 같아서 생명의 원기가 허약함을 뜻한다. 년주는 성벽처럼 일주를 보호해야 하는데, 또한 월주는 사주의 환경이므로 사주 전체가 무력해지기 쉽다. 정신이 건전해야 성공·출세하며 건강하지만, 정신이 허약하므로 성공이 어려울 수 있다.

월주 동주사: 부모 조상 형제 덕이 미약하다. 혹은 부모 조상의 흉사가 있을 가능성도 있으며 의외의 재난이 발생하고 질병이 많으며 도적의 침입도 자주 발생한다. 이 경우 소매치기 당하거나 건망증이 심하여 물건을 잘 잃어버린다.

일주 동주사: 배우자 덕이 미약하고 배우자에게 의탁하는 일이 일과 요구사항이 많다. 집착심이 강하면서도 인내심이 부족해서 시작은 잘하지만 끝맺음이 시원치 않고, 이름 모를 질병으로 신병(神病) 무병(巫病)의 염려가 있으며 외양은 화려해도 실속이 부족하다.

시주 동주사: 자식 근심이 많게 되며 여성은 임신하기 어렵고 무자식이 되거나 자식이 있어도 효도를 기대하기 어렵고 질병 체질로 문제가 되기 쉽다. 또한 정리 정돈이 어수선하여 깔끔한 맛이 없다. 가령, 음식을 만들어도 그 음식에 맞는 예쁜 접시를 사용하지 못하여 음식의 맛을 떨어트리는 것과 같다.

명식에서 동주사(同柱死)에 해당하는 기둥의 천간을 주체로 해당 지지 운이 겹칠 때를 주목하여 통변한다. 가령, 경자일주(庚子日柱)가 경자년(庚子年)을 만나면 복음세년(伏吟歲年)으로 생명의 위험을 느껴 보는 세년이 된다. 이때 계수(癸水)가 투출했고 기신으로 형충(刑沖)이 된다면 자칫 불귀객이 될 수도 있다.

이것은 일주외의 갑오(甲午), 을해(乙亥), 경자(庚子), 신사(辛巳)가 사주에 있으면 해당하는 육친의 사신발동(死神發動)이 이루어질 때 질병, 패재, 사망 등의 일이 발생하기 쉬운데, 가령 을유일주(乙酉日柱) 여명에 신사(辛巳)가 있으면 신금(辛金) 남편이 운에서 형충(刑沖)으로 인해 사묘절(死墓絶)이 동(動)하면 그 남편은 혈광사(血光死)에 해당하므로 흉사(凶事)하기 쉽다.

동주사(同柱死)의 특징은, 어릴 적 허약하여 질병으로 고생해 본 일이 있으며, 절대적 본인 위주의 성격으로 자기만 위해 주길 바라는 이기적 성격이 강하다. 타인이 자기 생각대로 해 주길 강요하는 외골수로 그로 인해서 따돌림을 당하고 실패하는 일이 있게 된다.

드물게는 효자 효부도 있지만, 부부 인연이 부족해서 이별 사별 수가 있으며, 일지에서 투출된 정기천간(正氣天干)이 기신이라면 부부 인연이 바뀌면 바뀔수록 악인연(惡因緣)을 만나기도 한다.

갑오(甲午) 경자일주(庚子日柱)의 남명보다는 을해(乙亥) 신사일주(辛巳日柱) 여명이 공주 기질이 더 강하며 우울증을 동반한다.

대체로 사교성은 좋지만 매사 지체됨이 많고 마음이 자주 흔들리며 변화가 많은 인생이다. 풍류심과 청춘사업으로 낭비, 손재, 구설수가 있으며, 이때 주색에 빠져들면 패가망신을 당하고 이별 사별을 하기도 하며 대체로 주제파악을 못하는 사람이 많다.

경자일주(庚子日柱): 남편을 발로 차 내고 자식하고 사는 유형으로 잘난 척으로 일관하여 타인의 눈살을 찌푸리게 하는 일이 많다. 자식 덕 또한 무덕(無德)하여 효도받기가 쉽지 않으며 두뇌는 총명하지만 배반을 잘하기도 하며 이기주의(利己主義)로 애타행(愛他行)이 미약하다.

자기가 최고라는 착각 속에 안하무인(眼下無人)의 기질과 베푸는 마음은 있으나 입으로 갚으며, 광대뼈가 돌출되었기 쉽고 이익을 위해서 사람을 사귀거나 잡식성에 욕심이 많은 편이다.

신사일주(辛巳日柱): 고집이 센 편으로 여명의 경우 남편을 의심하는 의부증이 발생하며 남편이 자기만 바라보고 살아 주길 원한다. 공주병과 결벽증이 있어서 사람을 피곤하게 하므로 주변 사람들이 떠나가고 결국 외롭고 고독하게 된다.

주기는 싫어하고 받기를 좋아하며, 척추 관련 질병이 발생하기 쉽고 생리통을 앓거나 생리 시에 심한 스트레스로 광적인 행동을 하기도 한다. 이로 인해서 정신계 문제가 발생하고 자신도 모르게 남의 물건을 훔치는 도벽(盜癖)으로 작용하기도 한다.

갑오일주(甲午日柱): 밝고 환한 것은 좋지만 남편을 발로 차 내고 살게 되며 재물에 대한 집착이 강하다. 인색한 성향이 되기 쉬우며 부부 헤어져도 자식을 남편에게 보내지 않는 사람이 많고, 말을 잘하지만 외화내빈(外華內貧)으로 일단 저지르고 보는 사람이 많다.

자좌오화(自坐午火): 홍염상관(紅艶傷官)으로 여명은 이별의 고통이 있기 쉬우며 매사를 순리대로 처신하고 살고자 하며, 두뇌가 좋고 선견지명(先見之明)이 있지만, 결단력과 추진력이 미약한 소극적 성격으로 좋은 기회를 놓치는 특성이 강하다.

적극성이 부족하고 좀 게으른 편으로 부부 해로하기 위해서는 큰 노력이 필요하다. 멋 내고 뽐내는 데도 일가견이 있지만 사나운 데도 일가견이 있다.

을해일주(乙亥日柱): 말이 많고 경솔하며 공주병의 잘난 척과 이기주의(利己主義) 성격으로 베풂이 부족하기 쉽고 인색하며 특히 자기가 최고라는 착각 속에 살아간다. 유랑심이 동하여 여행을 좋아하고 자궁 질환이 발생하기 쉬우며 부부 정이 없는 사람이 많다.

을목(乙木) 새싹의 청순함으로 그릇된 일에 물들지 않고 정직하고 외골수 기질이 있으며 깨끗함을 좋아하고 결백하지만, 고지식하므로 사회생활에 적응하기 어려운 면이 있다.

인정이 야박하고 인덕이 없는 사람도 많은데, 강한 자존심을 굽히고 고개를 숙여 겸손한 삶을 살아야 한다. 천라(天羅)와 일지효신으로 산액(産厄)의 염려가 있으며, 친정 식구에게 자식을 맡기면 사망하는 수가 있으며 자녀 문제로 인한 근심이 있게 된다.

```
年 月 日 時
庚 庚 丁 庚    坤命
子 辰 丑 子    종재격(從財格)
己 戊 丁 丙 乙 甲 癸
卯 寅 丑 子 亥 戌 酉
```

자시(子時)에 태어난 정화(丁火)는 별이 되어 빛을 발하고 3개의 경금(庚金)은 달이 되어 밤하늘에 여러 개의 조명등이 있는 형상으로 보기에 아름다우니 당주의 용모가 양호하다.

3개의 경금(庚金)이 양금살상(兩金殺傷)이며, 연시주(年時柱)는 사신동주(死神同柱)에 있으며, 당주가 정축백호(丁丑白虎)에 경금(庚金)의 묘신(墓神)이므로 당주가 태어난 후부터 부친과 형제들은 모두 단명하게 되는데, 당주의 집안은 남편 잡아먹는 과부 집안으로 여자들의 음기(陰氣)가 너무 강하다.

당주는 밝은 달밤에 별이 되므로 스타의 기질성으로 연극인이 되었으나 유명인은 되지 못하는 3류 연예인으로 조연급에 불과하다. 왜냐면 등촉화(燈燭火)가 허약하고 기암괴석이 즐비하지만 휘황찬란하게 하는 보석은 축토(丑土)에 암장(暗藏)되어 자축합(子丑合)으로 묶여, 주연급은 불가하며 예능인의 큰 소질이 나타나지 않는 것이다.

당주는 수많은 남자를 만나게 되었고 한 번의 결혼 실패를 거치고 시지자수(時支子水)의 후처가 되었는데 그는 본남편의 친구이다.

목욕동주
(沐浴同柱)

욕지동주(浴地同柱)는 천간이 자좌지지(自坐地支)에 욕지(浴地)가 되는 간지로 갑자(甲子), 을사(乙巳), 경오(庚午), 신해(辛亥)의 4주가 목욕동주(沐浴同柱)의 간지이다.

욕지동주(浴地同柱)의 특징으로는 양간(陽干)인 갑자(甲子) 경오(庚午)와 음간(陰干)인 을사(乙巳) 신해(辛亥)로서 음양간(陰陽干)의 특성이 다르다.

대체로 현실생활에 집착하는 일이 많으며 평안한 가정을 이루고 싶은 마음이 강하지만 무계획 무원칙으로 일단 저지르고 보는 성격으로 침착하지 못하며 들떠 있는 기분으로 안정이 쉽지 않다.

갑자일주(甲子日柱): 옆과 뒤를 보지 않고 오로지 앞으로만 전진해 나가다가 늪지에 빠지는 사람이 많다. 밤낮을 가리지 않고 자신이 좋아하는 일에 몰두하는 집착이 강하며 누구에게도 양보하는 마음이 없고 앞으로만 전진하려고 한다.

일지 효신살(梟神殺)에 목욕도화(沐浴桃花)이고 국생도화(麴生桃花)로 주색을 탐한다면 패가망신(敗家亡身)하는 일이 많고 잔소리가 심한 사람이 많아서 주변 사람을 피곤하게 하는 일도 많다. 그러나 화기(火氣)가 많은 사주일 경우 귀한 쓰임을 받으며 골짜기에 맑은 물이 흐르는 듯한 청량감을 준다.

을사일주(乙巳日柱): 새가 되어 자유롭게 날아가고 싶어 한다. 비록 마음은 청순하지만, 자유를 지향하는 속성이 강해서 구속받기 싫어하며 급한 성격이 패재(敗財)를 부르는 일이 많다. 또한 자유연애를 지향하면서 이성에 집착하는 때도 많아서 시련의 상처를 가슴에 안고 살아가는 사람도 많다.

하룻밤을 함께 했다고 구속하려는 이성이라면 과감히 돌아서는 냉정함도 있다. 목소리가 약간은 걸걸한 듯하면서 맑은 느낌은 아니지만 밝은 느낌을 준다. 여명은 명기의 소유자가 많으며 할 말 다 하고 산다.

경오일주(庚午日柱): 마음속에 슬픔이 함께하는 일이 많다. 오중기토(午中己土)가 정인(正印)으로 친모이지만 항상 벗어나고 싶어 한다. 밝음과 달빛의 어두움이 함께하므로 기쁨과 슬픔이 교차하는 경우로 속박과 구속을 벗어나 자유롭게 살고 싶어 한다.

때로는 유랑심으로 가출하여 여행을 하거나 부모를 벗어나고 싶은 마음이 존재하지만 벗어나기 쉽지 않으며 부모의 덕이 없는 사람도 많다.

경금(庚金)이 의리를 상징하는 숙살지기(肅殺之氣)이고 오화(午火)는 법질서이기에 번뇌만 발생하는 격이다. 오중정화(午中丁火)와 경금(庚金)이 함께하므로 목소리가 청량한 사람이 많은 특징이 있다.

신해일주(辛亥日柱): 칼로 무 자르듯 냉정한 성품이다. 물론 끊고 맺는 것은 좋지만 스스로는 우울하면서도 밝은 표정의 가식이 함께하며, 자식에 집착하고 자식 자랑이 심하며 매사 부풀려 말하는 버릇이 있다. 여명의 경우 부부 싸움을 한다면 자식으로 인한 싸움이다.

계획성이 없는 즉흥적 인생이 되기 쉬우며 누구에게나 잘못을 저지르지 않으려는 마음은 존경받아 마땅한 것이지만, 지나친 결백함으로 주변 사람 모두를 피곤하게 하는 유형으로 목소리가 약간은 처량하여 동정심을 유발하고 슬픔이 함께한다. 재물복은 있는 편이지만 남편이 단명하는 일이 많다.

남명의 재성(財星)이 목욕동주(沐浴同柱)에 기신이라면 현모양처는 쉽지 않으며 거의 불인연으로 낭비가 심하고 외화내빈의 인연으로 재물에 손실이 따른다.

목욕동주(沐浴同柱)의 재성천간(財星天干)이 년월에 있으면 연상녀와 결혼하거나 불륜에 빠지기도 하며 형충(刑沖)이라면 여자로 인한 재물손실이 따른다.

여명의 관성(官星)이 목욕동주(沐浴同柱)에 있거나 월지에 욕지(浴地)라면 여명은 사회 활동을 하고 남편은 외정을 즐긴다.

인성(印星)이 목욕동주(沐浴同柱)에 있으면 어머니가 미인이지만 정(情)에 약하며 사회 활동을 하고 외정을 즐길 수 있다.

식상(食傷)이 목욕동주(沐浴同柱)에 있으면 미식가이며 말솜씨가 좋고 노래를 잘 부르며 풍류를 즐긴다.

비겁(比劫)이 목욕동주(沐浴同柱)에 있으면 형제자매의 성격이 활발하고 역경을 잘 극복하지만 직업이 자주 바뀌는 경향이 있다.

목욕살(沐浴殺)의 운에는 비록 정인(正印)이라 할지라도 학생은 성적의 굴곡이 심하고 직장인은 자기 일에 만족하지 못하여 직업과 주거변동이 발생한다.

대체로 갑자일주(甲子日柱)가 목욕살(沐浴殺)이 강한 편에 해당하며 남녀 호색(好色)하는 특징이 있다. 갑자(甲子)를 제외한 목욕동주(沐浴同柱) 일간은 대체로 남녀 모두 수완가로 사교적이며 청순가련형이 많다. 그래서 타인의 시선과 호감이 강하다.

합관일주(合官日柱)인 을사(乙巳), 신사(辛巳), 계사(癸巳), 정해(丁亥), 기해일주(己亥日柱) 등은, 인생에서 남모르는 비밀스러운 연애사가 있기 쉽다.

年 月 日 時
辛 甲 庚 庚   乾命
巳 午 子 辰   신강의설재(身强宜洩財)

癸 壬 辛 庚 己 戊 丁
巳 辰 卯 寅 丑 子 亥

경금일간(庚金日干)의 오월(午月)은 목욕살(沐浴殺)이며 동주사(同柱死) 일주이다. 갑목(甲木) 처는 자좌사지(自坐死地)에 홍염살(紅艶殺)이며 남편의 육신인 자수(子水)에 목욕도화(沐浴桃花)이다. 부부간에 이처럼 천충지충(天沖支沖)으로 만나면 현생에서 반드시 풀고 가야 하는 인연으로 선 인연을 가장한 불인연이 성립된다.

자오충(子午沖)을 자진합(子辰合)으로 풀어 주므로 기특한 면이 있으나 진토(辰土)가 합충(合沖)을 당하면 자오충(子午沖)이 발생한다. 재물이 성장하기 위해서는 수기(水氣)가 있어야 하므로 자수(子水)가 용신이고, 갑목(甲木)이 통관지신(通關之神)이다.

년주신사(年柱辛巳), 월주갑오(月柱甲午), 일주경자(日柱庚子), 년월일 삼주(三柱)가 동주사(同柱死)이며, 진토(辰土)에 자수(子水)를 입묘(入墓)시키므로 부부 단명에 해당하는데, 이 경우 일가족 동반 사망에도 해당한다. 그러므로 전 가족이 함께하는 여행이나 한 차에 타고 가는 일은 피하는 것이 좋다.

당주는 동방운에 하는 일이 잘되어 돈도 많이 벌었으나 주색으로 탕진하면서 잠시도 집에 안주하지 못하고 돌아다니며 바람을 피웠고 쥐꼬리만한 생활비만 내놓으니 그 처가 생계를 유지하기 위해서 직장에 다니며 많은 고생을 했다.

기축대운(己丑大運)이 들어오자 돈줄이 막히고 매사 장애로 도움 받을 데가 없었고, 그 처가 자궁암으로 사경을 헤매다 47세 정묘년(丁卯年) 사망했다.

있을 때는 인색하고 오로지 자기 자신만 위하여 호색하다 모두 떠나므로 후회가 물밀듯 다가오지만 한 번 떠난 인연과 재물은 돌아오지 않는다.

묘고동주
(墓庫同柱)

천간이 자좌지지(自坐地支)에 묘고(墓庫)에 해당하면 묘고동주(墓庫同柱)라 하는데, 병술(丙戌), 정축(丁丑), 무술(戊戌), 기축(己丑), 임진(壬辰), 계미(癸未) 등의 6주에 해당한다.

묘고일주(墓庫日柱)나 해당 육친은 대체로 업인이 많은 것에 해당하므로 베풂을 많이 할수록 좋지만, 대체로 인색한 성향으로 베풂의 공덕이 적은 편이다.

묘고충(墓庫沖)은 땅을 갈아엎는 붕충(朋沖)이므로 괜찮다 말하는 역인들도 있지만, 신약하면서 묘고(墓庫)에 착근(着根)하고 있다면 흉하다. 또한 신강하다 해도 자신은 무사하겠지만 육친의 신상 이변수는 피할 수 없다.

신강하면 묘지(墓地)에서 나와야 자기 뜻을 펼칠 수 있으므로 개고(開庫)시키는 인연이 성립된다. 가령, 병술일주(丙戌日柱)라면 용띠 해에 태어난 사람이 인연이다. 또는 일주(日柱)에서도 임진일(壬辰日)이나 경진일(庚辰日)에 해당하는 사람이 인연이 되는 일이 많은데, 개고(開庫) 인연인 것이다.

그러나 신약하면서 개고(開庫) 인연을 만났다면 불인연을 만난 것으로 고통과 장애가 많은 삶을 살며 불구가 되는 일도 있다.

묘고동주(墓庫同柱)의 6주 중 정축(丁丑)과 계미(癸未)는 자고(自庫)에 착근(着根)하지 못하는 일주로서 여명은 자식 신상 이변수를 상징하며 배우자의 덕이 없는 사람이 많다. 특히 정축(丁丑)과 계미일주(癸未日柱)가 신약하면 한(恨)이 쌓이므로 신약하지 않아야 한다.

기축일(己丑日)과 계미일(癸未日)은 백호살(白虎殺)과 괴강살(魁罡殺)은 아니지만, 수시로 진술축미(辰戌丑未)를 만나 묘고충(墓庫沖)이 되므로 신약명식은 피해가 크다. 또한 묘고(墓庫)의 글자가 허자(虛字)인 경우에도 형충(刑沖)이 될 때 흉액(凶厄)이 발생함을 간과해서도 안 될 것이다.

일간이 허약하여 묘고(墓庫)에 착근(着根)한다면 가령, 여명 병술일주(丙戌日柱)가 임진운(壬辰運)을 만나면, 백호살(白虎殺)과 괴강살(魁罡殺)이 천충지충(天沖支沖)을 하므로 투출된 육친 천간이 개고(開庫)된 천간 글자와 합(合)하는지를 살펴야 한다.

사묘고충(四墓庫沖)에 해당하는 육친의 건강, 수명, 장애, 질병, 중단, 침체를 암시한다. 그러나 육친 천간이 유력하면 큰 문제가 되지는 않는다.

신강명식으로 가령, 병술일주(丙戌日柱) 남명이 임진시(壬辰時)를 만나 임수(壬水)가 용신이 된 경우, 무술(戊戌)을 만나면 자식과 직업변동 또는 본인에게 흉액(凶厄)이 발생하고 자식이 자칫 사망할 수도 있다.

여명일 때도 자식과 남편, 그리고 본인에게 흉액(凶厄)과 흉사(凶事)하는 육친이 있을 수 있다. 또한 행운에서 합중봉충(合中逢沖)이나 충중봉합(沖中逢合)이 될 때 아군과 적군으로 나뉘지고, 형충삼형(刑沖三刑)이 될 때 예상치 못한 흉사(凶事)나 행운이 될 수 있으므로 세심한 감명이 필요하다.

병술(丙戌), 무술(戊戌), 기축(己丑), 임진(壬辰)은 자고착근(自庫着根)이며, 정축일주(丁丑日柱)는 일지상관(日支傷官)으로, 습토회광(濕土晦光)시키므로 정화(丁火)의 열기를 몰광(沒光)시키는 것이 된다. 그러므로 신약하면 예상치 못한 흉액(凶厄)과 질병이 발생하기 쉽다. 그러므로 유기한 갑목(甲木)의 제토(制土)가 있어야 하며 비겁(比劫)은 그다지 도움 되지 않는다.

계미일주(癸未日柱) 또한 자좌살지(自坐殺支)에 극히 무력해지므로 경금(庚金)이나 신금(辛金)의 설기인화(洩氣引化)가 있어야 하며, 무기토(戊己土) 투출은 불미하며 갑목(甲木)의 소토(疎土)가 있어야 좋지만, 자식 신상 이변수의 슬픔을 겪을 수 있다.

묘고동주(墓庫同柱)의 특징은 낭비와 허례허식을 싫어하며 대체로 인색한 구두쇠가 많다. 이것저것 모으기를 좋아하고 욕심이 많으며 베풀지 못하고 쥐기만 하려는 쓸데없는 욕심으로 천한 인생을 살아가는 사람도 많다.

즉, 모으기만 할 뿐 활용하지 못하며, 옛것을 지키려는 마음이 강하다. 묘고동주(墓庫同柱) 일주들이 종교에 빠져 패가망신하는 일도 많은데, 맹목적 신앙으로 가족들에게는 인색하지만, 종교 교주에게 가지고 있는 모든 돈을 바치고 피눈물을 흘리는 사람도 있다.

직업으로는 고물상, 고전, 국문학, 사회 계열, 종교업, 작가, 장례업, 수집가 등의 직업을 가진 사람이 많으며 빈가(貧家) 출생자는 중년 이후 평안한 생활을 하고, 부가(富家) 출생자는 중년 이후 쇠퇴(衰退)하는 사람이 많다.

구두쇠는 10년을 벌어 하루아침에 망하는 일이 있는데, 특히 무술일주(戊戌日柱) 남명이 재탐(財貪)하는 경우 눈살을 찌푸리게 하는 일이 많은데, 호색하여 젊은 여자를 탐하면 망신을 당하고 추한 인생이 된다.

특히, 무계합(戊癸合)이 되고 갑목(甲木)이나 기토(己土)가 없는 경우 요녀(妖女)를 만나고 패재하는 일도 있다. 이때 기토(己土)를 만나는 것보다 갑목(甲木)을 만나는 것이 더욱 좋다.

묘고동주(墓庫同柱) 일주는 간혹 양자(養子)나 데릴사위가 되기도 하며, 여명은 자식을 잃는 수가 있으며 대체로 혼자 똑똑한 척 설치다 복(福)을 깨뜨리고 실패하는 사람도 많다.

정축일주(丁丑日柱)와 임진일주(壬辰日柱) 여명은 부부 이별 사별을 하거나 남편으로 인한 근심 걱정이 많으며 부부 인연이 바뀌는 일도 많다.

년월주의 재성천간(財星天干)이 묘고동주(墓庫同柱)면 부친선망(父親先亡) 재물손실, 부부 이별이나 사별하기 쉽고, 남명 또한 자식 낳고 처와 이별하거나 사별하기 쉽고, 여명 또한 결혼 후 아버지와 생리사별(生離死別)을 하기 쉽다.

여명의 관성(官星)이 묘고동주(墓庫同柱)면 남편과 상극(相剋)하고, 분리

(分離)를 뜻하므로 각거(各居)하여 살거나 혹은 월말 부부가 되기도 하고 이별 사별하기 쉬우며, 남명은 아들 키우기가 어렵다.

인수(印綬)가 묘고동주(墓庫同柱)면 어머니와 분리(分離)를 뜻하므로 학업 중단이나, 양호한 명식은 외국으로 유학가고, 전학을 자주 한다거나 주택 이사를 자주 하게 된다.

인성(印星)이 재성동주(財星同柱)나 묘고동주(墓庫同柱)면, 부모의 잦은 싸움과 고부갈등(姑婦葛藤)이 생기고 결혼 후 어머니의 질병으로 근심 걱정이 따른다.

식상(食傷)이 묘고동주(墓庫同柱)에 있는 여명은 아들이 없거나 병약(病弱)하여 키우기 어렵고 산부인과 질환으로 근심 걱정이 따른다.

비겁(比劫)이 묘고동주(墓庫同柱)에 있으면 형제자매와 상극(相剋)으로 쟁투, 질병, 생리사별(生離死別)을 하게 된다.

年 月 日 時
丙 庚 癸 丁　乾命
戌 子 亥 巳　신강의설재(身强宜洩財)
辛 壬 癸 甲 乙 丙 丁
丑 寅 卯 辰 巳 午 未

병화(丙火) 아버지는 백호살(白虎殺)과 묘신동주(墓神同柱)로 단명하고, 경금(庚金) 어머니 또한 사신동주(死神同柱)이므로 부모가 단명하는 사주이다.

병술백호(丙戌白虎)의 병화(丙火) 아버지가 연주에 있으므로 당주가 태어난 후 15세 전에 아버지와 사별하게 되는데, 8세 신축대운(辛丑大運) 계사년(癸巳年)에 아버지와 사별하게 되었고, 다음 해인 갑오년(甲午年) 월주경자(月柱庚子)와 천충지충(天沖支沖)과 사신작용(死神作用)으로 어머니와 사별하고 천애 고아가 되었다.

월주공망(月柱空亡)으로 부모가 없는 것이니 어찌할 수 없다. 왜냐면 부모가 사망하고 인덕(人德)이 없는 삶으로 자수성가를 이루어야 하는 목적을 가지고 태어났으므로 고통이 발생하는 것이다.

당주는 한 자식을 낳았으나 곧 죽고 말았으며 그 이후 무자식이 되었다. 그러나 재물은 넉넉한 삶을 살았다. 병화(丙火)는 본처이고 술중무토(戌中戊土)는 자식인데 자식을 입묘(入墓)시키는 병술백호(丙戌白虎)가 처이므로 어찌할 수 없는 것이다.

만약 본처인 병화(丙火)와 이별하고 후처인 정화(丁火)를 만났다면 얼마 지나지 않아서 바로 헤어지고 재난풍파 속으로 들어가게 되는데, 해사충(亥巳沖)에 화기(火氣)의 뿌리가 뽑혀서이다.

대운이 동남방으로 길하여 처와의 사이는 좋았으며 화물차 운전으로 생계를 유지하였다.

천간합(天干合) 분석

천간은 정신이므로 그 정신의 유력(有力) 무력(無力)에 따라서 삶의 질이 달라진다. 그러므로 일간 통근력의 신강신약이 중요하다. 너무 쇠약(衰弱)해도 문제이고 너무 신강(身强)해도 문제이다.

즉, 넘치거나 부족하지 않는 '중'을 이루어야 한다는 이야기이다. 그리고 일간을 제외한 세 개의 천간이, 유력해야 할 천간은 유력하고, 무력해야 할 천간은 쇠약해야 풍요로운 삶으로 부귀하고 건강하며 장수하게 된다.

그러므로 사주환경에 따라 십천간(十天干)에는 많은 변화가 있으므로 세심한 관찰이 필요하다. 가령, 갑목일간(甲木日干)이 신금(辛金)을 쓰는데, 병화(丙火)와 합(合)이 되었다면 정관(正官)은 자기 역할을 못하게 되며, 또는 계수(癸水)를 쓰는데 무토(戊土)와 합(合)이 되었다면 인수(印綬)는 자기 역할을 못하게 된다. 또는 기토(己土)를 쓰는데 명식에 또 다른 갑목(甲木)이 있어서 갑기합(甲己合)이 되었다면 재성(財星)은 자기 역할을 못하게 된다.

```
年 月 日 時
丙 辛 甲 癸
？ 丑 ？ ？
```

겨울에 태어난 갑목일간(甲木日干)에게 무엇보다 병화(丙火) 태양 중요하다. 그런데 신병합(辛丙合)으로 병화(丙火)를 쓰러트리니 남명이라면 처자의 덕이 없어서 득자 후 매사장애가 발생하고, 여명이라면 남편이 당주의 성공을 저해하는 원수와 같으며, 대체로 딸을 낳게 되고 때로는 무자식이 될 수도 있다.

반드시 목화통명(木火通明)을 이루어야 할 명식에서 태양 본연의 역할을 못하므로 우둔하게 되고 명예를 탐하지만 그 명예가 당주를 추락시키게 된다. 꼭 필요해서 써야 할 때 희신(喜神)을 합거(合去)시키면 매우 좋지 않은 것이다.

年 月 日 時
戊 癸 甲 丙
? 亥 寅 ?

겨울에 태어난 갑목(甲木)은 무엇보다 목화통명(木火通明)이 중요하다. 그런데 계수(癸水)가 흑운차일(黑雲遮日)을 한다면 모친이 장애를 만드는 격이지만, 무토(戊土)가 계수(癸水)를 합거(合去)하므로 부친의 덕이 매우 크다.

즉, 기신인 계수(癸水)를 제거하기 위해서 무토(戊土)가 살신성인(殺身成仁)이 된 것으로, 희신인 무토(戊土) 재물을 잃기는 했지만, 계수(癸水)로 인해서 장애가 발생하는 것보다 이익이 더욱 크다. 이러한 경우는 합거(合去)가 매우 좋은 것으로 목화통명(木火通明)을 하므로 두뇌가 총명하다.

年 月 日 時
辛 丙 甲 乙
? 午 ? ?

갑목(甲木)의 오월(午月)은 사지(死地)이고 홍염살(紅艶殺)과 육해살(六害殺)로 호색(好色)하는 성품이 되는데, 병신합(丙辛合)으로 홍염육해살(紅艶六害殺)의 성분은 잠복하게 된다. 또한 화열목분(火烈木焚)이 되므로 화기천간(火氣天干)의 투출은 불미한데 병신합(丙辛合)이 되므로 신금(辛金) 조상의 덕이 매우 좋은 것이다.

年 月 日 時
癸 戊 甲 丁
[?] 戌 [?] [?]

술월(戌月)은 건조하므로 계수(癸水)와 토설생수(土洩生水)하는 경금(庚金)이나 신금(辛金)이 한 글자가 있고 병화(丙火)나 정화(丁火)로 온난하게 하며 갑목(甲木)의 소토(疏土)가 있으면 상격이 된다.

무계합(戊癸合)이 되었으나 일간갑목(日干甲木)이 제토(制土)하여 무계합(戊癸合)을 풀게 하므로, 아버지의 탐재괴인(貪財壞印)을 풀어 주는 갑목(甲木)이므로 무토(戊土) 아버지의 입장에서는 효자 자식을 만나는 격이다. 또한 재물 집착이 강한 내 처를 꾸짖는 격으로 바람직한 소토(疏土)이다.

年 月 日 時
己 甲 甲 癸

년월간 갑기합(甲己合)으로 일주인 갑목(甲木)에는 차례가 오지 않으며, 기토(己土)는 재성(財星) 역할을 못하게 된다. 부모의 재산을 형제가 차지하게 될 것을 상징한다.

年 月 日 時
甲 己 甲 丁

하나의 기토(己土)를 놓고 두 개의 갑목(甲木)이 쟁합(爭合)이 되었다. 기토(己土)가 연간갑목(年干甲木)과 먼저 합(合)을 하므로 일간과는 합(合)이 되지 않는다. 또한 부모의 유산 상속에서도 연간갑목(年干甲木)에 빼앗기게 됨을 상징한다. 그러나 꼭 그런 것만은 아니다. 천간은 합(合)이 되었다 해도 지지(地支)의 상황에서 다르게 나타난다.

年 月 日 時
甲 己 甲 丁
申 巳 ? ?

가령, 갑신년(甲申年)의 기사월(己巳月)이라면 천합지합(天合地合)으로 기토(己土) 재물은 내 것이 되지 않는다.

年 月 日 時
甲 己 甲 丁
子 巳 申 ?

그러나 갑신일주(甲申日柱)라면 월일주(月日柱) 천합지합(天合地合)으로 기토(己土)의 정(情)은 년간갑목(年干甲木)에 향하지 않는다. 그러므로 천간(天干)만을 논하거나 지지(地支)를 따로 떼어 논하는 것은 잘못이다.

인간사에 비추어 볼 때 이성의 남녀가 만났다고 무조건 합궁(合宮)하는 것이 아니듯이 사주 또한 마찬가지이다. 그러므로 수많은 변화가 나타나게 되는데 대체로 희신이 합(合)이 되면 길 작용을 상실하고, 기신 또한 합(合)이 되면 흉 작용을 상실한다.

年 月 日 時
癸 辛 甲 丙   乾命
未 酉 申 寅   조후용신(調候用神)
庚 己 戊 丁 丙 乙 甲
申 未 午 巳 辰 卯 寅

정관격(正官格)은 순용의 격국으로 관인상생(官印相生)을 해야 한다고 하지만 조후가 우선이다. 또한 음실양허(陰實陽虛)하므로 조후가 필수이다.

유월(酉月)은 깊어 가는 가을로 청명(淸明)한 날이 되어야 수확량이 풍부하게 된다. 이때 비가 내리면 수확량이 현저하게 줄어들게 되고, 유월(酉

月)은 만물이 물 먹기가 끝나서 천간수기(天干水氣)보다 지지수기가 더욱 길하다.

계수(癸水)와 병화(丙火)가 거리가 멀어서 반갑지만, 일지가 금기(金氣)에 가세하여 인신충(寅申沖)을 하므로 불미하다. 이처럼 격(隔)하고 있는 병신합(丙辛合)은 되지 않으며, 격(隔)하고 있는 흑운차일(黑雲遮日)은 무시해도 좋다.

年 月 日 時
戊 癸 庚 戊   乾命
子 亥 寅 寅   가종아격(假從兒格)
甲 乙 丙 丁 戊 己 庚
子 丑 寅 卯 辰 巳 午

년월간(年月干)은 기반(羈絆)이 아닌 무계합수(戊癸合水)가 이루어진다. 무자(戊子)로 왔고 계해(癸亥)로 와서 수기왕성(水氣旺盛)하고 자중계수(子中癸水)에 암합(暗合) 중에 계수(癸水)가 투출하여 무계합수(戊癸合水)하므로 단명하시는 조부님이고, 시간무토(時干戊土)가 모친이다.

통근처가 없는 무토(戊土)는 제수(制水)하지 못하므로, 왕희순세(旺喜順勢)에 의해서 가종아격(假從兒格)이 성립된다. 이 경우 무토(戊土)가 인목(寅木)에 장생으로 통근한다고 하지만 투출된 병화(丙火)가 없으므로 통근한 것으로 보지 않는다.

年 月 日 時
丙 辛 戊 甲   乾命
戌 卯 寅 寅   살중용인격(殺重用印格)
壬 癸 甲 乙 丙 丁 戊
辰 巳 午 未 申 酉 戌

년월주 천합지합(天合地合)으로 신금(辛金)이 병화(丙火)에게 끌려가는 현상으로 신병합화(辛丙合火)가 된다. 화기(火氣)를 방해하는 수기(水氣)가 있고 병화(丙火)가 없다면 묘술합(卯戌合)의 진합(眞合)이 될 수 없지만 묘월(卯月)에 병화(丙火)가 있으므로 묘술합(卯戌合)은 진합(眞合)이 되고 신금(辛金)은 무형의 정화(丁火) 성분과 같으며, 병화(丙火)는 어머니이고 신금(辛金)은 아버지인데 일찍 사별하게 될 것을 상징하며 살인상생(殺印相生)하는 부모의 덕이 크다.

천합지합(天合地合)을 방해하는 수기(水氣)가 없으니 청기(淸氣)가 있는 명식으로 양호한 처를 만나는 인연이 성립된다.

年 月 日 時
己 甲 乙 己   乾命
卯 戌 亥 卯   시상편재격(時上偏財格)
癸 壬 辛 庚 己 戊 丁
酉 申 未 午 巳 辰 卯

년월주(年月柱) 천합지합(天合地合)이지만 갑기합토(甲己合土)가 되는 것이 아니다. 합토(合土)가 되기 위해서는 토기(土氣)를 극(剋)하는 목기(木氣)가 없어야 한다. 또한 묘술합화(卯戌合火)가 되기 위해서는 화기(火氣)를 극(剋)하는 수기(水氣)가 없어야 하고 병정화(丙丁火)가 투출되어야 진합(眞合)이 된다.

그러므로 갑기합(甲己合)과 묘술합(卯戌合)은 진합(眞合)이 되지 못하는 유정한 합(合)일 뿐이다. 그러므로 조상의 덕이 큰 듯하지만 문제가 있는 것이다.

연간기토(年干己土)는 당주의 처가 될 수 없으며 월간갑목(月干甲木) 형제의 처와 재물이고, 당주는 시간기토(時干己土)의 육신인 묘목(卯木)과 당주의 육신인 해수(亥水)가 합(合)을 하므로 시간기토(時干己土)가 처와 재물이 되는 것이지만 이 또한 배신을 하고 월주갑술(月柱甲戌)과 천합지합(天合地合)이 되므로 매우 심란한 구조이다.

그런데 일지해수(日支亥水)는 기토(己土)의 육신인 묘목(卯木)과 해묘합(亥卯合)을 두 번을 하고 있다. 그런데 묘술합(卯戌合)은 부부 합으로 연주와 시주는 월주갑술(月柱甲戌)에게 마음이 향하고 있다.

또한, 월주갑술(月柱甲戌)은 연주와 천합지합(天合地合)을 했으면서도 시주와도 천합지합(天合地合)을 하면서 일간의 재물을 탐내는 격이므로 일생 의처증과 의심증이 발생한다.

그러므로 누구도 믿지 못하는 성격이 형성되고, 사주에 합(合)이 많아 천한 격으로 믿은 도끼에 발등을 찍히는 인생이다. 당주는 결국 처와 재물을 갑술(甲戌)에 빼앗기는 2인자가 될 수밖에 없다.

합(合)의 성패(成敗)

명식에서 흉신이 길신으로 변하는 것은 길하지만, 길신이 흉신으로 변한다면 흉하다. 그러나 합중봉충(合中逢沖)과 충중봉합(沖中逢合)으로 아군과 적군이 수시로 변하므로 격국이 변하면서 아군을 구제할 수도 있고, 합작용(合作用)으로 구제 작용이 상실될 수도 있으므로 합(合)의 성패(成敗)를 자세히 살펴야 한다.

```
年 月 日 時
丁 壬 壬 甲    乾命
卯 子 申 辰    신강의설(身强宜洩)
辛 庚 己 戊 丁 丙 乙
亥 戌 酉 申 未 午 巳
```

년월주는 천합지형(天合支刑)의 곤랑도화(滾浪桃花)이지만, 진수국(眞水局)을 이루고 형중봉합(刑中逢合)으로 곤랑도화(滾浪桃花)를 풀었다. 식상(食傷)이 수목응결(水木凝結)되어 지혜(知慧)가 인(仁)으로 화(化)하지 못할 듯하지만, 진수국(眞水局)이 오화(午火)를 도충(倒沖)하여 조후하므로 화평함을 이룬다.

왕성한 수기(水氣)를 설기하는 묘목(卯木) 천을귀인이 용신이므로 청(淸)하여 조모의 덕과 아랫사람의 덕이 좋지만 길대운이 아니어서 곤고함이 따른다.

정임합목(丁壬合木)이 희신이므로 형제 덕이 있다고 판단하게 된다. 다시 말해서 정화(丁火) 부친이 희신이 되었고, 월간임수(月干壬水) 모친과 화합하여 생재(生財)하므로 부모 덕이 좋지만 부모의 재산은 형이 더 많이 차지할 것을 상징하고, 당주는 차남이지만 부모를 모시고 살게 될 것을 상징한다.

```
年 月 日 時
壬 丁 庚 丁   乾命
午 未 寅 丑   합관류관(合官留官)
戊 己 庚 辛 壬 癸 甲
申 酉 戌 亥 子 丑 寅
```

조후하는 임수(壬水)가 용신이 되어야 하지만, 년월주 천합지합(天合地合)으로 임수(壬水)가 정화(丁火)에 끌려가 임정합화(壬丁合火)가 되었지만, 합화(合火)를 방해하는 수기(水氣)가 없으니 진합화(眞合化)가 되는 것인데, 화기(火氣)의 눈에 보이지 않은 기신이 하나 더 늘어난 형상이다.

임수(壬水)는 양실음허(陽實陰虛) 사주에 꼭 필요한 용신이 되어주지 못하므로 조모의 덕과 명문가의 처를 만날 수 없다. 다만 길운으로 평안은 하겠지만, 미토(未土)는 오미합(午未合)으로 인수(印綬)가 되지 않는다. 또한 축토(丑土)와 인목(寅木)은 지장간에서 암합(暗合)을 하여 묶이는 현상으로 인수(印綬)가 되기를 거부하는 상이다. 또한 일지인목(日支寅木)은 미토(未土)와 귀문관살(鬼門關殺)을 형성하고 기신세력이 되었으므로 육친의 덕이 미약하게 된다.

보기에는 축미(丑未) 천을귀인(天乙貴人)이 인수(印綬)로 길한 듯하지만, 외화내빈(外華內貧)으로 관성(官星)을 탐한다면 패망을 초래(招來)하게 된다.

이러한 명식을 잘못 통변하면 년월간 정임합(丁壬合)으로 합관류관(合官留官)으로 시간정화(時干丁火)가 남았으니 청한 듯하지만, 전혀 그렇지 않다. 용신이 되어야 할 글자가 기신이 되었으므로 믿은 도끼에 발등을 찍히는 것이다.

합이불화(合而不化)

합이불화(合而不化)란? 합(合)을 해서 타 오행으로 화(化)하지 않는 것을 말한다. 무릇 합화(合化)하는 것이 있는가 하면 합(合)을 해도 화(化)하지 않는 오행이 있으므로 이것을 잘 살펴야 한다. 그래야만 오행(五行)의 생극제화(生剋制化)와 육친의 희로애락(喜怒哀樂)을 알 수 있다.

우선 합(合)하고자 하는 오행들의 간격을 살펴야 하며, 지지(地支)에서는 상좌천간(上坐天干)의 의향과, 천간에서는 자좌지지(自坐地支)의 의향을 살피고 또한 합화(合化)를 반대하는 오행을 살펴야 한다.

서로 합(合)을 원하지만 멀리 떨어져 있거나 중간에서 가로막는 글자가 있으면 합(合)이 되기 어렵다. 가령, 을경(乙庚)이 합(合)을 하고자 할 때 중간에 신금(辛金)이 있으면 신금(辛金)이 을목(乙木)을 극(剋)하므로 서로 합(合)을 이룰 수가 없다.

年 月 日 時
甲 丁 己 戊   乾命
子 卯 亥 辰   관인상생(官印相生)
戊 己 庚 辛 壬 癸 甲
辰 巳 午 未 申 酉 戌

갑정기(甲丁己)로 이어지는 관인상생격(官印相生格)이다. 갑기(甲己)는 합(合)을 원하고 있지만, 갑기(甲己)의 사이에 정화(丁火)가 있으므로 갑기합(甲己合)은 유정할 뿐이며 합(合)은 이루어지지 않는다.

합(合)은 서로 간에 구속하는 힘으로 작용하지만 이처럼 격(隔)하고 있는 합(合)은 서로의 마음이 언제까지나 유정하다. 또한 갑목(甲木)과 기토(己土)의 사이에 정화(丁火)가 가교 역할을 하므로 갑목(甲木)은 정화(丁火)를 한마음으로 생조하고, 기토(己土)는 정화(丁火) 모친을 무조건 수용하므로 조상, 부모, 처자와 육친의 덕이 길하다.

年 月 日 時
癸 壬 乙 戊　乾命
丑 戌 巳 寅　재다신약(財多身弱)
辛 庚 己 戊 丁 丙 乙
酉 申 未 午 巳 辰 卯

계수(癸水)와 무토(戊土)는 격(隔)하고 있으므로 합(合)이 성립되지 않는다. 정재격(正財格)은 순용의 격국으로 정재(正財)를 극(剋)하는 겁재(劫財)가 기신이라 하지만, 신약하여 재물을 감당하지 못하면 파격이 되므로 재성(財星)을 감당할 능력이 되어야 하는데 지지비겁(地支比劫)이 길하다.

재물을 감당할 수 있으므로 부명(富命)이다. 술월(戌月)은 건조하여 수기(水氣)가 반드시 있어야 하는데 축토(丑土)에 통근한 임계수(壬癸水)가 있으므로 단풍이 곱게 들어 아름다운 형국이니 능력 있는 미남으로 부모와 처자의 덕이 길하다.

年 月 日 時
丁 丙 丙 壬　乾命
卯 午 子 辰　양인합살(羊刃合殺)
乙 甲 癸 壬 辛 庚 己
巳 辰 卯 寅 丑 子 亥

자오충(子午冲)을 자진합(子辰合)으로 충중봉합(沖中逢合)을 시키고, 양인합살(羊刃合殺)시키는 임수(壬水)이므로 대단히 길하다. 자식 낳고 발복하는 무관격(武官格)으로 군인, 경찰, 해양경찰이나 무관직으로 근무하는 것이 좋다.

임정(壬丁)은 거리가 멀어서 정임합(丁壬合)이 성립되지 않으므로 탐합망극(貪合忘剋)이 되지 않으니 제화(制火) 작용을 상실하지 않는다. 특히 비겁과다(比劫過多) 명식에는 반드시 편관(偏官)이 있어야 하는데 시주(時柱)에서 용신이 되어 주니 귀자(貴子)이지만 앞세우는 자식이 있게 된다.

```
年 月 日 時
乙 甲 丁 庚   乾命
酉 申 巳 戌   재다신약(財多身弱)
癸 壬 辛 庚 己 戊 丁
未 午 巳 辰 卯 寅 丑
```

을목(乙木)과 경금(庚金)이 격(隔)하고 있으므로 합(合)이 성립되지 않는 벽갑인정(劈甲引丁)으로 길하지만, 갑목(甲木)과 을목(乙木)이 동주절지(同柱絶地)에서 왔고 절처봉생(絶處逢生)이 없으므로 부친은 몇 번을 결혼해도 홀아비가 되어 가고 모친단명에 사별하게 된다.

모친을 일찍 사별하고 후모인 갑목(甲木)이 당주를 친자식으로 여기며 성장시키지만, 당주가 결혼할 무렵 후모의 은혜를 갚기도 전에 사별하게 된다.

재성(財星)을 감당하지 못하는 재다신약(財多身弱)으로 방조(幇助)하는 갑을목(甲乙木)의 통근처가 없으니 만나는 모친마다 사별하게 되는 것이다.

내격(內格)의 취용법

내격(內格)이란? 정격(正格)을 말하는 것으로 오행(五行)의 생극제화(生剋制化)에 의한 일반적인 원리에 따라 왕성(旺盛)한 것은 극(剋)하거나 설기(洩氣)하고, 쇠약(衰弱)하면 방조(幇助)하는 일반적인 억부(抑扶)에 의한 격국을 말한다.

정격(正格)은 건록격(建祿格), 겁재격(劫財格), 양인격(羊刃格), 식신격(食神格), 상관격(傷官格), 편재격(偏財格), 정재격(正財格), 편관격(偏官格), 정관격(正官格), 정인격(正印格), 편인격(偏印格) 등이 있으며 외격(外格)을 이루지 않은 격국은 모두 내격(內格)에 해당한다.

그러나 내격(內格)에서 분류하기 어려운 명식이 있으므로 이런 명식은 문진(問診)을 통한 세밀한 판단이 필요하다.

```
年 月 日 時
甲 癸 丙 辛    乾命
辰 酉 寅 卯    정재격(正財格)
甲 乙 丙 丁 戊 己 庚
戌 亥 子 丑 寅 卯 辰
```

유월(酉月)에 신금(辛金)이 투출했으니 정재격(正財格)이다. 반가운 것은 일지인목(日支寅木)에 간지상생(干支相生)으로 병화(丙火)를 생조하고 갑목(甲木)의 록근(祿根)이 되어 주니 인수(印綬)가 유력해졌다.

묘목(卯木)이 있어서 신강명식으로 보이지만 유월(酉月)이므로 묘목(卯木)은 힘을 쓸 수가 없다. 일간과 갑목(甲木)은 격(隔)하고 있으며 계수(癸水)는 일간에 근접(近接)하므로 흉하다.

즉, 계갑병(癸甲丙)으로 이어지는 관인상생(官印相生)이라면 문제가 없으나 근접한 계수(癸水)의 흑운차일(黑雲遮日)은 매우 흉하다. 그러나 금목(金木)의 통관신(通關神)을 겸하며 탐재괴인(貪財壞印)이 되는 병신합(丙辛合)을 풀게 하므로 양호한 점도 있다.

병화(丙火)가 약간은 신약하지만 재관(財官)을 감당할 능력이 되므로 흉하지는 않지만, 진토(辰土)가 화설생금(火洩生金)하므로 재물집착이 강한 냉혹한 사람이 될 수 있으나 계수(癸水)의 제어로 능히 자신의 할 바를 알게 된다.

당주는 의사 시험에 수차례 떨어졌으나 병자대운(丙子大運) 31세 갑술년(甲戌年), 정관(正官)이 록근처를 만나고 계갑병(癸甲丙)의 관인상생(官印相生)을 하므로 의사 시험에 합격했다.

年 月 日 時
癸 辛 丙 己   乾命
卯 酉 辰 亥   정재격(正財格)
庚 己 戊 丁 丙 乙 甲
申 未 午 巳 辰 卯 寅

정재격(正財格) 신약으로 탐재괴인(貪財壞印)이 되는 명식이다. 월일주 천합지합(天合地合)에 기신세력에 끌려가 정신이 죽어 있는 격이다. 그러므로 공부로 성공하지 못하며 악처인연으로 가난한 삶이 된다.

계수(癸水)가 근접(近接)하지 않은 것은 길하지만, 기토(己土)가 근접하여 쇠약한 병화(丙火)를 설기하므로 상관(傷官)의 잔머리꾼으로 반드시 흉하게 된다. 자신의 역량은 파악하지 못하고 일을 벌이고 패망하는 구조이다. 병화(丙火)가 능력을 발휘할 수 있도록 하는 글자가 없기 때문이다.

당주는 새마을 금고에 근무하며 대체로 평안했으나 정사대운(丁巳大運) 정계칠살(丁癸七殺)과 해사충(亥巳冲)이 발생하는 39세 신사년(辛巳年) 고객들의 예금 수억을 횡령하여 그 처와 함께 쓰고 다니다가 구속 수감 되었고 가지고 있는 전 재산을 몰수당했다.

격국론
(格局論)

　격국(格局)은 사주명식의 환경을 이루는 월지에서 취하는 사주의 이름으로, 월지에서 투출된 천간을 일간과 대입하여 십신(十神)의 명칭이 곧 격명이 된다.

　격국의 명칭은 1개~3개가 될 수도 있으며, 역인에 따라서 격을 다르게 잡는 일도 있으며, 사주체를 대표하는 제일 강한 힘을 보유한 천간이 격국이 된다.

　그러므로 이 부분만 조심한다면 설령 격국의 이름이 다르다 해도 큰 문제가 될 것은 없다. 격국에 대해서 맞다 틀리다 말들도 많지만, 단순히 본다면 격국은 사주의 이름일 뿐이다.

　또한, 여러 개의 격국 이름이 구성될 수 있으며 그에 따라서 여러 유형의 성격과 순일하지 못한 정신이 되기도 하는데 지나침은 부족함만 못하다.

　외격(外格)을 제외한 내격을 정하는 방법과 조건을 살펴보면 월지의 지장간 중 본기의 투출 천간에게 우선권이 주어진다. 그러나 본기투출이 없다면 여기(餘氣)나 중기(中氣)에서 잡을 수도 있지만, 중요한 것은 사주체를 대표할 만한 힘과 능력이 있어야 한다.

　자오묘유(子午卯酉) 왕지월(旺支月)에서 투출천간(透出天干)이 없다면 월지본기(月支本氣)로 격을 정하고, 또는 시주(時柱)에서 격을 정할 수도 있지만, 사주체를 대표할 만한 힘과 능력이 있어야 한다.

　그리고 월지가 합(合)으로 변하면 화(化)한 오행(五行)에 있는 천간(天干)으로 격을 정할 수도 있다.

年 月 日 時
丙 丙 戊 甲　乾命
辰 申 子 寅　살중용인격(殺重用印格)
丁 戊 己 庚 辛 壬 癸
酉 戌 亥 子 丑 寅 卯

월지 신금(申金)의 지장간인 무경임(戊庚壬)이 투출하지 않았고 신자진(申子辰) 삼합(三合)이 있지만, 수기(水氣)의 대표천간이 없으며 자월(子月)이 아니므로 수국(水局)을 이루지 못한다.

시주(時柱)가 간여지동(干與支同)으로 유력(有力)하므로 시상칠살격(時上七殺格)이라 한다. 이처럼 꼭 월지에서 격명을 정하는 것은 아니다. 격국이란 사주의 이름이고 사주체를 대표하는 왕성한 힘을 보유한 글자이므로 억부(抑扶)의 대상이 격국이다.

억부(抑扶)의 대상이 일간보다 강왕할 때는 그 격국을 설기하거나 극하는 글자가 희신이 된다. 만약 일간이 격국보다 강하면 일간이 억부(抑扶)의 대상이므로 관성(官星)으로 제어하거나 식상(食傷)으로 설기한다.

이 명식은 일간보다 갑목(甲木)이 더 유력하므로 갑목(甲木)이 억부(抑扶)의 대상으로, 신약을 방조하는 병화(丙火)가 살인상생(殺印相生)의 용신이다.

年 月 日 時
丙 戊 戊 辛　乾命
戌 戌 辰 酉　상관용상관격(傷官用傷官格)
己 庚 辛 壬 癸 甲 乙
亥 子 丑 寅 卯 辰 巳

술월(戌月)의 정기(正氣)인 무토(戊土)가 투출하여 비견격(比肩格)이라고 할 수 있으나 신금(辛金)이 간여지동(干與支同)으로 투출하여 시상상관격(時上傷官格)이다. 이러한 유형을 가상관격(假傷官格)이라 하는데, 토기(土氣)가 태왕하므로 억부(抑扶)의 대상으로 설기(洩氣)로 순화(馴化)시키는 것이 길하다.

병오(丙午), 정사(丁巳), 임자(壬子), 계해(癸亥)의 간지에서 자오해사(子午亥巳)는, 지지정기(地支正氣)와 다른 천간이 좌(坐)하고 있다. 이것은 체용(體用)이 다르게 작용하기 때문이다.

즉, 지지의 순서상 丑- 寅+ 卯- 辰+ 巳- 午+ 未- 申+ 酉- 戌+ 亥- 인데, 亥- 子+ 巳- 午+ 가, 亥+ 子- 巳+ 午- 로 음양(陰陽)이 변했다.

즉, 子는 陽이어야 하는데 陰이고, 亥는 陰이어야 하는데 陽이며, 巳는 陰이어야 하는데 陽이고, 午는 陽이어야 하는데 陰이다.

이 자오해사(子午亥巳)의 변화에서 십신(十神)과 육친(肉親)의 변화가 나타나고 이것에서 인생사 희로애락이 발생하는데, 천간은 10글자이고 지지는 12글자이므로 이것에서 희로애락(喜怒哀樂)이 발생하는 것이다.

그러므로 병오(丙午)와 임자(壬子)는 양착살(陽錯殺)이라 하고, 정사(丁巳)와 계해(癸亥)는 음착살(陰錯殺)이라 하는데 음양(陰陽)이 바뀌었다는 말이다.

그러므로 자오해사(子午亥巳)월에는 투출된 천간으로 격을 잡는다. 병오월(丙午月)이라면 병화(丙火)로 격을 잡고, 정화(丁火)가 투출했다면 정화(丁火)로 격명을 정한다. 사해자(巳亥子)월지 또한 마찬가지이다.

```
年 月 日 時
己 庚 戊 丙   乾命
亥 午 寅 辰   편인용재격(偏印用財格)
己 戊 丁 丙 乙 甲 癸
巳 辰 卯 寅 丑 子 亥
```

오월(午月)의 정기인 정화(丁火)로 격명을 정한다면 정인격(正印格)이지만, 병화(丙火)가 투출하여 편인격(偏印格)이다. 이때 오중기토(午中己土)가 투출했어도 겁재격(劫財格)이라 할 수는 없다.

양실음허(陽實陰虛)한 명식으로 편인(偏印)은 제압해야 하므로 해중임수(亥中壬水)가 조후용신이지만, 암장되어서 명식이 하락한다.

해수(亥水)를 극(剋)하며 산정붕괴(山頂崩壞)시키는 기토(己土)는 희신이

격국론(格局論) 195

되지 못한다. 그러므로 형제 동료 덕이 부족하다. 그러나 기토(己土)를 설기하는 경금(庚金)이 있어서 흉중에 길함이 있다.

年 月 日 時
癸 丁 戊 辛   乾命
未 巳 午 酉   신강의설재(身强宜洩財)
丙 乙 甲 癸 壬 辛 庚
辰 卯 寅 丑 子 亥 戌

사월(巳月)의 본기인 병화(丙火)는 없고 정화(丁火)가 투출했으므로 정인격(正印格)이지만, 시상상관격(時上傷官格)에도 해당한다. 비록 정인격(正印格)이라 할지라도 중화를 깨트리는 기신이므로 정화(丁火)가 억부(抑扶)의 대상이다.
 그러므로 정화(丁火)를 제압하는 계수(癸水)가 용신이 되어야 하지만 무력하고 신금(辛金)이 간여지동(干與支同)으로 투출하여 토설생수(土洩生水)하므로 신금(辛金)이 용신이고 계수(癸水)는 희신이다.

年 月 日 時
甲 乙 癸 癸   乾命
戌 亥 卯 丑   극설교집(剋洩交集)
丙 丁 戊 己 庚 辛 壬
子 丑 寅 卯 辰 巳 午

해월갑목(亥月甲木)이 묘목(卯木)에 양인(羊刃)이 되었고 해묘합(亥卯合)에 의한 제일 강한 힘을 보유한 상관격(傷官格)으로 억부의 대상이 식상(食傷)이지만, 설기하거나 제압하는 오행이 없으므로 탁기가 많은 명식이다.
 이러한 명식을 극설교집(剋洩交集)이라 하는데, 일지에서 갑을목(甲乙木)이 혼잡한 기신이므로 이중인격자가 많으며 사기성도 강하다. 또한 누구한테 지고는 못 사는 독함과 쓸모없는 고집과 집착이 강하다.

年 月 日 時
壬 辛 己 癸　坤命
子 丑 酉 酉　아우생아(兒又生兒)
庚 己 戊 丁 丙 乙 甲
子 亥 戌 酉 申 未 午

음간(陰干)은 세력을 이룬 글자에서 천간이 투출했고, 득령(得令)을 했어도 월지가 합(合)으로 변화되고 통근한 인수천간(印綬天干)이 없으면 왕희순세(旺喜順勢)를 따라 세력에 종(從)한다. 그래서 오음종세무정의(五陰從勢無情義)라 했다. 이 경우 종아불론(從兒不論) 신강약(身强弱)에도 해당한다.

종격(從格)에도 여러 등급이 있는데, 묘목(卯木)을 불러 관(官)을 만들지 못했고, 사화(巳火)를 불러 조후를 성격시키지 못했으니 하 격에 해당하며 오로지 음기(陰氣)만 반기는 명식이다.

年 月 日 時
辛 辛 癸 己　坤命
巳 卯 亥 未　살중용인격(殺重用印格)
壬 癸 甲 乙 丙 丁 戊
辰 巳 午 未 申 酉 戌

묘월(卯月)의 대표천간이 없고 2개의 신금(辛金)이 목국(木局)을 반대하므로 목국(木局)은 이루어지지 않으며 다만 육친 간에 유정할 뿐이다.

시주기미(時柱己未)가 간여지동(干與支同)으로 시상칠살격(時上七殺格)에 해당한다. 신금(辛金)이 칠살(七殺)을 설기한다고 하지만 조토(燥土) 생금불가(生金不可)에 해당하므로 신금(辛金)의 품질이 의심스럽다. 하지만 극신약하지 않음으로 크게 문제가 되지는 않는다.

당주는 가위로 묘목을 다듬는 상으로 꽃집을 하며 딸 셋을 성장시켰으며 딸들은 유순하였고 남편도 가정적이었다. 이렇게 평안한 가정이 되는 것은 계해일주(癸亥日柱)로 사주에서 필요로 하는 모든 수기(水氣)를 감당할 수 있어서이다.

잡기격
(雜氣格)

　진술축미(辰戌丑未)월지는 사묘고(四墓庫)라 해서 잡기격(雜氣格)으로 논하고 무기토(戊己土)만 격명에 해당한다고 하지만, 무기토(戊己土) 투출이 없고 가령, 진월(辰月)에서 계수(癸水)가 투출하고 수기(水氣)세력을 이루었거나, 또는 을목(乙木)이 투출하고 목기(木氣)세력이 왕성하면 격국이 될 수 있다.

　격국은 일간의 환경으로 타고난 선천적 심성과 적성 또는 특기를 분석하는 중요한 성분이다. 왜냐면 사주에서 제일 강한 글자가 격국을 대표하기 때문이다. 그러므로 투출한 천간이 일간에 미치는 영향이 직접적이다.

　그러므로 무토일간(戊土日干)의 비견(比肩)이면 그대로 비견(比肩)의 성정을 갖게 된다. 월지는 사주환경이고 월지에서 투출된 천간이 유력하면 격국을 대표하는 천간(天干)이 되고 이것을 월령(月令)이라 하며 격명(格名)이 된다.

```
年 月 日 時
己 甲 丁 辛    乾命
卯 戌 酉 丑    재다신약(財多身弱)
癸 壬 辛 庚 己 戊 丁
酉 申 未 午 巳 辰 卯
```

　술월(戌月)에 기토(己土)가 있지만 합(合)이 된 천간으로는 격을 정하지 않는다. 유축합(酉丑合)에 의한 술월(戌月)의 여기(餘氣)인 신금(辛金)이 격국을 대표할 능력이 있으므로 편재격(偏財格)이라 하며 재다신약(財多身弱)이 된다.

갑목(甲木)은 기토(己土)를 탐재(貪財)하여 정화(丁火) 자식을 돌보지 않으므로 부모 덕이 없는 팔자가 되었다. 또한 묘술합(卯戌合)으로 정화(丁火)를 방조(幇助)한다고 하지만 실체가 없는 방조이다.

또한, 신금(辛金)은 일지유금(日支酉金) 천을귀인(天乙貴人)에서 투출된 처성이라 하지만 재난풍파(災難風波)를 만드는 기신이므로 업인살일 뿐이다.

年 月 日 時
庚 庚 壬 甲　乾命
戌 辰 辰 辰　식신용식신격(食神用食神格)
辛 壬 癸 甲 乙 丙 丁
巳 午 未 申 酉 戌 亥

진월(辰月)에 투출천간이 없으니 진중(辰中)에 착근(着根)한 갑목(甲木)으로 격을 잡아 식신격(食神格)이라고 할 수밖에 없는 명식이다.

진월(辰月)의 토기(土氣)는 허박(虛薄)하여 화기(火氣)를 두려워하지 않는다. 사주에 음습기(陰濕氣)가 많으므로 병화(丙火)의 난조(暖照)와, 갑목(甲木)의 소토(疎土)가 있어야 토다매금(土多埋金)에서 벗어나는 경금(庚金)이 된다.

年 月 日 時
癸 己 辛 辛　乾命
酉 未 巳 卯　신강의설(身强宜洩)
戊 丁 丙 乙 甲 癸 壬
午 巳 辰 卯 寅 丑 子

간여지동(干與支同) 편인격(偏印格) 신강으로 갑목(甲木)과 임수(壬水)가 있어야 행복지명이 되는데, 계수(癸水)는 기토(己土)의 파극(破剋)으로 윤토(潤土)시키지 못하며 갑목(甲木)이 없으니 하격이다.

사주명식에서 부귀빈천을 만드는 것은 격국이 아니며 오로지 용신의 유력함에 있다. 이때 천간(天干)의 록근처(祿根處)가 없이 노출되는 것은 위험하여 만사에 장애가 발생한다. 더구나 계수(癸水)가 공망(空亡)이므로 친구, 형제, 동료 덕이 불미하며 기토(己土) 어머니가 시집온 후에 계수(癸水) 조모님은 흉사 단명할 것을 상징한다.

年 月 日 時
辛 壬 乙 丁　乾命
亥 辰 丑 亥　인수용식상(印綬用食傷)
辛 庚 己 戊 丁 丙 乙
卯 寅 丑 子 亥 戌 酉

진월(辰月)에 투출천간이 없고 임수(壬水)가 4개의 지지에 통근하고 제일 강한 글자이므로 정인격(正印格)이다. 이처럼 제일 강한 글자가 격국이 되고 격국은 억부의 대상이 되므로 격국을 방조하거나, 설기하거나, 극하는 글자를 용신이라 칭한다.

이 경우 임수(壬水)를 생조하는 신금(辛金)은 기신이 되고, 임수(壬水)를 제어하는 무토(戊土)가 없으니 인수(印綬)를 수용(受容)하지 못하므로 마마보이로 단명할 팔자이다. 죽어 있는 정화(丁火)가 용신이지만 무력하므로 동남방 운이 길하고 조토운(燥土運)도 크게 문제되지 않는다.

年 月 日 時
乙 庚 己 乙　乾命
巳 辰 酉 亥　합살류관(合殺留官)
己 戊 丁 丙 乙 甲 癸
卯 寅 丑 子 亥 戌 酉

진월(辰月)에 2개의 을목(乙木)이 투출했다고 해서 칠살격(七殺格)이라고 할 수 없다. 을목(乙木)의 록왕지가 없어서 격국을 대표할 수 없기 때문이다. 2개의 칠살이 있는 것은 순일하지 않은데, 년월간 경금(庚金)과 합거(合去)되어 맑아졌다. 이러한 격명을 합살류살(合殺留殺)이라 하며 시상칠살(時上七殺)만 청하게 남으니 길하다.

월일지 유진합(酉辰合)이 되었고 음실양허(陰實陽虛)한 중에 사중병화(巳中丙火)가 용신으로 을목(乙木)을 성장시키고 한랭기(寒冷氣)를 제거하며, 을목(乙木)은 수화(水火)의 통관신이 되어 주니 무난한 삶을 살아가게 되는데 목화토(木火土) 운이 대체로 길하다.

억부용신
(抑扶用神)

억부용신(抑扶用神)은 먼저 일간의 신강신약을 판단하고, 일간이 신강하면 관살(官殺)로 극제(剋制)하거나, 설기(洩氣) 오행으로 용신을 삼는다.

신약하면 비겁(比劫)이나 인수(印綬)로 용신으로 정하여 일간을 방조(幇助)하고, 신약한 중에 인성(印星)이 없고 관살(官殺)이 강하면 식상(食傷)으로 제어해야 하는데, 이때 재성(財星)은 식상(食傷)을 설기하여 관성(官星)을 생조(生助)하므로 재성(財星)을 제어하는 비겁(比劫)이 있어야 한다.

비겁과다(比劫過多)한 신왕사주라면 비겁(比劫)이 억부(抑扶)의 대상이므로 관살(官殺)을 취용하고 재생관(財生官)이 이루어지는 명식이 길하다. 만약 무관살(無官殺)이라면, 식상(食傷)이 비겁(比劫)을 설기하여 재성(財星)을 생조하는 것이 길하다.

인수과다(印綬過多) 신강일 때는 정편인(正編印)을 가리지 않고 재극인(財剋印)이 길하다. 이때 식상(食傷)이 인수(印綬)를 생조하는 관성(官星)을 억제하며 재성(財星)을 방조(幇助)해야 한다.

식상과다(食傷過多) 신약일 때는 인성(印星)이 식상(食傷)을 제어하고 비겁(比劫)을 방조(幇助)하고 관성(官星)이 인수(印綬)를 생조(生助)해야 길하다.

재성과다(財星過多) 신약일 때는 정편재(正編財)를 가리지 않고 비겁(比劫)이 재성(財星)을 제어하고 인수(印綬)가 비겁(比劫)을 생조(生助)해야 길하다.

관살과다(官殺過多) 신약일 때는 관살(官殺)이 억부의 대상이다. 칠살격(七殺格)일 때는 제살(制殺)하는 식상(食傷)이 길하다. 이때 비겁(比劫)으로 식상(食傷)을 생조해야 길하다.

정관격(正官格)일 때는 인성(印星)으로 관성(官星)을 설기순화(洩氣馴化)시키는 것이 좋다. 그러나 조후라는 특수한 환경이 있으므로 조후가 우선이 된다. 만물은 조후라는 환경 속에 살아가기 때문이다.

가령, 갑목일간(甲木日干)의 유월(酉月)은 정관(正官)이지만 수확기이므로 태양이 화창해야 거두어들일 것이 많은데 수기(水氣)를 용신으로 정한다면 급격히 한랭(寒冷)해져 조후를 잃게 되므로 태양이 화창하기를 바라는 것이다.

그러므로 정관격(正官格)일 때 순용의 격국으로 설기순화(洩氣馴化)시키는 것은 차선이고, 조후가 필요할 때는 조후가 우선이다. 다만 유월(酉月)에 신금(辛金)이 투출한 정관(正官)이라면 정화(丁火)가 신금(辛金)을 파극(破剋)하면 안 되고, 신금(辛金)과 격하고 있는 병화(丙火)가 있어야 한다. 이 때 경금(庚金)이 투출했다면 정화(丁火)가 우선이며 병화(丙火)는 차선이다.

```
年 月 日 時
己 癸 戊 乙    坤命
卯 酉 辰 卯    가종세격(假從勢格)
甲 乙 丙 丁 戊 己 庚
戌 亥 子 丑 寅 卯 辰
```

월주 천충지충(天沖支沖)을 일주에서 천합지합(天合地合)으로 해소(解消)시켰다. 이러한 명식을 극설교집(剋洩交集)으로 볼 수도 있지만, 천합지합(天合地合)의 합력은 더욱 강하여 계수(癸水)를 따라가게 되는데, 또한 일지진토(日支辰土)에서 계수(癸水)와 을목(乙木)이 투출하여 금목상전(金木相戰)을 수기(水氣)가 통관하는 격으로 계수(癸水)를 따라가는 가종세격(假從勢格)이다.

계수(癸水)를 극하는 기토(己土)가 있으므로 가종(假從)을 못 이룰 듯하지만, 기토(己土)는 기묘(己卯)로 왔고 묘중(卯中)의 을목(乙木)이 투출하여 기토(己土)를 제어하므로 무력한 기토(己土)가 되므로 가종세(假從勢) 격이 성립된다.

금백수청(金白水淸)의 청수(淸水)를 먹고 자란 을목(乙木)이지만 태양이 없으므로 화려한 꽃을 피우지 못하여 직장 생활과 남편에게 큰 비전은 없다.

시상정관(時上正官)이 유력하며, 맑은 재물이니 직업인으로 생각이 건전한 미모의 여인으로 청수를 먹고 자란 정관(正官)이므로 잘못된 길로 들어서지 않는다. 당주는 첫사랑을 실패하고 교사가 되어 독신으로 살았다.

年 月 日 時
甲 己 癸 甲   坤命
申 巳 未 寅   신약용인(身弱用印)
戊 丁 丙 乙 甲 癸 壬
辰 卯 寅 丑 子 亥 戌

월지에서 투출된 천간이 없고 사신형합(巳申刑合)을 하므로 격명을 정할 수 없고 미중(未中)에서 투출한 기토(己土)로 격을 정할 수도 있지만, 합(合)이 된 천간으로는 격명을 정하지 않는다. 그러므로 시주(時柱)로 격을 정하여 시상상관격(時上傷官格)이다.

당주는 여름의 계수(癸水)로 태어나 환영받는 사람이지만 신약하므로 일신이 피곤할 뿐이다. 또한 태월과 용신이 공망이므로 귀신을 의지하는 격으로 부모, 형제, 남편, 자식이 무덕(無德)하므로 고아와 같아서 고독함이 뼈에 사무친다.

또한, 수시로 삼형살(三刑殺)이 발생하여 안정된 삶이 어렵게 되는데, 당주의 남편은 을축대운(乙丑大運) 42세 을축년(乙丑年) 간암이 더욱 악화되어 43세 병인년(丙寅年) 사망했다. 남편과의 부부 정은 무난했지만 득자 후 남편과 자식 중 하나는 흉사 단명하는 팔자이다.

年 月 日 時
辛 癸 戊 丙   乾命
丑 巳 申 辰   상관생정재(傷官生正財)

壬 辛 庚 己 戊 丁 丙
辰 卯 寅 丑 子 亥 戌

 사월(巳月)에 병화(丙火)가 투출하여 편인격(偏印格) 신강으로 대부를 논하는 명식이다. 사축(巳丑)이 합(合)하여 신금(辛金)의 유인력으로 유금(酉金)을 불러 금국(金局)을 이루고, 신진(申辰)이 합(合)하여 계수(癸水)의 유인력으로 수국(水局)의 재물을 형성시키며, 진토(辰土)는 재물창고이며, 월일주 천합지합(天合地合)으로 축토(丑土)와 진토(辰土)에 통근한 계수(癸水)와 무계합(戊癸合)을 이루고 사신합수(巳申合水)하므로 대부를 이루는 것이다.
 축진(丑辰)에서 투출한 계수(癸水)는 천의성(天醫星)과 천을귀인(天乙貴人)에서 투출한 의학 박사 부친으로 큰 병원을 소유했었고, 처성 또한 의학 박사로 부친의 병원을 물려받았다. 사실 당주가 의업을 해야 할 명식이다.
 당주는 증권사에 근무하다 투자 상담회사를 운영하게 되었고 자신의 재산이 어느 정도인지 모를 정도의 막대한 부(富)를 이루었다.

조후용신
(調候用神)

사주 감명에서 계절과 관련 짓는 부분은 매우 중요한 부분으로서 사주가 한랭(寒冷)하면 따듯하게 해 줘야 하고, 염열(炎熱)하면 식혀 줘야 한다.

음기과다(陰氣過多)면 양기(陽氣)를 보충해야 하고, 양기과다(陽氣過多)면 음기(陰氣)를 보충해야 하는 이치로 음양(陰陽)이 균형을 이루도록 하는 것을 조후라 하는데, 지나치게 편중되어 양기(陽氣)만 있다면 오히려 양기운(陽氣運)이 좋다. 극왕(極旺)해지는 오행은 상대적인 오행(五行)을 불러 스스로 균형을 이루고자 하기 때문이다.

이와 반대로 양기(陽氣)가 없고 지극히 한랭(寒冷)하면 양기운(陽氣運)이 들어올 경우 분란만 발생하므로 음기운(陰氣運)을 반긴다. 음기(陰氣)가 극왕(極旺)하면 상대적인 양기(陽氣)를 불러 조후하고 중화를 이루고자 하기 때문이다.

사주의 조후가 필요해도 신강신약의 편차가 심할 때는, 억부를 우선해서 적용해야 하지만 어느 정도의 능력이 된다면 조후를 써야 한다. 그러나 이미 편고하면 발복이 쉽지 않다.

```
年 月 日 時
丁 丙 丙 丙   乾命
未 午 申 申   군겁쟁재격(群劫爭財格)
乙 甲 癸 壬 辛 庚 己
巳 辰 卯 寅 丑 子 亥
```

진양인격(眞羊刃格)으로 신금(申金)을 놓고 쟁재(爭財)를 벌이는 격이다.

그러므로 당주가 태어나고 아버지는 병을 얻고, 그 후 동생이 태어난 후 아버지는 유황불에 빠지는 격이다.

물 찾아 헤매는 인생으로 재물과 여자에 집착하는 정신계 문제가 발생하는데, 도충(倒沖)되어 들어온 인목(寅木)이 인미귀문살(寅未鬼門殺)이 되어 정신계 문제가 나타나는데 인오합(寅午合)에 화기(火氣)로 변하기 때문이다.

당주는 을사대운(乙巳大運), 화재로 양친부모 사망 후 조모님과 함께 갑진대운(甲辰大運)까지 무탈하게 보냈으나, 계묘대운(癸卯大運) 무력한 계수(癸水)가 화기(火氣)를 동(動)하게 하므로 왕신대노(旺神大怒) 현상으로 맹인이 되었고 폐병이 들어 임인대운(壬寅大運) 초에 결혼도 못 해 보고 한 많은 인생 졸업장을 받았다.

```
年 月 日 時
辛 己 庚 壬   坤命
未 亥 辰 午   신강의극(身强宜剋)
庚 辛 壬 癸 甲 乙 丙
子 丑 寅 卯 辰 巳 午
```

식신격(食神格) 신강사주이다. 무재성(無財星)이므로 관성(官星)을 극(剋)하는 형태로 남편이 하는 일에 매사 간섭하는 형태이다. 조후가 필요한 명식에 오시(午時)에 태어나 반갑지만, 꼭 있어야 할 목기(木氣)가 없어서 아쉬움이 남는 사주이다. 하지만 재물창고인 미토(未土)가 있고 목국(木局)을 이루려는 의미가 있으므로 그것이 반갑다.

남편인 오화(午火)는 화기(火氣)의 씨앗이므로 대운이 동남방으로 행한다면 큰 문제없이 살아갈 수 있는 명식이 되는데, 년월지의 해미(亥未)는 묘(卯)를 불러 재물이 되므로 계묘대운(癸卯大運) 큰 재물이 형성됨을 뜻하고, 부모의 유산까지 상속받게 되는 명식이다.

임인대운(壬寅大運)부터 남편은 사업을 시작하여 부(富)를 이루었고, 자식들은 효자효녀로 성공했으며 노후까지 평안하게 살고 있다. 이처럼 남편이 용신으로 조후를 이루고 재국(財局)을 형성하는 사주는 결코 가난한 삶을 살지 않는다.

年 月 日 時
己 庚 己 庚　乾命
卯 午 卯 午　신강의설(身强宜洩)
己 戊 丁 丙 乙 甲 癸
巳 辰 卯 寅 丑 子 亥

격국의 이름을 정하기 어렵지만 이때는 용신을 이름하여 신강의설(身强宜洩)이라 한다. 두 개의 오화(午火)는 격(隔)하고 있으므로 자수(子水)를 도충(倒冲)하지 못한다. 오월(午月)의 기토(己土)는 계수(癸水)가 유력해야 관성(官星)이 살게 되는데, 조후를 성격시키지 못했고 대운 또한 남동방 운이다 보니 일사무성(日事無成)이 되었다.

남명사주가 무재성(無財星)일 때 용신이 처가 된다는 법칙으로 경금(庚金)이 처가 되지만, 무통근(無通根)으로 단명하게 될 것을 상징한다. 그러나 다행히 신유월(辛酉月) 태원(胎元)이 반갑지만, 태원공망(胎元空亡)으로 그 또한 의지할 수 없으니 10년 가뭄에 사막이 되는 것과 같다.

병인대운(丙寅大運) 37세 을묘년(乙卯年) 경을합목(庚乙合木)으로 을목(乙木)을 따라가 처가 사망했다. 그 후 시간경금(時干庚金)과 재혼했지만, 되는 일이 없으니 술에 취하여 처자를 들볶으며 부모 형제를 괴롭히는 삶을 살았다.

갑자대운(甲子大運)은 그토록 기다리던 용신운으로 길한 듯하지만, 56세 갑술년(甲戌年) 왕신대노현상(旺神大怒現象)으로 음주 교통사고로 사망했다.

통관용신(通關用神)

명식의 오행(五行)이 비슷한 세력을 형성하여 서로 대립하고 있을 때, 막힌 기운을 소통시켜 주는 오행(五行)을 통관지신(通關之神)이라 한다.

가령, 년월지 인신충(寅申沖)이 되었을 때 일지가 자수(子水)라면 신자합(申子合)으로 인신충(寅申沖)을 풀게 하고 인목(寅木)을 생조(生助)한다면 통관작용이 된다. 충(沖)보다 합(合)이 먼저이며 극(剋)보다 생조(生助)가 먼저이기 때문이다.

서로 상전(相戰)하거나 대립하고 있는 사주에서 통관신이 없다면, 인생사에 어려운 장애를 만나도 해결해 주는 귀인을 만나지 못하는 일이 많다. 그러나 통관신이 유력하면 아무리 어려운 장애를 만나도 묘하게 해결되는 행운을 얻는다.

서로 대립하고 있는 사주에서 통관운(通關運)을 만날 때 발전하고 주변의 협조와 안정이 찾아들며, 또는 명식에서 희신(喜神)과 기신(忌神)이 싸우는 유형이라면 운에서 이것을 소통(疏通)시키는 통관운(通關運)이 들어올 때 매우 좋은 환경이 형성된다.

사주에서 중화(中和)시키는 글자가 중매쟁이가 되어 통관신(通關神)이 되는데, 서로를 화해시키는 작용을 하므로, 인생사에서 해결사, 중개인, 분쟁조정, 소통, 싸움을 말리는 직업이 되는 사람이 많다.

年 月 日 時
戊 己 己 壬 乾命
戌 未 亥 申 상관생재격(傷官生財格)

庚 辛 壬 癸 甲 乙
申 酉 戌 亥 子 丑

 토기(土氣)가 과다하고 술미형파살(戌未刑破殺)이 있는 사주로 잡초도 살 수 없는 불모지의 땅이 될 뻔했으나, 선탁후청(先濁後淸)으로 일지가 재물이고 시주(時柱)에서 토설생수(土洩生水)하는 용신이 되어 주니 참으로 고마운 처와 자식이 되는 상관생재격(傷官生財格)이다.
 만약, 시주임신(時柱壬申)을 만나지 못했다면 해수(亥水) 재물을 놓고 군겁쟁재(群劫爭財)를 하는 격으로 고통이 발생했겠지만, 시주(時柱)가 통관신(通關神)으로 토설생수(土洩生水)하여 재물이 되므로 득자 후 길경사(吉慶事)가 발생하고 만사를 풍성하게 하는 처자식이 된다.
 그러나 기임탁수(己壬濁水)가 염려되지만 화염조토(火炎燥土) 땅에서는 기임탁수(己壬濁水)를 크게 염려할 바는 없다. 다만 계수(癸水)가 있는 것보다는 더 많은 수고와 노력이 필요하다.
 일지에서 용신의 통근처가 되어 주고 신금(申金)이 생수(生水)하므로 사업가의 명식으로 부명(富命)이다. 그러나 믿는 도끼 발등 찍히는 일과 처성이 바람나 배신할 염려가 있으므로 의처증이 되고 매사 사람을 믿지 못하는 의심도 있지만, 비겁과다(比劫過多) 명식에서는 어찌할 수 없다.

年 月 日 時
甲 甲 癸 辛   乾命
申 戌 酉 酉   종강격(從强格)
乙 丙 丁 戊 己 庚
亥 子 丑 寅 卯 辰

 인수국(印綬局)을 이루고 금설생목(金洩生木)하는 비겁(比劫)의 통관신이 없으므로 매우 탁기가 많은 명식이다. 이런 명식은 일찍 단명하지 않았는가를 보면서 감명해야 하는데, 갑신(甲申) 을유(乙酉) 병술년(丙戌年) 사망 수가 높다.

또한, 월주공망에 병사신(病死神)이 동하므로 뇌성마비이거나 장애인일 가능성도 크다. 2개의 갑목(甲木)은 뿌리가 없고 절태양(絶胎養)이 동(動)하므로 죽어 있는 갑목(甲木)이다.

종강격(從强格)은 설기분담(洩氣分擔)하는 간지비겁(干支比劫)이 있어야 평안한 삶이 되는데, 비겁(比劫)이 없다면 흉하여 비겁운(比劫運)만 길운이다.

당주는 설기분담(洩氣分擔)하는 수기(水氣)가 없으므로 병(病)은 있고 약(藥)이 없는 형상으로, 말 못 하는 벙어리로 태어나 병술년(丙戌年) 왔던 곳으로 되돌아갔다.

年 月 日 時
丙 甲 丙 丙　坤命
申 午 辰 申　신강의설재(身强宜洩財)
癸 壬 辛 庚 己 戊 丁
巳 辰 卯 寅 丑 子 亥

일지가 희신으로 화설생금(火洩生金)을 하며 진신(辰申)이 상생하므로 탁(濁)한 중에 청기(淸氣)가 있다. 이때 진토(辰土)가 없었다면 갑목(甲木) 모친은 목분화열(木焚火熱)로 정신이 분열되어 사망하는 모친이지만, 진토(辰土)가 있으므로 무사하다.

진토(辰土)가 최고의 길신으로 화기(火氣)를 설기하여 재물을 만들고 직업까지 만드는 통관신(通關神)이 일지이므로 남편과 자식 덕이 있음을 상징하지만, 부성입묘(夫星入墓)로 탁함이 있으나 인연법 활용을 잘한다면 역경을 헤쳐 나가게 된다. 그러나 인내력을 길러야 하며 즉흥적인 성격을 고쳐야 한다.

여명의 비겁과다(比劫過多) 양인격(羊刃格)은 결혼상대로는 부족해도 사회생활의 자신의 성취도 면에서는 활동적인 여성이 된다.

계사(癸巳) 임진대운(壬辰大運)은 행복한 가정에서 좋은 성적에 좋은 학교도 다녔으며, 신금대운(辛金大運)에 결혼했으나 묘목대운(卯木大運) 남편과 이별하고 스스로 화류계 여인이 되었다.

당주가 화류계 여인이 되는 것은 음적 세계를 찾아가는 마음과 일확천금의 재탐(財貪)의 마음이 강해서이고 신자진(申子辰)으로 관성(官星)이 숨어 있어서 음적 세계에서 남자를 만나기 때문이다.

年 月 日 時
甲 己 癸 丙　坤命
子 巳 亥 辰　신강의설(身强宜洩)
戊 丁 丙 乙 甲 癸 壬
辰 卯 寅 丑 子 亥 戌

당주는 모 여대 중문과를 졸업하고 사회생활을 준비하는 과정에서 모 단체에서 단전호흡을 하던 중 빙의현상이 나타나 무력해졌는데, 자신이 인정하기 힘들어 혼란이 가중되었다.

이러한 원인은 갑목(甲木)이 갑기합기반(甲己合羈絆)으로 통관신 역할을 못해서이다. 또한 해사충(亥巳沖)으로 일지가 깨어지면서 진사라망살(辰巳羅網殺)이 발생하고 진해귀문살(辰亥鬼門殺)이 발동되어 나타난 현상이다.

묘목대운(卯木大運) 경인년(庚寅年)과 신묘년(辛卯年)은 충중봉합(沖中逢合)이 되는 통관신 작용으로 안정을 찾게 된다.

당주의 육신인 해수(亥水)에서 투출한 갑목(甲木)이 갑기합(甲己合)을 하고 있으므로 기토(己土)가 남편이 되는데, 부부가 헤어진다면 한 자식은 기토(己土) 남편이 데리고 갈 것을 상징한다.

현상계의 남편은 기토(己土)이고, 형이상의 남편은 사중무토(巳中戊土) 수호신이므로 어찌할 수 없이 정해진 운명노선을 가게 된다. 결국에는 형이하(形而下) 현상계의 남편과 자식은 없고, 진해(辰亥) 원진귀문(怨嗔鬼門)에서 무토(戊土)를 만나야 하므로 이것이 종교인 살이고 무속인 살인 것이다.

병약용신
(病藥用神)

명식의 오행(五行) 중에서 지나치게 많거나, 없느니만 못한 오행은 사주의 탁기(濁氣)로 병(病)이 된다. 이 탁기를 제거(除去)시키는 오행을 병약용신(病藥用神)이라 한다.

가령, 수다목부(水多木浮)의 갑목일간(甲木日干)이라면 수기(水氣)는 사주의 병(病)을 만드는 오행인데, 제방제수(堤防制水)하며 부목(浮木)을 막아주는 무토(戊土)가 있다면 약(藥)을 만드는 오행이 된다.

이때, 무토(戊土)를 극(剋)하는 을목(乙木)이 있다면 용신득병(用神得病)이라 하고, 을목(乙木)을 설기(洩氣)하며 무토(戊土)를 생조하는 병화(丙火)가 있다면 용신득약(用神得藥)이라 한다.

행운에서도 용신을 극(剋)하는 운을 용신득병(用神得病)의 운이라 하고, 그 병(病)이 되는 오행을 제거하는 오행을 용신득약(用神得藥)이라 하는데, 사주 내의 병(病)을 제거하는 운을 만나면 매우 길하여 발복 운이 된다.

병(病) 작용을 하는 오행은 있지만, 약(藥) 작용을 하는 오행이 없는 명식으로 구성되면 곤고(困苦)한 인생이 되지만, 병(病)을 치료하는 약(藥)을 만난 명식은 아무리 어려운 장애를 만나도 귀인(貴人)을 만나게 된다.

```
年 月 日 時
乙 乙 辛 己    坤命
酉 酉 丑 亥    신강의설재(身强宜洩財)
丙 丁 戊 己 庚 辛 壬
戌 亥 子 丑 寅 卯 辰
```

병약용신(病藥用神) **213**

건록격(建祿格) 신강으로 금설생목(金洩生木)하는 해수(亥水)가 용신이다.
기토(己土)가 해수(亥水)를 극(剋)하므로 기토(己土)를 제압하는 을목(乙木)이
희신(喜神)이며 약신(藥神)이지만, 너무나 허약하여 귀신과 같은 존재이다.

일지효신(日支梟神)으로 기신(忌神)이 되었고, 유유자형(酉酉自刑)으로 탁
수(濁水)를 만들어 내니 육친의 덕이 불미하다. 일지에서 유축합(酉丑合)을
두 번을 하며 기신이 되었고, 일지가 기신이므로 부부 사이에 정이 없으며
해로(偕老)에 문제가 있게 된다. 이때 유축합(酉丑合)이 없었다면 유유(酉酉)
가 묘목(卯木)을 도충(倒沖)하여 을목(乙木) 희신의 록근이 되어 주고 재물이
되는 것인데, 그러므로 배성인 남편의 덕이 없는 것이다.

아버지는 쌍둥이였고 태어난 후 한 사람은 바로 사망했으며, 술토대운(戌土
大運) 아버지와 사별하였고 어머니는 해중갑목(亥中甲木)과 재혼했다.

을신칠살(乙辛七殺)이 있는 사주는 미용 업을 하는 사람이 많은데, 당주
는 미용실을 했고, 신사생(辛巳生) 남편과 사별하고, 19년 차이가 나는 병
인생(丙寅生) 남자의 첩으로 살았으나 경인대운(庚寅大運), 48세 임신년(壬
申年) 그 남편과도 사별했다. 그 후 52세 병자년(丙子年) 일주와 천합지합
(天合地合)을 이루고 대운지 인목(寅木)과 해인합(亥寅合)을 하므로 3번째
무인생(戊寅生) 남자를 만났다.

```
年 月 日 時
壬 己 丁 乙    坤命
戌 酉 未 巳    병약용신(病藥用神)
戊 丁 丙 乙 甲 癸 壬
申 未 午 巳 辰 卯 寅
```

술미사(戌未巳)에 통근하고 을목(乙木)의 생조로 신약하지는 않으나, 일
지에서 투출된 기토(己土)가 탁수(濁水)를 만드니 흉하다. 그러나 을목(乙
木)이 기토(己土)를 제어하므로 병(病)이 있고 약(藥)을 만나 반갑지만, 너
무나 허약한 약신(藥神) 어머니로 무신대운(戊申大運), 10세 신미년(辛未

年) 을목(乙木) 어머니와 사별하였다.

사주의 건조함을 풀어 주는 임수(壬水)가 희신이 되는 구조인데, 관식동주(官食同柱)에 천합지형(天合支刑)을 하므로 혼전동거에 호색하는 여성이 되는데, 제살태과(制殺太過)와 같아서 득자이별(得子離別)하게 된다.

당주는 너무나 조열(燥熱)하여 수기(水氣)를 찾으므로 술집 유흥업 등, 수기(水氣) 관련 업종이 직업이 될 수 있는데, 정임(丁壬)이 만나면 음란지합(淫亂之合)에 곤랑도화(滾浪桃花) 작용이므로 임수(壬水) 입장에서는 합(合)이 되는 여자이지만, 관재구설을 만드는 정화(丁火)이다.

아버지 같은 수많은 남자를 만나고도 행복 찾기 어려운 명식으로, 당주는 룸살롱 유흥업소에 근무하고 있다. 남방운으로 기토(己土)를 생조(生助)하여 임수(壬水)를 탁수(濁水)시키므로 정식결혼은 하지 못하고 많은 남자와 만나고 헤어짐을 반복하고 있는데 이것은 자궁이 탁해지기 때문이다.

건록격
(建祿格)

비견(比肩)은 일간과 음양(陰陽)이 같은 동기(同氣)로 형제자매이고, 친구와 동료 동업자를 상징한다. 여명은 남편의 첩(妾) 등을 상징하며 분가, 양자, 독립, 이별, 분리, 경쟁, 독립심, 독행, 자존심, 고집, 교만, 호승심, 파재, 투기, 손재, 영웅심, 경쟁자 관계, 선후배, 대중, 인류, 동창회, 친목회, 건강 관련 제품 등을 상징하는 성분이 건록(建祿)이다.

대체로 독립심, 활동력, 자수성가 등을 상징하므로 자영업, 전문직, 프리랜서 등이 좋다. 건록격(建祿格)은 독립심과 활동력이 강하고 주체성이 강하므로 자수성가로 성공해야 하는데, 윗사람의 인덕이 부족한 편이다.

비겁과다(比劫過多)는 권위적이고 독립독행하여 자기주장을 고집하며 타인과 불화쟁론에 빠지기 쉽고 비방분리를 초래하는 단점이 있으며, 심성이 고독하여 사회생활에서 사람들과 교제하기를 싫어한다. 그러나 유력한 관성(官星)이 있거나 유통이 잘 이루어지는 희신 작용이 있다면, 학문과 공부를 좋아하고 친목(親睦)을 도모하며 주위의 협조로 편하게 살지만, 기신이 왕성하면 인덕이 적으며 인인패사(因人敗事)하고 평생을 고달프고 힘들게 살아가는 사람도 많다.

건록격은 대체로 자존심이 강하므로 독립적인 행동이 뛰어나지만, 단체적인 행동보다는 개인적인 행동이 앞서므로 고독(孤獨)한 기질이다. 하지만, 주어진 일에 대해서는 책임을 완수하려는 성분이 강하다. 자기주관이 뚜렷하며 사리사욕이 없는 반면 입바른 말을 잘하고 아부하는 것을 싫어한다.

그러므로 불의와는 타협하기 싫어하며 어려운 환경에서도 실망에 빠지지 않고 고통을 잘 감수하며 생활력이 강하지만, 상대의 단점을 눈감아 주지 않는다.

올바름을 주장하는 것을 나쁘다 할 수는 없으나 타인의 실수를 눈감아 주지 않아서 시비, 쟁투를 서슴지 않는 면이 발생하는데, 겁재천간(劫財天干)이 있을 때는 야권기질이 강화된다.

또한 누구에게도 지기 싫어하는 고집이 세므로 비겁(比劫)이 과다하면, 그 특성은 더욱 강하여 여명의 경우, 시부모나 시가 형제에게 공손하지 못하고 불화하며 부부 사이 정이 없게 된다.

신왕 명식의 비견(比肩)은 간섭, 통제, 참견당하는 것을 매우 싫어하며, 주위로부터 충고나 권유를 무시하므로 건방지게 보이고 그로 인해서 주위에 친구가 멀어지고 고독하게 되는 성분으로 인덕이 부족하며 근심 걱정이 많은 편이다.

또한, 의심이 강해서 타인을 믿지 않으며, 타인이 나의 재물을 겁탈하지 않을까 하는 의심을 하고 감정기복이 심하다. 특히 천간비겁(天干比劫)이 많으면 남의 비밀을 털어놓고 시비쟁론을 일삼기도 하는데 유통업과 동업은 금물이다.

```
年 月 日 時
丙 戊 戊 壬   乾命
午 戌 辰 戌   쟁재격(爭財格)
己 庚 辛 壬 癸 甲 乙 丙
亥 子 丑 寅 卯 辰 巳 午
```

무토일간(戊土日干)의 사화(巳火)가 록지(祿地)이고 오화(午火)는 양인(羊刃)이다. 그러나 사오(巳午)는 인수(印綬)일 뿐이며, 비견(比肩)인 술월(戌月)이나 진월(辰月)은 록격(祿格)과 같이 통변해도 문제가 되지 않는다.

너무 건조하므로 오로지 금기(金氣)가 용신이 되는 종왕격(從旺格)으로 일생 길대운이 없으므로 파란풍파를 겪으며, 이미 결혼해 봤던 여자나 유흥업에 종사했던 여인들과 인연이다.

진중(辰中)의 계수(癸水)와 을목(乙木)은 허공중에 날아가는 처자식으로 세상사에는 인연이 없게 되는데, 임수(壬水) 부친은 근(根)이 잘리고 쟁재(爭財)당하므로 일찍 단명하는 부친으로 당주가 자식을 낳은 후 사별하게 된다.

비겁과다(比劫過多)는 형제들과 처의 남편이 많다는 뜻이므로 부부 해로를 못할 것을 상징하는데, 임수(壬水) 부친이 투출된 병화(丙火)를 포함해서 암장된 정화(丁火)가 많으므로 부친의 처가 많다는 뜻이며, 그에 따라 배다른 형제가 있다는 것을 뜻하며, 부친의 관성(官星)은 토기(土氣)이니 농업을 하는 부모이다.

축토대운(丑土大運) 28세 계유년(癸酉年) 결혼하고, 인목대운(寅木大運) 37세 임오년(壬午年) 이별했다. 그리고 계수대운(癸水大運) 정해년(丁亥年) 재혼했는데, 계수대운(癸水大運)은 쟁합 운(爭合運)으로 일지에서 계수(癸水)가 투출했으므로 득재 운이다. 하지만 쟁합(爭合) 운이므로 사업 불가이다.

```
年 月 日 時
壬 戊 庚 己    乾命
申 申 戌 卯    식신생재(食神生財)
己 庚 辛 壬 癸 甲 乙
酉 戌 亥 子 丑 寅 卯
```

신월(申月)이므로 건록격(建祿格)이지만, 격국이 중요한 것이 아니라 용신이 더욱 중요하다. 강왕한 금기(金氣)를 설기하는 임수(壬水)가 용신이지만 무토(戊土)가 식신용신(食神用神)을 파극(破剋)하므로 폐암, 대장암, 담석증, 발기부전, 신장질환, 등으로 단명하는 명식이다.

당주는 기유(己酉) 경술대운(庚戌大運)에 공부로 승부하지 못하고 곤고한 인생을 살았으며, 28세 신해대운(辛亥大運)부터 신금(辛金)이 토설생수(土

洩生水)하며 해수(亥水)는 임수(壬水)의 록근(祿根)이 되어 주며 금설생목 (金洩生木)하므로 미곡상을 하며 안정을 찾고 삶에 기쁨이 되었다.

그러나 어릴 때부터 생긴 치질과 설사증세가 심하여 돈 벌기 무섭게 약을 사 먹는 체질이 되었다. 이어지는 임자대운(壬子大運), 신자합수(申子合水)에 의한 생재(生財)가 이루어져 돈은 벌었지만 몸은 점점 허약해졌다.

수많은 약과 병원치료에 많은 돈을 들였으나 치료하지 못하고 하루에도 몇 번씩 찾아오는 설사병으로 영양실조에 걸렸으나, 백약이 무효로 계축대운(癸丑大運) 시작 48세 기미년(己未年), 봉충삼형(逢沖三刑)과 묘신발동 (墓神發動)으로 사망했다.

```
年 月 日 時
癸 辛 辛 辛    乾命
未 酉 未 卯    신강의설재(身强宜洩財)
庚 己 戊 丁 丙 乙 甲
申 未 午 巳 辰 卯 寅
```

유월(酉月)의 신금일간(辛金日干)이므로 건록격(建祿格)이다. 금설세광(金洩洗光)하는 임수(壬水)가 없고 소토(疎土)하는 갑목(甲木)이 없으며, 용신무력에 비견과다(比肩過多)하므로 하천격이다.

용신인 계수(癸水)가 금다수탁(金多水濁)에 죽어 있는 격이다. 이처럼 격국이 중요한 것이 아니라 용신이 유력해야 소망을 이루고 부귀할 수 있는 것이다.

당주는 써먹는 재주가 없고 우둔하며, 비록 눈치는 빠를지라도 타인의 눈을 피해 겁탈하려는 마음이 강하다. 묘목(卯木)은 시간신금(時干辛金)의 것인데도 일지와 합(合)이 되었다는 핑계로 자기 것인 줄로 착각을 한다.

3개의 신금(辛金)이 현침(懸針)으로 목기(木氣)를 다듬는 상이니, 잘 배우면 보건 복지 의사이고 한의사가 될 수 있으나 쉽지 않으며 활인업과 구제중생의 사명으로 많은 덕을 베풀어야 한다.

당주는 경동시장에서 약재 판매를 하고 있으며 딸 둘을 낳았고, 그 딸은 배다른 딸들이며 3번째 부인과 살고 있다. 이처럼 일간과 같은 동질성의 오행이 태과(太過)하면, 한 명의 손님을 만나기 위해서 치열한 경쟁을 하는 것과 같다.

당주가 단명하지 않은 것은, 일시지 사이에 해수(亥水)가 공협(拱挾)되었고 입태월 임자(壬子)가 길신이므로 건강한 것이다.

```
年 月 日 時
癸 乙 乙 乙   坤命
卯 卯 卯 酉   종왕격(從旺格)
丙 丁 戊 己 庚 辛 壬
辰 巳 午 未 申 酉 戌
```

을목일간(乙木日干)의 묘월(卯月)은 건록격이다. 그러나 일시지 묘유충(卯酉沖)에 유금(酉金)을 사용할 수 없는 탁기(濁氣)의 관살(官殺)이므로 종왕격(從旺格)이 성립된다고 하지만, 3개의 을목(乙木)과 3개의 묘목(卯木)이 복음잡초(伏吟雜草)이다.

화려한 꽃을 피우게 하는 태양이 없으니 콩나물시루 같은 음지식물로 여명의 종왕격(從旺格)은 순하지 않아서 풍파가 많다. 특히 식상(食傷)이 없는 급신이지(及身而止)로 을목(乙木) 꽃을 피우지 못하므로 아들은 낳기 힘들며 딸은 낳을 수 있다고 하지만, 목다화식(木多火熄)으로 자식과 남편에 대해서 일생 근심 걱정을 해야 하는 팔자로 자식이나 남편이 불구자이면 근심이 줄어들 수 있다.

금목상전(金木相戰)의 통관신(通關神)인 계수(癸水) 모친이 용신이지만, 탈관탈인(奪官奪印)을 당하므로 일찍 사망하는 모친으로 부부해로 못하는 과부이고, 당주 또한 과부이며 형제도 과부이다.

유금(酉金)이 목다금결(木多金缺)로 부서졌으니 남편과 자식이 없는 첩명(妾命)으로 백두낭군(白頭郎君)에 만혼이 길하며, 자식 딸린 홀아비를 만나 결혼한다면 의외의 행운이 따른다.

年 月 日 時
辛 庚 甲 丁　乾命
酉 寅 辰 卯　신강의설(身强宜洩)
己 戊 丁 丙 乙 甲 癸
丑 子 亥 戌 酉 申 未

　　건록격(建祿格) 신왕 사주이므로 관살혼잡(官殺混雜)이 탁하다고 하지 않는다. 그러나 시주공망(時柱空亡)으로 불미함이 있지만 경금(庚金)을 단련하여 쓸모 있는 금(金)으로 제련하는 상이므로 자식 덕이 있으며 처성이 금기(金氣)를 양생(養生)하고 재물이 되므로 처덕도 있다.
　　당주의 적절한 결혼연령은 정해대운(丁亥大運) 22세부터 병술대운(丙戌大運) 42세까지인데 마침 이때가 용신의 천간운으로 아들을 낳을 수 있었으며 1남 2녀의 자식을 두었다.
　　남명사주에서 관살혼잡(官殺混雜) 기신이 되면 딸만 낳거나, 시주공망(時柱空亡)으로 무자식이 될 수도 있으나 시주 자식 스스로 자신이 앉아야 할 자리인 관성(官星)을 단련시키고, 일지진토(日支辰土)가 화금(火金)의 통관신이 되는 이런 사주는 예외가 된다. 비록 정화(丁火)가 공망이지만 용신으로 금기(金氣)를 제련하고 목설생토(木洩生土)하므로 아들을 낳을 수 있는 것이다.
　　건록격(建祿格) 시양인(時羊刃)으로 관살(官殺)에 대한 억부(抑扶)가 잘 조절되어서 당주와 자식들은 큰 성공은 못 했지만, 생활은 넉넉했고 자식들은 효순했다.

양인격
(羊刃格)

 양인(羊刃)은 일간을 방조(幇助)하지만 재물을 겁탈하는 겁재(劫財)이므로 칠살(七殺)과 합(合)이 되어야 길하다. 이것을 양인합살(羊刃合殺)이라 하는데, 여명은 나의 남편이 겁재(劫財)와 명암합(明暗合)을 하므로 부부정(情)에 문제가 될 수도 있다.
 가령, 묘월(卯月)의 갑신일주(甲申日柱) 여명에 경금(庚金)이 투출했다면 경금(庚金)은 나의 본남편이다. 그런데 묘중을목(卯中乙木)과 명암합(明暗合)하므로 남편의 정(情)이 나에게 향하지 않고 다른 여자를 향하는 격이다.
 마찬가지로 경금투출(庚金透出)이 없고 을목(乙木)이 투출했어도 을목(乙木)은 갑목(甲木)을 등라계갑(藤蘿繫甲)하면서 경금(庚金)을 탐(貪)하므로 이 또한 피해이다.
 그러므로 지지겁재(地支劫財)는 무난하지만 천간겁재(天干劫財)는 전혀 좋을 바 없다. 직장 생활에서도 천간겁재(天干劫財)가 항상 나의 진급을 뺏어 가는 격이다. 그러므로 겁재(劫財)를 탈재(奪財) 탈관(奪官) 탈인(奪印)이라 했는데, 신약해도 양천간(陽天干)은 겁재천간(劫財天干)이 없는 것이 길하다.
 양인합살(羊刃合殺)은 겁탈(劫奪)하려는 마음을 순화(馴化)시켜 좋다고 하지만 이처럼 또 다른 피해가 있게 된다. 그러므로 여명의 양인격(羊刃格)은 부부간의 애정문제가 생기는 일이 많다.

 양인격(羊刃格)은 대체로 남명에 길하다. 그런데 가령, 칠살(七殺)이 왕성하고 갑목(甲木)이 허약할 때는 묘중을목(卯中乙木)과 명암합(明暗合)을 하므로 일간을 극(剋)하지 않는 장점이 있다. 이것은 미인계를 활용하여 칠살의 흉성(凶星)을 묶는 작용으로 길한 것이다.

그러나 칠살(七殺)이 용신이 되어야 하는데도 합(合)을 탐하여 기반(羈絆)이 되었다면 용신의 활동이 묶이는 것이므로 대흉하다. 즉, 자식인 경금(庚金)이 여자와 재물을 탐하여 학마재(學魔財)에 걸린 것으로 그 자식에게 문제가 있을 것을 상징한다.

그러나 정화(丁火)나 병화(丙火)가 있으면 전화위복(轉禍爲福)으로 탐재괴인(貪財壞印)의 학마재(學魔財)에서 풀려나 용신 본연의 임무를 하게 된다.

남명 사주에서 합당한 양인합살(羊刃合殺)이 되는 경우 즉, 식상천간(食傷天干)이 있어서 탐합망극(貪合忘剋)이 되는 칠살(七殺)을 구제할 때는 사회생활에서 위기극복 능력이 뛰어난 장점을 발휘한다.

그러나 식상(食傷)이 없는 양인합살(羊刃合殺)에서 기반(羈絆)이 된다면 아무런 의미가 없으므로 피해 또한 심각하다. 그러므로 양인합살(羊刃合殺)이 무조건 좋은 것이 아니므로 희기(喜忌)를 살펴야 한다.

고전에서나 일부 명리서적에서 무조건 양인합살(羊刃合殺)이 좋다고 말하고 있지만 전혀 그렇지 않다. 용신기반(用神羈絆)이 되는 현상을 간과한 것이다.

그리고 암합(暗合)에 의한 기반현상(羈絆現象) 또한 충분히 살펴야 한다. 탐합(貪合)으로 묶이는 현상이 된다면 본연의 임무를 망각할 수 있다.

합당한 양인합살(羊刃合殺)에서는 두 가지의 이익을 얻는다. 내 재물을 겁탈(劫奪)하는 탈재지신(奪財之神)을 묶어 주니 좋고, 칠살(七殺)의 완강함을 묶어 주니 좋은 것이다. 그러나 여명 양일간(陽日干)에서는 좋을 바 없다.

갑목(甲木)에 묘목(卯木)이 있으면 경금(庚金)과 명암합(明暗合) 한다.
병화(丙火)에 오화(午火)가 있으면 임수(壬水)와 명암합(明暗合) 한다.
무토(戊土)에 오화(午火)가 있으면 갑목(甲木)과 명암합(明暗合) 한다.

경금(庚金)에 유금(酉金)이 있으면 병화(丙火)와 명암합(明暗合) 한다.
임수(壬水)에 자수(子水)가 있으면 무토(戊土)와 명암합(明暗合) 한다.
을목일간(乙木日干)의 신금칠살(辛金七殺)은 인목(寅木)이 있으면 인중병화(寅中丙火)와 신금(辛金)이 명암합(明暗合)한다.
정화일간(丁火日干)의 계수칠살(癸水七殺)은 사화(巳火)가 있으면 사중무토(巳中戊土)와 계수(癸水)가 명암합(明暗合)한다.
기토일간(己土日干)의 을목칠살(乙木七殺)은 사화(巳火印綬)가 있으면 사중경금(巳中庚金)과 을목(乙木)이 명암합(明暗合)한다.
신금일간(辛金日干)의 정화칠살(丁火七殺)은 신금(申金)이 있으면 신중임수(申中壬水)와 정화(丁火)가 명암합(明暗合)한다.
계수일간(癸水日干)의 기토칠살(己土七殺)은 해수(亥水)가 있으면 해중갑목(亥中甲木)과 기토(己土)가 명암합(明暗合)한다.
양일간(陽日干)의 칠살은 겁재(劫財)와 명암합(明暗合)하고, 음일간(陰日干)의 칠살은 상관(傷官)과 명암합(明暗合)한다.

年 月 日 時
癸 乙 甲 戊　坤命
巳 卯 申 辰　식신생재격(食神生財格)
丙 丁 戊 己 庚 辛 壬
辰 巳 午 未 申 酉 戌

진양인격(眞羊刃格)으로 겁재(劫財)가 대세를 잡고 있으므로 외화내빈(外華內貧)일 뿐이다. 더구나 신중경금(申中庚金) 남편이 을경합(乙庚合)으로 암합(暗合)이 되어 관성(官星)의 임무를 망각한 격이다.
당주는 전형적인 외화내빈으로 겁재망신(劫財亡身)을 당하는 못 믿을 남편으로 첩에게 안방을 빼앗기고 피눈물도 흘려 보는 일이 되기 쉽다. 또한 나의 재물을 가져다 쓰고 패재(敗財)시키는 인연을 만나며 태월공망(胎月空亡)으로 빈 수레 인생이다.

무오대운(戊午大運) 28세 경신년(庚申年) 겁재(劫財)를 합거(合去)하는 세년에 결혼하는 일이 많은데, 식관합(食官合)에 혼전합궁(婚前合宮)하고 결혼했다. 그러나 경신년(庚申年)의 남자는 여성 편력이 많은 바람둥이로 작첩(作妾)이 있을 것을 상징한다.

미토대운(未土大運)부터 남편의 바람기가 시작되어 많은 바람을 피우다가, 당주의 여동생과 합궁(合宮)하는 일이 발생했고, 부부 이별하게 되었으며 그 후 전 남편은 여동생과 살고 있다.

당주는 첩(妾)이 안방을 차지한 것은 아니라도 더한 피눈물을 흘리는 일을 겪었고, 40세 임신년(壬申年) 재혼을 했으나 후부 역시 여자관계가 무척이나 복잡했고, 결국 만사를 포기하는 인생이 되었으며 여동생과 남편을 평생 증오하는 삶을 살게 되었다.

```
年 月 日 時
己 庚 丙 壬    坤命
亥 午 子 辰    양인용겁격(劫財用劫格)
辛 壬 癸 甲 乙 丙
未 申 酉 戌 亥 子
```

양인격(羊刃格)으로, 식재관(食財官)의 세력이 왕성한 신약명식으로 오중정화(午中丁火)가 용신이다. 년월지의 자오충(子午沖)을 시주(時柱)에서 충중봉합(沖中逢合)을 시켜 주니 불행 중 다행이다.

그러나 진토(辰土)가 합충(合沖)을 당하는 운에서 자오충(子午沖)이 발생하므로 자오충(子午沖)은 잠시 보류된 것과 같다. 양인격(羊刃格)은 합충(合沖) 당하는 운이 매우 흉하다.

임수(壬水)가 병화(丙火)의 빛을 반사시켜 준다고 하지만, 갑목(甲木)이나 무토(戊土)가 없는 병화(丙火)와 임수(壬水)는 칠살일 뿐이다. 반드시 있어야 할 갑목(甲木)이 없으니 부모 덕이 불미하다. 사주에 있어야 할 글자가 없으면 해당 육친의 덕도 부족하지만, 장애를 만났을 때 귀인을 못 만나는 일이 많다.
  계유대운(癸酉大運)의 계수(癸水)는 흑운차일(黑雲遮日)하고 합중봉충(合中逢沖)이 되므로 자오충(子午沖)이 살아나, 부부 이별 후 일본으로 건너가 접대부 생활을 하다가 건강 악화로 간신히 몸만 귀국한 후 갑술대운(甲戌大運) 절에 들어가 삭발하고 공양주가 되어 밥 짓고 기도하는 생활을 하게 되었다.

```
年 月 日 時
丁 己 庚 丙    乾命
亥 酉 申 子    금수동심격(金水同心格)
戊 丁 丙 乙 甲 癸 壬
申 未 午 巳 辰 卯 寅
```

  양인합살(羊刃合殺)하는 병화(丙火)와 제금(制金)하는 정화(丁火)가 있으므로 양호한 듯하지만, 통근처가 없는 병정화(丙丁火)는 꺼진 불과 같아서 탁기(濁氣)가 되므로 금수운(金水運)을 반기는 금수동심격(金水同心格)이다.
  이 경우 당주의 자식은 고아(孤兒)가 되어 가고 당주는 자수성가만을 논할 수 있다. 신자합수(申子合水)에 의한 상관(傷官)의 마음과 양인(羊刃)의 마음으로 두 가지의 성격이 형성되어 자존심이 강하여 장애가 닥쳐도 타인에게 의지하지 않는다.
  당주는 대운이 거역하므로 힘든 인생길이 되는데 병오대운(丙午大運) 35세 신유년(辛酉年) 위암으로 사망했다. 병오대운(丙午大運)은 수화상전(水火相戰)에 쇠신왕자충(衰神旺者沖)으로 극비운이 되는데, 위암이 되는 것은 기토(己土)가 극허약하여 자왕모쇠(子旺母衰)이고 폐실증(肺實症)자는 위암이 발생하고, 암치질 수치질에 대장암의 염려도 있게 된다.
  이처럼 시주(時柱)와 태월이 공망이 되었고, 일지가 공망지(空亡地)에 끌려가고, 또는 사지(死地)나 묘지(墓地)에 합으로 끌려가면 거의 흉사 단명하게 된다.

年 月 日 時
癸 己 戊 甲　乾命
丑 未 午 寅　겁재용관격(劫財用官格)
戊 丁 丙 乙 甲 癸 壬
午 巳 辰 卯 寅 丑 子

기토(己土)가 간여지동(干與支同)으로 투출하여 양인격(羊刃格)과 같은 동격으로 겁재(劫財)를 제어해야 하므로 갑목(甲木)을 용신으로 정하기는 하지만, 관성(官星)은 인수(印綬)를 생조하므로 좋지 않다.

원래는 왕성한 토기(土氣)를 설기하며 조후하는 금기(金氣)가 용신이 되어야 하지만 무식상(無食傷)이므로 관성(官星)을 용신으로 정하기는 하지만, 별 도움이 되지 않으며 관성(官星)은 재성(財星)을 설기하여 그나마 허약한 조후를 더 허약하게 하므로 이래저래 문제가 있는 용신이다.

일지가 기신으로 처덕을 기대하기 어렵다. 또한 오미합(午未合)에 인오합(寅午合)을 하고 있으며, 많은 재물 손재를 하는 여자가 인연이다.

시상칠살(時上七殺)의 갑목(甲木)이 간여지동(干與支同)으로 와서 유력하므로 길한 듯하지만, 계수(癸水)를 설기하여 인오합화(寅午合火)로 화염조토(火炎燥土)를 가중시키는 작용을 하므로 결국 나의 재물을 좋아붙게 하니 선인연의 자식은 만날 수 없다.

기토(己土)는 탈인(奪印) 탈관(奪官) 탈재(奪財)를 하므로 흉신악살에 해당하는 형제이며 동료이다. 이때 경신시(庚申時)에 태어났다면 매우 좋았을 것이다.

병진대운(丙辰大運) 28세 경진년(庚辰年), 하급공무원 시험에 합격했고 31세 계미년(癸未年) 부친 사별했다. 당주는 사업을 한다면 패재 망신이 따르므로 공무원으로 만족하는 것이 행복이다.

年 月 日 時
甲 丙 壬 辛　乾命
申 子 寅 亥　신강의설재(身强宜洩財)

丁 戊 己 庚 辛 壬 癸
丑 寅 卯 辰 巳 午 未

임수(壬水)가 자월(子月)에 태어나 양인격(羊刃格)으로 거부의 명식이다. 신금(申金)은 자수(子水)를 생조하고 합수(合水)했으며, 자수(子水)는 인목(寅木)을 생조하고, 신금(辛金)은 해수(亥水)를 생조하며, 해수(亥水)는 인목(寅木)을 생조(生助)하여 사주의 모든 기운이 희신을 생조하며 충성하는 격이다.

일지에서 갑병(甲丙)이 투출하여 희용신으로 식신생편재(食神生偏財)이므로 부명(富命)이 되는데, 신금(申金)부터 시작된 기운이 흘러서 병화(丙火) 재물의 종착지가 되기 때문이다.

이것을 순환상생(循環相生)이라 하며 모든 기운이 재성(財星)에 모이면 거부(巨富)가 되고, 관성(官星)에 모이면 대관(大官)이 되어 국록지명(國祿之命)으로 부귀하게 된다.

갑병(甲丙)이 사주의 한랭기(寒冷氣)를 제거(除去)하는 사업가 명식으로 금백수청(金白水淸)의 맑은 지혜를 인(仁)으로 화(化)하는 사주이니 총명한 천재 달변가(達辯家)로 설복(說伏)시키지 못하는 사람이 없다. 일지 문창성(文昌星)으로 처덕과 자식 덕이 크다.

식신격
(食神格)

　식신(食神)은 재물의 원신으로 의식주가 풍부함을 상징한다. 그러므로 식신(食神)이 희신일 때에는 소득, 봉록, 자산 등의 윤택함을 상징한다. 그러나 음양간(陰陽干)의 특성에 따라 식신(食神) 성분이 같지 않다.

　식신(食神)은 지지(地支)의 생재(生財) 성분에 따라서 그 특성이 달라지는데 가령, 갑일간(甲日干)의 식신(食神)은 병화(丙火)와 사화(巳火)이다. 사중(巳中)에는 병무경(丙戊庚)이 암장(暗藏)되었고 금국(金局)으로 관성(官星)을 생조(生助)하여 부귀(富貴)에 이르게 하는 성분이지만, 상관(傷官)인 정화(丁火)와 오화(午火)는 생재(生財)하기보다는 관성(官星)을 단련시키는 성분이다.

　그런데 을목일간(乙木日干)은 상관(傷官)인 병화(丙火)와 사화(巳火)를 더욱 좋아한다. 그러므로 음일간(陰日干)의 상관(傷官)은 부귀(富貴)를 이루는 근원이지만, 식신(食神)인 정화(丁火)와 오화(午火)는 관성(官星)을 극하는 성분으로 양호한 관계는 아니다. 그러므로 지지오화(地支午火)를 더 좋아한다.

　식신(食神)의 특징은 신체가 풍부하고 성질이 명랑하며 복록이 많을 것을 상징하는데, 식신(食神)은 천고(天庫)라 해서 하늘의 곡식을 저장해 두는 곡창(穀倉)이라는 의미가 있다.

　또한, 식신(食神)은 수명(壽命)을 담당하고 자성(子星)에 해당하며 재물이 풍부하고 음식을 즐기는 성분이지만, 그러나 앉아서 자식들의 공양을 받는다는 뜻이 있으므로 적극적으로 대사업을 경영하기에는 힘이 부족하며 게으를 수 있고 솔선수범하는 성분이 수동적이며 공짜를 바란다는 의미가 있다.

이때 유념해야 할 것이 생지식신(生地食神)은 그렇지 않으나 왕지식신(旺地食神)은 이러한 특성이 더 강하게 나타난다. 그리고 양일간(陽日干)의 식신(食神)과 음일간(陰日干)의 상관(傷官)은 식록과 재물, 그리고 재물의 원신에 해당하므로 희기를 떠나서 인수(印綬)의 도식(倒食)이 있으면 단명수를 논하고 여명은 자식 신상 이변수와 자궁질병의 암시가 있다.

원국에 도식작용(倒食作用)이 있으며 대세운에 재도식(再倒食)이 이루어질 때 예상치 못한 재난이 발생하고 불귀객이 되는 일도 있는데, 이것은 운기의 희기(喜忌)를 떠나 발생하는 일이다.

식신(食神) 성분은 인의(仁義) 도덕심(道德心)이 깊고 자식 인연이 많은 것이 장점이지만 가무(歌舞)를 즐기는 한편 색정에 빠지기 쉬운 단점도 있다. 특히 식신격(食神格)이 왕성한 경우 비만 체형으로 덩치가 큰 사람이 많다.

남명의 식신(食神)은 처모(妻母), 조모를 상징하므로 길신이면 조모님의 사랑 속에 성장하고, 결혼 후에도 장모의 사랑을 받으며 현처를 만난다는 암시가 있다.

식신(食神)이 유력한 희신이라면 마음이 너그럽고 풍류를 좋아하며 기술 의학 관련 계통에 진출하면 좋고, 학문을 계속해도 길하다. 의식주를 담당하는 업무에 종사해도 길하며 생재격(生財格)일 때는 금융계통에 종사하는 것도 길하다.

그러나 식신과다(食神過多)의 기신이 된다면 게으르고 호색하며 분발심 부족으로 발전성이 없는 사람이 많은데, 특히 음일간(陰日干)의 식신과다(食神過多)는 매우 흉하여 제살태과(制殺太過)로 작용하는 일이 많아서 부부 해로에 문제가 있게 된다.

식신(食神)은 소원성취의 육친성으로 목기(木氣)가 나무라면, 화기(火氣)

는 꽃으로 화려함이고 재주이며 기술이고 재능이다. 그러므로 식신(食神)은 자기의 화려함과 재능을 나타내는 무대이고 생식기에도 해당한다.

또한, 나의 밥그릇에 해당하며 내가 먹어야 하는 음식이고, 나를 포장하는 포장지이다. 또한 의복(衣服)에 해당하며 내가 베풀어 주는 마음으로 인정(人情)이 되고, 나의 넓은 가슴으로 있는 사실을 그대로 지어내는 언어이고 부호이다.

식신(食神) 성분은 자아를 발산하는 신바람, 흥, 끼, 연기력이며, 자신의 두뇌를 활용하여 의심을 탐구하고 스스로 연구하고 정리하며 신념을 표현한다. 칠살(七殺)을 제어하여 일간을 보호하면서 재물을 방조하고, 의식주에 관련하여, 예술, 문화, 사회복지, 유통업, 요리업, 학문, 금융, 기술, 보건복지, 사회사업 등을 관장하는 직업에도 해당한다.

왕성한 관살(官殺)을 억제하는 구조를 식신제살(食神制殺)이라 한다.
재성(財星)을 생조하는 구조를 식신생재(食神生財)라 한다.

신강으로 재관(財官)이 있으면 관살(官殺)을 취용한다.
신왕으로 비겁과다(比劫過多)면 식상(食傷)을 취용한다.
신강으로 인성과다(印星過多)면 재성(財星)을 취용한다.
신약으로 식상과다(食傷過多)면 인성(印星)을 취용한다.
신약으로 재성과다(財星過多)면 비겁(比劫)을 취용한다.
신약으로 관살과다(官殺過多)면 인성(印星)을 취용한다.

年 月 日 時
庚 丁 辛 癸 坤命
子 丑 亥 巳 모자동심(母子同心)
丙 乙 甲 癸 壬 辛 庚
子 亥 戌 酉 申 未 午

수방(水方)에서 계수(癸水)가 투출하므로 식신격(食神格)이지만, 음실양허(陰實陽虛)의 사주에서 정화(丁火)가 용신이 될 수 있는지의 판단이 중요하다. 정화(丁火)는 축토(丑土)에 설기회광(洩氣晦光) 당하고, 해사충(亥巳沖)에 사화(巳火)에 통근할 수 없으므로 금수(金水)와 습토(濕土) 운을 반기는 외격(外格)이 되었다.

해사충(亥巳沖)에 개고(開庫)된 임수(壬水)와 정화(丁火)가 명암합을 하는 것은 문제될 것은 없으나, 깨어진 사중(巳中)에서 개고된 형체가 없는 귀신 같은 병화(丙火)와 당주 신금(辛金)이 병신합(丙辛合)을 하므로 성격상의 문제도 있지만, 겨울에 태어난 전생 지밀상궁은 반드시 부부궁에 문제가 있게 된다.

당주는 3번의 결혼과 이혼을 했고, 씨가 다른 두 딸과 함께 단란주점과 호프집, 2개의 노래방을 운영하고 있는데, 계유대운(癸酉大運)은 정화(丁火) 탁기를 제거하고 금국(金局)을 이루어 대길했고, 임신대운(壬申大運), 정임합(丁壬合)으로 정화(丁火)를 제거하고 사신합수(巳申合水)로 탁기를 제거하므로, 많은 재물을 득재(得財)하여 귀부인처럼 살고는 있지만 남자는 모두 일회용일 뿐이다.

年 月 日 時
己 乙 癸 癸　乾命
丑 亥 卯 丑　신강의재(身强宜財)
甲 癸 壬 辛 庚 己 戊
戌 酉 申 未 午 巳 辰

월일지 해묘합(亥卯合)에 을목(乙木)이 투출하여 식신격(食神格)이지만, 용신이 없는 사주에 해당한다. 오로지 화기(火氣)가 을목(乙木)을 성장시키고 식관대립(食官對立)을 통관시켜야 반골기질(反骨氣質)이 사라져 가정이 평안해진다.

일시지 사이에 인목(寅木)이 협공되면 인중병화(寅中丙火)로 해동시키고 처성으로 삼겠지만, 인목(寅木)을 협공하지 못했으므로 을목(乙木)이 처가 된다.

신미대운(辛未大運)은 최대의 비운이 되는데, 부모와 생사이별하고 자식이 사고를 당하며 관재재앙(官災災殃)과 교통사고가 발생하고 구속되는 일이 발생할 수 있으며 혹은 자살할 수도 있다. 또한 처의 고부갈등이 심각해지는데, 37세 을축년(乙丑年) 전쟁이 벌어지고 38세 병인년(丙寅年) 도주하는 처가 되었다.

며느리 가출에 직접적인 원인을 제공한 신금(辛金) 모친 또한 자괴감으로 마음의 병을 앓다가, 정묘년(丁卯年) 사망했으며 당주의 자식은 무사했다.

이런 사주가 답답한 팔자가 되는데, 남방운이 온다고 해서 발복을 이룰 것인가? 물론 삶의 환경은 조금은 나아지겠지만 기대하는 발복은 이루어지지 않는다. 이것은 모두 조상의 묏자리가 한랭(寒冷)하여 시신이 썩지 않고 있기 때문이다.

```
年 月 日 時
戊 甲 壬 丁    坤命
申 寅 寅 未    신약용인(身弱用印)
癸 壬 辛 庚 己 戊 丁
丑 子 亥 戌 酉 申 未
```

귀인의 도움을 받고 인덕이 있어서 어려움을 당해도 쉽게 풀린다는 식신격(食神格)이지만 신약하면 파격이다. 즉, 내가 감당할 수 없을 때는 보약도 별 소용이 없는 것과 같다.

월주갑인(月柱甲寅)이 년주무신(年柱戊申)을 천충지충(天沖支沖)으로 의식주에 해당하는 인수(印綬)를 파극하는 식신(食神)이다. 그러므로 어떤 방법이 없는 단명팔자가 되는데, 그런데도 정임합(丁壬合)의 탐재괴인(貪財壞印)으로 호색하고 재탐(財貪)을 하며, 귀문살(鬼門殺)에 의한 왜곡된 정신계가 형성되어 윗사람의 조언을 무시하는 성품으로, 남편도 필요 없고 학문

의식주도 필요 없으며 오로지 돈만 있으면 된다는 그런 정신계가 되어 가는 사주이다.

당주는 해수대운(亥水大運) 32세 기묘년(己卯年) 남편이 사망하고 가업이 부서지자 자식들을 나 몰라라 팽개치고 다른 남자를 따라 가출해 버렸다.

정임합(丁壬合)으로 탐재(貪財)의 마음과 항상 식상(食傷)에 마음에 가므로 음란하게 되고, 인신충(寅申冲)으로 신경선이 잘려 즉흥적이며 호색하며 살아가는 철들지 못하는 사주이다. 쉬지 않고 흘러가는 세월에 인생도 눈 깜짝 할 사이 지나가며 나이를 먹는다. 그때서야 후회해 본들 되돌릴 수 없는 과거이다.

식신생재격(食神生財格)

월지가 식신(食神)이나 상관(傷官)을 이루고 재성(財星)을 생조하는 구조로 신약하면 파격이다. 복록이 많고 총명하며 대인관계가 원만하고 사업수단이 좋다.

식상(食傷)은 허약한 재성(財星)을 방조하고 칠살을 제어하여 일간을 보호하기도 하지만, 일간을 허무맹랑하게 하거나 주제파악을 못하게 하여 패가망신을 당하기도 하는데, 신약하지 않아야 한다.

생재격(生財格)이 다 좋은 것이 아니며 일간이 감당할 능력이 있어야 한다. 특히 생재격(生財格)이 희신 작용을 한다면 두뇌 총명한 사업가, 금융업, 유통업, 식품업, 음식업, 연예계, 예술계, 분석학 등에 탁월하지만, 기신 작용이라면 사기꾼이 되는 사람도 많고 파렴치하며 안하무인이 되는 사람도 많다.

年 月 日 時
乙 丁 庚 丁   乾命
卯 亥 申 丑   식신생재격(食神生財格)

丙乙甲癸壬辛庚己戊
戌酉申未午巳辰卯寅

　　현대건설의 故정주영 회장의 명식으로 식신생재격(食神生財格)이다. 이 명식은 기신이 없다는 점이 큰 특징으로 모든 육친성이 희신(喜神)이고 용신을 극(剋)하는 글자가 없는 명식이다.
　　해묘합(亥卯合)에 의한 을묘(乙卯)는 조상의 묫자리가 좋은 자손 발복 명당으로 후손들의 재물이 왕성할 암시가 있다.
　　기운이 유통되는 순환상생격(循環相生格)으로 亥 → 卯 → 乙 → 丁 → 丑 → 庚 → 申 → 亥 이처럼 서로 생조하는 명식이 막상 사주를 대입해 보면 쉽사리 눈에 띄지 않는 것이 현실이다.

乙 → 丁 ↔ 庚 ↔ 丁
↑　　　　↑　　↓
卯 ← 亥 ← 申 ← 丑

　　천간수운(天干水運)은 을목(乙木)이 설기(洩氣)하고 지지수운(地支水運)은 묘목(卯木)이 설기(洩氣)하며, 천간금운(天干金運)은 정화(丁火)가 막고, 지지금운(地支金運)은 해수(亥水)가 설기유통(洩氣流通)시키므로 결과적으로 사주에서 특별한 흉운(凶運)이 없는 것이다.
　　그러므로 빈손으로 성공을 이루고 한국을 대표하는 기업으로 자식 대에까지 부귀겸전(富貴兼全)을 누린다. 잘 벌고 잘 쓰며 수많은 여자를 희롱하고 동서남북 어느 곳에도 막힘없이 왕래가 자유로운 형국이다.
　　여하튼 중요한 것은 재성(財星)이 희신으로 인성(印星)과 거리낌이 없이 배치되어 있다는 것이 아름답고, 식신(食神)이 관성(官星)을 파극(破剋)하지 않는 아름다움과 사주에서 어느 한 글자도 놀고 있거나 탁기가 없다는 점에서 참으로 운신의 폭이 넓은 사주이다. 이때 계수(癸水)가 있었다면 큰 성공은 이룰 수 없었을 것이다.

年 月 日 時
甲 甲 乙 壬　坤命
申 戌 亥 午　식신생재(食神生財)
癸 壬 辛 庚 己 戊 丁
酉 申 未 午 巳 辰 卯

술월(戌月)에 투출천간이 없으니 유력한 임수(壬水)로 격을 정하여 정인격(正印格)에 해당한다. 갑목(甲木)에 등라계갑(藤蘿繫甲)하는 신강명식으로 오화식신(午火食神)이 조후용신이며 월지는 재고귀인(財庫貴人)의 희신이 되는 식신생재격(食神生財格)이다.

사주에서 모든 기운이 재성(財星)에 집결한다면 재물이 풍성하고, 관성(官星)에 집결하고 관인상생(官印相生)을 한다면 관록지명(官祿之命)이며, 인수(印綬)에 집결한다면 학문이 높은 학자가 되는데, 이 사주는 끊어지고 막힘이 많아서 남편 덕이 부족하고, 큰 학문을 이루지 못하며 큰 재물 또한 형성되지는 않지만, 여명사주 정도만 되어도 의식주 걱정 없이 평안한 생활을 누린다.

남편의 품질이 썩 좋지는 않으나 자식 덕은 좋다. 남편은 당주를 사랑하고 보살피는 사람이지만 비겁과다(比劫過多)로 불미하다. 비겁(比劫)이 많다는 것은 시아버지가 많다는 뜻이니 남편의 첩이 많다는 뜻이 된다.

임신대운(壬申大運) 정인(正印)이 정관(正官)을 데리고 오니 결혼하였고, 신미대운(辛未大運)은 부군작첩이 발동하므로 별거하게 되었으며, 경오대운(庚午大運) 집 나간 남편이 다시 들어와 남편의 역할을 다시 하였고, 후반 인생 또한 순탄하고 평안하여 행복한 시간을 보내게 되었다.

여명사주는 이처럼 순해야 현모양처로 남편의 사랑을 받으며 아름다운 여인으로 큰 풍파 없이 여유로운 인생을 살게 된다.

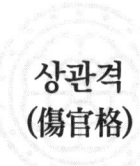

상관격
(傷官格)

    상관(傷官)은 정관(正官)을 극하므로 흉하다고 하지만, 양일간(陽日干)과 음일간(陰日干)의 차이, 조후, 희기신의 문제를 세밀히 살펴야 한다.

    가령, 목화상관(木火傷官)으로 갑목일간(甲木日干)의 오월(午月)이라면 명식에 화국(火局)이 형성되지 않았다 할지라도 대세운에서 수시로 방국(方局)이 형성되면서 수기(水氣)를 증발시키고 목기(木氣)는 불타게 되며, 금기(金氣)를 녹이고 조토(燥土)시키는 성분으로 작용할 수 있다.

    그러나 금수(金水)가 과다한 명식이라면 오히려 길하므로 먼저 희기신을 판단하는 것이 우선이다. 이때 희기 작용을 판단하지 않고 상관(傷官)이므로 흉하다고 한다면 정말 중요한 것을 놓치게 된다.

    상관(傷官)은 조모 또는 외조부를 상징하고, 남명에는 첩(妾)의 모친이며, 여명에는 자식을 상징한다. 상관(傷官)은 다재다능(多才多能)하고 민첩하며 순발력이 빠르고 임기응변의 대처능력이 뛰어나 위험한 상황에서 돌파구를 찾아내는 뛰어난 성분으로 호기심이 왕성하므로 연구개발 성분에도 적합하다.

    음일간(陰日干)의 상관(傷官)은 인신사해(寅申巳亥)의 생지(生地)이므로 재물을 생조하는 장점이 있지만, 진상관격(眞傷官格)에 식상(食傷)이 과다하면 흉작용이 강해서 관성(官星)과 인성(印星)을 무력하게 하므로 하천한 인생이 된다.

    물론 이것은 어느 격국일지라도 한 기운이 왕성하여 편고하면 어쩔 수 없이 발생하는 피해이지만 목화상관(木火傷官)의 피해가 가장 크다. 목기

(木氣)는 두뇌를 상징하므로, 목기(木氣)가 불타게 되면 정신계 이상으로 나타난다.

상관격(傷官格)에 투출천간이 있으면 대체로 말이 건방지고 상대의 단점을 물고 늘어지며 또는 상대를 피곤하게 하는 일이 많다. 또한 싫증을 잘 내는 특징도 있어서 매사 만족할 줄 모른다.

특히, 기신으로 혼잡식상(混雜食傷)일 때 이러한 성분은 가중된다. 그러므로 일간이 신약하지 않고 상관(傷官)을 제어하는 인수(印綬)가 있어야 겸손한 사람이 되는데, 상관(傷官)과 사이가 좋은 인수(印綬)가 있다면 금상첨화(錦上添花)이다. 만약 인수(印綬)가 없다면 상관(傷官)을 설기하는 재성(財星)이 반드시 있어야 한다. 이렇게 사주가 구성되면 절대 가난하게 살지는 않는다.

상관(傷官) 성분은 자존심이 강해서 구속이나 간섭받는 것을 싫어하고, 스스로 고독을 자초하며 법질서, 도덕 등에 구속받기 싫어하는 독불장군으로 은혜를 배신하기도 잘하는데 혼자 똑똑하여 상대를 낮춰 보는 건방기가 존재한다.

상대가 열 번을 잘하다 한 번 실수하면 그 실수를 물고 늘어지거나 냉정히 등을 돌리는 일도 많은데, 가령, 남편이 바람을 피우다 들켰다면 원수 대하듯 하면서 이별을 자초하고 스스로 고독의 길로 들어가며 상대를 원망한다.

특히, 양일간(陽日干)의 상관(傷官)이 음일간(陰日干)의 상관(傷官)보다 더 심하다. 상관(傷官) 성분은 자유분방한 삶을 원하는데 금수상관(金水傷官)이 더 심한 편에 해당하며 윗사람의 조언 듣기를 거부하는 일이 많다.

또한, 상관(傷官)은 잘난 척하는 성분에 해당하므로 교만하여 사람을 얕보는 기질이 강하며 비록 내심은 온정을 품고 예술적 소질이 있다 할지라도 타인의 오해와 비방을 받기 쉽다.

특히, 간여지동(干與支同) 상관(傷官)이나 양인상관(羊刃傷官)은 함부로 말하는 경우가 많아서 혀끝에 재앙을 달고 다니며 구설을 자초하고 스스로 복을 차내는 일이 많지만 아랫사람이나 약자에 대한 보호 본능은 강하지만 간섭하거나 구속하는 것을 매우 싫어한다.

특히, 양일간(陽日干)의 상관(傷官)일 때 더 강한 작용을 하는데, 상관운(傷官運)이 들어올 때 작업변동, 법정구설, 법원출두, 부부 이별 등의 흉사가 발생하기도 한다. 그러므로 일지상관(日支傷官)이나 월지상관(月支傷官)일 때는 윗사람의 조언을 귀담아듣는 것이 매우 중요하다.

가령, 갑오일주(甲午日柱)가 갑오년(甲午年)을 만나면 복음세년이 되는데 진토(辰土)가 있을 때는 무난하지만 술토(戌土)나 미토(未土)가 원국에 있을 때는 흉작용이 더 강해진다.

그러므로 진상관격(眞傷官格)은 반드시 재성(財星)이 상관(傷官)을 설기하여 관성(官星)을 보호하는 구조가 피해가 적다. 가령, 화기(火氣)가 상관(傷官)일 때 진토(辰土)나 축토(丑土)와 같은 습토(濕土)가 있는 것이 좋으며, 수기(水氣)가 상관(傷官)일 때는 인목(寅木)이 있으며 술토(戌土)나 미토(未土)가 있어서 상관(傷官)을 억제하는 구조가 이상적이다. 그래야 일생 복록이 되며 뛰어난 두뇌로 행복을 이루게 된다.

그런데 상관(傷官)과 사이가 좋지 않은 인성(印星)이 상관(傷官)을 제복(制伏)한답시고 잘못 건드리면 상관(傷官)의 성질이 더 난폭해질 수 있으며, 이때 겁재(劫財)가 생조하는 상관(傷官)이 왕성하고 설기하는 재성(財星)이 없을 때는 무법자가 되기 쉬우니 이런 사람은 피하는 것이 좋다.

특히, 이런 사람의 배우자는 부부 해로하기 힘들며 자궁암이나 유방암으로 단명하는 일도 있으며, 자식 역시도 양호하지 않다. 만약 여명이라면 매 맞고 사는 남자일 수도 있다.

상관(傷官)은 외적성분으로 표면(表面)에 드러난 성분이므로 숨기는 것을 못한다. 그러므로 자기를 나타내는 표현이 여과 없이 바로 표출되므로 욕설과 주먹이 먼저 나간다.

그러므로 순발력을 요구하는 운동선수, 연기자, 스턴트맨, 사기꾼, 계주, 포주, 아나운서, 거짓말을 잘하는 정치인 등에 탁월한 성분이다. 또한 언변을 활용하는 직업이 유리하며 가수, 연예인, 제품개발, 예술계 등에도 탁월하다.

그런데 비밀업무에 관련된 일은 안 하는 것이 좋다. 생각 없이 내 비밀이나 상대의 비밀을 모두 털어놓기 때문이다. 진상관(眞傷官)일 때 더 심한 편에 해당하며, 자신이 좋아하는 일 외에는 하지 않는 사람이 많고 고집이 세서 꺾지 못하는 사람도 많다.

그런데 재성(財星)을 생조하는 작용이라면 신강신약을 떠나 돈을 벌기에 온 힘을 쓰지만, 관성(官星)을 극(剋)하는 작용이라면 좌파의 사회운동가에 적합하다.

상관(傷官) 성분을 한마디로 정의한다면 내가 옳다고 생각하는 일에 남의 눈을 의식하지 않고 고집스럽게 해 나가는 성분으로 자신의 신념을 믿는다. 그러므로 올바른 법질서나 부모 스승이라 할지라도 내 마음에 들지 않으면 거부하는 유형에 해당한다.

자신의 행동이 올바름을 지향하고 다른 사람들의 동의를 얻을 수 있는 일이라면 길하겠지만, 그렇지 않다면 미움당하는 유형으로 은둔자 및 고독성으로 작용한다. 즉, 타인을 의식하지 않고 자신이 하고 싶은 대로 하는 기분파이다.

즉, 자신의 기분이 흡족했을 때는 간과 쓸개도 빼 줄 듯하다가 자신을 거역하면 냉정히 돌아선다. 즉흥적이고 감상적인 자유주의자로 옳다고 생각하면 죽음도 불사하는 등 고집이 세며, 주체성(主體性)이 너무 강한 사람으로 교만하게 보일 수도 있으나 아랫사람과는 잘 소통하지만, 윗사람과는 적이 되는 사람도 많다.

즉, 나보다 잘난 사람은 모두 적군으로 만드는 일이 많으며, 나보다 연약한 사람은 보호하려는 마음이 강하다. 그러므로 식물이나 화초, 애완견 기르는 일에 온 힘을 다하는 사람도 많아서 눈살을 찌푸리게 하기도 한다.

왕성한 관살(官殺)을 제어하는 구조를 상관제살격(傷官制殺格)이라 한다.
재성(財星)을 생조하는 구조를 상관생재격(傷官生財格)이라 한다.
인수(印綬)로 상관(傷官)을 제어하는 구조를 상관패인격(傷官佩印格)이라 한다.
월지(月支)가 아닌 타간지가 상관(傷官)인 구조를 가상관격(假傷官格)이라 한다.

인성과다(印星過多) 신강이면 재성(財星)을 취용한다.
비겁과다(比劫過多) 신왕이면 칠살(七殺)을 취용한다.
식상과다(食傷過多) 신약이면 인성(印星)을 취용한다.
관살과다(官殺過多) 신약이면 인성(印星)을 취용한다.
재성과다(財星過多) 신약이면 비겁(比劫)을 취용한다.

상관용겁격(傷官用劫格)

신약하여 인수(印綬)가 필요하지만, 무인수(無印綬)이므로 비겁(比劫)이 용신이 되는 구조이다. 비겁(比劫)이 희신이므로 형제 동료 덕이 좋아야 하지만, 기신을 생조하는 작용이므로 대체로 덕이 부족하고 불미하여 배신을 잘 당한다.
상관용겁격(傷官用劫格)은 부모 덕이 적으며 큰 뜻을 이루기 어렵다. 그러므로 일찍 전문적인 기술을 습득하거나 오직 학업에 정진하여 자격증 및 전문 기술을 습득하는 것이 좋다. 물론 호운(好運)을 맞는다면 성공할 수 있다.

年 月 日 時
戊 庚 己 癸　乾命
辰 申 酉 酉　상관용겁격(傷官用劫格)
辛 壬 癸 甲 乙 丙 丁
酉 戌 亥 子 丑 寅 卯

　진상관격(眞傷官格)으로 무토(戊土)에 의지하는 상관용겁격(傷官用劫格)이다. 신월(申月)은 잔여화기가 남아 있으므로 무토(戊土)가 당주의 의지처가 되어 주면 좋겠지만 시주(時柱)와 천합지합(天合地合)을 하므로 내 재물을 약탈하는 자로서 한(恨) 많은 인생이다. 상관(傷官)을 설기하는 계수(癸水)가 있다고 하지만 금다수탁(金多水濁)으로 죽어 있는 계수(癸水)이다. 그러므로 당주는 유복자이다.

　유유(酉酉)가 자형(自刑)을 하며 불러오는 묘목(卯木)은 공망이고, 신진(申辰)이 불러오는 자수(子水)에 수국(水局)의 재물이 될 듯하지만, 무토(戊土)의 것이며, 당주는 재물을 감당할 능력이 없으니 악만 남은 사람이 되는 격이다.

　당주의 처는 계수(癸水)이지만, 년주무진(年柱戊辰)과 계유(癸酉)가 천합지합(天合地合)을 하므로 나의 처와 재물이 되지 않는다. 그렇지만 당주 사주에서의 처성이므로 만나야 할 여자이다.

　무자식으로 쫓겨나 당주와 재혼하는 여자가 당주의 처가 되었는데, 갑자대운(甲子大運) 수국(水局)을 이루고 갑목(甲木)이라는 딸을 낳게 되었으니 처로서는 다행이었지만, 39세 병오년(丙午年) 막걸리를 마시다 화투판에 끼어들어 참견하다 싸움이 되어 살인사건으로 구속되었다.

상관용상관격(傷官用傷官格)

　신강명식으로 상관(傷官)이 용신이 되는 구조를 상관용상관격(傷官用傷官格)이라고 한다. 특성상 상관견관(傷官見官)이 되므로 분란과 장애가 수시로 발생하는데, 잔머리꾼이 되거나 사기꾼이 되는 사람도 있으며, 자신의 이익만을 위해서 뛰는 격이므로 냉정한 편에 해당한다.

역마상관(驛馬傷官)이라면 국익을 위한 운동선수나 뛰어난 연구 실적으로 부(富)를 이루는 일이 많지만 가정에서는 행복 찾기가 쉽지 않아서 외부활동을 주로 하는 사람이 많으며 고독한 편이다.

남명은 자손에 근심 걱정이 발생하고, 여명은 남편 복이 부실하다. 이런 사주 격은 희생정신으로 살아야 하므로 교육계나 육영사업, 기획, 연구, 예능과 체육 분야가 적합하다.

```
年 月 日 時
庚 己 壬 庚    乾命
辰 卯 辰 子    상관용상관격(傷官用傷官格)
庚 辛 壬 癸 甲 乙 丙
辰 巳 午 未 申 酉 戌
```

시양인(時羊刃)에 2개의 경금(庚金)의 방조와 2개의 수기창고(水氣倉庫)인 진토(辰土)에 통근하고 진자합수(辰子合水)하므로 음실양허(陰實陽虛)의 신강명식이다.

왕지(旺地)는 지지로 격을 정할 수 있으므로 상관격(傷官格)이 되는데, 양일간(陽日干)의 상관격(傷官格)은 생지(生地)의 식신(食神)보다는 부족하다.

그러나 이 사주의 기토(己土)는 인수(印綬)만 왕성하게 하는 탁기이므로 제압하는 것이 마땅하므로 상관(傷官)이 용신이 되고 남방운이 길한 상관용상관격(傷官用傷官格)이다.

임오대운(壬午大運)은 임수(壬水)가 묘목(卯木)을 생조하고 오화(午火)는 묘목(卯木)을 성장시키며 재물이 되어 주니 모든 하는 일들이 잘 되었다.

계미대운(癸未大運) 또한 계수(癸水)가 묘목(卯木)을 생조하고 묘미합(卯未合)으로 용신이 유력해지므로 매사가 여유로웠고, 갑신대운(甲申大運)은 수국(水局)을 이루고 용신을 생조하므로 길했지만, 유금대운(酉金大運)은 용신을 파극(破剋)하므로 만권정지(萬權停止)가 되었다.

年 月 日 時
丙 辛 壬 辛   乾命
子 卯 子 丑   신강의설(身强宜洩)
壬 癸 甲 乙 丙 丁 戊
辰 巳 午 未 申 酉 戌

상관격(傷官格) 신강으로 수기(水氣)를 설기하는 묘목(卯木)이 용신이다. 그런데 수기(水氣)를 설기하는 힘이 미약하고, 묘목(卯木)을 성장시키는 병화(丙火)가 기반으로 불미하다.

자묘형살(子卯刑殺)에 수목응결(水木凝結)이 되어 수기(水氣)를 설기하지 못하므로 재물을 생조하지 못한다. 더구나 월주공망(月柱空亡)에 용신공망으로 외화내빈이다.

2개의 자수(子水)에 양인(羊刃)이 되었고, 목기(木氣)를 성장시키는 병화(丙火)가 탐재괴인(貪財壞印)으로 자기본분을 잊었다. 또한 두 개의 신금(辛金)은 목기(木氣)의 성장을 제압하므로 화려한 꽃을 피우지 못한다.

병화(丙火) 처는 탐재(貪財)하는 여인으로 가정은 나 몰라라 하고 외부활동을 즐겨하는 여성으로 부부 인연이 변할 것을 상징한다. 병화(丙火)는 천역마(天驛馬)로 잡아 둘 수 없으니 자유를 찾아간다.

당주는 남방운이 길하여 비록 장애는 있었지만 평길했으나 본처와는 정(情)없이 살다 을미대운(乙未大運), 축미충(丑未沖)으로 자축합(子丑合)을 풀게 하고 원진살 발동이 되므로 부부 이별하고 재혼했으며, 정유대운(丁酉大運) 55세 경오년(庚午年), 자오묘유(子午卯酉) 왕지가 동하여 당뇨 합병증으로 사망했다.

상관용재격(傷官用財格)

재성(財星)이 용신이 되는 구조이므로 신강해야 한다. 식상(食傷)과 재성운(財星運)을 만나면 부(富)를 이루고, 인수(印綬)와 비겁운(比劫運)을 만나면 용신을 극제(剋制)하므로 탈재(奪財)가 발생하고 어려움을 겪는다.

상관용재격(傷官用財格)인 사람은 길운에서 자신의 능력을 최대한 발휘하게 되는데, 사업가가 많으며 프리랜서로 자영업을 하는 사람도 많다.

```
年 月 日 時
戊 甲 癸 丙    乾命
寅 寅 巳 辰    종세격(從勢格)
乙 丙 丁 戊 己 庚 辛
卯 辰 巳 午 未 申 酉
```

진상관격(眞傷官格)이다. 그런데 인수(印綬)의 조력이 없으므로 왕희순세(旺喜順勢)를 따르는 종세격(從勢格)으로, 한랭기를 제거하며 통관신인 병화(丙火)와 진토(辰土)가 있으므로 길하다.

용신은 병화(丙火)이고 계수(癸水)를 설기하는 갑목(甲木)은 희신이며 용신을 보호하는 무토(戊土)는 약신(藥神)이다.

당주는 월지에서 투출한 갑병무(甲丙戊)가 유력하므로 육친의 덕이 좋음을 상징하는데 특히 목기(木氣)를 성장시키고 중화시키는 병화(丙火) 부친의 덕이 크고 전체 육친이 양호하다.

그러나 처성과 재물로 인한 망신이 있을 것을 상징하는데, 무오대운(戊午大運)은 길운이지만 41세 무오년(戊午年)부터 처가 바람이 났으며, 경신년(庚申年) 인사신(寅巳申) 삼형으로 법정출두에 처와 이별을 했지만, 자신이 하는 일은 대단히 잘되었다.

명식에 인사형살(寅巳刑殺)과 진사라망(辰巳羅網)이 동하고 있는 사주에 병화(丙火) 처의 자궁인 무토(戊土)가 동하므로 공방살(空房殺)을 발동시켰고, 대세운의 무오(戊午)가 인오합(寅午合)도 하지만 오오자형(午午自刑)을 하면서 자수(子水)를 불러와 처성의 자궁인 진토(辰土)와 자진합(子辰合)을 이루고 3개의 무토(戊土) 또한 계수(癸水)와 합(合)을 하고 합동(合動)하게 된다. 그러므로 정숙한 여자라도 어찌할 수 없는 것이다.

상관용관격(傷官用官格)

자오묘유(子午卯酉) 왕지는 투출천간이 없어도 격명을 정할 수 있다. 이때 신강명식으로 상관(傷官)의 투출이 없고, 관성(官星)에 천간투출이 있을 때는 천간이 용신 후보 1순위가 된다.

이때 상관용관격(傷官用官格)이 형성되는데, 이때 상관(傷官)을 설기하여 관성(官星)을 생조하는 재성(財星)이 있어야 한다. 그러나 관살(官殺)과 상관(傷官)이 대립하는 구조이므로 구설수와 장애가 따르게 되는데, 아랫사람으로부터 명예를 실추당할 수 있으므로 아랫사람 관리를 잘해야 하고, 될 수 있으면 하나의 목표를 향해서 정진해야 이로운 삶을 살게 된다.

```
年 月 日 時
壬 己 戊 乙   乾命
戌 酉 戌 卯   상관용관격(傷官用官格)
庚 辛 壬 癸 甲 乙 丙
戌 亥 子 丑 寅 卯 辰
```

유금(酉金)으로 격을 정하여 상관격(傷官格)이다. 시주(時柱)가 간여지동(干與支同)으로 정관(正官)이며 일간 또한 신강하므로 정관(正官)이 용신이다.

이 명식에 금설생목(金洩生木)하는 통관신이 없었다면 탁한 구조이지만 임수(壬水)가 금목(金木)의 통관작용을 하므로 부모와 처덕이 좋은 명식이다.

일간의 의향은 묘술합(卯戌合)으로 오로지 관성(官星)으로 향하고 있으며 관성(官星)이 일주에 합신(合身)되어 오므로 관록지명(官祿之命)이 되는데,

이것은 모두 임수(壬水) 부친과 처의 공덕이다.

신약하면 제금(制金)하며 관성(官星)을 보호하는 인수(印綬)가 용신이 된다. 신강할지라도 금목상전(金木相戰)의 통관신이 없다면 즉, 임수(壬水)가 없었다면 제살태과(制殺太過)가 되므로 흉하다. 그러므로 이 사주의 임수(壬水)는 격국을 성격시키는 대단히 귀중한 성분이 되는데, 해수대운(亥水大運)에 매우 길하였지만 축토운(丑土運)에서는 유축합(酉丑合)으로 금기(金氣)를 생조하므로 많은 어려움이 있었지만 동방 운에 큰 성공을 이루었다.

상관용인격(傷官用印格)

중화를 이룬 명식은 박사나 교수, 변호사, 등 다방면으로 재능이 많으나, 신약하고 중화를 잃으면 매사에 속 빈 강정이 되는 사람이 많다. 관성(官星)을 생조하는 재성(財星)이 인수(印綬)와 사이가 좋다면 큰 문제가 되지는 않지만, 재인투전(財印鬪戰)하는 재성(財星)이라면 흉하다.

재성(財星)이 없고 행운이 인성운(印星運)으로 행한다면 귀(貴)하게 되지만, 식상재운(食傷財運)으로 흐르면 가난하게 된다.

```
年 月 日 時
乙 乙 戊 丁    坤命
酉 酉 子 巳    상관용인격(傷官用印格)
丙 丁 戊 己 庚 辛 壬
戌 亥 子 丑 寅 卯 辰
```

2개의 유금(酉金)이 자형(自刑)을 하는 상관격(傷官格)이다. 2개의 을목(乙木)이 정관(正官)으로 남편이라 하지만 복음잡초(伏吟雜草)에 절신발동(絶神發動)으로 남편이 박수무당이 되거나 본인이 신불을 모시고 살지 않으면 가족 간의 흉액사가 발생한다.

수목응결(水木凝結)되어 성장을 멈춘 을목(乙木)으로 남편이 도망가거나 흉액사(凶厄死)당하는 명식이다. 다행히 정사시주(丁巳時柱)가 상관(傷官)을 제압하는 용신이 되어 주니 고맙지만, 사화(巳火)는 수시로 금국(金局)을 이루고, 일지는 수국(水局)을 만들어 재난풍파를 발생시키므로 고달픈 인생사인데, 대운의 덕 또한 없으니 첩첩산중이다.

정화대운(丁火大運) 결혼을 하였고 무자대운(戊子大運)까지는 그런대로 보내게 되었지만 38세 기축대운(己丑大運)이 최악의 운으로 산정붕괴를 당하고 금국(金局)과 자축합(子丑合)으로 묶이는 비운인데, 가난을 극복하지 못한 남편이 가출해 버리니, 남편에게 배운 도배기술로 근근이 생계를 유지했으나 생활은 더욱 궁핍해졌고, 생산현장을 찾아서 힘들게 일하며 살아갔다.

```
年 月 日 時
戊 丁 甲 丙    乾命
子 巳 辰 寅    상관용인격(傷官用印格)
戊 己 庚 辛 壬 癸 甲
午 未 申 酉 戌 亥 子
```

사월(巳月)에 병정(丙丁)이 투출하여 식상혼잡(食傷混雜)으로 화다목분(火多木焚)이 두려우므로 온도 조절 하는 자수(子水)가 용신이다. 이런 사주는 목화상관(木火傷官) 용인격(用印格)이라고 한다. 그런데 신약하지 않으며 억부의 조화가 매우 잘되어 길하다. 진토(辰土)가 있으므로 화기태왕(火氣太旺)을 두려워하지 않으며 자수(子水)가 있으므로 뜨겁지도 덥지도 않으며, 격국과 조화를 이루는 길격 사주이다.

여름에 무토투간(戊土透干)은 좋을 바 없으나, 사중(巳中)에서 편재(偏財)로 투출하여 병정화(丙丁火)는 오로지 무토(戊土)를 생조하는 부명사주로 큰 재물을 이루는 명식이다.

당주는 경신대운(庚申大運)부터 승승장구하여 많은 재물을 득재하고 실패를 모르는 사람이란 소리를 듣게 되었고 준재벌이란 소리를 듣게 되었다.

가상관격(假傷官格)

상관격(傷官格)은 반드시 월지가 상관(傷官)을 이루어야 격이 성립된다. 그러나 신강명식으로 관성(官星)이 없거나, 있어도 쇠약하여 탁기가 된다면 상관(傷官)으로 설기해야 하는데, 월지가 아닌 상관(傷官)을 설기용신으로 삼는 것을 가상관격(假傷官格)이라 한다.

年 月 日 時
甲 乙 癸 辛 乾命
寅 亥 丑 酉 가상관격(假傷官格)
丙 丁 戊 己 庚 辛 壬 癸
子 丑 寅 卯 辰 巳 午 未

간여지동 신금(辛金)이 유축합(酉丑合)으로 관성(官星)을 인수(印綬)로 끌어당겨 왔고 해월계수(亥月癸水)이므로 신강명식이다. 그러므로 왕성한 수기(水氣)를 설기하는 갑목(甲木)이 용신이 되는 가상관격(假傷官格)으로 인중병화(寅中丙火)가 희신이다.
해월계수(亥月癸水)이니 겁재격(劫財格)이라고 할 수도 있지만, 해중(亥中)에서 투출한 갑목(甲木)이 있고 춘절(春節)이 아니므로 가상관격(假傷官格)이다.
식상혼잡(食傷混雜)으로 탁하지만 용신이 되어 주니 뛰어난 손재주와 언변이 되고 두뇌가 총명하다. 지혜가 인(仁)으로 변하므로 교직자에 어울리는 구조이다.
특히, 사주의 탁기인 관성(官星)을 인수(印綬)로 끌어와 왕성한 수기(水氣)로 음실양허(陰實陽虛)하지만 해인합(亥寅合)으로 수기를 설기하므로 아름다운 모습이다.
수목상관(水木傷官)은 문필과 예능방면에 선천적인 소질을 타고나는 것을 볼 수 있는데, 행운이 동남방으로 향하여 당주는 화가로서 큰 업적을 남겼다.

年 月 日 時
丙 戊 戊 辛   乾命
戌 戌 辰 酉   가상관격(假傷官格)
己 庚 辛 壬 癸 甲 乙
亥 子 丑 寅 卯 辰 巳

술월(戌月)에 무토(戊土)가 간여지동(干與支同)으로 투출하므로 비견격(比肩格)이지만 비겁(比劫)으로는 격명을 정하지 않으며, 유력한 시천간(時天干)이 있으면 격명으로 정한다. 그런데 시상신금(時上辛金)이 간여지동(干與支同) 상관(傷官)으로 투출하였고 술월(戌月)의 여기(餘氣)이니 가상관격(假傷官格) 상관용신(傷官用神)으로 뛰어난 능력의 언변과 재주를 겸비하고 두뇌 총명하다.

이런 사주 격 중에서 의업으로 큰 명예를 얻는 사람도 많다. 다만 년월주공망(年月柱空亡)으로 스스로 개척해야 하는 자수성가 명으로 절반의 결실 이상은 어렵다.

양일간의 상관(傷官)이므로 식신(食神)보다는 양호하지 않다. 특히 간여지동(干與支同) 시상상관(時上傷官)은 자신이 앉아야 할 자리인 관성(官星)을 극하므로 무자식이 되거나 양호하지 않은 것이다.

재성(財星)이 없으므로 재탐(財貪)하는 성질이 되는데, 일지진토(日支辰土)가 홍염살(紅艷殺)에 여자와 재물창고이므로 많은 돈과 수많은 여자를 희롱하며 산다. 시상상관(時上傷官)에 일지 홍염살(紅艷殺)이 합(合)되어 연예인, 화류계, 유흥업, 결혼 중매업 등에 매우 적합한 구조이다.

정재격
(正財格)

　일간이 극(剋)하는 오행(五行)으로 음양(陰陽)이 다른 오행(五行)을 정재(正財)라 하며, 남명에는 본처, 처의 형제, 첩, 형수, 백부, 고모 등을 상징하고, 여명에는 시어머니, 시조부, 시숙모, 숙부, 고모 등을 상징한다.
　정재(正財)는 노력해서 얻는 정당한 재물을 의미하므로 주어진 일을 묵묵히 하는 사람으로 직장인에게 맞는 성분이다. 그러나 근면 성실한 것은 좋지만, 고지식한 편으로 자신을 변화하는 성분이 부족하며, 주어진 일에 책임을 다하면 된다는 수동적(受動的)인 성분으로 윗사람이 시키는 일은 잘하지만, 자신을 위한 창작 개발하여 변신하는 성분이 부족하다.
　즉, 편재(偏財)처럼 자신을 위해 꾸미고 아름답게 치장하지 못한다. 미적 감각이 없다기보다는 치장하는 것에 돈을 쓰는 것은 낭비라 생각한다. 가령, 편재(偏財)는 자신을 위해서 건강식품을 먹는다면 정재(正財)는 그 돈이 아까우므로 결국 건강도 소홀해지는 편이다. 자신을 위한 새로움을 창조시키는 것이 부족하다.

　그러나 재물을 아끼고 주색(酒色)을 밝히지 않으며, 기분에 좌우되는 인생을 살지 않고 돌다리도 두드리며 걷는 성격으로 모험보다는 안정을 좋아한다.
　약간은 소심한 성격이므로 확실한 일이 아니라면 이일 저일 벌리지 않는다. 그러므로 실패가 적어서 무난하게 살아가지만 큰 발전이 따르지 않는 편이다.
　양일간(陽日干)은 정재(正財)와 합(合)이 되는데, 합(合)이 된 대상에 집착하는 성향이 강해지므로 근접합(近接合)보다는 격합(隔合)이 좋으며, 천간(天干)에 노출되기보다는 지지(地支)에 암장(暗藏)되어 있는 것이 길하다.

일간이 정재천간(正財天干)과의 합(合)은 부모형제는 나 몰라라 하고 처자에게만 집착하는 성향이 되기 쉽다. 또는 돈에 집착하여 돈의 노예를 자처하는 일이 많아서 부모로서는 자식 결혼시키고 나니 부모는 죽든 살든 신경 쓰지 않는다는 말을 듣는 사람도 있다.

양일간(陽日干)과 음일간(陰日干)의 정재(正財) 성분이 다르게 작용한다. 가령, 갑목(甲木)의 정재(正財)는 음간(陰干)이지만, 음일간(陰日干)의 정재(正財)는 양간(陽干)으로 일간이 신강하지 않는 한 외화내빈이 되는 사람도 많다.

가령, 양일간(陽日干) 남명이 정재격(正財格) 재다신약(財多身弱)일 때 처덕으로 살아가는 사람이 있지만, 음일간(陰日干) 남명의 재다신약(財多身弱)은 처덕을 기대하기 어렵고 능멸 당하는 사람도 많다.

정재(正財) 성분은 대체로 인색한 편에 해당한다. 그것은 생명과 같은 재물을 아끼고 사랑하므로 근검절약이 몸에 배어 있다. 그러므로 타인이 볼 때 고루하고 답답하게 보인다. 그러나 자신을 억제하는 기운이 강하며, 내적 성분의 영성(靈性)을 지향하므로 기분파적인 삶을 살지 않고자 한다.

정재(正財) 성분은 정직, 성실, 인색, 절약, 세심, 꼼꼼함, 조심성, 철두철미, 부지런함이다. 그러나 혼잡(混雜)으로 재성과다(財星過多)하고 기신작용이라면 게으르고 결단력이 부족하며 인색하다.

재성(財星)의 천간합(天干合)이 많고 신약하면 외관은 춘풍 같아도 내심은 이중인격으로 간사하기 쉽다. 그러나 신왕(身旺)하고 재성(財星)도 유력하면 인내심이 강하고 가정평화를 생각하는 사람으로 정직하며 철두철미한 성격이다.

이때 재성(財星)이 생조하는 관성(官星)도 유력하면 사업가로 돈을 벌어 명예까지 득하여 부귀겸전(富貴兼全)하게 된다. 그러나 혼잡재성(混雜財星)으로 록근처가 없는 신약이라면 일사무성(日事無成)이 되는 사람이 많다.

정재(正財)가 희신이 되는 명식은 봉급생활을 하거나, 작은 상업계 일을 하는 것이 좋으며 증권, 금융, 세무회계 등에서 일하면 좋은데 정재성분(正財成分)은 치밀하고 세밀한 성분이기 때문이다.

재다신약(財多身弱)은 재성과다(財星過多)에 일간은 허약한 구조이다. 이때 천간비겁(天干比劫)보다는 지지비겁(地支比劫)이 있어야 길하다.

군겁쟁재(群劫爭財)는 비겁과다(比劫過多)하고 재성(財星)은 허약한 구조이다. 이때 천간재성(天干財星)이라면 더욱 흉하다.

인성과다(印星過多)면 재성(財星)을 취용하고, 무재성(無財星)이면 비겁(比劫)과 식상(食傷)을 취용한다.

비겁과다(比劫過多)에 관성쇠약(官星衰弱)이면 식상(食傷)을 취용한다.
관살과다(官殺過多)로 신약하면 인성(印星)을 취용한다.
재성과다(財星過多)로 신약하면 비겁(比劫)을 취용한다.
식상과다(食傷過多)로 신약하면 인성(印星)을 취용한다.

年 月 日 時
壬 戊 己 丁   坤命
午 申 亥 卯   정재격(正財格)
丁 丙 乙 甲 癸 壬 辛
未 午 巳 辰 卯 寅 丑

오행구족(五行具足)한 사주의 정재(正財)로 귀부인이 될 듯하지만, 재성(財星)은 천간이 투출한 것은 그리 좋지 못하다. 특히 기토일간(己土日干)에 임수(壬水)가 근접(近接) 투출하고 신약하면 더더욱 좋지 못한데, 특히 기해일주(己亥日柱)의 임수(壬水)의 근접(近接) 투출은 불미함이 더욱 많다.

이사주의 경우 무신월주(戊申月柱)에서 임수(壬水)가 투출한 것이므로 무토겁재(戊土劫財)가 내가 가진 모든 재물을 겁탈(劫奪)할 것을 상징한다. 신약사주의 겁재(劫財)는 길하여 도움이 될 듯하지만 그것은 사주마다 다른 바가 있다.

이사주의 기토일간(己土日干)의 임무정(壬戊丁)의 천간은 기토(己土)와 좋은 관계가 되지 않는다. 또한, 해묘합(亥卯合)으로 묘중을목(卯中乙木)이 남편이지만 무토(戊土)의 육신인 신중경금(申中庚金)과 암합으로 내 돈을 빨아먹고 패재(敗財)시킬 사람이다.

을목대운(乙木大運)은 결혼하는 운기이며, 사화대운(巳火大運)은 사신형파살(巳申刑破殺)과 해사충(亥巳沖)이 발생하므로 길반 흉반의 운이 된다. 일지가 관합(官合)하고 있는 상태에서 그 합(合)을 깨는 운은 부부불화에 심하면 이별하게 된다.

갑진대운(甲辰大運)은 갑기합(甲己合)에 홍염살(紅艶殺)이 발동하는 운으로 애정사가 발생하는데, 특히 원진살(怨嗔殺)과 귀문살(鬼門殺)의 영향으로 엉뚱한 일을 하게 되는데, 당주는 목욕탕에서 일하게 되었고 이때부터 바람기가 동하여 결국 부부 이별했다.

그 후 재혼 후에 후부 사업자금으로 가진 돈 모두 밀어 주고 계묘대운(癸卯大運) 사업실패 패재하고 또 이별했다. 어느 사주든지 합(合)이 되어 길신이 되는 것은 길하지만, 기신작용은 불길하다. 특히 일지합(日支合)의 관살(官殺)이 기신이 되었거나 식상(食傷)이 기신이면 거의 부부 이별하는 일로 나타난다.

年 月 日 時
辛 戊 乙 辛　乾命
亥 戌 亥 巳　정재용비격(正財用比格)
丁 丙 乙 甲 癸 壬 辛
酉 申 未 午 巳 辰 卯

정재격(正財格)이지만 신금사령(辛金司令)에 2개의 신금(辛金)이 있으므로 칠살격(七殺格)에도 해당한다. 칠살(七殺)을 제금(制金)할 병정(丙丁)이 없고, 윤토소토(潤土疎土)하는 계갑(癸甲)이 없으니 고난풍파가 많은 명식으로 유력한 아군이 없는 격이다.

광풍낙화(狂風落花)로 뇌졸중 소아마비 질병의 염려가 있고, 일평생 두통환자가 될 수도 있으며 목피금상(木被金傷)으로 궁핍하게 살고 몸이 허약하여 질병체질이 되기 쉽다.

일지해수(日支亥水)가 있다고 하지만 일시지 해사충(亥巳沖)으로 쓰지 못하고, 년지해수(年支亥水)에 착근처(着根處)가 있지만, 토극수(土剋水)로 물을 막았다. 그러므로 뇌성마비, 소아마비, 정신장애아 등의 확률이 높아진다.

정화대운(丁火大運)이 들어오기 전 3세까지 임자(壬子), 계축년(癸丑年)을 보내면서 무사했는지가 관건이다. 왜냐면 임자년(壬子年) 사망하거나 불구자가 될 수 있다. 신금(辛金)은 호흡기에 해당하므로 감기 폐렴에 노출하기 때문이다.

당주는 임자년(壬子年) 뇌성마비가 되어 정화대운(丁火大運)까지는 어렵게 생명을 유지했으나 유금대운(酉金大運) 11세 신유년(辛酉年) 왔던 고향으로 되돌아가는 길을 택했다.

年 月 日 時
戊 甲 辛 己　坤命
子 寅 未 丑　정재용정재(正財用正財)
癸 壬 辛 庚 己 戊 丁
丑 子 亥 戌 酉 申 未

정재격(正財格)으로 신약하지는 않지만 갑목(甲木)에 능멸당하는 아주 묘한 구조이다. 갑목(甲木)이 용신이고 자수(子水)는 희신이다. 그런데 일시지 축미충(丑未沖)에 무기토(戊己土)가 혼잡으로 습토생수(濕土生銹)에 인수망신(印綬亡身)이며 효신살(梟神殺) 발동이다.

갑목(甲木)은 아버지이고, 무토(戊土)는 아버지의 본처이며, 기토(己土)는 아버지의 후처로 당주의 친어머니이다. 그러므로 당주는 큰어머니라 부르는 무토(戊土)와 친어머니인 기토(己土)가 한집에서 살았으며 아버지는 고란(孤鸞) 역마살로 떠돌이 장사꾼이었다.

당주의 남편은 인중병화(寅中丙火)이지만 무투간했으므로 갑목(甲木)이 남편이다. 인월갑목(寅月甲木)은 아직 여린 싹과 같은데 신금(辛金)이 목곤쇄편(木棍碎片)을 하며 일지와는 인미귀문(寅未鬼門)에 목기묘신(木氣墓神)이므로 부부 정이 불미하다.

신금(辛金)은 보석이므로 임수(壬水)와 해수(亥水)가 명식에게 반드시 있어야 하고, 임수(壬水)가 있다면 돼지띠를 배연하고, 해수(亥水)가 있다면 임수(壬水) 세년에 태어난 사람을 배연하는 인연법이 길하다.

신해대운(辛亥大運)에 해인합(亥寅合)을 이루고 당주 신금(辛金)과 같은 신금(辛金)을 만나므로 남편은 다른 첩(妾)을 두고 가정을 돌보지 않아 곤고한 세월을 보내게 되었다.

원수 같은 남편으로 행실이 부도덕하고 불량하여 여러 번 옥고를 치렀으며, 경술대운(庚戌大運) 축술미삼형(丑戌未三刑)에 그 남편이 더욱 광폭무례하여 기물을 부수고 심한 주먹질을 하므로 신유년(辛酉年) 이별했다.

이처럼 일지에 흉물 심장이 있으면 결혼 후 마음 편할 날이 없으며 재혼한다고 해도 선 인연의 남편은 기대할 수가 없다.

편재격
(偏財格)

편재(偏財)는 일간이 극(剋)하는 양대양(陽對陽) 음대음(陰對陰)의 관계로서 남명에는 아버지, 숙부, 고모를 상징하고 첩(妾)과 첩의 형제, 형제의 처(妻)인 형수(兄嫂), 제수(弟嫂), 또는 처의 형제들을 의미하며, 여명에는 아버지와 아버지의 형제, 시어머니와 시어머니의 형제를 의미한다. 또한 시주에 있는 편재(偏財)는 외손자를 의미하기도 한다.

편재격(偏財格)은 남녀 타향에 나가 출세하는 일이 많으며, 식상(食傷)이 있으면 이와 같은 특성은 더욱 강해지지만, 비견(比肩)이 있으면 약화한다. 남자는 풍류심이 있어서 첩(妾)을 두거나 여난(女難)을 당하기 쉬우며, 여자는 아버지 또는 시어머니로 인해서 고생하는 수가 많다.

편재격(偏財格)이 희신이면 무역업, 금융사업, 대중 유통업, 재정계통에 적합하고 외교관 등의 직업도 길하다.

양일간(陽日干)의 편재(偏財)는 역마성분으로 유통의 재물이므로 움직임이 많은 직업에 해당하고, 음일간(陰日干)의 편재(偏財)는 도화(桃花)를 상징하므로 움직임이 적은 가게 내에서 손님을 상대로 장사하는 격이다.

편재(偏財) 성분은 수단과 방법을 가리지 않고 이익과 생존을 위해서 개척하고 쟁취하여 획득하려는 유동의 재물이다. 그러나 윗글에서 설명했지만, 편재격(偏財格)이라고 해서 역마지살(驛馬地殺)의 유동(流動)의 재물이 되는 것은 아니므로 양일간(陽日干)과 음일간(陰日干)을 구별해서 살펴야 한다.

남명이 양일간(陽日干)은 그 처성이나 부친은 인신사해(寅申巳亥) 역마지살(驛馬地殺)로서 움직임이 활발할 것을 상징하지만, 음일간(陰日干)의 편재(偏財)는 자오묘유(子午卯酉) 도화살(桃花殺)이므로 움직임이 적은 편이다.

그러나 편재(偏財)를 중심으로 삼회방(三會方)을 이루는 성분이므로 신강명식으로 양일간(陽日干)의 남명이라면 부귀겸전(富貴兼全)할 수 있으나, 재물을 감당하지 못한다면 외화내빈(外華內貧)일 뿐이다. 특히 여명이 신약하면 부부 해로할 수 없으며 가정 내 풍파가 많은 삶을 살게 된다.

편재(偏財) 성분은 정재(正財) 성분과는 다른 점이 많다. 대체로 직장 생활보다는 자유업을 선호하며 한군데 얽매이기보다는 자유스런 활동의 보장된 일을 더 좋아하는데, 혹 편재역마(偏財驛馬)라면 직장 생활을 매우 답답해하며 능력을 발휘하기가 쉽지 않다.

편재(偏財) 성분은 대체로 화려하며 내일에 대한 희망으로 가진 돈을 장기적인 보험에 가입하기보다는 단기전인 증권을 선호한다. 정재격(正財格)이 미래지향 주의라면 편재격(偏財格)은 오늘이 즐거우면 내일도 행복할 것이라는 현실주의로 기분파이다.

즉, 궁상(窮狀) 떠는 삶을 싫어하고 멋을 알고 예술을 알며 풍류심이 많고 또한 측은지심(惻隱之心)도 강해서 어려운 사람을 보면 돕고자 한다.

정재격(正財格)이 자신의 혈연(血緣)만을 의지하는 인색한 성향이라면, 편재격(偏財格)은 대범한 성격으로 사회에 많은 돈을 기부하거나 봉사활동을 잘하는 성분이기도 하다. 이것이 현실주의와 미래주의의 차이이다.

그러므로 주어진 오늘에 최선을 다하며 내가 의도한 대로 계획하고 진행하여 욕구를 충족하고 성취하는 기쁨을 누리고자 한다.

정재(正財)는 고정적인 월급을 받는 일이나 돈 버는 일을 즐기는 성분이지만, 편재(偏財)는 일의 과정을 즐기므로 아무리 어렵고 힘든 일이라도 일의 즐거움을 누리는 모험정신과 개척정신이 강해서 돈과는 상관없이 그 일이 즐거우면 최선을 다한다. 그러나 반대로 돈이 잘 벌린다 해도 하는 일이 재미가 없는 따분한 일이라면 매사에 권태감(倦怠感)이 심해서 직업을 변동하기도 한다.

그러므로 여명의 정재격(正財格)과 편재격(偏財格)에서 현모양처의 기운은 정재격(正財格)이 더 강하고 가정적인데 비해서, 편재격(偏財格)은 가정적이기보다는 사회 활동을 더 선호하게 된다.

편재(偏財) 성분은 누가 간섭하는 것을 매우 싫어하는 자유분방한 기질이 강해서 아예 판을 엎어 버리고 사직서를 던지는 행위도 서슴지 않는다.

그런데 무식상(無食傷)이라면 일의 진행과정에서 강제성과 무리수까지도 동원하는 결단성과 독재성향이 나타나 강제적으로 획득하려는 기질이 강하다. 가령, 남명이 좋아하는 여성이 있다면 강제로 합궁을 하기도 하는데, 이것이 문제가 되어 법정구설이 될 만큼 자신이 좋아하는 일이라면 남의 눈치를 보지 않는다.

그러나 유식상(有食傷)으로 편재(偏財)가 희신이라면 순리적이며 상대의 기분 파악에 능숙하다. 가령, 자신의 이익을 위해서 꽃과 선물을 사 들고 찾아가 내 편으로 끌어들이는 재주를 발휘한다.

편재격(偏財格)은 내가 아니면 안 된다는 독선도 있지만, 항상 자신감 있게 득재(得財)를 위해서 무섭게 집중하며 일을 결행할 때는 침착하고 대담성이 돋보이는 것이 편재(偏財) 성분이다.

그러므로 편관(偏官)의 통제작용이 없다면, 고위험 고수익을 추구하는 모험정신이 강해서 투기사업을 좋아하고 쟁투, 분탈 등의 경쟁관계를 대범하게 처리하며 일확천금의 마음이 강하다.

그러므로 직장 생활을 못하고 허황된 재물을 쫓아 헤매는 성향이 강해서 증권, 경마, 카지노, 다단계, 복권, 투기업 등의 허황된 재물을 쫓아 인생을 낭비하는 사람이 많은데 특히 편재(偏財)가 기신(忌神)일 때 허황된 마음이 더욱 강하다.

신강으로 인성(印星)이 왕성하면 재성(財星)을 취용한다.
신강으로 비겁과다(比劫過多)면 식상(食傷)을 취용한다.
신약으로 관살과다(官殺過多)면 인성(印星)을 취용한다.
신약으로 재성과다(財星過多)면 비겁(比劫)을 취용한다.
신약으로 식상과다(食傷過多)면 인성(印星)을 취용한다.

재다신약(財多身弱)은 재성과다(財星過多)로 일간이 허약한 구조이고, 군겁쟁재(群劫爭財)는 비겁과다(比劫過多)로 재성(財星)이 쇠약한 구조이다.

年 月 日 時
己 庚 壬 丙　坤命
巳 午 辰 午　재다신약(財多身弱)
辛 壬 癸 甲 乙 丙 丁
未 申 酉 戌 亥 子 丑

편재격(偏財格) 재다신약(財多身弱)이다. 재성태왕(財星太旺)의 명식은 대부를 이루기에는 낙타가 바늘구멍에 들어가기만큼 어려워서 돈으로 인한 고통을 당하는 삶이 되기 쉽다. 자좌진토(自坐辰土)가 수기창고(水氣倉庫)로 치열한 화기(火氣)를 설기생금(洩氣生金)하므로 양호한 남편을 만날 수도 있으며 경신(庚申) 입태월이 길신으로 반가울 뿐이다.

기토(己土) 남편은 경금(庚金)을 생조하므로 모친과 사이가 좋으며, 병화(丙火) 부친은 경금(庚金)을 녹이는 형상이지만, 연주에서 간지상생(干支相生)하고 기토(己土)를 만나 탐생망극(貪生忘剋)하므로 좋은 가문의 여명으로 다행이지만 남편은 기대치에는 못 미치는 형상이다.

재성과다(財星過多) 명식에서 특히 혼잡(混雜)하면 아버지의 형제가 많으니, 아버지의 배다른 형제가 있을 때도 많으며, 당주는 조실부모(早失父母)하였거나 또는 서출(庶出)인 사람도 많다. 또는, 왕즉절 현상으로 전혀 그렇지 않아서 아버지가 독자로 외로운 집안인 경우도 있다.

또한, 당주가 태어난 후 집안이 기울거나 몰락하는 일도 많은데, 남편에게 온갖 정성을 다하여 내조하더라도 결국은 배신당하는 일도 많다. 또한, 시어머니와 남편의 형제들이 기신으로 심한 간섭을 하는 것이니, 눈물이 마를 날 없고 손에서 물기 마를 날이 없다.

또는 성격이 별나거나 깐깐한 시어머니를 만나 시집살이를 하거나 두 분의 시어머니를 모시고 사는 사람도 있으며, 남편 궁도 아름답지 못하여 재가하는 일이 많은데, 특히 이런 사주의 경우 힘들여 일하고 본전을 못 찾고 생명의 원기가 소멸하여 단명하게 된다.

이런 명식은 특수기술을 배워서 스스로 자립성가하고 결혼을 안 하는 것이 정도(正道)일지도 모른다. 그러므로 시부모가 없는 집안에 결혼하는 것이 좋다.

즉, 고아 남편을 만나는 것이 좋으며 자식을 안 낳는 것이 좋을지도 모르겠다. 이미 시주(時柱)가 기신이 되었고 공망으로 없는 자식이기 때문이다.

당주는 임신(壬申) 계유대운(癸酉大運)이 평길하여 결혼하고 행복한 듯했으나, 갑술대운(甲戌大運) 갑경칠살(甲庚七殺)에 진술충(辰戌冲)을 발동시켜 생사를 판단하는 운으로 45세 계축년(癸丑年) 남편이 밤새 안녕하였다. 당주 역시 신병신액을 겪다가 을해대운(乙亥大運) 51세 기미년(己未年) 사망했다.

年 月 日 時
戊 辛 丁 壬　乾命
辰 酉 亥 寅　신약용인(身弱用印)
壬 癸 甲 乙 丙 丁 戊
戌 亥 子 丑 寅 卯 辰

편재격(偏財格) 신약으로 월령도화(月令桃花)를 놓고 학마재(學魔財)에 걸리는 사주이지만, 금백수청(金白水淸)의 지혜를 정임합(丁壬合)으로 끌어당겨 인수(印綬)가 되도록 하고 해수(亥水)가 임수(壬水)의 록근(祿根)이 되어 주며, 해인합목(亥寅合木)으로 관인상생(官印相生)을 이루고 사주의 모든 기운이 순환상생(循環相生)의 유통(流通)을 이루고 인목(寅木)에 집결(集結)하는 상이다.

그러므로 외모가 준수한 미남으로 문과, 이과 중 어느 과를 선택하더라도 부족함이 없고 산수 수리 계산능력이 탁월하며 농담을 잘하고, 언변이 유창하다. 권모술수에 능통하며 문장력이 탁월하고 대인관계가 능숙한 국록지명이다.

무토(戊土)는 신금(辛金)을 생조하고, 신금(辛金)은 임수(壬水)를 생조하며, 임수(壬水)는 인목(寅木)을 생조하고, 인목(寅木)은 일간을 생조하므로 임인시(壬寅時)에 태어난 것이 당주는 최대의 축복이다.

지지에서는 진토(辰土)부터 시작하여 진(辰) 유(酉) 해(亥) 인(寅)으로 상생(相生)하여 용신인 인목(寅木)에 기운이 멈추어 있다. 유해(酉亥)가 천을귀인(天乙貴人)이며 문창성(文昌星)에 좌한 임수(壬水)와 합(合)을 이루고 관인상생(官印相生)을 하는 아름다운 명식이다.

이럴 때 외교관으로 근무하다가 외무부 장관이나, 한국은행 총재, 재무장관, 등을 목표로 삼을 수가 있다. 이 사람의 처는 많은 재물을 소유한 명문가이며 부부 금실이 대단히 좋다.

병술년(丙戌年) 다른 어느 때보다도 공부가 잘되어 서울법대에 합격했는데 전교 1, 2등을 놓쳐 본 적이 없다고 한다.

年 月 日 時
壬 辛 戊 丁　乾命
寅 亥 寅 巳　신약용인(身弱用印)
壬 癸 甲 乙 丙 丁 戊
子 丑 寅 卯 辰 巳 午

해월(亥月)에 임수(壬水)가 투출했으므로 편재격(偏財格) 신약이다. 비겁과다(比劫過多)는 흉하지만 어떤 경우라도 지지비겁(地支比劫)이 한 글자 있어서 임관처(任官處)가 되어 줘야 능력자가 된다.

당주는 오로지 시주(時柱)를 의지하는 명식으로 모친의 덕이 크다. 그러나 축토대운(丑土大運) 21세 임술년(壬戌年) 해군에 들어가 갑인대운(甲寅大運) 22세 계해년(癸亥年) 도강작전(渡江作戰) 중에 물에 빠져 익사체가 되었다.

생명 줄이나 다름없는 용신을 천충지충(天沖支沖)으로 파극(破剋)시키고 절신(絶神) 작용을 하는 데다 무계합수(戊癸合水)를 당하므로 방법이 없다. 다만 아쉬운 점이 있다면 부모가 계해년(癸亥年)에 비방비법(祕方祕法)을 해 주고 수귀침입(水鬼侵入) 방지부적과 무술신장(戊戌神將) 부적이라도 있었다면 많은 도움이 되었을 것이다.

필자가 이 글을 구구절절 쓰는 이유는 대한민국 남자들 대부분이 20대 초반에 군 복무를 하게 되는데, 사주를 알고서 육군, 해군, 공군 중에서 자기에게 맞는 용신방을 찾아 군대에 가는 것이 중요하기 때문이다.

필자의 동생도 군대에서 비명횡사하였는바, 이 사주의 경우 해군과 육군으로 간다는 것은 썩 좋지 않으며, 할 수 있다면 공군으로 가는 것이 길하여 무사했을 것이다. 금기(金氣)와 수기(水氣)는 해군을 상징하고, 목기(木氣)와 토기(土氣)는 육군을 상징하며 화기(火氣)는 공군을 상징하는데 이 사주 같은 경우 1번은 공군, 2번은 육군이다.

될 수 있는 한 물 옆에는 가지 말아야 하며, 사는 동네 역시도 천(川), 수(水), 둑, 강(江), 해(海) 자가 들어간 동네는 피하는 것이 좋으며, 또한 여름철 휴가 때 해수욕장보다는 산행하는 것이 자신을 지키는 지혜이다. 이 명식처럼 재관인(財官印)이 동(動)하는 사주는 매사에 조심해야 한다.

군겁쟁재(群劫爭財)

군겁쟁재(群劫爭財)를 군비쟁재(群比爭財)라고도 하는데, 격국과 용신을 고려한 명칭으로 사주에 비견겁재(比肩劫財)가 과다하게 구성되고 재성(財星)이 쇠약한 것을 말한다. 특히 쇠약한 천간재성(天干財星)이 있는 경우 더욱 심하다.

쟁재격(爭財格)은 재성천간(財星天干)이 비겁지지(比劫地支)를 데리고 오는 운이 제일 흉하다. 밥 한 그릇에 많은 사람이 그 밥을 같이 먹자고 덤벼들면서 아귀혈전(餓鬼血戰)을 벌이는 것과 같아서 대흉한 것이다.

재성(財星)으로 인해 경쟁이 치열해지고 재난풍파(災難風波)를 당하는 일이 많은데 식상(食傷)이 용신이다. 어느 사주나 오행(五行)이 치우쳐 있으며 한 가지 기운이 태왕(太旺)할 때는 그 기운을 제압하는 것보다 설기로 그 성질을 순화시키는 것이 길하다.

```
年 月 日 時
癸 癸 壬 辛    乾命
酉 亥 午 亥    군겁쟁재(群劫爭財)
壬 辛 庚 己 戊 丁 丙
戌 酉 申 未 午 巳 辰
```

말이 좋아서 건록격(建祿格)이지만 금수세력(金水勢力)이 한 몸이 되어 북풍한설(北風寒雪)로 불 끄는 작용을 하는 군겁쟁재(群劫爭財) 격이다. 이 사주의 제일 큰 문제는 시주(時柱)이다. 그러므로 모친과 형제 자식 덕이 없는 고아 격으로 타향에서 자립성가(自立成家)를 해야 한다.

임오일주(壬午日柱)는 일지오화(日支午火)가 재물이고 정재정관(正財正官)이 암장하고 있으므로 재관쌍미(財官雙美)라고 하는데, 신해시(辛亥時)가 아닌 임인시(壬寅時)에 태어났다면 부귀(富貴)하게 되지만 쟁재격(爭財格)이므로 허망할 뿐이다.

군겁쟁재(群劫爭財) 명식은 결혼을 못 하거나 여자를 겁탈(劫奪)하는 유형이 되는데, 당주는 43세 무오대운(戊午大運) 을묘년(乙卯年), 자식 딸린 여자와 결혼에 성공했다.

그러나 결혼생활을 유지하기는 쉽지 않지만, 자식이 있는 결혼 실패한 여자를 처로 맞이했으므로 불행을 극복하고 살아갈 수 있을 것이다. 다만 고향을 떠나서 모친과는 남남처럼 고아처럼 살아야 한다.

그렇지 않으면 처의 신상 이변수가 발생하는데, 특히 처와 모친이 같이 살게 되면 고부간 불화로 처가 단명하므로 함께 살아서는 안 되며, 자수성가로 독립하고 모든 경제권은 처에게 일임하는 것이 좋은데, 그러나 이 사주의 경우 모친을 모시고 살게 된다.

```
年 月 日 時
乙 己 乙 己   坤命
卯 卯 亥 卯   군겁쟁재격(群劫爭財格)
庚 辛 壬 癸 甲 乙 丙
辰 巳 午 未 申 酉 戌
```

왕희순세(旺喜順勢)를 따라 종왕격이 되지만, 해수(亥水)가 2개의 묘목(卯木)과 쌍합(雙合)을 하므로 순일한 기운이 되지 못하여 미토(未土)를 불러오지 못했으며, 묘묘(卯卯)가 유금(酉金)을 도충(倒沖)하지 못했다.

2개의 편재(偏財) 재물을 놓고 쟁재(爭財)가 이루어지므로 순일한 종격(從格)을 이루지 못하는 탁기(濁氣)가 많은 사주이다.

이 경우 을목(乙木)과 묘목(卯木)이 도화(桃花)를 상징한다고 하지만 꽃 피우지 못하는 도화(桃花)이므로 무늬만 여자로 도화(桃花)와는 거리가 멀어서 애교심이 없고 타인의 비위를 맞추지 못하는 인덕이 없는 팔자로 일지해수(日支亥水)가 남편이다.

경진(庚辰) 신사대운(辛巳大運)은 종왕격(從旺格)에 합당하지 않는 운으로 가난한 집에서 어렵게 성장하였고, 임수대운(壬水大運)에 결혼하고 오화대운(午火大運)은 식신운(食神運)이라 자식이 생기는 길운이다.

오화대운(午火大運) 29세 계미년(癸未年)에 외조부가 사망했는데, 대운에 들어오는 미토(未土)는 해묘미합(亥卯未合)의 목기(木氣)가 되어 목극토(木剋土)하므로 토기(土氣)는 죽게 된다. 그러므로 미토대운(未土大運)에 시어머니와 아버지가 사망하며 갑신대운(甲申大運)부터 고난의 길로 들어간다.

정관격
(正官格)

　정관(正官)은 일간과 음양(陰陽)이 다른 나를 극(剋)하는 자로서 극아자(剋我者)라고 한다. 관성(官星)의 종류는 정관(正官), 편관(偏官), 혼잡관살(混雜官殺), 칠살(七殺), 귀살(鬼殺) 등이 있다.

　정관(正官)이나 편관(偏官)이라 칭할 때는 법질서, 학교, 준법정신, 조상의 귀함이 되지만, 혼잡관살(混雜官殺), 칠살(七殺), 귀살(鬼殺) 등으로 표현할 때는 관성(官星)의 기운이 편중된 것을 말하며, 나를 강제로 제압하고 지배하는 살아자(殺我者)로 작용한다.

　정관(正官)은 나를 정당하게 규제하는 사회규범으로, 윤리도덕이고 법률이다. 나는 그 법질서 안에서 법규를 준수하는 것이 나를 가장 위하는 일임을 안다.

　그러므로 정관격(正官格)은 인자하고 온후하며, 정직한 군자와 같이 화평(和平)함을 좋아하는 인격자로 풍채(風采)와 용모(容貌)가 듬직하다.

　특히, 명예와 신용을 중히 여기는 직업에서 길하며 전형적인 직장인 스타일로 옳고 그름을 합리적으로 판단하고 순리를 따르는 것이 정도임을 알기에 다소 불편하더라도 자신을 통제하고 국가와 가족을 위해서 맡겨진 책임을 다하려고 한다.

　권력 지향적인 정관성분(正官成分)은 자신의 출세가 당연하다고 생각하며, 선비의 절도를 과시하고 자기 자랑에 능하며 지위를 높이고 실력을 쌓으며 높은 사람의 인정을 받으려고 노력한다.

　정관격(正官格)은 개별적 성분이기보다는 서로가 협력과 화합하는 성분으로 내적인 성분에 해당하여 협동심을 요구하는 분야에 좋다. 인간의 심리작용을 억제(抑制)하여 참인간의 길을 가도록 제어하며 인간의 심성을 보호하고 양육(養育)시키는 성분이 정관(正官)이다.

그러나 경금일간(庚金日干)은 정화(丁火)를 매우 좋아하지만, 갑병무임(甲丙戊壬) 일간은 정관(正官)인 신계을기(辛癸乙己) 천간이 해로움을 주는 일이 많아서 정관(正官)에서 벗어나고자 하는 성향이 있다. 특히 병화(丙火)는 정관(正官)인 계수(癸水)와는 불미하지만, 계수(癸水)는 병화(丙火)를 좋아한다.

또한, 임수(壬水)는 정관(正官)인 기토(己土)와 서로 간에 흉한 관계로 원진(怨嗔)으로 작용하여 원망(怨望)하는 경우가 많다. 임수일간(壬水日干)이 여명이라면 남편을 능멸하는 일이 많고 그 남편 역시도 임수(壬水)를 상징하는 육친과는 양호한 관계로 지내지 못하는 일이 많다.

그러므로 천간이 투출한 정관격(正官格)이 좋은 것만은 아니며 일간과 길선한 관계의 정관(正官)은 길하지만, 불미한 관계의 정관(正官)이라면 지지암장(地支暗藏)하고 투출하지 않는 것이 오히려 길하다.

양일간(陽日干)은 정재(正財)와 합(合)이 되고 음일간(陰日干)은 정관(正官)과 합(合)이 된다. 그런데 흉신인 정관(正官)과 합(合)이 된다면 오히려 흉하다. 그러므로 한마디로 정관(正官)과의 합(合)이라서 발복 성공하는 것이 아니다. 사주의 구조에 따라서 반기는 성분이 다르고 오로지 일간과 관계가 좋아야 한다.

가령, 갑목일간(甲木日干) 식신격(食神格)에 병화(丙火)가 투출했다면 자칫 목분화열(木焚火熱)이 될 염려가 있지만, 신금(辛金)이 투출하여 병화식신(丙火食神)을 합거시켜 준다며 매우 길한 정관(正官)이 될 것이다. 이처럼 합작용(合作用)이 오히려 길하게 되어야 사주전체가 좋아지게 된다.

관성(官星)은 조상, 학교, 법질서, 종교, 진리에 해당하며 조상의 덕과 업(業)을 상징하는 육친이다. 그래서 관성(官星)은 조상의 청탁(淸濁)을 보는 자리이므로 관성(官星)이 맑고 청(淸)하면 조상의 덕이 크다. 그러므로 관성(官星)이 유력한 희신으로 맑으면 조상의 못자리 발복으로 보게 된다.

남녀 누구나 정관(正官)이나 편관(正編官)을 따질 것 없이 관성(官星)이 유력한 희신이라면 인간으로서 해야 할 도리를 아는 사람으로 성품 또한 청(淸)하다.

그러나 관성(官星)이 태과(太過), 혼잡(混雜), 형충(刑沖), 극쇠(極衰), 공망(空亡), 흉살(凶殺) 등이 되었다면 그의 조상은 탁(濁)한 것으로 법질서 학교 진리는 무너진 것과 같다.

재자약살격(財滋弱殺格)은 비겁과다(比劫過多) 명식에 재성(財星)이 편관(偏官)을 생조하여 희신이 되는 구조이다.

살중용인격(殺重用印格)은 관살태과(官殺太過) 명식에 인성(印星)이 관살(官殺)을 설기하여 통관용신(通關用神)으로 희신이 되는 구조이다.

식상제살격(食傷制殺格)은 관살태과(官殺太過)에 인성(印星)이 없을 때 식상(食傷)으로 관살(官殺)을 제어하는 구조이다.

합관유살격(合官留殺格)은 혼잡관살(混雜官殺)일 때 식상(食傷)이 하나의 관살(官殺)을 합거(合去)하는 구조이다.

관살혼잡격(官殺混雜格)은 관살(官殺)이 2개 이상 투출하여 혼잡(混雜)을 이루는 구조이므로 탁하다. 그러나 조후용신이거나 과다한 비겁(比劫)을 제어하는 구조라면 길하다.

제살태과격(制殺太過格)은 관성(官星)은 쇠약한데 식상(食傷)이 과다하여 관성(官星)을 파극하는 구조로 매우 탁하다.

시상일위귀격(時上一位貴格)은 시주천간이 유력한 관성(官星)으로 투출하여 희신이 되는 구조로 귀함이 따르게 된다.

신강으로 식상과다(食傷過多)면 재성(財星)을 취용한다.
신강으로 인성과다(印星過多)면 재성(財星)을 취용한다.

신강으로 비겁과다(比劫過多)면 관성(官星)을 취용한다.
신약으로 관살과다(官殺過多)면 인성(印星)을 취용한다.
신약으로 식상과다(食傷過多)면 인성(印星)을 취용한다.
신약으로 재성과다(財星過多)면 비겁(比劫)을 취용한다.

年 月 日 時
己 乙 丁 辛 乾命
丑 亥 巳 亥 신약용인(身弱用印)
甲 癸 壬 辛 庚 己 戊
戌 酉 申 未 午 巳 辰

월지(月支) 투출천간이 없으므로 정관격(正官格)이라 할 수 없으며 용신으로 격을 정하여 신약용인격(身弱用印格)이다. 해수(亥水)가 천을귀인(天乙貴人)이라 하지만 일지를 파극시키는 기신작용으로 하천한 조상이다.
을목(乙木)이 해수(亥水)의 방조를 받아들이지 못하는 고사목(涸死木)으로 부목(浮木)이 되었고, 신금(辛金)은 을목(乙木)을 노리고 있으며, 사화(巳火)는 수시로 금국(金局)을 이루고 재난(災難)을 만드는 격으로 불길한 운명의 소유자가 되는데, 수방(水方)과 금국(金局)이 이루어지면 불귀객이 되는 명식이다.
한(恨) 많은 인생을 살다 가신 조모가 당주를 끌어당겨 묘지(墓地)에 입묘(入墓)시키는 작용을 하므로 해원제사(解怨祭祀)를 올리고 조모의 묘를 이장하거나 화장(火葬)시켜야 한다.

오로지 의지하는 사화(巳火)이지만 재충(再沖)을 당하여 허리 부러진 격이며, 을목(乙木) 또한 고사목(涸死木)으로 생목매연(生木煤煙)이니 고아 아닌 고아격으로 용신이 없는 사주와 같은데, 다행히 병인월(丙寅月) 입태로 태원(胎元)이 용신이 되는 구조이다.
당주는 법대를 마쳤으나 써먹지 못하는 지식으로 고시에 몇 번의 낙방을 거친 후 교사가 되었다. 임신대운(壬申大運) 정임합(丁壬合)에 결혼했고 딸을 낳았으나 밤이 두려운 남자로 공포증이 되었다.

누구나 여자를 감당하지 못하면 극처(剋妻)하거나, 난폭해지거나, 자포자기하는 인생이 되기 쉽고, 알코올 중독자가 되기도 한다.

이런 명식의 경우 여명은 냉증이며, 남명은 낭습증(囊濕症)이 되어 정액이 땀으로 변하여 새다가 정액 고갈로 사망하는 일도 많은데, 33세 신유년(辛酉年), 재국(財局)을 이루고 을목(乙木)을 충극(沖剋)하므로 당뇨병으로 드러누워 일어나지 못했다.

年 月 日 時
壬 丙 辛 己　坤命
午 午 丑 亥　신약용인(身弱用印)
乙 甲 癸 壬 辛 庚 己
巳 辰 卯 寅 丑 子 亥

정관격(正官格) 관인상생(官印相生)이므로 제살격(制殺格)에는 해당되지 않는 명식이다. 그런데 신금(辛金)의 마음은 오로지 임수(壬水)에 있으며 제살(制殺)하고 있으므로 몸과 마음이 따로 노는 상으로 순일한 마음이 되지 않는다.

진토대운(辰土大運)은 기토(己土)의 홍염살(紅艶殺)이며 수기창고(水氣倉庫)이므로, 목욕탕에서 때밀이로 돈을 벌다가 보일러실에 근무하는 남자와 동거하게 되었고 득자 이후 계수대운(癸水大運)에 결혼했다.

묘목대운(卯木大運)은 해묘합(亥卯合)으로 남편이 실업자가 되었고 불러온 미토(未土)는 축미충(丑未沖)을 만들고, 화기(火氣)만 더 왕성하게 하므로 남편이 양인(羊刃)의 성격이 나오면서 폭력적이 되었고, 33세 갑인년(甲寅年) 인오축(寅午丑) 탕화살(湯火殺)과 귀문살(鬼門殺)이 동하므로 가출해 버렸다.

그리고 남편이 찾지 못하는 여관에 숨어서 사환인(使喚人) 생활을 하면서 이어지는 임수대운(壬水大運)에 돈을 벌고 좋았는데, 인목대운(寅木大運) 계해년(癸亥年) 법정 구속되었다. 여관에 있으면서 돈놀이를 했고 많은 돈을 곗돈으로 불려 먹고 잠적했다가 잡혀 구속된 것이다.

이렇게 불미스러운 팔자가 되는 것은 기신과의 합(合)과 상관견관(傷官見官)으로 관성(官星)을 쳐내고 정임합목(丁壬合木)의 암합을 맺고 있기 때문이다.

신축대운(辛丑大運)부터는 행복한 가정을 꾸려 나가게 될 것이다. 신금(辛金)과 임수(壬水)의 도세주옥(淘洗珠玉)의 관계는 갑목(甲木)이 있어야 사기성이 발현되지 않는다.

```
年 月 日 時
辛 庚 己 丁   乾命
巳 寅 酉 卯   신약용인(身弱用印)
己 戊 丁 丙 乙 甲 癸
丑 子 亥 戌 酉 申 未
```

일지에서 경신금(庚辛金)이 혼잡투출(混雜透出)하므로 법질서를 무시하는 안하무인의 성격이다. 더구나 일시지충(日時支沖)까지 발생하므로 직업 변동이 많아서 직장 생활을 못하고 자영업을 하다가 패재를 자초하는 명식이다.

식상(食傷)의 투출천간(透出天干)이 기신이면 말보다 손발을 사용하여 구타하고 언어폭력을 하는 사람이 되는데, 스스로 재앙을 자초하는 삶이다.

기축대운(己丑大運) 9세 기축년(己丑年) 금목상전(金木相戰)에 폭발물 사고로 오른손을 다쳐 불구가 되었다. 신금(辛金) 부친은 인사형살(寅巳刑殺)에 사신(死神) 발동으로 자수대운(子水大運) 정유년(丁酉年) 17세에 폐 질환으로 사망했다.

해수대운(亥水大運)은 결혼 운으로 29세 기유년(己酉年) 결혼했으나 39세 경신년(庚申年) 금목상전(金木相戰)으로 부부 불화하여 이별했다.

병술대운(丙戌大運)은 묘술합화(卯戌合化)하는 길운으로 재혼해서 행복한 듯했으나 딸을 낳고 또 헤어졌다. 일시의 충(沖)이 없고 경신금(庚辛金)의 투출이 없었다면 희신은 아닐지라도 부부 문제없이 건강하고 별일 없이 살아간다.

그러나 일시지 충살(沖殺)에 경신금(庚辛金)이 투출했다면 언어폭력과 폭력적인 사람으로 살아 줄 여자가 없다. 유금대운(酉金大運)은 법정 출두하는 운이며 신병신액의 운이다.

```
年 月 日 時
乙 壬 庚 乙   乾命
卯 午 子 酉   신약용겁(身弱用劫)
辛 庚 己 戊 丁 丙 乙
巳 辰 卯 寅 丑 子 亥
```

오중정화(午中丁火)로 격을 정하여 정관격(正官格)이라 할 수 있겠지만, 자오충(子午沖)으로 격국을 대표할 수 없다. 시상을목(時上乙木)이 묘목(卯木)에 록근하고 2개가 되므로 정재격(正財格)이라 해야 할 명식이다.

여름에 태어난 사주는 수기(水氣)가 꼭 필요하다고 하지만 이처럼 자오충(子午沖)과 투출된 임수(壬水)가 오중정화(午中丁火)와 합(合)으로 쓰러진 이런 명식은 수기(水氣)가 탁해지므로 당뇨병과 대장질환에 신음할 수 있으며 재물을 만드는 능력 또한 부족하다.

편야도화(偏野桃花) 충(沖)이 발생하므로 직업변동과 주거가 불안하고 안정을 이루기 쉽지 않으며 정신계 문제와 색정(色情)이 수시로 동한다. 당주는 삶의 회의를 느껴 20여 세 때 불가에 입문하였고 그 후 작은 셋방에 포교원을 하고 있으나 2개의 을목(乙木)과 합(合)이 되고 형살(刑殺)과 귀문(鬼門)을 이루는 이러한 구조는 정신의 번뇌가 많을 수밖에 없는데, 손님을 성폭행하는 일로도 작용할 수 있는 구조이다.

중화를 이루지 못한 명식에서 자신은 세상의 필요 용수라 생각하지만, 자오충(子午沖)에 탁수(濁水)로 변한 물이다. 그러므로 언제나 심리적인 갈

등과 변동이 많은 삶을 살게 된다.

年 月 日 時
庚 甲 乙 戊　坤命
子 申 亥 寅　정관용정관격(正官用正官格)
癸 壬 辛 庚 己 戊 丁
未 午 巳 辰 卯 寅 丑

정관격(正官格)이지만 신자합수(申子合水)에 해인합목(亥寅合木)으로 합(合)이 많으면서 수기(水氣)가 범람(氾濫)하므로 탁기로 작용한다. 경금(庚金) 용신의 통근처가 허약하므로 무토(戊土)가 생금제수(生金制水)해야 하지만, 통근처가 없는 무토(戊土)는 수기(水氣)를 제수(制水)할 수 없으며, 홀로 천간에 노출된 경우 대 패재를 당한다. 그러므로 재물이 미약하고 부친 선망에 해당하는 외화내빈으로 남편의 신상 이변수와 부부 해로에도 문제가 발생한다.

당주의 남편은 남방운에 유통 사업을 하여 잘되는 듯했으나, 경진대운(庚辰大運)에 수국(水局)을 이루면서 수다(水多)에 금침토류(金沈土流)가 이루어져 남편, 재물, 건강에 흉액 가중으로 백년탐물(百年貪物)이 일조진(日朝盡)이 되었다.

성공과 실패는 대운의 흐름에 의한 성사재천(成事在天)에 있는 것이지 자신의 능력으로 성공하는 것은 아니다. 그러므로 매사 감사하고 자신의 능력을 과신하지 않아야 한다.

무토(戊土) 재물은 인목(寅木)에서 투출된 것이므로 탈재(奪財) 당하는 재물이며, 남편은 나의 재물을 파재(破財)시키고 재혼해 가는 남편이며, 재물도 내 것이 아니므로 남는 것이 없다.

이처럼 구성된 을목일간(乙木日干)은 가락국수집이나 짜장면, 해물탕, 국수 전문점 등을 한다면 성공 수가 높다. 을목일간(乙木日干)의 등라계갑(藤蘿繫甲)은 매우 좋다고 고서에서 말하지만 맞기도 하고 틀리기도 하는데 구조배합의 문제이다.

편관격
(偏官格)

편관(偏官)은 일간과 양대양(陽對陽) 음대음(陰對陰)의 관계로, 무정하게 극(剋)하는 상태를 편관(偏官)이라 한다. 가령, 갑목일간(甲木日干)이라면 경금(庚金)이 편관(偏官)이고, 을목일간(乙木日干)은 신금(辛金)이 편관(偏官)이다.

일간에서 일곱 번째에 해당하는 천간(天干)으로 칠충(七沖) 또는 칠살(七殺)이라 하며, 칠살(七殺)이 태왕(太旺)하면 귀살(鬼殺)이라고 한다.

음양(陰陽)이 다른 천간끼리 극(剋)하는 것은 유정하지만, 음대음(陰對陰)이나 양대양(陽對陽)의 관계는 상극(相剋)으로 무정한 것이 자연계의 속성이다. 그러나 정관(正官)과 편관(偏官)의 힘의 강약(强弱) 혼잡(混雜)에 따라서 유정무정(有情無情)이 달라지는데, 칠살(七殺)이므로 무정하다고 할 수 없다.

편관(偏官)의 육친성분은 남명에는 자식, 매부, 외조모, 고조부 또는 조상을 상징하고, 여명에는 외간 남자 또는 남편, 남편의 형제, 외고조부, 외조모, 시아주버니, 며느리 등을 상징한다.

편관(偏官)은 강제적인 제어하는 힘을 상징하므로 자신에게 주어진 일에 최선을 다하겠다는 의지가 강하다. 카리스마, 보스, 천재지변, 갑작스러운 사고나 사건, 흉폭, 특수법, 위엄, 권위, 월권행위, 경비, 폭염, 혹한, 위험물, 형법, 군인, 경찰, 감찰, 급성질환, 권병(權柄), 투쟁, 성급, 고독 등의 성분으로 작용한다.

편관(偏官)이 기신이면 권력을 믿고 흉폭하게 행동하여 비난을 사는 일도 있으나, 희신 작용은 여러 사람의 두목, 군인, 협객이 될 가능성이 많다.

명식에 식신(食神)이 있으면 칠살(七殺)의 흉폭함이 억제되어 길하지만, 재생살(財生殺)이 되었을 때는 흉폭함이 가중된다.

엄밀히 말하자면 편관(偏官)이나 칠살(七殺)이라 부를 때 그 쓰임이 각각 다르다. 일간이 유력(有力)하여 능히 감당할 수 있을 때를 편관(偏官)이라 하며, 허약하여 감당하기 어려울 때를 칠살(七殺)이라 한다.

편관(偏官) 성분은 총명하고 과단성이 있으나 우월심이 강하여 남이 겁내고 하지 못하는 일을 즐겨하는 성분으로 의협심도 강하며 모험과 스릴을 좋아하고 타인과의 교제를 즐긴다.

편관(偏官)이 희신이면, 군인, 경찰, 정계(政界), 관계(官界) 등에 진출하면 명성을 얻을 수 있으며 예술이나 문장(文章)으로도 성공하는 일이 많다.

편관(偏官)은 지나칠 정도로 조심하고 경계하며 질서와 원칙을 지키려는 성향이 강한데 그것은 편관여호(偏官如虎)라 그 성정이 호랑이와 같아서 흉폭하고 강압적이기 때문이다.

나를 지키는 법질서가 호랑이와 같이 무서워서 편관여호(偏官如虎)라 했으며, 호랑이와 대항할 수 있다면 호랑이 등에 올라탄 위인이 되지만, 신약(身弱)으로 칠살(七殺)과 대항할 수 없다면 매사 위축되어 법을 무서워하고 소심하며 대인 공포증과 같은 무서움과 두려움 속에 살아가며, 악법도 법이라며 치우친 규제나 통제를 따르고 강요된 조직과 규범에 길들여져 자신의 안녕을 도모한다.

신약하지 않은 관살과다(官殺過多)면 식상(食傷)을 취용한다.
신약하지 않은 인성과다(印星過多)면 재성(財星)을 취용한다.
신약(身弱)으로 관살과다(官殺過多)면 인성(印星)을 취용한다.
신약(身弱)으로 식상과다(食傷過多)면 인성(印星)을 취용한다.
신약(身弱)으로 재성과다(財星過多)면 비겁(比劫)을 취용한다.

비겁과다(比劫過多)면 칠살(七殺)을 취용한다.

年 月 日 時
庚 辛 庚 辛　　乾命
午 巳 午 巳　　편관용겁격(偏官用劫格)
壬 癸 甲 乙 丙 丁 戊 己
午 未 申 酉 戌 亥 子 丑

화기지지(火氣地支)가 과다하므로 사중병화(巳中丙火)로 격을 정하여 편관격(偏官格)이라 할 수 있다. 화기과다(火氣過多)하고 금기과다(金氣過多) 명식으로 금기천간(金氣天干) 모두가 극지좌(剋地坐)에 습토(濕土)나 수기(水氣)가 없으므로 메마르고, 건조하여 무력한 금기(金氣)이다.

경금(庚金)이 사화(巳火)에 장생(長生)이라 하지만, 무기토(戊己土)나 진축습토(辰丑濕土)가 없을 때는 극히 무력해지는데, 화기(火氣)의 원신인 천간의 병정화(丙丁火) 투출이 없으며, 입태월인 임신월(壬申月)이 희신이 되어주니 천만다행이다.

당주는 어려서 척추염으로 꼽추가 되었는데, 이러한 원인은 화기태왕(火氣太旺)으로 뼈를 상징하는 금기(金氣)가 형질변경(形質變更)되었기 때문이다.

그리고 벙어리 부인과 결혼하여 가난한 밑바닥 생활을 하였는데, 아무리 찾아도 처성을 상징하는 재성(財星)이 없다. 그러나 년월간(年月干) 두 개의 경금(庚金)이 을목(乙木)을 불러오는데, 년일주(年日柱)가 같으면 전생업장으로 태어난 격에 해당한다.

그리고 사오(巳午)가 진행성이므로 미토(未土)를 불러 화방(火方)을 이루고, 오미합(午未合) 중에 암장된 기토(己土)는 모친이고 미중을목(未中乙木)은 부친이며 2개의 경금(庚金)이 불러오는 을목(乙木) 허자(虛字)가 처성이 된다.

을목(乙木) 처의 입에 해당하는 화기(火氣)가 태왕하므로 태왕즉절(太旺則絶) 현상에 의해서 그의 처는 벙어리였다.

年 月 日 時
己 乙 癸 乙 坤命
丑 丑 亥 卯 신강의재(身强宜財)
丙 丁 戊 己 庚 辛 壬
寅 卯 辰 巳 午 未 申

편관격(偏官格)으로 일간이 2개의 축토(丑土)에 통근하고 계해일주(癸亥日柱)로 태어나니 신약하지는 않으나 한랭기(寒冷氣)가 극심하고 식관대립(食官對立)으로 제살태과(制殺太過)와 같이 되었다.

당주는 결혼 후 자식을 낳지 못해서 천덕꾸러기로 지내다, 기사대운(己巳大運)이 들어오자 을기칠살(乙己七殺)에 해사충(亥巳沖)으로 부부 이별을 하였다.

그 후 곤고(困苦)한 세월을 보내다가 해묘합(亥卯合)이 불러온 미토화개(未土華蓋)의 절간으로 들어가 공양주로 지내다가, 무속인이 되어 생계를 유지하게 되었다.

계해일주(癸亥日柱)는 자축공망(子丑空亡)으로 년월주공망(年月柱空亡)에 관성공망(官星空亡)으로 승려명과 같은 격이 되는데, 승려명이란? 재관(財官)이 극 허약하거나 없는 경우 또는, 화염조토(火炎燥土)이거나 금수기(金水氣)가 왕성하여 편고한 사주를 말한다.

또는 당주가 일하는 직업과 재물이 공망(空亡)이 되면 출가도인과 같아서, 승려나 신부 등 종교 관련 일을 하게 된다.

명식에 불러온 화개살(華蓋殺)이 하나 있으면서 희신으로 작용하므로 정신이 맑고 생각이 깊으며 철학적이다. 그러나 현실 생활에서는 축토(丑土)가 기신이므로 절 생활을 오래 할 수 없으며 무능·나태해지고 심성이 고독하게 된다.

일지해수(日支亥水)에 무토(戊土)가 암장되었고 무계합(戊癸合)을 하므로 경금대운(庚金大運) 재혼하고 평안했으나 신미대운(辛未大運) 58세 병술년

(丙戌年) 왔던 곳으로 되돌아갔다.

```
年 月 日 時
辛 己 乙 戊   坤命
巳 丑 亥 寅   신강의설재(身强宜洩財)
庚 辛 壬 癸 甲 乙 丙
寅 卯 辰 巳 午 未 申
```

편재격(偏財格)이다. 그러나 신금(辛金)이 투출하였고, 기토(己土)가 신금(辛金)을 생조하므로 칠살격(七殺格)에도 해당한다.

년월지가 유금(酉金)을 불러 금국(金局)을 이루고, 일시지는 애정의 결연을 맞이한다는 선합후파살(先合後破殺)로 희신의 활동성이 묶이니 사주의 탁기이다.

축월을목(丑月乙木)이 고사목(涸死木)이니 오로지 사중병화(巳中丙火)로 조후해야 하지만, 병신합(丙辛合)으로 명암합(明暗合)이 되었고 금국(金局)으로 변질하여 극 무력한 사화(巳火)이므로 북풍한설(北風寒雪)이 내리는 것과 같아서 허무하다.

당주는 초운부터 동남방 운으로 평길하였고, 결혼했으나 임진대운(壬辰大運)에 공방살 작용으로 부군작첩에 이혼하게 되었다.

이 사주의 남편은 신체에 이상이 있거나 부부 정(情) 없이 살 것이 정해진 격이 되는데 만약 부부 이별이 아니었다면 당주가 신병신액으로 많은 고통이 발생했거나 남편이 횡사했을 것이다.

그 후 계사대운(癸巳大運) 결혼하고자 했으나 일지 해사충(亥巳沖)에 혼파살(婚破殺) 작용으로 결혼하지 못하고 부동산에 많은 돈을 투자하고 부동산에 관련된 남자들에게 돈 주고 몸 주고 사기당하며 큰 손실을 겪었지만, 갑오대운(甲午大運)이 들어오고 잃었던 재물을 복구하고 새로운 인연을 만나 행복을 누렸다.

年 月 日 時
辛 庚 丁 丁   乾命
卯 子 丑 未   신약용인(身弱用印)
己 戊 丁 丙 乙 甲 癸
亥 戌 酉 申 未 午 巳

편관격(偏官格)으로 자좌축토(自坐丑土)가 지나친 설기를 하는 기신으로 화회(火晦)를 당하고, 산 너머에 있는 인수(印綬)는 수목응결(水木凝結) 고사목(涸死木)이며, 경신금(庚辛金)의 제어로 극히 무력하다.

벽갑인정(劈甲引丁)하는 갑목(甲木)이 없고 온화봉로(溫火逢爐)하는 무토(戊土)가 없어서 제방제수(堤防制水)를 못 하므로 하격이다. 수기(水氣)의 투출천간이 없어서 다행이지만 묘목(卯木)은 도움 되지 않으며, 일시지 형충(刑冲)과 묘신작용(墓神作用)으로 단명의 염려가 있다.

어머니는 두 남자와 살면서 한(恨)이 많았고 당주는 그 한(恨)을 유전으로 넘겨받으니 업인(業因)을 상속받게 되는데 그것이 백호살(白虎殺)이다.

당주의 첫 여자는 신금(辛金)으로 계수(癸水) 자식을 낳은 후 사별하였고, 경금(庚金) 후처가 자수(子水) 자식을 낳고 또 사별하게 되므로 처덕이 없다. 이래저래 육친의 덕이 없는 고아와 같아서 수많은 고생을 하며 살게 된다.

당주는 2처와 사별 후에 모진 고생을 하며 살다가 을미(乙未) 갑오대운(甲午大運)에는 먹고살 만했으나 계사대운(癸巳大運)이 들어오고 심장병이 생겼다. 이것은 정화(丁火)를 대표하는 장부가 심장인데 계수(癸水)가 정화(丁火)를 극하여 생긴 병이다.

신축년(辛丑年)에 심장병은 더욱 악화하였고 사화대운(巳火大運) 72세 임인년(壬寅年) 무신월(戊申月) 심장병으로 사망했다.

살중용인격(殺重用印格)

　관살태왕(官殺太旺)으로 신약할 때 편인(偏印)이나 정인(正印)이 있으면 인성(印星)으로 강왕한 관살(官殺)의 기운을 설기하여 일간을 방조하도록 해야 한다.
　신약사주에 인성(印星)이 있을 때는 식상(食傷)으로 용신을 정할 수 없으나 살인상생(殺印相生)하는 인수(印綬)가 없고 식상(食傷)이 있다면 제살(制殺)하는 용신이 된다.

年 月 日 時
戊 甲 戊 甲　乾命
子 寅 午 寅　살중용인격(殺重用印格)
乙 丙 丁 戊 己 庚 辛
卯 辰 巳 午 未 申 酉

　갑인월(甲寅月)의 무오일주(戊午日柱)가 갑인시(甲寅時)를 만나 칠살태왕(七殺太旺)이다. 다행히 일지오화(日支午火)가 살(殺)의 기세를 설기시켜 일간을 방조하므로 유정하게 되었다.
　자수(子水)는 인목(寅木)을 생조하므로 오화(午火)를 충(沖)하지 않는다. 이것을 탐생망극(貪生忘剋)이라 한다. 인목(寅木)은 인오합화(寅午合火)가 되므로 이것을 탐합망극(貪合忘剋)이라고 한다.
　지지(地支)에서 생조(生助)와 합(合)을 하므로 적군이 아군으로 변하는 격이다. 그러므로 갑목(甲木)은 칠살(七殺)이지만 무토(戊土) 산에 거목으로 성장하게 된다. 다시 말해서 태산에 거목이 자라고 계곡에는 맑은 물이 흐르는 모습이다. 이것은 모두 일지의 덕으로 처자와 조상의 덕이 큰 것이다.
　그러나 인수천간(印綬天干)이 없는 것이 이 사주의 흠이다. 만약 월간갑목(月干甲木)이 병화(丙火)나 정화(丁火)로 바뀌었다면 더욱 아름다운 인생이 되었을 것이다.

식상제살격(食傷制殺格)

격국과 용신을 고려한 이름으로 명식에 관살(官殺)이 왕성하고, 인성(印星)이 없거나, 있어도 쇠약하고, 식상(食傷)이 유력하면 식신(食神) 또는 상관(傷官)으로 관살(官殺)을 제어하여 일간을 보호하는 것을 제살격(制殺格)이라 한다.

제살격(制殺格)은 자신의 희생과 노력으로 세상을 살아가는 이치가 담겨 있으므로, 남달리 재주가 많은 것을 이용하거나 후배나 아랫사람 또는 자식의 공(功)을 앞세운 결실로 사회적 성공과 자신의 영화가 이루어지기도 한다.

年 月 日 時
庚 庚 甲 丙   乾命
申 辰 戌 寅   식신제살격(食神制殺格)
辛 壬 癸 甲 乙 丙 丁
巳 午 未 申 酉 戌 亥

진월(辰月)에 투출천간이 없지만, 연간경금(年干庚金)이 간여지동(干與支同)으로 투출했으며 월간경금(月干庚金)이 진토(辰土)의 생조를 받으니 칠살(七殺)을 넘어 귀살격(鬼殺格)과 같은 형태이다.

그러나 다행히 간지상생(干支相生)의 병인시(丙寅時)를 만나 인목(寅木)은 일간의 록근(祿根)이 되어 주고 병화(丙火)는 칠살(七殺)을 제압하므로 귀자(貴子)를 만나는 인연이다.

즉, 칠살(七殺)을 제어하여 일간을 보호하는 아능구모(兒能救母)이니, 베풀수록 덕이 된다. 목화통명(木火通明)의 뛰어난 언변과 두뇌회전을 바탕으로 살(殺)을 제압시키는 것과 같으니 무관이나 군인, 검찰, 경찰, 변호사나 약자를 보호하는 시민단체에서 주체적인 역할로 최대의 능력을 발휘할 수 있으며 또는 운동선수로서도 큰 활약을 할 수도 있다.

당주는 남방운에서 순풍에 돛 단 듯이 순탄했으나, 서방운을 만나 관재구설 속에 수많은 고통을 당하고 애로가 많았다. 그러다 병술(丙戌)과 정화대운(丁火大運)에는 고목에 꽃이 핀 듯 아름다웠으나 해수대운(亥水大運) 해인합(亥寅合)으로 탐합망생(貪合忘生)이 이루어지고 병화(丙火) 용신의 절신작용(絶神作用)으로 사망했다.

年 月 日 時
壬 壬 丙 戌 乾命
子 子 戌 戌 식신제살격(食神制殺格)
癸 甲 乙 丙 丁 戊 己
丑 寅 卯 辰 巳 午 未

년월주(年月柱)가 2개의 임자양인(壬子羊刃)으로 칠살(七殺)이 태왕하다. 그러나 다행히 무술시(戊戌時)를 만나 식신제살격(食神制殺格)을 이루고 제방제수(堤防制水)하기에 충분하다.

행운이 따르는 사람은 물에 빠져서도 잉어를 잡지만, 불행한 사람은 더욱 깊은 물속으로 끌려가 버린다. 그런데 당주는 행운까지 길하여 일간을 돕고 살(殺)을 제어하므로 길하다.

을묘대운(乙卯大運)에 수기(水氣)는 절지(絶地)에 임하고 묘술합화(卯戌合火)하는 을묘(乙卯)의 방조를 만나 군수가 되었다.

병화(丙火)가 무토(戊土)가 만나면 석양 노을빛으로 흉하다고 하지만, 겨울에 태어난 병정화(丙丁火)에는 더할 나위 없는 귀인이 된다. 다시 말해서 천간의 조합 또한 조후를 바탕으로 희기(喜忌)를 따져야 한다.

즉, 병화(丙火)가 좋아하는 기토(己土)를 만났다면 기해시(己亥時)가 되는데 제방제수(堤防制水)도 못 할뿐더러 기임탁수(己壬濁水)로 관(官)이 빛나지 못하고, 하급공무원도 힘들었을 것이다. 당주가 성공한 것은 무토(戊土)의 덕이므로 아랫사람과 처덕이 매우 좋은 것이다.

재자약살격(財滋弱殺格)

격국과 용신을 고려한 명칭으로, 명식에서 용신이 되는 관살(官殺)이 허약할 때 반드시 재성(財星)의 도움을 받아서 관성(官星)을 보호하고, 또한 관살(官殺)을 돕는 재성(財星)은 비겁(比劫)으로부터 극(剋)을 당하고 있을 때, 관살(官殺)이 비겁(比劫)을 억제하여 재성(財星)을 보호하는 사주유형을 재자약살격(財滋弱殺格)이라 한다. 재성(財星)의 자식이 되는 관성(官星)을 내세워 재관(財官)이 상생(相生)하는 격이다.

年 月 日 時
甲 丙 庚 庚　乾命
寅 子 申 辰　재자약살격(財滋弱殺格)
丁 戊 己 庚 辛 壬 癸
丑 寅 卯 辰 巳 午 未

월일시지(月日時支)가 합(合)하여 신자진(申子辰)을 이루었지만, 수국(水局)을 대표하는 천간이 없으므로 다만 유정(有情)한 관계의 금수상관격(金水傷官格)이다.

자월(子月)은 만물이 얼어 있으므로 화기(火氣)로 해동해야 하는데, 왕성한 상관(傷官)의 기(氣)를 갑목(甲木)이 흡수하여 병화(丙火)를 생조하므로 양호한 사주이다. 이러한 구조의 사주를 재자약살격(財滋弱殺格) 또는 명관과마(明官跨馬)라 하는데, 재성(財星)의 자식인 관살(官殺)로 일간을 제어하는 것을 말한다. 이런 재자약살격(財滋弱殺格)을 바보 온달 사주라고 한다.

평강공주가 주체가 되어 남편을 돕고 성공시키므로, 처덕이 많고 자식덕이 크다. 그러므로 득자 후 발복하는 명식으로 요즘 시대에는 최고의 처덕을 보는 사주다. 이 사주의 갑목(甲木)인 처 역시 신자진수국(申子辰水局)에 통근(通根)한 갑목(甲木)으로, 처가가 무척이나 부유한 집안이 될 것을 상징한다.

합관유살격(合官留殺格)

　격국과 용신을 고려한 이름으로 정편관(正編官)이 투출하여 혼잡관살(混雜官殺)이 되었을 때, 정관(正官)을 합거하고 편관(偏官)이 남게 되면 혼잡관살(混雜官殺)의 탁기를 제거하게 되는데 이것을 합관유살격(合官留殺格)이라 한다.
　혼잡관살(混雜官殺)에서 편관(偏官)이 합거(合去)되고 정관(正官)만 남았을 때는 합살유관격(合殺留官格)이라 한다.
　관살혼잡(官殺混雜)일 때 정관(正官)을 제어한다면 거관유살격(去官留殺格)이라 하는데 명칭만 다를 뿐 같은 작용이다.

```
年 月 日 時
丁 壬 丁 癸    乾命
亥 寅 酉 卯    합관류살(合官留殺)
辛 庚 己 戊 丁 丙 乙
丑 子 亥 戌 酉 申 未
```

　월간임수(月干壬水)와 시상계수(時上癸水)가 있으므로 혼잡관살(混雜官殺)이다. 그러나 년월간 정임합목(丁壬合木)으로 목기(木氣)로 변하는 합관유살격(合官留殺格)으로, 계수편관(癸水偏官)만 남게 되므로 관살(官殺)이 맑아진 격이다.
　혼잡관살(混雜官殺)은 회사의 사장이 둘인 것과 같으며 여명에서는 남편이 둘인 것과 같아서 순일한 정신이 되지 못한다. 그러므로 관살(官殺) 하나를 합거하고 정관(正官)이나 편관(偏官) 하나만 남게 되면 청(淸)하다.
　정임합목(丁壬合木)하여 목기(木氣)로 변하고 년월지 해인합목(亥寅合木)에 시지묘목(時支卯木)을 만나므로 인수태왕(印綬太旺)으로 목다화식(木多火熄)이 되는 사주이다.
　그러므로 계수(癸水)는 정화(丁火)를 제어하고 유금(酉金)은 인수(印綬)를 제어해야 한다. 당주는 행운이 서북방으로 행하여 공직에 몸담고 정년까지 안정된 삶을 살았다.

합관(合官)이나 합살(合殺)로 관성(官星)이 맑아진 경우, 공직자나 교육자가 되는 사람이 많다.

관살혼잡격(官殺混雜格)

격국과 용신을 고려한 이름으로 정편관(正編官)이 투출한 사주를 관살혼잡격(官殺混雜格)이라 한다. 일반적으로 관살혼잡(官殺混雜)의 사주는 격을 낮게 평가하기 마련이지만, 비겁과다(比劫過多)하거나, 관살쇠약(官殺衰弱)하거나, 조후용신이 되는 경우는 귀명(貴命)이 된다.

특히, 양인격(羊刃格) 신강명식에는 혼잡관살(混雜官殺)이라 해서 천격(賤格)으로 보면 안 된다. 그러나 여명의 경우는 애정에 결연을 맞거나 부부 문제가 생기는 일이 많으며 남자들이 많은 직장에서 일하는 사람이 많다.

年 月 日 時
丁 丙 辛 丁　坤命
酉 午 未 酉　관살혼잡격(官殺混雜格)
丁 戊 己 庚 辛 壬 癸
未 申 酉 戌 亥 子 丑

누가 남편인지도 헷갈리는 첩명(妾命)의 구조이다. 이런 명식일 때 혼전 순결을 잃기 쉽고, 혼전임신, 강제결혼, 사통망신 등을 당할 수 있으며, 관살(官殺)이 신금(辛金)을 쟁재(爭財)하는 형태이므로 집단 성폭행도 당할 수 있는 구조이다.

부부 해로는 할 수 없는 사주로 한마디로 보석 쟁탈전이 되는데, 다자(多字)는 무자(無字) 태왕즉절(太旺則絶) 현상으로 오히려 남자가 없거나, 또는 넘치는 남자들로 인해서 일평생 남난풍파의 고통을 겪기도 한다.

당주는 기유대운(己酉大運) 25세 신유년(辛酉年) 결혼했으나, 시어머니와 남편이 날마다 싸움을 벌이고 며느리를 구타하는 시어머니를 만나 결국 28세 갑자년(甲子年) 이혼하게 되었다.

32세 무진년(戊辰年) 또 결혼하게 되었으나 경술대운(庚戌大運) 40세 병자년(丙子年) 남편의 지나친 의처증에 도망 나왔다. 이처럼 병신합(丙辛合)을 깨는 정화(丁火)가 있을 때는 해로할 수 없다.

이 사주는 자칫 정신병이 될 수도 있는 구조이지만 잘 참고 인내하면, 신해(辛亥) 임자(壬子) 계축대운(癸丑大運)은 평안한 인생이 될 것이다. 이처럼 일지 흉물심장(凶物深藏)에서 기신이 투출하여 악살작용(惡殺作用)을 하고 혼잡관살(混雜官殺)이면 살얼음판을 걷는 인생이 된다.

年 月 日 時
丙 己 壬 己　坤命
申 丑 午 酉　관살혼잡(官殺混雜)
戊 丁 丙 乙 甲 癸 壬
子 亥 戌 酉 申 未 午

정관격(正官格)이기는 하지만 2개의 기토(己土)가 일간을 포위하고 있으므로 순일하지 않아서 혼잡(混雜)보다 더 흉하다. 그러므로 전생 악연관계의 남자를 만나 업인연(業因緣)을 해결하고 가는 숙명(宿命)이다. 아마 전생에 남자들에게 못된 짓을 많이 한 듯하다. 그러므로 현세에 다시 만나서 그 빚을 갚고 가야 하는 운명의 멍에가 지워진 듯하다.

당주의 사주는 혼잡(混雜)이라 할 수 없는 혼잡으로 축오귀문(丑午鬼門)에 기임탁수(己壬濁水)가 발생하고, 년시주(年時柱)가 공망이므로 현상계에서 이해하기 어려운 묘한 상황이 되는데, 일지에서 2개의 기토(己土)가 투출하여 탁수(濁水)시키는 묘한 인연이다.

이때 병오(丙午)가 없었다면 빙산(氷山)은 녹지 않으니 탁수(濁水)로 변하지는 않는다. 그렇다면 당주 스스로 그 환경을 만들어 망신살(亡身殺) 속으로 들어가는 것이다.

당주는 술토대운(戌土大運)에 남편이 교통사고로 사망했는데, 학창시절부터 남학생들과 수많은 염문을 뿌리고 다녔으며, 결혼 후에 여러 남자를 만나고 다니는 등 이성관계가 아주 복잡했다. 그로 인해 술 마시고 번뇌하던 남편이 운전 중 사고로 현장에서 사망하게 되었는데, 이것은 모두 귀신의 장난이다.

당주가 추잡했던 애정사가 되었던 것도 한 남자에게 의탁하지 못했던 정신계 질환이 되는데, 외할머니나 조상 중 쌍둥이라 하여 죽였던 영혼을 찾아 천도제를 지내 주어야 한다.

제살태과격(制殺太過格)

격국과 용신을 고려한 이름으로, 왕성한 식상(食傷)이 쇠약한 관성(官星)을 파극하는 것을 제살태과(制殺太過)라 한다.

천격 사주로 지고는 못 사는 성격이 형성되어 법질서를 무시하는 청개구리 성격으로 여명은 득자 이별하는 일이 많으며 사별하는 때도 있다. 또한 자식 덕이 없어서 불효자가 많고, 자신의 잘난 척으로 불행을 자초한다.

남명의 경우는 구속수감 법정구설이 되는 일이 많으며, 식상(食傷)이 병(病)이므로 인수(印綬)가 약(藥)이다. 태약(太弱)하지 않다면 재성(財星)이 식상(食傷)을 설기하여 관성(官星)을 방조하는 것도 길하다.

허약한 인성(印星)을 방조하는 관살(官殺) 입장에서는 식상운(食傷運)은 관살(官殺)을 파극하므로 위화백단(爲禍百端)으로 큰 재앙이 따르는 일이 많으며 특히 신약할 때는 흉액 가중이다.

年 月 日 時
壬 壬 庚 丙 乾命
子 寅 辰 子 제살태과(制殺太過)

癸 甲 乙 丙 丁 戊 己
卯 辰 巳 午 未 申 酉

　인월(寅月)에 병화(丙火)가 투출하므로 편관격(偏官格)이지만, 극 무력한 병화(丙火)이다. 인월(寅月)은 경금일간(庚金日干)의 절지월(絶地月)이므로 화기(火氣)가 토기(土氣)를 생조하고, 재성(財星)과 인수(印綬)가 장애가 되지 않으며, 토기(土氣)는 경금(庚金)을 생조해야 팔자가 길해진다.
　그런데 이 사주에서는 임수(壬水)가 쌍칼 찬 쌍 양인으로 제살태과(制殺太過)와 같은 격이다. 그러나 인목(寅木)이 수기(水氣)를 설기하고 병화(丙火)를 생조한다고 하지만, 천간은 천간끼리 응하는 법칙에 따라 월간임수(月干壬水)와 자수(子水)는 설기할 수 있지만, 연간임수(年干壬水)는 설기하지 못한다.
　병화(丙火)는 자수(子水)에 앉아 허약하여 진토(辰土)를 생조하기 어렵고, 진토(辰土)는 자진합수(子辰合水)에 임수(壬水)를 생조하므로 모친의 덕이 부족하다.
　추위를 해동시키는 병화(丙火)를 제살태과(制殺太過)로 쓰러트리면, 직장생활을 못하고 개인사업하다 패망하고 법정구설이 많으며, 가슴에 무덤 쓰는 자식과 본인 역시 단명하는 자식이 될 수 있다.
　당주의 병오대운(丙午大運)은 임자양인(壬子羊刃)과 천충지충(天沖支沖)의 운으로 법정구설수가 되는데, 43세 갑오년(甲午年) 학원사업을 하던 중 건물주와 말다툼을 하다가, 건물주가 3층 계단에서 굴러 뇌진탕으로 다치고, 당주는 구속되었다.

年 月 日 時
甲 丙 甲 壬　坤命
午 寅 午 申　제살태과(制殺太過)
乙 甲 癸 壬 辛 庚 己
丑 子 亥 戌 酉 申 未

인월병화(寅月丙火)는 당주의 성 능력이 되는데 2개의 오화(午火)에 양인(羊刃)이 되어 임수(壬水)를 증발시키고, 신금(申金)을 극(剋)하여 관인상생(官印相生)의 음덕(蔭德)과 귀함을 자신의 발로 차내는 제살태과(制殺太過)이다.

성 능력 태왕으로 남편의 입을 막아 벙어리를 만들고, 신중경금(申中庚金)을 깔아뭉개는 형상으로 흉하다. 일지 남편은 상관(傷官)이고 육친 남편은 신중경금(申中庚金)으로, 인월(寅月)의 남편 궁은 절신(絶神)이므로 허약한 상태이다.

임수(壬水)가 용신이지만, 상관태왕(傷官太旺)을 제압하지 못하고 오히려 분란을 만드는 형상으로 당주는 안하무인이 되어 가는데, 사주가 이렇게 구성되면 부부 해로할 수 없는 극부(剋夫)할 운명이다.

다행히 대운이 길하여 평안한 인생을 살아갈 수 있지만, 임술대운(壬戌大運)은 화국(火局)을 이루고 남편 궁을 녹이므로 대흉하게 되는데, 33세 병인년(丙寅年) 남편이 시름시름 앓다가 사망하게 되었으니 제살태과(制殺太過)의 흉액을 벗어나지 못한 것이다.

정인격
(正印格)

정인(正印)은 나를 방조하므로 생아자(生我者)라고 한다. 일간과 음양(陰陽)이 다른 인성(印星)을 정인(正印)이라 하며, 인수(印綬)라는 말은 정인(正印)과 편인(偏印) 모두를 인수(印綬)라 하고, 또는 인성(印星)이라 한다.

정인(正印)은 친어머니를 상징하지만, 꼭 그런 것은 아니며 사주 명식에 따라서 편인(偏印)이 친어머니가 되기도 한다. 보편적으로 남명에는 어머니 또는 이모, 장인, 조부를 뜻하고, 여명에는 어머니, 손자, 사위, 시증조부 등을 상징하는데, 근묘화실(根苗花實)의 정인(正印) 위치에 따라서 육친이 다르게 적용된다.

정인(正印) 성분은 수용능력, 인허가, 자격증, 깨달음, 계시, 인내력, 학문, 교육, 학자, 유산, 음덕, 의복, 의식주, 조상, 전통, 문서, 책, 지혜, 귀인, 조업계승, 자선사업, 문화계, 교육계통 등을 뜻하는 성분으로 자기 멋대로 하는 단점도 있지만, 인의(仁義)를 알고 자비심이 있으며 종교를 경신(敬神)하고 대인의 품격으로 그 자질이 온후(溫厚)하고 단정하다.

특히, 간지(干支)가 같은 오행(五行)인 갑인(甲寅), 을묘(乙卯), 병오(丙午), 정사(丁巳), 무진(戊辰), 무술(戊戌), 기축(己丑), 기미(己未), 경신(庚申), 신유(辛酉), 임자(壬子), 계해(癸亥) 등의 월주가 정인격(正印格)으로 희신이면 자산이 풍부하고 복수쌍전(福壽雙全)에 무병장수(無病長壽)하고 생애안락(生涯安樂) 등의 길함을 유도한다.

총명하고 단정하며 인자하고 지혜가 있으며 너그러운 특징이 있다. 그러나 기신이라면 게으르고 매사에 개인주의로 인색하며 마음을 붙이지 못하고 방황한다.

정인(正印)이 정관동주(正官同柱)에 있으면 인격자이며, 상관동주(傷官同柱)면 허영에 흐르기 쉽다. 정인(正印)은 나를 낳아 기르는 친어머니로, 나의 의식주를 해결해 주고 전통의 얼을 배워서 나 또한 정인(正印)으로 배운 바를 널리 전파하는 인덕이 많은 사람이다.

편인(遍印)처럼 눈치가 빠르지 않아서 임기응변에는 느리지만 고지식한 성격으로 배우고 익힌 앎을 활용하여 정당한 학문과 윤리도덕을 자손에게 전수하겠다는 보수적인 사고와 사명감으로 자신의 앎을 고집하고 주장하는 성분이다.

관인상생격(官印相生格)은 인수(印綬)와 정관(正官)이 상생(相生)하는 구조이다.
살인상생격(殺印相生格)은 인수(印綬)와 편관(偏官)이 상생(相生)하는 구조이다.

신강으로 재성과다(財星過多)면 관성(官星)을 취용한다.
신강으로 인성과다(印星過多)면 재성(財星)을 취용한다.
신강으로 비겁과다(比劫過多)면 관성(官星)을 취용한다.
신약으로 재성과다(財星過多)면 비겁(比劫)을 취용한다.
신약으로 식상과다(食傷過多)면 인성(印星)을 취용한다.
신약으로 관살과다(官殺過多)면 인성(印星)을 취용한다.

年 月 日 時
癸 甲 甲 丁　坤命
未 子 辰 卯　신강의설재(身强宜洩財)
乙 丙 丁 戊 己 庚 辛
丑 寅 卯 辰 巳 午 未

정인격(正印格)이라 해서 다 좋은 것은 아니며 희기신에 따라 다르다. 겨울에 태어난 갑목(甲木)은 임계수(壬癸水) 투출은 불미하며, 태양이 화창해야 하고 제방제수(堤防制水)하는 무토(戊土)가 있어야 평안한 삶이 된다.

당주는 무관살(無官殺)이므로 통관신인 정화(丁火)를 남편으로 볼 수도 있으며, 또는 자진합(子辰合)에 불러온 신중경금(申中庚金) 귀신같은 자를 남편으로 볼 수도 있지만 명식에 있는 글자가 우선이다.

그러므로 금기(金氣)를 생조하는 토기(土氣)에서 남편을 찾아야 하는데, 미중기토(未中己土)는 월간갑목(月干甲木) 언니의 남편이고, 일지인 진중무토(辰中戊土)가 당주의 남편이다.

그런데 자진합(子辰合)에 자수(子水)는 갑목(甲木)을 낳았으니 자식 딸린 결혼 실패한 유부남이 인연이며, 남편의 첫 여자는 국생도화(麴生桃花)로 잘난 척과 낭비벽이 심하여 이별하고 당주를 만나게 된다는 것이 이 사주의 감추어진 비밀이다.

당주는 혼미한 정신계로 미중기토(未中己土)와 당주 갑목(甲木)이 합(合)을 하므로 형부의 꼬임에 넘어가 비밀 애정사가 있게 되었고, 꼬리가 길면 밟히는 법으로, 결국 언니 부부는 이별하게 되었고, 당주는 가출하여 숨어 지내다가 무토대운(戊土大運)에 자식 딸린 유부남과 결혼하게 되었으니 사주의 운명의 유인력은 참으로 무서운 것이다.

여명사주에서 공망(空亡)인 시주(時柱)가 식상(食傷)이 되면 무자식이 되는 일이 많은데 당주는 무자식이었다. 그러나 모두 무자식이 되는 것은 아니다. 혹 자식을 위해서 공(功)을 들이거나, 많이 베풀고 보시하거나, 혹은 남편의 인연으로 자식이 생기기도 한다.

갑자월주(甲子月柱)는 당주의 언니이기도 하지만, 남편의 전처로 갑목(甲木)이 투출하여 나왔으니 아들이 하나 있다. 그러므로 남의 자식 키워 주는 후처 팔자인 것이다.

일지는 나의 배우자이며 특히 진토(辰土)는 자궁, 유방, 위장, 피부, 코, 맹장을 상징하는데, 천간이 투출하여 식상(食傷)을 도식(倒食)하는 사주는 자식과 인연이 없고 무자식이 되기 쉬우며, 혹은 자식이 있더라도 허약하여 단명하거나 자궁병, 유방암 등이 발생하기 쉽다.

年 月 日 時
庚 丙 癸 庚　乾命
申 戌 亥 申　신강의재(身强宜財)
丁 戊 己 庚 辛 壬 癸
亥 子 丑 寅 卯 辰 巳

경금(庚金)이 간여지동(干與支同)으로 2개가 투출하여 대세를 잡으니 정인격(正印格)이지만 정인태왕(正印太旺)으로 기신이 되었다. 아무리 좋은 뜻을 가진 정인(正印)이라 해도, 태왕(太旺)으로 기신이 된다면 불 수용성으로 일생 의식주 걱정에 고통을 받게 하는 것이 인수태왕(印綬太旺)으로 자기 주체성을 상실한 마마보이가 되고 우둔하게 된다.

그러나 당주는 일지해수(日支亥水)가 있어서 왕성한 금기(金氣)를 수용하므로 금다수탁(金多水濁)이 되지 않으며 출렁이는 지혜의 바다가 된다.

월일지(月日支) 술해천문(戌亥天文)을 이루고 금백수청(金白水清)이다. 화기창고(火氣倉庫)에 좌(坐)한 병화(丙火)가 경금(庚金)을 제압하므로 비록 용신이 허약해도 꿈과 목표설정을 하고 전진해 나아가는 정신력이 된다.

계수일간(癸水日干)의 꿈은 갑목(甲木)으로 환원되고자 하는 것인데, 일지에서 갑목(甲木)이 장생(長生)하고 있으며 병화(丙火) 태양이 빛을 발하므로 동남방 운으로 행한다면 능히 성공할 수 있는 명식이다.

다만 아쉬운 것은 처성이 병술백호(丙戌白虎)로 묘신동주(墓神同柱)이니 처의 단명이 발생하게 되는데, 당주가 많은 베풂의 덕을 행하고 자비로운 인간으로 살아간다면 신묘대운(辛卯大運)을 벗어나 임진대운(壬辰大運)에 사망하게 된다.

그러나 술해천문(戌亥天文)의 구제중생 보살도를 행하지 않는다면 그의 처는 신금대운(辛金大運)에 사망하게 된다. 처의 처지에서 보면 안타까운 일이다. 갖은 노력과 고생을 다하고도 좋은 소리 못 듣는 병화(丙火)이다.

술중정화(戌中丁火)와 해중임수(亥中壬水)가 암합(暗合)을 하고 있으므로 후처는 술중정화(戌中丁火)이다. 당주는 대동아 전쟁과 6.25 전쟁을 겪으며 많은 고생을 하였으나 장관을 지냈고 의정활동에도 참여했다.

```
年 月 日 時
乙 癸 庚 己    坤命
未 未 辰 卯    신강의설재(身强宜洩財)
甲 乙 丙 丁 戊 己 庚
申 酉 戌 亥 子 丑 寅
```

정인격(正印格)이 의식주의 신(神)으로 귀성(貴星)이라 할지라도, 당주에게는 기신이므로 게으르고 매사에 자기 본위적이며 인색하고 마음을 붙이지 못하며 방황하게 된다. 그러므로 부모 덕 보려는 생각은 하지 말고 일찍 타향에서 자수성가를 이루는 것이 제일 좋은 방법이다.

당주는 을목대운(乙木大運)에 결혼하고 이어지는 유금대운(酉金大運) 묘유충(卯酉沖)에 절신(絶神)이 동하므로 남편이 흉사단명(凶事短命)하였다.

그 후 병술대운(丙戌大運) 묘술합화(卯戌合火)로 외국인과 동거하고 살다가 헤어지고, 또 다른 미국인 남자를 따라 미국에 들어가 살다가, 진술충(辰戌沖)에 부성(夫星) 입묘살(入墓殺) 발동으로 동거중인 미국 남자가 갑자기 사망했다.

정해대운(丁亥大運) 또 재혼하게 되었으며, 윤토생금(潤土生金)하는 운으로 평안한 생활을 하게 되었다. 무자대운(戊子大運)까지 평안한 생활을 유지할 것이지만 욕심이 지나치지 않아야 한다.

그리고 57 기축대운(己丑大運)에 단명하지 않을까 염려되는데 여명 괴강일주(魁罡日柱) 과숙살(寡宿殺)에 공망(空亡)이 되는 여성과 결혼하는 남자는 스스로 무덤에 들어가는 것과 같으며, 또한 이 사주가 남명이라면 이런 남자와 결혼하는 여자는 자기 무덤을 스스로 찾아가는 것과 같다.

年 月 日 時
戊 甲 丁 癸　坤命
子 寅 丑 卯　신강의설(身强宜洩)
癸 壬 辛 庚 己 戊 丁
丑 子 亥 戌 酉 申 未

월주 간여지동(干與支同)으로 정인격(正印格)이지만 설기분담(洩氣分擔)하는 화기(火氣)가 없으므로 화식(火熄)당하는 정화(丁火)이다. 다시 말해서 마마보이 격으로 모친의 꼭두각시 인형이며, 인수(印綬)가 왕성한 것일 뿐 일간이 왕성(旺盛)한 것은 아니다.

사오(巳午) 중 한 글자가 있어야 인수(印綬)를 수용하게 되는데 비겁(比劫)이 없다 보니, 불수용 인수(印綬)로 모왕자쇠(母旺子衰)로 우둔하게 변하는 정화(丁火)로 시키는 일은 잘하지만 능동적인 일은 별로 하지 못한다.

이 경우 인수(印綬)만 왕성하게 하며 사주를 한습하게 하는 계수(癸水)를 제압하는 무토(戊土)가 용신이지만 갑목(甲木)의 파극(破剋)으로, 무토(戊土)가 계수(癸水)를 제압하지 못하므로 타향으로 떠나야 한다.

도식격(倒食格)으로 어머니가 불량하므로 무자식이 될 수 있다. 축중신금(丑中辛金) 부친은 목다금결(木多金缺)에 허약무력(虛弱無力)한 부친으로 단명하는 부친이며, 당주는 유산을 겪으며 본인이 호색하거나 남편이 음란 호색하게 되어 부부 해로가 어렵다.

원래 도식격(倒食格)은 무자식이 되는 일이 많은데, 당주는 자궁이 냉(冷)하여 자식이 불구가 되거나 신체 이상자가 될 수 있는 염려가 있다.

당주는 결혼하려고 많은 애를 써 봐도 결혼을 이루지 못하다가 31세 무오년(戊午年) 무계합(戊癸合)으로 식관합(食官合)이 되었고 자오충(子午沖)으로 사주의 탁기인 자수(子水)를 제거하므로 결혼을 성립시켰으나 36세까지 몇 번의 유산을 겪은 후 임신하지 않아서 해수대운(亥水大運) 계해년(癸亥年) 친정으로 돌아오게 되었다. 넘어야 할 산이 첩첩산중이다.

편인격
(偏印格)

　편인(偏印) 성분은 계모나 유모를 상징하지만, 꼭 그런 것은 아니다. 정인(正印)이 친모이고 편인(偏印)은 계모나 아버지의 후처라 하지만, 그렇기도 하고 그렇지 않은 사람도 많다. 이것은 모두 근묘화실(根苗花實)과 편고함 등에 의한 육친의 변화에 따라서 편인(偏印)이 친모가 되고 정인(正印)이 계모가 되기도 한다. 그러나 일반적으로 남명에는 부친의 첩(妾) 또는 모친의 형제, 장인, 외숙, 조부를 상징하고 여명에는 모친의 형제, 손녀, 조부, 시조모를 상징한다.

　편인(偏印)은 식신(食神)을 파극하는 성분이라 하여 도식(倒食)이라 하지만, 왕성한 식상(食傷)을 제어하거나, 왕성한 관살(官殺)을 설기인화(洩氣引化)시키는 희신이라면 임기응변에 능하고 인정이 많으며, 측은지심과 포용력이 좋다.

　또한, 이해력이 풍부하고 선견지명의 직관력이 뛰어나 재치가 있으며, 순간적인 발상으로 기회포착을 잘하며 예술과 체육에서 탁월한 능력을 발휘하기도 한다.

　밝고 명랑한 기분파로 분위기를 잘 맞추고 자신이 원하는 일에는 매우 적극적이며 융통성이 많고, 희생정신과 배려심이 강하며 다재다능(多才多能)하다.

　또한, 어느 곳에서도 잘 화합하고 주어진 기회가 있으면 적극적으로 활용하며, 남을 위해서 헌신하는 일에 앞장서는 성격으로 두 가지 직업을 잘 소화하는 능력이 있다. 그러므로 여명일 때 사회 활동도 잘하지만, 가정생활도 잘한다.

두 가지 일을 잘할 수 있다는 것은 매우 뛰어난 재능(才能)이며, 변통(變通)을 잘한다는 것은 어느 환경에서나 맡겨진 일을 잘할 수 있음을 상징한다. 정인(正印)은 고지식 성분이고, 편인(偏印)은 변통(變通)의 성분으로 호기심과 창작능력에 탁월한 성분이다.

또한, 선견지명(先見之明)의 직관력이 뛰어나 신비한 것을 좋아하고, 종교적인 성격도 강하다. 남이 하지 않거나 어려워하는 일도 잘하며, 성격이 활발하고 일을 처리함에 종횡무진(縱橫無盡)한 재능을 발휘한다.

그러나 도식격(倒食格)으로 작용하는 기신이라면, 깊이가 부족하고 변덕(變德)이 죽 끓듯 하며 처음에는 부지런하지만, 곧 권태(倦怠)를 느끼고 나중에는 태만해지며, 용두사미(龍頭蛇尾)로 중도 포기를 잘하고 화려하며, 요사스러운 것들을 좋아한다.

편인(偏印)이나 정인(正印)이 과다(過多)하고 왕성한 기신작용이라면, 파재, 실권, 질병, 재난, 이별, 고독, 박명, 색난 등이 어떤 형태로든 불행은 찾아오게 된다. 그러나 직업 성분에는 적합한 점이 있어서 학자, 예술가, 의사, 승려, 연기자 등이 되는 사람이 많다.

정인(正印)은 일간과 음양(陰陽)이 다른 관계로 다정하지만, 편인(偏印)은 무정(無情)하다. 나를 낳았으니 생모이기는 하지만 계모와 같아서 데려온 자식같이 대하는 정이 없는 모친인 사람도 있지만, 이것은 기신작용일 때이다.

편인(偏印)을 일명 도식(倒食) 또는 효신살(梟神殺)이라 하는데, 식신(食神)은 재물의 원신으로 재물을 만들어 내는 나의 나타남의 능력이며 기술이다.

그런데 이러한 능력을 발현시키지 못하도록 제압하는 오행이 편인(偏印)이다. 그러므로 편인(偏印)은 내 밥그릇을 빼앗는 자에 해당하므로 좋지 못한 육신으로 본다.

그러나 음양간(陰陽干)에 많은 차이점이 있으므로 세심한 관찰이 필요하다. 신약용인(身弱用印)으로 관성(官星)을 설기인화(洩氣引化)하고, 내 기운을 훔쳐 가는 식상(食傷)을 제압하는 용신으로 작용한다면, 중인을 위하여 자선을 베풀고 공익을 위하여 앞장서게 되므로 간명함에 있어서 특히 주의해야 한다.

지지로만 있는 인수혼잡(印綬混雜)은 흉물심장(凶物深藏)으로 피해가 적지만, 천간으로 혼잡투출(混雜透出)했을 때 흉액이 발생하고, 때로는 단명(短命)을 초래하며 천한 인생이 되게도 한다.

편인(偏印)의 보편적인 성분은 치우친 지혜, 학문, 교양, 수양의 시발점이므로 형이상적인 신비주의를 지향하고 이상세계를 동경하며 존재의 실상과 문제의 근원을 파악하려고 한다.

그러므로 의심, 고독, 호기심, 비교평가 등의 성분이 된다. 남들이 하지 않는 특이한 공부를 좋아하여 폼생폼사하고, 우울증, 공주병이 되는 사람도 많으며, 생사(生死)의 문제나 인생사에 대한 관심이 많아서 그 문제를 완벽하게 해결하려는 신념이 강하다.

이상세계의 종교성 신비주의를 무작정 좋아하고 주변에서 만류할수록 나는 어디에서 왔으며 어디로 가는가? 누구와 함께 무엇을 하며 어떻게 살아야 하는가? 하는 문제 속으로 빠져들며 그러한 의문을 해결하려고 고뇌하는 성분이 편인(偏印)이다.

신강으로 재성과다(財星過多)면 관성(官星)을 취용한다.
신강으로 인성과다(印星過多)면 재성(財星)을 취용한다.
신강으로 비겁과다(比劫過多)면 관성(官星)을 취용한다.
신약으로 재성과다(財星過多)면 비겁(比劫)을 취용한다.
신약으로 식상과다(食傷過多)면 인성(印星)을 취용한다.
신약으로 관살과다(官殺過多)면 인성(印星)을 취용한다.

年 月 日 時
甲 甲 乙 戊   乾命
寅 子 未 寅   편인용재격(偏印用財格)
乙 丙 丁 戊 己 庚 辛
丑 寅 卯 辰 巳 午 未

자중계수(子中癸水)로 격을 정하여 편인격(偏印格)이다. 그런데 세력을 차지한 겁재(劫財)의 기운을 설기하는 화기(火氣)가 없는 급신이지(及身而止)로 쟁재(爭財) 성분으로 변하는 갑목겁재(甲木劫財)이다.

무토(戊土)가 용신이며 인중병화(寅中丙火)는 희신이 되는데, 희신투출이 없고 무토(戊土)는 쟁재(爭財)를 당하므로 탁기(濁氣)가 많은 명식이다. 을목(乙木)이 갑목(甲木)을 만나면 등라계갑(藤蘿繫甲)으로 좋다고 하지만, 내 힘이 무력하면 등라계갑(藤蘿繫甲)도 쓸모없는 소리일 뿐이다.

자수편인(子水偏印)은 정보(情報)의 기술성분이고 인중병화(寅中丙火)는 천역마(天驛馬)로 정보통신이 되는데, 목화통명(木火通明)을 간절히 원하는 명식이다 보니 당주는 전자통신(電子通信)으로 컴퓨터 기술자가 되었으나 큰 발복은 이루어지지 않는 외화내빈(外華內貧)이지만 의식주 걱정은 무난하다.

년월간 2개의 갑목(甲木)은 탈재지신(奪財之神)으로 나의 처(妻)와 재물까지 탈재(奪財)해 가는 기신이다. 어쩔 수 없이 미중기토(未中己土)가 처가 되지만, 년월간 갑목(甲木)에 명암합되어 그 처는 바람나 집 나가는 여자이다. 재물도 이처럼 사기를 당한다.

그렇게 되도록 당주가 만들기도 하는데, 주제 파악 못하고 미인만 고집하여 결혼하지만, 자기 처의 인기가 좋으니 당연히 의처증으로 사람을 믿지 못하고 괴롭힌다. 그 처 역시도 정이 많아서 우유부단(優柔不斷)하므로 문제가 된다.

후처는 결혼 실패한 여자로 시간무토(時干戊土)이다. 당주는 정화대운(丁火大運) 30세 임오년(壬午年), 인오합(寅午合)과 오미합(午未合)이 되는 세년에 결혼했으나 이어지는 묘목대운(卯木大運) 32세 갑신년(甲申年) 처의 일방적인 이혼 통보에 이혼했다.

그 후 무토대운(戊土大運) 39세 신묘년(辛卯年) 묘미합(卯未合)에 신금(辛金) 자식이 들어오므로 재혼하게 되었다. 이처럼 쟁재(爭財)가 이루어지고, 미중기토(未中己土)가 암장간 포함 4개의 갑목(甲木)에 명암합(明暗合)하는 처는 믿을 수 없는 여자이니, 처음부터 포기하고 살아야 그나마 가정을 유지할 수 있다.

```
年 月 日 時
丁 壬 甲 乙   坤命
亥 子 戌 丑   편인용재(偏印用財)
癸 甲 乙 丙 丁 戊 己
丑 寅 卯 辰 巳 午 未
```

일지에서 정화(丁火)가 투출하여 통관신과 식신생재(食神生財) 그리고 난로가 되어 주는 정화(丁火)이므로 길하다. 그러나 임수(壬水) 모친이 정화(丁火)를 합거하므로 매우 흉하다. 또한 을축시(乙丑時)를 만나 등라계갑(藤蘿繫甲)을 당하고, 축술형(丑戌刑)을 발동시키므로 을목(乙木)은 형제의 탈을 쓴 원수와 같으며 자식 덕도 부족하게 된다.

당주는 병진대운(丙辰大運) 39세 을축년(乙丑年) 해자축방(亥子丑方)과 묘지충(墓地沖)이 이루어지니 남편이 사망하게 되었다. 미리 이별하거나 각거했다면 남편의 사망까지는 안 갔을 것이라고 보지만, 그렇다 할지라도 단명할 운명을 가진 사람이 나와 인연이 된 것이니 어찌할 수 없는 것이다.

여명이 겨울에 태어나고 금수(金水)가 왕성하면, 부목(浮木)이 되어 뿌리가 썩는 것이니 질병체질에 자식 낳기도 어렵고, 주로 딸을 낳게 되며 그 딸도 신체가 허약하다. 그러므로 겨울에 수기과다(水氣過多)하고 화기(火氣)가 쇠약하면 모친이 원수가 되므로, 타향에서 고아처럼 사는 것이 길하다.

발복의 씨앗인 정화(丁火)가 합거(合去)되어 급신이지(及身而止)가 된 것이니 부모 조상의 덕이 없음이고, 자식 낳고 남편과는 정 없이 살아갈 운명이 되는 것은, 을축시(乙丑時)의 부성입묘(夫星入墓)의 숙명으로 태어났기 때문이다. 만약 병인시(丙寅時)에 태어났다면 귀부인이 되는 것인데, 어찌 내 마음대로 할 수 있으랴!

신사임당이 율곡을 낳을 때, 나오려는 율곡이 못 나오게 디딤이 돌을 깔고 앉아 참고 참아 시간을 맞추어 율곡이 태어났다고 하는데, 신사임당의 크나큰 명리의 지혜이다.

조선왕조 시대만 해도 이 나라에 성리학이 있었고 유교학이 있어서 주역(周易)을 배우게 되었지만, 일제 강점기와 전쟁을 겪으면서 기독교 정신이 이 나라를 지배하므로 인성을 갖춘 현명한 학자의 길이 잘린 것이다.

年 月 日 時
壬 丁 己 庚   乾命
辰 未 巳 午   신강의설재(身强宜洩財)
戊 己 庚 辛 壬 癸 甲
申 酉 戌 亥 子 丑 寅

화방(火方)을 이룬 편인격(偏印格)에 정화(丁火)가 열기(熱氣)로 작용하여 만물을 태우는 작용을 하고 있다. 그러므로 기토(己土)가 조토(燥土)로 변하므로 잡초도 살아남기 힘든 사막이 된 듯하지만, 진토(辰土)가 화기(火氣)를 흡수하고 있어서 천만다행이다.

이때 정임합(丁壬合)으로 정화(丁火)를 묶어 준다면 태산같이 큰 아버지의 은덕(恩德)을 입는 것이지만, 임정합화(壬丁合火)가 되어 오히려 기신으로 변하는 임수(壬水)가 되니, 당주는 부모로 인해서 피눈물을 흘리게 된다.

그러므로 외롭게 선산을 지키며 살아가는 사람과 같다. 다행히 진토(辰土)의 재물창고인 산중에서 스며 나오는 계수(癸水)의 덕으로 경금(庚金) 용신의 임무를 할 수 있어서 조상의 덕으로 살아가는 것이지만, 용신무력에 태월공망이라 큰 발복은 기대하기는 어렵다.

경술대운(庚戌大運) 34세 계축년(癸丑年) 사묘고충(四墓庫沖)과 쟁재발생(爭財發生)으로 패재하고 부친이 사망했으며, 35세 갑인년(甲寅年) 화국(火局)을 이루고 경금(庚金)을 파극하므로 부부 헤어졌다.

이러한 명식은 나 죽었소, 하면서 직장 생활을 한다면 큰 부(富)는 이루지 못해도 살아가는 것에는 큰 걱정이 없다. 용신무력 사주는 비운일 때는 아무리 힘들어도 직장 생활을 하는 것이 더욱 좋은데, 공동체 운기의 적용을 받기 때문이다.

탐재괴인(貪財壞印)

격국과 용신을 고려한 이름으로, 신약명식에 인수(印綬)를 용신으로 삼았을 때, 재성운(財星運)을 만나면 재성(財星)이 인수용신(印綬用神)을 극(剋)하는 것을 말한다. 이때를 학마재운(學魔財運)이라 하며, 재물을 탐(貪)한 결과, 인간으로 갖추어야 할 성품을 잊게 되므로 이로 인해서 직업을 상실하거나 관직(官職)에서 물러나는 일이 생기며, 또는 뇌물로 인해서 망신(亡身)을 당하는 일 등이 탐재괴인(貪財壞印)이라 할 수 있다.

또는, 허약한 인수(印綬)를 돌보지 않고 합(合)에 정신이 팔려 공부를 못 하거나 인성(人性)을 상실한 것을 말한다. 다시 말해서 연애질이나 공돈을 탐하여 자신의 해야 할 일을 안 하는 것과 같다. 특히 재다신약(財多身弱) 탐재괴인(貪財壞印)은 구제할 방법이 없다.

```
年 月 日 時
己 辛 丙 己    乾命
丑 未 寅 丑    상관용인격(傷官用印格)
庚 己 戊 丁 丙 乙 甲
午 巳 辰 卯 寅 丑 子
```

진상관격(眞傷官格)으로 상관태왕(傷官太旺)이다. 이처럼 태왕(太旺)한 상관(傷官)이 기신이 되면 안하무인으로 정신계에 문제가 있게 되는데, 이것은 월일주가 천합지귀문(天合支鬼門)의 영향으로, 사기꾼의 언변에 못 배우고도 임기응변이 빨라서 거짓말을 하고도 둘러대기를 능숙하게 하며, 표리부동한 사람이 될 염려가 있는데, 당주의 대운이 남동방 운으로 다행스러운 일이다.

정묘대운(丁卯大運) 신금(辛金)과 상관(傷官)을 제압하는 운으로 약을 얻은 것이니, 부장판사가 되었으며 병인대운(丙寅大運)에 체용(體用)이 옳게 작용하여 평안했다.

그러나 을축대운(乙丑大運)은 일생 쌓은 명예가 추락하고, 검은돈 받아먹은 것이 발각되어 교도소에서 노후를 보낼 수도 있다. 을미년(乙未年) 병원이나 교도소에 갇혀 생사를 넘나들게 될 것이다. 신약명식의 탐재괴인(貪財壞印)은 노년이 비참한 사람이 매우 많다.

머리만 좋아서 사법고시에 합격하고, 인성(人性)이 파괴된 사람이 정치권에 많은데, 인정(人情)이 많아서 유야무야(有耶無耶)하면, 형권(衡圈)이 추락하므로 냉정하고 잔인하며, 권력(權力)에 아부하고 약자의 코 묻은 돈까지 갈취하는 사람이 법조인이 되는 경우가 많은 것이다.

年 月 日 時
癸 癸 戊 甲   乾命
亥 亥 午 寅   재다신약(財多身弱)
壬 辛 庚 己 戊 丁 丙
戌 酉 申 未 午 巳 辰

정재격(正財格)이지만 정편재혼잡(正編財混雜)의 재다신약(財多身弱)이다. 또는 시상칠살격(時上七殺格)이기도 하며 살인상생격(殺印相生格)에도 해당한다. 또는 탐재괴인격(貪財壞印格)에도 해당한다.

그러나 탐재(貪財)로 인한 자신의 본분을 망각(忘却)했지만, 시상칠살(時

上七殺)을 만나 자신의 본분을 찾게 되며, 인오합(寅午合)으로 변하여 무토(戊土)를 생조하므로 대단히 길하다.

당주가 발복하고 성공하는 모든 힘은 갑인시(甲寅時)를 만나 발생하는 것으로, 자식이 귀자(貴子)이며 부귀가문(富貴家門)의 소생이다. 그리고 당주 자신이 그러한 복을 누릴 그릇을 소유하고 태어난 것이 되는데, 조상의 재물과 당주의 재산을 지키고 보호하는 귀자 자식이며, 처덕이 좋아서 행운을 누리며 살아가게 된다.

해월(亥月)에 통근하는 갑목(甲木)은 2개의 계수(癸水)가 생조하고, 일지 오화(日支午火)는 조후시키며 무토(戊土)를 생조하므로, 관록지명(官祿之命)의 부귀격이 되었다. 다만 아쉬운 점이 있다면 하나의 계수(癸水)가 병화(丙火)나 정화(丁火)로 바뀌었다면 더욱 좋았을 것이다.

일간이 천간기신과의 합(合)은 매우 불미하다. 그러므로 지지(地支)가 합(合)하여 희신이 된다면 쌍수를 들어 환영할 일지만, 기신이 된다면 매우 불미하다.

특히, 그 기신에서 천간이 투출했다면 불미함은 가중되는 것이며, 일지가 합(合)으로 변해서 기신이 되고 천간이 투출했다면, 양호한 배우자를 만나는 것은 애초에 포기하는 것이 현명하다.

그리고 일간이 기신과의 천간합(天干合)이 되면, 망신살(亡身殺)과 합하는 것과 같은데, 이것은 모두 자신의 해야 할 임무를 잊는 망아(忘我)가 되기 때문이다. 그러므로 이 사주처럼 합(合)을 풀게 하여 본정신을 차리게 하는 칠살(七殺)이 있어야 전화위복(轉禍爲福)의 삶을 살게 된다.

이처럼 일간이 무력할 때 천복지재(天覆地載)로 간지(干支)가 협력(協力)해 주고, 시주(時柱)에서 길신을 만나게 된다면 만사가 여유롭다.

서방운은 관성(官星)을 제압하며, 토설생수(土洩生水)하여 일간의 힘을 빼고 재성(財星)을 생조하므로 매사장애가 되었지만, 기미대운(己未大運)부터 남방운으로 행하므로 행복을 노래하며 여유로운 인생으로 살아가게 된다.

월주(月柱)는
사주의 환경이다

우주 내에 존재하는 물상(物像)은 무엇이든 모체가 있으며, 단편적으로 인간의 모체는 어머니이다. 어머니는 음체(陰體)이므로 아버지에 해당하는 양체(陽體)의 씨 뿌림이 있어야 잉태를 할 수 있다. 이것은 인간만 해당하는 것은 아니며 만물의 구성이 음양(陰陽)으로 배합되었다는 것만 봐도 이해할 수 있는 일이다.

물론 개중에는 음양동체(陰陽同體)가 있기도 하지만, 대부분 열매의 씨앗이 땅에 떨어지고 땅은 그 씨앗을 품어서 만물을 화생시킨다. 이와 마찬가지로 아버지의 씨앗을 품어 자식이 태어나는 과정을 음체(陰體)인 어머니가 하고 있다.

이것을 바꾸어 말한다면 양(陽)에 속하는 하늘(天)에서 음(陰)에 속하는 땅(地)에 양기(陽氣)를 방사(放射)하고 그 양기(陽氣)로 인해 만물이 화생(化生)하는 것이다.

그러므로 아버지는 양기(陽氣)의 태양(太陽)을 상징하며, 태양의 빛 반사가 이루어지는 달(月)은 어머니의 상징이다.

달에는 두 마리의 토끼가 살고 있으며 떡방아를 찧고 있다는 말을 하곤 하는데, 떡방아라는 말은 남녀의 합궁(合宮)을 떡방아라 흔히 이야기한다.

어찌 보면 남녀의 떡방아는 새로운 인간을 창조하는 과정으로 씨앗을 뿌리기 위한 과정이다. 또한 떡방아는 곡식을 새로운 형태로 변화시키는 과정이 떡방아이며 이것이 합궁(合宮)이다. 다시 말해서 남녀 성교(性交)의 또 다른 말이 떡방아이며, 달은 음체(陰體)로서 어머니의 상징으로 절구통에 곡식을 넣고 절굿공이로 잘게 부수는 작업이 합궁(合宮)이다.

그러므로 달에 사는 토끼가 떡방아를 찧는다는 말은 새로움의 창조 작업인 합궁(合宮)을 해학적인 말로 풀이한 것이다. 어찌 되었건 달은 태양의 빛 반사 작용을 하는 음체(陰體)이고 이러한 음체가 있어야 만물이 화생(化生)하게 된다.

어머니가 나를 잉태하기 위해서는 첫째 조건이 월경(月經)을 해야 하는데, 여자가 성장하면 월경을 한다. 그러므로 월경(月經)이 없다면 잉태할 수 없다는 말과도 같다.

월경(月經)이란 말은 달의 정기인 음기(陰氣)가 위도(緯度)와 경도(經度) 씨줄과 날줄처럼 가로 세로로 짜인 것을 경(經)이라 한다. 다시 말해서 음양(陰陽)의 구조배합이 경(經)인 것이다.

그래서 중요 서적에 '경(經)' 자를 붙이게 되는데, 성경(聖經), 불경(佛經), 도경(道經), 등 모든 경문은 음양서(陰陽書)라는 결론이 나온다. 그러므로 월경(月經)이란 양기(陽氣)의 씨앗을 받을 준비이기도 하지만, 여자가 여인이 되었다는 것의 상징이며 그 무엇보다 중요한 달의 정기가 경(經)이다.

명리공부를 할 때 반드시 알아야 하는 것이 경금(庚金)의 성질이다. 이것을 육경신(六庚神) 공부라 하는데 여섯 종류 경자(庚子), 경인(庚寅), 경진(庚辰), 경오(庚午), 경신(庚申), 경술(庚戌)의 성질을 알아야 명리의 길에 들어섰다고 말하게 되는데 경금(庚金)은 달을 상징한다.

그러므로 달의 속성을 안다고 하는 것은 만물을 화생시키는 음기(陰氣)의 성질을 아는 것과 같다.

나는 달 기운의 덕성이 임한 어머니로부터 태어나고 고향은 월지에 해당한다. 월지에는 30일주가 거(居)하며 60일주가 음양(陰陽)으로 절반씩 나누어 30일주만 월주에 거(居)하게 된다.

한 계절을 상징하는 방(方)은 3개월로 90일이 되는데, 그 방(方) 속에는 천지인삼재(天地人三才), 가령, 인묘진(寅卯辰)의 3개월이 들어 있으며, 삼재(三才)가 3번의 천지인(天地人)을 하게 되면 276일쯤이 되는데, 태중의 날짜와 비슷하다.

그런데 이 천지인삼재(天地人三才)의 묘한 점이 자천(子天) 축지(丑地) 인인(寅人)이 되는데, 방(方)에서의 시작은 인천지(人天地)로 시작하므로, 모든 방(方)의 시작은 인(人)으로 시작하고 지(地)로 끝이 나며, 삼합(三合)의 국(局) 또한 인(人)으로 시작해서 지(地)의 묘고(墓庫)에서 끝이 나며 천지인삼재(天地人三才)로 작용하고 있다.

이러한 원리로 3개월의 천지인(天地人)이 3번 천지인(天地人)하여 276일 인간이 태어나는 것이다.

잉태의 생성조건이 모체의 월경(月經)인 월(月)이므로 인간의 인체는 월지(月支)와 밀접한 관계로 이어져 오장육부(五臟六腑)는 물론 각종장기 또한 월지(月支)와 밀접한 관련이 있게 된다.

다시 말해서 인간으로 태어난 누구라 할지라도 월지환경에서 벗어날 사람이 없다. 왜냐면 월주에서 일주인 내가 태어나고 시주(時柱)는 일주의 영향 속에 있으므로 귀숙지(歸宿地)가 된다.

그러므로 사주명식에서 가장 큰 작용을 하는 것이 월지(月支)로, 일주(日柱)가 어떤 월(月)에 태어났는가에 따라 부귀빈천(富貴貧賤)이 다르게 나타나게 되는데 이것은 월주환경(月柱環境) 때문이다.

그러나 월지인 달이 아무리 중요하다 해도 태양과 인간의 정신을 상징하는 천간(天干)이 없으면 무용지물이다. 그러므로 달은 단지 태양 빛을 반사하는 작용만 할 뿐이다. 다시 말해서 지지는 천간의 자재창고 작용을 할 뿐이다.

이것으로 말미암아 음양배합(陰陽配合)의 묘함이 발생하며 부귀빈천(富貴貧賤)과 수복(壽福)의 고저(高低)가 다르게 나타난다.

예전에는 지지(地支)로만 사주를 보다가 많은 변화를 거쳐 인간의 정신을 상징하는 천간(天干)이 없으면, 육체를 상징하는 지지(地支)는 식물인간과 같은 몸이라는 것을 깨닫고 현재의 사주가 된 것인데, 고전에서 취할 것은 취하고, 현대명리라 해서 무시하는 마음을 갖는다면 올바른 공부를 할 수 없을 것이다.

또한, 고전사주의 통변과 현대사주의 통변에는 큰 차이점이 있다. 특징적으로 본다면 고전에는 지장간(支藏干)의 활용법이 드러나지 않은, 활용할 줄 모르는 시대였다. 지장간의 활용은 사주명리의 핵심이며 꽃이 되는데, 현대의 역인들 역시 지장간 활용을 제대로 할 줄 아는 역인은 소수이다.

현시대는 명리의 꽃이 활짝 핀 시대라 해도 틀린 말은 아닐 것이다. 그러나 자기 학파가 최고라 말하는 것은 문제가 있다. 사주명리를 공부하는 여러 학인이 있는데, 크게 나누어 격국, 천간, 지지, 신살, 조후, 억부 등을 위주로 하는 단체가 있어서 자기들의 소속이 아니면 배척하고 보는 이러한 마음 자세에는 분명히 문제가 있다.

명리는 깨달음을 통한 지혜의 학문일 뿐, 책으로 공부하는 학문이 아니므로 깨달음이 우선되어야 한다.

현재의 사주명리를 동지(冬至)로 세년의 바뀜을 볼 것이냐? 입춘(立春)으로 볼 것이냐? 라는 문제도 해결하지 못하고 서로 싸우고 있다. 기독교인들이 볼 적에 한심한 짓거리로 보일 것이다.

이러한 현상들은 모두 깨달음을 우선하는 것이 아닌 책에 빠져 맹신하는 사람들과 같기 때문이다.

대운은 월주(月柱)에서 육십간지(六十干支)가 순행(順行)이나 역행(逆行)하며, 태어난 월(月)의 연장선상으로 진행하는데, 즉, 봄에 태어나 여름과 가을로 순행(順行)하거나, 봄에 태어나 겨울과 가을로 역행(逆行)하거나 하는 것으로 일간에 얼마만큼의 유용한 환경이 되어 주느냐 하는 것이 월지 환경이다.

이 월지의 영향으로 사회생활과 가정생활에서 희로애락(喜怒哀樂) 생로병사(生老病死)가 만들어져 행복을 노래하며 살 수도 있고, 슬픔을 노래할 수밖에 없는, 그런 등등의 운명을 만드는 것이 월주환경이다.

또한, 월지(月支)는 근묘화실(根苗花實)의 묘(苗)에 해당한다. 풀 초(艹)와 밭 전(田)으로 구성된 묘(苗)라는 글자는 동서남북 상하좌우의 형태가 드러난 상이다. 다시 말해서 천기(天氣)가 땅에(口) 임하여 지기(地氣)가 드러난 형상으로 모체인 어머니를 상징한다. 그런 어머니의 땅에 풀 초(艸, 艹) 즉, 인간인 자식이 땅에 뿌리내려 나타난 형상이 묘(苗)이다.

풀이 하나만 나타난 것이 아니고 十완성이 2개가 뿌리내리고 있다. 이런 형상이 의미하는 것은 밭 전(田) 속에 들어 있는 十이 외부로 나와 음양(陰陽)으로 2개가 형성된 것인데, 어머니의 수평인 난자가, 아버지의 수직인 정자를 만나 십(十)의 완성을 이루고 외부로 드러난 형상이 묘(苗)라는 글자이다.

우리가 육두문자로 '씹'이라 하는 글자가 '십'이며 남녀의 합궁(合宮)을 뜻하는 글자이다. 그래서 기독교를 상징하는 십자가(十)나 불교를 상징하는(卍)자 모두 十이 들어 있는 것으로 음양(陰陽)의 완성, 합궁(合宮)을 상징하는 글자이다.

월주(月柱)는 부모궁으로 원형이정(元亨利貞)의 형(亨)이라는 글자에 해당하는데, 마칠 료(了)의 머리 위에 구(口)가 올라앉아 돼지해머리 두(亠)의 모자를 쓰고 있는 형상이다.

원형이정(元亨利貞) 원(元)은 크다는 뜻으로 태초의 시작이며 근본이라는 뜻이다. 형(亨)자는 무궁한 발전을 뜻하며 만물의 번영을 의미한다.

이(利)자는 사리의 순조로움을 뜻하는 글자로서 조화를 상징한다.

정(貞)자는 곧음이니 시공을 넘어서 지켜야 할 만물의 근간이요 힘을 상징한다. 즉, 원형이정(元亨利貞)이라는 글자는 만물과 만사를 능히 다루는 근원이 되는데, 즉, 형(亨)자는 자식이 만사형통(萬事亨通) 잘되기를 바라는 어머니의 마음이다.

　이러한 부모궁을 상징하는 월주(月柱)는 달의 기운이라고 윗글에서 설명 드렸으며, 이 월주가 일간인 나와의 관계성이 어떤 구조배합인가에 따라 일간의 희로애락(喜怒哀樂)이 다르게 나타난다.

　월주(月柱)는 부모궁이므로, 자신의 사주명식에서 인수(印綬)에 위치하고 의식주가 되어 나를 먹이고 입히며 학문으로 가르치고 주택이 되어 준다면 이것은 모두가 바라는 복인(福人)이 되겠지만, 일간이 필요로 하는 위치가 아닌 곳에 자리하며 일간을 괴롭히는 위치라면 고통스러운 삶이 될 것은 당연하다.

　그런데 나는 부모궁에서 나온 것이지만, 일주(日柱)와 시주(時柱)는 내가 선택한 것이다. 그것도 부모가 합궁(合宮)한 날짜에 육합(六合)이 되는 날짜를 선택하고 시주(時柱) 또한 내가 결정하여, 나의 인연인과(因緣因果)의 업인(業因)에 해당하는 일주(日柱)와 시주(時柱)를 결정하고 태어난다.

　이러한 나의 업인(業因)을 끊어 주는 것은 부모가 택일을 받아 개복수술을 하면 업인(業因)은 끊어지고 새로운 인연이 형성된다. 이렇게 하지 못했을 때 한마디로 업생(業生)일 뿐으로 윤회(輪廻)의 수레바퀴를 멈추기가 매우 힘들다.

　가령, 갑을목(甲乙木)이 겨울에 출생하고 대운이 동남방(東南方)으로 행한다면 아름답게 발전하겠지만, 북서방(北西方)으로 행한다면 꽃을 피우기 어렵고 결실이 힘들 것이다. 이처럼 대운의 영향력은 월주의 연장선으로 이어지며, 월주의 환경 속에서 일간이 살아가며 희로애락(喜怒哀樂)과 생로병사(生老病死)가 만들어진다.

　하루를 살다 죽는다는 하루살이가 보는 인간의 일 년은 하루살이의 365년과 같으며, 인간이 60년을 산다고 했을 때, 하루살이의 눈으로 본다면 인간은 영원히 사는 것과 같을 것이다.

1회전 하는 것을 우리는 1년이라 하지만, 지구 입장에서는 하루일 뿐이다. 이 지구가 태양을 360번을 돌아야 지구는 1살의 나이를 먹는다.

하루살이가 추운 겨울밤에 태어났다면, 말 그대로 빛도 달도 없는 추운 어두움 속에서 보내다가, 새벽을 맞이하려고 보니 늙은 인생으로 죽을 날을 기다리는 것과 같이 인간도 그러하다.

가령, 화일간(火日干) 신약으로 축월(丑月)의 밤중에 태어나 월지축토(月支丑土)가 습토화회(濕土火晦)를 시키고 북서방(北西方)으로 대운이 행한다면 인수(印綬)에 해당하는 목기(木氣)는 북방운(北方運)에는 고사목(涸死木)이 되고 서방운(西方運)에는 파극(破剋) 당하는 것이니 어찌 뜻을 이루고 성공하겠느냐는 이야기이다.

예로부터 명리에서는 대운 맞이 치성(致誠)이라 해서 정성을 다해 제사를 올렸다. 특히 방(方)이 바뀌는 대운에서 그리했다. 그런데 요즘 사람은 그런 치성(致誠)을 올리는 사람이 매우 드물다. 하여간 부귀인생으로 태어나는 것도 나의 부모 조상의 음덕(蔭德)이니 감사하고 감사할 일이다.

그러나 부모 조상의 인연이 박하여 천애고아의 형상으로 태어났다면 고통스러운 인생사에 무슨 행복이 있겠는가? 말로야 행복은 내가 만드는 것이라 하지만, 50 나이가 넘어 산전수전(山戰水戰) 다 겪어 보면 인생사란 노력만 한다고 해서 부귀해지는 것이 아니란 것을 뼈저리게 깨닫게 된다.

옛말에 작은 성공이라도 이루기 위해서는 조상묘지의 음덕이 임해야만 가능하다는 말이 있는데, 이것은 틀린 말이 아니란 것을 깨달아본 사람은 그만큼의 경험을 축적시킨 사람일 것이다.

이런 여러 가지 이유로 월주(月柱)는 사주의 환경으로 내가 필요로 하는 환경이 되어 준다면 능히 행복을 노래하는 사람이 되는 것이지만, 월주가 흉신(凶神)이 되었거나, 합(合)으로 변화되었거나, 충(沖)으로 깨어졌거나,

공망(空亡)이 되었다면 만사불성(萬事不成)의 인생이 되기 쉬운 것이다.

그러므로 월주가 복덕을 이루는 희신이 되어 준다면 무병장수하고 복록이 자연스럽게 임하는 기적이 발생한다. 왜냐면 월주는 내 집의 울타리이며, 내 몸의 피부가 되므로 적군이나 세균으로부터 나를 1차로 보호하는 희신이기 때문이다.

내가 태어난 일주에서 역순으로 276일 근처로 집어 나가면 부친의 정자와 모친의 난자가 만난 날을 찾게 되는데, 이것의 묘한 것이 일주의 육합일(六合日)이 부모의 합궁이 이루어진 날이다.

가령, 갑자일주(甲子日柱)라면 276일을 후진하여 그 근처에 가면 천합지합(天合地合)의 육합(六合)이 되는 기축일(己丑日) 부모가 합궁(合宮)했다는 것을 알 수 있게 된다. 그런데 어떤 이는 256일 또는 266일, 276일, 286일 또는 296일 등이 되는데, 날짜가 이처럼 다른 것은 육합(六合)되는 날을 맞추기 위한 자연법의 섭리이다.

그래서 조금 빨리 태어날 수도 있고 조금 늦을 수도 있는 것이다. 그런데 통계적으로 보면 늦게 태어난 사람일수록 역사의 위인이나 천재가 되는 일이 많다고 한다.

그렇다면 칠삭둥이는 뭘까? 아마 부모가 날짜를 잘못 계산했을 수도 있다. 즉, 잉태하고도 그다음 달 혈흔이 월경(月經)처럼 보이는 일도 있는데 이것은 자궁이 확장되면서 혈흔이 월경(月經)처럼 나타나는 경우가 드물게 있다고 한다.

택일을 잡아 개복 수술할 때는 육합(六合)을 무시하고 부모의 사주에서 희신을 찾고 아기 사주에 모친이 둘이 되거나 부친이 둘이 되도록 택일해서는 안 된다. 재관인식(財官印食)에 투출천간이 있고 유력한 재관인(財官印)이 된다면 대부분 행복을 노래할 수 있는 팔자가 되는데 이처럼 택일을 잡아야 한다.

특히, 이때 하나의 오행에서 하나씩의 간지 외에는 없는 것이 좋다. 가령, 목일간(木日干)이라면 지지인묘(地支寅卯) 중 한 글자가 있는 것이 좋지만, 과다(過多)는 흉하다.

갑목일간(甲木日干)이라면 겁재(劫財)인 을목(乙木)은 없는 것이 좋으나 을목일간(乙木日干)이라면 갑목(甲木)이 한 글자 있어도 무방하다. 이것은 음양간(陰陽干)에 따른 차이이다.

그리고 택일은 예정일의 뒤로 잡는 것은 위험할 수 있다. 그러므로 앞으로 잡되 10일 정도 앞이 제일 무난하다. 그러나 도저히 좋은 날이 형성되지 않을 때도 있는데, 그것은 휴일과 저녁 시간에는 택일 시간을 잡을 수 없으므로 20일 전에 택일이 되는 일도 있다.

276 법칙은 천지인삼재(天地人三才)의 법칙으로 2+7+6=15 진주 노름 도수라 하여 천지인삼재(3)×오행(5)=15이다. 하여간 나의 일주는 묘하다. 60일주 중에 왜 그 달의 그 일주가 되었는지? 이것은 자연의 법칙이며 정해진 순서와 다름이 없다. 많은 날 중에 왜 그 날에 부모의 합궁(合宮)이 이루어졌는지? 부모의 사주명식을 살펴보면 천지운기의 묘한 점을 찾을 수 있다.

부모는 수많은 날 중 열심히 합궁(合宮)을 했을 것인데, 왜 그날의 합궁(合宮)에서 내가 만들어졌을까? 필자가 글은 이렇게 쓰고 있지만, 이 부분은 그럴 수밖에 없는 운명(運命), 숙명(宿命), 인연법, 유전인자 법칙 등에 의하여 그럴 수밖에 없는, 부모 조상의 음덕이 따로 있다는 이야기이다.

선남자 선여인으로 재생(再生)하기 위해서 많이 베풀고, 해탈(解脫)하는 공부를 열심히 해야 할 것이다. 하여간 인간의 사주는 월주(月柱)에 의해서 부귀빈천(富貴貧賤)이 나타난다.

월지의 힘은 단지 몇 퍼센트로 논할 수 없으며, 사주 내의 간지(干支)를 종합적으로 지배하고 통솔하는 생(生), 극(剋), 조(助), 설(洩), 분(分)의 조화력(造化力)을 지녔다. 생조(生助)는 인성(印星), 극(剋)은 관성(官星), 조(助)는 비겁(比劫), 설(洩)은 식상(食傷), 분(分)은 일간의 힘을 나누는 재성(財星)을 말한다.

대세운
적용하는 법

개인의 운세를 본다는 것이 결코 쉬운 일은 아니지만, 그러나 대략의 윤곽은 잡을 수 있다. 그러나 모두에게 공통된 것은 분명히 아니다. 왜냐면 인간은 정해진 철로를 가는 기차가 아니며 자신의 의지에 따라 다양한 길을 선택할 수 있기 때문이다.

서울에서 부산까지가 인생여정(人生旅程)이라 할 때, 혹자는 비행기, 또는 고속버스, 승용차, 기차, 선박 등을 이용할 수 있는 각자의 의지에 따라서 그 노선이 달라지기 때문이다.

또한 내가 태어난 환경과 성장과정, 교육, 그리고 스스로 추구하는 의지에 따라 차이가 발생하고, 이러한 환경 때문에 길운을 만나 큰 발복을 하는 사람도 있지만, 평범하게 살아가는 사람과 큰 사건에 연루되기도 하는 사람도 있다.

가령, 사업을 하는 사람이라면 길운의 영향으로 큰 계약이 성사되어 큰 발복을 할 수도 있지만, 농사짓는 사람이나 가령, 택시를 운전하는 사람이라면 그 해당 분야에서 얼마의 돈을 더 버는 일만 있게 된다. 이것은 너나없이 누구나 같다.

스님이나 목사 또는 정신계에 기도를 많이 한 사람일지라도 사주의 영향을 벗어날 수가 없다. 다시 말해서 교회의 목사나 스님이라 할지라도 길운에 헌금하는 신자 수가 좀 더 늘어날 뿐이다.

길운이라 해서 농사짓는 사람이 큰 사업가로 변하지 않으며, 대 학자나 정치인으로 변하지 않는다. 이것은 그 사람이 속한 환경 속에서 평안함과 안락함을 나타내는 것일 뿐이다.

 또는 그동안의 장애들이 해결되고 근심 걱정이 작아짐을 상징한다. 즉, 초등학교의 선생이 고교의 선생이 된다거나 교수로 초빙되지 않는다는 이야기이다.

 그러나 그 사람의 사주 그릇에 따라서, 또는 조상의 묫자리 발복이나 음덕에 의해서 어떤 사람은 5를 득하는 것에 비해서, 어떤 사람은 7이나 8, 9를 득하기도 한다. 이러한 현상들은 동일사주가 100명이라 할 때, 똑같은 대세운을 만나므로 모두가 같은 발복이 이루어져야 하지만 나타나는 현상은 각기 다르다.

 왜냐면 그 사람의 환경과 품성이 천인천태(千人千態) 만인만상(萬人萬象)으로 다르기 때문이며, 100명에는 1등에서 꼴찌까지의 순번이 다르기 때문이다.

 그러므로 같은 운기에 혹자는 장관의 임명장을 받기도 하지만, 그 사주의 꼴찌는 개인택시 한 대를 받는 행운이 될 수도 있다.

 그러나 필자가 분명히 말할 수 있는 것은 장관이 되는 것과 개인택시 한 대를 받는 것은 보는 사람의 관점에 따라 행복과 부귀의 차이는 분명히 다를 것이다.

 또한, 이런 현상을 바꾸어 말한다면 불운(不運)이라 해서 모두가 불행을 당하는 것은 아니다. 불운(不運)에 큰 질병을 얻거나 사망 또는 대(大)패재가 될 수도 있지만 모두 그런 것은 아니다. 왜냐면 사람마다 욕심의 크기가 다르기 때문이다.

 욕심이 크면 큰 만큼 당하는 것이지만, 욕심이 적은 사람은 적은 만큼만 손재로 이어지기 때문이다. 그러므로 인생사는 만인만상(萬人萬象)일 수밖에 없는데, 환경과 성품이 달라서이다.

 월주는 사주의 환경으로 그 월주환경의 변화를 대운이라고 한다. 우리

인생은 대운의 환경을 벗어나지 못하므로 그 환경에 따라 희로애락(喜怒哀樂)이 다르게 되는데, 대운은 춘하추동의 계절이다.

각기의 사주명식에서 중화를 이루어 주는 춘하추동(春夏秋冬)이 있게 되고, 이것을 동방운, 남방운, 서방운, 북방운, 이처럼 칭하는데 이러한 계절 속에 살아가는 인생이므로 내가 원하는 계절로만 운행(運行)한다면 누구나 평온한 인생으로 행복을 노래할 수 있겠지만, 고저(高低)의 차이는 다를 수밖에 없다.

월주에서 변화된 대운이 갑자(甲子)에 이르렀다면 갑자대운(甲子大運)이라 칭하고 10년간의 사주 환경이 되므로, 1년을 주관하는 세운과는 큰 차이가 있으며, 가령, 갑자대운(甲子大運)일 때 을미년(乙未年)을 만났다면 북방운에 을미년(乙未年)을 만난 것이 된다.

길대운일 때는 불길한 세운을 만난다 해도 명식에 큰 타격을 미치지 못하며 오히려 분발지기로 작용하는 일이 많다.

즉, 감기몸살에 걸리는 것은 안 좋은 일이지만 인체의 면역력이 강화되므로 전화위복이 될 수 있는 것이다. 그러므로 먼저 대운의 상황을 참조한 후에 세운을 점검해야 한다.

즉, 자신의 사주에 대운간지(大運干支)를 포함해 오주(五柱)로 형성시킨 후에 세운을 대입해야 한다. 그러므로 대운간지(大運干支)에 따라서 세운의 길흉은 모두 다르게 나타날 수밖에 없다.

대운은 월주에서 변환되어 생성된 것이므로 내 사주명식의 환경에 해당하지만, 세년은 내가 만나는 운기로서 세년의 군주에 해당한다. 이 세년의 군주가 나에게 희신이냐 기신이냐에 따라서 승패가 다르게 나타난다.

길대운일 때는 일주가 세년의 간지를 천충지충(天沖支沖)해도 재앙이 가볍지만, 흉운일 때 천충지충(天沖支沖)을 하면 재앙이 발생한다. 또한 대운과 세년의 간지가 천충지충(天沖支沖)을 해도 재앙이 발생하기 쉽다.

이때 대운지지(大運地支)와 세년지지(歲年地支)가 내 사주원국의 월지(月

支)를 충(沖)하면 반드시 화(禍)가 미치고, 대운과 세년이 모두 일주를 충극(沖剋)하면 반드시 재앙이 닥치게 된다.

대세운의 간지가 일주와 같으면 복음(伏吟)이라 하는데, 육친에게 불리하면 파산(破散) 또는 횡사(橫死)하거나 여러 가지 재앙(災殃)이 반드시 나타나게 된다. 특히 기신일 때 피해가 더욱 크다.

대운이 유익하고 길한 것 같으면서도 복이 되지 못하는 때도 있다. 이것은 세년과 화합하지 못하기 때문인데 세년의 태세가 생왕(生旺)하고 대운과 화합해야 비로소 복이 된다.

가령, 병화일간(丙火日干)에 갑목(甲木)이 없고 인목(寅木)을 의지할 때 인목대운(寅木大運)이 왔다고 해서 좋은 것이 아니다. 또는 지지목기(地支木氣)가 없고 갑목(甲木)을 의지할 때 갑목대운(甲木大運)이 왔다고 해서 발복하는 것이 아니다. 이때 오는 갑목(甲木)은 갑인(甲寅)이나 갑오(甲午)가 와야 하며 세년에서는 갑목(甲木)의 통근처인 인묘(寅卯)를 만나야 좋은 것이다.

합(合)은 충(沖)으로 풀고, 충(沖)은 합(合)으로 푼다. 명식의 대운과 세운의 배합에서 합충(合沖)이 발생하면 그 상태에 우선으로 주의를 기울여야 하고, 막연히 용신운이니까 좋고, 기신운이니까 나쁘다고 속단하지 말아야 한다.

사주명리학은 운기의 변화를 연구하는 학문이다. 그러므로 아무리 좋은 희신운도 합(合)으로 인해 흉신으로 변하면 희신의 역할을 할 수 없으므로, 흉(凶)한 결과가 발생하고, 희신운이 아닐지라도 합(合)으로 인해 희신으로 변하면 화(禍)가 복(福)이 된다.

그러므로 대세 행운의 합충(合沖)의 변화원리를 확실히 인지하고 대입해야 한다. 대세 행운이 명식원국과 합충(合沖)이 없으면 길흉의 정도가 비교적 가볍다.

가령, 소년기에 대세 행운이 연주를 합충(合沖)하여 기신이 되면 그 작용력이 크게 나타나지만, 월일시주를 형충합(刑沖合)하는 것은 그 작용이 비교적 적다.

그러나 중년기라면 일주에 해당하므로 대세 행운이 기신으로 일주를 합충(合沖)하면 크게는 부부 이별, 흉사, 불화, 구설, 재난이 되지만, 일주가 아니라면 본인에게 닥치는 흉액(凶厄)은 가볍지만, 그러나 해당하는 육친의 변고는 반드시 있게 된다. 다시 말해서 십신(十神)으로만 사주를 감명하지 말고 근묘화실(根苗花實)을 반드시 참고하라는 이야기이다.

근묘화실(根苗花實)은 60년을 상징하므로 근(根)은 15세 무렵까지 소년기로 연주의 합충(合沖) 관계를 살피며, 묘(苗)는 30세 무렵까지의 운기로 이때의 운이 좋아야 성공의 기틀을 만들게 된다. 이때 월주가 합충(合沖)으로 문제가 있다면 성공운의 장애이며 혼파살(婚破殺)이 된다.

45세 무렵까지는 이격(利格)으로 화(花)에 해당하므로 일주(日柱)의 문제가 되는데, 이때의 합충(合沖)에 의한 사주환경이 불미하면 열매를 맺지 못하는 꽃으로 부부 이별 사별이 되거나 흉사(凶事)가 발생하여 희망이 없는 인생이 되기도 한다.

60여 세 무렵까지의 운기를 상징하는 정격(貞格)의 실(實)은 열매를 상징하므로 매우 중요하다. 자식의 성공 실패와 희망이 있는 노년이 될 것인지, 희망을 상실하는 노년이 될 것인지를 논하게 되므로 중요한 것이다.

다시 말하지만, 억부(抑扶)로만 사주를 감명한다면 정말 중요한 것을 놓치게 된다.

명식 간지에 합(合)이 있을 때, 대세 행운의 간지가 와서 합중봉충(合中逢沖)으로 합을 풀게 하거나, 또는 천충지충(天沖支沖)이 되면 명식의 합(合)은 풀어지고, 그 오행성분은 고유 작용력을 회복하므로 합(合)했던 각 간지는 자기 임무를 수행하고, 그에 따라 각 간지는 길흉(吉凶)이 달라진다.

충극(沖剋)이 있는 명식원국에 대세 행운이 와서 그것을 합(合)한다면 충극(沖剋)이 해소된다. 그러나 해소된 그 기운이 기신작용이라면 별 소용이 없지만, 희신이 되었거나 무력한 희신천간의 통근처가 되어 준다면 의외의 행운을 만나 기쁨이 된다.

사주에 합국(合局)이 없어도 대세 행운에서 명식과 합국(合局)을 이룰 수 있으나 이때 세년 천간이 우선이며 합국(合局)을 대표하는 천간투출이 없다면 진합이 아닌 유정한 합으로 본다.

또한, 투출천간이 있어도 합국(合局)을 방해하는 글자가 있다면 진합(眞合)은 이루어지지 않는다. 이때 대표천간의 합거(合去)가 있으면 단지 유정한 합(合)일 뿐 진합(眞合)으로 보지 않는다.

대운과 세년이 합국(合局)을 하는 것은 화(化)하지 못한다. 가령, 묘목대운(卯木大運) 해년(亥年)의 미월(未月), 이런 때를 말한다. 모든 합국(合局)은 명식과 관련이 되어 대표천간이 있을 때만 화(化)하게 되며 이때 진합(眞合)을 논한다.

어떠한 때라도 합생(合生)이 먼저이고 충극(沖剋)은 후의 순서이다. 즉, 대운과 세년에서 명식과 합충(合沖)이 동시에 작용할 경우, 합(合)이 먼저 이루어지고 이 합(合)이 생조하는 글자가 있을 때, 생조(生助)가 이루어진다. 그러나 이때 역시 합(合)의 투출천간(透出天干)이 있다면 합(合)이 더욱 유정하다.

가령, 해묘(亥卯)가 합(合)이라면 갑목(甲木)이나 을목(乙木)이 있어야 유정한 합(合)이 된다. 이때 해수(亥水)를 충(沖)하는 사화(巳火)가 명식에 있을 때 해사충(亥巳沖)이 발생하지 않으나 사화(巳火)는 동(動)하게 된다.

사화(巳火)가 길신(吉神)으로 재성(財星)일 경우, 재물을 득하는 행운을 해수(亥水)로 인해서 얻게 된다. 이때 갑목(甲木)이나 을목(乙木)이 없을 때는 해묘합(亥卯合)은 되지만 재물을 득하는 것도 크지 않고 미미하다.

이때 인묘(寅卯)가 없고 사화(巳火)에 의지하는 병정화(丙丁火) 일간이라면, 해수(亥水)의 합(合)이 없으므로 해사충(亥巳沖)이 발생한다. 이때 사주에 제방제수(堤防制水)하는 토기(土氣)가 있다면 해사충(亥巳沖)은 약화하지만, 그렇지 않다면 해사충(亥巳沖)은 전쟁충(戰爭沖)과 같이 발생한다.

이때 병화(丙火)는 통근처를 상실하므로 고아 아닌 고아로 그 누구에게도 도움을 요청할 수 없게 된다. 그러므로 주거지 변화, 재난, 구설, 직업변동, 좌천, 질병, 사고 등으로 나타나게 된다.

행운이 사주의 기신을 제어한다면 길하지만, 희신을 충극(沖剋) 한다면 매사장애가 발생한다. 희신대운을 명식원국이 충극(沖剋)하면 평범 무사하다. 기신(忌神)이 희신(喜神)을 만나 그 힘을 소모시키기 때문이다.

대운과 명식이 합(合)을 이루고 희신이 된다면 의외의 양호한 운을 만나게 되지만, 명식의 희신과 합(合)하여 기신으로 변한다면 믿은 도끼 발등 찍히는 것과 같아서 장애가 발생한다.

명식과 대세 행운이 합하여 방(方)이나 국(局)을 이루고 진합(眞合)이 되면 그해에는 가장 큰 길흉(吉凶)의 영향력이 발생한다. 합력(合力)이 되는 지지(地支)의 본래 오행(五行)은 소멸(消滅)하고, 방(方)이나 국(局)의 기운만 왕성하기 때문이다. 그러므로 진합(眞合)의 유무는 반드시 살펴야 한다.

이때 희신이라면 대길(大吉)하겠지만, 기신 작용이라면 가령, 재다신약(財多身弱) 명에 삼합국(三合局)을 이루고 기신이 된다면 대흉하여 사망, 중상, 재난풍파, 질병, 법정출두, 수술을 하거나, 또는 파산(破散)하거나, 가정이 파탄되는 등의 재앙이 발생한다. 특히 대운지지(大運地支)가 기신으로 진(眞) 삼합국(三合局)을 이룰 때 피해는 더욱 크다.

대세행운 지지와 명식의 지지 3개가, 명식의 1개의 지지를 충(沖)하거나, 3개의 천간이 1개의 천간을 극(剋)하면, 의외의 재앙(災殃)이 따르고 심하면 생명을 잃는다. 이 항목은 격국 용신과는 무관하게 발생한다.

상관(傷官)이 희신일 때 행운에서 칠살(七殺)을 만나면 매우 불미하다. 마찬가지로 정관(正官)이 희신일 때 상관운(傷官運)을 만나면 위화백단(爲

禍百端)으로 구설수 재난이 발생한다. 이때 여명이라면 법정출두에 부부 이별도장을 찍기가 쉽다. 그러나 이때를 잘 참고 넘기면 부부 이별하지 않는 사람도 많다.

여명의 관살쇠약(官殺衰弱) 사주에 관운(官運)이 오면 부부불화 이별할 수 있다. 비록 관성(官星)이 희신일지라도 그러하다. 남명 또한 마찬가지로 재다신약(財多身弱) 사주에 비겁운(比劫運)이 희신일지라도 비겁운을 만나면 부부 이별하기 쉽다.

명식과 대세운을 배합하여 서로 간에 충(沖)이 되는 방국(方局)이 형성될 때, 즉, 두 쌍의 방국(方局), 두 쌍의 삼합국(三合局) 또는 두세 쌍의 충(沖)이 발생하면, 그해는 큰 재앙과 사망의 위험이 있으므로 매사 조심해야 한다.

대운간지(大運干支)는 공망으로 보지는 않지만 세년까지 공망이라면 희신운을 떠나서 위화백단(爲禍百端)으로 되는 일이 없다. 전실(塡實)되는 운 또한 희기신을 떠나 좋은 일이 없다.

명식과 대세 행운을 배합하여 사묘고충(四墓庫沖)이 발생하면 묘지(墓地)에 통근한 천간은 통근처 상실이 되지만, 무기토(戊己土)는 예외이다. 다시 말해서 묘고(墓庫)의 정기(正氣)에 해당하는 무기토(戊己土)만 살아남는다.

이때 경신금(庚辛金)은 토다매금(土多埋金)을 당하며, 임계수(壬癸水)는 탁수(濁水)로 변하고, 갑을목(甲乙木)은 뿌리가 뽑히며, 병정화(丙丁火)는 화회무광(火晦無光)으로 빛을 잃는다. 그리고 백호살(白虎殺)과 묘신작용(墓神作用)으로 해당하는 육친의 사망 수가 되기도 한다.

2, 3쌍의 자형(自刑)이 성립하거나 사절묘신(死絶墓神)이 발동되어도 해당하는 육친이 사망하는 일이 많다. 특히, 이때 해당하는 육친의 오행이 합거(合去)된다면 사망하기 쉽다.

명식과 대세운의 배합에서 정인(正印)이 삼형(三刑)되었거나, 두 쌍의 자형(自刑)이 되면 모친과 사별할 위험이 있으며, 편재(偏財)에 해당하면 부친과 사별할 위험이 있고, 정재(正財)에 해당하면 상처(喪妻)할 위험성이 있다.

　명식원국에 시양인(時羊刃)을 의지하는데 형충(刑沖)이 되면 남녀불문하고 극자(剋子)한다.
　남명에서 관살(官殺)이 형충(刑沖)되면 극자(剋子)한다.
　여명에서 식상(食傷)이 형충(刑沖)되면 극자(剋子)한다.
　여명사주가 모두 양 팔자이거나 음 팔자이고, 또는 편고함이 심한 명식은 무자식이 되는 일이 많으며 딸만 낳는 사람이 많다.

세년 운세해법
(運勢解法)

　인생사의 길흉화복(吉凶禍福)은 운에 달려 있고, 세운에 매여 있다. 10년을 상징하는 대운은 세년에서 그 승패가 결정 나게 된다. 그러므로 대세 행운을 명식에 적용하여 전쟁충(戰爭沖)인 수화상전(水火相戰)과 금목상전(金木相戰), 그리고 사묘고충(四墓庫沖)이 발생하면 각기 오행의 승패를 세심히 살펴야 한다.

　가령, 수화상전(水火相戰)이라면 금기(金氣)는 수기(水氣)를 생조하므로 수기(水氣)편에 가담하는 것이며, 목기(木氣)는 수설생화(水洩生火)하므로 화기(火氣)를 생조하는 것이지만, 수기(水氣)를 극하는 토기(土氣)를 제압하는 작용을 간과해서는 안 된다. 이처럼 세심한 관찰이 필요하다.

　전쟁충(戰爭沖)에 누가 항복(降伏)하는지를 살피고, 화해(和解)를 구한다면 충중봉합(沖中逢合)으로 화해(和解)시키는 해당 육친의 큰 도움을 받을 수 있다. 가령, 원국의 해사충(亥巳沖)에 인목(寅木)이나 묘목(卯木)을 만나면 해인합(亥寅合)이나 해묘합(亥卯合)으로 휴전(休戰)하게 된다.

　가령, 경금일간(庚金日干)에 인목(寅木) 세년을 만나 휴전(休戰)을 하면 아버지로 인해 전쟁이 멈추는 것과 같아서 아버지의 도움을 얻게 되며, 이때 유산상속을 받을 수도 있다.

　꼭 해당하는 육친이 아니라도 물상법을 활용하여 어려움을 극복할 수 있는데, 식물, 나무, 거울, 빛, 물, 수석, 목걸이, 액세서리 등 일상생활에 소요하는 물건들과 섭생(攝生)으로 기운의 변화를 꾀하는 방법도 있다. 이것이 생활 명리이다.

비록 부귀(富貴)가 격국과 희신의 유력함에서 정해진다고는 하지만, 일의 성패는 운로에서 작용하므로 길운을 만나야 한다. 일주는 나 자신이고 희신은 내가 필요로 하는 사람과 같으며 행운(行運)은 내가 임하는 땅과 같다. 그러므로 지지(地支)가 중요하다고 하지만, 천간(天干)의 도움이 있어야 한다.

지지(地支)는 육체와 같고 천간(天干)은 정신에 해당하므로 천간정신(天干精神)이 건왕(健旺)해야 뜻을 이루게 된다. 육체는 천간정신(天干精神)에 의해서 움직이기 때문이다. 그러므로 지지(地支)가 차라면 운전수는 천간(天干)이다.

아무리 좋은 차라 할지라도 천간(天干)에 해당하는 운전수가 불량하면 잘못된 길을 택하게 되지만, 현명한 운전수라면 올바른 길을 찾아 무리한 운전을 하지 않을 것이다.

임수(壬水)를 희신으로 사용할 때 근접(近接)한 기토(己土)가 있거나 세년에서 기토(己土)를 만나면 탁수(濁水)로 변한다. 이때 병화(丙火)나 정화일간(丁火日干)이라면 직업 변동과 건강 문제 자녀의 건강과 신상 이변수가 발생한다.

그러나 갑목(甲木)이나 을목(乙木)이 있어서 수설생화(水洩生火)하고 제토(制土)한다면 경미(輕微)한 일이 되며, 또는 경금(庚金)이나 신금(辛金)이 토설생수(土洩生水)해도 가벼운 일이 될 수도 있다. 또한 필요한 오행기운의 물건을 활용해서 대체하여 안 좋은 기운이 다른 쪽으로 흘러가게 할 수도 있다.

간지(干支)가 서로 싸우지 않고 간지상생(干支相生)으로 오는 운이라면 아름다운 것이기는 하지만 모두 그렇지는 않아서 각기 사주마다 다르다. 그래서 운의 한 간지(干支)를 10년으로 보게 되고 천간과 지지를 나눠서 보면 안 된다.

운을 나누어서 본다면 개두(蓋頭)와 절각(截脚)이란 말이 의미 없는 말이 되므로 길흉(吉凶)이 맞지 않게 된다. 가령, 목기운(木氣運)을 반긴다면 갑인(甲寅) 을묘(乙卯)의 운이라야 하고, 그다음은 갑진(甲辰)과 을해(乙亥), 임인(壬寅), 계묘(癸卯)의 운이 길하다.

화기운(火氣運)을 반긴다면 병오(丙午) 정미(丁未)의 간지가 함께 들어오는 운이 좋으며, 그다음은 병인(丙寅), 정묘(丁卯), 병술(丙戌), 정사(丁巳)의 운이 길하다.

토기운(土氣運)을 반긴다면 무오(戊午), 기미(己未), 무술(戊戌), 기사(己巳)의 운이 될 것이고, 그다음은 무진(戊辰)과 기축(己丑)의 운이 길하다.

금기운(金氣運)을 반긴다면 경신(庚申) 신유(辛酉)의 간지가 함께 들어오는 운이 좋으며, 그다음은 무신(戊申)과 기유(己酉), 경진(庚辰), 신사(辛巳)의 운이 길하다.

수기운(水氣運)을 반긴다면 임자(壬子) 계해(癸亥)의 간지가 함께 오는 운이 좋으며, 그다음으로는 임신(壬申)이나 계유(癸酉), 신해(辛亥) 경자(庚子)의 운이 필요하게 된다.

그러나 이때 각기 사주의 형상들이 다르므로 모두 같지는 않다. 가령, 경금일간(庚金日干)의 편재격(偏財格) 재다신약(財多身弱)일 때 경신운(庚申運)이 들어온다면 금목상전(金木相戰)이 발생하고 왕신대노(旺神大怒) 현상이 될 수 있으므로 오히려 분란이 되기도 한다.

어떤 경우라도 쇠신왕충(衰神旺沖)과 왕신대노(旺神大怒) 현상이 발생하지 않아야 평안함을 유지하게 된다. 그러므로 편고한 명식일 때는 희신운이라 해서 모두 좋은 것이 아니다.

내가 기뻐하는 운을 천간(天干)이 지지(地支)를 극(剋)하면서 온다면, 가령, 목기운(木氣運)을 기뻐하는데 경인(庚寅)이나 신묘(辛卯)의 운을 만나거나, 화기운(火氣運)을 기뻐하는데 임오(壬午)나 계사(癸巳)를 만나거나, 토기운(土氣運)을 반기는데 갑술(甲戌) 갑진(甲辰) 을축(乙丑) 을미(乙未)

의 운을 만나거나,

금기운(金氣運)을 기뻐하는데 병신(丙申)이나 정유(丁酉)의 운을 만나거나,

수기운(水氣運)을 기뻐하는데 무자(戊子) 기해(己亥)의 운을 만나는 것을 말한다.

이처럼 천간(天干)이 지지(地支)를 극(剋)하고 오는 운은 길흉(吉凶)이 반감된다. 가령, 수기운(水氣運)을 기뻐하는데 무자대운(戊子大運)을 만나면 경신금(庚辛金)이 있어서 토설생수(土洩生水)하거나 갑목(甲木)의 제토(制土)가 있다면 무난하다.

그러나 토설생수(土洩生水)와 제토(制土)가 없거나 사주에 술토(戌土)가 있어서 무토(戊土)가 화기창고(火氣倉庫)에 좌(坐)하면 자수(子水)는 전혀 힘을 쓰지 못한다.

또는 목기운(木氣運)을 기뻐하는 명식에서 지지(地支)가 천간(天干)을 극(剋)하면서 들어오는 운으로 갑신(甲申)이나 을유(乙酉), 을축(乙丑), 을사(乙巳)의 운을 만났다면 목기천간(木氣天干)은 힘을 쓰지 못하므로 무용지물과 같다.

그러나 신금(申金)을 만나 힘을 쓰지 못하는 갑목(甲木)이지만, 사주에 자수(子水)가 있어서 신자합수(申子合水)로 수기(水氣)를 생한다면, 절처봉생(絶處逢生)을 만난 갑목(甲木)으로 힘을 유지하게 되지만, 갑인(甲寅)보다 부족할 것은 당연하다.

화기운(火氣運)을 기뻐하는데, 병자(丙子), 정축(丁丑), 병신(丙申) 정유(丁酉), 정해(丁亥)의 운을 만나거나,

토기운(土氣運)을 기뻐하는데, 무인(戊寅), 기묘(己卯), 무자(戊子), 기유(己酉), 무신(戊申)의 운을 만나거나,

금기운(金氣運)을 기뻐하는데 경오(庚午), 신해(辛亥), 경인(庚寅), 신묘(辛卯), 경자(庚子)의 운을 만나거나,

수기운(水氣運)을 기뻐하는데 임인(壬寅), 계묘(癸卯), 임오(壬午), 계미(癸

未), 임술(壬戌), 계사(癸巳) 등의 운을 만나는 것을 절각(截脚) 운이라 한다.

절각(截脚)은 천간(天干)에 희신이 있다는 것으로 지지(地支)에서 천간(天干)을 실어 주지 않으니 십 년이 다 나쁘다고 해석하지만, 사주의 구조에 따라서 수많은 변수가 발생한다.

가령, 목기운(木氣運)을 좋아하는데 경인(庚寅)이나 신묘(辛卯)의 운을 만났다면 경금(庚金)은 본래 흉하지만, 경신금(庚辛金)은 인묘(寅卯)에 절지이며 무근하므로 흉함이 감소한다. 이때 원국에 병정(丙丁)이 경금(庚金)을 제압하거나, 임계(壬癸)가 금설생목(金洩生木)한다면 흉함은 더욱 감소한다.

그러나 이때 사주의 지지에 신유(申酉)가 있어서 금목상전(金木相戰)을 한다면 길함이 없을 뿐만 아니라 흉하게 된다. 또는 목기운(木氣運)이 반갑다고 할 적에, 갑신(甲申)과 을유(乙酉)의 운을 만난다면, 목기운(木氣運)은 신유(申酉)에서 절지(絶地)이므로 지지(地支)에서 실어 주지 않는다고 하게 된다.

그러므로 갑을목(甲乙木)의 운이라 할지라도 좋을 것이 없는데 이때 명식천간에 다시 경신금(庚辛金)이 있거나 혹은 세운 천간에 경신금(庚辛金)을 만난다면 반드시 흉할 것은 뻔하다.

그래서 십년이 다 흉하다고 하는데, 이때 원국천간에 임계수(壬癸水)가 있거나 혹은 세년에서 임계수(壬癸水)를 만난다면 금설생목(金洩生木)하므로 화평하여 나쁘지 않다고 보게 된다.

그러므로 운에서 길(吉)함을 만나도 좋을 것이 없는 사람이거나 운에서 흉(凶)함을 만나도 실제로는 그 흉(凶)함이 보이지 않으면 개두(蓋頭)와 절각(截脚)으로 인해서이다.

세년의 운세는 일 년의 좋고 나쁨을 관장하는데, 비록 생극(生剋)의 글자가 있더라도 일주가 운에서 서로 충돌이 발생하면 불미하다. 특히 천충지충(天沖支沖)하는 운은 더 불미하다.

일주가 왕성하면 흉(凶)함이 적지만 일간이 허약하면 반드시 나쁠 것을 염려해야 한다. 가령, 신약한 병인일주(丙寅日柱)가 임신년(壬申年)을 만나 천충지충(天沖支沖)이 된다면 흉하게 된다.

또한, 일간이 세운 천간을 극(剋)한다면 일간이 왕성할 때는 별 문제가 없겠지만, 일간이 허약하면 반드시 흉사가 발생하기 쉬우나 세운 천간을 설기하는 글자가 있다면 피해가 적다.

운세 길흉해법
(吉凶解法)

운세를 판단하는 보편적인 방법은? 먼저 명식의 희기신(喜忌神)을 판단해야 한다. 이때 유념해야 할 것이, 대세운에 따라 명식의 글자들이 아군이 적군이 되고 적군이 아군으로 변하는 상황을 세심히 살펴야 한다.

또한, 근묘화실(根苗花實)에 의한 육친의 길흉관계를 파악해야 한다. 특히 육친의 합충(合沖) 여부를 자세히 살펴야 하는데, 충(沖)보다는 합(合)의 피해가 더 때가 많다.

가령, 화기일간(火氣日干)의 여명사주에 해수(亥水)가 있고 해중임수(亥中壬水)가 남편인 경우, 목국(木局)으로 진합(眞合)되었을 때, 남편의 신상 이변수가 반드시 나타나게 되는데, 심하면 사망 수로 연결이 된다.

또는 진월(辰月)에 태어난 화기일간(火氣日干)에 진중을목(辰中乙木)이 친모가 된 경우, 경술대운(庚戌大運)이 왔다면 진술충(辰戌沖)에 개고(開庫)된 을목(乙木)이 경금(庚金)에 합거(合去)되어 술토(戌土)의 묘고(墓庫) 속으로 들어간다. 이처럼 되면 모친으로 인해서 상복(喪服)을 입을 수 있다.

이처럼 충(沖)보다 합(合)이 더 무서운 해악을 끼치는 일이 많다. 충(沖)이란 옛것을 새롭게 변화시킨다는 의미가 있지만 합(合)이란 자기본분을 잊게 만드는 작용을 하기 때문이다.

가령, 비겁(比劫)이 없는 경인일주(庚寅日柱) 재다신약(財多身弱)에서 을묘대운(乙卯大運)을 만나면 경금(庚金)이 을목(乙木)을 탐(貪)하여 경을합목(庚乙合木)으로 변하게 되는데, 사주에 병정화(丙丁火)가 있다면 약간의 구설풍파(口舌風波)는 있지만, 무관살(無官殺)이라면 사망할 수 있다.

경금(庚金)을 제어하고 합(合)을 못 하게 하는 관살(官殺)이 없으므로 누구의 눈치를 보지 않고 즉흥적으로 경을합목(庚乙合木)으로 변화된 후 사망하거나 대패재(大敗財)가 발생하기도 한다.

또는 칠살태왕(七殺太旺)의 을유일주(乙酉日柱)가 경신(庚申)을 만나 탐관(貪官)에 빠지고 병화(丙火)나 정화(丁火)가 없다면 을경합금(乙庚合金)으로 변화되고 사망하는 일이 많다.

평상시의 신금칠살(辛金七殺)은 직업 불만족 또는 대인관계나 직업관계에 문제를 일으키지만, 경금(庚金)은 금기(金氣)의 세력을 등에 업고 을목(乙木)을 자기 세력으로 끌어당긴다.

이때 병정(丙丁)이 사주에 있다면 비록 장애는 있어도 무사하지만, 급신이지(及身而止)라면 금목(金木)의 통관신인 수기(水氣)가 희신이 되는데, 경신(庚申)이나 신유대운(辛酉大運) 또는 무신(戊申) 기유(己酉) 경술(庚戌) 신미대운(辛未大運)을 만나고 세운에서 인수(印綬)를 합거(合去)하거나 충거(沖去)한다면 대흉하다.

이처럼 통관신이 사라질 때 집에 강도가 들어 을목(乙木)을 겁탈(劫奪)하거나, 또는 밤길에 집단 성폭행을 당하고 사망하거나, 또는 교통사고로 사망할 수도 있다.

평소에 어진 덕으로 베풂의 생활을 했다면 경상(輕傷)으로 끝나겠지만, 그렇지 않다면 중상이 되는 일이 많은데, 이때 중년이 지났다면 뇌졸중이나 식물인간이 되는 일로 작용할 수도 있다.

어린아이일 경우는 뇌성마비가 되는 일로 작용하고, 청소년일 때는 친구들에게 집단 성폭행을 당하거나 납치를 당하여 성 매매하는 일로 작용할 수도 있다.

가령, 을유일주(乙酉日柱)가 사주 격이 좋지 않으면 업생(業生)인 경우가 많으므로 수많은 베풂의 생활을 해야 하는데, 그렇지 않으면 곡각살(曲脚殺)의 피해를 반드시 보게 되고 앉은뱅이가 되는 일로 발생할 수 있으며,

경상일 때는 지팡이를 의지하게 된다.
 즉, 요즘 시대 휠체어 타는 사람들은 거의 곡각살(曲脚殺)의 영향이라 봐도 문제 될 것이 없을 것이다. 또는 경금일간(庚金日干)에 수국(水局)의 진합(眞合)이 이루어지면 직업 구설, 남편과 자식의 신상 이변수로 건강에 문제가 발생한다. 이처럼 명식 육친의 천간뿐만 아니라 지지(地支)의 진합(眞合) 또한 매우 흉한 작용을 한다.

 충(沖) 또한 문제를 일으키지만, 사망에 이르기까지는 발생하지 않는 경우가 많다. 다만 정신의 심란함은 어찌할 수 없으며 피해 또한 발생하는데, 합중봉충(合中逢沖)이 될 때 피해가 크게 나타날 수 있다.
 인생 중년기의 일지의 합중봉충(合中逢沖)이라면 희기신을 떠나서 구설에 휘말리거나 부부 이별하는 일이 많다. 그러므로 희신 운이므로 상관없을 것이라는 안이한 생각은 금물이다.

 희신이 힘을 얻으면 길하고, 기신이 힘을 얻으면 흉하다. 그러나 가령, 정화일간(丁火日干)에 을목(乙木)이 희신일 때와 갑목(甲木)이 희신일 때 힘을 얻는 과정이 다르다. 음천간(陰天干)이 힘을 얻는 것은 비겁(比劫)에 의해서이다. 이것은 운세판단의 모든 과정에서 매우 중요한 원칙이다. 그러나 희기신을 떠나서 발생하는 문제들이 많다는 것을 유념해야 한다.
 특히, 편고사주(偏枯四柱)는 희신과 상관없이 발생하는 문제들이 많다. 그리고 어느 사주나 희기신을 떠나 목기(木氣)는 보호되어야 한다. 그러므로 목분화열(木焚火熱), 금목상전(金木相戰), 수다목부(水多木浮), 목기과다(木氣過多), 목기쇠약(木氣衰弱)의 명식은 불미한 명식에 해당한다.
 특히, 수화상전(水火相戰)이나 금목상전(金木相戰)의 명식도 불미하다. 목기(木氣)가 상징하는 장부는 간, 신경, 두뇌, 산소이고, 금기(金氣)가 상징하는 장부는 대장, 폐, 척추, 호흡기 등이 되는데, 금목상전(金木相戰)이 발생한다면 혈액정화가 이루어지지 않으므로 건강한 육체가 될 수 없다.

그러므로 금목상전(金木相戰)하는 명식은 뇌성마비나 불구 단명수를 동반하게 되는데, 목기(木氣)가 불미한 명식에 해당하면 큰 성공은 이루기 어렵다.

명식에 극충(剋冲)이 발생한다면 아군과 적군 중에 누가 이기고 지는지를 살펴야 한다. 아군이 유력하여 적군을 제압하는 명식이라면 처음에는 장애가 있어도 만난을 극복하는 해결사의 성품이 된다.

그러나 적군이 득세(得勢)하여 아군이 극충(剋冲)을 당하고 무력해지면 대세운의 행운이 구제할 때는 잠시 좋아지지만, 그 운이 가고 나면 서리 맞은 배추 꼴이다.

가령, 자월생(子月生)으로 일지오화(日支午火)를 써야 하는 명식이라면 적군이 아군을 극충(剋冲)하는 것이니 흉한 것이다. 한마디로 달리는 말에 채찍을 과하게 휘두르는 격으로 말은 정신없이 이리 뛰고 저리 뛰고 하는 상이다. 그러므로 당주는 일생 정신없이 뛰어 보고 노력해 보지만 소득이 공허하며 척추부상과 골절 상처를 반드시 입게 된다.

그러나 이때 인시(寅時)나 미시(未時) 또는 술시(戌時)에 태어났다면 인시(寅時)는 인오합(寅午合)으로 자오충(子午冲)을 풀게 하고 수설생화(水洩生火)하므로 당주는 중년이 지난 후 해결사의 품성으로 아름다운 인생이 된다.

즉, 병(病)이 있으나 그 병(病)을 치료하는 약(藥)을 만나서이다. 또는 미시(未時)에 태어났다면 오미합(午未合)으로 자오충(子午冲)을 풀고 제방제수(堤防制水)하는 미토(未土)를 만난 것이므로 말과 순한 양이 푸른 초원에 함께하는 양호한 운을 만난 것이므로 득자 이후 발복하게 된다.

또는, 술시(戌時)에 태어나 오술합(午戌合)으로 자오충(子午冲)을 풀고 제방제수(堤防制水)하는 술토(戌土)를 만난 것이 되는데, 충견(忠犬)과 같은 자식을 만난 것이므로 일생 변하지 않은 부모와 자식으로 정(情)이 두텁다.

그러나 자시(子時)에 태어나 두 개의 자수(子水)가 일지오화(日支午火)를 재극충(再剋冲)을 악자(惡子)를 만난 것이므로 자식 낳고 패망한다. 이런 사람은 자식을 안 낳는 것이 좋을지도 모르겠다.

이처럼 희기신(喜忌神)과 근묘화실(根苗花實)을 살펴서 판단해야 하는데, 만약 여름 생으로 자수(子水)가 희신이라면, 희신이 기신을 극충(剋沖)하는 것이니 살신성인(殺身成仁)으로 자신의 몸을 희생시키는 것과 같다. 이런 경우라면 자수(子水)에 해당하는 육친의 도움이 매우 크다.

가령, 무자일주(戊子日柱)라면 처덕이 매우 큼을 상징하지만, 그 처는 선망(先望)에 해당하는데, 이럴 때 처가 교통사고를 당하고 그 보상금을 모두 받는 일도 발생한다.

자수(子水)가 육친의 어디에 해당하는가를 살펴 생명보험에 가입하는 것이 필수이다. 이때 자수(子水)가 자식이라면 세월호 사건처럼 자식이 죽고 큰 보상금을 받는 것과 같다.

명식의 금수(金水)가 희신일 때 운에서 자수(子水) 희신이 명식의 오화(午火) 기신을 충(沖)으로 제거하는 운이라면 대체로 좋은 운이지만, 이때 쇠신왕충(衰神旺沖)인지 왕신대노(旺神大怒)인지를 반드시 살펴야 한다.

이때 쇠신왕충(衰神旺沖)으로 왕신대노(旺神大怒) 현상이 발생한다면 금수(金水)가 희신이라 할지라도 흉하다. 이때는 오로지 명식의 진토(辰土)나 축토(丑土) 그리고 신금(申金)이 있으면 전화위복이 된다.

그러나 진축신(辰丑申)이 사주에 없다면 대흉하다. 이러한 원리를 알고 명식에 대입한다면 운세의 희기를 알 수 있게 되지만, 희신운이므로 무조건 길하다고 판단하면 전혀 맞지 않는다.

또는, 적군에 해당하는 목화(木火)가 많은데, 대운에서 자수(子水) 희신이 사주의 왕성한 오화(午火)를 충(沖)하는 경우, 자수(子水)는 쇠신왕충(衰神旺沖)에 해당하여 무조건 깨어져 나간다.

그러므로 희신이 자수(子水)라 할지라도 오히려 분란만 만들어 내므로 좋은 일이 없다. 그러나 이때 또한 진토(辰土)나 축토(丑土) 그리고 신금(申金)이 있으면 전화위복(轉禍爲福)이 되어 그동안 막혀있던 모든 장애를 극복하게 된다.

사주의 대세운에서 합(合)이 발생하면 진합(眞合)인지 가합(假合)인지를 세심히 살펴야 한다. 그 후 적군이 되었는지, 아군으로 변했는지를 살펴야 하는데, 일간이 아군과의 합(合)은 길하지만, 적군과의 합(合)을 했다면 주체정신을 망각(忘却)한 것이므로 대흉하다.

필자가 여러 차례 설명했지만, 운명의 길흉화복이 희기신의 운으로만 형성되는 것이 아니다. 당주의 정신계 문제를 만드는 귀문살(鬼門殺)과 탕화살(湯火殺) 그리고 원진살(怨嗔殺) 등을 명식에 적용해야 그 사람의 정신을 이해할 수 있다.

합(合)에는 유정합(有情合), 무정합(無情合), 진합(眞合)이 있으며 유정합(有情合)은 오행의 성분이 변하지 않고 자기 본연의 역할을 하지만 진합(眞合)은 자기본분을 망각(忘却)한다.

무정합(無情合)은 간지 한쪽만 합하는 경우로 천간은 합(合)을 할지라도 지지는 원진귀문(怨嗔鬼門) 극충(剋沖) 형살(刑殺) 관계를 성립한 것을 말한다.

가령, 기묘일주(己卯日柱)가 갑자(甲子)를 만나 천합지형(天合支刑)이 되거나, 갑자일주(甲子日柱)가 기유(己酉)를 만나 천합지귀문(天合支鬼門)이 되는, 이런 경우를 무정합(無情合)이라 할 수 있다.

이런 무정합(無情合)이 정신계 문제를 만들고 부부 이혼하고자 하면서도 어느 한쪽이 물고 늘어져 서로가 패재의 길을 가기도 하며, 또는 시주(時柱) 자식과 무정합(無情合)이 되어 자식이 성장한 후에도 원수가 되어 파재(破財)시키거나, 부부 헤어지게 만들거나, 결혼과 취직은 하지 않고 집 안에 틀어박혀 부모에게 폭력을 행사하거나 흉악한 불효자가 되는 일도 있다.

진합(眞合)으로 방국(方局)을 형성한다면 화(化)한 오행성분이 강화된다. 이때 명식의 글자가 진합(眞合)으로 변한다면 해당 육친의 신상에 이변수가 있게 된다. 가령, 신약(身弱)으로 미토(未土)를 의지하는 기해일주(己亥日柱) 여명이 묘운(卯運)을 만나 목국(木局)의 진합(眞合)이 되었다면, 가진 돈 모두 남편 사업 밀어 주고 패망하며 관제구설을 당하고 부부 헤어지기도 한다.

또는, 정묘일주(丁卯日柱)에 목방국(木方局)을 이루고 경을합목(庚乙合木)이 되었다면 재물의 패재 또는 처와 부친의 신상 이변수로 사망하기도 한다. 그러나 정화(丁火)가 유력하여 목다화식(木多火熄)이 되지 않았다면 합목(合木)을 반대할 수 있는 능력이 있으므로 경을합목(庚乙合木)은 되지 않는다.

천간합에서 합화(合化)하는 오행을 극(剋)하는 천간이 있으면 합(合)은 될지라도 합화(合化)는 이루어지지 않는다고 하지만, 그러나 반대할 능력이 없다면 합(合)은 이루어진다.

가령, 병화일간(丙火日干)이 신금(辛金)을 만나 합(合)을 이루고자 하지만 정화(丁火)나 임수(壬水)가 있으면 진합(眞合)이 되지 않는다. 그런데 화국(火局)을 이루고 화기태왕(火氣太旺)에 신금(辛金)이 무력하면 신병합화(辛丙合火)로 변한다.

그러나 정화(丁火)가 있어서 신병합(辛丙合)을 반대한다면 쟁재(爭財) 현상으로 재난풍파(災難風波)가 되고 신금(辛金)에 해당하는 육친이 흉하게 된다. 그러나 병화(丙火)가 무력하고 정임(丁壬)이 없고 금방국(金方局)이 있다면 합금(合金)으로 변하여 사지(死地)에 들어간다.

또는 수기태왕(水氣太旺)에 무기토(戊己土)가 없다면 병신합수(丙辛合水)로 변하여 이때 역시도 자신이 죽을 자리를 찾아가는 것과 같다.

지지(地支)의 방합(方合)은 무시해도 좋다. 왜냐면 방합(方合)은 친구 동료의 합이므로 천간의 통근처를 잃지 않는다. 그러나 삼합(三合)과 육합(六合)은 진합(眞合)을 방해하는 글자가 없고 해당 오행천간(五行天干)이 투출할 때는 진합(眞合)이 이루어진다.

희신이 합(合)에 의한 적군으로 변한다면 선길후흉(先吉後凶)으로 틀림없이 흉하게 된다. 가령, 계해일주(癸亥日柱)나 계묘일주(癸卯日柱)가 목국(木局)을 이루는 경우, 부성(夫星)인 미토(未土)를 굴복시켜 합궁(合宮)을 하므로 좋은 듯하지만, 식상(食傷)이 관살(官殺)을 파극(破剋)하고, 금기(金氣)는 금결(金缺)이 되며, 수기(水氣)는 목기(木氣)에 빨아먹히는 것이므로 반드시 흉하게 된다. 다만 계수(癸水)가 종아격(從兒格)이 될 때는 길하다.

이처럼 육친의 길흉(吉凶)이 다르므로 대세운의 합충(合沖) 관계는 세심히 살펴야 한다. 희신이 합국(合局)을 이루었다 해도 해당하는 육친의 피해는 반드시 발생하기 때문이다.

다시 정리하자면,
명식과 대운 상호작용과 합충(合沖) 관계에 의한 길흉판단,
명식과 세운 상호작용과 합충(合沖) 관계에 의한 길흉판단,
명식과 대세운 상호작용과 합충(合沖) 관계에 의한 길흉판단,
육친의 합충(合沖) 관계에 의한 길흉판단이 이루어져야 한다.

명식의 정확한 육친을 알 수 있다면 그 해당 육친의 희로애락(喜怒哀樂) 생로병사(生老病死)까지도 나의 사주 안에 들어 있다는 것을 알게 된다. 그러나 내가 부친의 인연인지, 모친의 인연인지, 또는 부모와 무인연(無因緣)으로 태어난 것인지, 또는 조상의 인연으로 태어난 것인지 등에 따라서 육친성의 희로애락(喜怒哀樂)이 다를 수도 있다.

즉, 모친의 인연으로 태어나고, 모친은 부친과 무인연(無因緣)이며, 나 또한 부친과 무인연이라면, 부친에 대한 정확한 생로병사(生老病死)를 알 수 없다.

또한, 근묘화실(根苗花實)과 명식의 육친이 다를 수 있으므로 세심한 관찰이 필요하게 되는데, 단순하게 인수(印綬)니까 모친이며, 재성(財星)이니까 처궁이고, 관살(官殺)이니까 남편이며 자식이라는 등의 틀에서 벗어나야 한다. 이러한 육친론은 단순하게 오행구족(五行具足)한 명식에서만 통용된다.

대세운 간지(干支)의 희기신이 다르므로 이것을 종합적으로 판단해야 한다. 특히 편고사주(偏枯四柱)는 희신 운일지라도 대 분란이 발생할 수 있고

사망할 수 있으므로 특히 주의해야 한다. 가령, 군겁쟁재(群劫爭財) 명식에 재성천간(財星天干)이 비겁동주(比劫同柱)로 올 때, 재성천간(財星天干)은 희신이지만 지지는 기신으로 재성천간(財星天干)을 파극(破剋)하므로 오히려 대흉하다.

또는 재성태과(財星太過) 사주에 인수(印綬)가 재성동주(財星同柱)라면, 가령, 기해일주(己亥日柱)에 정해(丁亥)나 병자운(丙子運)이 올 때는 재성(財星)이 인수(印綬)를 놓고 쟁재(爭財)가 벌어진다.

이럴 때 재성(財星)은 수기(水氣)로서 급동(急動)하므로 태풍이 형성되고 해일·파도가 발생한다. 이렇게 되면 목기(木氣)는 부목(浮木)이 되고, 토류(土流)하고, 금침(金沈)하므로 재앙백출(災殃百出) 재난풍파(災難風波)가 발생한다.

이때 모친의 사망으로 상복(喪服)을 입을 수 있다. 다시 말해서 태과(太過)한 오행의 쟁재(爭財)가 발생하면 재앙백출(災殃百出)이 된다.

즉, 목다(木多)면 금결(金缺)이 되고, 화다(火多)면 수기(水氣)는 증발하여 형체를 찾을 수 없으며, 토다(土多)면 사막에 선인장과 같아서 외로움에 몸부림치게 되고, 금다(金多)면 화식(火熄)으로 불이 꺼지고, 수다(水多)면 토류(土流) 현상으로 정처 없는 인생이 되는 것이므로, 편고함이 지나친 사주는 활인(活人)의 삶을 살면서 많이 베풀고 살아야 할 팔자가 되는데 이것을 종교지명이라 한다.

오행구족(五行具足)한 사주에서 천간지지(天干地支)가 모두 희신이 되어 준다면 대길하다. 물론 사주와 대세운 상호 간에 합충(合沖)이 없거나 합(合)이 있더라도 희신이 되어 주거나, 충(沖)이 있더라도 적군을 제압하거나, 적군들의 합(合)을 충(沖)으로 풀어 주거나, 아군들이 적군들의 충(沖)으로 무력할 때, 합(合)으로 풀어 준다면 이것이 길운이다.

대운간지(大運干支)가 둘 다 적군이면 대흉하다. 가령, 재다신약(財多身弱)의 병신(丙申) 정유일주(丁酉日柱)가 경신(庚申) 신유운(辛酉運)을 만났거나, 관살태과(官殺太過)인 갑신(甲申) 을유일주(乙酉日柱)가 경신(庚申) 신유운(辛酉運)을 만나면 관살(官殺)은 귀살(鬼殺)로 변한다. 이것은 깊은 산중에서 호랑이를 만난 것과 같아서 대흉하다.

재성극왕(財星極旺)인 명식은 대세운에서도 구제할 방법이 없으나, 관살극왕(官殺極旺)인 명식은 오로지 인수운(印綬運)이 길하고 그 외에는 방법이 없다. 여기에서 왕성(旺盛)과 태왕(太旺), 극왕(極旺)의 차이를 분명히 구별해야 하는데, 왕성(旺盛)은 유력한 상태를 뜻하고, 태왕(太旺)은 허약한 글자로는 극 할 수 없는 상태를 뜻하지만, 극(剋)하는 글자가 간지동주(干支同柱)로 유력하면 제압할 수 있다.

그러나 극왕(極旺)은 제어가 도저히 불가능하므로 오로지 극왕자(極旺者)의 뜻에 따라 설기(洩氣)하거나 오히려 도와야 함을 뜻한다.

편고사주(偏枯四柱)는 왕신(旺神)을 대노(大怒)시키는 일이 없어야 그나마 평안함을 유지할 수 있다. 쇠신(衰神)이 왕신(旺神)을 극(剋)하는 일이 발생한다면 왕신(旺神)은 미쳐 발광하므로 흉함이 발생하는 것이다.

그러므로 최고의 흉격은 재성태왕(財星太旺)이 되는데, 기신운에 미약한 희신이 충극(沖剋)을 당하면 재화(災禍)를 당하게 되고 심하면 사망하게 된다. 이때 해당 육친 또한 반드시 참조해야 한다.

가령, 겨울에 태어난 토기일간(土氣日干) 신약으로 화기(火氣)를 요구하는데 병인(丙寅)이 사주에 있어서 희신일 때 임신대운(壬申大運)이 천충지충(天沖支沖)을 한다면 희신이 깨어진다. 이때 원국에 진토(辰土)가 있고 자수(子水) 세년이라면 수국(水局)을 이루고 수생목(水生木) 목생화(木生火) 화생토(火生土)가 되므로 무난하지만, 세운에서 금국(金局)이나 금방(金方)을 이루고 인목(寅木)을 충(沖)하고 수극화(水剋火)로 병화(丙火)를 극(剋)한다면 대흉하다.

명식의 화기(火氣)가
용신일 때

丙子運: 자수좌(子水坐)에 절각(截脚)된 병화(丙火)이므로 밤중의 전등불과 같다. 그러므로 무력한 데다가 지지에서 화기(火氣)를 제어하므로 힘을 쓰지 못한다. 이때 인목(寅木)이 있어서 수설생화(水洩生火)한다면 무난하지만, 묘목(卯木)이라면 큰 기대는 할 수 없으며, 이때 수국(水局)의 진합(眞合)을 이루었다면 상복(喪服)을 입게 되며 대흉하다.

丙寅運: 천복지재(天覆地載)의 인목(寅木)에 통근한 병화(丙火)이므로 유력(有力)하다. 재다신약(財多身弱)의 명식으로 득비리재(得比理財)의 화국(火局)을 이룬다면 매우 길하다. 그러나 금목상전(金木相戰)에 인신충(寅申沖)이 된다면 도로무공(徒勞無功)으로 기대치에 미치지 못한다.

특히, 병신일주(丙申日柱)에 인신충(寅申沖)이라면 부부 불화 재난이 발생하고, 사주에 신금(辛金)이 있다면 병화(丙火)는 재물을 탈재(奪財)하러 온 것이므로 좋지 않다. 그리고 부잣집에 도둑이 드는 것보다 가난한 집에 도둑이 더 잘 든다는 것도 참고해야 한다.

丙辰運: 진토(辰土)는 습토(濕土)로서 설기화회(洩氣火晦)시키므로 좋을 것이 없다. 사주에 신금(辛金)이 있다면 탈재(奪財)이고, 수국(水局)과 유진합(酉辰合) 관계를 살펴야 한다.

또한, 토기(土氣)의 삼형충(三刑沖)도 살펴야 하는데, 여명이라면 유산(流産)이 발생하기 쉽고 당뇨, 신장 질환, 위장질환, 자궁의 이상 유무, 혈액관련 질병을 살펴야 한다. 이때 유진합(酉辰合)이 된다면 재물이 묶이므로 흉하다. 또한 토기(土氣)의 붕충삼형(朋沖三刑)이 된다면 상복(喪服) 입을 일이 있게 된다.

丙午運: 간지동체(干支同體)로서 순수한 희신운으로 길하다. 그러나 병자일주(丙子日柱)로 수화상전(水火相戰)이 되는지, 또는 재다신약(財多身弱)의 병신일주(丙申日柱)인지도 살펴야 한다. 나는 비록 좋더라도 부부 이별할 수 있다.

윗글에서 대략을 설명했듯이 어떤 운일지라도 합충(合沖)에 의한 변화가 발생하고 아군이 기신으로 변하기도 하며, 기신이 아군으로 변하기도 한다. 이것을 일러 새옹지마(塞翁之馬)라 하는데, 그러므로 변하는 오행에 중점을 두어야 하며 일간이 신약할지라도 비견겁(比肩劫)은 재물을 나누는 자에 해당하므로 안심할 수 없다.

화기(火氣)가 희신일 때의 길흉(吉凶)을 설명하는 중이지만, 천인천태(千人千態) 만인만상(萬人萬象)인 사주에서 맞기도 하며 틀리기도 하다는 점을 참고하며 살펴보시기 바란다.

丙申運: 병화(丙火)가 자좌신금(自坐申金)을 제어하므로 소길(小吉)하다. 그러나 진합(眞合)에 의한 수국(水局)이 되었는지를 먼저 살펴야 한다. 사주에 신금(辛金)이 있어서 탐합(貪合)이 되었거나 인신충(寅申沖)이 되었다면 오히려 분란이 발생한다. 이때 신약한 병인일주(丙寅日柱)에 인신충(寅申沖)이 된다면 재난(災難)이 발생하고 부부불화일 뿐이다.

丙戌運: 묘고(墓庫)에 통근하는 병화(丙火)로 길한 바 있다. 수기(水氣)가 병(病)이라면 제방제수(堤防制水)하는 술토(戌土)이므로 길하다. 그러나 토기(土氣)의 붕충삼형(朋沖三刑)이 된다면 육친의 혈광사(血光死)가 염려되고 병진일주(丙辰日柱) 여명이라면 남편의 신상 이변수와 자신의 안위도 염려해야 하며 자궁질병도 염려된다. 다만 왕성한 수기(水氣)를 제어해야 하는 명식이라면 길한 바 있으며 화국(火局)을 이루고 아군이 득세한다면 길하다.

丁丑運: 축토(丑土)는 정화(丁火)를 설기회광(洩氣晦光)시키고 정화(丁火)의 묘지(墓地)이니 호롱불과 같아서 금기(金氣)를 다스리지 못한다. 이때 계수(癸水)가 있다면 더더욱 힘을 쓰지 못하여 북풍한설의 호롱불일 뿐이다.

또한, 토기(土氣)의 형충삼형(刑沖三刑)이 발생한다면 더욱 불미하여 재난 풍파, 관재구설, 유산, 시력, 청력, 위장, 자궁, 당뇨, 질병 등의 염려가 있다.

丁卯運: 간지상생(干支相生)으로 묘목(卯木)이 정화(丁火)를 생조하고 토기(土氣)를 극하므로 길한 듯하지만 큰 기대는 할 수 없다. 묘목(卯木)은 습목(濕木)이므로 정화(丁火)를 생조하지 못하고 생목매연(生木煤煙)과 같아서 열기로 작용하는 정화(丁火)가 되지 않는다. 그러므로 단지 소길(小吉)할 뿐으로 기대치에 미치지 못하며 단기전(短期戰)은 부족하지만, 장기전(長期戰)에는 길하다.

丁巳運: 간지동체(干支同體)로 길하다. 그러나 사화(巳火)가 사신합(巳申合)이나 사유합(巳酉合)으로 탐합(貪合)으로 인해 무력해지고 금국(金局)에 동참하여 기신이 될 수 있다. 그래서 희신운일지라도 합충(合沖) 관계로 인해 변질할 수 있으므로 기대치만큼의 길운이 형성되지 않는 일도 많다.

丁未運: 수기(水氣)를 제방제수(堤防制水)해야 하는 명식이라면 의외의 행운이 발생한다. 그러나 토기(土氣)의 삼형충(三刑沖)이 발생한다면 기대치에 미치지 못한다.

일반적인 명식에서 화기(火氣)가 희신이 되는 명식이라면 오화(午火)가 한 글자 있는 것이 발복의 씨앗이 된다. 그런데 사화(巳火)가 있다면 믿은 도끼에 발등 찍히는 일이 많은데, 오화(午火)는 화국(火局)을 이루는 근원이지만, 사화(巳火)는 신유축(申酉丑)을 만나면 변질하므로 도움 되지 않는 일이 많다.

丁酉運: 정화(丁火)는 희신이지만 유금(酉金) 기신이 금국(金局)을 이루고 금다화식(金多火熄)으로 정화(丁火)의 불을 끄게 하므로 기대치에 미치지 못하는 정화(丁火)이다. 이때 시지오화(時支午火)가 있어서 록근하고 유금(酉金)을 다스린다면 기대할 수 있지만, 정화(丁火)가 쇠약하고 금기과다(金氣過多)면 큰 기대는 금물이다.

丁亥運: 빛으로 작용하는 정화(丁火)이므로 금기(金氣)를 제련하지 못한다. 그리고 해중임수(亥中壬水)와의 암합으로 더욱 무력해져 스스로 독립하여 자립하지 못하고 의타심이 강하다.
　해중갑목(亥中甲木)이 있다 하지만, 물속의 통나무로 정화(丁火)를 생조하지 못한다. 혹, 목국(木局)을 이룬다면 기대해 볼 수 있으나 목다화식(木多火熄)이 아닌지 살펴야 한다. 그리고 인목(寅木)이 있어서 해인합(亥寅合)을 한다면 겨울 생이 아니라면 기대할 만하다.

甲午運: 간지동체(干支同體)는 아닐지라도 갑목(甲木)이 오화(午火)를 생조하고 오화(午火)는 화국(火局)을 이루는 왕지(旺地)이므로 기대할 만한 운기이다. 이때 명식에 병화(丙火)나 정화(丁火)가 있다면 더욱 길하다. 그러나 자오충(子午沖)이 되었다면 누가 이기고 지는지를 살펴야 한다. 금수(金水)는 적군의 세력이며 목화(木火)는 아군의 세력이다.
　조토(燥土)는 아군에 해당하지만, 습토(濕土)는 적군에 해당한다. 아군이 적군을 이긴다면 좋은 결과가 되지만, 이기지 못하는 싸움이라면 갑오(甲午)가 희신이라 할지라도 분란만 발생한다.

戊午運: 무토(戊土)가 희신이라면 길하지만, 기신이라면 길흉 반반이다.

가령, 겨울에 태어난 명식에 계수(癸水)가 해악을 끼친다면, 무계합(戊癸合)으로 합거(合去)해 주므로 길하다.

오화(午火)는 화국(火局)을 이루는 왕지의 희신으로 상당히 좋은 결과를 기대할 수 있으나 수화상전(水火相戰)이 되지는 않았는지, 쇠신왕충(衰神旺沖)이 되지는 않았는지 살펴야 한다.

庚午運: 오화(午火)는 희신이지만 경금(庚金)은 기신의 세력을 도우며 목기(木氣)를 제압하므로 좋을 바 없으나, 명식의 병정(丙丁)이 경금(庚金)을 제압하는 사주라면 길하다. 그러나 병정(丙丁)이 없고 경금(庚金)이 수기(水氣)를 생조하고 목기(木氣)를 극하며 수극화(水剋火)를 한다면 길흉반반이다.

이때 경금(庚金)이 직업이라면 직업 구설, 보직 이동. 건강 문제가 발생한다. 경금(庚金)이 인수(印綬)라면 잘못된 문서로 구설을 당한다. 경금(庚金)과 오화(午火)를 따로 떼어 놓고 경금(庚金)은 천간(天干)으로서의 희기(喜忌)를 구분하고, 오화(午火)는 지지(地支) 서로의 희기(喜忌)를 구별해야 한다. 다시 말해서 천간(天干)은 천간끼리 반응하고 지지는 지지끼리 반응한다는 점을 염두에 두고 희기를 가려야 함을 말하는 것이다.

을목일간(乙木日干)의 미혼여성이라면 경금(庚金)이라는 남자를 만나고 오화(午火)라는 자식을 낳게 됨을 상징하므로 결혼 운이다. 그러나 기혼여성이라면 외정(外情)에 해당하기도 한다. 그러므로 가정에 마음을 붙이지 못하고 돈 벌러 나가거나 남자들이 많은 곳에 직업을 갖기도 하는데, 경금(庚金)이 목욕살(沐浴殺)이므로 품질이 양호한 것은 아니다.

壬午運: 오화(午火)에 좌(坐)한 임수(壬水)를 개두(盖頭)되었다고 하는데, 희신인 오화(午火)를 극하고 오중정화(午中丁火)와 암합을 하여 자기 것이라 우기는 임수(壬水)가 기신이므로 좋은 형상은 아니다. 오화(午火)가 희신이므로 길흉 반반이지만, 화방국(火方局)의 중심인 왕지이므로 행운을 불러올 수 있다. 원국에 있는 정화(丁火)가 정임합목(丁壬合木)으로 회두생(回頭生)이 된다면 적군이 아군으로 변하는 것이니 의외의 행운이다.

乙巳運: 화기(火氣)가 희신인 명식에서 을사운(乙巳運)은 길하다. 그러나 사주에 경금(庚金)이 있다면 무용지물이 되는 을목(乙木)이지만, 경금(庚金) 기신을 합거(合去)해 준 공이 있다. 그러나 사신합수(巳申合水)나 금국(金局)으로 배신하는 사화(巳火)인지를 살펴야 한다. 또한 을경합(乙庚合)에 의한 탐합망생(貪合忘生)이 될 수 있으므로 세심한 관찰이 필요하다. 이때 변질하지 않는 을사운(乙巳運)이라면 행운을 얻는다.

丁巳運: 간지동체의 희신운이므로 길하지만, 정화(丁火)의 합거변질(合去變質)과 사화(巳火)가 기신에 합류된 것을 살펴야 한다.

아무리 길운이라 해도 변질되면 운기 또한 변한다. 가령, 정사(丁巳)가 재성(財星)이라 할 적에 사신합수(巳申合水)나 사유합(巳酉合)이 된다면 재물이 변하여 문서가 되지만, 기신에 해당하는 문서이므로 헛문서에 해당하여 평지풍파를 만드는 문서이다. 이럴 때 잘못 찍은 도장으로 패재당하는 일이 많다.

己巳運: 기토(己土)가 희신이면 길하지만, 기신이면 길흉반반의 운이다. 또한 기임탁수(己壬濁水)와 갑기합토(甲己合土)로 변하지 않았는지 살펴야 한다. 그리고 사화(巳火)의 변질 문제를 살펴야 한다. 유달리 사화(巳火)는 합(合)을 탐(貪)하는 지지로써 믿은 도끼에 발등 찍히는 일이 많다.

삼합(三合)에서 해미합(亥未合), 인술합(寅戌合), 신진합(申辰合)은 인정하지 않는 반합이지만 사축(巳丑)의 합은 인정한다. 사축(巳丑)은 상생관계이고 사중병무(巳中丙戊)가 축중신계(丑中辛癸)와 암합을 하므로 강한 합력작용을 하는 것이 사축합(巳丑合)이다. 그러므로 사주에 경금(庚金)이나 신금(辛金)이 있을 때는 진금국(眞金局)은 아니지만, 금국(金局)과 같은 힘으로 작용한다.

辛巳運: 신금(辛金)은 기신이고 사화(巳火)는 희신으로 길흉 반반에 해당하지만, 명식에 병화(丙火)가 있다면 병신합(丙辛合)으로 희신 작용을 무용지물로 만드는 신금(辛金)이고, 사화(巳火)는 탐합(貪合)을 잘하므로 큰 기대는 할 수 없는 운으로 자칫 분란만 조성시킨다. 그러나 사주에 정화(丁火)가 있어서 신금(辛金)을 제압하면 길하고 사화(巳火)의 변질이 없다면 기대해 볼 수 있는 운이다. 그러나 금국(金局)이 된다면 흉하다.

癸巳運: 계수(癸水)는 사중병화(巳中丙火)를 흑운차일(黑雲遮日)시키고 사중무토(巳中戊土)를 암합(暗合)하여 무용지물(無用之物)로 만드는 계수(癸水)이므로 길흉 반반에 해당하는 운으로, 명식에 또 다른 계수(癸水)가 있다면 길운을 기대하기 어렵다.

또한, 사화(巳火)의 변질이 있다면 아예 길운을 기대하지 않는 것이 좋다. 그러나 사화(巳火)의 변질이 없고 명식의 무토(戊土)가 계수(癸水)를 합거(合去)해 준다면 기대할 만하다. 또는 명식의 기토(己土)가 계수(癸水)를 제압한다면 계수(癸水)의 흉액이 제어되어 길하다.

위와 같이 운 자체의 길흉이 정해졌더라도 사주 명식과 대세운의 상호작용으로 길흉(吉凶)이 변하게 된다. 따라서 희신과 기신의 세력을 종합적으로 판단할 수 있는 통찰력이 필요하다.

간지에 따라
길흉이 다르다

　대운의 간지를 5년씩 나누어 보는 역인도 있지만, 윗글에서 설명했듯이 정신이 없는 육체는 식물인간일 뿐이며 육체가 없는 정신 또한 귀신과 같아서 어떠한 작용력도 나타낼 수 없다.

　정신에 해당하는 천간은 육체에 해당하는 지지에 좌(坐)했을 때만 그 작용력이 나타난다. 즉, 필자가 자판의 글을 쓰는 것도 천간정신이 육체를 통해서 생각하는 것이 나타나는 것이다. 그러므로 육체가 없다면 이런 글 작업을 할 수가 없다. 그리고 육체 역시 생각이 없는 육체이므로 인간이라 할 수도 없다.

　그러므로 대운과 세운 등의 간지를 따로 떼어 놓고 운을 봐서는 안 된다. 특히 대운은 지지가 중요하다며 천간을 무시하고, 세운은 지지보다 천간이 중요하다고 말하는 역인이 있지만, 음양(陰陽)은 동체(同體)라는 사실을 간과하고 있다.

　음양일여(陰陽一如)이다. 그러므로 간지는 동체(同體)로서 부부지간이며 정신과 육체이므로 분리하면 안 된다. 가령, 경인대운(庚寅大運)이라면 경금(庚金)과 인목(寅木)이 동체(同體)이므로 경금운(庚金運) 5년, 인목운(寅木運) 5년, 이처럼 따로 떼어서 보는 것이 아니라 10년 동안 경인대운(庚寅大運)이다.

　그리고 이때 천간(天干)은 천간끼리 작용하고 지지는 지지끼리 작용한다. 천간은 형이상(形而上)으로 하늘에 속한 것이며, 지지는 형이하(形而下)로 땅에 속한 것이므로, 천간은 천간끼리 반응(反應)하고 지지는 지지끼리 반응(反應)한다.

그러나 지지상황에 따라서 천간정신이 다르게 나타난다. 가령, 갑인일주(甲寅日柱)라 할지라도 월주(月柱)와 시주(時柱)의 환경에 따라 그 성질이 다르다. 또는, 을유(乙酉)와 경진(庚辰)은 천합지합(天合地合)이 되므로 간지의 합력이 매우 강하다. 그러나 경진(庚辰)과 을해(乙亥)가 만났다면 천간은 경을합(庚乙合)이지만 지지는 진해(辰亥) 원진귀문(怨嗔鬼門)이다.

그러므로 을경합(乙庚合)의 합력성분은 원진귀문(怨嗔鬼門)의 성분이 잠재되어 있다. 진토(辰土)는 수기(水氣)의 묘고(墓庫)로 해수(亥水)를 진토(辰土)에 가두고 입묘(入墓)하는 작용한다. 그러므로 경금(庚金)은 을목(乙木)에 강제적인 강권을 휘두르고, 을목(乙木)은 경금(庚金)에서 벗어나기를 원하는 마음이 된다.

이럴 때 을목(乙木) 여자는 폭력적인 남자를 만나게 될 것을 상징하는데, 순탄한 결혼생활이 되지 않는다. 이처럼 인체의 정신은 지지를 바탕으로 형성되고, 지지(地支)는 천간정신(天干精神)을 바탕으로 움직이며 활동하게 된다.

즉, 천간은 남편이며 지지는 아내가 되는데, 남편은 아내의 뜻에 따르게 되고 아내는 남편의 뜻에 따르게 된다. 그러므로 나누어 보는 실수가 없어야 한다.

명식의 천간과 대세운 천간의 상호작용과 명식 지지들과 대세운 지지의 상호작용을 파악한 후, 지지충(地支沖)에 의한 개고(開庫)된 천간이 명식천간을 합거(合去)하는지 살펴야 한다.

희신이 명식천간에 있는데, 대세운의 천간에서 명식천간 희신을 파극(破剋)하거나 합거(合去)한다면 대흉하다. 그런데 이때 기신이 대세운의 지지에 있다면 길흉관계가 달라질 수도 있다.

즉, 이 기신이 다른 지지의 기신의 힘을 설기하여 좋아지는 일도 있으며, 합(合)의 변화로 희신이 되는 일도 있다. 따라서 간지를 함께 적용하여 명식원국과의 상호작용을 살펴야 한다.

또한, 명식에 지지기신(地支忌神)이 많은데, 행운의 희신이 지지기신(地支忌神)과 충(沖)이 되면 오히려 흉(凶)할 수 있다. 희신이 왕성한 기신으로부터 충(沖)을 받아 깨어지기 때문이다. 그러나 희신이 대운천간(大運天干)으로 오고, 자좌(自坐)에서는 기신의 힘을 설기하는 오행으로 작용한다면 전화위복이 된다.

年 月 日 時
壬 甲 丙 壬 乾命
子 辰 申 辰 칠살태왕격(七殺太旺格)
乙 丙 丁 戊 己 庚 辛
巳 午 未 申 酉 戌 亥

진월(辰月)에 무토(戊土) 사령이므로 수국(水局)을 이루지 못할 듯하지만, 무토(戊土)가 투출하지 않았고, 두 개의 임수가 있으므로 진수국(眞水局)을 이룬다.

진월(辰月)의 갑목(甲木)이 용신으로 임갑병(壬甲丙)으로 이어지는 살인상생격(殺印相生格)이지만, 갑목(甲木)이 수다부목(水多浮木)으로 바다에 침몰한 난파선과 같은 형태로 인수(印綬)를 내 것으로 만들기 어려운 형태로 의식주의 큰 문제가 발생하는데 처자(妻子)가 기신이므로 한(恨) 많은 인생이 된다.

이런 사주의 경우 술 마신 사람처럼 얼굴색이 붉으며 심장쇠약, 뇌졸중, 당뇨, 다한증이 발생하며 단명 팔자이다.

당주는 첫 부인에게 아들을 낳은 후 헤어지고, 두 번째 부인에게서 아들 쌍둥이를 낳았으나, 아기의 우유 값도 벌지 못하는 상황이 되자 가출하게 되었는데, 사람은 근면 성실하여 아침부터 늦은 밤까지 대리운전 기사를 해 보지만, 태풍 부는 날 밀가루 장사하는 격으로 되는 일이 없었다.

이처럼 처자식이 기신이고 일지에서 2개의 임수(壬水)가 투출하여 악살(惡殺)이 되는 이런 사주는 결혼하지 않는 것이 좋으며 일찍 승가(僧家)할 것을 권하는 명식에 해당한다.

이 사주에서 경금(庚金)을 만나면 갑경충(甲庚沖)으로 흉하지만 두 개의 임수(壬水)가 설기하므로 무난하다. 그러나 기토(己土)를 만나면 만권정지가 된다.

현재 기유대운(己酉大運)이므로 마음속에 자살하고 싶은 마음만 가득하다. 월주갑진(月柱甲辰)과 기유대운(己酉大運)이 천합지합(天合地合)으로 세상천지 의지할 곳이 없다. 필자가 보기에는 45세 병신년(丙申年) 한(恨) 많은 이 세상 왔던 곳으로 되돌아갈 듯도 하다.

갑오년(甲午年)의 운기는 태약(太弱)한 병화(丙火)에게 오화(午火)는 통근처가 되어 주고 갑목(甲木)은 수설생화(水洩生火)하므로 분명히 좋은 것이지만, 전혀 그렇지 않다. 쇠신왕충(衰神旺沖)의 왕신대노(旺神大怒) 현상으로 수기(水氣)가 미쳐 발광하며 해일파도를 발생시키므로 당주의 정신이 칠흑 같은 어둠 속의 바다에서 표류하는 것과 같은 것이다.

대세운의 희신은 합(合)을 꺼린다. 합(合)으로 기반(羈絆)이 되면 희신 작용을 상실하기 때문이다. 그러나 합(合)으로 인해서 기신을 끌어들여 다시 희신으로 화(化)한다면 더욱 좋다. 기신 작용을 하지 못하기 때문이다.

그러나 희신이 합(合)으로 기신이 되면 흉하다. 삼합국(三合局)이나 방합(方合)은 힘이 강하므로 희신으로 합(合)이 되면 대길하고 기신으로 합(合)이 되면 대흉하다.

가령, 정묘일주(丁卯日柱)가 신약으로 인수국(印綬局)을 이룬 경우 목다화식(木多火熄)이 되지 않았는지 반드시 살펴야 한다. 자칫 숨 막히는 고통으로 들어갈 수가 있다. 그러나 병화(丙火)가 있거나 사오(巳午)가 한 글자 있다면 목다화식(木多火熄)이 되지 않으며 목다화치(木多火熾)가 될 수 있다.

신약사주의 대세운에서 식상국(食傷局)이나 재성국(財星局) 또는 관살국

(官殺局)을 이루게 되면 대흉하여 요절할 수도 있다. 특히 진삼합(眞三合)이 되는지를 세심히 살펴야 한다.

　대세운의 천간이 명식 원국의 희신(喜神) 천간을 파극하거나 합거(合去)하면 흉하다. 그러나 운기천간(運氣天干)에서 원국천간(原局天干)의 기신을 제압하거나 합거(合去)하면 오히려 길하다.
　대세운의 지지에서 명식 원국의 희신(喜神) 지지를 충극(沖剋)하면 흉하다. 그러나 희신이 힘이 있으면 충극(沖剋)을 감당할 수 있고 오히려 기신이 깨어지면 흉하지 않다.
　지지충(地支沖)은 반드시 그 세력의 관계를 판단해야 하는데, 쇠신왕충(衰神旺沖) 현상을 반드시 관찰해야 한다. 비록 희신일지라도 허약한 희신이 왕성한 기신을 충극(沖剋)하면, 왕성한 기신이 대노(大怒)하게 된다. 그러므로 희신운일지라도 오히려 흉한 것이다. 그러나 허약한 기신이 왕성한 희신을 충극(沖剋)하면 희신이 해를 입지 않으니 흉하지 않으며 분발지기(奮發之氣)가 된다.
　신강신약을 떠나서 원국의 겁재양인(劫財羊刃)이 대세운과 충극(沖剋)이나 합(合)이 되면 흉하다. 양인(羊刃)은 합충(合沖)을 꺼리기 때문이다. 그러므로 일간이 천충(天沖)을 당하고 의지하는 양인(羊刃)이 충극(沖剋)을 당한다면 반드시 대흉하다.

　형(刑), 파(破), 육해(六害), 원진(怨嗔) 등은 합충(合沖)보다 영향력이 약한 편이지만 육친의 길흉을 볼 때는 중요하다.
　형파해살(刑破害殺)이 상대적 단일오행으로만 볼 때는 그 힘이 약하지만, 중첩(重疊)되어 나타나는 현상이라면 피해가 크다.
　가령, 사신합수(巳申合水), 선합후파(先合後破), 형파살(刑破殺)에서 합수(合水)도 되고 형살(刑殺)이 되며 파살(破殺)이 나타난다. 이때 인목(寅木) 대세운이 들어와 인사신삼형(寅巳申三刑)을 이루고 인사형살(寅巳刑殺)과 인신상형(寅申相刑)이 가중된다면 걷잡을 수 없는 피해가 이루어지고 부부 이별, 사별, 대형사고, 교통사고 등과도 연결이 된다.

그리고 원진(怨嗔)과 귀문살(鬼門殺)이 중첩되고 형충(刑沖)으로 발동되는 시기에는 틀림없이 정신계 문제가 나타난다.

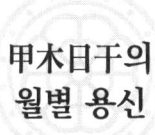

甲木日干의 월별 용신

 명식의 희신(喜神)은, 명식을 중화(中和)시키는 오행으로 일간이 오로지 의지하는 글자이다. 그러므로 희신이 유력(有力)해야 인생사 풍파(風波)가 적으므로 꿈을 이루게 된다. 그런데 희신이 무력(無力)하여 오로지 천간 하나를 의지한다거나, 지지 한 글자에만 의지하거나, 오행(五行)이 편고하면 소망을 이루는 데 장애가 많으므로 '희신천간(喜神天干)의 록왕지(祿旺地)'가 한 글자 있어야 인생사 풍파가 적어서 소망을 이루게 된다.
 가령, 병화일간(丙火日干)이 갑목(甲木)이나 을목(乙木) 한 글자만 의지한다거나, 또는 갑을(甲乙)이 없고 인묘(寅卯) 중 한 글자만 의지하거나, 또는 목기(木氣)는 없으며 사오(巳午) 중 한 글자만 의지한다면 고단한 인생이다. 그러므로 갑목(甲木)이나 을목(乙木)이 희신이 되었다면 인묘(寅卯) 중 한 글자가 반드시 있어야 하는데 이때의 합충(合沖)은 대흉하다.

 일간 외의 또 다른 갑목(甲木)이 근접(近接)하고 있으면 쌍목위림(雙木爲林)으로 경쟁력이 강하다. 다시 또 하나의 갑목(甲木)이 있으면, 삼목위삼(三木爲森)으로 좋은 명식이라 하지만, 희신이 되지 못하는 동질성(同質性)의 오행은 분리적(分離的) 작용을 하므로 비겁(比劫)이 많은 것은 좋다고 할 수 없다.
 그러나 을목(乙木)이 있는 것보다는 좋다고 할 수 있지만, 갑목(甲木)이 희신이어야 더욱 좋다. 갑목(甲木)은 을목(乙木)에게 도움을 주고 보호하며 성장을 돕지만, 을목(乙木)은 갑목(甲木)에 전혀 도움 되지 않는다.
 신약으로 목기(木氣)가 희신이라 해도 그러하다. 대세운에서 을목(乙木)

을 만날 때는 이용의 대상이 되기 쉽다. 이것을 등라계갑(藤蘿繫甲)당했다고 하는데, 물에 빠진 사람 구해 주었더니 내 보따리 내놓으라는 식으로, 믿음을 주고 도움을 준 것이 오히려 손해로 작용해서 믿은 도끼에 발등 찍히는 일이 발생한다.

을목(乙木) 도화살(桃花殺)의 부드러움으로 갑목(甲木) 통나무에 접근하여 칡넝쿨이 생나무를 휘감아 도는 현상으로, 심하면 사면초가에 빠지기도 한다.

갑목(甲木)이 신강하면 병화(丙火)의 설기를 좋아하고, 정화(丁火)는 반기지 않는다. 그러나 정화(丁火)의 입장에서는 갑목(甲木)을 좋아한다. 정화(丁火)는 갑목(甲木)에 이득을 주지는 않지만, 경금(庚金)이 투출했을 때는 병화(丙火)보다 정화(丁火)의 쓰임이 더 크다.

병화(丙火)가 희신으로 갑목(甲木)에 근접(近接)하고 있으면 목화통명(木火通明)이라 하며, 기토(己土)와 계수(癸水)가 있는 사주에 병화(丙火)와 계수(癸水)가 서로 근접(近接)하지 않았다면 매우 좋은 명식으로 비조부혈(飛鳥趺穴)이라 한다.

병화(丙火)가 포괄적인 열기 작용이라면 정화(丁火)는 부분적인 열기 작용이므로 경금(庚金)을 단련시키는 작용은 병화(丙火)보다 더욱 뛰어나다. 그러나 정화(丁火)와 신금(辛金)이 서로 근접(近接)하고 있다면, 신금(辛金)의 형질이 변경되기 쉬운 특징이 있다. 그러므로 사주 구조에 따라서 화기지지(火氣地支)가 더 길한 사주도 있다.

정화(丁火)가 희신(喜神)으로 갑목(甲木)에 근접(近接)하고, 경금(庚金)과 무토(戊土)가 있으면 유신유화(有薪有火)라 하여 매우 좋은 명식이다. 이때의 양호함은 갑목(甲木)에 있는 것이 아니고 정화상관(丁火傷官)이 좋다는 것으로 학문이나 예술적 재능 또는 발표력과 표현능력이 뛰어나고 아랫사람의 덕이 좋은데, 이때를 정신통명(精神通明)이라고 한다.

갑목(甲木)이 무토(戊土)와의 관계는 무해무덕(無害無德)하지만, 독산고목(禿山孤木)으로 고독해질 수 있다.

기토(己土)는 전적으로 갑목(甲木)에 봉사하는 관계일 뿐, 갑목(甲木)으로부터 어떠한 이득도 얻지 못한다. 이때 격합(隔合)하는 것은 무난하지만, 근접합(近接合)은 탐재괴인(貪財壞印)이 될 염려가 있다. 갑목(甲木)과 기토(己土) 둘 중에 한 글자는 기신 작용이기 때문이다.

희신인 기토(己土)에 합(合)이 되는 것은 바람직하지만, 기신인 기토(己土)에 합(合)이 되는 것은 철면피한 인간이 될 수 있어서 망신살이 될 수 있다. 그러나 희신인 기토(己土)와 병화(丙火) 계수(癸水)의 구조배합이 잘 되어 있으면 경영능력이 우수한 사람으로 양토육목(壤土育木)이라 한다.

가을의 갑목일간(甲木日干)이 신강으로 경금(庚金)이 희신으로 작용하면, 직업에 충실하고 매우 굳건한 능력의 소유자로 흔목위재(欣木爲材)라 하는데, 정화(丁火)가 있어야 더욱 길하다.

갑목(甲木)은 수분이 없을 때만 경금(庚金)을 기뻐한다. 또는 화토(火土)가 왕성하여 토설생수(土洩生水)하는 경금(庚金)이라면 더욱 좋다. 그러나 근접충(近接沖)은 불미하므로 격충(隔沖)이 되는 것이 좋다.

또한 갑목(甲木)이 경금(庚金)을 만났을 때, 정화(丁火)와 경금(庚金)이 근접(近接)하고 갑목(甲木)과 경금(庚金)은 격(隔)하고 있으면 벽갑인정(劈甲引丁)으로 국록지명(國祿之命)이라 하여 공직에 있는 사람이 많다. 이때 정화(丁火)가 없다면 병화(丙火)라도 있어야 한다.

갑목(甲木)과 경금(庚金)이 근접(近接)하고 병화(丙火)나 정화(丁火)가 없다면, 또는 지지화기(地支火氣)도 없다면 정신계 이상이 발생하는 갑목(甲木)이 되기 쉬우므로, 임수(壬水)라도 있어서 금설생목(金洩生木)해야 한다. 그렇지 못하면 중년 이후 뇌졸중으로 쓰러질 염려가 있다.

갑목(甲木)과 신금(辛金)이 근접(近接)하고 있으면 목피금상(木皮金傷)으로 서로 간에 해(害)가 되므로 격(隔)하고 있는 것이 길하다.

정화(丁火)가 투출하고 신금(辛金)에 근접(近接)하고 있으면, 상관견관(傷官見官)이라 하며 신금(辛金)은 반드시 형질이 변경되고 깨어지므로 쓸모없는 보석이 된다. 그러므로 신금(辛金)이 투출했을 때는 병화(丙火)가 있어야 하고, 경금(庚金)이 투출했을 때는 정화(丁火)가 더욱 길하다.

남명의 신금(辛金)은 자식이며, 여명의 신금(辛金)은 남편으로 쓸모없는 자식과 남편이 될 것을 상징하고 단명하게 될 것을 상징한다. 그러므로 신금(辛金)이 투출했을 때는 지지화기(地支火氣)가 길하다.

임수(壬水)가 희신으로 갑목(甲木)에 근접(近接)했다면, 횡당유영(橫塘有影)이라 하여 길하고, 병화(丙火)와 함께 있으면 더욱 좋은 명식이 된다. 그러나 갑목(甲木)과 임수(壬水)는 좀처럼 좋은 배합이 아니라는 점도 참고해야 한다.

갑목(甲木)이 조열(燥熱)할 때는 계수(癸水)를 좋아하지만, 임수(壬水)는 대체로 좋아하지 않는다. 그러나 칠살이 왕성하여 금설생목(金洩生木)할 때는 임수(壬水)가 더욱 뛰어나다.

금기(金氣)는 임수(壬水)의 설기를 좋아하지만, 계수(癸水)는 설기도 미약할 뿐더러 금기(金氣)를 녹슬게 하므로 계수(癸水)를 별로 좋아하지 않는다. 그러므로 금설생목(金洩生木)을 사용할 때는 임수(壬水)가 뛰어나고, 화기(火氣)가 왕성하여 온도조절을 해야 할 때는 계수(癸水)를 따라갈 글자가 없다. 그러나 화기(火氣)가 과다하지 않다면 계수(癸水)는 무투간(無透干)하고 지지수기(地支水氣)가 더욱 길하다.

계수(癸水)는 우로수(雨露水)로 온도조절을 하지만, 임수(壬水)는 강물이므로 수고가 따른다. 계수(癸水)가 희신(喜神)으로 갑목(甲木)에 근접(近接)하고 있으면, 대인관계가 좋아서 큰 발전을 하게 된다. 다시 병화(丙火)나 기토(己土)가 있으면 그 이상으로 양호한 명식이 된다.

갑목(甲木)이 화기(火氣)가 과다하면 반드시 진토(辰土)를 만나야 하며, 수기(水氣)가 과다하면 인목(寅木)을 만나야 한다.

年 月 日 時
戊 甲 甲 乙　乾命
寅 子 申 丑　신강의재(身强宜財)
乙 丙 丁 戊 己 庚 辛
丑 寅 卯 辰 巳 午 未

자월갑목(子月甲木)이 정인격(正印格)으로 계수(癸水)가 없어서 반갑기는 하지만 한랭기를 제거하는 태양이 없으니 답답한 명식이다. 그러나 제방제수(堤防制水)하는 무토(戊土)가 희신으로 남방운을 기다리는 명식인데, 비겁과다(比劫過多)로 인해서 군겁쟁재(群劫爭財)로 변하게 된다.

신자합수(申子合水)로 일지가 기신이므로 처자 덕이 부족하게 되는데, 비록 정인격(正印格)이라 할지라도 모친으로 인한 피해가 발생한다. 당주는 신금역마(申金驛馬)에 운전기사로 생계를 유지했으나, 무진대운(戊辰大運) 43세 경신년(庚申年) 과다한 음주가 병(病)이 되어 결혼도 못 해 보고 한 많은 세상 인생 졸업장을 받았다.

시주공망(時柱空亡)에 천을귀인(天乙貴人)이 업인살(業因殺)로 변하는 사주는 재물복이 없으며, 일지가 기신이므로 일찍 고향을 떠나 고아처럼 살면서 자수성가를 해야 한다. 그리고 업장소멸 기도를 많이 해야 한다.

조후하는 용신이 없는 사주는, 만고풍상을 겪으며 관재구설 손재수가 많고 믿고 의지할 사람이 없다. 이미 타고난 처자 덕이 없으니 오로지 기도하는 마음으로 살아야 한다.

年 月 日 時
庚 丁 甲 丁　乾命
辰 丑 子 卯　신강의설(身强宜洩)
戊 己 庚 辛 壬 癸 甲
寅 卯 辰 巳 午 未 申

축월갑목(丑月甲木)으로 축월(丑月)에 투출천간이 없으니 격국을 정하기 어렵다. 이럴 때는 희신으로 격명을 정하게 되는데, 두 개의 정화(丁火)가 갑목(甲木)을 보호하는 명식으로 상관생재격(傷官生財格)이다.

시지양인(時支羊刃)에 자수(子水)의 방조를 받고, 진토(辰土)에 통근처가 되므로 신강명식이다. 그런가 하면 한랭기(寒冷氣)가 강하고 음습하여 갑목(甲木)이 고사목(涸死木)이 되고 동토(凍土)가 되지만, 두 개의 정화(丁火)가 경금(庚金)을 단련시키고 벽갑인정(劈甲引丁)하는 명식으로 아름답게 되었다. 이럴 때 재적성취(財的成就)보다는 귀(貴)를 따라가는 성향이 강하게 된다.

월간정화(月干丁火)는 축토(丑土)에 설기당해 무력하므로 시간정화(時干丁火)가 희신이다. 갑목(甲木)은 전선이고, 정화(丁火)는 정보통신의 전기이므로 신기술산업이 되는데, 운이 어기지 않고 남방운이 되니 IT 방송 사업으로 성공했다.

축중기토(丑中己土)가 아내이다. 개고(開庫)시켜야 하므로 미토(未土) 천을귀인(天乙貴人)이 와야 하므로 계미생(癸未生)이 처가 되었으나, 부부간에 불미함이 있게 되는데, 축중신금(丑中辛金) 딸을 낳은 후 부부 헤어지고 그 딸은 본처가 기르며, 진중무토(辰中戊土) 후처를 만나 경금(庚金) 아들을 낳았다.

年 月 日 時
甲 丙 甲 甲　乾命
寅 寅 申 戌　식신생재격(食神生財格)
丁 戊 己 庚 辛 壬 癸
卯 辰 巳 午 未 申 酉

인월갑목(寅月甲木)에 병화(丙火)가 투출하여 목화통명(木火通明)의 식신격(食神格)으로 대단히 중요한 작용을 하는 병화(丙火) 용신이다.

삼목위삼(三木爲森)의 명식은 경금(庚金)이 갑목(甲木)을 제어하지 못하므로 경신금(庚辛金)은 없어야 한다. 오로지 목설생토(木洩生土)하며 조후하는 병화(丙火)를 요구하게 되는데, 토기천간(土氣天干)은 없는 것이 좋으며 조토(燥土)는 길하지만, 습토(濕土)는 한기(寒氣)를 가중시키므로 도움되지 않는다.

2개의 인목(寅木) 장생지(長生地)에 좌(坐)한 병화(丙火)가 진용신으로, 한기를 제거하고 신금(申金)을 제어하므로 대단히 길하다. 이때 계수(癸水)가 병화(丙火)에 근접(近接)하고 있으면 흉하다.

그런데 시지(時支)에서 재고귀인(財庫貴人)을 만나므로 자식이 귀자이고 처덕과 부모의 덕이 길하다. 인(仁)이 변하여 예(禮)가 되고, 그 예(禮)를 재물창고에 보관하는 부귀명으로 임기응변과 언변이 뛰어나고 총명하다.

식신(食神)은 예술성으로 연구심이며 밝게 드러남이니 연예인, 방송국 관련업, 연구직, 의업, 공무원, 판검사, 무관직, 재무 관련, 재정부 등에 근무한다면 탁월하다. 외교 행정, 언론계, 정보통신부도 가능하다. 당주는 광고학 박사로 수많은 TV 광고를 만들었다.

```
年 月 日 時
辛 辛 甲 丁   乾命
巳 卯 寅 卯   신강의설재(身强宜洩財)
庚 己 戊 丁 丙 乙 甲
寅 丑 子 亥 戌 酉 申
```

묘월갑목(卯月甲木)이 양인격(羊刃格)으로, 목다금결(木多金缺)이 되는 신금정관(辛金正官)이 양인(羊刃)의 성질을 자극하고, 정화(丁火)는 자신이 앉아야 할 자리를 파극(破剋)하므로 무자식이 될 염려가 있는 명식이다.

이런 사람들은 말로 해도 될 일을 먼저 때려 부수고, 주먹부터 나가며 욕을 잘하는 사람으로, 상관견관(傷官見官)에 제살태과(制殺太過)이니 감옥에도 갇혀 보는 팔자이다.

부모, 형제, 동료 덕이 불미하며 관재재앙(官災災殃)과 자식 덕이 없고 무자식이거나 부모가 보살펴 줘야 하는 불구자식이 태어날 수 있다.

처는 인목(寅木)과 사화(巳火) 중에 암장된 무토(戊土)이고 자식은 신금(辛金)이다. 그런데 정화(丁火)에 파극당하고, 목다금결(木多金缺)에 사절신(死絶神) 작용으로 유방암이나 자궁암에 죽는 처자이다. 그러므로 남편 덕이 없는 박복한 여자 인연으로 폭언과 폭행을 당하고 살아가는 여자들만 만나게 된다.

당주는 공사현장의 일용직 잡부로 생계를 유지했으며, 57세 을유대운(乙酉大運) 정축년(丁丑年) 밀린 수당문제로 싸우다, 쇠파이프를 휘두르다 구속 수감되었다. 그 후 출소하여 59세 기묘년(己卯年) 다시 앙심을 품고 싸움을 하게 되어 재수감되었다.

첫 부인에게 딸을 낳았으나 사망하고 헤어졌으며, 두 번째 부인에게서 또 딸을 낳았으나 소아마비 장애인이다.

年 月 日 時
丁 甲 甲 己   乾命
卯 辰 戌 巳   신약용겁(身弱用劫)
癸 壬 辛 庚 己 戊 丁
卯 寅 丑 子 亥 戌 酉

진월갑목(辰月甲木)이 신약하지만, 쌍목위림(雙木爲林)으로 크게 신약하지는 않지만, 기토(己土)를 놓고 월간갑목(月干甲木)과 힘겨루기 하는 사주이다.

진사라망(辰巳羅網)에 술토(戌土)는 천문(天文)이고 묘목(卯木)은 천의성(天醫星)이며 묘술합(卯戌合)이 있으므로 의업을 할 수 있는 명식이다. 그러므로 보건 복지 관련 계열, 소방서, 연구소, 화학, 한의, 기자 등을 할 수 있다.

명식에 일간과 배성(配星)이 합(合)이 되면 부부 사이가 좋다고 하지만, 꼭 그렇지는 않다. 기토(己土) 여자는 월주갑진(月柱甲辰)과는 천합(天合)과 지지암합(地支暗合)이 되었지만, 당주 갑술(甲戌)과는 천간합(天干合)에 지지(地支)는 원진귀문(怨嗔鬼門)으로 처를 믿기 어려운 의심증이 발생한다.
쟁합(爭合)이 되어 있는 사주는 또 다른 기토(己土)가 들어와 원앙합(鴛鴦合)이 되거나 갑목(甲木)을 충거(沖去)하는 운에 쟁합(爭合)이 풀리므로 결혼할 수 있는데, 경자대운(庚子大運) 34세 경자년(庚子年) 결혼했으나 당주의 지나친 의처증에 결혼하자마자 이혼하게 되었다.
어느 사주나 일간과 같은 천간이 있거나 겁재(劫財)가 있을 때는 의처·의부하는 기질이 나오는데, 이 사주처럼 일시지 원진귀문살(怨嗔鬼門殺)이 동하는 명식은 광적인 의심증이 나타나는 사람도 있다.

```
年 月 日 時
丁 乙 甲 丁   坤命
未 巳 午 卯   가종아격(假從兒格)
丙 丁 戊 己 庚 辛 壬
午 未 申 酉 戌 亥 子
```

사월갑목(巳月甲木)이 종아불론신강약(從兒不論身强弱)으로 가종아격(假從兒格)이 되어 양기(陽氣)만 반기는 명식으로, 음기(陰氣)가 들어오면 분란(紛亂)이 발생하게 된다. 이런 사주는 천격으로 분류하게 되는데, 화다목분(火多木焚) 현상으로 정신이 불타 버리기 때문이다. 즉, 자기 주체가 없이 화기(火氣)를 따라가 버리므로 생각만 많을 뿐 실행력이 없다.
매사 상관(傷官)을 앞세워 힘으로 이기려 드는 성격이 형성되고, 성 능력은 왕성하지만, 그 대상이 없으니 허무할 뿐이다. 정신계 이상이 발생하기 쉬운 명식으로 일지상관(日支傷官)에서 2개의 정화(丁火)가 투출하여 홍염살(紅艶殺)이 동하므로 화류계 팔자이다.
당주는 무신대운(戊申大運) 초에 결혼했으나, 식상(食傷)의 쟁재(爭財)가 발생하므로 그 상황은 참혹했다. 29세 을해년(乙亥年) 목국(木局)과 화방(火方)을 이루고 관성(官星)을 파극하므로, 남편이 시름시름 앓다가 병자년(丙子年) 불귀객이 되었다.

기유대운(己酉大運) 34세 경진년(庚辰年) 재혼했으나, 40세 병술년(丙戌年) 식상(食傷)의 쟁재(爭財)가 이루어지니, 남편이 교통사고로 사망했다. 당주는 씨가 다른 두 딸을 낳아 기른다.

年 月 日 時
甲 庚 甲 甲   乾命
戌 午 子 戌   신약용인(身弱用印)
辛 壬 癸 甲 乙 丙 丁
未 申 酉 戌 亥 子 丑

오월갑목(午月甲木)이 신약용인(身弱用印)으로 조토(燥土) 생금불가(生金不可)에 해당하여, 경금(庚金)은 수기(水氣)를 생조하지 못하고 금결(金缺)이 되었다. 삼목위삼(三木爲森)이 희신이면 경쟁력에서 탁월한 수단이 있어서 길하다고 하지만, 관살(官殺)과 인수(印綬)가 깨어졌고 연시주가 공망(空亡)이니 재물과 형제들이 없는 것과 같다. 부모의 환경이 불미하여 양자로 가는 형제가 있을 것을 상징하며, 유력한 글자가 없으므로 외화내빈 팔자이다.

그러므로 형제는 많아도 외롭고 고독한 팔자인데, 다행히 신유월(辛酉月) 입태로 수기(水氣)를 생조하고 일시지 사이 해수(亥水)가 공협(拱挾)되어 술해천문(戌亥天文)을 이루므로 활인업을 해야 할 팔자이다.

사주에 자오충(子午沖)이 있으면 마음이 곧고 직선적으로 누구에게 지려고 하지 않으며, 무관이나 정신계 관련 일을 하게 되는데, 뼈 관련 질병이나 신장병, 디스크, 발기부전이 될 수 있다.

당주는 일지 수옥살(囚獄殺)이 희신으로 경찰이 되어 임신(壬申) 계유대운(癸酉大運)을 잘 보냈으나, 갑술대운(甲戌大運) 갑경칠살(甲庚七殺)에 경금(庚金)이 깨어져 나가며, 술토(戌土)는 자수(子水)를 극(剋)하므로 교통사고로 다리 불구가 되었고, 부부 이별하게 되었으며 관재구설로 수많은 고생을 하였다.
 그러다 술해천문(戌亥天文)으로 사주명리를 공부하여 역술인으로 변신을 했고, 을목대운(乙木大運)에 여동생이 술토(戌土)에 입묘하고 경금(庚金)에 합(合)되어 사망했다.
 해수대운(亥水大運)은 협공(挾拱)된 해수(亥水)가 전실(塡實)되는 운으로, 50세 계해년(癸亥年) 모친이 사망했고, 병자대운(丙子大運) 57세 경오년(庚午年) 경금(庚金)은 토수상전(土水相戰)의 통관신이 되는데, 병화(丙火)가 경금(庚金)을 극(剋)하고 수화상전(水火相戰)에 심장마비로 사망했다.

年 月 日 時
庚 癸 甲 甲　乾命
寅 未 午 戌　신약의방조(身弱宜幫助)
甲 乙 丙 丁 戊 己 庚
申 酉 戌 亥 子 丑 寅

 살염(殺炎)의 계절 미월갑목(未月甲木)은 미토(未土) 외의 토기간지(土氣干支)는 없는 것이 길하며, 반드시 신금(申金)이나 유금(酉金) 한 글자와 해수(亥水)나 자수(子水) 한 글자가 있어야 길하다.
 그런데 이사주의 지지(地支)는 모두 양기(陽氣)이며 조토(燥土) 생금불가(生金不可)이므로 천간을 생하지 못하므로 음기(陰氣)는 극히 허약하게 되는데, 천간은 일간을 방조할 수가 없다.
 더구나 술미(戌未)가 인수(印綬)를 극하므로 단명하는 모친으로, 아버지는 홀아비가 되어 가고 처덕이 없는 팔자가 되었다.
 당주는 계수(癸水)와 경금(庚金)으로 연결되는 살인상생(殺印相生)이 길하지만, 지지(地支)에서 천간에 도움을 주지 않고 있으며 또한 술시(戌時)를 만나 화국(火局)을 이루고 금수(金水)를 고갈시킬 뿐만 아니라, 화기(火氣)는 목기(木氣)를 태우게 된다.
 당주는 총명한 사람이었으나, 신수허약(腎水虛弱)에 화극금(火剋金)을 당하므로 어려서부터 폐와 대장이 허약하여 많은 약으로 겨우 생명을 유지하며 갑신(甲申) 을유대운(乙酉大運)은 수기(水氣)를 생조하므로 무난했으나, 병술대운(丙戌大運)이 들어와 화국(火局)에 경금(庚金)이 녹으며 계수(癸水)는 증발하므로 결국 사망하게 되었다. 아무리 천간의 배열이 좋아도 지지에서 뿌리가 되어 주지 않으면 어떤 방법이 없는 것이다.

年 月 日 時
庚 甲 甲 丙   坤命
子 申 午 寅   편관용편관격(偏官用偏官格)
癸 壬 辛 庚 己 戊 丁 丙
未 午 巳 辰 卯 寅 丑 子

신월갑목(申月甲木)에 경금(庚金)의 투출이 있으므로 편관격(偏官格)이 되는데, 이런 사주는 양실음허(陽實陰虛)하므로 편관(偏官)이 용신이 되는 편관용편관격(偏官用偏官格)이라 하는데, 신자합(申子合)이 있지만, 합수(合水)로 변하는 것은 아니며 단지 유정할 뿐으로, 경금(庚金)의 통근처에는 변함이 없는 신금(申金)이다.

의식주에 부족함은 없으나 남명에 어울리는 사주이므로 사회적인 환경은 좋지만, 가정에서는 안정 찾기가 쉽지 않고 관성(官星)과 대항하는 격으로 문제가 있다. 또한 인신충(寅申沖)과 자오충(子午沖)이 수시로 발생하므로 자식궁에 문제가 발생한다.

당주는 홍염살(紅艷殺)이 동하는 오화대운(午火大運)에 결혼했으나, 금목상전(金木相戰)과 수화상전(水火相戰)으로 식상(食傷)이 도식당하므로 유산(流産)을 겪었고, 신사대운(辛巳大運)은 병신합(丙辛合)과 인사신삼형(寅巳申三刑) 살에 식상(食傷)이 동(動)하므로 무자식이 되었다.

경진대운(庚辰大運)은 수국(水局)을 이루고 식상(食傷)을 극하므로 절손(絶孫)된 격으로, 결국 경금대운(庚金大運)에 양녀를 입양했다.

年 月 日 時
丁 己 甲 戊　坤命
亥 酉 午 辰　신약용인(身弱用印)
庚 辛 壬 癸 甲 乙 丙
戌 亥 子 丑 寅 卯 辰

유월갑목(酉月甲木)이 정관격(正官格) 신약으로 해중임수(亥中壬水)가 희신이다. 그러나 거리가 멀고 록근(祿根)이 없으니 자신의 손발을 움직여 살아가야 한다. 진토(辰土)는 금여성(金與星)으로 좋은 배우자를 만나 화려한 결혼을 한다는 신살이지만, 일시주 공망에 금여성(金與星) 공망이므로 외화내빈이다.

신약한데도 일지가 과다한 설기를 하는 격이므로, 자신의 역량은 파악하지 못하고 재난풍파를 스스로 만들기 쉬워서 외부적으로는 화려하지만, 실속이 없는 일을 꾸미고 재난을 당하게 된다. 특히 기토(己土)가 근접하여 갑기합토(甲己合土)의 재물을 탐하기 쉬워서 탐재의 문제를 만들게 된다.

해수대운(亥水大運), 해오(亥午)가 암합을 하므로 부모의 반대를 무릅쓰고 혼전 동거에 정숙했었고 평안한 생활을 했다. 임수대운(壬水大運)은 길운이지만 정임합(丁壬合)으로 유산이 있어 봤고, 자수대운(子水大運) 또한 길운이지만, 인수도화(印綬桃花)가 상관(傷官)을 충(沖)하므로 색정살 발동으로 바람나게 되었으며, 35세 신유년(辛酉年) 상관견관(傷官見官)에 부부이별했다.

당주는 임수대운(壬水大運), 유흥업을 하는 친구와 동업을 하며 많은 남자를 만나고 다니므로 보다 못한 남편이 이혼하자고 했다. 임수대운(壬水大運)에 유흥업을 했던 것은 정임합(丁壬合) 음란지합(淫亂之合)의 작용이고, 친구와 동업이 된 것은 정임합목(丁壬合木)이 되어 친구와 동업한 것이며, 남자와 애인들이 있었던 것은 식상(食傷) 자궁에 합(合)이 들어왔기 때문이다.

계수대운(癸水大運)은 기신인 정화(丁火)를 제거하므로 바람기가 거짓말처럼 없어졌고, 무계합(戊癸合)으로 기신이 제거되어 장사도 잘되었고 돈도 꽤 벌었으며, 모친과는 사별하였고 재혼하게 되었다.

年 月 日 時
甲 甲 甲 乙 乾命
子 戌 寅 亥 군겁쟁재(群劫爭財)
乙 丙 丁 戊 己 庚 辛
亥 子 丑 寅 卯 辰 巳

술월갑목(戌月甲木)이 3개의 갑목(甲木)이 삼목위삼(三木爲森)이라 하지만, 생재격(生財格)을 이루지 못한다면 쟁재(爭財) 성분으로 변한다. 삼목위삼(三木爲森)은 목다금결(木多金缺)이므로 경금(庚金)으로 제압하지 못한다.

그러므로 오로지 식상(食傷)이 유력해야 하는데, 목설생토(木洩生土)하는 식상(食傷)이 없으니 비겁(比劫)이 약탈자로 변하게 되는데, 당주의 성품 또한 약탈자의 성격이 형성되어 일확천금을 꿈꾸고, 공짜를 좋아하는 게으른 성격으로 인색하게 된다.

사주는 구조배합이 아름다워야 발복 성공하게 되는데, 아무리 천간의 배합이 좋아도 지지에서 천복지재(天覆地載)가 되지 않는다면 허망한 이야기이다.

당주의 사주에 식상(食傷)이 없어서 목기(木氣)의 유통이 이루어지지 않으므로 쟁재(爭財)를 발생시키며, 그 결과 일사무성(日事無成)의 인생이 되는데, 당주가 만나는 사람들은 당주를 파멸(破滅)시키는 악연을 만나게 된다.

비겁과다(比劫過多) 명식은 부선망(父先亡)으로 부친과 사별하게 되며, 당주의 처까지도 쟁재(爭財)당하게 되는데, 묘하게도 그 처는 미인이다.

당주는 북방운을 지나는 동안 수많은 재난풍파(災難風波)를 겪고 부모 조상의 유업마저 지키지 못하다가, 정축대운(丁丑大運)이 들어오고 약간의 여유를 가질 수가 있었으나, 무인(戊寅) 기묘대운(己卯大運)이 들어오자 극처극자(剋妻剋子)한 뒤에 결국 왔던 곳으로 되돌아갔다.

年 月 日 時
己 乙 甲 癸   坤命
酉 亥 午 酉   상관생재격(傷官生財格)
丙 丁 戊 己 庚 辛 壬
子 丑 寅 卯 辰 巳 午

해월갑목(亥月甲木)에 계수(癸水)가 투출하여 정인격(正印格)이지만, 겨울에 태어난 갑목(甲木)에게는 계수(癸水)는 기신일 뿐이다. 그러므로 기신의 병을 제거하는 기토(己土)가 희신이 되는데, 을목(乙木)이 기토(己土)를 파극(破剋)하고 일간을 등라계갑(藤蘿繫甲)하므로 형제 동료와 모친의 덕이 부족하다.
또한, 남편이 되는 금기(金氣)에 2개의 유금(酉金)이 계수(癸水)를 생조하여 한랭하게 하므로 남편 덕도 박하다. 오로지 일지오화(日支午火)의 조후를 반기므로 자식하고 살아가는 명식이다.
당주는 을목겁재(乙木劫財)에 등라계갑(藤蘿繫甲) 당하므로, 믿는 도끼에 발등 찍히는 배신을 당하며, 계수(癸水) 모친으로 인한 피해가 발생한다.
기토(己土)는 화기(火氣)를 설기해서 유금(酉金)을 생조하므로 큰 도움이 안 되지만, 그래도 계수(癸水)를 제어하는 공이 있다. 그러나 을목겁재(乙木劫財)가 탈재지신(奪財之神)으로 친구 형제로 인해서 배신당할 것을 상징한다.
여명의 일지상관(日支傷官)은 남편을 극하므로 좋다고 보지 않지만, 겨울에 태어난 갑오(甲午) 을사일주(乙巳日柱)나 여름에 태어난 경자(庚子) 신해일주(辛亥日柱)는 오히려 길하다.
당주는 대운이 길하여 의사 부인이 되었고, 평안한 인생을 살아가고 있다. 기묘대운(己卯大運)은 묘유충(卯酉沖)을 발생시키므로 불미함도 있지만, 기토(己土)는 계수(癸水)를 제압하고 해묘합(亥卯合)으로 묘유충(卯酉沖)을 풀게 하므로 큰 어려움 없이 지나가게 되는데, 이러한 모든 공(功)은 일지가 용신이 되어 조후하는 공(功)이 있기 때문이다.

乙木日干의
월별 용신

을목(乙木)은 화초, 비둘기, 바람, 풀밭, 잔디밭, 넝쿨 식물, 소식, 이별, 붓, 털, 사치 등의 의미가 있으며 병화(丙火)가 있어서 화려하게 꽃을 피워야 자기본분을 다한다.

병화(丙火)가 있을 때는 반드시 계수(癸水)가 있어야 하지만, 서로 격(隔)하고 있어야 한다. 을목(乙木)에 희신 작용을 하는 병화(丙火)가 근접(近接)하고 있을 때를 목화통명(木火通明)이라 하는데, 병화(丙火)에 근접계수(近接癸水)가 있으면 목화통명(木火通明)이 되지 않으며, 구름에 태양이 가린 것과 같아서 매사장애가 되고 을목(乙木)이 화려한 꽃을 피울 수가 없다.

그러므로 을목(乙木)은 병화(丙火)와 계수(癸水) 그리고 기토(己土)가 있으면 어느 계절이나 걱정할 바가 없으며, 또한 갑목(甲木)이 있어서 등라계갑(藤蘿繫甲)을 하면 의지가 되고 이용수단으로 좋기는 하지만, 대부(大富)를 이루기는 어렵다. 그러나 아무리 큰 어려움을 만나도 묘하게 구원되는 행운이 있게 되는데, 장애가 있는 형제가 있을 것을 상징하며, 그 형제에게 많은 베풂을 해야 한다.

경신금(庚辛金)이 근접(近接)하고 있으면서 기신작용이라면 을목(乙木)은 낙화유수(落花流水)로 더욱 힘든 인생이 될 수 있으므로, 투출하는 것보다 지지에 암장된 것이 좋으며 혹 투출했다면 병화(丙火)나 정화(丁火) 한 글자가 반드시 있어야 길하다.

을목(乙木)이 가장 두려워하는 것은 수기(水氣)가 과다한 것으로 근본(根本)이 상(傷)하게 되므로 정처 없는 유랑인생이 되기 쉽고, 여명은 무자식이 되기 쉬우므로 이때는 반드시 인목(寅木)과 무토(戊土)가 있어야 길하다.

또한, 화기(火氣)가 과다하면 을목(乙木)의 정신이 불타게 된다. 그러므로 정신계에 문제가 발생하므로 반드시 진토(辰土)가 있어야 구원을 받는다.

을목(乙木)이 허약하면 갑목(甲木)이 도움이 되지만, 같은 을목(乙木)은 복음잡초(伏吟雜草)로 전혀 도움 되지 않는다.

을목(乙木)이 태왕(太旺)하고도 종격(從格)이 되지 않는다면 갑목(甲木)과 을목(乙木) 모두에게 피해가 되므로 오로지 병화(丙火)가 있어야 한다. 다시 말해서 을목(乙木)은 설기를 반기지만, 관살(官殺)의 극제당하는 것을 싫어한다.

을목(乙木)이 신강할 때 병화(丙火)가 설기하는 희신이 되면 매우 좋다. 그러나 정화(丁火)로 설기하는 구조는 양호하지 않으며, 서로 간에 피해로 작용하여 장애가 발생하고 큰 발복을 이루지 못한다. 그러나 관살(官殺)을 제압하는 용도라면 길한 면이 있다.

을목(乙木)은 무토(戊土)나 기토(己土) 둘 다 좋아한다. 특히 신강하고 병화(丙火)를 만나 상관생재(傷官生財)가 된다면 모두가 양호하다.

재성(財星)이 있는 명식과 무재성(無財星)의 명식은 매우 큰 차이점이 있으며, 희신 작용을 하는 재물이 있는 명식은 근면 성실하고 재물을 아끼며 부지런하고 매사 자신감이 있어서 진취적(進取的)이다.

을목(乙木)은 경금(庚金)과는 무해 무덕하지만, 신금(辛金)은 좋아하지 않는다. 특히 병화(丙火)가 있어서 병신합(丙辛合)이 된다면 무난하지만, 병화(丙火)가 없다면 신금(辛金)을 싫어한다.

그러나 경금(庚金)이 투출했을 때 갑목(甲木)과 정화(丁火)가 있으면 길하지만, 을경합(乙庚合)이나 을신칠살(乙辛七殺)이 되고도 경신금(庚辛金)을 제압하는 병정화(丙丁火)가 없다면 하격이다.

임계수(壬癸水)는 둘 다 양호하지만, 수기(水氣)가 과다하면 오히려 해(害) 작용이 크다. 그러므로 신약하면 갑목(甲木)이 매우 양호하고 재성(財

星)이 과다하면 인목(寅木)보다 묘목(卯木)의 쓰임이 크다.

관살(官殺)이 과다하면 병화(丙火)보다 정화(丁火)의 쓰임이 크고, 계수(癸水)보다 임수(壬水)의 쓰임이 크다. 그런데 병화(丙火)나 정화(丁火)가 없고 계수(癸水)만 홀로 있다면 말로는 살인상생(殺印相生)이라 하지만, 계수(癸水)를 싫어하는 경금(庚金)과 신금(辛金)이고, 계수(癸水)는 탁수(濁水)가 되므로 단명수이다.
식상(食傷)이 과다하면 임수(壬水)보다 계수(癸水)의 쓰임이 크고, 반드시 진토(辰土)가 있어야 하며 갑목(甲木)보다 계수(癸水)의 쓰임이 크다.
여름에 태어난 을목(乙木)은 진토(辰土)가 있고, 임수(壬水)나 계수(癸水)가 있어야 길하고, 한랭(寒冷)하면 인목(寅木)과 병화(丙火)가 있어야 한다. 이때 임계수(壬癸水)가 있다면 무토(戊土)가 제압해줘야 한다.

일반적으로 양일간(陽日干)이 신강하면 관성(官星)의 극제(剋制)를 반기고, 신약하면 인성(印星)의 생조를 반긴다. 그러나 음일간(陰日干)은 신강하면 식상(食傷)의 설기를 반기고, 신약하면 비견겁(比肩劫)의 방조가 더욱 좋다. 실지 인수운(印綬運)에는 큰 발복이 어렵고 여러 가지 질병의 장애가 발생한다.
을목(乙木)이 싫어하는 천간이 희신이 될 수도 있지만, 그럴 때 명식의 격이 떨어진다. 가령, 신강으로 설기를 반길 때 정화(丁火)가 있으면, 또는, 급신이지(及身而止) 무식상(無食傷)으로 어쩔 수 없이 신금(辛金)이 희신이 될 때에는 큰 발복은 이루어지지 않으며 혹은 삶의 과정에서 흉액을 만날 수도 있다.
갑목(甲木)이 희신으로 을목(乙木)에 근접(近接)하고 있으면 등라계갑(藤蘿繫甲)이라 하여 매우 좋은데, 일생 어려운 일을 만나거나 장애를 만났을 때 귀인을 만나 구원받는 행운을 만난다. 이때 무토(戊土)가 있으면 더욱 좋다.

이와 같은 명식은 윗사람이나 귀인 관청 등의 도움을 얻고 급진적인 발전을 이룬다. 그러나 갑목(甲木)과 무토(戊土)는 격(隔)하고 있는 것이 길하다.

을목(乙木)은 등나무 넝쿨이므로 반드시 갑목(甲木)을 만나 등라계갑(藤蘿繫甲)을 이루어야 발전이 순조롭다. 그러나 갑목(甲木) 입장에서는 자신을 등라계갑(藤蘿繫甲)하는 적군을 만난 것이므로 몰지각한 동료를 만난 것이 된다.

을목(乙木)과 을목(乙木)이 만나는 것을 복음잡초(伏吟雜草)라 하는데 신약해도 복음잡초(伏吟雜草)가 되는 것은 흉하다. 그러나 을목(乙木)과 을목(乙木) 사이에 병화(丙火)가 있다면 아무런 문제가 발생하지 않으면 길하다.

대세운에서 만나는 을목(乙木) 역시 흉하여 인생사 풀리지 않는 문제를 만나는 일이 많고 형제 동료의 인연이 박해진다. 등나무 넝쿨은 서로 새끼 꼬듯 꼬이는데, 서로의 성장을 방해하는 격이므로 풀리지 않는 업인(業因)을 만들기도 하며, 명식 원국의 시간(時干)에서 복음잡초(伏吟雜草)가 되면 현실에서 풀지 못한 일이, 다음 생에까지 업장(業障)으로 남아 연결되기도 한다.

병화(丙火)가 희신으로 을목(乙木)에 근접(近接)하면 염양려화(艷陽麗花)라 하고, 기토(己土)나 계수(癸水)가 있으면 더욱 좋으며, 임수(壬水)가 있어도 귀명(貴命)이 되지만, 이때 병화(丙火)와 을목(乙木)은 근접(近接)하고 병화(丙火)와 임계수(壬癸水)는 격(隔)하고 있는 것이 좋다.

이처럼 명식이 구성되면 표현능력이 뛰어나고, 실력 이상으로 인정을 받아서 좋으며 주로 재적(財的)인 측면에서 복을 받는다.

정화(丁火)가 기신으로 을목(乙木)에 근접하고 있으면 화소초원(火燒草原)으로 을목(乙木)을 불사르는 형상으로 흉하여 얼굴에 흉터가 있기 쉽다. 대체로 표현능력이 약하고 재능을 인정받기 어렵지만, 유력한 계수(癸水)가 있으면 구원을 받는다. 정화(丁火)는 을목(乙木)의 식신(食神)이지만 천간의 관계에서는 좋은 관계는 아니다.

무토(戊土)와 계수(癸水)는 격(隔)하고 있어야 표현능력이 우수하고 이재수단(理財手段)이 좋으며 물질적 성공을 거둔다. 그리고 학업성적도 우수하다.

기토(己土)가 희신으로 을목(乙木)에 근접(近接)하고 있으면 양토배화(壤土培花)라 하여 병화(丙火)와 계수(癸水)가 있으면 매우 좋은 명식으로 이재능력(理財能力)이 뛰어나고 학문, 예술, 서비스업, 오락업 등의 경영에도 탁월한 능력을 발휘한다.

병정화(丙丁火)가 무투간(無透干)하고 경금(庚金)이 기신으로 을목(乙木)에 근접(近接)하고 있으면 백호창광(白虎猖狂)으로 흉하다. 산중에서 호랑이를 만난 것이므로 자칫 장애인이 되거나 겁탈을 당할 수 있으며 직장에서도 시비 거는 사람을 만나기 쉽다.

그러므로 직장 일이 맞지 않으니 아무리 작더라도 독립해서 자영업을 하는 것이 그나마 길하다. 그리고 여명은 부부간에 문제가 발생한다. 경금(庚金)이 을목(乙木)의 자유를 파괴하고 자기에게 순종하기를 원한다. 그러므로 병화(丙火)나 정화(丁火)가 반드시 있어야 한다.

신금(辛金)이 기신으로 을목(乙木)에 근접(近接)하고 있으면 이전최화(利剪摧花)라 하여 흉하다. 전(剪)은 가위를 의미하며 최(摧)는 꺾거나 부러뜨리는 것을 의미한다. 남명은 자식 덕이 부족하고, 여명은 남편 덕을 기대하기 어렵다. 또한 예상치 못한 갑작스러운 재앙(災殃)을 만날 수 있다.

임수(壬水)가 기신으로 을목(乙木)에 근접(近接)하고 있으면 축수도화(逐水桃花)라 하여 흉하다. 타인으로부터 곤욕(困辱)을 당하거나 여명이면 남자와 마찰이 발생한다. 또한 을목(乙木)이 부목(浮木)이 되므로 가출하고 싶은 마음이 되고 뿌리가 썩으므로 무자식이 될 수 있다.

그리고 마음이 고요하기 어렵고 자주 흔들리며 학업성적 또한 좋지 않다. 을목(乙木)과 임수(壬水)의 관계는 임수(壬水)가 희신이냐 기신이냐에 따라 극단적으로 달라진다.

그러나 임수(壬水)가 희신으로 을목(乙木)에 근접(近接)하고 있으면, 출수부용(出水芙蓉)이라 하는데, 병화(丙火)가 있어야 더욱 좋아지며 대인관계가 좋고 남의 힘을 활용하여 급속히 성장한다.

계수(癸水)가 희신으로 을목(乙木)에 근접(近接)하고 있으면, 청초조로(靑草朝露)라 하는데, 병화(丙火)와 갑목(甲木)이 있으면 매우 좋은 명식이 된다. 대인관계가 좋고 남의 힘을 활용하여 발전하고 견실하다.

양일간(陽日干)이 신강하면 제어해야 그 용도와 가치가 상승하지만, 그렇다고 조후는 무시할 수 없다. 가령, 겨울에 태어난 갑목(甲木)이 신강으로 경금(庚金)과 병화(丙火)가 있을 때는 병화(丙火)가 용신이다. 얼어 있는 경금(庚金)을 녹여야 자신의 임무를 할 수 있기 때문이다.

음일간(陰日干)이 신강하면 설기를 반기지만, 여름에는 경신금(庚辛金)의 생수(生水) 작용이 있어야 목분화열(木焚火熱)되지 않는다. 그러므로 계절과의 관계에서 용신을 정하게 된다. 그러므로 을목일간(乙木日干)은 제어하지 않고 꽃을 피우거나, 열매를 맺거나, 거름이 되거나, 바구니의 재료로 쓰이게 하는 등, 설기하여 자신의 목적을 자연스럽게 드러내도록 하는 것이 길하다.

```
年 月 日 時
己 丙 乙 癸    乾命
亥 子 丑 未    편인용재격(偏印用財格)
乙 甲 癸 壬 辛 庚 己
亥 戌 酉 申 未 午 巳
```

자월을목(子月乙木)에 계수(癸水) 투간으로 편인격(偏印格)이다. 그런데 수방(水方)을 이루어 부목(浮木)이 되게 하는 편인(偏印)이 병(病)이므로 그 병(病)을 치료하는 기토(己土)가 약신(藥神) 겸 용신이고, 약신(藥神)을 생조하는 병화(丙火)가 희신으로 병(病)이 있고 약(藥)이 있으니 큰 다행이다.

만약 약신(藥神)이 없었다면 록근이 없는 을목(乙木)은 부목(浮木)이 되었을 것이다. 자축합(子丑合)으로 축미충(丑未沖)이 보류되었다고 하지만 불안을 앉고 고아처럼 살아가는 팔자이다.

그러나 천간의 구조는 매우 좋아서 계을병기(癸乙丙己)가 상생한다고 하지만 여름이 아니므로 계수(癸水)는 흉하다. 즉, 겨울의 목기(木氣)는 수기(水氣)의 천간투출을 반기지 않기 때문이다.

을목(乙木)이 좋아하는 인목(寅木)을 만나지 못했고, 목화통명(木火通明)의 병화(丙火)가 극지좌(剋地坐)로 극무력하며, 일간 또한 북극(北極)의 빙토(氷土)에 앉아 있기 때문에 죽을 고비도 겪어 보고 인생 풍파를 당해 보며 살아가는 명식으로 단명수에 부친선망하고 처까지도 사별할 염려가 있다.

이처럼 부목(浮木)이 되는 명식은 그 부모가 산신각(山神閣)에서 하는 지극정성 기도가 구원이 된다. 간(肝)에서 산소를 만들지 못하므로 산소 부족으로 어혈(瘀血)이 발생하여 이것이 질병의 원인이 되고 간경화, 간암, 위암 등이 발생할 수 있으며, 중풍 당뇨로 사망할 수도 있다.

기토(己土) 처와는 사별할 가능성이 크므로 처성입묘(妻星入墓)를 풀거나, 일간의 부목(浮木)을 막는 인년생(寅年生)이 배연인데, 당주의 첫 여자는 무술생(戊戌生)이었고, 제방제수(堤防制水)하는 인연이기는 하지만, 그러나 붕충삼형(朋沖三刑)으로 너 죽고 나 죽자는 인연이 되는데, 신미대운(辛未大運) 45세 계미년(癸未年) 처가 사망하였고 당주 또한 위험한 고비를 수없이 넘겼다.

그 후 결혼에 실패했던 임인생(壬寅生) 여자를 만나 53세 경오대운(庚午大運) 신묘년(辛卯年) 재혼하게 되었다. 당주는 신기술산업, 의업, 언론인, 예술가 또는 유흥업이 직업이 되는데, 당주는 컴퓨터 프로그래머 기술인이 되었다.

年 月 日 時
壬 辛 乙 乙　乾命
午 丑 酉 酉　살인상생격(殺印相生格)
壬 癸 甲 乙 丙 丁 戊
寅 卯 辰 巳 午 未 申

축월을목(丑月乙木)이 귀살격(鬼殺格)으로, 을목(乙木)이 싫어하는 신금(辛金)이 근접하고 있으며 을유시(乙酉時)를 만나 복음잡초(伏吟雜草)에 유유자형(酉酉自刑)을 하므로 불구자이거나 단명수이다.

오화(午火)가 조후한다고 하지만 일간과 거리가 멀고, 축오귀문(丑午鬼門)에 화설생금(火洩生金)을 하므로 극히 무력해지는 오화(午火)이다. 더구나 상좌(上坐)의 임수(壬水)로부터 제어를 당하므로 더욱 무력해진다. 또한 오화(午火)는 유금(酉金)과 격(隔)하고 있으므로 유금(酉金)을 제압하지 못한다.

그러나 불행 중 다행으로 금설생목(金洩生木)하는 임수(壬水)가 있으므로 신금(辛金)은 탐생망극(貪生忘剋)이 되었다. 임수(壬水)와 오화(午火)가 동시에 희신이 되는데, 이때 임수(壬水)가 합충(合沖)을 당하게 되면 신금(辛金)은 을목(乙木)을 난도질하게 된다. 이렇게 되면 대부분 뇌졸중이 되거나 낙상으로 뇌를 다쳐 사망하는 일이 많다.

임수(壬水)의 금설생목(金洩生木)과 오화(午火)의 조후가 없으면 암흑천지로 변하므로 조상궁의 덕이 매우 길하다. 그러나 임계수(壬癸水)의 인수천간(印綬天干)의 운과 해수운(亥水運)은 길하지만, 오화(午火)를 충극(沖剋)하는 자수운(子水運)이나 무기토(戊己土) 운은 불미하다.

자연의 형상으로 보면 신강신약을 떠나서 한랭사주에는 화기(火氣)가 용신이 되어 한랭습기(寒冷濕氣)를 제거해야 을목(乙木)이 살고, 임수(壬水)는 흐르게 되며 신금(辛金)은 임수(壬水)를 생조하므로 만권정지에서 풀려나게 된다.

당주는 초운부터 운이 길하여 면서기로 근무하다 병오대운(丙午大運) 면장으로 승진하여 잘 지내다가, 무신대운(戊申大運) 67세 무자년(戊子年) 무토(戊土)가 임수(壬水)를 파극하고 자오충(子午沖)으로 오화(午火)를 충극(沖剋)하므로, 신금(辛金)은 을목(乙木)을 잘라 버린다. 그래서 뇌졸중으로 쓰러져 사망하게 되었다.

年 月 日 時
己 丙 乙 癸   乾命
丑 寅 酉 未   신약의방조(身弱宜幫助)
乙 甲 癸 壬 辛 庚 己
丑 子 亥 戌 酉 申 未

인월을목(寅月乙木)으로 병화(丙火)가 투출하여 목화통명(木火通明)의 상관격(傷官格)으로 길하지만 신약하다. 천간의 구성이 아름다운 구조로 득령(得令)한 을목(乙木)으로서는 크게 신약하지 않으며 축미충(丑未沖)과 금목상전(金木相戰)이 발생하지 않아서 최대한의 능력을 발휘할 수 있다.

계을병기(癸乙丙己)로 역순(逆順)하여 천간상생하고 있으며 각기 천간의 기(氣)가 모두 살아 있다. 병화(丙火)와 기토(己土)가 만나 대지보조(大地普照)로 전원옥답에 밝은 태양이 떠오른 격이며, 을목(乙木)과 병화(丙火)가 만나 밝은 태양 아래 고운 자태를 드러내고 만개한 꽃이 핀 격이다.

을목(乙木)과 계수(癸水)가 만나 청초조로(靑草朝露)로 을목(乙木) 꽃에 맑은 이슬과 같은 물을 뿌려 주는 형상으로 아름다운 격이다. 또한 병계(丙癸)가 근접(近接)하여 흑운차일(黑雲遮日)되지 않았으며 기토(己土)가 계수(癸水)를 극하지 않았으니 길하다.

이처럼 아름다운 명식으로 구성시키기 위해서 조모와 조상이 명당 터에 자리한 형상이다. 그러므로 세상천지 두려울 것이 없다.

기토(己土)는 간여지동(干與支同)으로 와서 조상 편재(偏財)의 재물로 상관생편재(傷官生偏財)가 되므로, 공간 확장능력, 인테리어 디자인, 신기술 산업, 의업, 언론인, 예술가, 재정부, 금융 감독원, IT산업, 재무평가사, 세무회계 등 어느 직업이든 좋다.

병화(丙火)는 간지상생(干支相生)으로 와서 한랭습기를 제거하고 기토(己土)를 생조하여 전원옥답이 되었으며, 일지유금(日支酉金)은 계수(癸水)를 생조하고, 축토(丑土)에 통근한 계수(癸水)가 일간을 생조하므로 서로가 있어야 할 자리에 있는 구조로 아름다운 조합이다.

이런 경우 한강 물이 말라도 재물은 안 떨어지는 상류층 인사가 되는데, 당주는 삼성전자 신기술 책임자로 사장을 지냈다.

```
年 月 日 時
乙 己 乙 丙    坤命
卯 卯 卯 戌    상관생편재격(傷官生偏財格)
庚 辛 壬 癸 甲 乙 丙
辰 巳 午 未 申 酉 戌
```

묘월을목(卯月乙木)이 건록격(建祿格) 신강으로, 시주(時柱)를 잘 만나 상관생재격(傷官生財格)이 되었는데, 시재고격(時財庫格)이라고도 한다. 병화상관(丙火傷官)에 목화통명(木火通明)으로 총명하여 못 이룰 것이 없는 사주이다.

자칫 기토(己土)를 놓고 쟁재사주(爭財四柱)가 될 뻔했으나, 병술시(丙戌時)를 만나 묘술합화(卯戌合火)에 병화(丙火)를 생조하고 술토(戌土) 재물창고에 재물을 보관하는 격이다. 그러므로 오로지 시주(時柱)가 귀인으로 조모님의 덕과 자식 덕이 양호하므로 귀자를 낳게 된다.

특히, 술중신금(戌中辛金) 남편이 투출하지 않아서 길하고, 병신합(丙辛合)으로 당주의 자궁과 남편 신금(辛金)이 합(合)을 하고 당주의 육신인 묘목(卯木)과 부성(夫星)을 상징하는 술토(戌土)가 합(合)을 하므로 부부 정이 매우 좋다.

또한, 술토(戌土)는 자식의 육신이 병신합(丙辛合)을 하므로 자식과 남편
의 사이가 좋아서, 전생의 선인연을 만난다는 뜻이 포함되어 있다. 이 사
주의 모든 귀함은 시주병술(時柱丙戌)이므로 임진(壬辰)을 만나는 것은 매
우 흉하다.

기토편재(己土偏財) 부친과는 일찍 사별하고, 여러 번 재난풍파를 경험
하게 되지만, 당주는 다른 형제보다 재물이 많다. 드러난 재물은 모두 복
음잡초(伏吟雜草)로 쟁재(爭財)가 되지만, 시상상관(時上傷官)의 기술로 생
재(生財)의 재물은 창고에 보관하므로 감추어둔 재물이 많다.

사주가 이처럼 구성되면 의류업, 예술, 방송인, 연극인, 의업을 할 수 있
으며, 또는 IT산업, 인터넷, 신기술 관련 일을 할 수 있으며 보건 복지 의
업을 하는 것도 무척 좋다. 또는 특수농작물 관련일도 좋다. 시주(時柱)를
잘 만나 대기만성을 이루는 격으로 당주는 신기술 산업 디자인 박사로 삼
성에 근무하고 있다.

```
年 月 日 時
甲 戊 乙 丙   乾命
戌 辰 丑 子   재다신약(財多身弱)
己 庚 辛 壬 癸 甲 乙
巳 午 未 申 酉 戌 亥
```

진월을목(辰月乙木)이 정재격(正財格) 재다신약(財多身弱)이다. 재다신약
(財多身弱)에도 급수가 있다. 정재격(正財格)인가? 편재격(偏財格)인가? 천
간투출(天干透出)이 있는가, 없는가? 천간혼잡(天干混雜)인가 아닌가? 지지
혼잡(地支混雜)인가 아닌가? 또는 지지충(地支沖)이 있는가, 없는가? 그리
고 어느 오행에 해당하는가? 그리고 대운의 흐름과 비견운(比肩運)이 언제
인가?

또한, 재성(財星)을 다스려 줄 비견천간(比肩天干)이 있는가? 겁재천간(劫
財天干)은 있는가? 그리고 비겁지지(比劫地支)는 있는가? 인수(印綬)를 의

지하는가? 등이다.

그런데 당주는 천간의 구성만 놓고 본다면 등라계갑(藤蘿繫甲)하는 갑목(甲木)과 병화(丙火)와 무토(戊土)를 만나 구조상의 문제는 있더라도 을목(乙木)이 좋아하는 천간으로 구성되어 있다.

그러나 일간이 쇠약하면 주인 노릇을 못하므로 천한 인생을 살게 된다. 비록 진월을목(辰月乙木)이라 하지만, 진술충(辰戌沖)의 지진충(地震沖)으로 뿌리가 뽑히고, 자수(子水)에 의지한다고 하지만 자축합(子丑合)의 탐합망생(貪合忘生)으로 오로지 갑목(甲木)에 의지하는 고아격과 같다.

갑목(甲木) 또한 극무력하고, 병화(丙火)는 무력한 을목(乙木)을 목설생토(木洩生土)하므로 역량미달로 쓰러지는 을목(乙木)이다. 그러므로 전형적인 재다신약(財多身弱) 부옥빈인(富屋貧人)으로 양호한 인연의 처는 만날 수 없는데다, 신금(辛金)이 개고되어 을목(乙木)을 괴롭히므로 일생 구설수가 많고 자식 덕도 없이 살다가는 인생이다.

당주는 수많은 고생을 하며 살다가 경오(庚午) 신미대운(辛未大運) 6.25 전쟁터에서 몇 번의 죽을 고비를 넘기고, 임신대운(壬申大運)에는 을목(乙木)을 생조하므로 밥을 먹고살 만해졌는데, 결혼하지 못하고 살다가 자식이 있는 과부와 동거했으나 계유대운(癸酉大運) 48세 신유년(辛酉年) 중풍으로 쓰러져 다음 해 임술년(壬戌年) 한(恨) 많은 인생 졸업장을 받았다.

年 月 日 時
乙 辛 乙 丙　坤命
未 巳 亥 戌　가종아격(假從兒格)
壬 癸 甲 乙 丙 丁 戊
午 未 申 酉 戌 亥 子

사월을목(巳月乙木)이 병화(丙火) 투간으로 상관격(傷官格)이다. 여명의 목화상관격(木火傷官格)에는 반드시 진토(辰土)나 축토(丑土)가 있어야 하고, 무토(戊土)와 술미(戌未)는 없는 것이 길하며, 수기원천(水氣源泉)과 유력한 계수(癸水)가 있으면 귀부인으로 일생이 평안하다.

그런데 을목(乙木)이 좋아하는 병화(丙火)이지만, 이때는 유력한 계수(癸水)가 없으므로 목화통명(木火通明)으로 보지 않는다. 열기 작용을 하는 병화(丙火)로 술미(戌未)는 병화(丙火)의 열기를 보존시키는 화로(火爐)로 작용한다.

당주는 오로지 의지해야 하는 해수(亥水)가 깨어지고 술토(戌土)는 물 막음을 하였다. 그러므로 종아불론(從兒不論) 신강약(身强弱)에 해당하므로 세력을 따르는 가종아격(假從兒格)으로 양기(陽氣)만 반기는 사주가 되었다.

혹자는 해수(亥水)가 있으므로 종격(從格)은 안 된다고 말하는 사람도 있지만, 음일간(陰日干)은 통근한 인수천간(印綬天干)이 없고 인수지지(印綬地支)가 충극(沖剋)되고 한 세력을 이루었다면 왕희순세(旺喜順勢)를 따르게 된다.

신금(辛金) 남편은 술토(戌土)에 통근한다고 하지만 조토(燥土) 생금불능(生金不能)이고 사신(死神)에 동주(同柱)하므로 사별하게 된다. 그 후 재혼하는 남자는 술중신금(戌中辛金)으로 재물창고 내에 있으므로 어느 정도의 재물을 가진 사람이다. 이때 사별(死別) 전에 부부 헤어진다면 남편이 사망하지 않을 수도 있겠지만, 인연법이 묘하여 이별 사별을 겪는 남자를 만나게 된다.

이미 신사(辛巳)와 을해(乙亥)가 천충지충(天沖支沖)으로 깨어지므로 일지해수(日支亥水) 남편 궁이 깨어지고 회생(回生)시킬 방법이 없으니 사별하는 것이다. 사중경금(巳中庚金) 또한 개고되어 년간을목(年干乙木)과 합거하므로 술중신금(戌中辛金)이 당주의 후부가 된다.

당주는 미토대운(未土大運) 결혼했으나 갑신대운(甲申大運) 초에 남편이 횡사(橫死)하였고, 이어 들어온 신금대운(申金大運)부터 그 참혹함이 이루 말할 수 없었으며 을유대운(乙酉大運)에 첩실로 들어갔으나 무자식이었다.

年 月 日 時
己 庚 乙 乙　乾命
丑 午 亥 酉　신약용인(身弱用印)
己 戊 丁 丙 乙 甲 癸
巳 辰 卯 寅 丑 子 亥

오월을목(午月乙木)에 기토(己土) 투간으로 편재격(偏財格) 신약용인(身弱用印)이다. 오행구족(五行具足)하고 편고함이 없으니 양호한 직업에 양처(良妻)를 얻고 행복을 누리며 살아갈 사주이다. 그러나 복음잡초(伏吟雜草)의 을목(乙木)이 겁탈(劫奪)하려는 마음을 가지고 있어서 형제 동료 덕이 부족하다.

또한, 태월공망(胎月空亡)에 시주공망(時柱空亡)으로 큰 발복은 이루지는 못하지만, 기토(己土)가 경금(庚金)을 생조하고 경금(庚金)은 해수(亥水)를 생조하며 일간에 합(合)이 되어 득자 후 평안함을 누리는 사주이다.

기토(己土)는 처성이고 경금(庚金)은 자식으로 당주와 합(合)이 되므로 부부의 성 궁합도 좋으며 가족 간에 화목하게 된다. 처성 기토(己土)는 오화(午火)의 홍염도화(紅艷桃花)에서 투출하였고, 년천간(年天干)에 있으므로 조혼이며 연애 결혼하게 된다.

그러나 해중갑목(亥中甲木)과 암합(暗合)하고 있으며 유축합(酉丑合)에 처성의 자궁인 경금(庚金)이 2개의 을목(乙木)과 합(合)이 되어 있는 처이므로 인연이 변할 염려가 있다. 따라서 월일간의 을경합(乙庚合)이 깨어지는 순간이 위험하게 되는데, 병인대운(丙寅大運), 인오합(寅午合)에 병화(丙火)가 투출하여 경금(庚金)을 극하므로 을경합(乙庚合)은 풀어진다.

36세 갑자년(甲子年)은 매우 혼란스러운 세년이다. 년주와 천합지합(天合地合)을 하고 월주와는 천충지충(天沖支沖)을 하는 세년으로 부부 이별하였다.

부부간에 말 못할 사연들은 꼭 있는 것인데, 갑자년(甲子年)은 처성 기축(己丑)과 천합지합(天合地合)으로 갑기합토(甲己合土)에 외부 남자가 들어왔다. 또한 경오(庚午)와 갑자(甲子)가 만나 천충지충(天沖支沖)으로 처의 자궁이 동(動)하게 되면 이때 부부 문제가 발생하게 되는데, 어찌할 수 있는 방법이 없다.

年 月 日 時
丙 乙 乙 甲　　坤命
午 未 未 申　　가종격(假從格)
甲 癸 壬 辛 庚 己 戊
午 巳 辰 卯 寅 丑 子

미월을목(未月乙木)이 통근한 인수천간이 없고, 병화(丙火)가 화기(火氣)의 세력을 이루므로 양기(陽氣)만 반기는 사주로 오음종세(五陰從勢) 무정의(無情義) 종아불론(從兒不論) 신강약(身强弱)에 해당하는 사주이다.

사막의 선인장 격으로 외롭고 고독하며 고난풍파가 많은 인생이다. 조토(燥土) 생금불능(生金不能)이며 수기(水氣)를 제압하므로 공부로 성공하기 어렵고, 재물과 남편 덕이 빈약하며 부모 덕도 불미하다. 비록 비겁(比劫) 형제가 미토(未土)에 통근한다고 하지만, 목분화열(木焚火熱) 토다목결(土多木缺)이다. 그러므로 극무력한 비견(比肩)으로 형제 덕이 있다고는 하지만 도움 받기 어렵다.

특히, 여명의 목화상관격(木火傷官格)에 수기(水氣)가 없으면 외로운 팔자가 되는데, 신중경금(申中庚金)이 남편이 되어야 하지만 암장간 포함 4개의 을목(乙木)과 명암합(明暗合)을 하고 갑목(甲木)이 있으므로 꽃밭을 노니는 나비와 같은 남자로 믿을 수 없는 남자이다.

병오양인(丙午羊刃) 식상(食傷)이 자식이지만, 월주 을미백호(乙未白虎)의 자식이다. 그런데 나와도 합(合)이 되어 있으므로 타 여자가 낳은 자식을 당주가 키워 주는 팔자이다. 신중경금(申中庚金) 남자는 상처(喪妻)하고 나에게 오는 자식 딸린 재혼 남자이므로 당주는 후처가 되는 팔자이다. 그리고 언니 또한 유부남을 만나 살게 된다.

이런 경우 언니가 자식 낳고 백호살(白虎殺)에 사망하여, 언니의 자식을 키우며 살아갈 수도 있으며, 언니의 남편 즉, 형부하고 살아갈 수도 있다. 그러나 선택은 자기 본인이다.

당주는 임진대운(壬辰大運)까지 결혼을 못 하고 있다가, 39세 갑신년(甲申年) 사별한 2남 1녀의 자식이 있는 상처(喪妻)한 남자를 만나 결혼하게 되었다. 청춘에 죽은 남자 형제와 남편의 사별한 본처의 천도제(遷度祭)를 지내 줘야 한다.

지극정성 기도를 하며 용왕 전에 업장소멸 기도하고, 배 아파 낳은 자식이 아니지만, 성심껏 잘 키우면 반드시 그 복을 받게 되어 선한 여인이 될 것이다.

年 月 日 時
己 壬 乙 庚   乾命
酉 申 亥 辰   신약용인(身弱用印)
辛 庚 己 戊 丁 丙 乙
未 午 巳 辰 卯 寅 丑

신월을목(申月乙木)이 정관격(正官格) 신약으로, 록왕지가 없이 기임탁수(己壬濁水)에 의지해야 하므로 의외의 장애가 발생하고, 건강에도 문제가 있는 사주가 되었다. 또한 병정(丙丁)이 없는 정관(正官)에 합(合)되어 백호창광(白虎猖狂)이 되었다.

경금(庚金)이 을목(乙木)을 끌어당겨 금기(金氣)의 세력에 합류하기를 원하지만, 통근한 인수천간(印綬天干)이 있으면 아무리 허약해도 자신의 본분을 지킨다. 그러나 자칫 탐관(貪官)의 형태로 나타날 수도 있다.

임수(壬水)가 관인상생(官印相生)을 하므로 공직에 근무할 수 있다고 추론할 수도 있지만, 기임탁수(己壬濁水)의 황토물 위에 연꽃일 뿐이다. 이때 학령기 운이 희신이라면 초년공부로 공직 근무, 교직자, 해결사 등의 직업이 가능하지만, 대운이 거역한다면 쉽지 않다.

을목(乙木)이 먹고 살아야 하는 의식주가 흙탕물이므로, 수청(水淸)의 맑은 공부를 받아들이지 않고, 세상의 어두운 지식을 먹고 사는 격에 해당한다.

특히, 병정화(丙丁火)가 없으니 관인상생(官印相生)을 하지만 공무원이 되지 못한다. 이처럼 기임탁수(己壬濁水)의 임수(壬水)를 용신으로 사용할 때 유흥업, 화류계, 오락업, 요식업, 주류업, 숙박업 등으로 성공하는 사람이 많은데, 당주는 남방운이 길하여 오락업으로 성공했으나 노후의 건강이 치명적일 수 있다.

年 月 日 時
丙 丁 乙 丁 坤命
戌 酉 未 丑 종아격(從兒格)
丙 乙 甲 癸 壬 辛 庚
申 未 午 巳 辰 卯 寅

유월을목(酉月乙木)이 자좌미토(自坐未土)에 통근처가 있다고 하지만, 축미충(丑未沖)으로 뿌리가 잘리니 왕희순세(旺喜順勢)를 따르는 을목(乙木)이다.

그러나 토기(土氣)의 대표천간인 무기토(戊己土)가 없고 수시로 사묘고충(四墓庫沖)이 발생하므로 안정된 삶이 되지 않는다.

또한, 백호살(白虎殺)로 삼형충(三刑沖)이 되었다는 것은, 재난풍파와 법정출두가 자주 발생하게 되는데, 토기(土氣)의 대표천간이 없기 때문이다. 여명의 식상(食傷)에서 천간이 혼잡으로 투출했다면, 부부 해로하기 어렵고 이중인격에 두 마음의 소유자가 될 수 있다.

계사대운(癸巳大運) 35세 경신년(庚申年) 남편과 사별(死別)하게 되었고, 토기(土氣)의 삼형충(三刑沖)과 금국(金局)이 동하고 백호살(白虎殺)의 혈광사(血光死)가 발동하는, 40세 을축년(乙丑年) 결혼을 약속했던 연하 남자가 교통사고로 흉사하게 되었다.

이러한 현상은 정식결혼이 아닐지라도, 남녀관계에서 합정(合情)이 이루어지면 기(氣)의 동화작용으로 해당 남자는 불귀객이 되기 쉬우니, 바람을 피우려거든 목숨 걸고 피워야 한다. 특히 상대 여성이 식상(食傷)이 혼잡하고 탁하면 음양부정(陰陽不淨)으로 나타나 그 남편은 심하면 사망하게 된다.

합정(合情)으로 기(氣)의 동화작용이 나타나는 현상은 성병이 되거나, 에이즈 같은 질병이 되기도 하며, 음양부정(陰陽不淨)이라 하여 매사 장애가 발생하는 운을 불러오기도 한다.

특히, 여명에 2개 이상의 백호살(白虎殺)이 있거나, 일지과숙(日支寡宿)이거나, 고갈(枯渴) 천살(天殺)이면서 사주 격이 불미하면 결혼상대로는 부족하다.

年 月 日 時
乙 丙 乙 丁   坤命
卯 戌 卯 亥   식신생재격(食神生財格)
丁 戊 己 庚 辛 壬 癸
亥 子 丑 寅 卯 辰 巳

술월을목(戌月乙木)이 신강하여 혼잡식상(混雜食傷) 생재격(生財格)으로 밤낮으로 화려한 꽃을 피운 형상이다. 식상혼잡(食傷混雜)은 탁하다고 보지만, 당주의 명식은 병정화(丙丁火) 혼잡이 오히려 반갑다.

병화(丙火)가 없었다면 설기구가 작아서 문제가 되겠지만, 통관용신으로 작용하며 재물을 생조하므로 자식이 귀자이다. 신강신약을 떠나서 두 개의 을목(乙木)이 만나는 복음잡초(伏吟雜草)는 좋다고 할 수 없으나, 병정화(丙丁火)를 만나 득비리재(得比理財)로 식상(食傷)을 생조하는 것이니 이 또한 나쁘지 않다.

일지와 같은 년지묘목(年支卯木)이 또 있으며 묘술합(卯戌合)을 하므로 일부이녀(一夫二女) 격으로 불미한 듯하지만, 묘술합(卯戌合)을 하여 화기(火氣)를 생조하고 그 화기(火氣)는 재물창고에 보관하는 격이니 나쁘다고 할 수 없다.

신강명식에 인수(印綬)는 좋지 않지만, 술월(戌月)은 건조하므로 수기(水氣)가 반드시 있어야 한다. 그러므로 탁기가 되지 않는다.

또한, 용신을 제압하는 수기천간(水氣天干)이 없으니 청기(淸氣)가 있는 명식으로 여성 사업가에 해당하는 예술가의 명식으로 한의, 활인업, 의사, 보건 복지, 교육자가 될 수 있는 구조인데 당주는 한의사이다.

목화통명(木火通明)에 정신통명(精神通明)이니 두뇌 총명하고, 인의(仁義)가 예의(禮義)로 변하는 예의바른 여성이다. 다만 일부이녀(一夫二女)의 형상이지만, 무관살(無官殺) 명식에서 용신이 남편이라는 법칙을 적용하여, 병화(丙火)는 연간을목(年干乙木)의 남편이고, 당주는 시간정화(時干丁火)가 남편이다.

해묘합(亥卯合)을 하고, 정화(丁火)가 술토(戌土)에서 투출하였으니 정화(丁火)가 남편인 것이다. 당주는 사람됨이 단정하며 누구를 만나든 밝은 미소로 사람을 대한다. 남편은 인기 많은 미남으로 아들 셋을 두었고, 평안한 인생을 살아가고 있다.

年 月 日 時
戊 癸 乙 丙 坤命
子 亥 卯 戌 신강의설재(身强宜洩財)
壬 辛 庚 己 戊 丁 丙
戌 酉 申 未 午 巳 辰

해월을목(亥月乙木)이 편인격(偏印格) 신강으로 흑운차일(黑雲遮日)하는 계수(癸水)를 무계합(戊癸合)으로 제거하는 부친의 덕이 매우 크다. 병화(丙火)는 시주(時柱)에서 왔고 재고귀인을 형성하며 묘술합(卯戌合)이 되므로 결혼 후 발복하는 명식으로 남편과 자식 덕이 양호하다.

그런데 시주(時柱)에서 백호살(白虎殺)과 과숙살(寡宿殺)을 겸하므로 하늘 보고 탄식하며 과부가 된다는 흉의(凶意)가 발생한다. 이러한 사실을 더욱 분명하게 하는 것은 년주공망(年柱空亡)으로 무토(戊土) 역시 공망(空亡)이 되는데, 백호살(白虎殺)의 묘고(墓庫)에 들어갈 것을 상징한다.

당주는 유금(酉金) 도화운(桃花運)에 남편을 만났고 경금대운(庚金大運) 결혼했다. 기미대운(己未大運)은 불길운으로 무토(戊土)를 산정붕괴(山頂崩壞)로 쓰러뜨리고 계수(癸水)를 극하므로 무계합(戊癸合)이 풀린다. 그러므로 하늘에 먹장 같은 우박 눈이 내리는 격이다. 또한 묘술합(卯戌合)이 풀리고 목국(木局)을 이루므로 목기(木氣)의 쟁재(爭財)가 발생한다.

38세 을축년(乙丑年) 축술미(丑戌未) 삼형충(三刑沖)에 남편이 비명횡사하였다. 합(合)으로 묶여 활동을 못 하던 백호살(白虎殺)의 혈광사(血光死)가 동하므로 어쩔 수 없는 일이었다.

남편은 실내장식 건축 디자인을 하는 사람이었는데, 당주가 그 사업을 이어받아 무오대운(戊午大運)에 많은 재물을 모았다. 먼저 간 남편이 당주를 떠나지 못하고 일평생 옆에 있으면서 많은 도움을 주고 있는 것이다. 그러므로 이런 사주는 재혼하지 못하며 끝까지 정절을 지킨다.

당주는 1남 1녀를 두었고 정절을 지켜 재혼하지 않았고 자식들과 살고 있다.

丙火日干의
월별 용신

 봄에는 목기(木氣)가 세력을 잡은 왕성한 계절이므로 화기(火氣) 또한 왕성해져 가지만, 목기(木氣)를 수용(受容)하지 못하면 오히려 우둔해질 수 있다.

 또한 목기(木氣)가 토기(土氣)를 극하므로 목설생토(木洩生土)하는 화기(火氣)가 약하면 식상(食傷)의 임기응변(臨機應變)의 성분을 막는 것이므로 오히려 우둔해진다. 그러나 습토(濕土)가 과다하지 않다면 무난하다.

 특히, 목기(木氣)를 수용하지 못하는 인수과다(印綬過多)의 여명은 주로 딸을 낳으며, 시주(時柱)가 정인(正印)이면 무자식이 되는 일도 많고, 자폐증의 자식이 되는 사람도 많다. 그리고 목기(木氣)가 과다하다고 해서 병화(丙火)가 왕성해지는 것은 아니다.

 이때 수기(水氣)가 왕성하면, 목기(木氣)는 습목(濕木)으로 변하며 화기(火氣)와 토기(土氣)는 상(傷)하게 되고 금결(金缺)이 되므로 가난하게 된다. 또한 습토(濕土)가 많아도 화기(火氣)를 몰광(沒光)시키므로 흉하다. 과다한 것은 항상 부족함만 못하다.

 여름에 화기(火氣)는 왕성하므로 금수(金水)가 유력해야 목분화열(木焚火熱) 되지 않으며, 병화(丙火)의 목표가 정해지면 부지런한 사람으로 인수(印綬)의 응용능력(應用能力)과 임기응변(臨機應變) 성분이 빛을 발한다.

 이때의 금기(金氣)는 화기(火氣)에 제련되어 재물운을 좋게 하고 수기(水氣)를 생조하므로 양호한 직업이 되며 만사가 평안하게 된다. 그러나 목화(木火)가 같이 왕성하면 수기(水氣)는 증발하게 된다. 따라서 재물운도 허약하며 구설수가 되지만, 이때 진축습토(辰丑濕土)가 길신이다. 화기(火氣)가 허약할 때는 조토(燥土)가 좋으며, 왕성하면 진토(辰土)로 화기(火氣)를 조절하는 것이 가장 이상적이다.

가을의 병화(丙火)는 병사절지(病死絶地)에 들어간다. 그러므로 수설생화(水洩生火)하는 목기(木氣)의 생조가 가장 이상적이며 조토(燥土)는 좋지만, 습토(濕土)가 과다하면 흉하다. 이때 임수(壬水)가 금설생목(金洩生木)하는 통관신이 된다 해도 임수(壬水)를 수용하는 목기(木氣)가 없거나 쇠약하면 흉하다.

또한, 근접계수(近接癸水)를 만나고 흑운차일(黑雲遮日)당한다면 재관(財官)에 해당하는 흉(凶)한 육친을 만나는 것과 같아서 구설수가 발생하고 재물성취도 빈약하다. 그러므로 이때 수설생화(水洩生火)하는 갑목(甲木)이 있거나 무토(戊土)로 제수(制水)하거나 합거해야 한다.

이때 화설생금(火洩生金)에 몰광(沒光)시키는 습토(濕土)가 많다면 만사불성(萬事不成)과 같아서 매사장애가 발생한다.

겨울의 병화(丙火)는 약한 화기(火氣)이므로 유력한 갑목(甲木)의 도움이 필수적이다. 특히 계수(癸水)는 없어야 하며 임갑병(壬甲丙)으로 이어지는 살인상생(殺印相生)은 길하지만, 갑목(甲木)이 수다목부(水多木浮)라면 속 빈 강정이 되므로 갑목(甲木)이 유력하고 무토(戊土)가 있으면 양호하다.

이때 임수(壬水)와 근접한 기토(己土)가 있다면 임기응변(臨機應變) 성분이 갯벌 땅으로 변한 것이므로 청기(淸氣)가 없어진다. 그러므로 좋은 직업이 어렵지만, 갑목(甲木)이 기토(己土)를 제어하면 약(藥)을 만난 것으로 길하다.

수기(水氣)가 과다하면 흉하고 금기(金氣) 또한 수기(水氣)를 생조하므로 좋을 바 없으며 조토(燥土)는 길하지만, 습토(濕土)는 흉하다.

병화(丙火)의 생극(生剋) 관계는 10천간 중에서 다른 천간의 영향을 크게 받지 않는 특징이 강하다. 통근처가 있고 유력한 2개의 병화(丙火)가 있다면, 임계수(壬癸水)로 제어(制御)할 수 있으나, 2개 이상이 된다면 제어할 수 없으니 이때는 진축습토(辰丑濕土)의 설기가 이상적이다.

병화(丙火)는 수기(水氣)가 많아서 부목(浮木)이 된 목기(木氣)를 구제할 수 있으나 술토(戌土)나 미토(未土)에 통근처를 지닌 무토(戊土)와 협력하는 것이 더욱 좋다.

기토(己土)와 계수(癸水)의 관계는 칠살이지만, 기토(己土)는 계수(癸水)를 제어하기 어렵다. 특히 두 개의 계수(癸水)는 더욱 제어할 수 없다. 기토(己土)는 습토(濕土)이므로 제방(堤防)을 쌓을 수 없기 때문이다.

병화(丙火)를 제압할 수 있는 천간은 신금(辛金)과 계수(癸水)뿐이다. 신금(辛金)은 병신합(丙辛合)으로 탐재괴인(貪財壞印)을 만들며, 계수(癸水)는 우로수(雨露水)를 머금은 구름으로 태양을 가릴 수 있다.

그러나 임수(壬水)는 어지간해서는 병화(丙火)를 제어하지 못한다. 임수강호(壬水江湖)에 병화(丙火)의 빛 반사가 이루어지기 때문이다.

쇠약한 병화(丙火)는 습목(濕木)의 목생화(木生火)는 도움 되지 않으며, 병화(丙火)를 더 허약하게 한다. 그러므로 습목(濕木)보다는 사화(巳火)나 오화(午火) 중 한 글자가 있다면 습목(濕木)을 수용(受容)할 수 있게 된다.

병화(丙火)가 강하면, 임수(壬水)로는 제어하기 어렵다. 그러나 계수(癸水)는 두려워하지만, 병화(丙火)가 왕성하면 겨울의 계수(癸水)도 두렵지 않다.

병화(丙火)는 경금(庚金)에 해(害)를 주지만, 신금(辛金)에게는 해(害)되지 않으며, 오히려 신금(辛金)의 이용의 대상으로 신금(辛金)을 움직이게 하는 작용을 하는데, 그러므로 신금(辛金)에 해당 육친은 무언가의 일을 하려고 한다.

병화(丙火)가 쇠약하면 기토(己土)를 두려워하게 된다. 비록 기토(己土)를 만나 총명하다고 하지만, 자기 발등 찍는 일을 벌이고 병화(丙火)가 가

진 기력을 소진하게 되어 결국에는 단명수로 작용한다. 그러므로 갑목(甲木)으로 합거(合去)하거나 을목(乙木)의 제토작용(制土作用)이 길하다.

병화(丙火)가 태왕하면 갑목(甲木)에 해(害)를 주게 된다. 이것은 자업자득(自業自得)으로 스스로 발등 찍는 일을 만들 수 있다. 수기(水氣)를 생조하는 금기(金氣)를 무력하게 하므로 수기(水氣)는 증발하고 목분화열(木焚火熱)이 되므로 산불이 발생하여 만물을 태운다. 이것이 자업자득(自業自得)인 것이다.

병화(丙火)가 왕성할 때는 계수(癸水)로 제어함이 좋고, 태왕(太旺)할 때는 진토(辰土)로 설기함이 좋으며, 극왕(極旺)할 때는 갑목(甲木)의 방조가 길하다.

쇠약한 병화(丙火)에 계수(癸水)는 최악의 기신이다. 그러므로 무토(戊土)로 계수(癸水)를 합거(合去)하는 것이 매우 좋은데, 이때 기토(己土)가 있으면 병화(丙火)는 더욱 쇠약해져 반드시 흉하게 된다.

그러므로 무토(戊土)가 계수(癸水)의 합거(合去)가 길하다. 갑목(甲木)이 계수(癸水)를 설기하는 것도 길하지만, 무토(戊土)의 합거(合去)보다 부족하고, 기토(己土)는 계수(癸水)를 제어하기 어렵다.

오히려 계수(癸水)를 만난 기토(己土)는 더한 습토(濕土)로 변질되어, 병화(丙火)를 설기하므로 흉한 것이다. 그러므로 겨울에 태어난 병화(丙火)나 정화일간(丁火日干)은 일차적으로 무토(戊土)가 있는 것이 제일 길하다.

병화(丙火)도 목다화식(木多火熄)이 될 수 있으므로 설기분담(洩氣分擔)하는 사화(巳火)나 오화(午火)가 한 글자 있어야 습목(濕木)을 두려워하지 않는다.

사오(巳午) 중 한 글자도 없는 병화(丙火)는, 갑목(甲木)이 2개 이상이면 우둔한 격에 해당하므로 자신의 역량을 발휘하지 못한다. 그러나 사오(巳午) 중 한 글자가 있다면 겁날 것이 없다.

정화(丁火)는 허약한 병화(丙火)에게 힘이 되어 주지 못하며, 오히려 스스로 그 빛을 잃는다. 그러나 화기(火氣)가 왕성하면 정화(丁火)는 열기로 작용하여 금기(金氣)를 녹이게 되니, 그러므로 병정화(丙丁火)는 빛 작용과 열기 작용을 반드시 구분해야 한다.

허약한 병화(丙火)에게 또 다른 병화(丙火)는 도움을 주며, 기토(己土)는 병화(丙火)가 신강했을 때는 설기로 도움을 주지만, 그러나 병화(丙火)가 태왕하면 기토(己土)도 조토(燥土)로 변하여 설기하지 못한다.

무토(戊土)는 병화(丙火)를 설기하지 않으며, 오히려 병화(丙火)의 화로(火爐)가 되어 화기(火氣)의 지속력(持續力)을 유지시킨다. 그러므로 쇠약한 병화(丙火)에게 무토(戊土)는 좋지만, 태왕한 병화(丙火)에게는 무토(戊土)는 전혀 설기하지 못하고 서로가 원망하는 관계가 되기 쉽다.

병화(丙火)는 태양이며 경금(庚金)은 달에 해당하므로, 경금(庚金)은 태양을 만나면 자기 빛을 잃게 되지만, 병화(丙火)는 빛을 잃지 않는다. 그러므로 경금(庚金)은 병화(丙火)에 대해서 피해의식이 발생하며, 속으로는 미워하는 마음이 있지만, 겉으로는 내색할 수 없는 무작용으로 개가 닭 보듯 한다. 그러므로 병경(丙庚)이 만난 부부는 부부 정이 약할 수밖에 없다.

을목(乙木)이 희신으로 병화(丙火)에 근접(近接)하고 있으면, 현모를 만난 것과 같아서 서로 간에 좋아서 화려한 꽃을 피우는 공부를 하게 되고, 모친은 자식의 덕으로 염양려화(艷陽麗花)의 화려한 모친이 된다.

그러나 병화(丙火)는 을목(乙木)을 좀처럼 좋아하지 않으나 희신이 된 때에만 어쩔 수 없이 좋아한다. 이때 임수(壬水)가 있어서 살인상생(殺印相生)이 된다면 좋은 배합으로 지식에 대한 흡수가 탁월하고, 규율에 잘 적응하므로 공무원, 회사원, 등 직장 생활에서도 순조롭게 발전하게 된다.

기토(己土)가 희신으로 병화(丙火)에 근접하고 있으면 대지보조(大地普照)라 하여 매우 길하다. 지지수기(地支水氣)가 있고, 갑목(甲木)이나 을목

(乙木)이 있으면 더욱 좋은 명식으로, 표현능력과 임기응변(臨機應變) 성분이 뛰어나 학술, 종교, 서비스업, 전문 기술직에서 자신의 능력을 최대로 발휘하지만, 크게 부귀(富貴)하지는 않으며, 기임탁수(己壬濁水)되었다면 큰 발전이 없다.

임수(壬水)가 희신으로 병화(丙火)에 근접하고 있으면, 강휘상영(江暉相映)이라 하고, 갑목(甲木)이나 을목(乙木)이 한 글자 있으면 더욱 좋아서 공무원이나 회사원 등 직장인으로 순조롭게 발전할 수 있지만, 이때 기임탁수(己壬濁水)가 되었다면 큰 발전을 이룰 수가 없다.

병화(丙火)와 기토(己土)는 귀(貴)를 찾는 성분으로, 부(富)를 찾는 성분이 아니다. 그러므로 병화(丙火)와 기토(己土)는 부귀쌍전(富貴雙全)을 이루기 어렵다.

年 月 日 時
戊 甲 丙 己　　乾命
寅 子 子 亥　　관인상생격(官印相生格)
乙 丙 丁 戊 己 庚 辛
丑 寅 卯 辰 巳 午 未

자월병화(子月丙火)가 정재격(正財格) 신약이다. 신약한 병화일간(丙火日干)에 계수투출(癸水透出)이 없고, 병화(丙火)의 화로(火爐)가 되는 무토(戊土)를 만났고 임관처(任官處)가 있는 갑목(甲木)을 만났으므로 사주구성이 좋다.

다만 병화(丙火)의 록근이 없어서 큰 발전을 기대하기 어렵지만, 대운이 사주의 부족함을 채워 준다며 기대이상의 발전을 할 수 있는데, 용신이 좋아하는 동남방 운으로 대운이 행하니 꿈을 이루게 된다.

겨울의 태양으로 태어나 어디 가서나 귀염 받으며 꼭 필요한 사람이라는 칭찬을 받고 천덕꾸러기가 되지 않는다. 만물이 화기(火氣)를 원하는 계절이므로 병화(丙火) 앞에 모이는 격이 되는데 당주가 사람을 편애하지 않으므로 그 복을 받는 것이다.
 이처럼 건왕한 용신에 관인상생(官印相生)이 이루어지면, 대민봉사 국록지명으로 교육계 예술계에 현출(現出)하게 되어, 어느 직장에 가더라도 해결사가 되어 대민봉사에 앞장서므로 온 집안이 화목하게 된다. 당주는 일생 교직에 몸을 담았고 말년에는 교육감을 지냈다.

年 月 日 時
丁 辛 丙 癸　乾命
亥 丑 申 巳　신약용겁(身弱用劫)
庚 己 戊 丁 丙 乙 甲
子 亥 戌 酉 申 未 午

 축월병화(丑月丙火)의 축토(丑土)가 재물창고(財物倉庫)라고 하지만, 감당하지 못하면 속 빈 강정으로 외화내빈일 뿐이다. 축토(丑土)는 빙산(氷山)으로 지극히 한랭(寒冷)하고 화회몰광(火晦沒光)시키므로 반드시 갑목(甲木)의 소토(疎土) 작용이 있어야 하지만, 갑목(甲木)이 없으니 하격이다.
 더구나 북서방 운으로 계수(癸水)의 흑운차일(黑雲遮日)을 당하며, 사신합수(巳申合水) 형파살(刑破殺)을 형성하고 수시로 금국(金局)을 이루므로 수많은 장애를 만나게 되는데, 인생길이 험난하게 된다.
 자식을 낳고 더욱 곤고한 인생이 되는데, 태월공망에 시주공망으로 먹장 같은 우박 눈이 내리는 격으로 태양의 밝음을 드러낼 수 없으며 득자 이후 흉액 가중이 되는데, 명식에서 필요로 하는 글자는 합(合)으로 배신했으나 다행히 동료 덕이 길하여 탐재괴인(貪財壞印)을 막아 주므로 불행 중 다행일 뿐이다.
 이런 명식의 경우, 직장 생활을 하며 살아간다면 무난하지만, 사업을 하면 패재를 당하게 되는데, 운명의 길이란 묘하여 정화대운(丁火大運)까지 무난하게 보냈고 유금대운(酉金大運)에 재국(財局)을 이루고 사업하게 되면서 패재하였다.

병신대운(丙申大運) 정해진 노선대로 잃었던 돈을 복구하기 위해서, 타인의 돈을 빌려 친구와 동업을 했고, 51세 정축년(丁丑年) 전 재산을 패재(敗財)했다.

사업가가 아닌 사주는 사업해서는 안 되지만, 대세운의 도움이 길하면, 자영업을 하되 단기전으로 해야 한다. 일지가 재성(財星)으로 기신이면 재난(財難)으로 인한 피눈물을 흘린다는 말은 믿어도 될 것이다.

年 月 日 時
甲 丙 丙 壬   坤命
申 寅 寅 辰   신강의극(身强宜剋)
乙 甲 癸 壬 辛 庚 己
丑 子 亥 戌 酉 申 未

인월병화(寅月丙火)가 신강으로 길하다. 병화(丙火)는 임수(壬水)와 갑목(甲木)이 없으면 뜻을 펼치기 어렵지만, 임수(壬水)가 용신이 되었고 신금(申金)과 진토(辰土)가 희신이다.

인신충(寅申沖)은 살신성인(殺身成仁)의 정신이니 아버지의 덕이 매우 크지만, 아버지는 한 번의 큰 패재가 있었고 일찍 사별하게 된다.

두 개의 병화(丙火)가 복음홍광(伏吟洪光)으로 한랭기를 제거하고 신금(申金)을 제어하여 금목상전(金木相戰)을 약화시키고 진토(辰土)는 화설생금(火洩生金)을 하므로 병화(丙火)가 치열(熾烈)하지 않아서 중화(中和)를 이룬다.

그러나 남편인 임수(壬水)가 동주묘(同柱墓)에 부성입묘(夫星入墓)이므로 남편 신상 이변수가 발생하는 재혼 격이다.

당주는 신약하지 않은 목화통명(木火通明)으로 초운부터 길하여 부동산으로 득재(得財)하여 교육 사업을 하는 대학교 이사장의 명식이다.

양팔자(陽八字)로 치마만 입었을 뿐, 남자와 같은 사람으로 아기자기한 집안 살림은 못 하지만, 외부활동은 뛰어나 외적인 성공을 이루고 자기 자신의 평안과 부귀(富貴)는 이루지만, 부부 정이 부족하므로 해로하기는 어려움이 있다.

당주는 술토대운(戌土大運) 45세 무진년(戊辰年) 본부와 생리사별(生離死別)하였고, 그 후 신유대운(辛酉大運) 53세 병자년(丙子年) 병신합(丙辛合)에 수국(水局)을 이루므로 재혼하여 평안함을 누린다. 70세에 들어오는 기미대운(己未大運) 무술년(戊戌年)이 위험하다.

이처럼 임수(壬水)가 임진(壬辰)이나 임술(壬戌)로 동주하면 관식동주(官食同柱)라 하는데, 혼전임신이나 부정포태(不貞胞胎)를 경험하기도 하며, 연애결혼이 많고 득자 이후 결혼하는 일이 많다. 딸은 괜찮으나 아들을 낳으면 부부 사별할 가능성이 있는 사주로 변하게 된다.

```
年 月 日 時
戊 乙 丙 壬   坤命
戌 卯 戌 辰   신약용인(身弱用印)
甲 癸 壬 辛 庚 己 戊
寅 丑 子 亥 戌 酉 申
```

묘월병화(卯月丙火)가 제살태과(制殺太過)의 명식으로 무토(戊土)는 병신(病神)이고, 그 병을 치료하는 을목(乙木)이 약신(藥神)으로, 수목운(水木運)이 길한 사주이다. 을목(乙木)이 무토(戊土)를 제어하므로 다행이지만, 묘술합(卯戌合)으로 쇠약해진 을목(乙木)이 합충(合沖)을 당하면 무토(戊土)가 임수(壬水)를 파극하므로 대흉하다.

바람 앞에 등불 격인 남편으로 일시주 천충지충(天沖支沖)으로 전생업인이 두터운 사주이다. 선청후탁(先淸後濁)으로 남편 단명에 본인 또한 단명하기 쉬우므로, 자식은 안 낳는 것이 좋은 사주에 해당하지만, 병술백호(丙戌白虎)가 임진시(壬辰時)에 태어나 전생악연의 자식을 만나, 파란풍파 속으로 들어가게 될 것이 정해져 있다.

당주의 아버지는 대처승이었고 갑인대운(甲寅大運)은 부모의 환경이 좋았으나, 계축대운(癸丑大運)부터 급전직하하여 흑운차일(黑雲遮日)과 무계합(戊癸合)이 되었고, 식상(食傷)이 동(動)하므로 성 조숙으로 축토대운(丑土大運) 혼전동거에 득자 했지만, 되는 일이 없었고 부모의 환경이 최악이었으며 모친이 사망했다.

일지가 악살(惡殺)이니 직업도 신통치 않으며, 목욕도화(沐浴桃花) 작용으로 호색하게 되는데, 진술충(辰戌沖)에 신금(辛金)이 개고되어 병신합(丙辛合)을 하므로 돈과 남자에 목숨 걸고 산다.

임수대운(壬水大運)은 을목(乙木)을 방조하므로 무난했고, 자수대운(子水大運)은 임수(壬水)의 근이 되어 주고 자진합(子辰合)으로 진술충(辰戌沖)을 풀어 주며 을목(乙木)을 생조하므로 길했으나, 자묘형살(子卯刑殺)이 동하므로 묘술합(卯戌合)이 풀리고, 진술충(辰戌沖)이 되므로 27세 갑자년(甲子年) 자식과 남편을 버리고 화류계로 가출해 버렸다. 그리고 신금대운(辛金大運)이 들어오자 타 남자와 동거에 들어갔고 재혼했다.

해수대운(亥水大運)은 임수(壬水)가 록근하고 해묘합(亥卯合)을 하므로, 문서잡고 기분 좋은 일이 많았으나, 경술대운(庚戌大運) 위장병에 자궁암으로, 그동안 벌어 모은 돈 병원에 모두 바치고, 48세 을유년(乙酉年) 왔던 곳으로 돌아갔다.

年 月 日 時
甲 戊 丙 丙　乾命
寅 辰 寅 申　신강의설재(身强宜洩財)
己 庚 辛 壬 癸 甲 乙
巳 午 未 申 酉 戌 亥

진월병화(辰月丙火)가 신강하여 간여지동(干與支同) 월주를 용신으로 정하게 되니, 용신이 유력하여 매우 길하다. 년주가 간여지동(干與支同) 편인

(偏印)이고, 두 개의 병화(丙火)가 복음홍광(伏吟洪光)으로 갑목(甲木)의 방조를 받고, 인목(寅木)에 장생 통근하므로 신강명식이다.

그러나 간지동체(干支同體)의 힘으로 수복(壽福)을 만드는 식신용신(食神用神)을 극하므로, 사주지병(四柱之病)이 되는데, 목기(木氣)를 제어하는 신금(申金)이 희신이지만, 두 개의 병화(丙火)가 신금(申金)을 제어하므로, 무력한 신금(申金)이다. 그러므로 부친선망이 되고 처의 신상이 변수가 있게 된다.

따라서 식신생편재격(食神生偏財格)이라 할지라도, 자연스럽게 재물이 형성되지 않으므로 타인보다 더한 노력이 있어야 한다.

갑목(甲木)의 제어를 받는 무토(戊土)가 허약해지므로, 신금(申金)을 돕기도 어렵고, 신금(申金)과 진토(辰土)의 거리가 멀어서 토생금(土生金) 또한 쉽지 않은 것이 이 사주의 내용이다.

무토(戊土)가 살아나야 재물을 생조하게 되고, 따라서 재물복이 있게 되는데, 무토(戊土) 입장에서 신금(申金)은 자식으로 아능구모(兒能救母)가 되는데, 신금(申金)은 무토(戊土) 모친을 위하여 자기 몸을 분쇄하는 것과 같다.

이처럼 일시형충(日時刑沖)이라 해도, 신금(申金)이 사주의 탁기인 인수(印綬)를 제어할 때는 충(沖)이 길한 것이며, 공부로 성공하기보다는 사업이나 기술직으로 가는 것이 길한데, 인신충(寅申沖)이 있으므로 건설관련 일이다.

기사(己巳), 경오(庚午), 신미대운(辛未大運)은 남방운으로 고생이 심했으나 6.25 전쟁이 끝난 후 운이 어기지 않고, 재물을 생조하는 서방운인 임신대운(壬申大運)이 되면서, 새로운 창조작업인 건설 실내장식 사업을 하게 되어 계유대운(癸酉大運)까지 많은 재물을 모으게 되었다.

年 月 日 時
戊 丁 丙 壬　乾命
午 巳 子 辰　신강의극(身强宜剋)

戊 己 庚 辛 壬 癸 甲
午 未 申 酉 戌 亥 子

사월병화(巳月丙火)가 건록격(建祿格)이면서도 무토(戊土)가 투출하여, 식신격(食神格)을 겸하는 명식으로, 신강한 양천간(陽天干)은 극제(剋制)를 좋아한다. 그러므로 임수(壬水)가 용신이다.

월지에 통근한 무토(戊土)가 왕성한 힘으로 제토(制土)하므로, 제살태과(制殺太過)와 같은 형상이다. 다만 자진합(子辰合)에 임수(壬水)가 투출하여 다행이지만 수운(水運)은 수화상전(水火相戰)이 되므로 오히려 흉하다.

그러므로 토수(土水)를 통관하는 금기(金氣)가 반드시 있어야 하는데도 없으니, 처덕과 부모의 덕이 부족하게 되고 물려받은 재산 없이 고아처럼 스스로 개척하며 살아가야 할 자수성가 명식이다.

그런데 당주는 두 가지 속성을 지니므로 정신이 순일하지 못하다. 임수칠살(壬水七殺)의 제어를 받으므로 법질서를 지키다가, 무토(戊土)의 식관대립(食官對立)으로 청개구리의 성격이 나타난다. 그러므로 고분고분한 성격이다가도, 마음에 안 들면 엎어 버리는 안하무인의 성격이 나타나는데, 그것은 인수(印綬)와 재성(財星)이 없어서이다.

경신(庚申) 신유대운(辛酉大運)은 인생의 최고의 길운으로 6.25 전쟁 중에도 어려움이 없었으며 꿈과 소망을 이루게 되었으나, 임술대운(壬戌大運)이 들어오고, 진술충(辰戌沖)을 발동시켜 자진합(子辰合)이 풀리니 만사 불성이 되었다.

49세 병오년(丙午年) 병오양인(丙午羊刃)과 임자양인(壬子羊刃)의 수화상전(水火相戰)에 묘신작용(墓神作用)으로 결국 사망하게 되었다. 만약 무토(戊土)가 없었다면 국록지명으로 장수하게 되었을 것이다. 그러므로 한 글자 차이로 발복의 여부, 성공의 고저, 단명과 장수가 나타나는 것이니 세심한 관찰이 필요한 것이다.

年 月 日 時
丙 甲 丙 己 坤命
午 午 寅 丑 신강의설(身强宜洩)
癸 壬 辛 庚 己 戊 丁
巳 辰 卯 寅 丑 子 亥

오월병화(午月丙火)가 쌍양인(雙羊刃)으로 어머니와 갑목(甲木) 두뇌가 불 속에 들어가는 격이지만, 기축시주(己丑時柱)를 만나 화기(火氣)를 순화(馴化)시키므로 대단히 길하다. 그러나 여명에는 불미하다. 특히 이 사주 병오양인(丙午羊刃)은 남자에게 어울리는 명식이기 때문이다.

득자 이후 성공은 하겠지만, 인오축(寅午丑) 탕화(湯火)에 유산을 경험하고, 자식으로 인해서 근심 걱정이 발생한다. 그러나 화기(火氣)의 유통이 길하여 언변과 천재적인 두뇌로 교직, 박사, 의업, 교수, 개인사업, 군인, 경찰, 법조인이 될 수 있는 사주가 되었다.

탕화살(湯火殺)이 있는 사주 중에 내과 의사나 마취과 의사가 되는 일이 많은데, 당주는 임진대운(壬辰大運) 27세 임신년(壬申年) 의사 시험에 합격하고 병원에 근무한다.

신묘대운(辛卯大運) 30세 을해년(乙亥年) 결혼했으나 부부 불화하다가 33세 무인년(戊寅年) 탕화살과 쟁재운으로 이혼하게 되었다. 이처럼 인오축(寅午丑) 탕화살(湯火殺)이 있는 사주는 화재사건과 탕화살을 항상 염려해야 한다.

정신계가 불타고 있으므로 즉흥적인 안하무인의 행동과 때로는 우울하고 과격하며, 자신을 조절하지 못하는 행동이 자주 발생하고, 우울증 무병(巫病)에 시달리기도 하는데, 화기(火氣)를 수렴하는 데는 진토(辰土)가 최고이고 축토(丑土)는 서로 간에 반항심이 있게 되어 이것이 폭발사건이 되기도 한다.

당주는 자식과 남편을 위해 책임과 헌신을 다하며 자기 할 일을 철저하게 하는 사람이지만, 50세 기축대운(己丑大運) 이후 진정한 평안을 누리게 된다.

年 月 日 時
己 辛 丙 辛　乾命
卯 未 子 卯　신강의극(身强宜剋)
庚 己 戊 丁 丙 乙 甲
午 巳 辰 卯 寅 丑 子

미월병화(未月丙火)가 상관격(傷官格)으로 토설생수(土洩生水)하는 신금(辛金)이 용신이고 자수(子水)가 희신이다.

자수(子水)를 극하는 미토(未土)와, 자수(子水)를 설기하는 두 개의 묘목(卯木)이 있으므로 매우 허약한 자수(子水)이고, 월간신금(月干辛金)은 미토좌(未土坐)에 생금불가(生金不可)이고, 시간신금(時干辛金)은 절지(絶地)인 묘목좌(卯木坐)이므로 무력하여, 토설생수(土洩生水)를 하지 못한다. 즉, 무늬만 용신이다.

게다가 양팔에 신금(辛金) 여자 둘을 끼고 있으므로 당주의 정신까지 잘못되어 탐재망신(貪財亡身) 망아(忘我)가 되었고, 시주(時柱)와는 곤랑도화(滾浪桃花)로 재물을 탐하면 형옥살(刑獄殺)을 불러오게 된다.

당주는 기사(己巳) 무진대운(戊辰大運)을 지날 때는 토생금(土生金)이 되므로 무난한 생활을 했으나, 정묘대운(丁卯大運)으로 바뀌자, 신금(辛金) 용신을 파극하고 자묘형살(子卯刑殺)로 자수(子水)가 상하게 되며, 곤랑도화(滾浪桃花)가 발동하게 되어, 48, 49세 병인(丙寅) 정묘년(丁卯年)에 가지고 있던 모든 재산을 패재(敗財)했고, 이어지는 병인대운(丙寅大運) 52세 경오년(庚午年) 빚쟁이들의 시달림에 결국 가출하게 되었고 그 후 행방불명이 되었다.

年 月 日 時
乙 甲 丙 己　乾命
亥 申 子 亥　신약용인(身弱用印)
癸 壬 辛 庚 己 戊 丁
未 午 巳 辰 卯 寅 丑

신월병화(申月丙火)가 신약으로 갑목(甲木)이 용신이 되는데, 등라계갑(藤蘿繫甲)당하는 갑목(甲木)으로 죽어 있는 형상이다. 더구나 기토(己土)가 병화(丙火)에 근접(近接)하여 회광(晦光)시키므로 전등불과 같은 병화(丙火)가 되었다. 그러므로 업인(業因)이 많은 극신약으로 불길한 운명이다.

해중(亥中)에 통근한 갑목(甲木)의 도움으로 산다고 하지만, 용신이 부목(浮木)이니 공부로 성공할 수 없는데, 37세까지 남방운이라 하지만, 수화상전(水火相戰)으로 도움 되지 않는다. 또한 38세부터 시작되는 경진대운(庚辰大運)은 수국(水局)을 이루고 갑경칠살(甲庚七殺)이 되므로, 생명의 불이 꺼질까 두려운 형국이다. 갑목(甲木)이 친모이며, 을목(乙木)은 후모가 되는데, 큰 도움이 되지 못하고, 월주공망(月柱空亡)으로 천애고아와 같은 명식이다.

부부 정(情) 없이 사는 모친으로 미토대운(未土大運) 한(恨) 많은 인생 졸업장을 받았고, 부친은 임수대운(壬水大運) 재혼했으나 사화대운(巳火大運) 사망하게 되었고, 당주는 사신합(巳申合)으로 결혼하고 37세, 임자년(壬子年) 아들을 낳게 되었다.

경진대운(庚辰大運) 39세 갑인년(甲寅年) 천충지충(天沖支沖) 금목상전(金木相戰)에 아들이 뇌성마비 반신불수가 되었다. 남명 관살태왕(官殺太旺)으로 악살(惡殺)이 된다면 일평생 자식으로 인한 고통이 된다.

당주는 아들을 못 낳는 명식인데, 아들을 낳았으니 관살태왕(官殺太旺)의 흉액이 발생하는 것이다. 처와도 이별을 상징하는데 진토대운(辰土大運) 헤어지게 될 것이다.

年 月 日 時
癸 辛 丙 己　乾命
亥 酉 寅 丑　신약용인(身弱用印)
庚 己 戊 丁 丙 乙 甲
申 未 午 巳 辰 卯 寅

유월병화(酉月丙火)가 정재격신약(正財格身弱)으로 년월주가 유정(有情)하여, 신금(辛金)은 계수(癸水)를 생조하고, 유금(酉金)은 해수(亥水)를 생조하여, 재관(財官)이 왕성하다. 또한 기축시(己丑時)를 만나 병화(丙火)를 회광(晦光)시키므로 더욱 신약하게 한다.

이 사주의 최고의 장점은 병인일주(丙寅日柱)가 간지협력(干支協力)으로 모친의 덕이 매우 크다. 그러한 모친을 나 몰라라 하고 병신합(丙辛合)의 사랑에 빠진 격의 탐재괴인(貪財壞印)으로 매우 흉하다.

그러나 모친과 유정하여 인중갑목(寅中甲木) 모친은 탐재에 빠진 병화(丙火)를 끊임없이 생조하고 있으므로 인수(印綬)의 정신이 살아 있다. 그러므로 대운의 도움이 있으면 성공할 조건이 되는데, 유통의 구조는 미약하지만, 식재관(食財官)이 문호(門戶)를 세우고, 병인(丙寅)이 천복지재(天覆地載)가 되었으며, 계병(癸丙)이 장애가 되지 않으며, 계기(癸己) 또한 장애가 되지 않는다.

당주는 미토대운(未土大運) 28세 경인년(庚寅年) 행시에 합격하였다. 그러나 탐재괴인(貪財壞印)이 흉하므로 모친과 함께 살아야 하며, 가정사의 모든 권한을 모친이 맡아서 행해야 한다. 그러나 처가에서는 데릴사위를 원하지만, 처가에 들어가 살면 예상치 못한 흉액이 발생한다.

```
年 月 日 時
癸 壬 丙 癸   乾命
巳 戌 申 巳   신약용인격(身弱用印格)
辛 庚 己 戊 丁 丙 乙
酉 申 未 午 巳 辰 卯
```

술월병화(戌月丙火)가 많이 신약한 것은 아니지만, 인수(印綬)가 없으므로 인덕을 기대할 수 없는 자수성가 명식으로 신약용인격(身弱用印格)이다. 술월(戌月)은 건조하므로 격(隔)하고 있는 임수(壬水)가 있고, 갑목(甲木)이 있는 살인상생(殺印相生)을 원하게 되는데, 혼잡관살(混雜官殺)이 매우 탁한 구조이다.

두 개의 계수(癸水)가 흑운차일(黑雲遮日)하므로 술토(戌土) 산에 안개가 자욱하여 병화(丙火)의 밝음을 드러낼 수 없는 형상이다.

이때 하나의 계수(癸水)가 무토(戊土)로 변하여 합관류살(合官留殺)이 되었다면 좋았을 것이다. 반드시 있어야 할 갑목(甲木)이 없고 사신합수(巳申合水)하여 기신을 방조(幇助)하므로 부모와 처자 덕이 부족하다.

당주는 일반직장의 생산직으로 근무했지만, 직장변동이 자주 발생해서 여러 회사를 전전했으며, 지하철 공사현장의 노무자로 20년 이상을 근무했고, 일평생 공처가(恐妻家)로 살며 딸 넷을 낳았고 마지막에 아들을 얻었다.

그런데 그 처가 당주의 돈 관리를 하면서, 자신도 한 푼이라도 벌어야 자식들 공부시킨다고 하면서 바람을 비밀리에 피우고 다녔으나, 만사를 포기한 당주이다 보니 헤어지지 않고 옆에만 있어 줘도 좋다는 마음으로 처의 비밀을 캐지 않았고, 부부 이혼은 하지 않았으나 부부 정이 없으며 그냥 부부이니까 살 뿐이다.

처가 되는 신금(申金)은 2번의 사신합(巳申合)을 하므로 자신은 가만히 있어도 남자들이 꼬였으며, 색정을 즐기며 이중인격을 간직한 여자로 역마살(驛馬殺)이다 보니 가정에 안주하지 못하는 여성으로 어찌할 수가 없다.

```
年 月 日 時
己 乙 丙 己    坤命
亥 亥 午 丑    신약용인(身弱用印)
丙 丁 戊 己 庚 辛 壬
子 丑 寅 卯 辰 巳 午
```

해월병화(亥月丙火)가 신약으로 양친부모 일찍 사별하며 자식으로 인해서 근심이 많고 유산이 있으며, 가슴에 무덤 쓰는 자식이 있거나 불구 자식 인연이다. 이때 불구자식이 아니라면 거기에 해당하는 돈이 나간다.

신강명식으로 기축(己丑)을 만나면, 자식 낳고 발복하는 명식으로 표현력이 우수하여 학술, 교육, 종교계에서 두각을 나타내지만, 신약하면 구름에 태양이 가린 듯 매사에 장애가 발생한다.

해수(亥水)가 천을귀인(天乙貴人)이라 하지만, 자형(自刑)을 하므로 구설수와 재앙이 발생하며 부부 해로가 어렵다. 을목(乙木)이 통관신이며 병화(丙火)를 생조하는 용신이지만, 습목(濕木)으로 모친 덕이 없으므로 자립성가를 해야 한다.

3세 신축년(辛丑年) 부친과 사별하게 되었고 모친은 재가하였다. 그 후 친할머니 집에서 성장하게 되었다. 축토대운(丑土大運) 24세 임술년(壬戌年) 을목(乙木) 모친의 사절신(死絶神) 발동으로 모친이 사망했다.

남편은 해중임수(亥中壬水)로 부부 화합력은 좋으나, 기토(己土) 자식과 해중임수(亥中壬水)가 기임탁수(己壬濁水)이고 해해자형(亥亥自刑)을 하므로 득자이별에 해당하는데, 일지에서 투출한 두 딸은 좋은 관계는 아니지만, 인연의 딸이니 당주가 키우게 된다.

당주는 초교를 마친 후 고향을 떠나 방직회사에 근무하며, 회사 내 야간학교에 다녔으며, 28세 병인년(丙寅年) 결혼했으나 결혼생활이 순탄치 않았다.

무인대운(戊寅大運) 34세 임신년(壬申年)에 부부 헤어졌다. 그 후 기묘대운(己卯大運) 40세 무인년(戊寅年) 세탁소를 하는 남자와 두 딸을 데리고 재혼해서 살고 있으나 돈이 모이질 않는다.

丁火日干의 월별 용신

정화(丁火)는 음화(陰火)로서 병화(丙火)의 복사열기(輻射熱氣)에 해당하며 기운이 응집(凝集)한다는 뜻을 포함하고 있다.

병정화(丙丁火)는 계절에 따라서 열기와 빛으로 작용한다. 병화(丙火)가 만물을 포용하여 따스한 온기를 준다면, 정화(丁火)는 공업용 화기(火氣) 또는 생활에 필요한 화기(火氣)로서, 병화(丙火)로부터 넘겨받은 복사열기(輻射熱氣)이다.

하늘에서는 별(星)로서 은하계를 상징하며, 땅에서는 살아 있는 불인 생화(生火), 활화(活火)로서 주로 작은 빛이나 열(熱)을 상징한다. 물상으로는 공업용 화기, 등불, 촛불, 등댓불, 화롯불, 난롯불, 가스레인지, 산솟불, 금속을 녹이는 용광로, 전열기구, 약물(藥物), 극약(劇藥), 화공약품, 전화, TV, 오디오, 컴퓨터, 오락기, 각종 전자제품, 전기, 전력 등을 상징하며, 육체에서는 눈동자와 심장에 해당한다.

정화(丁火)는 지지에 사화(巳火)나 오화(午火) 중 한 글자가 있어야 성공의 씨앗이 있는 것과 같다. 이때 신강하면 사화(巳火)가 있는 것이 좋고, 신약하면 오화(午火)가 있는 것이 더욱 좋다.

겨울 생 일지라도 사화(巳火)나 오화(午火) 중 한 글자가 있으면 습목(濕木)의 목생화(木生火)도 이루어진다. 그러나 지지화기(地支火氣)가 없다면 목기(木氣)를 흡수하지 못한다.

사화(巳火)나 오화(午火)가 없는 명식에 건조한 갑목(甲木)은 정화(丁火)를 생할 수 있지만, 경금(庚金)이 없고 사주가 한습하면 갑목(甲木)은 정화

(丁火)를 생하기 어렵다. 그러나 경금(庚金)이 있어서 벽갑인정(劈甲引丁)이 된다면 목생화(木生火)가 이루어진다.

갑목(甲木)이 희신으로 정화(丁火)에 근접(近接)하고 있으면 유화유신(有火有薪)라고 하며, 경금(庚金)이 정화(丁火)에 근접(近接)하고 있으면 더욱 좋은 배합이다. 이런 명식은 이해가 빠르고 지식의 흡수가 뛰어나 두뇌의 명석함으로 경쟁력이 뛰어나다.

그러나 정화(丁火)에 근접한 갑목(甲木)이 기신이라면 포신구화(抱薪救火)라 하는데, 장작을 안고 불 속에 들어가는 형국으로 흉하지만, 무토(戊土)가 있으면 흉의가 감소한다.

정화(丁火)를 강하게 할 때 건조한 갑목(甲木)은 도움이 되지만, 습기가 많은 갑목(甲木)은 통나무에 불을 붙이는 것과 같아서 화식(火熄)이 된다. 그러므로 여름의 정화(丁火)가 아닌 한 벽갑인정(劈甲引丁)을 요구하게 된다.

을목(乙木)은 습목(濕木)으로 큰 도움이 되지 않지만, 을사(乙巳) 을미(乙未)로 온 을목(乙木)은 정화(丁火)를 생조하지만, 명식이 한습(寒濕)하면 도움 되지 않으며 정화(丁火)와 을목(乙木)은 서로 간에 피해로 나타나기 쉽다.

을목(乙木)이 기신으로 정화(丁火)에 근접하고 있으면 건시열화(乾柴烈火)라 하여 나쁘지만, 무토(戊土)가 있으면 흉의가 감소한다. 포신구화(抱薪救火)나 건시열화(乾柴烈火)의 명식은 성실함보다는 요령을 우선시하며 자신의 재주를 과신(過信)하다 그로 인해서 실패하기 쉽다. 그러므로 반드시 무토(戊土)가 있거나 술미조토(戌未燥土)가 있어야 하지만 진축습토(辰丑濕土)가 있으면 흉하다.

정화(丁火)와 병화(丙火)는 서로에게 도움 되지 않지만, 습목(濕木)을 말리는 역할로 병화(丙火)를 쓸 때는 도움을 받는다.

정화(丁火)가 희신으로 일간에 근접하고 있으면, 양화위염(兩火爲炎)으로 서로를 강하게 하며 경쟁력을 유발하므로 신약하면 정화(丁火)의 도움이 병화(丙火)보다 더욱 크다. 이때 무토(戊土)나 갑목(甲木)이 있으면 더욱 좋으며, 모든 일을 속전속결(速戰速決)로 처리하고 속도에서 기선을 제압하여 성공한다.

정화(丁火)가 신약하면 반드시 무토(戊土)가 있어야 하는데, 온화봉로(溫火逢爐)라 하며 갑목(甲木)이나 경금(庚金)이 있으면 더욱 좋은 배합이다.

무토(戊土)는 불길을 담은 화로(火爐)이므로, 화기(火氣)의 지속력을 강하게 하며 정화(丁火)를 설기하지 않는다. 또한 칠살(七殺)인 계수(癸水)를 합거(合去)하므로 신약한 정화(丁火)는 병화(丙火)보다 무토(戊土)를 좋아하고, 기토(己土)는 좋아하지 않는다.

무토(戊土)는 허약한 정화(丁火)를 강하게 해 주며, 정화(丁火)가 열기로 작용해도 열기를 조절해 준다. 그러나 기토(己土)는 회광(晦光)시키는 작용으로 서로 간에 도움 되지 않으나 신왕(身旺)하여 금기(金氣)를 보호하는 화설생금(火洩生金)의 작용이라면 유익하다.

갑목(甲木) 정화(丁火) 무토(戊土)가 나란히 있으면 유신유화유로(有薪有火有爐)가 되어 좋고, 경금(庚金) 정화(丁火) 무토(戊土)가 나란히 있으면 화련진금(火鍊眞金)이 되어 좋지만, 갑목(甲木)과 무토(戊土) 그리고 경금(庚金)과 갑목(甲木)은 서로 격(隔)하고 있는 것이 좋다.

또한, 무토(戊土)가 희신이어야 하며, 갑목(甲木)과 경금(庚金)은 격(隔)하고 갑목(甲木)과 정화(丁火)는 근접(近接)하고 있어야 더욱 좋다. 그러나 사주의 구조에 따라 신강신약에 따라 구조가 바뀔 수 있다.

기토(己土)는 식신(食神)으로 재물의 원신(元神)으로 식록과 수명을 만드는 작용을 한다고 하지만, 천간관계는 지지관계와 달라서 천간의 희기를 말하기 쉽지 않으며 구조에 따라 다르게 작용한다.

기토(己土)는 정화(丁火)의 정관(正官)이 되는 임수(壬水)를 탁수(濁水)로 만들며, 정화(丁火)의 빛을 반사시키지 못하게 회광(晦光)시키므로 정화(丁火)의 빛이 사라진다. 그러므로 정화(丁火)와 기토(己土)는 격(隔)하고 있어야 하며, 기토(己土)와 임수(壬水) 또한 격(隔)하고 있는 것이 좋다.

정화일간(丁火日干)에 무토(戊土)가 근접(近接)하고 있는 남명은 대체로 정력이 좋아서 여성들의 사랑을 받는다. 정화(丁火)를 담는 무토(戊土)의 화로(火爐)가 화기(火氣)의 지속력(持續力)을 유지시켜 주기 때문이다.

그런데 신약하면서도 무토(戊土)나 술미토(戌未土)가 없고 기토(己土)가 근접(近接)하고 있다면, 조루증(早漏症)이 되기 쉽고, 신약한 정화(丁火)에 임수(壬水)가 근접(近接)하고 있을 때 기토(己土)가 있다면 단명하게 된다.

열기(熱氣)로 작용하는 정화(丁火)는 경금(庚金)을 제련하여 양호한 상품으로 변화시키지만, 빛으로 작용하는 정화(丁火)는 조명등이므로 주위를 밝게 하는 작용은 할지라도 경금(庚金)을 제련(製鍊)하지 못하므로 경금(庚金)에 무시당하는 인생이 되기 쉽다. 그러므로 갑무경(甲戊庚)이 사주에 있어야 길하다.

정화(丁火)가 왕성한 경금(庚金)을 만나면 재다신약(財多身弱)이 되는데, 갑목(甲木)이 경금(庚金)에 근접(近接)하면 벽갑인정(劈甲引丁)이 될지라도 경금(庚金) 쇠몽둥이에 맞아 죽는 모친이 된다.

그러므로 임수(壬水)의 금설생목(金洩生木)이 동반하는 것이 좋으며, 재다신약(財多身弱)일 때, 갑목(甲木)보다는 또 다른 정화(丁火)를 만나 양화위염(兩火爲炎)의 득비리재(得比理財)를 형성하는 것이 좋다.

정화(丁火)와 경금(庚金)의 관계는 매우 좋아서 하늘에 달빛과 별빛이 아름답게 빛을 내는 것과 같다. 그리고 정화(丁火)가 경금(庚金)을 만나야 부지런하지만, 신금(辛金)을 만나면 패재가 따르며 안하무인(眼下無人)이 되기도 한다.

정화(丁火)는 경금(庚金)이 약할 때 경금(庚金)을 조절한다. 그러나 경금(庚金)은 정화(丁火)에 무작용이다.

정화(丁火)와 신금(辛金)의 관계는 서로 간에 불미한 관계로 정화(丁火)가 열기(熱氣)로 작용하면 신금(辛金)은 형질변경으로 파괴된다. 그러나 정화(丁火)가 빛으로 작용하면 신금(辛金), 보석이 샹들리에가 되어 보석의 가치를 드높이지만, 신금(辛金)은 정화(丁火)에 무작용으로 피해만 발생한다.

그러므로 정화(丁火)의 작용이 빛인지 열기인지 확실한 구분이 필요하다. 정화(丁火)가 빛 작용일 때는 대운에 의해서 열기로 변할 때가 있으며, 열기 작용일 때도 대운에 의해서 빛으로 변하게 된다. 이것은 달도 차면 기운다는 말이 성립하게 되는데, 따라서 초년에 불운했다면 노년은 좋아질 것이며, 초년이 행복했었다면 노년에는 고생이 될 것이니 평상시 아끼고 절약하며 베풂의 생활을 해야 내가 어려울 때 도움을 주는 귀인을 만나게 된다.

정화(丁火) 남자가 신금(辛金) 아내를 만나면 보석을 탐내는 사람이 많을 것이고, 자칫 깨어짐이 발생하며 또는 도둑이 들 것이므로 숨겨 두고자 한다. 그러므로 의처증이 되거나 또는 외부활동을 못 하도록 하기도 한다.

그 아내 되는 사람은 불평불만 속에 남편을 원망하게 되는데, 전생악연이 만난 원진살(怨嗔殺)과 같은 작용이 정화(丁火)와 신금(辛金)이 만난 관계이다.

정화(丁火)와 임수(壬水)가 근접(近接)하고 있는 것은 반갑지 않다. 정임합목(丁壬合木) 회두생(回頭生)으로 임수(壬水)를 이용하여 도움을 받고자 하는 이용심리되므로, 노력해서 내 것이 되도록 하는 마음이 부족하고 지나친 탐관(貪官)을 하므로 좋지 않은 것이다.

또한, 임수(壬水)의 활동력을 묶어 놓는 것이므로 만사를 내 마음대로 하려하며 임수(壬水)에 해당하는 육친에 집착하게 되는데, 남명은 자식에 대한 집착이 너무 강하여 가정에 문제를 만들고, 여명 또한 의부증이 되는 사람도 많다. 그러므로 정화(丁火)와 임수(壬水)는 격(隔)하고 있거나 무토(戊土)가 있어야 길하다.

정화(丁火)와 계수(癸水)가 근접(近接)하면 계수(癸水)로부터 극을 당하는 흉 작용만 있다. 그러나 계수(癸水)는 정화(丁火)로부터 찬 기운에 대한 조후작용의 이익을 얻는다.

정화(丁火)는 전기이며 정신이 되는데, 계수(癸水)의 한랭습기(寒冷濕氣)를 만나면 합선(合線)으로 불이 나고 정전이 되는 것과 같다. 그러므로 정신활동에 이상이 오게 되며, 치매의 원인으로 정신이 들락거리는 정신계 문제가 발생한다.

정화(丁火)가 신강해서 온도조절을 위해서 계수(癸水)가 용신이 된다 해도 그러하다. 용광로에 물을 부어 온도를 조절할 수 없으며 그 용광로는 자칫 폭발할 수 있으므로 지지에 해수(亥水)나 자수(子水)가 있거나 계수(癸水)는 항상 격(隔)하고 있어야 길하다.

신왕한 정화(丁火)는 공업용 열기이므로 임계수(壬癸水)로 제어(制御)하는 것은 명식의 품질이 하락한다. 그러므로 어느 음일간(陰日干)이든 급신이지(及身而止)가 되면 매우 흉하다.

열기로 작용하는 정화(丁火)는 반드시 진축습토(辰丑濕土) 중 한 글자가 반드시 있어야 용광로의 온도조절을 할 수 있다.

양천간(陽天干)은 칠살(七殺)을 좋아해서 명예를 높이지만, 음천간(陰天干)은 칠살(七殺)을 싫어한다. 그러나 을목(乙木)과 기토(己土), 기토(己土)와 계수(癸水)의 칠살 관계는 무난하고, 을목(乙木)과 신금(辛金), 정화(丁火)와 신금(辛金), 정화(丁火)와 계수(癸水)의 칠살 관계는 매우 흉하다.

정화일간(丁火日干)과 계수(癸水)의 칠살 관계는 매우 흉하므로 무토(戊土)가 있어서 계수(癸水)를 제압하는 것이 제일 길하다. 기토(己土)가 계수(癸水)를 제압할 수도 있지만, 전원옥답에 비 내린 격의 기토(己土)가 정화(丁火)를 몰광(沒光)시키므로 꿈을 이루기 쉽지 않다.

이때 목기(木氣)가 계수(癸水)를 수설생화(水洩生火)할 수도 있으나 무토(戊土)의 합거(合去)만큼의 좋은 작용이 되지 않는다. 그러므로 정화일간(丁火日干)은 갑목(甲木), 무토(戊土), 경금(庚金)이 사주에 있으면 일생 평안하며 꿈을 이룬다.

그러나 기토(己土) 신금(辛金) 계수(癸水)가 사주에 있다면 아무리 사주 격이 좋아도 큰 성공을 이루지 못하고 근심 걱정이 많다. 특히 겨울에 기토(己土) 신금(辛金) 계수(癸水)가 있는 것은 장애가 많고 불치의 질병이 생길 수 있다.

年 月 日 時
乙 丙 丁 甲　坤命
巳 子 未 辰　신강의재(身强宜財)
丁 戊 己 庚 辛 壬 癸
丑 寅 卯 辰 巳 午 未

자월정화(子月丁火)가 편관격(偏官格) 신강으로 자수(子水)가 월지이므로 진토(辰土)보다 힘의 역량이 더 강하므로 용신이 된다. 그러나 식상(食傷)과 관성(官星)의 통관신인 금운(金運)이 제일 길하다.

자중계수(子中癸水)는 남편이지만, 상좌(上坐)에 병화(丙火)가 있으므로 결혼 실패했던 남자와 인연이다. 사중무토(巳中戊土)와 자중계수(子中癸水)가 암합(暗合)을 하고, 자식궁인 진토(辰土)와 자진합(子辰合)을 하므로 아들 둘이 있는 홀아비를 만나게 될 인연이다.

일지배성이 자신이 앉아야 할 자리인 관성(官星)을 원진(怨嗔)으로 극하므로 결혼에 어려움은 있겠지만, 시주(時柱)인 자식이 식상(食傷)에 있으므로 결혼은 하게 된다.

이처럼 식관(食官)이 원진(怨嗔)으로 대립하면 서로를 밀어내는 형상으로, 원망하지 않아도 될 일인데도 상대를 원망하고 내 잘못은 없고 너 때문이라는 생각으로 적군을 만들고 외로워지기도 한다.

당주는 정축대운(丁丑大運) 7세 경술년(庚戌年) 토기(土氣)의 삼형충(三刑沖)에 어머니가 사망하고, 할머니 집에서 성장하다 11세 갑인년(甲寅年)

후모가 들어와 함께 살게 되었으며, 무인대운(戊寅大運) 24세 정묘년(丁卯年) 아버지와 사별했고 그 후 후모(後母)를 모시고 살았다.

기묘대운(己卯大運)은 자묘형살(子卯刑殺)의 원진살이 동하므로 아무리 결혼을 하려 해도 이루어지지 않았고, 직장 또한 많은 변동을 했지만 쓸 만한 직장에서 일하지 못했다.

경진대운(庚辰大運) 41세 갑신년(甲申年) 이미 원국에서 암시한 대로 아들 둘이 있는 홀아비와 결혼하게 되었다. 신자진삼합(申子辰三合)이 유정하여 결혼성사가 된 것이다.

```
年 月 日 時
丙 己 丁 乙   乾命
申 丑 酉 巳   재다신약(財多身弱)
庚 辛 壬 癸 甲 乙 丙
寅 卯 辰 巳 午 未 申
```

축월정화(丑月丁火)가 식신격(食神格)이다. 진삼합(眞三合)은 불가하고, 재다신약(財多身弱)으로 용신인 병화(丙火)를 의지하는 팔자이다.

태월과 시주공망(時柱空亡)으로 부모 덕이 부족하며 처자식의 덕이 부족한 고아와 같아서 인덕이 없으니, 자수성가로 삶을 개척해야 하는 팔자인데, 대운의 덕이 길하여 천만다행이다.

신중경금(申中庚金)은 모친의 첫 남자로서, 병화(丙火)는 모친의 첫 남자의 사이에서 태어난 당주의 씨 다른 형제를 낳고 헤어진 후, 사중경금(巳中庚金) 부친을 만나 사유합(巳酉合)으로 당주가 태어났다.

애초에 형제 덕이 없고, 사중경금(巳中庚金) 부친 또한 공망(空亡)이므로, 부모 형제 덕이 이래저래 부족한 고아격이다.

당주는 임진대운(壬辰大運) 23세 무오년(戊午年) 결혼했으나, 기임탁수(己壬濁水)에 재다신약(財多身弱)을 가중하는 대운이다.

일지에 재국(財局)을 형성했으니 장모봉양에도 해당하며 재혼사주가 되는데, 재다신약(財多身弱)은 재성운(財星運)에 필패(必敗)하거나 심하면 사망하게 되는데, 25세 경신년(庚申年) 모친이 사망했고, 다음 해인 신유년(辛酉年) 당주의 처가 사망했다.

　본처는 무자식이었고 후처에게서 일남 일녀를 낳았다. 시주공망(時柱空亡)인데도 자식을 낳을 수 있는 것은, 신중임수(申中壬水)와 축중계수(丑中癸水)가 있기 때문인데, 자식 덕은 기대하기 어렵다.

年 月 日 時
乙 戊 丁 辛　坤命
丑 寅 丑 亥　신약용인(身弱用印)
己 庚 辛 壬 癸 甲 乙
卯 辰 巳 午 未 申 酉

　인월정화(寅月丁火)로 편인격(偏印格)이다. 무토(戊土)의 온화봉로(溫火逢爐)와 인목(寅木)에 통근하므로 월주가 귀인이다. 또한 입태월 기사(己巳)가 길신이 되어 주니 천만다행이다. 그러나 정축백호(丁丑白虎) 일주로 축토(丑土)에 입묘하였고, 사오(巳午) 중 한 글자가 없으니 재난풍파로 작용한다.

　일지에서 투출한 신금(辛金)이 기신이 되었고, 축토(丑土)의 과다한 설기로 부모 형제 덕이 불미한 고아와 같은 형상이다. 다만 당주의 인생무대인 무토(戊土)가 길하여 풍파를 헤쳐 나가는 힘이 되어준다.

　모친은 축토좌(丑土坐)에 고사목(涸死木)으로 냉병이 들어, 일찍 사별하는 모친이다. 기토대운(己土大運) 7세 신미년(辛未年) 모친 사별하고, 조모 집에서 성장했다.

　당주는 대운이 불미하면 무자식이 될 수 있으나, 자식을 낳는 운이 남방운이니 무자식이 되지는 않는다. 해중임수(亥中壬水) 남편과 정임합(丁壬合)을 하므로 부부관계는 유정하지만, 당주가 성장하면서 백호살(白虎殺)에 의한 부친의 혈광사(血光死)가 발생하는데, 17세 신사년(辛巳年) 부친과 사별했다.

자식은 2개의 축중기토(丑中己土)와 무토(戊土)이다. 그런데 익수지환(溺水之患)이 되거나 한 자식 가슴에 무덤 쓴다는 암시가 있는데, 계미대운(癸未大運) 49세 계축년(癸丑年) 딸이 물에 빠져 사망했다.

이때 딸이 안 죽었다면, 부부 이혼하거나 당주가 신병신액(神病神厄)이 된다. 갑신대운(甲申大運) 56세 경신년(庚申年) 을목(乙木) 용신을 합거하고, 인신충(寅申沖)을 발동시켜 당주가 사망하게 되었다. 이처럼 묘지좌(墓地坐)한 백호살(白虎殺)은 업인살(業因殺)로 대세운에 육친의 흉사(凶事)가 발생한다.

```
年 月 日 時
乙 己 丁 丙   乾命
酉 卯 酉 午   식신생재격(食神生財格)
戊 丁 丙 乙 甲 癸 壬
寅 丑 子 亥 戌 酉 申
```

묘월정화(卯月丁火)가 편인격(偏印格)이다. 그런데 당주의 의식주를 두 개의 유금(酉金)이 재충(再沖)하여 파극(破剋)하고, 모친을 상징하는 을목(乙木)이 절지좌(絶地坐) 절신작용(絶神作用)으로 부모 단명을 상징하는 고아격이다.

사주가 이처럼 구성되면 허무맹랑함을 쫓아 살게 되며, 일간이 병(病)들게 된 것이니 몸이 건강하지 못하고 재물이 모이지 않으며, 신경이 예민하여 숙면을 이루지 못하고 잦은 주거변동과, 간 기능과 폐 기능이 손상되어 중풍 뇌출혈로 단명하게 된다.

또한, 인내력이 부족하면서도 즉흥적으로 무작정 덤벼들어 패재를 자초하기 쉽다. 더구나 병화(丙火)를 만난 정화(丁火)는 그 빛을 나타낼 수 없으며 또한, 기토(己土)를 만나 회광(晦光)당하므로 이인자에 만족해야 한다.

자식과 직업을 생조하는 유금(酉金)이 깨어져 결혼 또한 힘들고, 재성(財星)을 시주병오(時柱丙午)에서 극하므로 무자식 팔자와 같다. 이처럼 모든 육친이 존재하는데도, 그 누구의 도움도 받지 못하므로 울분이 쌓이는 격이다.

비록 화토(火土)의 통관신(通關神)인 기토(己土)가 용신이라 할지라도, 재주를 펼치는 인생무대가 불미하다. 남명사주에 재성(財星)이 깨어져 쇠약하다는 것은, 처가 병약하고 재난풍파까지 발생함을 뜻하며, 부모 사이가 불미했음을 상징한다.

병자대운(丙子大運)은 자오묘유(子午卯酉) 왕지충(旺地沖)이 발생하고, 자묘형살(子卯刑殺)이 동하는 흉운으로, 31세 을묘년(乙卯年) 업무상의 일로 구속 수감 되었으며 결혼하지 못했다.

年 月 日 時
乙 庚 丁 乙　坤命
未 辰 酉 巳　신약용인(身弱用印)
辛 壬 癸 甲 乙 丙 丁
巳 午 未 申 酉 戌 亥

진월정화(辰月丁火)가 편인격(偏印格) 신약이다. 월지에 통근한 을목(乙木)이 용신이므로 학업으로 성공하며 꿈을 이루는 듯하지만, 큰 발복과 성공을 이루지 못하는 외화내빈(外華內貧)이다.

월시주공망(月時柱空亡)에 유진합(酉辰合)과 사유합(巳酉合)을 하고, 일지가 공망지(空亡地)와 합하여 재난풍파(災難風波)를 만드는 기신이다. 그러므로 천을귀인(天乙貴人)이 오히려 업인살(業因殺)로 작용한다.

년간을목(年干乙木) 모친과 경금(庚金) 부친이 기반(羈絆)으로, 부모의 덕이 없는 데다 시주공망(時柱空亡)으로 귀신의 젖을 먹고 자라야 하므로, 처음부터 육친의 덕이 없는 고아와 같은데, 자립성가 또한 이루기 힘든 구조이다.

진중계수(辰中癸水)가 남편이며 직업성이 되는데, 무투간(無透干)에 공망이니 양호한 인연이 되지 못하며, 또한 일지는 남편 궁이며 당주의 육신이 되는데, 유진합(酉辰合)과 사유합(巳酉合)으로 비밀리에 양다리 걸친 형상이다.

  사주가 이렇게 구성되면, 본인이 두 집 살림하거나, 남편이 두 여자 데리고 비밀리에 사는 격이 된다. 또한 일지에서 투출한 경금(庚金)은 연시간(年時干)의 2개의 을목(乙木)에 합(合)이 되어 있고, 년월지(年月支)에 암장된 을목(乙木)에도 합(合)이 되어 있다.

  사주가 이처럼 구성이 되면, 남편이 작첩(作妾)하거나 당주가 두 남자 사이에서 누구에게도 말 못할 사연이 있게 되는데, 당주는 을유생(乙酉生) 남편과 자식에 헌신하면서도 임오생(壬午生) 남자를 사랑하며 헤어지지 못하고 양다리 걸친 삶을 살며 다음 생에는 부부로 태어나자고 다짐하며 살아온 여인이다.

  임오생(壬午生)은 처음부터 만나야 하는 부부 인연인데, 을유생(乙酉生)을 만나니 애정사가 만들어진다. 원래 갑오생(甲午生)이 배우자 인연이다.

  이런 경우 만나야 할 인연을 만나지 못하면 항상 허전하고 비어 있는 느낌으로 모든 일에 만족도가 현저하게 떨어진다. 그러나 만나야 할 인연을 만나면 손만 잡고 있어도 행복감이 찾아온다.

  年 月 日 時
丙 癸 丁 甲 坤命
午 巳 丑 辰 신강의설재(身强宜洩財)
壬 辛 庚 己 戊 丁 丙
辰 卯 寅 丑 子 亥 戌

  사월정화(巳月丁火)가 겁재격(劫財格)으로 이인자 인생이 되는데, 병화(丙火)를 제압해 주는 것이 길하다. 그러므로 계수(癸水)가 허약하지만, 병화(丙火)를 제압하는 희신이다. 계수(癸水)가 용신이 되지 못하는 것은 왕성한 화기(火氣)를 제압할 수 없으며, 습토(濕土)가 화기(火氣)를 설기하는 것이 가장 이상적이며, 금국(金局)을 이루는 재성운(財星運)이 제일 길하다.
 여명의 비겁과다(比劫過多)는 재혼사주가 되는데, 비겁(比劫)은 남편의 첩이기 때문이다.
 경인대운(庚寅大運) 28세 계유년(癸酉年) 결혼했으나, 화기태왕(火氣太旺)하므로 계수(癸水)는 증발하게 된다. 그러므로 남편이 가출하거나 사망할 수 있는데, 33세 무인년(戊寅年) 남편이 바람나서 가출했다.
 기축대운(己丑大運)은 병오(丙午)에서 기토(己土)가 투출하는데, 이것은 남편을 바람나게 한 병오(丙午) 여자가 낳은 자식이다. 또한 갑기합토(甲己合土)로 변하고 그 힘으로 계수(癸水)를 파극하므로, 남편이 사망하거나 패망하는 운이 기토운(己土運)이다.

 남편은 인목대운(寅木大運)에 만난 병오(丙午) 여자와 자식 낳고 헤어져, 오갈 데 없는 신세가 되자 40세 을유년(乙酉年) 금국(金局)을 이루므로, 남편은 자식을 데리고 당주에게 찾아와 잘못을 비니 다시 받아 주게 되었는데, 남편을 내치지 못하는 것은 일지축토(日支丑土)에서 계수(癸水)가 투출되었고, 사축(巳丑)이 합(合)을 하였기 때문이다.
 기토(己土)는 병오(丙午)에서 투출된 것이지만 일지축토(日支丑土)에서도 기토(己土)가 투출된 것이니, 너의 자식이 내 자식인 것이다. 그러므로 축오(丑午) 탕화살(湯火殺)과 귀문살(鬼門殺)에 기토(己土) 자식으로 말미암아 심한 우울증과 노이로제가 생기는 당주이다.
 그러면서도 사축합(巳丑合)이고 축토(丑土)에서 투출된 남편이므로, 냉정하게 헤어지지도 못한다. 탕화귀문(湯火鬼門)과 백호살(白虎殺)이 발동되어 업인살이니 음독자살 할 수도 있는 명식으로, 남의 자식 키우는 팔자이므로 속 좋을 여자는 없을 것이지만, 이런 일이 없었다면 첩이 안방을 차지할 수도 있다.
 당주는 일지의 백호살(白虎殺) 작용으로 약한 소아마비 장애가 있는데, 통닭집을 하거나 백숙 전문점, 양계장을 한다면 매우 길하다. 유금(酉金)에 관련된 일을 해야 재물이 되고 남편이 건강하다. 닭에 관련된 음식으로 식생재(食生財)를 하거나 양계장을 하여 금국삼합(金局三合)을 이루라는 이야기이다.

```
年 月 日 時
丁 丙 丁 辛    坤命
未 午 卯 亥    신강의설재(身强宜洩財)
丁 戊 己 庚 辛 壬 癸
未 申 酉 戌 亥 子 丑
```

오월정화(午月丁火)가 건록격(建祿格) 신강이다. 그러나 병화(丙火)가 진양인(眞羊刃)으로 대세를 잡으니 겁탈격(劫奪格)으로 만물의 피해로 작용한다.

해수(亥水)가 용신이 되어 주면 좋으련만, 시주공망(時柱空亡)이며 해묘합(亥卯合)으로 용신이 될 수 없다. 미토(未土)가 신금(辛金)을 생조하면 좋으련만, 오미합(午未合)으로 기반이 되었으며, 조토(燥土) 생금불능(生金不能)으로 써먹을 글자가 없다.

화기(火氣)가 과다한 사주로 육친의 덕이 없는 자수성가 명으로, 인덕이 없는 천애고아와 같아서 험난한 인생길이다. 여자 사주는 순하여 부모의 덕이 있어야 인생길이 수월한데, 이처럼 육친의 덕이 없으면서 돈 벌어서 남편을 부양해야 할 팔자이니 기구한 것이다.

이 경우 해수(亥水)가 천을귀인 관성(官星)이므로 좋아야 하지만, 서로를 원망하는 원망살로 작용한다. 정화(丁火) 입장에서 시주공망(時柱空亡)이고, 시주(時柱) 입장에서 정묘(丁卯)가 공망(空亡)인데도, 합(合)으로 헤어나지 못하니 이것이 원망살이며 업장살인 것이다.

당주는 후처 팔자로 남의 자식 키워 주는 팔자인데, 또한 살아가면서 자식이 불구가 될 확률도 높다. 그런가 하면 4개 정화(丁火)와 명암합(明暗

合)을 하고 있는 해중임수(亥中壬水)는 믿을 수 없는 남편으로 하천한 남자 인연이다.

당주의 남편은 해수역마(亥水驛馬)로 바다 건너 사람이거나, 또는 서해안 바닷가나 섬사람일 수 있으며, 조혼한다면 이별 사별이므로 만혼이 길하고, 백두낭군(白頭郎君)을 만나는 것이 해로할 수 있다.

정미대운(丁未大運) 9세 을묘년(乙卯年) 목국삼합(木局三合)에 신금(辛金)이 깨어져 부친이 시름시름 앓다가 흉사하였고, 기유대운(己酉大運) 26세 임신년(壬申年) 결혼했으나, 다음 해인 계유년(癸酉年) 천충지충(天沖支沖)으로 헤어졌으며, 경술대운(庚戌大運) 34세 경진년(庚辰年) 딸이 있는 홀아비와 결혼하게 되었고 섬사람이었다.

年 月 日 時
壬 丁 丁 庚　坤命
辰 未 丑 戌　화토종아격(火土從兒格)
丙 乙 甲 癸 壬 辛 庚
午 巳 辰 卯 寅 丑 子

미월정화(未月丁火)에 또 다른 정화(丁火)가 있어서 양화위엄(陽火威嚴)이니 가종격을 못 이룰 것 같지만, 종아불론(從兒不論) 신강약에 해당하므로 가종격(假從格)을 이루기는 하지만, 토기천간이 없으니 매우 탁한 구조이다.

년월간 정임합(丁壬合)으로 기반(羈絆)이 되었고, 경금(庚金)이 용신이 된다고 하지만, 생금불가(生金不可)에 토다매금(土多埋金)이니 탁한 것이다. 그러므로 비록 외격이라 할지라도 업인살의 파란풍파(波瀾風波)를 겪게 된다. 어떤 경우라도 무기토(戊己土)가 있어야 순해지기 때문이다.

정축백호(丁丑白虎)로 태어나 사묘고충(四墓庫沖)이 되므로, 백호살(白虎殺)의 혈광사(血光死)가 발생하고 몸에 피 보는 일이 자주 발생하게 된다.

증조부의 산소에 문제가 있으며, 무자식이 되거나 산액을 겪을 염려가 많아서 출산 중 본인이 사망하거나, 사산(死産)하거나, 자궁암에 걸리거나, 심하면 아이를 낳기 힘들고 불구자식이 될 수도 있다.

시상(時上)의 경금(庚金)이니 만혼해야 할 팔자이며, 진미(辰未) 중의 을목(乙木)과 합이 되었던 경금(庚金)이니 본처가 있는 남자이다. 그러므로 당주는 후처 팔자이다.

18세부터 들어오는 을사대운(乙巳大運)은 을경합(乙庚合)으로 경금(庚金) 용신이 합거(合去)되므로 결혼을 못 했고, 갑진대운(甲辰大運)은 남편인 경술(庚戌)과 천충지충(天冲支冲)으로 파혼살(破婚殺)이 되므로 결혼하지 못했다.

계묘대운(癸卯大運) 묘미합(卯未合)과 묘술합(卯戌合)으로 토기형충(土氣刑沖)을 해소하는 42세 계유년(癸酉年) 유축합금(酉丑合金)이 되므로 후처로 들어가게 되었고 무자식이었다.

```
年 月 日 時
丙 丙 丁 丙    乾命
午 申 酉 午    군겁쟁재(群劫爭財)
丁 戊 己 庚 辛 壬 癸
酉 戌 亥 子 丑 寅 卯
```

신월정화(申月丁火)가 군겁쟁재(群劫爭財)가 되었다. 신왕사주에서 시주(時柱)가 간여지동(干與支同) 비겁(比劫)이 될 때는, 자식이 탈재지신(奪財之神)이므로 매우 흉하다. 이러한 태왕격(太旺格)은 제압하려다가는 분란이 발생하므로 오로지 설기가 용신이다. 그런데 진토(辰土)가 없으니 한(恨)이 쌓인다.

그러므로 신축시(辛丑時)나 갑진시(甲辰時) 또는 무신(戊申) 기유(己酉) 신해시(辛亥時)에 태어났다면 자식이 귀자로 평안한 말년을 약속한 것이지만, 이 사주는 자식 낳고 패망하며 흉신악살과 같은 자식을 만나는 인연법이 성립한다.

중병(重病)이 들었지만, 약이 없는 사주로 신수고갈(腎水枯渴)에 폐와 대장, 신장이 극 허약하여 질병을 불러들인다. 또는 일평생 해소 천식으로 고생할 수 있으며 폐병이 되기 쉽다.

대운이 길한 듯하지만, 통관신이 없으니 천간 재성운(財星運)은 군겁쟁재(群劫爭財)를 당하고, 북방운은 쇠신왕충(衰神旺沖)으로 일평생 기(氣)를 못 피는 사는 팔자로 내 재물 겁탈하는 자는 따로 있으므로 눈물겨운 인생이 된다.

당주는 경자대운(庚子大運) 45세 경인년(庚寅年), 자오충(子午沖)과 인신충(寅申沖) 쇠신왕충(衰神旺沖)이 되는데, 6.25 전쟁 중에 당주의 집안으로 포탄이 떨어져 처자식과 함께 일가족이 몰살을 당했다. 이처럼 군겁쟁재(群劫爭財) 사주는 참으로 비참한 인생이 되는 일이 많다.

年 月 日 時
丁 己 丁 甲 坤命
亥 酉 酉 辰 편재격신약(偏財格身弱)
庚 辛 壬 癸 甲 乙 丙
戌 亥 子 丑 寅 卯 辰

유월정화(酉月丁火) 편재격(偏財格) 재다신약(財多身弱)으로 특징은, 직장생활을 못하고 불법적이고 투기적으로 무리를 해서라도 재물을 득하려는 마음이 강하다. 그러므로 일확천금(一攫千金)을 꿈꾸게 되고, 공짜심리가 발생하여 허무맹랑함을 쫓아 금융 다단계나 계모임, 보험회사, 증권분야, 사채업 등에 근무하는 일이 많다.

일지와 같은 유금(酉金)이 또 있으며 자형(自刑)을 하고, 진토(辰土)는 신약한 화기(火氣)를 설기하여 유진합(酉辰合)을 하므로, 자식이 재난풍파(災難風波)를 만드는 도적과 같다.

편재과다(偏財過多)는 시어머니가 많다는 뜻이며, 시가 식구들 등쌀에 힘들여 일하고 본전도 못 찾으며 부부 해로하기가 어렵다. 그런데 일지와 같은 글자가 또 있다는 것은, 일지는 배성이므로 배우자가 둘이라는 뜻이 포함되어 있다.

신해대운(辛亥大運) 23세 기유년(己酉年) 자궁인 식상(食傷)에 합이 들어오므로 많은 돈을 쓰고 결혼했다.

임수대운(壬水大運) 31세 정사년(丁巳年) 개고(開庫)된 임수(壬水)와 음란지합(淫亂之合) 정임합(丁壬合)을 하고 사유합(巳酉合)을 하므로, 애인이 생겨 바람을 몰래 피우다 들켜 남편에게 죽도록 두들겨 맞고 이혼하게 되었다.

```
年 月 日 時
癸 壬 丁 庚   乾命
丑 戌 丑 戌   아우생아(兒又生兒)
辛 庚 己 戊 丁 丙 乙
酉 申 未 午 巳 辰 卯
```

술월정화(戌月丁火)가 의지할 글자가 없으므로 종아격(從兒格)을 형성하기는 하지만, 매우 탁한 구조이다. 반드시 있어야 하는 토기천간(土氣天干)이 없고, 마음은 정임합(丁壬合)의 음란지합(淫亂之合)으로 향하며, 토다매금(土多埋金) 당하는 용신이고, 관살(官殺)이 투출하여 천격으로 사주의 청기가 전혀 없다.

3개의 백호살(白虎殺)과 괴강살(魁罡殺)이 싸움을 벌이니 한 많은 인생이다. 업장소멸(業障消滅) 기도인이 되어야 할 사주로, 예상치 못했던 흉한 일들이 꼬리를 물고 일어나며, 간지평두(干支平頭) 백호(白虎)의 업인살(業因殺)이 중중(重重)하므로 단명할 팔자이다.

경금(庚金)이 처가 되고 임계수(壬癸水)는 자식이 되는데, 토다매금(土多埋金)과 산정붕괴(山頂崩壞)로 흙탕물이 흘러내리는 격이니, 여자와 돈으로 망신을 당하는 삶이 되는데, 또한 백호살(白虎殺)의 형충(刑沖)으로 이별 사별하게 되고, 해로할 여자가 없는 형상이다. 그러나 주색을 탐하면 당뇨병 신장 질환으로 사망할 수 있는 명식이다.

종격(從格)을 구성했으면서도 마음은 정임합(丁壬合)에 향하므로, 목표지향점이 흔들리고 불법적이고 온전하지 못한 직장을 택하며 법질서를 무시하는 삶이 되는데, 당주는 불법 사채업 수금사원으로 일하고 있다.

이처럼 백호괴강살(白虎魁罡殺)이 식상(食傷)이고 종격(從格)이 되었다면 운동선수, 프리랜서, 의업, 군인, 경찰, 공사현장, 철거작업, 건설업, 임대사업, 활인업, 장묘 관리업, 종교업 등이 길하다.

당주는 기미대운(己未大運)에 삼형충(三刑沖)으로 결혼하지 못했으며, 무오대운(戊午大運) 또한 만사불성(萬事不成)이었다.

명식에 처자식은 있지만, 남방운이 경금(庚金) 용신을 극하므로 결혼하지 못 할 수도 있는데, 인과(因果)의 법칙에서 벗어나 해탈의 길을 갔으면 좋겠지만, 인연의 고리는 끝날 줄을 모르니 답답한 인생사이다.

등촉화로 태어나 구제중생 활인으로 백호살(白虎殺)에 묘신(墓神)이 동하므로 선방기도, 토굴기도이며, 임계수(壬癸水)는 토굴 속에서 스며 나오는 물이며, 축토석산(丑土石山) 토굴에 정화(丁火) 촛불을 밝혔으니 세상 인연을 끊고 다음 생을 준비했으면 좋겠다.

年 月 日 時
庚 丁 丁 壬   坤命
寅 亥 巳 寅   신강의극(身强宜剋)
丙 乙 甲 癸 壬 辛 庚
戌 酉 申 未 午 巳 辰

해월정화(亥月丁火)가 정관격(正官格)으로, 정사일주(丁巳日柱)가 임인시(壬寅時)를 만나 천합지형(天合支刑)이 되는 사주는, 형살(刑殺)에 자유로울 수 없으며 부부 성적 불만족 현상이 극대화될 수 있는데, 이 경우 부부문제의 선길후흉(先吉後凶)의 형살작용(刑殺作用)이 이루어진다.

정화(丁火)와 임수(壬水)는 음란지합(淫亂之合)이며 정화(丁火)의 육신인 사화(巳火)는 배성이다. 또한 임수(壬水)의 육신인 인목(寅木) 또한 배궁(配

宮)으로 남편의 생식기를 상징한다.

이럴 때 임수(壬水) 남편의 생식기에 형살(刑殺)이 임한 것으로 구설수에 의한 형옥살(刑獄殺) 작용이나, 생식기의 문제, 또는 월주와는 천합지합(天合地合)이 되므로 바람나 집 나갈 것을 상징하기도 한다. 또는 바람피우다 형옥살(刑獄殺)에 연결되기도 한다.

임수(壬水)가 해수(亥水)에 록근하고 용신이 된다고 하지만, 해인합(亥寅合)으로 변하여 인비태과(印比太過)에 재관(財官)이 허약한 명식이다. 그러므로 임수(壬水)는 대운의 도움이 없는 한 정화(丁火)를 다스릴 능력이 부족하게 된다.

해중임수(亥中壬水)는 월간정화(月干丁火) 언니의 남편이고, 시간임수(時干壬水)가 당주의 남편이 되는데, 월간정화(月干丁火) 언니는 해인합(亥寅合)으로 해수(亥水)의 자리변동을 하므로 청상과부(靑孀寡婦)가 되었다.

당주는 남편 임수(壬水)가 임인(壬寅)으로 와서 인사형살(寅巳刑殺)을 하는 중에, 계미대운(癸未大運) 37세 병인년(丙寅年)부터 급격한 발기부전으로 성불구가 되었고, 임오대운(壬午大運) 49세 무인년(戊寅年) 사별하게 되었다.

戊土日干의 월별 용신

봄에 태어난 무토(戊土)는 아직 허박(虛薄)하다. 그러므로 화기(火氣)가 반드시 있어야 한다. 이때 화기(火氣)는 허약하고 목기(木氣)가 과다하면 목다화식(木多火熄)이 되므로 성목(成木)을 이루지 못한다. 또한, 가지 많은 나무 바람 잘 날 없는 형상으로 스스로 자멸(自滅)하므로 화기(火氣)가 있어야 한다.

수기(水氣)는 재물을 상징하므로 적당한 것은 길하지만, 과다하면 오히려 가난하게 되는데, 목기(木氣)를 더 왕성하게 하여 화식(火熄)과 목극토(木剋土)를 하므로 토기(土氣)는 더욱 허박해진다.

그러므로 조토(燥土)는 길하지만, 습토(濕土)는 한랭(寒冷)하게 하므로 도움 되지 않으며, 목기(木氣)를 제어하는 금기(金氣)는 도움이 되지만, 아직 어린나무이므로 과다한 억제는 분란만 발생한다.

그런데 금기(金氣)가 과다하면 토설생수(土洩生水)하고 더욱 한랭하게 하며, 목기(木氣)의 성장을 극하므로 흉하며, 여명은 자궁살(子宮殺)로 작용하여 자식 낳고 이별수가 되므로, 반드시 병화(丙火)나 정화(丁火)가 있어야 한다.

병화(丙火)가 있는 것은 만물을 유익하게 함이오, 정화(丁火)가 있는 것은 개인만의 이익이 되는데, 이때 경금(庚金)이 투출했다면 병화(丙火)보다 정화(丁火)의 쓰임이 더욱 좋다.

여름의 무토(戊土)는 건조하기 쉬우므로 생수(生水)하는 금기(金氣)가 있는 것이 좋다. 수기(水氣)는 재물운이 좋아지지만, 과다한 것은 부족함만 못하다.

무토(戊土)는 목기(木氣)를 키우는 임무이므로, 반드시 수기(水氣)가 있어야 목분화열(木焚火熱)되지 않는다. 그래야 양호한 직업이 되며 남편과 자식이 삶의 울타리가 되고, 또한 조상의 음덕(蔭德)이 있게 된다. 부귀를 이루었다고 해도 함께할 처자와 남편이 없다면 울타리가 없는 것이므로 허무한 인생이다.

화기(火氣)가 과다한 사주에 진토(辰土)나 축토(丑土)가 없다면, 목기(木氣)는 화산(火山)에 뿌리내릴 수 없으며 수기(水氣)는 증발하므로 고독하게 된다.

특히, 습토(濕土)가 없고 조토(燥土)로 이루어졌다면, 가색격(稼穡格)에 해당하지 않으므로 반드시 고독하게 된다.

금기(金氣)는 재물의 원신으로 조모님의 덕이 있게 하고 여명은 자식 덕이 있으며, 무관성(無官星) 사주라면 남명도 자식 덕이 있다. 그리고 양호한 직업이 얼마든지 가능하다.

여름의 무토(戊土)는 계곡에 물 흐름이 있어야 미남미녀로 많은 사람의 칭송을 듣게 되는데, 토기과다(土氣過多)로 군겁쟁재(群劫爭財)가 되었다면, 대흉하여 종교에 귀의(歸依)하여 업장소멸 기도가 이번 생의 임무이다.

가을의 무토(戊土)는 식상(食傷)이 세력을 잡았으므로 수기(水氣)는 점차 왕성해지고, 목기(木氣)는 절지에 임하며 화기(火氣)는 쇠약해진다. 그러므로 반드시 화기(火氣)가 있어서 금기(金氣)를 제압하고, 토기(土氣)를 생조하며 목기(木氣)를 보호해야, 직업과 남편 자식 덕이 양호해지므로 꿈을 이루게 된다.

그러나 목기(木氣)가 과다하면, 목기(木氣)를 제어하는 금기(金氣)가 오히려 길하다. 수기(水氣)가 과다하면 수극화(水剋火)로 불을 끄고 한랭하게 하므로, 오히려 재물운이 좋지 않고 흉하지만, 비겁(比劫)이 왕성하면 길하다.

겨울의 무토(戊土)는 표면이 냉각(冷覺)되었지만 내부는 따뜻하다. 그러므로 겨울의 토기일간(土氣日干)은 겉으로는 냉정하지만, 속마음은 따스한 사람이다.

수기(水氣)는 재성(財星)으로 재물이지만, 과다하고 무토(戊土)가 허약하면 실속이 없는 사람으로, 아무리 노력을 해도 가난함을 면하기 어렵다.

겨울의 화기(火氣)는 극히 허약해지고, 토기(土氣)는 동토(凍土)가 되므로 만물이 자생(自生)할 수가 없다. 그러므로 겨울의 무토(戊土)는 오로지 화기(火氣)가 유력해서 한랭습기(寒冷濕氣)를 제거하고, 토기(土氣)를 따스하게 해 줘야 목기(木氣)가 유력해지고, 재물의 사용처가 분명히 드러나게 되어 육친의 덕이 좋아서 화목한 가정이 된다.

갑목(甲木)은 태산의 가치를 높이는 작용을 하고 습기를 뽑아 올려 증발시키는 작용을 한다. 무토(戊土)는 갑목(甲木)이 뿌리내리는 땅이므로 서로 상생하는 관계와 같아서, 금목(金木)이나 수화(水火)의 칠살(七殺)과는 다름이 있다.

갑목(甲木)이 무토(戊土)의 기(氣)를 빼앗는 것 같지만, 나무의 잎사귀를 떨어트려 땅을 따스하게 하고 거름이 되므로, 무토(戊土)의 기(氣)를 빼앗는 것이 아니라 결국에는 상생(相生)이 된다. 그러므로 목극토(木剋土)나 토극수(土剋水) 관계는, 금목(金木)이나 수화(水火)의 상극(相剋)과는 다름이 있다.

갑목(甲木)이 기신으로 무토(戊土)에 근접(近接)하고 있으면, 줏대가 없어서 타인에게 끌려다니며 자기 소신이 없으므로 출세하기 어렵다. 특히 화토(火土)가 왕성한 사주의 갑목(甲木)은, 수기(水氣)의 재물을 훔쳐다 화기(火氣)에 바치는 형상으로 자식이 도둑이고, 여명의 남편이 도둑과 같아서 악연 관계와 같은데, 남편이 바람을 피우는 일이 많다.

신강하고 조열(燥熱)한 무토(戊土)는 갑목(甲木)으로 제어하는 것보다, 금기(金氣)로 설기하는 조후를 기뻐한다. 태산에 기암괴석이 있고, 물이 흘러야 만물의 휴식처가 되기 때문이다.

　을목(乙木)은 무토(戊土)에 무작용으로 무토(戊土)를 제어하기 어렵다. 그러나 무토(戊土)는 을목(乙木)을 생할 수 있다. 수다부목(水多浮木)이 되었을 때 을목(乙木)을 잡아 주기 때문이다.

　또한, 을목(乙木) 역시 건조한 태산에 칡넝쿨이 되어 태산의 건조함을 막아 주고, 수기과다(水氣過多)일 때 무토(戊土)의 유실(流失)을 막아 주므로, 서로 간에 무해무덕한 관계로 서로에 대해서 포기하는 일도 많은데, 불간섭이므로 좋은 듯하면서도 큰 발전은 없다.

　병화(丙火)가 희신으로 무토(戊土)에 근접하고 있으면, 일출동산(日出東山)으로 매우 좋다. 그러나 병화(丙火)를 사용할 때는 갑목(甲木)이 있는 것이 좋다. 이럴 때 대기만성(大器晩成)으로 처음에는 고생스러워도 반드시 성공하게 된다.

　그러나 병화(丙火)가 왕성하면, 무토(戊土)를 조토(燥土)시키므로 해(害)가 되고, 무토(戊土)는 병화(丙火)를 설기하지 못하는 화로(火爐)이므로, 화기(火氣)의 지속력을 강화하게 된다. 그러므로 결국 고독하게 되어 서로를 원망하게 된다.

　허약한 무토(戊土)가 병화(丙火)를 만나면, 태산에 태양이 높이 떠 있는 것과 같아서 풍치가 아름답지만, 정화(丁火)를 만난 무토(戊土)는 태산 위에 별이 있는 밤중과 같아서 적막을 느끼게 된다. 그러므로 고독해질 수 있다.

　정화(丁火)가 희신으로 무토(戊土)에 근접(近接)하고 있으면, 유화유로(有火有爐)라 하며 상황의 대처능력이 뛰어나 만사를 능숙하게 처리하므로 성공하게 된다. 이 경우 목적물은 정화(丁火)이며 무토(戊土)가 정화(丁火)에게 봉사하는 형상이다.

　무토일간(戊土日干)은 정화(丁火)의 화로작용이 되므로, 정화인수(丁火印綬)의 길조가 나타나게 되는 것이다. 이때 갑목(甲木)과 경금(庚金)이 있어서 벽갑인정(劈甲引丁)이 된다면 더욱 길하다.

정화(丁火)는 무토(戊土)를 강하게 하지 않지만, 무토(戊土)는 정화(丁火)의 강약을 모두 조절한다. 그러므로 무토일간(戊土日干)이 허약한 정화(丁火) 모친을 만났을 때, 모친은 자식으로 인해서 생을 이어 가는 것과 같으며 귀부인 소리를 듣게 된다.

무토(戊土)가 허약할 때 또 다른 무토(戊土)는 좋아하지만, 기토(己土)는 좋아하지 않는다. 그러나 무토(戊土)는 기토(己土)의 의지처가 되어 주고 기토(己土)를 강하게 하지만, 기토(己土)로 인해서 산정붕괴(山頂崩壞)를 당하므로 결국 무토(戊土)는 피해를 보게 된다. 따라서 무토(戊土)는 기토(己土)를 좋아하지 않으므로 친구, 형제, 동료 덕이 부족하게 된다.

목기과다(木氣過多)에 허약해진 무토(戊土)는, 병화(丙火)로 설기하거나 경금(庚金)으로 벌목해야 하는데, 한랭하면 병화(丙火)가 길하다. 목기(木氣)를 제어하고 조후를 성격시켜야 할 때, 경금(庚金)이 투출했다면 정화(丁火)의 쓰임이 크지만, 정화(丁火)가 없고 신금(辛金)이 투출했다면, 목다금결(木多金缺)이 되므로 고난이 많은 팔자가 된다.

무토(戊土)는 금기(金氣)를 생하며 설기도 당한다. 그러나 화염조토(火炎燥土)일 때는 설기당하지 않으며 생조 또한 할 수도 없다.

경금(庚金)이나 신금(辛金)이 기신으로 무토(戊土)에 근접(近接)하고 있으면 자궁살(子宮殺)이 되는데, 상대에게 도움 주고자 한일이 손해가 되어 나타나고, 자식 낳고 이별하는 일이 많은데, 대체로 불평불만이 많게 되고 구설장애도 많으니 매사에 말조심을 해야 한다.

무토(戊土)는 수기(水氣)나 화기(火氣)의 강함을 두려워하지 않으나, 수기(水氣)나 화기(火氣)가 너무 강하면 타 오행에 해(害)를 끼치게 된다.

무토(戊土)는 제방을 쌓아 임수(壬水)를 제수(制水)할 수 있으나 반드시 술토(戌土)나 미토(未土)의 뿌리가 있어야 한다. 이때 미토(未土)보다는 술토(戌土)가 더욱 뛰어나다. 미토(未土)는 사토(沙土)이지만, 술토(戌土)에는 신금(辛金)이라는 철근이 내장되어 있기 때문이다.

습기(濕氣)를 필요로 사용할 때에는 진토(辰土)가 있어야 하고, 제수(制水)하는 용도일 때에는 술토(戌土)가 필요하다. 가령, 오화(午火)가 있다고 해도 수기(水氣)를 제수(制水)하는 용도에서는 술토(戌土)가 필요하며, 화기(火氣)가 있어야 한다면 오화(午火)가 있는 것이 길하다.

임수(壬水)가 희신으로 무토(戊土)에 근접하고 있으면, 산명수수(山明水秀)라 하여 산중에 호수가 있는 것과 같아서 매우 아름답다. 이때 병화(丙火)가 있으면 더욱 좋은 배합으로 이재능력(理財能力)이 뛰어나고 총명하여 성공을 하게 된다.

임수(壬水)로 인해서 무토(戊土)가 허약할 때, 병화(丙火)로 제방(堤防)을 따스하게 하여 유실되지 않도록 하고, 갑목(甲木)의 수설생화(水洩生火)와 갑병(甲丙)의 통근처(기)가 있다면 궁핍하게 살지 않고 성공하게 된다.

계수(癸水)가 희신으로 무토(戊土)에 근접(近接)하고 있으면, 산중계곡에 맑은 물이 흐르는 형상으로 매우 좋지만, 자칫 탐재괴인(貪財壞印)이 될 수 있으므로 무토(戊土)와 계수(癸水)는 격(隔)하고 있는 것이 더욱 좋다.

근접(近接)하고 있을 때는 갑목(甲木)이 있어야 하지만, 없다면 기토(己土)가 있어서 계수(癸水)를 제어해야 한다. 무토(戊土)의 탐재괴인(貪財壞印)을 제어하는 갑목(甲木)이나 기토(己土)가 없다면 남자는 재물과 여자로 인해서 손재당하는 일이 많고, 또는 꽃뱀의 유혹이나 술집여자의 유혹으로 패재하는 일도 있다.

年 月 日 時
癸 甲 戊 壬 乾命
酉 子 子 子 종재격(從財格)
癸 壬 辛 庚 己 戊 丁
亥 戌 酉 申 未 午 巳

자월무토(子月戊土)가 의지처가 없으므로 왕희순세(旺喜順勢)를 따라 진종격(眞從格)을 형성하고 3개의 자수(子水)가 오화(午火)를 도충(倒沖)하여 조후하므로 청기(淸氣)가 있는 명식이다.

무자일주(戊子日柱)는 자중계수(子中癸水)에 암합(暗合)으로 종(從)하는 성질이 강하다. 인색하고 재물을 쫓아 살며 그 속을 알기 어려운 특징이 있으며 무정(無情)한 편에 해당한다.

종재격(從財格)은 반드시 식상(食傷)이 있어서 일간을 설기시키는 오행이 있어야 좋은데, 유금(酉金)이 천복지재(天覆地載)로 계수(癸水)를 생조하고 있으므로 길하지만, 갑목(甲木) 자식은 수다부목(水多浮木)이다.

자식에 대한 기대치가 높아서 바라고 원하는 것이 매우 많지만, 자식의 모친이 많아서 오히려 우둔해지고 퉁퉁 불은 통나무가 물 위에 떠 있는 조각배의 형상으로 무자식이 될 수도 있다.

연간계수(年干癸水)는 본처이고 임수(壬水)는 첩이 된다. 연간계수(年干癸水) 본처는 무자식으로 월지 자중계수(子中癸水)를 취하여 갑목(甲木) 자식을 낳게 되지만 기대치에 미치지 못한다. 이러한 명식일 때 독자가문이 되는 일이 많다.

계해대운(癸亥大運)을 지날 무렵에는 평안한 삶을 누릴 수 있었으나, 임술대운(壬戌大運)이 들어오자 왕신을 거역하는 운으로 수많은 고통을 겪으며 재산손실을 가져왔고 건강 또한 부실했다.

신유대운(辛酉大運)이 들어오자 재기할 기회를 잡게 되었고, 경신대운(庚申大運)에서는 일취월장으로 사업이 발전하여 많은 재산을 일으키게 되었으나, 기미대운(己未大運)이 들어오자 만권정지 운으로 그동안에 모았던 재산을 모두 패재하고 사망했다.

年 月 日 時
己 乙 戊 丙   坤命
未 丑 戌 辰   종왕격(從旺格)

丙 丁 戊 己 庚 辛 壬
寅 卯 辰 巳 午 未 申

축월무토(丑月戊土)가 종왕격(從旺格)으로 극왕자(極旺者)의 방조(幇助)에 따라서 병화(丙火)가 용신이다. 미술(未戌)에 병화(丙火)가 착근(着根)한다고 하지만, 사묘고충(四墓庫沖)으로 통근처가 깨어지니 쇠약한 병화(丙火) 모친은 단명을 상징한다.
　월간을목(月干乙木)이 남편이지만, 사묘고충(四墓庫沖)으로 뿌리가 잘린 쇠약한 남편이 떠나지 않으면 사별을 면치 못한다. 또한 자식이 있다면 불구가 되기 쉽고 무자식 팔자이다.
　당주는 남편을 두고 양다리 걸쳐 바람을 피우다 들켜 부부 이별하게 되었고 자식은 없었다. 그 후 많은 남자를 만났지만 가정을 이룰 수 없었다.
　여명사주는 약간은 신약하여 인수(印綬)가 희신이 되면 방종(放縱)으로 흐르지 않으나, 종왕격(從旺格)이 되면 남편을 무시하고 속이게 되는데, 특히 이 사주처럼 관성쇠약(官星衰弱)이라면 남자를 이용의 대상으로 삼게 되며, 또한 법질서를 무시하게 되므로 스스로 고난풍파(苦難風波)를 불러온다.
　무술괴강(戊戌魁罡) 특유의 기질이 나와서 스스로 함정을 파고 그 함정에 자신이 빠지게 되는데, 자신을 너무 과신하여 불행을 자초(自招)하는 것이다. 그러므로 관쇠사주(官衰四柱)이거나 종격사주(從格四柱)는 만혼이 길하고, 백두낭군(白頭郎君)을 인연하거나 자식 딸린 홀아비와 결혼하는 것이 길하다.

年 月 日 時
戊 甲 戊 甲　坤命
子 寅 辰 寅　귀살용비격(鬼殺用比格)
癸 壬 辛 庚 己 戊 丁
丑 子 亥 戌 酉 申 未

인월갑목(寅月甲木)이 월시주(月時柱)가 간여지동(干與支同)으로 귀살격(鬼殺格)이다. 귀살(鬼殺)을 제압하는 식상(食傷)이 없고, 한랭기(寒冷氣)를 제거하며 목설생토(木洩生土)하는 병화(丙火)가 없으며 목기(木氣)만 왕성하게 하는 자수(子水)가 있으므로 천애고아와 같아서 누구의 도움도 받을 길이 없다.

부모와 시어머니의 덕이 없고 남편과 자식 덕이 없으니 결혼하지 않고 혼자 살면 좋겠지만, 이런 사주는 꼭 결혼을 해서 피눈물을 흘리게 되는데, 태양이 없는 남편이니 스스로 자멸(自滅)하는 음지식물로 변한다. 직장과 남편의 직업 또한 불미하고 악연관계의 남자들이 인연으로 고통을 받는 박복한 팔자이다.

무토(戊土)가 목기(木氣)를 성장시키는 임무라 하지만 태양이 없으니, 음습(陰濕)한 목기(木氣)에 성장을 멈춘 남자들로서 자궁이 파열되는 고통의 연속이다. 그러므로 남자 풍파에 자칫 집단 성폭행을 당하기 쉬우며 화재사건(火災事件)으로 연결되기도 쉽다.

백호일주(白虎日柱)는 몸에 흉터가 있으며, 칼 대는 수술 수가 반드시 있게 되는데, 이처럼 귀살(鬼殺)이 되면 부부 정이 있을 수 없으며, 사건사고에 휘말리기 쉽다. 또한 천재지변(天災地變)에 의한 사고나 신병신액으로 급성질환이 될 수도 있다.

신해대운(辛亥大運) 24세 신해년(辛亥年) 결혼을 했으나 28세 을묘년(乙卯年) 헤어졌고, 31세 무오년(戊午年) 운전을 하며 채소상을 하는 남자의 후처로 들어갔으나 생활고가 극심했다.

경술대운(庚戌大運)은 목다금결(木多金缺)의 운이 되는데, 진술충(辰戌沖)에 홍염살(紅艶殺)의 색정이 동하여 몇몇 유부남과 통정하는 불륜을 저지르며 패재하였고, 자궁암으로 자궁을 절제하게 되었으며 이혼당했다.

年 月 日 時
丙 辛 戊 甲   乾命
戌 卯 寅 寅   살중용인격(殺重用印格)

壬 癸 甲 乙 丙 丁 戊
辰 巳 午 未 申 酉 戌

묘월무토(卯月戊土)가 살중용인격(殺重用印格)이다. 목기(木氣)를 성장시키고 무토(戊土)를 생조하는 병화(丙火)가 용신이다. 그런데 병신합(丙辛合)으로 기반(羈絆)이 된 듯하지만 그렇지 않다. 년월주 천합지합(天合地合)의 묘술합화(卯戌合火)로 화기(火氣)를 생조하고, 병화(丙火)는 기반(羈絆)된 것이 아니라 신금(辛金)이 신병합화(辛丙合火)로 변하여 화기세력(火氣勢力)에 가담한 것으로 기반(羈絆)이 된 것이 아니다.

년월주가 천합지합(天合地合)으로 인수(印綬)로 화(化)하여 목기(木氣)를 성장시키고 또한, 설기인화(洩氣引化)하여 무토(戊土)를 생조하며, 사주의 탁기인 수기(水氣)가 없으니 청기(淸氣)가 많은 사주를 부모 조상 궁에서 이루어 주니 조상이 귀인이며 부모 덕이 크다.

인묘진월(寅卯辰月)에 무인일주(戊寅日柱)로 태어나면, 천사일(天赦日)이라 하여 처세술이 뛰어나 일생 근심이 없고 전생의 모든 업인(業因)을 하늘에서 제거(除去)하여 준다고 하였다. 그 뜻대로 시상일위칠살(時上一位七殺)에 부모 조상이 천합지합(天合地合)으로 당주를 보호하므로, 국록지명의 관직등용으로 인생길이 순탄했다.

인생 중반 이후 서방운을 만나 인신충(寅申沖)과 묘유충(卯酉沖)이 될 듯하지만, 병신(丙申) 정유운(丁酉運)으로 병정화(丙丁火)가 신유(申酉)를 억제하므로 격충(隔沖)과 같다. 그 후 무술대운(戊戌大運)은 평안한 시간을 보내게 되었고, 기해대운(己亥大運)은 절신(絶神)을 만나므로 다음 생을 준비하는 인생이 된다.

年 月 日 時
辛 壬 戊 乙 乾命
亥 辰 子 卯 가종재격(假從財格)

辛 庚 己 戊 丁 丙 乙 甲
卯 寅 丑 子 亥 戌 酉 申

진월무토(辰月戊土) 양천간(陽天干)은 월지(月支)를 득하면 종(從)하지 않는다고 하지만, 진토(辰土)의 의향에 따라서 종격(從格)이 될 수가 있다. 월주는 임진(壬辰)으로 왔고, 간여지동(干與支同)으로 투출된 을목(乙木)으로부터 극(剋)을 받으므로 무토(戊土)는 더욱 허약해진다.

과연, 자진합(子辰合)이 된 진토(辰土)는 누구의 통근처로 작용하느냐에 따라 육친의 희기작용은 달라진다. 무자일주(戊子日柱)는 세력을 잃으면 자중계수(子中癸水) 암합(暗合)으로 종(從)을 잘하는데, 온통 재물에 마음이 가므로 가종재격(假從財格)이 된다.

진토(辰土)는 자기 임무에 충실하여 임수(壬水)와 을목(乙木)의 통근처가 되는 것이 무토(戊土) 자신의 통근처가 되는 것과 같다.

당주가 기축대운(己丑大運) 33세 계미년(癸未年)에 결혼하는 것은 계수(癸水)를 만나 합(合)을 이루고 해묘미목국(亥卯未木局)으로 처성의 식상(食傷)에 미토(未土)라는 남자가 들어오는 것이며, 그리고 자식이 생성되므로 결혼이 이루어지는 것이다.

또한, 기축대운(己丑大運)이므로 자축합(子丑合)으로 결혼하는 운기이며, 자식들은 모두 처성이 불러온 자식들이다. 그러므로 부부 이별을 한다면 처가 자식을 데리고 간다.

임수(壬水)의 육신은 진토(辰土)이고 그 육신에서 을목(乙木) 자식과 무토(戊土) 남편이 투출된 것이니, 자식과 남편, 남편과 아내의 정이 좋다. 또한 부모의 사이가 좋으며 당주의 가족들도 양호하며 자진합(子辰合)이니 연애결혼이다.

암장간에도 화기(火氣)에 해당하는 모친이 없지만, 이 경우 임수(壬水) 부친의 육신이 진토(辰土)이고 진토(辰土)는 부친의 배성이므로 진중무토

(辰中戊土)가 모친이다. 모친 궁은 자진합수(子辰合水)하여 임수(壬水)와 을목(乙木)을 생조하므로 당주의 모친이 당주의 자식을 양육하는 것과 같다.

자수대운(子水大運)은 수술 수가 있는데, 간에 관련된 질병, 체하는 증상, 신장 질환, 자궁 질병 등, 어찌 되었건 피 보는 일이 있다. 정해대운(丁亥大運)은 대체로 길하며, 병술대운(丙戌大運)은 급전직하로 처성의 흉사 염려가 있으며, 을유대운(乙酉大運)은 본인의 사망 수가 강하다.

```
年 月 日 時
戊 丁 戊 甲    坤命
申 巳 戌 寅    신강의극(身强宜剋)
丙 乙 甲 癸 壬 辛 庚
辰 卯 寅 丑 子 亥 戌
```

사월무토(巳月戊土)가 정인격(正印格) 신강으로 시상일위칠살(時上一位七殺)로 칠살이 용신이라 하지만, 인수(印綬)만 강하게 하는 작용이고 사막이 되어 가는 땅에서는, 갑목(甲木)의 뿌리가 마르므로 직업이 신통치 않고 갑목(甲木) 남편이 허약해진다.

이처럼 건조한 사주의 갑목(甲木) 남편은 칠살의 본분에 충실하지 않고, 성장을 멈추고 오로지 십리 밖의 물을 끌어 오고자 하므로 부군작첩(夫君作妾)이 있을 사주인데, 불러온 오중기토(午中己土)에 명암합(明暗合)으로 귀신과의 합(合)이 되므로 여자를 숨겨 놓고 있는 형상이다.

을묘대운(乙卯大運)은 정관운(正官運)으로 결혼하고 안정을 찾아가는 운이다. 그러나 갑인대운(甲寅大運)은 삼형살(三刑殺)이 동하므로 재앙의 운기이다.

35세 임오년(壬午年) 화국(火局)을 이루므로 움직이면 패재하는데, 돈 벌게 해 준다는 남자의 꼬임에 빠져 정수기, 건강음료를 판매하는 다단계 회사에 많은 돈 투자하고 패재했다.

36세 계미년(癸未年) 술미형살(戌未刑殺)과 삼형살(三刑殺)이 동하므로 바쁘기만 하고 소득이 공허하게 되는데, 계수(癸水) 재물이 나타나니 계수

(癸水) 돈 먹자고 피 터지게 싸우는 운으로 당주의 재물은 되지 않았으며, 따라서 돈은 흔적도 없이 사라졌다.

37세 갑신년(甲申年) 또 삼형살(三刑殺)이 발동하고 관재(官災)를 당하게 되어 보증 서 준 문제가 나타나 법정출두를 수시로 하게 되었다.

무토(戊土)와 정화(丁火)가 일지에서 투출한 것으로 모친 언니 그리고 신금(申金) 자식이 한집안에 살고 있으며, 계축대운(癸丑大運) 39세 병술년(丙戌年) 부부 이별하였고 어려움을 겪고 있으나 임자(壬子) 신해대운(辛亥大運)은 평온한 후반 인생이 될 것이다.

```
年 月 日 時
戊 戊 戊 丁    坤命
子 午 辰 巳    종왕격(從旺格)
丁 丙 乙 甲 癸 壬 辛 庚
巳 辰 卯 寅 丑 子 亥 戌
```

오월무토(午月戊土)가 정인격(正印格)이지만, 종왕격(從旺格)으로 바뀌었다. 자식궁인 정사시(丁巳時)가 화염조토(火炎燥土)를 가중시키며 자신이 앉아야 할 식상(食傷)을 파극하는 형태로, 무자식이거나 혹은 장애인이 될 수도 있다.

화염조토(火炎燥土) 종왕격(從旺格)은 불모지 사막으로 쓸 수 있는 용도가 없으므로 오로지 금운(金運)이 길하다. 당주는 수기창고(水氣倉庫)에 좌(坐)하고 일지홍염(日支紅艶)으로 양인(羊刃)의 성격이 줄어들며, 입태월 기유(己酉)와 합(合)을 하므로 귀염 받는 사람으로 형제 중에서 제일 잘살게 된다.

정사(丁巳) 병화대운(丙火大運)은 무난하게 지냈고, 진토대운(辰土大運)은 자진합(子辰合)으로 좋을 듯하지만, 세 개의 무토(戊土)가 진토(辰土)에 통근하고 자중계수(子中癸水) 재물을 겁탈하는 운으로 진진자형(辰辰自刑)에 수기묘신(水氣墓神)이 발동하므로 부모가 몰락하였다.

을묘대운(乙卯大運) 결혼하고 평안했으나, 갑인대운(甲寅大運) 남편이 실직하고 되는 일이 없었으며 이혼한 후, 물 찾아 3만 리 미국으로 건너가 교포와 결혼해서 영주권을 얻은 후, 이별한 후에 당주와 재결합했고 남편 처지에서는 3번 결혼한 것이 된다.

계수대운(癸水大運)의 득실은, 계수(癸水)라는 여자에 무토(戊土) 3명의 남자가 쟁합(爭合)이 되면 그 여자는 세 남자 중에 한 남자를 고를 수 있다. 이때 계수(癸水)는 진토(辰土)에서 투출된 것이므로 진토(辰土)가 집이 된다. 그러므로 일간이 최종 승리자가 되는데, 식당을 하게 되어 많은 돈을 벌었다.

축토대운(丑土大運) 51세 무인년(戊寅年) 아버지가 사망했으며, 임자대운(壬子大運)은 3개의 무토(戊土)와 충극(沖剋)하는 군비쟁재(群比爭財)가 발생하고 자오충(子午沖)의 쇠신왕충(衰神旺沖)이니 사망 수와 같다.

年 月 日 時
戊 己 戊 戊　坤命
戌 未 戌 午　종왕격(從旺格)
戊 丁 丙 乙 甲 癸 壬
午 巳 辰 卯 寅 丑 子

미월무토(未月戊土)가 종왕격(從旺格)이지만, 반드시 습토(濕土)가 있어야 하는데, 미월(未月)은 사막의 모래를 쌓아 놓은 사토(沙土)이므로 바람 불면 날아가는 밀가루와 같다. 사토(沙土)에는 미생물도 살 수 없고 잡풀도 자라지 못하는 땅이다. 그러므로 당주는 일지화개살(日支華蓋殺)이므로 더욱 흉하다.

화염조토(火炎燥土)는 반드시 습기(濕氣)를 요구하므로 금운(金運)이 제일 길하고, 수목운(水木運)은 비운이 되는데, 특히 수운(水運)은 군겁쟁재(群劫爭財)로 불귀객이 될 수도 있다.

겁재(劫財)가 간여지동(干與支同)으로 자존심이 강하고 독선적이며, 타인의 조언을 무시하거나, 매사에 의심하는 습관이 있어서 친구, 동료는 물론 형제들과 화목하지 못하고 사교적이지 못하다.

경쟁관계나 대립관계를 자초하고 배신하고 배반당하거나, 스스로 배신하여 결국은 스스로 고독해지는 성분으로 작용한다. 당주는 24세 임술년(壬戌年)에 남자를 만났으나 군비쟁재(群比爭財)의 세운으로 불길한데, 25세 계해년(癸亥年) 그 남자가 유부남인 것을 알고 혼인빙자 간음혐의로 고소하게 되었다.

이처럼 군비쟁재(群比爭財) 운기에는 고소, 고발, 법정출두, 손재, 탈재가 된다. 당주는 특히 결혼이 더욱 어려운데 결혼한다고 해도 걱정스럽다. 계축대운(癸丑大運)은 군겁쟁재(群劫爭財)가 발생하므로 대흉하다.

```
年 月 日 時
乙 甲 戊 乙    乾命
巳 申 申 卯    극설교집(剋洩交集)
癸 壬 辛 庚 己 戊 丁
未 午 巳 辰 卯 寅 丑
```

신월무토(申月戊土)가 신약으로 혼잡관살(混雜官殺)이다. 일지와 같은 2개의 신금(申金)이 고란살(孤鸞殺)의 기신으로 신병신액(神病神厄)을 불러오고 부부 정이 없게 하는 홀아비살이다. 무토(戊土)는 오로지 사화(巳火)에 통근하므로 조부님의 유전인자로 태어나 조부님의 성정과 같은데, 조부가 조모에게 배신당했듯이 당주 또한 여자에게 배신당할 것을 상징한다.

그런데 사신형파살(巳申刑破殺)을 2번 하므로 조부도 재혼했고, 모친도 재혼하며 그 배우자에 배신당했다는 것을 상징하는데, 당주 또한 계약서, 문서, 보증 등에 배신당한다.

계미(癸未) 임오대운(壬午大運)은 부모의 사랑 속에 평안하게 지냈고, 차량 영업사원으로 실적이 좋았으며, 신금대운(辛金大運)은 혼잡관살(混雜官殺)의 을목(乙木)을 제거하는 운으로 사내 결혼했다.

사화대운(巳火大運)에 암합(暗合)으로 처가 바람을 피우던 중, 경금대운(庚金大運)에 자식이 교통사고로 생사의 갈림길에 있었지만, 병간호를 핑계 대고 암합(暗合) 남자까지 병원으로 불러들였고, 경진년(庚辰年) 자식이 죽었고, 신사년(辛巳年) 묘신귀문(卯申鬼門)이 동하므로 당주는 술독에 빠져 정신이 혼미했으며, 처는 자식의 사고 위자료와 함께 이혼을 요구했다.

 대운지지 진중계수(辰中癸水)와 신중임수(申中壬水)가 있고 신진(申辰)이 자수(子水)를 불러오므로 재혼은 할 수 있겠지만, 그 어떤 여자를 만나도 문제가 있다. 일지기신에 관성공망(官星空亡)으로 일사무성(日事無成)의 팔자이니, 다음 생을 준비하는 마음으로 인연인과(因緣因果)를 해탈해야 한다.

```
年 月 日 時
癸 辛 戊 戊    乾命
酉 酉 申 午    신약용인(身弱用印)
庚 己 戊 丁 丙 乙 甲
申 未 午 巳 辰 卯 寅
```

 유월무토(酉月戊土)가 신약으로 상관용인격(傷官用印格)이다. 년월지 유유(酉酉)가 자형(自刑)을 하며 묘목(卯木)을 불러와 허귀정관(虛貴正官)이 되었다.

 일시지 사이 미토(未土)가 들어와 오미합(午未合)을 이루고 허약한 일간을 방조하며, 시간무토(時干戊土)를 만나 대지현묘(大地玄妙)를 이루므로, 탁기(濁氣)가 중한 중에도 청기(淸氣)가 있는 명식이다.

 특히, 시주(時柱)를 잘 만나 자식과 모친 형제 덕이 있다. 상관태왕(傷官太旺)으로 신약할 때는, 사화(巳火)는 별 도움이 되지 않으나 오화(午火)는 화국(火局)을 이루는 근원이 되고, 발복의 씨앗인 귀숙지(歸宿地)가 희신이며 대운 또한 남동방 운으로 길하며, 계수(癸水)는 상관(傷官)을 설기하므로 처덕이 있다.

 무관성(無官星)이므로 무자식이 될 것인가. 그렇지 않다. 시주무오(時柱

戌午)가 자식궁이고 년간계수(年干癸水)인 처와 합(合)을 하여 무계합화(戊癸
合火)로 무오(戊午) 자식궁을 생조하므로 오중정화(午中丁火)가 자식이 된다.
　그러므로 자식 덕이 크고 행운이 길하여, 일평생 대운 덕을 보고 살아가
는 명식이다. 신금(辛金)이 현침(懸針)이며 유유자형(酉酉自刑)이 있으므로
무관직(武官職) 직업을 하는 것도 좋다.
　청수(淸水)가 되는 계수(癸水)로 물을 뿌리는 형상이니 치과의사나 치의
기공도 길하다. 묘미(卯未)가 허귀(虛貴)로 들어와 있으므로 한의 계통도
길하다. 또는 신문 방송학과를 택해서 기자, 피디, 예술, 언론 계통도 권할
만하겠다.

年 月 日 時
戊 壬 戊 癸　　坤命
戌 戌 子 亥　　토수상극격(土水相剋格)
辛 庚 己 戊 丁 丙 乙
酉 申 未 午 巳 辰 卯

　술월무토(戌月戊土)가 토수상극격(土水相剋格)에 월지를 득하므로 길한
듯하지만, 대운의 도움이 불미하여 30세 이후부터는 여러 가지의 어려움
이 발생하는 명식이다. 일시지 무계합(戊癸合)의 쟁합(爭合)이 되므로 지나
치게 인색하며 베풀지 못하고 재물을 목숨같이 사랑하므로 탁하다.
　무관살(無官殺) 사주에서는 용신이 남편이라는 법칙을 적용하게 되는데,
일지에서 임계수(壬癸水)가 투출했고 용신에 해당하므로 첫 남편은 임수
(壬水)이고, 후부는 계수(癸水)로 연하 남자이다.
　식신(食神)은 요리의 신을 상징하는데, 식신생재(食神生財) 운으로 당주
는 바닷가 횟집에서 일하다 주방장과 합정(合情) 동거하게 되었다.
　기미대운(己未大運) 33세경에 남편 밑에서 일하는 주방장 보조 총각과
은밀히 합정했는데, 기미대운(己未大運)의 기토(己土)는 갑목(甲木)을 불러
오는 운이고, 미토(未土)는 묘목(卯木)을 불러 해묘미(亥卯未)로 남자가 들

어온다. 그리고 불러온 묘목(卯木)은 묘술합(卯戌合)으로 음란지합(淫亂之合)을 발생시켰다.

무오대운(戊午大運)은 간지(干支) 기신으로 무계합(戊癸合)으로 재물을 탈재해 가며, 자오충(子午沖)으로 일지(日支)가 깨어지니 남편 궁이 파극(破剋)되고 재물이 흩어진다. 그러므로 정식 이별을 선포하게 되었다.
세 개의 무토(戊土)가 임수(壬水) 남편을 파극(破剋)하고, 계수(癸水)는 쟁합(爭合)을 하므로, 이때 이혼을 안 한다면 임수(壬水) 남편이 죽을 수도 있는 운이다. 그때 임수(壬水) 남편은 큰 병에 걸려 생사를 넘나들었고, 그러다가 결국 손들게 되었다.
이 사주의 임수(壬水) 남편은 2개의 재고(財庫)를 지니고 있으므로 재물복이 있는 사람이다. 그러나 임술백호(壬戌白虎) 괴강살(魁罡殺)로 왔으며 혈광사(血光死)를 상징하는 백호살(白虎殺)에 홀아비살을 상징하는 괴강살(魁罡殺)이므로 부부 인연이 다하면 헤어질 것을 상징한다.
술중(戌中)에 2개의 정화(丁火)가 있으므로 2번 결혼하는 임수(壬水) 남편으로, 비록 기분은 나쁘지만 재혼하고 더욱 행복해질 것이다. 임수(壬水) 남편에서 봤을 때, 무토(戊土)가 배성이고 계수(癸水)가 무토(戊土) 옆에 근접하고 있다면 80% 이상 무토(戊土) 배성을 계수(癸水)에 빼앗기게 된다.
그런데 이것 또한 숙명이다. 그런데 더 기분이 나쁜 것은 나를 믿고 따르던 동생 같은 동료, 아는 사람에게 무토(戊土)를 빼앗기므로 비참한 격이다. 바람을 피운다 해도 내가 모르는 사람과 연애질이라면 그러는가 보다 할 수 있지만, 내가 아는 친구나 동료에게 나의 배성이 바람나므로 미칠 일인 것이다.
실지 이런 일 중에 칼 들고 휘두르다 교도소행이 되거나, 자살하는 사람도 있다. 무자일주(戊子日柱)는 무자식인 경우가 많은데, 당주는 딸만 셋을 낳았고 둘째 딸은 임수(壬水) 남편이 데려갔고, 큰딸과 막내딸은 후부와 같이 살기로 했다.

年 月 日 時
己 乙 戊 丁   坤命
丑 亥 午 巳   신강의극(身强宜剋)
丙 丁 戊 己 庚 辛 壬
子 丑 寅 卯 辰 巳 午

해월무토(亥月戊土)가 신강으로 을목정관(乙木正官)이 용신이 되는 사주이다. 그러므로 당주는 의식주 걱정 없이 살아간다. 해수(亥水)를 제방제수(堤防制水)하고 오화(午火)는 만물을 따스하게 하므로 어느 곳에서든 환영받기 때문이다.

을목(乙木)이 무력하지만 고사목(涸死木)이 아니며 수화(水火)의 통관신 작용과 겁재(劫財)를 제어하는 용신이다.

무토(戊土)가 기토(己土)를 만나는 것은 산정붕괴(山頂崩壞)로 형제 덕은 미약하지만, 오화(午火)에서 투출된 기토(己土)이므로 형제 동료와도 사이가 좋기는 하지만, 피해가 발생한다.

당주는 어릴 적 형제 한 명이 단명했고, 결혼 후 시아버지 또한 단명할 것을 상징하며, 조상 중에 무속인이 있었다면 신명자 사주에도 해당하는데, 그것은 조모와의 접신(接神)이 가능하기 때문이다.

이러한 일은 결혼 후 한 자식 사망 후 남편이 사망하고 일어날 가능성이 잠재되어 있다. 해중임수(亥中壬水)가 부친이며 정화(丁火)는 모친이다. 당주는 일찍 단명한 이복형제가 있었고, 기토(己土) 형제가 사망한 후 후처를 들이고 당주가 태어났다. 그러므로 당주는 큰어머니라 부르는 사람이 있었으며 한집에서 함께 살았다.

당주의 자식은 축중신금(丑中辛金)과 사중경금(巳中庚金)으로 일남 일녀이지만, 첫딸은 가슴에 무덤 쓰게 된다. 축토대운(丑土大運)은 을목(乙木)이 빙산의 풀 한 포기 격으로 결혼을 이루지 못하다가, 26세 무인대운(戊寅大運) 갑인년(甲寅年) 인오합(寅午合)으로 결혼하고 28세 병진년(丙辰年) 자식이 폐렴으로 사망했다.

을목(乙木) 남편은 단명하는 남편이 되는데, 연주로 보아 일주공망(日柱空亡)이므로 배성공망(配星空亡)은 남편이 없는 형상을 만들어야 하고, 을목(乙木)이 사지(死地)에서 왔으므로 단명하는 남편이 되는 것이다.

당주는 대운이 평길하여 기묘대운(己卯大運)까지 평안한 시간을 보내게 되었으나, 경진대운(庚辰大運) 52세 경진년(庚辰年) 남편에게 위암이 발견되었고, 53세 신사년(辛巳年) 사망했다.

한 맺혀 죽은 조모의 천도제(遷度祭)를 지내 주고, 어릴 때 죽은 이복형제와 당주 자식의 천도제(遷度祭)를 함께 지내야 했음인데 무시한 것이 화(禍)를 키운 것이다.

己土日干의 월별 용신

무토(戊土)는 높고 건조한 토양인데 비해서 기토(己土)는 낮고 습(濕)한 속성을 지니고 있다. 무토(戊土)가 산(山)이라면 기토(己土)는 전답(田畓)이고, 무토(戊土)가 외부로 드러난 겉흙이라면, 기토(己土)는 땅속 내부의 흙으로 여름에는 시원하고 겨울에는 따스한 특징이 있다.

무토(戊土)가 남자라면 기토(己土)는 여자에 해당하므로 만물을 자생시키는 어머니와 같은 귀중한 존재로 하늘에서는 '구름'이 된다. 갑목(甲木)은 하늘에서 천둥과 번개 뢰(雷)에 해당하며, 기토(己土)는 구름 운(雲)과 같은데, 갑기합(甲己合)을 하여 비(雨)가 되어 땅으로 내려와 만물의 생명수가 된다.

기토(己土)가 땅에서는 전답, 옥토, 윤토, 활토, 대지, 전원, 정원, 화원, 잔디밭, 평야, 도로, 작은 분지, 사토(沙土), 해수욕장에도 해당하며 인간이 가꾸는 땅에 해당한다.

기토(己土)는 갑목(甲木)에 봉사하는 관계일 뿐, 갑목(甲木)으로부터 어떠한 이득도 얻지 못한다. 이때 격합(隔合)이 근접합(近接合)보다 더욱 좋다.

희신인 갑목(甲木)에 기토(己土)가 합(合)이 되는 것은 무난하지만, 갑목(甲木)이 기신이라면 적군과의 동침이므로 기토(己土)가 희생심으로 갑목(甲木)을 키워 준 공이 없으므로 자칫 피눈물을 흘리는 기토(己土)가 될 수 있으며 탐관망신(貪官亡身)이 될 수 있다.

그러나 희신인 갑목(甲木)과 병화(丙火)가 있고, 병화(丙火)와 격(隔)하고 있는 계수(癸水)가 있다면 일생 의식주 걱정이 없다.

대세운에서 천간합(天干合)이 이루어지면 끌려가는지 끌려오는지의 판단이 매우 중요하다 .가령, 갑기합토(甲己合土)로 끌려오면 힘이 더 강해지지만, 기갑합목(己甲合木)으로 목기(木氣)에 끌려가면 자칫 사망할 수 있으며 탐관망신(貪官亡身)으로 흉하다.

하늘에서 구름이 되는 기토(己土)는 을목(乙木) 바람을 만나면 구름이 흩어져 비가 되지 못하므로 을목(乙木)을 꺼린다. 그러나 을목(乙木)은 무토(戊土) 태산에서 꽃을 피워도 알아주는 사람이 없으므로 외로운 상이지만, 기토(己土)는 태산 밑의 옥토(沃土)이므로 기토(己土)를 더욱 좋아한다.
  그러나 기토(己土)의 입장에서는 갑목(甲木)을 키우면 귀함을 얻을 수 있으나 을목(乙木)은 키워 준 공이 없이 현실은 화려하지만 보장되지 않은 미래이다.
  병화(丙火)가 근접하고 있는 기토(己土)는 갑목(甲木)이 강해도 두려워하지 않으며 계수(癸水)가 강해도 두려워하지 않는다.
  목기(木氣)가 왕성해도 병화(丙火)와 계수(癸水)가 있으며 전혀 두렵지 않으나 태양이 없는 기토(己土)는 목기과다(木氣過多)한 것을 대기(大忌)하는데, 전답 주변에 나무가 많으면 태양 빛을 가리므로 음지(陰地)가 되고 뿌리가 온통 뻗으므로 농사를 지을 수가 없는 땅이 된다.
  병화(丙火)가 허약할 때의 기토(己土)는 설기회광(洩氣晦光)시키므로 병화(丙火)를 해칠 수 있다. 이때의 기토(己土)는 병화(丙火)에게 해(害)가 되지만, 병화(丙火)가 왕성하면 기토(己土)의 덕을 입는다.

병화(丙火)가 왕성하면 기토(己土)를 생할 수 있지만, 그러나 화기(火氣)가 태과할 때는 옥토(沃土)가 조토(燥土)로 변하기 때문에 기토(己土)가 변질된다. 이러한 피해는 정화(丁火)와 기토(己土)의 관계에서 더욱 심하게 나타난다.
  그러므로 정화(丁火)는 기토(己土)를 꺼리고, 기토(己土) 또한 정화(丁火)

를 꺼린다. 만약 목기(木氣)가 과다하면 가지 많은 나무 바람 잘 날 없는 격으로 일평생 목기(木氣)에 관련된 육친으로 인해서 신경 쓰이는 일이 많으며 정신이상자가 되는 사람도 있다. 이때 병화(丙火)와 계수(癸水)가 있으면 길하다.

그러나 병화(丙火)가 없고 정화(丁火)가 목다화식(木多火熄)이 된다면 정신병이나 신병신액을 당한다. 이때 경금(庚金)이나 신금(辛金)은 목다금결(木多金缺)이 되므로 일사무성(日事無成)이 되기 쉽다.

목기과다(木氣過多)에는 반드시 병화(丙火)가 목설생토(木洩生土)해야 하는데, 병화(丙火)가 없다면 음지식물로 변하는 목기(木氣)가 되므로 남편, 자식, 조상의 음덕(蔭德)이 불미하게 된다.

정화(丁火)가 기토(己土)에 근접(近接)하고 있으면 서로가 무정관계(無情關係)로 별빛 아래 옥답(沃畓)이 되므로, 외로운 과부와 같아서 알아주는 사람이 없다. 그러나 금기(金氣)가 과다할 때는 정화(丁火)의 큰 도움을 받을 수 있으나 이때 반드시 갑목(甲木)의 도움이 있어야 더욱 길하다.

이때 무토(戊土)나 갑목(甲木)이 없는 정화(丁火)라면 큰 효과를 기대하기 어렵다. 또한 신약으로 무토(戊土)의 방조(幫助)가 반갑더라도 무신(戊申)으로 와서 경금(庚金)이 투출했다면, 겁재(劫財)가 상관(傷官)을 생조하는 것이므로 믿은 도끼에 발등이 찍히게 된다. 그러나 무오(戊午)나 무술(戊戌)로 온 무토(戊土)라면 매우 큰 도움을 얻지만, 겁재(劫財)라는 사실을 간과해서는 안 된다.

수기(水氣)가 과다하면 무토(戊土)는 토류현상(土流現象)으로 휩쓸려가므로 흉하지만, 기토(己土)는 수기(水氣)가 과다해도 재다신약(財多身弱)의 흉액이 적은 편에 해당한다.

그러나 병화(丙火)와 무토(戊土)가 없고, 태약하면 의지할 곳 없는 고아와 같아서 종격이 되지 않는 한, 어려운 삶을 살아가는 사람이 많다.

축토(丑土)에 뿌리를 둔 기토(己土)는 병화(丙火)의 도움을 얻어야 적극성과 진취력이 있게 되며, 미토(未土)에 뿌리를 둔 기토(己土)는 계수(癸水)를 만나야 옥토(沃土)가 되므로 만물을 육성(育成)할 수 있다.

수기(水氣)가 과다하면 유력한 병화(丙火)와 무토(戊土)가 있어야 양호한 인생이 되는데, 이때 갑목(甲木)이 있으면 더욱 좋으며, 금기(金氣)가 과다하면 갑목(甲木)을 성장시킬 수 없으므로 반드시 병화(丙火)가 있어야 하는데, 이때 병신합(丙辛合)이 된다면 대흉하다.

무토(戊土)가 화기(火氣)의 팽창(膨脹)을 막는 과정이라면, 기토(己土)는 전환(轉換)의 과정이 적극적으로 이루어지는 시기이다. 그러므로 토기(土氣) 성분은 변화의 주체가 되는 것으로, 작게는 목화금수(木火金水)의 마디를 연결하는 작용을 하며, 크게는 세대교체의 중심이 된다.

무토(戊土)는 사묘고충(四墓庫沖)이 되면 지진이 발생하여 태산이 붕괴(崩壞)되는 것과 같아서 땅바닥으로 추락하는 인생과 같다. 그러므로 무토(戊土)는 가색격(稼穡格)이 되지 못한다. 그러나 기토(己土)는 토기지지(土氣地支)의 충(沖)을 두려워하지 않으며, 오히려 충(沖)에 의해서 새로운 활력을 얻는다. 그러나 묘고충(墓庫沖)에 해당하는 육친의 흉사가 발생하므로 좋을 바는 없다.

육친의 흉사에 마음 편할 사람이 없으니 토기(土氣) 과다로 인한 삼형충(三刑沖)이 되는 것은 업인살(業因殺)일 뿐이다.

토기(土氣)의 성분은 변화, 머뭇거림, 중재(仲裁), 배양(培養)의 뜻을 의미한다. 기토(己土)는 기르고 받아들이는 성분이 강하므로 사교성이 좋으며 친구가 많고 적을 만들지 않지만, 자칫하면 중심을 잡지 못해서 오해를 사기도 한다.

또한, 기회를 엿보는 능력이 뛰어나서 남보다 좋은 기회를 잡을 수 있지만, 무토(戊土)보다 무게가 없어서 언행일치(言行一致)가 안 되는 점이 흠이며, 남녀 이성으로 인한 슬픔을 겪는 일이 많다.

기토(己土)는 금기(金氣)를 생조하지만 임수(壬水)와 근접(近接)하면 신금(辛金)에게 해(害)를 주는 일도 있다. 특히 계수(癸水)가 있으면 신금(辛金)이 계수(癸水)와 기토(己土)로 인해서 망신을 당하는 것과 같다.

경금(庚金) 또한 계수(癸水)가 있으면 망신살(亡身殺)과 같아서 게으르게 된다. 그러나 임수(壬水)가 있을 때는 경금(庚金)과 신금(辛金)은 자신의 능력을 펼치고자 노력한다.

경금(庚金)으로 인해서 기토(己土)가 신약할 때는, 무토(戊土)의 방조(幇助)와 정화(丁火)로 경금(庚金)을 제련(製鍊)하는 것이 좋다. 경금(庚金)은 달이고 기토(己土)는 구름이므로, 경금(庚金) 밝은 달을 기토(己土) 구름이 가리는 것이 되므로, 경금(庚金)이 기토(己土)를 능멸하는 일도 많다.

이때 계수(癸水)가 있다면 달빛을 흑운차월(黑雲遮月)하는 것이므로 더 흉하다. 그러나 경금(庚金)이 희신으로 생수(生水)하는 작용이라면 무해무덕하지만, 기신으로 목기(木氣)를 파극하는 작용이라면 만사불성(萬事不成)과 같다.

경금(庚金)을 만나면 옥토(沃土)에 거대바위가 놓여 있는 상으로 흉하지만, 수기(水氣)를 생조하는 희신이라면 길하면서도 자식인 금기(金氣)로부터 좋은 대접을 못 받으니 자식 덕이 부족할 수밖에 없다.

신금(辛金)이 투출하고 기신이라면 경금(庚金)보다 더 흉하여 서로의 피해가 되는데, 신금(辛金)은 기토(己土)의 옥답(沃畓)을 자갈밭이 되게 하므로 목기(木氣)를 성장시키기가 어렵기 때문이다.

그러므로 여명은 남편 덕이 부족하고 양호한 직업이 되지 않으며, 남명은 직업에 문제가 발생하고 자식은 성공하기 어렵다. 그러나 희신으로 생수(生水) 작용을 하며 계수(癸水)를 생조하는 신금(辛金)이라면 무해무덕하다.

여름에 임수(壬水)가 투출했다면 조후로 쓸 수는 있지만, 큰 도움은 되지 않으며 오히려 수고로움이 따르고 인덕이 없게 되며 이기적이 된다. 그러므로 지지수기(地支水氣)가 더 큰 도움이 된다.

임수(壬水) 또한 기토(己土)를 싫어하며 자칫 능멸(凌蔑)하게 되고 서로 간에 피해가 되는 관계이다. 그러므로 임수일간(壬水日干) 여명에 기토(己土)가 정관(正官)일지라도 허약한 기토(己土)라면 남편을 능멸하기 쉽다

기토일간(己土日干) 남명에 임수(壬水)가 있고, 수기(水氣)가 과다한 재다신약(財多身弱)이라면 서로 간에 피해가 되고 부부 해로가 어렵다. 그러므로 기토(己土)와 임수(壬水)는 항상 격(隔)하고 있어야 한다.

계수(癸水)로 인해서 기토(己土)가 허약해질 때는 무토(戊土)보다 병화(丙火)로 방조하는 것이 더 양호하다. 이때의 무토(戊土)는 계수(癸水)를 탈재(奪財)하러 온 것이므로 병술(丙戌)이나 병오(丙午) 병인(丙寅)으로 온 병화(丙火)가 더욱 길하다.

목기(木氣)와 토기(土氣)의 천간관계는 수화(水火)나 금목(金木)의 칠살관계와는 다름이 있다. 음습(陰濕)한 토기(土氣)의 습기를 뽑아 올리는 작용을 목기(木氣)는 하게 되고, 잎사귀를 떨어트려 거름이 되게 하므로 목기(木氣)는 토기(土氣)를 떠날 수 없으므로, 목기(木氣)는 토기(土氣)를 생조하는 것이 된다.

목기(木氣)가 왕성해도 병화(丙火)와 계수(癸水)가 있으면 목기(木氣)를 두려워하지 않는다. 그러나 이때 계수(癸水)는 병화(丙火)와 격(隔)하고 있어야 한다. 목기(木氣)가 왕성하고 병화(丙火)와 계수(癸水)가 없으면 생살이 찢어지는 고통을 당한다.

어떠한 사주라도 십천간의 구조배합에서 병화(丙火)와 계수(癸水), 기토(己土)와 임수(壬水), 을목(乙木)과 신금(辛金), 정화(丁火)와 신금(辛金) 그리고 기토(己土)와 신금(辛金)은 서로 격(隔)하고 있는 것이 더욱 길하다.

그리고 천간합(天干合) 또한 격(隔)하고 있는 것이 좋으며, 합(合)이 된다고 해도 합(合)을 풀게 하는 천간이 있어야 길하다. 가령, 무계합(戊癸合)이 될 때는 갑목(甲木)이 있어야 좋으며, 병신합(丙辛合)이 될 때는 임수(壬水)

가 있어야 길하다.

계수(癸水)가 강할 때는 기토(己土)는 물속의 전답(田畓)이 되는데, 이때의 갑목(甲木)은 수기(水氣)를 흡수하여 증발시키는 작용을 하므로 기토(己土)에게 도움을 준다. 또한 이때의 기토(己土)는 윤토(潤土)이므로 목기(木氣)의 뿌리를 겁내지 않는다.

그러나 을목(乙木)은 기토(己土)에 이득을 주지 않는다. 수기(水氣)를 흡수하여 증발시키는 작용이 허약하고, 태양 빛을 차일(遮日)하는 것과 같아서 도움이 안 되는 것이다.

```
年 月 日 時
辛 戊 己 戊    乾命
卯 子 亥 辰    신약용겁(身弱用劫)
丁 丙 乙 甲 癸 壬 辛
亥 戌 酉 申 未 午 巳
```

자월기토(子月己土)가 편재격신약(偏財格身弱)으로 무토(戊土)를 의지한다고 하지만, 진토(辰土)는 제방토(堤防土)가 아니며 한랭기(寒冷氣)를 가중시킨다. 또한 자수(子水)는 무토(戊土)의 재물이다.

반드시 있어야 할 병화(丙火)가 없고 묘목상좌(卯木上坐)의 신금(辛金)이 묘목(卯木)을 극하고 있으며, 자묘형살(子卯刑殺)에 수목응결(水木凝結)이 되었으니 직업이 양호하지 못하며 자식 덕도 부족하다.

목기(木氣)에서 산소작용을 잘해야 혈액유통이 잘 이루어지고 건강한 사람이 되지만, 병화(丙火)를 못 만난 묘목(卯木)은 성장을 멈춘 고사목(枯死木)이다. 그러므로 간 기능에 문제가 있기 쉬워서 간경화, 간암 등이 발생하기 쉽다.

자수(子水) 부친은 자진합(子辰合)으로 진토(辰土)에 입묘(入墓) 했으므로 부친선망이다. 사주의 모친의 오행이 없지만, 자수(子水) 부친은 무자(戊子)로 왔고 자수(子水)와 합(合)이 되는 진토(辰土)에서 무토(戊土)가 투출했으므로 월간무토(月干戊土)가 모친이며 모친의 형제는 5형제 이상이다.

당주는 직장 생활을 못하므로 개인 사업을 하다가 몇 번의 패재(敗財)를 당하고, 신금대운(申金大運)에는 수국(水局)을 이루므로 죽을 고비도 겪어 보며, 이어지는 계수대운(癸水大運) 형제들의 돈까지 모두 가져다 패재하고 인생 낙오자가 되었다.

시간무토(時干戊土)에 의지한다고 하지만, 공망(空亡)이므로 믿고 의지할 사람이 없으며 고독하게 되는데, 부모 형제가 무덕하고 고독함을 술로 달래므로 알코올 중독자가 되었다.

해수(亥水)는 처궁으로 천의성(天醫星)이며 역마지살(驛馬地殺)이므로 바쁘게 움직이는 처가 직장을 다니며 생계를 꾸리게 되었는데, 미토대운(未土大運)에 목국(木局)을 이루므로 부부 이별사가 강하다. 만약 이별하지 않으면 본인이 사망할 수도 있는데, 54세 갑신년(甲申年) 목국(木局)과 수국(水局)이 이루어지므로 기갑합목(己甲合木)으로 변하여 사망하게 되었다.

```
年 月 日 時
乙 丁 己 丙    坤命
酉 丑 卯 寅    신약용인(身弱用印)
戊 己 庚 辛 壬 癸 甲
寅 卯 辰 巳 午 未 申
```

축월기토(丑月己土)에 병화(丙火)는 최고의 길신으로 한랭기(寒冷氣)를 풀어 주며 관인상생(官印相生)을 하므로 교직자가 되는 명식으로, 엄마처럼 다정한 남편이 시주에 있으므로 중년 이후에 만나게 된다는 암시가 있다.

당주는 경금대운(庚金大運) 30세 갑인년(甲寅年) 결혼을 했고, 신사대운(辛巳大運) 43세 정묘년(丁卯年) 부부 이별하게 되었다.

임오대운(壬午大運) 50세 갑술년(甲戌年) 천합지합(天合地合)으로 결혼하여 늘그막에 마냥 행복할 줄만 알았으나 하늘은 행복만을 주지 않았다.

당주는 철저한 기독교 신자로 기묘대운(己卯大運) 묘유충(卯酉沖)에 역마살(驛馬殺)에 유학하여 히브리어를 전공하고 교수를 역임하다, 59세 계미대운(癸未大運) 계미년(癸未年) 교수직을 사임하였다.

61세 일주가 천충지충(天沖支沖)하는 을유년(乙酉年) 50억 이상을 패재 당했다. 후부 남편이 건설 회사를 하다가 연쇄 부도를 당했다.

본부와 헤어진 이유는 가정부와 눈이 맞아 이혼을 요구했다고 한다. 관살(官殺)이 명암부집(明暗夫集)된 사주에서 대운이 잘못 흐르면 몇 번의 결혼풍파가 발생하기도 한다.

억부(抑扶)로 사주를 감명하는 역인들은 신약하면 신강하게 하는 운에 대부(大富)를 이루고 행복하게 된다고 말하며 또는 용신운이 대길하다고 말한다. 그러므로 당주 또한 계미대운(癸未大運)은 대길하다고 말한다.

그러나 당주의 사주에서 계미대운(癸未大運)은 천간에서는 수화상전(水火相戰)이고 지지에는 축미충(丑未沖)이 발생하므로 묘유충(卯酉沖)이 되는 것을 보지 못하고 있다.

이 사주의 유금(酉金)은 천주귀인(天廚貴人)으로 수복(壽福)을 상징하는 재물의 원신이고, 축토(丑土)에 계수(癸水)의 재물을 보관시키고 있다. 그런데 축토(丑土)와 유금(酉金)이 깨어지는 충(沖)이 되었고, 병화(丙火)가 흑운차일(黑雲遮日)당하면 남편 신상이 변수가 되는 것이다.

갑목(甲木) 남편의 직업은 유금(酉金)과 축토(丑土)가 합(合)이 되어 아파트 건설공사가 되는데, 합중봉충(合中逢沖)이 되므로 축토(丑土)와 유금(酉金)의 아파트가 무너지는 붕괴현상(崩壞現象)으로 나타난 것이다.

年 月 日 時
己 丙 己 癸　乾命
巳 寅 未 酉　신강의설재(身强宜洩財)
乙 甲 癸 壬 辛 庚 己 戊
丑 子 亥 戌 酉 申 未 午

인월기토(寅月己土)가 정인격(正印格)으로 1809.2.12. 유시(酉時)에 태어나 1865.4.15. 사망한 링컨(Abraham Lincoln) 전 미국 대통령의 명식이다.

　인월(寅月)에는 잔여주위가 남아 있으므로 병화(丙火)가 반드시 있어야 한다. 이때 병화(丙火)와 격(隔)하고 있는 계수(癸水) 또한 필수이다. 인월(寅月)에 병화(丙火)와 갑목(甲木)이 있고, 계수(癸水)가 있으면 능히 꿈을 이루게 된다.

　이때 화기(火氣)가 왕성하면 계수(癸水)가 좋으나 그렇지 않다면 자수(子水)가 더욱 좋다. 그런데 이 명식은 양실음허(陽實陰虛)하고 신강하므로 계수(癸水)가 필수이다. 그런데 계유시(癸酉時)에서 간지상생(干支相生)의 희신이 되므로 중년 이후 꿈을 이룬다는 암시가 있다.

　일시지 사이 신금(申金)이 공협(拱挾)되어 인사신삼형(寅巳申三刑)을 형성하고 있다. 그러므로 인중갑목(寅中甲木)에 해당하는 외조모, 자식, 조상이 모두 단명을 뜻한다.

　이 사주를 보는 안목은, 인사신삼형(寅巳申三刑)의 형살지권(刑殺之權)에서 투출한 병화(丙火)이고, 당주 기토(己土)는 인중갑목(寅中甲木)을 갑기합(甲己合)으로 끌어당기므로, 형살지권(刑殺之權)이 당주에 임한 것을 봐야 인생행로를 추론할 수 있다.

　또한, 기미일주(己未日柱)가 암록(暗綠)으로 보이지 않는 곳에 복덕이 있다는 암시(暗示)가 있으므로 귀인의 도움을 받게 되고 인덕이 있어서 어려운 일을 당해도 쉽게 풀린다는 암시가 있다.

　링컨 대통령은 불행한 일을 많이 겪었던 사람으로 을축대운(乙丑大運) 4세 임신년(壬申年) 인사신삼형(寅巳申三刑)에 동생의 죽음을 보았다. 9세 정축년(丁丑年) 묘고(墓庫) 발동으로 사생아(私生兒)였던 어머니와 사별했고, 갑자대운(甲子大運) 19세 정해년(丁亥年) 생지충(生地沖) 작용으로 여동생의 죽음을 보았다.

아내 계수(癸水)는 유금(酉金)의 병지(病地)에서 기미(己未)의 묘신(墓神)을 만나므로 정신 이상자와 같았으며, 인중갑목(寅中甲木) 두 아들도 갑기합토(甲己合土)로 묘고(墓庫) 속에 끌려가 당주의 품에서 죽었다. 또한 전쟁에 참여했다가 친구들의 죽음을 무수히 목격했다.

당주는 정치에 나섰으나 연거푸 낙선의 고통을 겪었으며, 온통 실패의 연속이었으나 전혀 굴하지 않았으며, 고난의 세월을 통해서 생명의 소중함과 인간의 존엄성을 깨달았고 항상 청중을 향해서 "나는 노예가 되고 싶지 않다. 또한 주인이 되고 싶지도 않다. 인간은 누구나 평등한 존재이다"라고 연설을 했다.

에이브러햄 링컨은 미국의 16대 대통령이 되었으며 그는 고난과 아픔을 인생의 귀중한 자산으로 삼아 미국에서 가장 존경받는 지도자로 손꼽힌다.

인월병화(寅月丙火)가 세력을 잡은 정인격(正印格) 신강으로, 대지보조(大地普照)를 이루고 광활한 대지 위에 태양이 둥실 떠서 온 세상을 화창하게 하는 격으로 대지가 부족함이 없고, 관인상생(官印相生)을 하며 계수(癸水)를 만나니 세상 두려울 것이 없는 사주가 되었다.

이때 계수(癸水)가 없었다면 꿈을 이루지 못했을 것이다. 계수(癸水)가 있으므로 화기(火氣)는 치열하지 않고, 목기(木氣)는 넘치거나 모자라지 않게 성장하며, 기토(己土)는 윤토생금(潤土生金)을 하고 촉촉한 단비가 내리므로 세상 만물이 생동감을 얻었다.

```
年 月 日 時
戊 乙 己 辛   坤命
戌 卯 亥 未   식신제살격(食神制殺格)
甲 癸 壬 辛 庚 己 戊
寅 丑 子 亥 戌 酉 申
```

묘월기토(卯月己土)가 칠살격(七殺格)으로 목국(木局)의 진합(眞合)이 이루어져 제살격(制殺格)이 되는 명식이지만, 병화(丙火)로 목설생토(木洩生土)하고 태양이 화창해야 목기(木氣)는 성장하므로 만사가 평안하게 되는데, 묘목(卯木)은 묘술합(卯戌合)과 목국(木局)으로 양다리를 걸쳤으나, 육합(六合)보다 삼합의 결속력이 강하므로 진삼합(眞三合)이 이루어진다.

술중정화(戌中丁火) 모친은 외롭고 고독한 여인으로 부부 해로 못하는 모친으로, 부친은 재혼했으며 당주는 모친과 함께 살았다. 을목(乙木) 남편은 양쪽으로 합(合)을 이루고, 당주의 재물이 남편 궁에 이동을 하므로 내 재물 착취하는 사람으로 배신을 한다.

목다금결(木多金缺)당하는 딸이므로 유산이 있으며 한 자식 가슴에 무덤 쓰는 일이 발생하고, 유방암이나 자궁암의 염려가 있다. 반드시 있어야 할 병화(丙火)가 없으니 을목(乙木)은 잡초로 변하고 인생사 고락이 많게 되는데, 이처럼 암장부집(暗藏夫集) 사주는 부부 해로가 어렵다.

당주는 계축대운(癸丑大運) 23세 경신년(庚申年) 결혼했고, 임자대운(壬子大運) 일사무성(日事無成)으로 지내던 남편이 죽을 고비를 넘나드는 질병이 되어 당주의 돈이 남편에게 모두 들어갔다. 그리고 아파 죽는다는 남편 살려 내니 그 공덕도 모른 채 배신하고 떠나는 남편이었다.

이처럼 을목(乙木) 남편의 육신인 묘목(卯木)이 이쪽저쪽에 합(合)이 되고, 당주의 재물인 해수(亥水)는 신강한 을목(乙木)에게 전혀 도움 되지 않는다. 술토(戌土)는 부부 합이고 재물 창고이니 돈 많은 여자를 찾아 떠나는 것이다.

모친의 육신은 묘술합(卯戌合)의 부부 합이므로 사위와 눈이 맞아 가정이 파탄될 수도 있다. 그러므로 모친은 남편과 함께 있는 시간이 없어야 하며, 자식은 목다금결(木多金缺)이니 일찍 분가(分家)를 시켜야 한다.

신해대운(辛亥大運) 39세 병자년(丙子年) 신금(辛金) 딸이 목기(木氣)의 재물을 보고 돈 벌러 간다고 가출했다. 40세 축술미삼형(丑戌未三刑)이 발생하는 정축년(丁丑年) 가출한 딸이 나쁜 짓을 하다 구속되는 일이 발생했다.

목국(木局)을 가위로 재단하는 상이니 꽃집, 농수산물 유통, 미용실, 포목점, 무속인, 활인업, 음식점, 술집, 등도 가능하다. 관살국(官殺局)을 이루었기에 남자들을 상대로 유흥업, 식당업, 주류업을 하는 것도 무난하다.

年 月 日 時
丙 壬 己 丙 乾命
戌 辰 未 寅 신강의극(身强宜剋)
癸 甲 乙 丙 丁 戊 己
巳 午 未 申 酉 戌 亥

진월기토(辰月己土)가 신강으로 반드시 계수(癸水)가 있어야 하지만, 임수(壬水)가 투출해서 진술충(辰戌沖)에 뿌리가 잘리고 인목(寅木)의 설기와 술미조토(戌未燥土)의 제수(制水)로 증발하여 형체가 사라진 형국이다. 그러므로 부친선망하고 처덕과 재물복이 없으며 일찍 흉사를 당하거나 부부 이별하게 된다.

인중갑목(寅中甲木)이 소토(疎土)하며 임수(壬水)를 보호하는 용신이 되어야 하지만 무투간(無透干)했고, 복음홍광(伏吟洪光)을 부채질하는 경우이니 답답한 인생으로, 직업이 신통치 않고 자식 덕이 없으며 득자 이후 고난풍파 속으로 들어가게 된다.

일지가 비견(比肩)이 되어 수시로 발생하는 사묘고충(四墓庫沖)에 쟁재(爭財)에 가담하고 있으며, 일주공망에 태월공망으로 인인패사(人人敗事)의 인생이다.

임수(壬水) 부친의 처가 되는 첫 여자는, 병술백호(丙戌白虎)로 월주와 천충지충(天沖支沖)에 혈광사(血光死)로 사별하게 되었다.

그 후 미중정화(未中丁火)를 만나 재혼하고, 당주는 부친의 후처소생으로 부친과는 사이는 좋았으나, 당주가 태어나고 기토탁임(己土濁壬)에 혈액관련 질병으로 사화대운(巳火大運) 13세 무술년(戊戌年) 부친 사별하게 되었다.

임수(壬水)가 극허약하고 통근처가 없다 할지라도 처가 되지만, 과부살로 왔기에 단명하는 처가 되는데, 일지공망이 상징하는 대로 고아 같은 여자가 인연이다.

진중을목(辰中乙木) 자식은 흉사당하는 딸로서 일찍 사망했다. 인중갑목(寅中甲木)은 귀염 받는 딸이지만, 인미귀문(寅未鬼門)에 수기(水氣)가 극허약하고 건조하므로 정신장애가 있는 딸을 낳게 되었고, 미토대운(未土大運) 34세 기미년(己未年) 밥 잘 먹고 잠을 잔 처가 눈을 뜨지 않았다.

```
年 月 日 時
己 己 己 辛   坤命
亥 巳 未 未   신강의설재(身强宜洩財)
庚 辛 壬 癸 甲 乙 丙
午 未 申 酉 戌 亥 子
```

사월기토(巳月己土)가 비겁(比劫)이 과다한 화염조토(火炎燥土) 사주로 잡초도 살 수 없는 사막과 같다. 해사중(亥巳中)에 연지의 재물을 놓고 쟁재쟁관(爭財爭官)을 하는 명식이다.

신금(辛金)이 용신으로 토설생수(土洩生水)하는 통관신이 되어야 하지만, 토다매금(土多埋金)에 자식 신상 이변수가 있게 된다. 또한 자신의 활동무대가 매금(埋金)을 당했으므로 임기응변 능력이 부족하며 우둔할 수 있다.

기토(己土)는 일지미토(日支未土)가 암록(暗綠)이라 하지만, 이때는 절록(絶祿)으로 복록이 부족하게 된다. 그러므로 인덕이 없어서 고아와 같다. 곡평살(曲平殺)이 중중하고 2개의 화개살에 좌(坐)하므로 업장이 많은 팔자로, 성공하는 형제가 없고 모든 형제자매가 절간에서 남편을 찾는 격으로 부부 해로하는 형제가 드물다.

무관성(無官星)으로 해중갑목(亥中甲木)은 년간기토(年干己土)의 남편이고, 당주의 남편은 미중을목(未中乙木)으로 목기창고(木氣倉庫)에 입묘(入

墓)당했으며, 2개의 미토(未土)가 기신으로 당주와 같은 기토(己土)가 셋이
므로 부군작첩(夫君作妾)에 과소비를 일삼는 남편 인연이다.

　조상불봉(祖上不奉)하며 윗사람의 조언을 무시하는 즉흥적인 사람이므
로 은덕을 입을 수 없음을 상징한다. 당주는 임신대운(壬申大運)에 결혼했
으나 무자식으로 부부 헤어진 후 혼자서 살아가고 있다.

　년월지(年月支) 역마지살(驛馬地殺) 충(沖)으로 보험회사에 다니며 증권
을 하다가 술토대운(戌土大運) 남의 돈까지 빌려 모조리 패재하고 파산자
가 되었으며, 다시 보험회사에 다니며 금융 다단계에 빠져 있다.

　그러나 잃은 돈을 복구하기는 낙타가 바늘구멍으로 들어가기만큼 어렵
다. 이처럼 비견과다(比肩過多)하고 설기하는 용신이 극무력하면, 백년탐물
(百年貪物)이 일조진(日朝盡)일 뿐이다.

```
年 月 日 時
丁 丙 己 己   乾命
巳 午 未 巳   종강격(從强格)
乙 甲 癸 壬 辛 庚 己
巳 辰 卯 寅 丑 子 亥
```

　오월기토(午月己土)가 종강격(從强格)이라 하지만, 이런 명식은 기토(己
土)의 본분인 옥토(沃土)의 사명이 없어져서 잡초도 살기 어려운 사막으로
그 누구도 찾지 않으니 고독에 몸부림치는 운명이다.

　토기일간(土氣日干)의 가색격(稼穡格)은 조후가 무엇보다 중요하다. 화염
조토(火炎燥土)의 땅에서는 농사지을 수 없는 환경이기 때문이다.

　당주의 활동무대가 인수(印綬)의 도식(倒食)으로 파극(破剋)당하는 것이
므로, 체하기를 잘하고 폐기능이 손상당하며 뼈가 허약하고 살찔 틈이 없
으며 신장 대장에 문제가 발생하게 된다.

　또한, 목기(木氣)가 불에 타므로 숙면을 이루지 못하고, 해독능력이 현저
하게 떨어져서 면역력이 없게 된다. 사중경금(巳中庚金)이 있다고 하지만, 암

장간(暗藏干)에 있으므로 써먹을 수 없는 무용지물로 활동력이 없게 된다.
을사(乙巳) 갑진대운(甲辰大運)은 부모의 덕으로 평안함을 누렸으나, 계묘대운(癸卯大運)의 계수(癸水)는 쇠신왕충(衰神旺沖)에 왕신(旺神)이 대노(大怒)하므로 대흉하게 되는데 33세 기축년(己丑年) 비견(比肩)이 일지를 충(沖)하고 쟁재(爭財)를 일으키며, 축토(丑土)의 묘신발동(墓神發動)으로 폐병으로 사망했다. 축토(丑土)는 경금(庚金)의 묘고(墓庫)이기 때문이다.

```
年 月 日 時
壬 丁 己 庚    乾命
辰 未 巳 午    신강의설재(身强宜洩財)
戊 己 庚 辛 壬 癸 甲
申 酉 戌 亥 子 丑 寅
```

미월기토(未月己土)가 신강으로 화방(火方)을 이루고, 정화(丁火)가 투출하여 화염충천(火炎衝天)하지만, 임수(壬水)가 정임합화(丁壬合火)로 화기(火氣) 세력에 가담하므로 부친의 덕이 없게 된다.
미월(未月)에는 윤토(潤土)하는 계수(癸水)와 수기(水氣)의 원천이 있고 소토(疎土)하는 갑목(甲木)이 있어야 하지만, 당주는 계수(癸水)와 갑목(甲木)이 없으므로 큰 발복을 이루지 못한다.
경금(庚金)이 비록 쇠약(衰弱)하지만, 사중(巳中)에 통근하고 진토(辰土)의 수기창고(水氣倉庫)가 있으므로 불행 중 다행이지만, 태월공망(胎月空亡)으로 큰 발복은 기대하기 어렵다.
진중계수(辰中癸水)는 처가 되는데, 진중(辰中)에서 무토(戊土)와 암합(暗合)을 하고 있으므로 기토(己土)와는 정(情)이 없고, 마음속에 항상 무토(戊土)를 생각하고 있다. 첫사랑을 가슴에 품고 있는 여인으로 무토(戊土)를 만나면 을목(乙木) 자식을 데리고 무토(戊土)를 따라갈 준비가 된 여인이다.

경술대운(庚戌大運) 34세 을축년(乙丑年) 부친이 사망했으며, 35세 병인년(丙寅年) 결국 부부 헤어지게 되었다.

편고사주(偏枯四柱)는 직장 생활이 길하며 사업을 한다면 거의 패재하게 되는데, 당주 역시 직장을 그만두고 횟집을 하였으나 장사가 안 되어 많은 재산손실을 겪고 부부 이별했다.

지지(地支)의 암장간(暗藏干)이 배우자인 사주는 지지충(地支沖)하는 대운에 부부 이별하는 일이 많은데, 특히 지지충(地支沖)에 개고(開庫)된 암장천간(暗藏天干)을 합거(合去)해 가는 경우 부부 헤어지는 일이 많다.

지지암장(地支暗藏)되어 있을 때는 금고에 보관된 것으로 안전하지만, 금고가 열리면 도둑이 내 재물을 훔쳐가는 것과 같다. 그러므로 희신이 암장(暗藏)된 사주는 충(沖)은 좋을 일이 없다.

```
年 月 日 時
丙 丙 己 乙   坤命
午 申 未 亥   신강의설재(身强宜洩財)
乙 甲 癸 壬 辛 庚 己
未 午 巳 辰 卯 寅 丑
```

신월기토(申月己土)가 상관생재격(傷官生財格)으로 월지가 용신이므로 길하다. 그러나 2개의 병화(丙火)가 열기로 작용하며 조토(燥土)를 가중하고, 년월지 사이에 일지와 같은 미토(未土)가 또 있으며, 일시지에 묘목(卯木)이 공협(拱挾)되어 목국(木局)을 이루므로 매우 흉하다.

일지는 관고(官庫)이고 해중갑목(亥中甲木)이 기토(己土)와 합(合)을 이루고 목국(木局)이 되므로 암장부집(暗藏夫集)에 해당하고, 부성입묘(夫星入墓)에 해당하므로 부부 해로하기 어려운 명식이다.

그러므로 남편 신상에 이변수가 있을 명식인데, 임진대운(壬辰大運) 45세 경인년(庚寅年) 교통사고로 남편이 비명횡사했다. 일지 암록성(暗綠星)이지만, 이 사주는 절록(絶祿)에 해당하여 인덕이 없는 것이다.

묘목(卯木)을 공협(拱挾)하여 을목(乙木) 남편의 록근(祿根)이 되는 것은 좋은 일이지만, 그러나 화기(火氣)를 강화하는 작용이므로 도움이 안 되며 암록(暗綠)의 길함이 사라지는 것이다.

신묘대운(辛卯大運) 병신합(丙辛合)에 목국(木局)을 이루므로 재혼(再婚)은 하겠지만, 어떤 남자를 만난다 해도 품질 이하로 양호하지 않다.

비록 영기 발랄하고 패기가 있으며 향상심과 분투노력하는 점이 좋지만, 화염조토(火炎燥土)에 묘목(卯木)이 협공(挾拱)되어 기신이므로, 믿는 도끼에 발등 찍히는 인생이 된다. 그런데 자존심이 지나치게 강하여 평범한 신분에 만족할 줄 모르고 항상 불평불만이 많다. 또한 고집이 세서 남과 충돌하는 경향이 있으므로 싸움을 조심해야 한다.

```
年 月 日 時
丁 己 己 戊   乾命
丑 酉 未 辰   신강의설(身强宜洩)
戊 丁 丙 乙 甲 癸 壬
申 未 午 巳 辰 卯 寅
```

유월기토(酉月己土)가 비겁(比劫)이 과다하지만, 년월지 유축합(酉丑合)에 사화(巳火)를 불러 금국(金局)을 이루고 진토(辰土) 또한 금기(金氣)에 가세할 뜻이 있으므로 길하다.

사주에 습기(濕氣)가 있으므로 설기가 이루어지고, 월지용신이므로 두뇌 총명하고 길하다. 이때 정유월(丁酉月)이라면 격이 떨어지지만, 기유월(己酉月)로 비견(比肩)이 용신을 도우니 부모 형제 덕이 있는 것이다.

그러므로 비겁(比劫)이 과다하다고 해서 육친의 덕이 없다고 판단해서는 안 된다. 정화(丁火)는 축토(丑土)에 설기되어 유금(酉金)을 극(剋)하지 못하고, 시주(時柱) 또한 유진합(酉辰合)으로 용신을 도우니, 비록 비겁(比劫)이 과다하지만, 친구, 형제, 동료가 한마음으로 용신을 생조하는 형상으로 청기(淸氣)가 있다.

그러나 대운이 동남방으로 발복이 작다. 미진(未辰) 중에 암장된 을목(乙木)이 자식이지만, 투출하지 않았으므로 자식의 희로애락은 유금(酉金) 용신과 함께 보면서 미토(未土)와 진토(辰土)의 관계를 함께 살피게 된다.

처성 또한 축진(丑辰) 중에 암장계수(暗藏癸水)이지만, 무투간(無透干)하므로 유금(酉金) 용신과 함께 처성의 상황을 보게 된다.

당주는 자식이 없어서 수많은 근심을 했는데, 병오대운(丙午大運)은 용신을 극하므로 자식을 낳기 어렵다. 그러나 35세 신해년(辛亥年), 해수(亥水)가 유금(酉金)을 보호하므로 아들을 낳았다.

年 月 日 時
壬 庚 己 甲　坤命
辰 戌 亥 子　신약용인(身弱用印)
己 戊 丁 丙 乙 甲 癸
酉 申 未 午 巳 辰 卯

술월기토(戌月己土)가 득령했다고 하지만 신약으로, 갑목(甲木)이 국생도화(麴生桃花)로 투출하여 합(合)이 되므로 화류계 사주가 되었다. 이리되면 남편 덕이 불미하고 화류계 종사자 호색하는 남자들을 만나게 된다.

갑목(甲木)을 성장시켜 줄 태양이 없으니 양호한 직업이 어려우며, 남편 덕이 부족하게 된다. 진술충(辰戌沖)으로 홍염살이 동하고, 술해천문(戌亥天門)을 이루므로 업장소멸 기도가 길하다.

기유대운(己酉大運)은 유진합(酉辰合)으로 진술충(辰戌沖)을 풀게 하는 충중봉합(沖中逢合)이지만, 토설생수(土洩生水)에 오로지 재물에 마음이 가므로 공부 또한 잘하기 어렵다.

무신대운(戊申大運)은 홍염살(紅艷殺)에서 무토(戊土)가 투출하여 신금(申金)을 생조하고, 수국(水局)이 유정하므로 친구와 함께 유흥업에 나가게 되었다.

진중을목(辰中乙木) 첫 남자는 진중(辰中)에는 무토(戊土)가 있으므로, 유부남을 만나게 되었고, 경금(庚金)이 동하므로 아들을 낳게 되었다. 정미대운(丁未大運)은 정임합(丁壬合) 기반으로 도움 되지 않으며, 수시로 발생하는 사묘고충(四墓庫沖)에 을목(乙木) 남자와 헤어지게 되었고, 경금(庚金) 자식은 을경합(乙庚合)으로 을목(乙木) 남자가 데려갔다.

그리고 일지와 미토(未土)가 묘목(卯木)을 불러 목국삼합(木局三合)이 유정하므로, 새로운 남자를 만나게 되었다. 후부는 갑목(甲木)이며 술중무토(戌中戊土)가 시부(媤父)가 되는데, 첫 부인은 임수(壬水)의 육신이 진술충(辰戌沖)에 묘신(墓神) 발동으로 사별하였고, 자중계수(子中癸水) 후처를 취하여 갑목(甲木)을 낳았으니, 남편은 후처소생으로 이복형제가 있는 사람을 만나게 되었고, 정식 남편이니 해로하게 된다.

```
年 月 日 時
乙 丁 己 乙   坤命
酉 亥 酉 亥   신약용인(身弱用印)
戊 己 庚 辛 壬 癸 甲
子 丑 寅 卯 辰 巳 午
```

해월기토(亥月己土)가 신약으로 사주에 쓸 만한 글자가 한 글자도 없는 명식이다. 해월기토(亥月己土)는 반드시 유력한 병화(丙火)가 있고, 수설생화(水洩生火)하는 갑목(甲木)이 있어야 평안한 인생이 된다.

이처럼 오행구족(五行具足)하면 종(從)할 수가 없으며, 더구나 년월지와 일시지 사이에 두 개의 술토(戌土)가 공협(拱挾)되어 술해천문(戌亥天文)을 이루므로 종교인으로 활인(活人)을 하면서 업장소멸을 위해서 살아야 한다.

정화(丁火)가 기토(己土)를 생조한다고 하지만, 세상이 얼어 있으므로 오히려 기토(己土)의 덕을 보려는 한(恨) 많은 모친이다.

수시로 발생하는 유유자형(酉酉自刑)에 냉병이 들고 폐 질환으로 일생

기침을 하고 사는 팔자로 해해자형(亥亥自刑)에 자궁병까지 발생하는 명식으로, 어떠한 대책이 없으며 부처를 찾아 울고불고 기도를 해 보지만 귀머거리 부처일 뿐이다.

당주는 경인대운(庚寅大運) 30세 갑인년(甲寅年) 갑기합(甲己合)으로 결혼에 성공은 했지만, 이어지는 신묘대운(辛卯大運) 3번의 유산을 겪었고 자식을 낳지 못하다가 35세 기미년(己未年) 중증의 정신병이 되었다.

37세 신유년(辛酉年) 결혼생활 7년 만에 이혼하게 되었고, 그 후 결국 내림굿을 하고 무속인의 길을 가게 되었다. 여명사주가 식상(食傷)에서 자형(自刑)을 하고 수기(水氣)가 얼어 있으면서 유력한 화기(火氣)가 없으면, 무자식이 되기 쉬우며 또는 후처 명으로 남의 자식 키워 주는 팔자이다.

庚金日干의 월별 용신

봄의 경금(庚金)은 한랭기운으로 차가워진 데다 절태양(絶胎養)에 해당하므로 매우 허약하다. 그러므로 화기(火氣)가 토기(土氣)를 방조해야 하므로 병오(丙午)나 정사(丁巳)가 원국에 있는 것보다 무오(戊午), 기사(己巳), 병진(丙辰), 병술(丙戌), 정미(丁未), 등이 있는 것이 더욱 효과적이다. 즉, 재관(財官)이 간지상생(干支相生)으로 구성되는 원국이거나 그런 운이 좋다.

사주의 수기(水氣)가 왕성하면 금설생목(金洩生木)하여 목기(木氣)를 강화하는 만큼 경금(庚金)은 더욱 쇠약해진다. 이때 자신의 능력을 과신(過信)하다 패망(敗亡)하게 되므로 대흉하다.

특히, 목기(木氣)가 과다하면 금결(金缺)이 되므로 질병체질이 되는데, 아끼고 절약하며 노력해 보지만 이루는 것이 적다. 또한 과다한 목기(木氣)는 화식(火熄)을 시키며 토기(土氣)를 극하므로 많이 배우지도 못하고 직업이 양호하지 못해서 불만족한 인생이 된다.

그러므로 목기(木氣)나 수기(水氣)가 과다하면 일생 뜻을 이루기 어려워서 비참한 최후가 되는 사람도 많은데, 그러므로 간지상생(干支相生)하는 화토(火土)가 유력해야 길하다.

여름에 태어난 경금(庚金)은, 화기(火氣)에 경금(庚金)이 생욕지(生浴地)에 해당하여 왕성해진다고 하지만, 화극금(火剋金)을 당하므로 왕성해지지 않는다. 다만 사주에 진토(辰土)나 축토(丑土)가 있을 때는 화기(火氣)를 두려워하지 않지만, 술토(戌土)나 미토(未土)가 있다면 화기(火氣)를 강화하고 조토(燥土) 생금불능(生金不能)으로 외화내빈(外華內貧)이 되는 일이 많다.

그러나 화기(火氣)의 투출천간이 없고 화기(火氣)가 강하지 않다면 무토(戊土)나 조토(燥土)가 반갑다. 또한 관인상생(官印相生)이나 살인상생(殺印相生)이 길하다.

목화기(木火氣)가 많은 것은 대흉하지만 관인상생(官印相生)이 되고 습토(濕土)가 있다면 흉하지 않지만, 이것에 반하는 구조로 배합되면 흉하다.

어떠한 경우라도 신금(申金)이나 유금(酉金)이 한 글자 있는 것이 좋은데, 임수(壬水)를 사용하는 제살(制殺)의 경우, 신금(申金)이 좋고 관인상생(官印相生)이라며 유금(酉金)이 좋다.

경금(庚金)은 유월(酉月)에 가장 청명한 밝은 달이므로 유금(酉金)을 좋아하지만, 신금투출(辛金透出)은 좋아하지 않는다.

토기(土氣)가 왕성하면 습토(濕土)인지 조토(燥土)인지 구별해야 하는데, 이때 조토(燥土)가 왕성하면 수기(水氣)를 막아서 목기(木氣)의 성장을 방해하므로 재물복이 약해지고 직업 또한 양호하지 않으며 여명은 무자식이 되기도 한다.

여름의 축토(丑土)는 천을귀인(天乙貴人) 작용이고, 겨울에는 업인살 되는 일이 많은데, 음실양허(陰實陽虛) 사주의 축토(丑土)는 사주를 한랭하게 하므로 그리 반갑지 않다. 축토(丑土)는 금기묘고(金氣墓庫)이고 습토(濕土)이므로 경금(庚金)이 부식되기 때문이다.

그러나 양실음허(陽實陰虛) 사주는 축토(丑土)도 반갑지만, 진토(辰土)를 더욱 좋아한다. 목기(木氣)가 제일 좋아하는 진토(辰土)이므로 재복(財福)이 있으며, 화설생금(火洩生金)을 제일 잘하기 때문이다.

가을에는 경금(庚金)이 최강의 시기이므로 화기(火氣)에 의한 단련이 있으면 길하다. 토기과다(土氣過多)면 금기(金氣)는 더욱 강해지고 목화(木火)는 더욱 허약해지므로 재복(財福)이 부족하고 직업 또한 만족할 수 없다.

수기(水氣)는 강한 금기(金氣)를 설기하므로 발전운이다. 그러나 화기(火

氣)가 있다면 목기(木氣)로 통관하여 수설생화(水洩生火)가 이루어져야 길하다.

신월(申月)의 처서(處暑) 전에는 아직 잔여화기(殘餘火氣)가 왕성하므로 임수(壬水)가 있을 때는 설기용신이 되는데, 이때 기토(己土)는 없는 것이 좋으며 혹, 무토(戊土)가 있다면 임수(壬水)와 격(隔)하고 있는 것이 좋다.

처서(處暑) 후에는 급격히 화기(火氣)가 약해지고 임수(壬水)는 강해지므로 정화(丁火)가 용신이 되는데, 갑목(甲木)의 수설생화(水洩生火)와 벽갑인정(劈甲引丁)이 되면 매우 좋다.

금기(金氣)의 비겁(比劫)은 목극토(木剋土)의 성분으로 재난(財難)이 발생하기 쉽다. 그러므로 신유(申酉) 중 한 글자만 있는 것이 좋으며 일간 외의 비겁천간(比劫天干)은 없는 것이 길하다. 목기(木氣)는 허약한 화기(火氣)를 생조하므로 처자 덕이 있으며 부귀를 이루게 한다.

겨울은 한랭한 계절이고 경금(庚金)은 사절지(死絶地)에 들어가므로 극히 허약해진다. 그러므로 무토(戊土)와 술토(戌土)가 있는 것이 좋은데, 술토(戌土)가 없다면 미토(未土)도 길하다. 금기(金氣)를 방조하고 제방제수(堤防制水)하며 화기(火氣)의 화로(火爐)가 되어 주므로 길한 것이다.

겨울의 경금(庚金)은 조토(燥土)가 있어야 화토금(火土金)이 살아갈 수 있으므로 무토(戊土)와 술토(戌土)가 있으면 의식주 걱정은 안 해도 될 정도이다.

무토(戊土)는 경금(庚金)을 부식시켜 쓸모없는 금(金)으로 전락시키는 계수(癸水)를 제압하고, 경금(庚金)을 방조하며 정화(丁火)의 화로(火爐)가 되어 주므로 무토(戊土)가 매우 중요하다.

금기(金氣)의 협력이 있는 것이 길하지만, 금기(金氣)는 한랭하게 하고 수기(水氣)를 생조하므로 좋다고 할 수도 없다. 목기(木氣)는 수설생화(水洩生火)하므로 양호한 작용이지만, 목기과다(木氣過多)면 경금(庚金)은 더욱 허약해지고 외화내빈(外華內貧)이 되므로 실속이 없는 삶이 되기 쉽다.

경금(庚金)은 정화(丁火)로 인해서 공(功)을 이루므로 정화(丁火)를 극하는 계수(癸水)는 매우 싫어하지만, 화토(火土)가 왕성하면 이때는 예외지만 발복이 크지는 않다.

경금(庚金)을 단련해야 하는 명식으로 갑목(甲木)의 수설생화(水洩生火)하는 명식은 귀(貴)를 이루고, 금설생목(金洩生木)하는 임수(壬水)가 갑목(甲木)이나 인목(寅木)을 생조하는 명식은 부(富)를 이룬다.

토기(土氣)가 과다하면 경금(庚金)도 매금(埋金)되므로, 유력한 갑목(甲木)의 소토(疎土)와 임수(壬水)가 있어야 길하다.

경금(庚金)은 쉽게 갑목(甲木)을 극제(剋制)할 수 있으나 갑목(甲木)은 정화(丁火)를 통해서만 경금(庚金)을 제압할 수 있다. 그러므로 경금(庚金)과 갑목(甲木)은 격(隔)하고 있으며, 갑목(甲木)과 정화(丁火)는 근접(近接)해야 올바른 벽갑인정(劈甲引丁)이 된다.

또는 경금(庚金)을 설기할 때는, 경금(庚金)과 임수(壬水)는 근접(近接)하고, 경금(庚金)과 갑목(甲木)은 격(隔)하고 있으며, 임수(壬水)와 갑목(甲木)이 근접(近接)하고 있다면 올바른 식신생재격(食神生財格)으로 부명(富命)이 된다.

경금(庚金)의 설기용신인 임수(壬水)가 근접(近接)하고 있으면 임수(壬水)의 호수 위에 경금(庚金)달이 휘영청 밝게 드러나 아름다우니 미남미녀가 되지만, 임수(壬水)가 없고 계수(癸水)가 근접(近接)하면 달빛을 가리는 흑운차월(黑雲遮月)이니 미남미녀가 되기 어렵고 우둔하고 게으르며, 계수(癸水)가 용신이라 해도 발복이 작다.

하늘에서 달이 되는 경금(庚金) 달빛을 흑운차월(黑雲遮月)하는 계수(癸水)는 도움 되지 않으므로 원국에 없는 것이 길하다.

병화(丙火)는 태양이며 경금(庚金)은 달이 되는데, 태양과 달이 함께 있으면 태양으로 인해서 달빛을 드러낼 수 없으므로 불만족하지만, 이때 계수(癸水)가 있다면 버린 사주가 되므로 오로지 임수(壬水)가 길하다.

기토(己土)는 구름으로 계수(癸水)와 같이 달빛을 차광(遮光)하므로 기토(己土)가 친모일지라도 크게 좋아하지 않는다. 또한 경금(庚金)이 습토(濕土)인 기토(己土)를 만나면 보검이 녹슬고 부식되므로 기토(己土)를 좋아하지 않는다.

기토(己土) 모친이 경금(庚金)의 큰 성공을 막는 것과 같은데, 이때 계수(癸水)가 있으면 버린 사주와 같아서 성공하기 어렵다. 그러므로 경금(庚金)은 무토(戊土) 태산에 기암괴석이 되거나, 태산 위에 떠오른 달이 되고 싶어 한다.

경금(庚金)은 신약하더라도 유금(酉金)이 한 글자 있는 것을 좋아하지만, 일간 외의 경금(庚金)이나 신금(辛金)은 전혀 좋아하지 않는다.

두 개의 경금(庚金)이 근접(近接)하고 있으면 양금살상(兩金殺傷)으로 합력(合力)되는 기운이 없고, 서로를 밀어내는 작용을 하며 상처를 입게 되는데, 하늘에 두 개의 달이 떠 있으면 사람들이 세상이 망할 징조라 하므로 세상인심이 흉흉해진다.

신금(辛金)은 누이동생에 해당하지만, 을경합(乙庚合)을 방해하여 가정의 분란을 만드는 작용을 하고, 매사 경금(庚金)을 이기려 하며 이용의 대상물로 삼는다. 그러므로 이익되는 점이 없으며 해(害) 작용만 있다.

재다신약(財多身弱) 사주는 목설생토(木洩生土)하는 화기(火氣)가 반드시 있어야 하며, 기토(己土)보다는 무토(戊土)로 경금(庚金)을 생조하는 것이 순리이며, 금기간지(金氣干支)로 목기(木氣)를 강제로 제압하는 것은 큰 손해가 된다. 왜냐면 신인충(申寅沖)이나 유묘충(酉卯沖)은 깨어진 재물일 뿐이다. 특히 금수(金水)일간일 때 이런 현상이 나타난다.

칠살(七殺)이 과다한 신약일 때는 제살(制殺)하는 것이 좋으며, 정관(正官)이 왕성하면 무기토(戊己土) 인성(印星)의 방조가 길하다. 특히 조후를 성격(成格)시키는 것이 무엇보다 중요하다.

가령, 병오양인(丙午羊刃)의 칠살이 있고 임수(壬水)로 제살(制殺)할 때 임자대운(壬子大運)을 만난다면 수화상전(水火相戰)이 되는데, 자칫 경금(庚金)이 사망하기도 한다. 그러므로 반드시 목기(木氣)가 있는 것이 길하다.

그러나 진토(辰土)나 축토(丑土) 또는 신금(申金)이 있어서 합(合)이 되어 준다면 길운이 되는 일이 많다. 즉, 합(合)으로 충(冲)을 완화시켜 주는 오행(五行)이 있어야 길한 것이다.

인수과다(印綬過多)하고 신금(申金)이나 유금(酉金)이 없는 때는 토다매금(土多埋金)이 되는데, 이때 인수과다(印綬過多)라 해서 경금(庚金)이 신강해지는 것이 아니라 오히려 쇠약해진다. 그러므로 설기분담(洩氣分擔)하는 신금(申金)이나 유금(酉金) 한 글자가 있는 것이 좋다.

천간비겁(天干比劫)을 별로 좋아하지 않는 경금(庚金)이지만, 설기분담(洩氣分擔)하는 작용일 때는 길한 바 있으나 일간 외의 천간비겁(天干比劫)은 쟁탈(爭奪) 성분이라는 점을 간과해서는 안 된다.

경금(庚金)의 식상과다(食傷過多)는 수기(水氣)가 과다하므로 그 재물은, 부목(浮木)이 되어 유동(流動)의 재물로 누가 탈재(奪財)해 가는지 모른다. 그러므로 무토(戊土)와 조토지지(燥土地支)가 있어야 재물이 부목(浮木)되지 않으므로 안정된 삶을 살아갈 수 있어서 재물을 쫓아다니는 유랑인생에서 가정을 지키는 사람이 된다. 그러나 이때 습토(濕土)가 인수(印綬)라면 외화내빈일 뿐이다.

정화(丁火)는 무토(戊土)를 생조하지 않으면서도 무토(戊土)의 도움으로 경금(庚金)을 단련시킬 수 있다. 이때 무토(戊土)가 없고 기토(己土)가 있다면 흉하지만, 다행히 갑목(甲木)이 기토(己土)를 제압하고 정화(丁火)를 생조하면 전화위복(轉禍爲福)이 된다.

경금(庚金)에 근접(近接)한 병화(丙火)가 있을 때는 조후작용 외에는 경금(庚金)에 해(害) 작용을 한다. 특히 여명의 경우 양인합살(羊刃合殺)이 도움을 준다고 하지만, 나의 남편인 병화(丙火)가 신금(辛金)이라는 다른 여자에게 암합(暗合)되어 있으므로 나에게는 정(情)을 주지 않는다. 그리고 언젠가는 바람나 집 나갈 사람이므로 해(害)만 주는 것이다.

그러나 경금(庚金)은 병화(丙火)에게 아무런 작용도 할 수가 없다. 그리고 태양과 달이 한 하늘에 공존할 수 없으므로 경금(庚金)은 스스로 자신을 드러낼 수 없다.

年 月 日 時
辛 庚 庚 丁   坤命
未 子 子 丑   신강의극(身强宜剋)
辛 壬 癸 甲 乙 丙 丁
丑 寅 卯 辰 巳 午 未

자월경금(子月庚金)이 신강으로 음실양허(陰實陽虛)에 관성(官星)이 쇠약한 명식이다. 금수상관격(金水傷官格)의 특징은 대체로 총명하여 법조인들이 많은데, 이기주의 성격으로 예의가 없고 말이 싹수없으며 권력에 아부하는 사람도 많다. 말이 좋아 법조인일 뿐 그 속을 들여다보면 표리부동한 사람이 많다.

특히, 경자일주(庚子日柱)는 일지상관(日支傷官)으로 남을 배려할 줄 모르는 이기심과 남편을 발로 차 내고 자식하고 살며, 자신이 최고인 줄 착각을 하며 호색하는 경향이 있는데, 이러한 현상들은 예의를 상징하는 화기(火氣)가 강왕한 수기(水氣)에 의해서 파극(破剋)당하기 때문이며, 총명한 것은 수기(水氣)가 왕성하기 때문이고, 호색하는 것은 자궁이 양기(陽氣)를 원하기 때문이다.

당주는 축시(丑時)에 태어나 자축합(子丑合)으로 일지상관(日支傷官)의 흉의를 합으로 묶은 경우에 해당한다. 그런데 이 사주의 정화(丁火)는 너무나 허약한 조명등으로 경금(庚金)을 제련하지 못하고 안방샌님으로만 지내다가 어느 날 갑자기 사망할 수 있는 명식이다.

오로지 미토(未土)에 통근하는 정화(丁火)가 사묘고충(四墓庫沖)이 발생한다면 묘신입묘(墓神入墓)로 사망하는 것이다.

이런 명식들은 주로 딸을 낳게 되는데, 자축합(子丑合)으로 자궁(子宮)이 냉동되어 아들은 낳을 수 없으며 때론 무자식이 되는 일도 있다. 또는 3대 독자 가문으로 시집가서 수많은 마음고생을 하기도 한다.

당주는 계묘대운(癸卯大運) 32세 임인년(壬寅年) 3대 독자인 남자와 결혼했고, 딸 넷을 낳았고 마지막으로 아들을 낳았다. 대체로 일시지(日時支)가 합(合)이 되면 만혼(晩婚)하게 되는데, 조혼하면 부부풍파가 많거나 헤어지게 된다.

그래도 다행인 것은 대운이 길하여 피해 가는 형상이지만, 갑진대운(甲辰大運) 49세 기미년(己未年) 9수가 위험하다. 갑기합토(甲己合土)로 변하고 축미충(丑未沖)에 묘신작용(墓神作用)으로 밥그릇을 놓은 남편이 되었고, 명식의 유인력으로 결국 과부가 되었다.

```
年 月 日 時
戊 癸 庚 丁    坤命
申 丑 子 亥    모자동심(母子同心)
壬 辛 庚 己 戊 丁 丙
子 亥 戌 酉 申 未 午
```

축월경금(丑月庚金)이 해자축(亥子丑) 수방(水方)을 이루므로 누구도 수기(水氣)의 세력을 거역할 수 없으니, 모자동심격(母子同心格)으로 금수운(金水運)이 길하다.

식상태왕(食傷太旺)에 정화(丁火)는 꺼진 불이므로 사용불가이다. 여명사주는 격국(格局)과 관성(官星)으로 남편의 성쇠(盛衰)를 알아야 한다고 말한다. 그러나 그 말은 맞는 말이지만, 틀린 말이기도 하다.

이 사주의 남편은 일지에서 투출한 계수(癸水) 자궁과 합(合)하는 무토(戊土)가 남편이다. 그런데 무토(戊土)는 무계합수(戊癸合水)하여 수기세력

(水氣勢力)으로 변하였고, 일지는 자신합(子申合)과 자축합(子丑合)을 하고 있으므로 많은 남자가 당주의 자궁에 합궁(合宮)하자고 들어오는 형상이다.

그러므로 술장사 유흥업으로 남자들을 만나고 그 돈으로 살아가는 사람이라는 뜻이다. 당주는 해수대운(亥水大運) 25세 임신년(壬申年) 결혼하고 두 딸을 낳았고, 경술대운(庚戌大運) 35세 임오년(壬午年) 이별했다.

부부 이별의 원인은 성적 불만족이 원인으로 남편의 심한 조루가 기분 나빴고, 문전만 더럽히는 남편이 혐오스럽다고 말한다.

그 후 친구의 단란주점에서 일하며 본격적인 화류계 여인이 되었다. 여명의 상관태왕(傷官太旺)은 남자들을 무시하는 성격으로 이용의 대상으로 삼으며, 잘난 척하는 성분에 변동이 많으며 즉흥적인 삶이 된다. 당주는 기유(己酉) 무신대운(戊申大運)에는 자신의 가게도 갖게 될 것이며 넉넉한 돈을 벌게 될 것이다.

```
年 月 日 時
乙 戊 庚 丙    坤命
亥 寅 辰 戌    신약용인(身弱用印)
己 庚 辛 壬 癸 甲 乙 丙
卯 辰 巳 午 未 申 酉 戌
```

인월경금(寅月庚金)이 신약으로 경금(庚金)을 생조하는 무토(戊土)와 통관신으로 조후하는 병화(丙火)가 있으므로 길하다. 그러나 병화(丙火)의 통근처인 인목(寅木)에 해수(亥水)가 합(合)되어 병화(丙火)의 육신에 절신(絶神)을 끌어당겼고, 진술충(辰戌沖)으로 병화(丙火)의 묘신(墓神)으로 이별 사별을 하게 된다.

보기에는 오행구족(五行具足)하여 전혀 문제가 없는 듯하지만, 그 속내를 들여다보면 일시주 천충지충(天沖支沖)에 남편이 묘신동주(墓神同柱)로 불미하다.

경진대운(庚辰大運) 12세 병술년(丙戌年) 부친과 사별했고, 진토대운(辰

土大運) 20세 갑오년(甲午年)에 화국(火局)을 이루므로 결혼했다.

신사대운(辛巳大運)은 부부 각거(各居)하는 운으로 남편이 해외에 나가게 되었다. 임오대운(壬午大運)의 임수(壬水)는 흉하지만, 을목(乙木)이 설기하고 무토(戊土)에 극(剋)을 받으므로 평길하게 지나갔다. 오화대운(午火大運) 역시 무난하다. 진술충(辰戌沖)을 오술합(午戌合)으로 푸는 충중봉합(沖中逢合)의 운으로 평길하고 조후하므로 무난한 운이다.

37세 신해년(辛亥年) 남편이 지나친 음주에 귀가 도중 동사(凍死)하게 되었다.

인중병화(寅中丙火)가 첫 남편으로 사별했고, 그 후 재혼하여 두 번째 남편을 만났으나 미토대운(未土大運) 48세 임술년(壬戌年) 두 번째 남편도 흉사하였다. 이처럼 일시주 천충지충(天沖支沖)에 부성입묘(夫星入墓)가 동(動)하는 사주는 항상 남편이 위험하다.

年 月 日 時
乙 己 庚 丁　　乾命
未 卯 辰 亥　　신강의극(身强宜剋)
戊 丁 丙 乙 甲 癸 壬
寅 丑 子 亥 戌 酉 申

묘월경금(卯月庚金)이 정재격(正財格)으로 겁탈자(劫奪者)가 없으니 조상의 재물을 독식(獨食)하는 명식으로 부명(富命)이다. 년월주 을미(乙未)와 기묘(己卯)가 서로 간에 합(合)을 이루고, 호환록근(互換祿根)으로 을목(乙木)과 기토(己土)가 통근하므로 부모 조상이 순하고 맑아서 뼈대 있는 가문이다. 이 경우 부모 및 부부의 정이 매우 좋아서 당주 또한 윗사람의 인덕이 차고 넘친다.

모친의 신앙심(信仰心)이 깊으며 부모 조상이 화목한 집안으로 음덕(蔭德)이 임하게 되며, 당주는 천을귀인(天乙貴人)의 유전인자를 물려받으니 성정이 온순하다. 또한 해수(亥水) 문창귀인(文昌貴人)으로 진해귀문(辰亥

鬼門)이 총명살(聰明殺)로 변했다.

정화(丁火)는 재성(財星)과 인수(印綬)를 통관시키며, 자좌천귀(自坐天貴)이고, 천을귀인 조상인 미토(未土)에서 을목(乙木) 정화(丁火) 기토(己土)가 투출하여 조상의 덕이 많고도 크다.

정화(丁火)는 경금(庚金)의 탐욕을 제어하며 경금(庚金)을 제련시키고 통관신을 겸하므로 당주는 해결사에 탁월한 성분으로 청렴결백(淸廉潔白)하여 어디 가서나 칭송을 받는 사람이 된다.

이 사주는 정재격(正財格)이므로 재정, 금융계통에 탁월한 성분이고, 시상정관(時上正官)은 세무, 회계, 교직자, 완벽함, 국록지명 등을 상징하며, 기토(己土)는 국문학을 나타내니 조상의 얼을 받드는 계승자로, 재정부, 금융감독원, 관련계열 직업으로 초야문사(草野文士)로 학자이다.

정화(丁火)의 천귀(天貴)는 해수(亥水)이고, 기토(己土)의 천귀(天貴)는 경금(庚金)이며, 경금(庚金)의 천귀(天貴)는 미토(未土)이고, 을목(乙木)의 천귀(天貴)는 경금(庚金)이니, 한 글자도 빠져서는 안 되는 격으로 서로가 유정하여 재복(財福)을 갖춘 사주로, 정화(丁火)는 해시(亥時)의 등대로 동방의 횃불이다.

이런 사주가 국록지명(國祿之命)이 되는데 대운이 아쉽다. 장 차관을 능히 넘볼 수 있는 사주이다.

갑술대운(甲戌大運)은 갑기합토(甲己合土) 묘술합화(卯戌合火)하여 관(官)을 높이니 연세대학교 전신인 연희전문의 총장직을 맡게 되었고 54세에는 문교부 장관에 취임하였다. 자식까지 큰 발전을 하고 성공하는 명식이다.

年 月 日 時
庚 庚 庚 辛   乾命
戌 辰 辰 巳   괴강격(魁罡格)
辛 壬 癸 甲 乙 丙 丁
巳 午 未 申 酉 戌 亥

진월경금(辰月庚金)이 괴강격(魁罡格)으로 재관운(財官運)이 제일 불미한 운이며, 금수운(金水運)이 길하다. 경금일간(庚金日干)은 일간 외의 또 다른 경신금(庚辛金)이 있는 것을 꺼린다. 그런데 3개의 경금(庚金)이 모여 양금살상(兩金殺傷)이 되므로 하늘에 3개의 달이 있는 것이며 3개의 거대바위가 서로 충돌하는 것이니 반드시 상처를 입게 된다.

경금(庚金)은 서방에 속하므로 백호(白虎)라 하는데, 3마리의 백호(白虎)가 서로 영역싸움을 하느라 백호창광(白虎猖狂)이 된 형상이다. 또한 신금(辛金)을 만나면 철추쇄옥(鐵鎚碎玉)이라 하여 고집이 세고, 누구에게도 지려 하지 않으며 잔인한 성품은 꼭 피를 보고야 만다.

당주는 2003년 9월부터 2004년 7월까지 20명을 살상하고, 연쇄 살인마가 된 유영철의 사주이다. 이처럼 천간(天干)에서 군겁쟁재(群劫爭財)가 되고, 관살(官殺)이나 설기하는 임수(壬水)가 없으면 재물과 여자에게 정신병적인 집착심(執着心)으로 나타난다.

겁재(劫財)는 겁탈(劫奪)하는 성분으로, 그중에서도 경금(庚金)이 신금(辛金)을 만난 겁탈격(劫奪格)이 제일 잔인무도하다.

이런 사주는 무관격(武官格)에 어울리며, 평안한 시대가 아닌 전쟁터에서 빛을 발하는 사주이다. 그리고 평화로운 시대라 해도 운동선수나 경찰, 군인, 교도관 등이 된다면 선량한 사람으로 살아갈 수 있다.

年月日時
乙辛庚庚 乾命
卯巳戌辰 신강의재(身强宜財)
庚己戊丁丙乙甲
辰卯寅丑子亥戌

사월경금(巳月庚金)이 일시주(日時柱) 두 개의 괴강살(魁罡殺)이 피 튀기는 싸움을 하고 양금살상(兩金殺傷)과 철추쇄옥(鐵鎚碎玉)이 형성되어 군겁쟁재(群劫爭財)를 하는 명식으로, 사화(巳火)는 토기(土氣)를 생조하므로 용신이 될 수 없으니, 을목(乙木)이 용신으로 수기(水氣)를 기다리는 명식이다.

을목(乙木)은 간여지동(干與支同)으로 연주(年柱)에서 왔으니 조상의 유업이 풍족하게 되는데, 년일주(年日柱)가 격(隔)하고 있어도 천합지합(天合地合)을 하므로 진합(眞合)으로 인정하기도 하지만, 신금(辛金)이 을목(乙木)을 파극(破剋)하며 을경합(乙庚合)을 반대하고, 시주(時柱)에서 반대하므로 천합지합(天合地合)은 불가이다.

정축대운(丁丑大運) 41세 을미년(乙未年) 처가 비명횡사했다. 병자대운(丙子大運)은 길운으로 발전하는 운이다. 을해대운(乙亥大運)은 을경합(乙庚合)하는 을목(乙木) 여자가 들어오고 해사충(亥巳沖)으로 사화(巳火)를 극하여 묘술합(卯戌合)과 해묘합(亥卯合)을 하므로 3자가 동(動)하는 현상으로 20세 연하의 을해생(乙亥生)과 결혼하고, 평화로운 시간을 보내다가 계유대운(癸酉大運) 경오년(庚午年) 76세에 사망하였다.

당주는 불심(佛心)이 강했으며, 진술충(辰戌沖)에 천의성(天醫星)과 철쇄개금(鐵鎖開金)의 활인성(活人星)이 동하므로 한의사가 되었다. 진중을목(辰中乙木) 투간으로 천의성(天醫星)의 의업이 되는 것인데, 을목(乙木) 용신으로 한의사가 된 것이다.

```
年 月 日 時
辛 甲 庚 丙   乾命
卯 午 寅 子   가종세격(假從勢格)
癸 壬 辛 庚 己 戊 丁
巳 辰 卯 寅 丑 子 亥
```

오월경금(午月庚金)은 우선 임수(壬水)가 있고, 진토(辰土)나 축토(丑土)가 있어야 한다. 그런데 반드시 있어야 할 습토(濕土)가 없고, 자수(子水)가 있다고 하지만 임계수(壬癸水)가 없으니 화기(火氣)를 제어하지 못한다. 또한 신금(辛金)은 묘목좌(卯木坐)로 절지(絶地)에서 오고, 일간은 인목(寅木)의 절지좌(絶地坐)에서 병화(丙火)에게 파극(破剋)당하는 경금(庚金)이다. 그러므로 가종(假從)해야 할 사주이다.

인오합(寅午合)을 이루고 병화(丙火)가 투출하여 술토(戌土)를 불러 화국(火局)을 이루고 갑목(甲木)과 묘목(卯木)은 화세(火勢)를 방조하므로 꺼지지 않는 불로서 누구도 화기(火氣)의 세력에 대항하지 못한다. 이럴 때 왕희순세(旺喜順勢)를 따라가는 것이 평안한 삶이다. 그러나 신금(辛金)과 자수(子水)는 탁기(濁氣)이므로 큰 발복은 이루어지지 않는다.

이처럼 축토(丑土)가 공협(拱挾)되었다고 해서 축토(丑土)가 금기(金氣)의 통근처가 되지는 않으며 다만 조후작용으로 사용한다. 자수(子水)가 용신이 되어야 할 사주로 볼 수 있지만, 목화(木火)에 가종(假從)한 것이므로 갑목(甲木)이 용신으로 수화(水火)의 통관작용을 하게 된다.

당주는 재무관련 일을 했으나, 경금대운(庚金大運)은 양금살상(兩金殺傷)의 운으로 42세 임신년(壬申年), 경갑충(庚甲沖)에 인신충(寅申沖)으로 인오합(寅午合)이 깨어지고 자오충(子午沖)과 자묘형살(子卯刑殺)이 작용한다. 임수(壬水)는 병화(丙火)를 극(剋)하므로 통관신(通關神)이 모두 깨어졌다. 결국 쇠신왕충(衰神旺沖)으로 뇌졸중으로 쓰러져 사망했다.

```
年 月 日 時
丁 丁 庚 己   乾命
卯 未 午 卯   신약용인(身弱用印)
丙 乙 甲 癸 壬 辛 庚
午 巳 辰 卯 寅 丑 子
```

미월경금(未月庚金)이 정인격(正印格)과 정관격(正官格)을 겸하는 명식이다. 미토(未土)가 천귀정인(天貴正印)의 희신이 되므로 매우 길할 듯하지만, 외화내빈(外華內貧)으로 부잣집에서 굶어 죽는 것과 같다.

두 개의 정화(丁火)에 살염조토(殺炎燥土) 사막이 되므로 경금(庚金)을 생조하지 못한다. 즉, 천귀정인(天貴正印)으로서의 가치를 상실한 물 없는 오아시스 사막일 뿐이다.

또한, 양실음허(陽實陰虛) 팔자에 식상(食傷)이 없으므로 형제, 동료의 덕과 조모, 처모, 아랫사람들의 덕이 부족하며, 당주의 능력을 펼치는 활동무대가 없으므로 많은 공부를 해도 써먹을 방법이 없다.

그러므로 자연환경에서 요구하는 글자로 이루어진 사주가 부귀(富貴)할 수 있는 것일 뿐, 좋은 격명(格名)과 천을귀인(天乙貴人) 정인(正印)이 있다 해도 당주에게 그 어떤 도움도 주지 않는다.

기토(己土)를 의지하는 삶이므로 청빈(淸貧)한 공직자 상으로 초야문사(草野文士)라 하지만 정관(正官)이 기신이고, 재성(財星) 또한 기신이므로 학문을 한다면 뭘 하겠는가? 그것도 활동무대가 있어야 써먹지 않겠는가? 아무리 좋은 고급 승용차를 가지고 있어도 도로가 없다면 무용지물(無用之物)일 뿐이다.

또한, 두 개의 묘목(卯木)을 화세(火勢)를 강화하며 목분화열(木焚火熱)로 불타 버린 재물이니 거지 팔자와도 같다. 운로까지 남동방 운으로, 당주는 일생 한숨만 쉬며 살다 계묘대운(癸卯大運) 45세 신해년(辛亥年) 밥 수저를 놓았다.

```
年 月 日 時
庚 甲 庚 丙    坤命
寅 申 子 戌    재자약살격(財滋弱殺格)
癸 壬 辛 庚 己 戊 丁
未 午 巳 辰 卯 寅 丑
```

신월경금(申月庚金) 재자약살격(財滋弱殺格)으로 병화(丙火)를 생조하는 갑목(甲木)이 있으므로 길명으로 보이는 남성격의 양팔자 사주이다. 그러나 여명에는 어울리지 않아서 치마만 입었을 뿐, 지고는 못 사는 광폭한 성격으로 애교가 없으며 큰 발전을 이루지 못한다.

남명이 여자 사주처럼 형성되었거나, 여명이 남자 사주처럼 형성된 명식은, 시대와 환경을 잘 타고나면 큰 발전을 이루고 역사의 이름을 남기기도 하지만, 사실 쉽지 않은 일이다.

절지좌(絶地坐)한 갑목(甲木)과 묘지좌(墓地坐)한 병화(丙火)이며, 더구나 두 개의 경금(庚金)에 갑목(甲木) 재물은 파극(破剋)당하고 있으며, 수시로 발생하는 인신충(寅申沖)으로 안정되지 못하고 허공에 떠 있는 형상이다.

일평생 재물을 놓고 대립하는 사람들과 인연으로 인중갑목(寅中甲木)은 연간경금(年干庚金)의 재물이므로 당주는 2등일 뿐이다. 또한 부모의 유산 역시도 형제간에 상쟁(相爭)하며 법정소송을 하게 되지만, 당주는 2등일 뿐이다.

신사대운(辛巳大運)은 인사신(寅巳申) 삼형(三刑)과 병신합(丙辛合)으로 비운일 듯하지만, 삼형(三刑)으로 신금(申金)에 끌려가지 않는 사화(巳火)이며, 병화(丙火) 또한 신금(辛金)에 끌려가지 않으며, 신금(辛金)은 거울이 되어 병화(丙火)의 빛 반사가 된다. 그러므로 승진하고 명예가 따른다.

경진대운(庚辰大運)은 쟁재(爭財)가 발생하는데, 자칫 당주가 뇌졸중이 될 수도 있다. 45세 갑술년(甲戌年) 모친 사망하고 모친의 관 앞에서 부모의 유산을 놓고 형제끼리 피 터지게 싸우며 법정 소송하게 되었다.

무인대운(戊寅大運)이 오면 남편의 사망 수가 강하고, 본인도 뒤를 따라 금목상전(金木相戰)에 사망 수가 강하다.

年 月 日 時
己 癸 庚 戊　　坤命
未 酉 寅 寅　　신강의설재(身强宜洩財)
甲 乙 丙 丁 戊 己 庚 辛
戌 亥 子 丑 寅 卯 辰 巳

유월경금(酉月庚金)이 금목(金木)의 통관신(通關神) 계수(癸水)가 용신이지만, 수운(水運)을 만나도 큰 발복은 일어나지 않는다. 그런데 기토(己土)가 계수(癸水)를 파극하므로 모친과 조모의 사이가 불미하며, 모친이 시집온 후 조모는 사망하게 된다.

용신인 계수(癸水)는 당주의 표현력이고 말하는 입이며 활동무대이고 성능력이다. 그런데 기토(己土)의 도식(倒食)으로 유산(流産)이 있어 보이고, 또한 성장하면서 사망하는 자식이 있게 된다. 혹, 자식이 사망하지 않더라도 장애인이 되기 쉽다. 또는 일평생 자식으로 인한 근심 걱정이 발생하게 된다.

갑술대운(甲戌大運) 부친과 사별했고, 조모는 불도(佛道)를 닦은 사람으로 무속인과 역술인 공부를 했던 사람으로 또한 사별했다.

해수대운(亥水大運) 해인합(亥寅合)으로 결혼했고, 정화대운(丁火大運)에 한 자식 가슴에 무덤 쓰게 되었으며, 축토대운(丑土大運) 남편이 가출한 후 행방불명이 되었다.

이때부터 조모의 혼신과 죽은 자식의 빙의로 많은 고생을 하다가 내림굿을 하게 되었고, 무인대운(戊寅大運)에 새로운 배필을 만나 재혼하고 무속인의 길을 가게 되었다. 경금(庚金)은 유금(酉金)에서 투출하고 계수(癸水)의 육신은 유금(酉金)이다. 즉, 당주는 계수(癸水) 조모의 육신에서 투출했으므로 전생인연에 의한 만남이다.

귀문살(鬼門殺)과 원진살(怨嗔殺)이 동하는 명식으로, 도충(倒沖)된 신금(申金)과 충(沖)이 되므로 점술에 능력이 있고 말로 벌어먹고 살아야 하는 팔자에 해당하는데, 접신(接神)이 되므로 무속인이 된 것이다.

年 月 日 時
壬 庚 庚 辛   坤命
寅 戌 子 巳   신강의설재(身强宜洩財)
己 戊 丁 丙 乙 甲 癸
酉 申 未 午 巳 辰 卯

술월경금(戌月庚金)이 신강으로 사중병화(巳中丙火)가 용신이 되어야 하지만, 투출천간에 우선권이 있으므로 금설생목(金洩生木)하는 임수(壬水)가 용신이다.

당주는 미인으로 인기가 좋았는데, 무신대운(戊申大運) 의사시험에 합격했고, 24세 을축년(乙丑年) 결혼했으나, 부부 정(情) 없는 세월을 보내다 정미대운(丁未大運) 초에 정임합(丁壬合)으로 타 남자 의사를 만나고 외정을 하다, 미토대운(未土大運) 33세 갑술년(甲戌年) 이별했다.

시주공망으로 남편공망에 해당하는데, 사중병화(巳中丙火)는 신금(辛金)에 명암합(明暗合)되어 당주와는 인연이 없다. 사주가 이럴 때 빠르고 늦고의 차이가 있을 뿐 부부 헤어지게 된다.

여명은 관성(官星)이 유력하여 비겁(比劫)을 제압해 주면 방만(放漫)하지 않지만, 무력한 관성(官星)으로 식상(食傷)을 용신하는 경우, 자유연애주의자로 누구 말도 듣지 않는다. 비록 일지에서 희신이 되었고 두뇌 총명하며 돈 버는 재주는 탁월하지만, 일지상관(日支傷官)의 천간이 투출한 명식은 항상 입조심과 참견하는 일을 조심해야 한다.

만나는 남자가 많다고 하지만, 화기(火氣)를 대표하는 사중병화(巳中丙火)는 신금(辛金)의 남편이며, 술중정화(戌中丁火)는 월간경금(月干庚金)의 남편이므로, 당주가 해로하는 남자는 인중병화(寅中丙火)이다.

일지에서 임수(壬水)가 투출하였고 임수(壬水)의 육신은 인목(寅木)이므로 인중병화(寅中丙火)가 남편이 된다. 그러나 연지에 있는 백두낭군(白頭郎君)으로 나이 차이가 크게 나야 해로할 수 있다.

```
年 月 日 時
辛 己 庚 丙    坤命
卯 亥 申 戌    신강의극(身强宜剋)
庚 辛 壬 癸 甲 乙 丙
子 丑 寅 卯 辰 巳 午
```

해월경금(亥月庚金)이 신강으로 병화(丙火)가 묘목(卯木) 재물까지 성장시키는 역할을 하는 재자약살격(財滋弱殺格)으로 술토(戌土)는 신금(申金)을 생조하고, 신금(申金)은 해수(亥水)를 생하며, 해수(亥水)는 묘목(卯木)을 생조하는 지지상생(地支相生)의 구조로 순하고 아름다운 명식이다.

해묘합(亥卯合)의 재물이므로, 재물복이 크다고도 볼 수 있지만, 큰 발복은 어렵다. 묘지좌(墓地坐)한 병화(丙火)가 조명등과 같으며, 해묘합(亥卯合)에 의한 물속의 묘목(卯木)은 병화(丙火)를 생조하지 못하고 오히려 화식(火熄)이 된다.

또한, 병화(丙火)는 년주 신묘(辛卯)와 천합지합(天合地合)을 하므로 남편 신상의 이변수가 있거나 부부 이별하는 명식이다.

일시지 사이 유금(酉金)이 공협(拱挾)되어 있으므로 병화(丙火) 남자의 여자들이 지천으로 깔린 형상이므로 부군작첩(夫君作妾) 사주에도 해당한다.

철쇄개금(鐵鎖開金)이 형성되었고, 술해천문(戌亥天文)에 해수(亥水)가 천의성(天醫星)으로 해묘합(亥卯合)을 하여 재물이 되므로, 의업, 의사, 한의사, 약사, 간호사, 보건 복지, 공무원, 교직자 등으로 살아가는 데는 충분한 재물복을 누리며 행복해질 수 있으나 마음은 항상 외로울 수밖에 없다.

학령기 대운이 무척이나 중요하게 되는데 30여 세까지 병화(丙火) 용신을 무력하게 만드는 운이므로 발복의 기틀을 이루지 못하므로, 당주는 간호사가 되어 구제중생하는 자가 되었다.

신축대운(辛丑大運)과 임인대운(壬寅大運)의 접목(椄木) 운인 28세 무오년(戊午年) 결혼하였고, 임인대운(壬寅大運) 36세 병인년(丙寅年) 부부 이별하게 되었다. 만약 이 사주에 병화(丙火)가 아닌 정화(丁火)가 투출하여 남편이 되었다면 부부 해로하고 부부 정이 좋은 길명에 해당한다.

辛金日干의 월별 용신

신금(辛金)은 결실을 본 열매가 익어서 완전하게 새로워진다는 뜻으로, 성숙함이 사라지고 새로운 기운이 다시 잠복(潛伏)하여 씨앗이 된다는 것을 의미한다.

하늘에서는 서리(霜)를 상징하고 땅에서는 금기(金氣)의 본질로서 결정체를 의미하며, 금은(金銀), 다이아몬드, 보석, 소도(小刀), 공예품, 액세서리, 전자제품, 반도체, 정밀부품, 샹들리에, 거울, 장식품으로 변화된 제련된 금속이나 비철금속, 철탑 등이 신금(辛金)의 물상이다.

신금(辛金)은 윤택한 것을 좋아하고 메마른 것을 싫어하므로 열기(熱氣)로 작용하는 정화(丁火)를 매우 싫어하며, 갯벌 땅에 보석이 되는 것을 싫어하므로 습토인 기토(己土)를 꺼린다.

이때 계수(癸水)가 있으면 갯벌 땅은 가중되고 더욱 음습(陰濕)해지므로 최악의 상황과 같아서 우울증(憂鬱症)이 가중된다. 다만 화기가 왕성한 계절에는 무난하지만 큰 발복은 쉽지 않다.

일간 외의 또 다른 신금(辛金)이 있으면 보석과 보석을 모아 놓고 구별하는 상으로 또 다른 신금(辛金)을 싫어한다. 또한 신금(辛金)의 광채를 흐리게 하는 계수(癸水)의 흑운(黑雲)을 매우 싫어한다.

그런가 하면 경금(庚金)은 원석으로 가공되지 않은 것이므로 신금(辛金)과 같이 있을 때는 경금(庚金)의 가치는 하락하고, 신금(辛金)의 가치는 높아진다. 즉, 서로 비교되는 보석이 더 아름답게 보이므로 항상 경금(庚金)을 좋아한다.

신금(辛金)은 까다로운 성질로 음식 또한 까다롭고 아기자기하고 정밀하며 세밀한 것을 좋아하는데, 완성된 보석이므로 화기(火氣)의 제련(製鍊)을 죽기보다 싫어한다.

그러므로 다루기 힘든 보석과 같아서 열기(熱氣)로 작용하는 병화(丙火)나 정화(丁火)는 매우 싫어하며, 타인들이 자신만을 위해 달라고 요구하므로 이기주의자가 많고 자기밖에 모르는 성향이 강하다.

사주 격이 좋으면 귀부인이 되겠지만, 격이 흉하면 건달, 깡패, 조폭 등도 많으며 잔인하고 냉정한 성품이 내재되어 있다. 또한 악(惡)의 세력과 결탁하여 추한 삶을 사는 사람도 많으며, 실지 얼굴이 추한 경우도 많아서 극단적인 삶을 사는 사람이 많다.

신금(辛金)은 맑고 깨끗한 것을 좋아하므로 습토(濕土)의 묘고충(墓庫沖)을 매우 꺼리는데, 흙탕물이 흘러내리는 것을 싫어한다. 맑아야만 그 광채가 드러나기 때문이다. 그러므로 임수(壬水)를 좋아하고 계수(癸水)는 매우 꺼린다.

신금(辛金)은 정밀하고 세밀한 완성품이므로 디자인이나 금은 세공, 치과의사, 반도체, 정밀가공업, 정밀 전자제품 등의 직업군을 좋아하며, 밝고 화려하므로 의상디자인, 건축, 패션 등의 디자인에 관련된 일을 하는 경우가 많다.

또한, 미용실, 세탁소, 의류 가공업, 의류 판매업을 하는 사람도 많으며 화원, 꽃집, 분재, 관련업 등을 하는 경우도 많다.

병화(丙火)는 임수(壬水)의 강물 위에 빛 반사가 이루어지면서 병신합(丙辛合)을 하므로 길하지만, 열기(熱氣)로 작용하는 병화(丙火)가 있고 임수(壬水)가 없다면 원망살(怨望殺)이 발생한다.

신금(辛金)이 꺼리는 정화(丁火)이지만 격(隔)하고 있으며 임수(壬水)가 있고, 빛으로 작용하는 정화(丁火)는 임수(壬水) 강물 위에 조명 빛이 아롱

이는 상으로 보석의 광채는 더욱 아름답게 된다.

또는, 열기(熱氣)로 작용하는 정화(丁火)일지라도 임수(壬水)가 합거하거나 제화(制火)하므로, 해수(亥水)와 임수(壬水)만 있으면 여유로운 인생이 된다. 그러나 화기(火氣)가 과다한데도 임수(壬水)와 수기(水氣)가 없으면 흉하여, 직업이 하천하고 육친의 덕이 없으며 만사불성으로 단명하는 사람이 많다.

가을에 태어난 신금(辛金)은 호흡기 계통이 약하고 감기에 잘 걸린다. 기관지 천식 신경통에 걸리기 쉬우나 병화(丙火)와 임수(壬水)가 있으면 건강하다.

신금(辛金)은 유약하므로 강맹한 경금(庚金)과는 달라서 화기(火氣)의 제련(製鍊)을 죽기보다 싫어하며 오로지 임수(壬水)를 사랑한다. 그러므로 여명은 남편은 없어도 자식은 있어야 한다는 식으로 자식에게 집착한다.

기토일간(己土日干) 여명은 자식이 없어도 된다고 생각하는 사람이 많지만, 신금일간(辛金日干)은 어떠한 경우라도 자식은 있어야 한다고 생각한다.

그러나 임수(壬水)가 있으면 두뇌 총명하지만, 자만심이 강하여 교제가 어려운 단점이 있으며, 상관(傷官)인 임수(壬水)가 자수(子水)에 양인이 된 경우, 지고는 못 사는 성질로 양보심이 없지만, 갑목(甲木)이 있으면 그렇지 않다.

신금(辛金)은 완벽성을 요구하는 성품으로 받은 것은 분명히 돌려주는 계산력이 강하지만, 사람을 질리게 하는 경우가 많으며 냉정(冷情)하고 야멸찰 때는 냉기(冷氣)가 줄줄 흐르는 것과 같아서 정에 이끌려 끌려다니지 않는다. 그리고 자신이 이기적이고 냉정하며 까다롭다는 것을 모른다.

특히, 신금일간(辛金日干)은 결벽증과 우울증으로 고통받는 사람이 많으며, 또는 신경이 예민하여 주변 사람을 너무 피곤하게 하는 성질도 강하다. 나는 완벽한데 세상이 나를 알아주지 않는다며 불평불만이 생기고 우울증에 자신을 자학하며 괴로워하기도 한다.

　남들이 두려워할 정도의 냉혹함과 칼로 도려내는 듯한 야유와 독설이 강하고, 자존심과 고집이 세서 상대방에게 졌다고 해도 마음으로 승복하지 않으며, 자존심이 대체로 강한 편으로 용모가 단아하고 새로움을 추구하며 멋을 아는 장점이 있어서 외모에 신경을 많이 쓰고, 유행을 앞서가는 스타일로 나이가 들어도 호색(好色)하는 성질이 강하다.

　그러므로 신금(辛金)은 합정(合情)을 좋아하지 않는 사람이 없다고 할 정도로 합정(合情)을 좋아하는데, 여름에 정화(丁火)가 투출하고 임수(壬水)가 없을 때는 폐 질환으로 사망하는 사람이 많다.

　신금(辛金)은 타인이 간섭하고 참견하는 것을 싫어하며 독립적인 것을 좋아하므로 부부 이별하는 때도 많으며, 신경이 예민하고 정확한 것을 좋아하며 잘 포장하여 자신을 드러내기를 원하므로 도세주옥(淘洗珠玉)하는 임수(壬水)와 해수(亥水)가 없으면 허명(虛名)일 뿐이다.

　임수(壬水)와 갑목(甲木)이 있으면 부(富)를 얻을 수 있으나 귀(貴)를 논하기는 어렵고, 임수(壬水)가 없고 정화(丁火)만 있으면 형질(形質)이 변경되기 쉬우므로 뜻을 이루기 어렵다.

　토기과다(土氣過多)하고 무토(戊土)를 만나면 신세를 한탄하게 되고, 기토(己土)는 신약할 때는 도움을 얻을 수 있지만 자신의 평안일 뿐으로 장애가 발생한다.

　봄에 태어난 신금(辛金)은 부모의 속을 썩이게 되는데, 특히 묘월신금(卯月辛金)은 주의해서 관찰해야 한다. 자칫 사치향락으로 망신살을 당할 염려가 많다.

　갑목(甲木)은 신금(辛金)이 감당하기 어려운 재물이지만, 갑목(甲木)이 무토(戊土)를 조절하여 매금(埋金)을 막아 준다면 기이한 행운을 얻는다.

　신금일간(辛金日干)이 을목(乙木)을 만나면 쉽게 취하는 재물로 보고 계획 없이 덤벼들어 패재하는 일이 많으며, 신금(辛金) 보석이 을목도화(乙木

桃花)를 만난 형상으로 사치향락(奢侈享樂)으로 흐르기 쉽다.

여름의 신금(辛金)은 오로지 임수(壬水)의 도움이 필요한데, 이때 무토(戊土)가 임수(壬水)를 제압하거나, 기토(己土)가 기임탁수(己壬濁水)를 만들거나, 무토(戊土)와 계수(癸水)가 합화(合火)를 하면 재화(災禍)를 당한다.

미월신금(未月辛金)이 임수(壬水)와 을목(乙木)을 만나면 미인이라고 하지만, 외화내빈(外華內貧)으로 실속이 없고, 정화(丁火)가 임수(壬水)를 합거(合去)한다면 편법(偏法)을 사용하게 되므로 자신을 속이게 된다.

겨울에 태어나 한랭하더라도 임수(壬水)가 있어야 하며, 기토(己土) 신금(辛金) 계수(癸水)가 있으면 능력을 갖추기 어렵다. 화기(火氣)가 왕성하고 임수(壬水)가 없으면 진토(辰土)나 축토(丑土)가 반드시 있어야 한다. 이때의 기토(己土)도 길하지만, 발복은 쉽지 않다.

겨울에는 반드시 병화(丙火)가 있어야 하지만, 없다면 사화(巳火)나 오화(午火) 중 한 글자가 있으면 물을 따듯하게 하고 목기(木氣)를 성장시켜 주므로 재물복이 있게 된다. 특히 천을귀인인 갑오시(甲午時)를 만나면 무척 좋다.

신금(辛金)의 성질은 섬세하고 깔끔하며 약해 보이지만, 속으로는 단단하고 야무지며 부드럽다. 경금(庚金)과 같이 의리와 정의를 좋아하면서도 자존심이 너무 강하고 욕심이 많고, 자기 자신이 최고라는 자아도취에 빠져 다른 사람들로부터 눈총의 대상이 되거나 비난받을 염려가 많다.

신금(辛金)이 아무리 신강해도 정화(丁火)로 극제(剋制)하면 안 되고, 임수(壬水)로 설기해야 한다. 이때 기토(己土)와 임수(壬水)가 근접(近接)하고 있으면 신금(辛金)에게 흉작용이 크다. 특히 임수(壬水)가 없고 계수(癸水)와 기토(己土)가 있으면 더욱 흉하다.

겨울의 신금(辛金)은 정화(丁火)를 좋아하기도 하지만, 어떤 경우라도 신금(辛金)과 정화(丁火)는 근접(近接)해서는 안 되며, 합(合)이 되는 병화(丙

火)라 할지라도 빛으로 작용하는 희신인 병화(丙火)는 괜찮지만, 열기(熱氣)로 작용하는 기신인 병화(丙火)는 흉하다.

신금(辛金)이 갑목(甲木)으로 인해서 신약할 때는 신경흔접(辛庚欣接)을 이루는 경금(庚金)을 좋아하고, 정화(丁火)가 왕성할 때는 진토(辰土)의 화설생금(火洩生金)이 길하지만, 임수(壬水)가 있어야 발복이 크다. 이때 임수(壬水)가 없다면 해수(亥水)라도 있어야 하고 계수(癸水)는 반갑지 않다.

이때 무토(戊土)가 있다면 정화(丁火)의 화로(火爐)가 되므로 정화(丁火)는 더 강해진다. 이때는 갑목(甲木)으로 무토(戊土)를 제어하고 수기(水氣)는 갑목(甲木)을 방조해야 한다.

갑목(甲木)은 신금(辛金)을 극해(剋害)할 수 있지만, 신금(辛金)은 갑목(甲木)에 작용력이 없다. 그러나 을목(乙木)은 신금(辛金)에게 작용력이 없으나 신금(辛金)은 을목(乙木)을 파극(破剋)한다.

정화(丁火)는 신금(辛金)을 파극(破剋)시켜 형질을 변경시키지만, 신금(辛金)은 정화(丁火)에 작용력이 없다.

무토(戊土)는 신금(辛金)을 생조하고 신금(辛金) 또한 무토(戊土)를 설기(洩氣)한다. 그러나 화염조토(火炎燥土)라면 무토(戊土)는 신금(辛金)을 생조하지 못하고 신금(辛金) 또한 무토(戊土)를 설기하지 못한다. 그러나 무토(戊土)의 자좌(自坐)에 의한 많은 변화가 있다는 점을 간과해서는 안 된다.

기토(己土)는 신금(辛金)을 생조하지만 좋은 관계는 아니다. 신금(辛金) 또한 기토(己土)를 설기하지만 좋은 관계가 아니다. 그러므로 신금(辛金)과 기토(己土)가 서로 간에 좋은 관계가 아닌 것이다.

그러나 습토(濕土)가 아닌 기토(己土)라면 무난하다. 가령, 기미(己未) 기사(己巳)로 온 기토(己土)와 기축(己丑)이나 기유(己酉)로 온 기토(己土)와는 그 성질이 완연히 다르다.

각기 천간마다 고유의 성질이 있지만, 자좌지지(自坐地支)와 월주환경에 따라서 그 성질이 다르므로 차이점이 있는 것이다.

가령, 축월(丑月)에 신금(辛金)이 매우 싫어하는 정화(丁火)가 투출했다면 정화(丁火)는 빛으로 작용하는 조명등이므로 신금(辛金)의 값어치는 높아지게 된다. 이처럼 만물의 이면에는 음양(陰陽)의 양면성이 있음을 간과해서는 안 된다.

정화(丁火)가 투출하여 화기과다(火氣過多)한 사주의 기토(己土)가 화설생금(火洩生金)하는 용신이라면, 기토(己土)로 인해서 신금(辛金)의 생명을 유지할 수 있지만, 그러나 격조의 하락으로 큰 발복을 이룰 수는 없다. 그러므로 정화(丁火)와 신금(辛金)은 격(隔)하고 있는 것이 좋다.

이때, 계수(癸水)의 우로수(雨露水)가 있다면 기토(己土) 모친은 계수(癸水)로 인해서 편안을 유지하지만, 신금(辛金) 입장에서는 좋을 수 없으니, 기토(己土) 모친의 평안이 자식인 신금(辛金)의 평안이 되지만 신금(辛金)은 인정하지 않는다.

신금(辛金)은 유아독존(唯我獨尊)으로 금기천간(金氣天干)과는 거의 관계가 없으나, 신약하면 신경흔접(辛庚欣接)을 이루는 경금(庚金)을 좋아하지만, 동질성의 오행인 신금(辛金)은 싫어한다. 그러므로 형제간의 사이가 안 좋은 사람이 많다.

계수(癸水)는 신금(辛金)을 좋아하지만, 신금(辛金)은 계수(癸水)를 싫어한다. 즉, 여명 신금일간(辛金日干)의 계수(癸水) 자식은 신금(辛金)을 좋아하지만, 모친인 신금(辛金)은 계수(癸水) 자식으로 인해서 자유를 박탈당했다는 원망이 발생하고 계수(癸水)를 미워한다.

여자들이 어린 자식을 아파트 밑으로 던지거나 목 졸라 죽이는 사건이 자주 발생하는데, 신금(辛金)과 계수(癸水), 경금(庚金)과 계수(癸水)의 관계에서 이런 일이 발생하는 일이 많다. 경금(庚金)과 신금(辛金)은 오로지 임수(壬水)를 좋아하기 때문이다.

갑목(甲木)이 기신으로 신금(辛金)에 근접(近接)하고 있으면, 치통을 앓기 쉽고 재물운이 좋지 않다. 정화(丁火)가 기신으로 신금(辛金)에 근접(近接)하고 있으면 주옥(珠玉)을 불에 태우는 형상으로서 얼굴빛이 맑지 않으며, 남명이면 세상을 모르는 무기력한 사람이고, 여명이라면 이성운이 불미하여 남자에게 속는 일이 많다.

```
年 月 日 時
丙 庚 辛 庚    坤命
戌 子 酉 寅    신강의극(身强宜剋)
己 戊 丁 丙 乙 甲 癸 壬
亥 戌 酉 申 未 午 巳 辰
```

자월신금(子月辛金)에 태양이 화창하므로 행복한 여인이 될 조건이지만, 비겁과다(比劫過多)로 예상치 못한 손재수와 배신당하는 일이 수시로 발생한다.

암장간 포함 3개의 신금(辛金)과 두 개의 경금(庚金)이 있으므로 부군작첩(夫君作妾)으로 내 남편을 믿을 수 없으며, 의부증이 발생하고 의심이 많아서 누구도 믿지 않고 주변 사람을 배척하므로 스스로 고독을 자초하게 된다.

남편을 내 입맛에 맞게 길들이려 하고 나만 바라보고 살아가는 당신이 되어 달라고 하지만, 남편은 가정을 등한시하고 밖으로만 떠도는 사람이 되며 이로 인해서 부부 문제가 발생한다.

당주 신유(辛酉)는 병화(丙火)에게 아무런 힘을 주지 않지만, 시간 경금(庚金)은 병화(丙火)를 출세시키는 여자이다. 그러므로 내 남자는 작첩(作妾)하는 남자이므로 부부 해로에 문제가 있게 되는 것이다.

인중갑목(寅中甲木) 부친은 많은 바람을 피웠고 이복형제가 둘이 있으며, 해수대운(亥水大運) 9세 갑오년(甲午年) 부친과 사별했다.

정유대운(丁酉大運)의 정화(丁火)는 부부합을 깨는 작용을 하는데, 이때 이별하지 않으면 남편이 사망하는 운이 되는데 남편의 바람기로 이별했다.

당주는 동대문 시장에서 한복 가게를 하게 되었고, 병신대운(丙申大運) 초에 인중병화(寅中丙火) 결혼 실패한 남자를 만나 재혼하게 되었지만, 자식이 많은 남자였고 그로 인해서 수많은 고통을 당하고 있다.

신금대운(申金大運)이 오면 신자합수(申子合水)에 인신충(寅申沖)으로 또 한 번 재난이 가중되고, 군겁(群劫)의 쟁재쟁관(爭財爭官)이 되면 후부와 헤어질 가능성이 있다.

```
年 月 日 時
乙 丁 辛 己   坤命
未 丑 未 丑   종강격(從强格)
戊 己 庚 辛 壬 癸 甲
寅 卯 辰 巳 午 未 申
```

묘월신금(卯月辛金)이 반드시 있어야 할 임수(壬水)와 갑목(甲木)이 없으니, 왕희순세(旺喜順勢)를 따라 기토(己土)에 종(從)하는 종강격(從强格)으로, 조후하는 화운(火運)은 무난하고 설기하는 금운(金運)이 제일 길하다.

당주는 업장소멸 기도인이 되어야 불귀객을 면할 수 있다. 왜냐면 산정붕괴(山頂崩壞)로 흙탕물이 흘러내리는 격으로 혈액 이상의 질병과 당뇨병이 발생하는 사주이기 때문이다.

기묘대운(己卯大運) 결혼하게 되었고 무난했다. 경진대운(庚辰大運)은 당주 자신에게는 해(害)가 없었지만, 백호살(白虎殺) 작용으로 부친과 사별하게 되었고 남편이 비명횡사했다.

이 사주에서 을목(乙木) 정화(丁火) 기토(己土)는 미토(未土)에서 투출한 것이니 시모, 부친, 남편, 모친이 모두 전생 인연들로 업인(業因)을 깨달아 해탈(解脫)하라는 사주로 형성된 것이다.

그러므로 남편과 부친 덕이 부족해도 한탄하지 말아야 하며, 오로지 그들의 왕생극락을 빌어 주는 지극정성 기도와 자신의 업장소멸 기도를 해야 한다.

특히, 을미(乙未), 신미(辛未), 계미일주(癸未日柱)는 업인이 많은 일주이 므로 업장소멸 기도가 필수이고, 많은 베풂의 행을 하지 않으면 현재 가지 고 있는 재물이 있다 해도 한순간에 사라지고, 가족들의 비명횡사 수가 강 한 일주이다.

당주의 모친은 절실한 불교 신자였으며 딸자식인 당주만 낳았고, 당주 역시 딸 하나만 있었으며 남편 사망 후 공양주 보살로 절에서 딸과 함께 살았다.

年 月 日 時
甲 丙 辛 己　乾命
午 寅 酉 丑　신약용인(身弱用印)
丁 戊 己 庚 辛 壬 癸
卯 辰 巳 午 未 申 酉

인월신금(寅月辛金)이 정재격(正財格)이다. 월지에서 갑목(甲木)과 병화 (丙火)가 투출하여 인오합(寅午合)을 하므로 매우 왕성한 병화(丙火)로 사주 의 한랭추위를 해소하고 있다.

신금일간(辛金日干)의 천을귀인이 년월주에서 호환녹근(互換祿根)의 합 (合)을 이루고, 갑목(甲木)은 아버지와 처성이 되는데, 병화(丙火) 자식을 목 숨 바쳐 사랑하는 모습으로 현처, 현자, 현부, 현모를 만나는 인연이다.

이 사주의 병화(丙火)는 세상을 밝히는 희신으로 당주와 합(合)이 되므로 당주 또한 세상을 아름답게 하는 고귀한 보석이 된다.

기축(己丑)이 있으므로 병화(丙火)는 왕성하지만 태왕하지 않으며, 오중 (午中)에 기토(己土) 모친이 투출하여 신금(辛金)을 생조하고, 유축합(酉丑 合)에 정관(正官)과 일간이 합(合)을 하고 있으므로 기신이 없고 아군만 있 는 형상으로, 갑기합(甲己合)을 하는 아버지와 어머니의 사이 또한 양호한 모습이다.

신왕재왕(身旺財旺) 관왕(官旺)한 부귀격(富貴格)으로, 기사대운(己巳大

運) 28세 신유년(辛酉年) 사법고시에 합격한 후 승승장구하여 경오대운(庚午大運) 후반에 지검장이 되었고, 신미대운(辛未大運) 후반 공무원에 싫증을 느껴 변호사로 전향한 후, 많은 사람의 무료변호와 선행을 실천하고 있다.

아무리 높은 장차관 대통령이 되어 본들 민중의 소리를 듣지 못하고 자신의 탐욕에 의한 위정자(爲政者)라면 자신은 잘 살지는 모르겠지만, 길거리의 거지보다 못한 인생일 뿐이다.

```
年 月 日 時
乙 己 辛 丁    乾命
卯 卯 酉 酉    편재용관격(偏財用官格)
戊 丁 丙 乙 甲 癸 壬 辛
寅 丑 子 亥 戌 酉 申 未
```

묘월신금(卯月辛金)이 금목상전(金木相戰)이 되었지만, 해결할 글자가 없이 이제 막 피어나는 꽃밭을 짓이기는 형상이다. 정화(丁火) 자식과 기토(己土) 모친이 병들어 죽는 모습으로 결혼하기 어려운 팔자이다. 살아 줄 여자가 없는 격으로 구속수감도 당해 보며 자살하는 사주에도 해당한다.

병자(丙子) 을해대운(乙亥大運)은 금목상전(金木相戰)을 통관하는 운으로 평길하지만, 결혼을 했다면 한 자식 가슴에 무덤 쓰고 부부 이별하며 부모 사별하는 운이다.

당주는 실속이 없는 삶으로 여자의 마음을 전혀 모르는 사람이다. 겁탈(劫奪)의 마음과 이기고자 하는 승부 욕심이 강하므로 성급한 마음이 화액(禍厄)을 부른다. 여자의 마음을 모르는 사람은 재물의 속성을 모르는 것과 같으므로 그런 사람 곁에는 재물과 여자가 붙어 있지 않는다.

당주는 여러 여자를 만나고 헤어지기를 반복했으나 아직 결혼하지 못했고 직장도 하천하며 직업변동이 심하고, 매사 불평불만으로 자신은 잘못하는 일이 없는데 여자들이나 직장에서 자신을 헐뜯는다고 생각한다. 이러한 편고한 마음이 인생길의 장애라는 것을 아무리 일러 줘도 소귀에 경 읽기일 뿐이었다.

을해대운(乙亥大運) 계사년(癸巳年) 해사충(亥巳沖)과 묘유충(卯酉沖)이 발동하므로 만사불성(萬事不成)으로 되는 일이 없는데, 채권추심 업무를 하다가 그나마 실업자가 되었고 들어갈 직장이 없다. 그래서 실내장식 관련 직업훈련원에 들어가라 신신당부했는데, 아마 이마저 거역할 것이다.

年 月 日 時
乙 庚 辛 癸 乾命
酉 辰 亥 巳 신강의설재(身强宜洩財)
己 戊 丁 丙 乙 甲 癸
卯 寅 丑 子 亥 戌 酉

진월신금(辰月辛金)이 신강으로 계수(癸水)가 설기용신이다. 그런데 욕심 많은 경금(庚金)을 만나 천합지합(天合地合)으로 경금(庚金) 겁재(劫財)에게 모여들었다. 조상의 재물인 을목(乙木)이 경금(庚金) 겁재(劫財)에게 가고, 진중을목(辰中乙木) 또한 경금(庚金)의 것이 되므로 당주는 빛 좋은 개살구 인생이다.

계수(癸水)가 월지에서 투출하여 진신득용(眞身得用)이라 하지만, 설기구가 작은 계수(癸水)로는 금다수탁(金多水濁)일 뿐이다. 해수(亥水)가 금기(金氣)를 설기분담(洩氣分擔)을 해야 하지만, 해사충(亥巳沖)으로 설기능력을 상실했다.

또한, 재물인 해중갑목(亥中甲木)은 깨어져 허공에 사라지고, 자식인 사중병화(巳中丙火) 또한 허공에 사라진 형상이며, 개고(開庫)된 사중무토(巳中戊土)가 계수(癸水)를 합거(合去)하므로 생재(生財)를 이루지 못하는 무위도식(無爲徒食)자의 명식이다.

당주는 50이 넘도록 돈이 없어서 결혼도 못 하고 자식도 없이 시집간 여동생 집에서 기거하고 있는 남자이다. 어느 사주에서나 일지가 희신이 될 때, 그 희신을 충(沖)으로 깨어 버리는 시주(時柱)를 만나면 자식 낳고 부부 이별하며, 인생 말년 패망기운이 들어오는 것이니 삶의 낙이 없다.
　사주명식에서 일시지(日時支)의 충(沖)은 매우 흉하다. 특히 일지가 희신일 때의 충(沖)은 더욱 흉하다. 그런 사람의 궁합(宮合)에서는 반드시 인연법을 성립시켜야 하는데, 당주의 경우 인묘(寅卯)에 해당하는 세년에 태어난 사람을 만나야 길하다. 그리고 인부(寅符)나 묘부(卯符)에 해당하는 호신부(護身符)를 지닌다면 큰 음덕(蔭德)이 있게 될 것이다.

年 月 日 時
辛 癸 辛 己　坤命
亥 巳 酉 亥　신강의재(身强宜財)
甲 乙 丙 丁 戊 己 庚
午 未 申 酉 戌 亥 子

　사월신금(巳月辛金) 음실양허(陰實陽虛)한 명식으로 수설생화(水洩生火)하는 갑목(甲木)이 용신이 되어야 할 구조이다. 남편인 사중병화(巳中丙火)는 수기(水氣)가 무서워 직장 생활을 못 하고, 자영업을 하다가 패재하며 무위도식(無爲徒食)자가 되어 간다.
　득자이별 사주로 형성되어 능력을 발휘할 수 없는 남편이다. 당주의 성 능력에 대항하는 힘이 부족하므로 직업이 하천하고 밤이 무서운 남자가 되는 것이다.
　병신대운(丙申大運) 25세 병자년(丙子年) 결혼했으나, 결혼할 때는 누구나 신데렐라의 꿈을 꾸지만, 결혼은 현실이며 환상이 아니라는 것을 알게 된다.
　신데렐라의 꿈은 점점 사라지고, 현실적으로 돈이 있어야 한다는 것을 생각하지만, 재물은 갈수록 졸아들고 남편은 당주의 욕구를 더욱 충족시키지 못한다.
　당주의 남편은 정유대운(丁酉大運) 정화(丁火)의 힘을 믿고 동업으로 사업을 했지만, 정화(丁火)는 충거되어 힘을 못 쓰므로 결국 패재했고, 능력

없는 남편이라는 말을 들으며 이혼을 요구하지만, 사유합(巳酉合)이 풀리면 죽는 목숨이므로 이혼 요구를 무시할 수밖에 없다. 죽어도 이혼할 수 없다는 것이다.

갑신(甲申) 을유년(乙酉年) 이때 잘못 선택한다면 군겁쟁재(群劫爭財)를 당하므로 인생최고의 패망으로 연결된다. 남편은 사유합(巳酉合)으로 죽은 듯이 순종하며 아내가 원하는 대로 모든 일을 다 해 줘도, 이미 정(情)이 떠난 신금(辛金)은 냉정하기만 할 뿐, '돈 벌어 와'를 외칠 뿐이다.

37세 정해년(丁亥年) 해사충(亥巳沖)을 하고 계수(癸水)는 정화(丁火)를 충거(沖去)하므로 이때 관재구설에 손드는 남편이 될 것이다.

```
年 月 日 時
庚 壬 辛 甲    乾命
申 午 酉 午    신강의설재(身强宜洩財)
癸 甲 乙 丙 丁 戊 己
未 申 酉 戌 亥 子 丑
```

오월신금(午月辛金) 2개의 오화(午火)가 있어서 관왕(官旺)한 것처럼 보이지만, 천간투출(天干透出)이 없으므로 화기(火氣)가 왕성한 것은 아니다. 그런가 하면 임수(壬水)는 임오(壬午)로 와서 증발하여 무력한 듯하지만, 신중(申中)에 장생으로 통근하고 경금(庚金)과 신금(辛金)의 사이에 끼여 금설생목(金洩生木)으로 재물을 성장시키는 용신이다.

임수(壬水)는 계수(癸水)와 달라서 병목현상이 생기지 않으며, 금기(金氣)를 설기할 수 있으므로 만나야 할 글자이다.

이때, 경금(庚金)과 갑목(甲木)이 근접(近接)하고 있었다면 동주사지(同柱死地)에 있는 갑목(甲木) 부친은 경금(庚金)에 파극(破剋) 당하므로 단명흉사(短命凶死)하지만, 시주(時柱) 천을귀인(天乙貴人)이며 임수(壬水)가 갑목(甲木)을 생조하고 보호하므로 조모님과 장모 덕이 매우 크다.

오중기토(午中己土) 모친이 투출했다면, 기임탁수(己壬濁水)에 갑기합(甲

己合)으로 임수(壬水)와 갑목(甲木)이 무용지물과 같아서 발복의 장애가 되겠지만, 무투간(無透干)하므로 모친의 덕이 크고 부모님은 다정하신 분이다. 이처럼 암장되어야 할 글자는 암장하고, 투출해야 할 글자는 투출해야 복인이 된다.

신금일간(辛金日干)은 아무리 왕성해도 극해서는 안 되며, 오로지 임수(壬水)의 설기(洩氣)를 반긴다. 이러한 사주의 덕으로 을유대운(乙酉大運) 28세 정해년(丁亥年) 세무사 시험에 합격한 후, 7급 세무공무원 시험에 연이어 합격한 후 인천세관에 근무 중이다.

年 月 日 時
壬 丁 辛 己   坤命
申 未 卯 亥   신강의설재(身强宜洩財)
丙 乙 甲 癸 壬 辛 庚
午 巳 辰 卯 寅 丑 子

미월신금(未月辛金)이 편인격(偏印格) 신강이다. 을목(乙木)이 없고 금기(金氣)에서 목국(木局)을 반대하므로 유정한 합(合)일 뿐, 진삼합(眞三合)은 이루어지지 않는다. 여름에 정화(丁火)가 투출하고 임수(壬水)가 없으면 한(恨) 많은 팔자가 되는 것인데, 정화(丁火)를 합살(合殺)시키므로 꿈을 이루게 된다.

기토(己土)와 신금(辛金)의 관계가 습토생금(濕土生金)이라 하지만, 미월(未月)의 기토(己土)는 습토(濕土)가 아니므로 신금(辛金)에게 피해가 적다. 또한 미토(未土)의 재고귀인(財庫貴人)에서 투출한 기토(己土)이므로 모친의 능력이 탁월하고 그 모친의 젖을 먹고 자란 신금(辛金)도 능력이 탁월하다.

당주는 칠살(七殺)을 치마폭에 휘어잡아 굴복시키는 여장부로, 넘치거나 부족하지 않게 사람을 순화(純化)시켜 잘 다스릴 줄 아는 능력이 있으므로 모든 사람이 존경하고 따르게 된다.

일지묘목(日支卯木)에 합목(合木)으로 재물이 모여들고, 미토(未土)는 재물창고로 재물을 보관시키는 격이다. 이 경우 여명일지라도 사업가가 되는 구조로 가정주부로 만족하지 않는다.

임수(壬水)는 신금(申金)이 장생지(長生地)이며 해수(亥水)에 록근(祿根)하고, 정화(丁火)는 미월정화(未月丁火)이고 목기(木氣)의 방조를 받으므로 정임합(丁壬合)이 유정할 뿐, 기반(羈絆)으로 자기본분을 망각하지 않는다.
그러나 좋기만 한 것은 아니다. 월주공망(月柱空亡)에 과숙살(寡宿殺)이 되었으니 없는 남편에 해당한다. 또한 암장간(暗藏干) 포함 3개의 임수(壬水)에 명암합(明暗合)이 된 정화(丁火) 남편으로 신중(申中)의 임수(壬水)와 합(合)이 된 것이니, 신중경금(申中庚金)을 찾아 떠나는 남편이다.
일지 배성에 재물과 남자들이 모여들고 그 남자들을 활용하는 재주가 탁월하며 세상의 모든 남자가 돈으로 보인다.
계묘대운(癸卯大運) 중 계수(癸水)가 정계칠살(丁癸七殺)을 하여 정임합(丁壬合)을 풀게 하므로 부부 이별했지만, 묘목대운(卯木大運)에 첫사랑 남자를 만나 재혼했으며, 계묘(癸卯) 임인대운(壬寅大運)에 중소기업 사장이 되었다.

年 月 日 時
辛 丙 辛 丁　坤命
丑 申 巳 酉　신강의극(身强宜剋)
丁 戊 己 庚 辛 壬 癸
酉 戌 亥 子 丑 寅 卯

신월신금(申月辛金)이 신월(申月)에 금국(金局)을 만나니 신강을 넘어 태왕(太旺)하다. 유력한 임수(壬水)에 금설세광(金洩洗光)이 이루어지고 갑목(甲木)을 성장시켜야 키우는 공을 이루게 된다. 그런데 급신이지(及身而止)가 되고 보니 수시로 당하는 재난풍파(災難風波)에 마음이 어지럽고 화기

(火氣)가 용신이 된다고 해도 가용신(假用神)으로 발복하기가 쉽지 않다.

하나의 병화(丙火)를 놓고 두 개의 신금(辛金)이 쟁합(爭合)으로 일부이녀(一夫二女)와 같으니 정화(丁火)가 용신이 되어 쟁합(貪合)을 풀게 하는 사주이지만 천박(淺薄)한 격이다.

병화(丙火)는 두 여자를 양팔에 끌어안고 사신합(巳申合)을 하고 있으며, 당주의 육신 사화(巳火)는 사신합(巳申合)과 사유합(巳酉合)으로 양다리 걸치고 있으며, 또 금국(金局)이 되어 있다.

그러면서도 싫어하는 신금(辛金)을 만나 서로가 잘난 척이며, 정화(丁火)는 병신합(丙辛合)을 깨면서 연간신금(年干辛金)도 자기 처이고, 일간도 자기 처라고 하는 격이니 혼탁(混濁)의 극치(極致)로 정신계 문제와 남난풍파(男難風波)가 발생하게 된다.

비겁태왕(比劫太旺)에 혼잡관살(混雜官殺)로 탁기가 많은 것은 어쩔 수 없더라도 평생 남편의 작첩(作妾)에 시달리기도 하며, 남자에 대한 집착(執着)이 너무 강하며 헤픈 여자이다.

병화(丙火)는 두 여자에게 양다리 걸치고 살아가는 형국이지만, 병화(丙火)의 정(情)은 일간에 있으므로 부부 맞교환에도 해당한다.

당주는 처자가 있는 유부남 병화(丙火)를 사신합(巳申合)으로 꼬여 자식 낳고 형파살(刑破殺)로 헤어지며, 또 처자가 있는 정화(丁火)에게 재혼하게 되었는데, 이것은 자업자득으로 모두가 업인인과(業因因果)이다.

당주는 시주(時柱) 자식을 낳은 후 이런 모든 일이 톱니바퀴처럼 맞아가며 진행하게 되었다. 자수성가 장녀 팔자로 남편 덕 보기는 애초에 어렵고, 남편 벌여 먹여야 할 팔자이므로 결국에는 독수공방에 과부팔자와 같은데, 넘치는 것은 부족함만 못하고 합(合)이 많으면 정(情)으로 망한다는 것은 고금(古今)의 진리이다.

年 月 日 時
壬 己 辛 丁 坤命
辰 酉 酉 酉 신강의설(身强宜洩)
戊 丁 丙 乙 甲 癸 壬
申 未 午 巳 辰 卯 寅

 유월신금(酉月辛金)이 홍염도화(紅艶桃花)가 중첩되었고, 유진합(酉辰合)으로 비겁태왕(比劫太旺)을 설기하는 임수(壬水)가 용신이다. 그런데 금백수청(金白水淸) 맑은 물에 황토물 유입으로 탁수(濁水)가 되어 자궁암, 유방암, 혈액관련 질병, 대장암, 간암, 폐암 등이 발생한다.
 자식 또한 금다수탁(金多水濁)으로 우둔하며 자폐아(自閉兒)가 될 수 있으며, 가슴에 무덤 쓰는 자식이 있게 된다. 식상(食傷)은 나를 나타내고 표현하는 수단이며 활동무대이다. 그런데 탁수(濁水)가 되므로 말이 어눌하고, 구설수가 많으며 직업이 불안하고 이성운이 불미하다.
 병오대운(丙午大運) 23세 갑인년(甲寅年) 갑목(甲木)이 기토(己土)를 합거(合去)시켜 기임탁수(己壬濁水)에서 벗어나고, 병신합(丙辛合)을 이루므로 결혼하게 되었다.
 을사대운(乙巳大運) 36세 정묘년(丁卯年) 정임합(丁壬合)과 묘유충(卯酉沖)으로 폐결핵으로 2년간 생사의 고비를 넘나들었다.
 3개의 유금(酉金)이 묘목(卯木)을 도충(倒沖)하여 재물이고 부친이 되는데, 전실운(塡實運)은 재앙백출(災殃百出)이다. 금기(金氣)는 폐를 상징하는데, 유유자형(酉酉自刑)에 묘유충(卯酉沖)으로 동하고 용신이 합거(合去)되므로 자칫 사망하는 운이다. 이러한 금실(金實) 사주에서 폐암이나 간암, 대장암으로 사망하는 일이 많다.
 갑진대운(甲辰大運) 기토(己土)를 합거시켜 평길하지만, 유진합(酉辰合)으로 남편의 작첩이 시작되었고 팔자 도망 못 하더란 말을 실감하게 되었다.
 계묘대운(癸卯大運)에 남편 사망이나 정식 이혼하게 되며 중풍(中風)으로 쓰러지면 치매로 많은 고생을 하고 사망하게 된다.

이 사주는 청상과부의 명식으로 무속인 팔자이다. 그러므로 내림굿을 하게 되면 조모 혼신이 입력되어 무속인이 될 수 있다.

年 月 日 時
乙 丙 辛 壬 乾命
未 戌 亥 辰 신강의설재(身强宜洩財)
乙 甲 癸 壬 辛 庚 己
酉 申 未 午 巳 辰 卯

술월신금(戌月辛金) 술미조토(戌未燥土)가 제수(制水)하므로 인수(印綬)로 인한 장애가 발생한다. 입태월인 정축월(丁丑月)이 기신으로 사묘고충(四墓庫沖)을 발생시키고 매금(埋金)을 가중하므로 부모의 환경불미에서 입태가 되었다. 그러므로 일찍 고향을 떠나야 한다.

3개의 백호(白虎)와 괴강(魁罡)이 충돌하지만, 설기분담(洩氣分擔)하는 비견(比肩)이 없으니 형제 동료의 덕이 없고, 산정붕괴(山頂崩壞)로 탁수(濁水)가 흘러내리니 혈액이상의 질병이 된다.

을유(乙酉) 갑신대운(甲申大運)은 토기(土氣)를 설기분담(洩氣分擔)하는 운으로 공부를 잘하고 여유로운 생활을 보냈으나, 계미대운(癸未大運) 입태월 정축(丁丑)과 충(沖)이 되고 산정붕괴의 사묘고충(四墓庫沖)에 임수(壬水)가 탁수(濁水)로 변한다.

또한, 매금(埋金)을 가중하며, 묘고충(墓庫沖)에서 개고(開庫)된 신금(辛金)은 을목(乙木)을 칠살(七殺)하고, 계수(癸水)는 병화(丙火)를 흑운차일(黑雲遮日)하며, 정화(丁火)는 신금(辛金)을 칠살(七殺)하고, 정임합(丁壬合)을 하지만 무토(戊土)는 임수(壬水)를 파극하므로 무주공산(無主空山)으로 변하게 된다.

결국, 당주는 정신병동에 갇히는 몸이 되었다. 이처럼 인수태과(印綬太過)에 투출된 천간이 모두 입묘(入墓)하고 칠살(七殺)을 당한다면, 죽거나 정신병이 되거나 미쳐서 발광하게 된다.

특히, 경금일간(庚金日干)보다 신금일간(辛金日干)에 조토(燥土)의 삼형살(三刑殺)이 이루어지면 토다매금(土多埋金)으로 정신병자가 되는 일이 많다.

年 月 日 時
庚 丁 辛 庚　乾命
辰 亥 未 寅　신강의설(身强宜洩)
戊 己 庚 辛 壬 癸 甲
子 丑 寅 卯 辰 巳 午

해월신금(亥月辛金)이 신강으로 월지해수(月支亥水)가 비겁(比劫)을 설기하며 생재(生財)하는 용신이다. 그러나 월주공망(月柱空亡)으로 양호한 직업이 쉽지 않은데 당주는 전기기술로 생계를 유지하게 되었다.

간지 현침살(懸針殺)인 신미일주(辛未日柱)에 정화(丁火)가 근접투간(近接透干)하여 기신작용을 하면, 화소주옥(火燒珠玉)으로 보석을 산소불로 태우는 상으로 매우 흉하다. 명식에서 정화(丁火)가 빛으로 작용한다 해도 대세운에 열기(熱氣)로 작용할 때 형질이 변경되는 것이다.

진중을목(辰中乙木)은 년간경금(年干庚金)의 처와 재물이고, 인중갑목(寅中甲木)은 시간경금(時干庚金)의 처와 재물이다.

해수(亥水)는 해미합(亥未合)을 하여 정화(丁火) 자식을 낳은 자이고, 해중갑목(亥中甲木)과 미중기토(未中己土)가 합(合)이 되어 길한 듯하지만, 월주공망(月柱空亡)의 처자식이므로 문제가 있다. 더구나 시간경금(時干庚金)의 육신인 인목(寅木)과 합(合)이 되어 가므로 파란풍파를 만드는 여자이다.

경인대운(庚寅大運) 해인합(亥寅合)으로 결혼하고 재물도 늘어나 길했으나, 신묘대운(辛卯大運) 간지현침(干支懸針)에서 투출된 정화(丁火)가 열기작용(熱氣作用)으로 급각살(急脚殺)과 현침살(懸針殺)의 영향으로 다리가 오그라져 절름발이가 되었다.

또한, 처성이 바람나 가정을 돌보지 않고 외정을 일삼고 다니다가, 42세 신유년(辛酉年) 묘유충(卯酉沖)에 삼합(三合)을 풀리므로 결국 가출하게 되었다. 시간경금(時干庚金) 자식 딸린 유부남의 육신이 되는 인목(寅木)에 해인합(亥寅合)으로 끌려가므로 전생인연을 찾아 떠나는 것이다.

정해(丁亥)와 경인(庚寅)은 전생 부부였고 전생에 못다 풀은 업인을 풀기 위한 정해진 운명이므로 어찌할 수 없는 것이다.

임진대운(壬辰大運) 정임합목(丁壬合木)으로 처성이 들어오니 미중을목(未中乙木)을 만나 해로하게 되겠지만, 순탄한 인생이 되지는 않는다. 그러므로 업장소멸 기도를 하는 삶을 살아야 한다.

壬水日干의 월별 용신

임수(壬水)는 목기(木氣)를 키우는 것이 임무이므로, 급신이지(及身而止)가 되는 것은 희망이 없는 것과 같다. 사주에 화기(火氣)가 없다면 목기(木氣)는 성장을 멈추고 잡초로 변하므로 임수(壬水)의 가치 또한 하락한다.

임수(壬水)의 가치는 오로지 수화상조(水火相照)에 있으므로, 봄과 가을, 겨울에 태양이 없다면, 신강신약을 떠나 가난하게 된다. 그러므로 태양이 화창해야 쓰임받는 임수(壬水)가 되고 천덕꾸러기가 되지 않는다. 또한 태양의 빛 반사가 이루어지므로 만물이 화평함을 얻는다.

그렇다 할지라도 내가 가진 힘이 없다면 남을 도울 수 없는 것이니, 힘과 능력을 갖춰야 하므로 해수(亥水)나 자수(子水) 중 한 글자와 통근처가 있는 경금(庚金)이나 신금(辛金) 한 글자가 있어야 하는데, 금기천간(金氣天干)이 둘 다 투출하여 혼잡(混雜)하면 순일하지 못한 지식이므로 양호하지 않다.

목기(木氣)가 너무 왕성하면 제방(堤防)이 무너지고 인수(印綬)는 깨어지므로 의식주가 가난한 천덕꾸러기 인생으로 변한다. 또한 간섭받기를 싫어하며 매사 즉흥적인 삶을 살게 되고 사회 활동이나 가정생활에 구설수로 작용하며, 수시로 직업 변동과 주거 변동까지 발생하므로 안정된 삶이 어렵다.

그러므로 목설생토(木洩生土)하며 목기(木氣)를 성장시키는 화기(火氣)와 토설생수(土洩生水)하는 금기(金氣)가 반드시 있어야 한다. 그러나 금기(金氣)가 왕성한 명식이라면 천격(賤格)에 해당하는데, 이때 화기(火氣)가 없다면 한(恨) 많은 인생이 되기 쉽다.

봄에는 술토(戌土)나 미토(未土) 한 글자가 있는 것이 좋지만, 지나치면 부족함만 못하다. 그리고 토기(土氣)가 없는 명식은 산만(散漫)하여 안정되지 않는다. 그런데 진축(辰丑)의 습토(濕土)가 있어서 축진파살(丑辰破殺)이 되거나, 임수(壬水)와 근접(近接)한 기토(己土)가 있다면 임수(壬水)로부터 능멸(凌蔑)당하는 토기(土氣)이다.

여름에는 토기(土氣)는 점점 왕성해진다. 이때 무토(戊土)와 술미조토(戌未燥土)가 있다면 화염조토(火炎燥土)가 되므로 생금불능(生金不能)으로 수기(水氣)를 생조하지 못하는 무력한 금기(金氣)가 되므로 임수(壬水) 또한 무력하게 된다. 그러므로 여름에는 진토(辰土)가 있는 것이 좋으며 차선으로 축토(丑土)가 요구된다. 이때 무토(戊土)나 기토(己土)는 투출하지 않아야 토기(土氣)에 해당하는 육친의 덕이 좋아진다.

이때 무토(戊土)나 술미조토(戌未燥土)가 있다면 임수(壬水)는 증발하므로 정처 없는 유랑인생으로 고향을 일찍 떠나기도 하며, 안정된 생활을 못하고 가출하기도 한다. 그러나 유력한 금기(金氣)가 있거나 온도를 조절하는 계수(癸水)가 있다면 아무리 힘들어도 인내하여 문제가 발생하지 않는다.

오히려 발전하고 양호한 친구, 형제, 동료들의 덕으로 어디서나 환영받는 사람이 된다. 그러나 목기(木氣)가 과다하면 자신의 능력을 과신하는 우(愚)를 범하고 결국 패망(敗亡)의 길을 걷게 된다.

가을에 수기(水氣)는 점점 왕성해지고 이에 반해서 목화기(木火氣)는 허약하다. 임수(壬水)는 어떤 경우라도 수화상조(水火相照)의 공(功)을 이루어야 하고, 목기(木氣)를 성장시켜야 하는 임무이다. 그런데 급신이지(及身而止)로 목기(木氣)가 없거나 극히 쇠약하다면 희망이 없는 것과 같다.

즉, 여자의 사명은 자식을 낳아 그 자식의 성장과 함께 가정의 기쁨이 되는 것인데, 자식을 키우는 기쁨이 없다면 가정에 웃음소리가 없을 것이므로 적막강산(寂寞江山)이 되고 고독하게 된다.

또한, 이제 점점 한랭해지는 계절이므로, 화기(火氣)가 과다하지 않다면,

한랭하게 하는 계수(癸水)는 없는 것이 좋으며, 축토(丑土) 또한 없는 것이 해당 육친의 덕이 좋아진다. 수기(水氣)가 목기(木氣)를 생조하는 것은 길하지만, 수기(水氣)가 과다하여 부목(浮木)시키거나, 화기(火氣)를 겁탈(劫奪)하는 명식이라면 대흉하여 빈천(貧賤)한 인생이 된다.

그러므로 가을의 임수(壬水)는 목화(木火)가 유력하고 왕성해도 감당할 수 있으므로 부지런한 사람이 된다. 그러나 금기(金氣)가 과다하면 상대적으로 목기(木氣)는 극히 허약하게 되고, 화기(火氣)는 금다화식(金多火熄)이 되며, 금다수탁(金多水濁)이 되므로 흉하여 가난하게 된다. 이때 습토(濕土)의 묘고충(墓庫沖)이 있다면 대흉하다.

조토(燥土)는 화기(火氣)를 담는 화로(火爐)가 되므로 결과적으로 재물을 생조하는 것이지만, 습토(濕土)는 화기(火氣)를 도기(盜氣)하여 왕성한 금기(金氣)를 생조하므로 하천한 직업이 된다.

금백수청(金白水淸)이 탁수(濁水)로 변하는 것은 대흉하므로 금수쌍청(金水雙淸)하고, 하늘에는 태양이 밝게 빛나는 것이 무엇보다 길하다. 그러므로 경금(庚金)이나 신금(辛金)이 임수(壬水)에 근접(近接)하는 것을 금수쌍청(金水雙淸)이라 하지만, 목화기(木火氣)가 유력해서 수화상조(水火相照)가 되어야 진실한 금수쌍청(金水雙淸)이 된다.

겨울에는 수기(水氣)가 왕성(旺盛)한 계절이므로 계수(癸水)는 투출하지 않아야 한다. 지지수기(地支水氣)는 상관없으나 천간수기(天干水氣)는 좋을 바가 없다. 허약한 화기(火氣)를 더욱 허약하게 하므로 친구, 형제, 동료의 덕이 없고 믿은 도끼에 발등을 찍히는 사주로 변하게 된다.

그러므로 무토(戊土)의 제수(制水)가 절실하지만, 여명의 경우 무토(戊土)가 남편이 되는 명식이라면 혹, 계수(癸水)로 인해서 남편을 빼앗기는 일이 있을 수도 있다. 그러므로 처음부터 계수(癸水)가 없어야 형제, 동료 덕이 양호하다.

겨울에는 화기(火氣)가 유력해야 제방제수(堤防制水)하는 토기(土氣)가 힘을 얻고, 목기(木氣)는 고사목(涸死木)에서 해동(解凍)하게 된다. 그러므로 재물이 풍성해지고 노력하는 사람이 된다.

그러나 수화상전(水火相戰)은 불길하며 목기(木氣)가 간지상생(干支相生)하여 화기(火氣)를 생조하는 것이 무엇보다 길하다. 또는 목기(木氣)가 허약하거나 없더라도 무토(戊土)와 술토(戌土)나 미토(未土) 한 글자가 있어서 화로(火爐)가 되어 준다면 목기(木氣)와 화기(火氣)가 힘을 얻게 되므로 행복한 인생이 된다.

그런데 조토(燥土)가 없고 습토(濕土)가 있다면 사주는 더욱 한랭해지는데, 직업과 남편, 자식을 위해서 많은 돈을 투자하고도 결과가 미약하게 된다.

겨울에 수기(水氣)가 과다하면 천덕꾸러기 인생으로 인물도 양호하지 않으며 모든 사람이 꺼리므로 성공하기가 쉽지 않지만, 유력한 갑목(甲木)의 수설생화(水洩生火)가 있으면 부명(富命)이 되고, 유력한 화기(火氣)가 목설생토(木洩生土)하여 제방(堤防)이 튼튼하면 귀명(貴命)이 된다.

토기과다(土氣過多)로 임수(壬水)가 허약해질 때는 갑목(甲木)의 소토(疎土)와 경금(庚金)의 토설생수(土洩生水)가 있어야 길하다.

이때 신금(申金)이나 유금(酉金) 한 글자가 있어야 하는데, 신금(申金)은 수국(水局)을 이루고, 유금(酉金)은 금국(金局)을 이루므로 반드시 한 글자가 있어야 한다.

이때 신금(申金)이나 유금(酉金)이 한 글자도 없다면 경금(庚金)은 매금(埋金)되므로 임수(壬水)를 생조하지 못하고 임수(壬水)는 갑목(甲木)을 생할 수도 없다. 그리고 이때 갑목(甲木)과 경금(庚金)은 격(隔)하고 있어야 좋다.

신금(辛金)은 허약하므로 토기(土氣)를 설기하지 못하므로 큰 도움이 되지는 않지만, 그러나 계수(癸水)의 단비가 내린다면 윤토생금(潤土生金)이 되므로 만물이 평화로워진다. 그러나 습토(濕土)의 묘고충(墓庫沖)이 된다면 임수(壬水)는 탁수(濁水)가 되므로 좋은 형상이 아니다.

금기과다(金氣過多)로 신강이 되었을 때는, 설기분담(洩氣分擔)하는 해수(亥水)나 자수(子水) 중 한 글자가 있어야 하며, 무토(戊土)와 정화(丁火)가 근접(近接)하고 정화(丁火)가 제금(制金)한다면 부귀(富貴)를 이루게 되는데 갑목(甲木)이 있다면 더욱 좋다.

수기과다(水氣過多)로 신강이 되었을 때는, 임수(壬水)와 근접(近接)한 무토(戊土)로 제방제수(堤防制水)하는 것이 매우 좋은데, 이때 술토(戌土)가 있는 것이 미토(未土)보다 더욱 좋다. 그런데 조토(燥土)가 없고 진토(辰土)나 축토(丑土)가 있다면 구설수가 발생하며 토기(土氣)에 해당하는 육친은 기대치에 미치지 못한다.

수기(水氣)가 태과할 때는 토기(土氣)는 없는 것이 좋으며 오로지 갑목(甲木)과 인목(寅木)이 있는 것이 좋다. 겁재(癸水)에 의해서 신강할 때는 제수(制水)의 효과는 없다고 봐도 된다. 혹, 군겁쟁재(群劫爭財)가 발생할 염려가 있으므로 오로지 갑목(甲木)과 인목(寅木)의 설기가 제일 좋은 방법이다.

이때 을목(乙木)은 설기하는 힘이 미약하고 묘목(卯木) 또한 설기하는 힘이 인목(寅木)에 미치지 못하지만, 목국(木局)을 이루므로 나쁘지는 않으나 생재(生財)가 부족하므로 답답하다.

임수(壬水)는 설기를 당해도 많이 허약해지지 않는다. 또한 무토(戊土)나 병화(丙火)를 만나도 좀처럼 약해지지 않으며 갑목(甲木)과는 특별히 좋은 관계라 할 수는 없는 무난한 관계지만, 수기(水氣)가 왕성할 때 설기하는 작용이 뛰어나다. 임수(壬水)는 갑목(甲木)을 좋아하지만, 갑목(甲木)은 임수(壬水)를 그다지 좋아하지 않는다. 퉁퉁 불은 통나무로 만들기 때문이다.

을목(乙木)은 설기도 못 하고 수왕(水旺)하면 부목(浮木)이 되어 뿌리가 썩으므로, 모친인 임수(壬水)는 일생 자식 걱정을 하며 살게 된다. 또한 을목(乙木) 자식은 부목(浮木)으로 유랑 인생이 되어 가출하거나 고향을 떠나게 된다.

임수(壬水)와 병화(丙火)는 좋은 관계이다. 이때 갑목(甲木)이 있어야 더욱 좋은 관계가 되는데, 갑목(甲木)이 없다면 을목(乙木)이라도 있어야 관계가 좋은 관계를 유지하게 되는데, 목기(木氣)가 없다면 무토(戊土)가 있어야 양호한 관계를 유지하게 된다.

임수(壬水)가 왕성하면 무토(戊土)를 극(剋)할 수 있고, 무토(戊土)가 왕성하면 임수(壬水)를 제수(制水)할 수 있다. 그러나 기토(己土)는 임수(壬水)를 제수(制水)하기 어렵고, 임수(壬水)가 왕성하면 강물에 휩쓸려 간다. 그러므로 어떤 경우라도 기토(己土)와 임수(壬水)는 서로 격(隔)하고 있어야 한다.

근접(近接)하고 있는 기토(己土)와 임수(壬水)는 원진살(怨嗔殺)과 같아서 서로를 원망하고 미워하는 마음이 잠재되어 있다. 그러므로 기토(己土)는 임수(壬水)를 만나 성공하지 못했다는 원망을 하게 되고, 임수(壬水)는 남편 구실도 못하는 기토(己土)라며 능멸(凌蔑)하게 된다.

남명의 경우 기토(己土) 자식을 두들겨 패는 일도 많으며, 기토(己土) 자식이 성장한 후에는 어릴 때 학대받았던 기억에 불효자가 되는 일이 많다.

한마디로 임수(壬水)와 기토(己土) 관계는 서로가 꺼리는 관계이다. 정화(丁火)와 계수(癸水), 병화(丙火)와 계수(癸水), 을목(乙木)과 신금(辛金), 신금(辛金)과 기토(己土), 신금(辛金)과 계수(癸水), 경금(庚金)과 계수(癸水)의 관계처럼 꺼리는 관계는 육친의 피해로 나타난다. 그러므로 어쩔 수 없이 만나더라도 격(隔)하고 있어야 한다.

임수(壬水)는 경금(庚金)을 설기하고 경금(庚金)은 임수(壬水)를 생조하는 금수쌍청(金水雙淸)의 관계로, 특히 경금(庚金)은 자신의 꿈을 이루어 주는 임수(壬水)라 생각하고 사랑한다. 임수(壬水) 입장에서는 자신이 원하는 모든 것을 이루어 주는 경금(庚金)이라 생각한다. 또한 임수(壬水) 강물에 밝은 달이 떠 있는 것과 같은 풍치가 아름다우니 미남미녀이지만, 고독한 단점이 있다.

신금(辛金)은 임수(壬水)를 잘 생조하지는 못하지만, 정화(丁火)와 무토(戊土)의 관계처럼, 허약한 신금(辛金)을 강하게 하고, 강한 신금(辛金)을 설기하므로 신금(辛金)은 자신의 생명처럼 임수(壬水)를 사랑한다.

정화일간(丁火日干)에 근접한 무토(戊土)가 있으면 세상 부러울 것이 없는 것처럼, 신금(辛金) 또한 근접(近接)한 임수(壬水)가 있으면 세상 부러울 것이 없다는 식이다. 그러므로 모친의 지나친 간섭과 임수(壬水)에게 거는 기대가 너무 큰 모친으로, 오히려 마마보이가 되어 우둔해져 문제가 되기도 한다.

신강신약을 떠나서 경금(庚金)과 신금(辛金)은 임수(壬水)를 매우 사랑하지만, 계수(癸水)는 남의 자식 취급하며 또는 따돌리기도 한다.

경금(庚金)과 신금(辛金)이 신강하면 계수(癸水)를 해롭게 하지만 임수(壬水)에게는 관대하므로 주제파악 못하는 임수(壬水)가 될 수도 있다.

임수(壬水)의 임무는 필요용수가 되는 것으로 목기(木氣)를 성장시켜야 하고, 그 목기(木氣)를 통해서 임수(壬水)의 공이 드러난다. 목기(木氣)는 화기(火氣) 없이는 성장하지 못하므로 화기(火氣)가 유력해야 임수(壬水)의 가치가 높아지고 미남미녀가 되며 만인이 임수(壬水)에게 모여들게 된다.

임수(壬水)와 근접(近接)한 임수(壬水)가 있으면 물과 물은 서로 같은 물이므로 화합력(化合力)이 강하다. 그러나 임수(壬水)가 근접(近接)해 있는 것보다 계수(癸水)가 있을 때 화합력은 더 극대화하므로 더 강한 힘을 발휘한다. 음양(陰陽)이 다른 수기(水氣)이므로 화합력이 극대화(極大化)되는 것이다.

갑목(甲木)이 희신으로 임수(壬水)에 근접(近接)하고 있으면, 수중류영(水中柳影)으로서 성실성이 풍부하고 자신의 장점을 잘 발휘하며, 병화(丙火)

가 있으면 더욱 좋은 명식으로 능히 발복하고 성공한다.

을목(乙木)이 희신으로 임수(壬水)에 근접하고 있으면, 출수홍련(出水紅蓮)이라 하여 자신의 능력 이상으로 재능을 인정받아 남의 도움으로 성공하기도 하지만, 반드시 지지화기(地支火氣)라도 있어야 하는데, 유력한 병화(丙火)가 있으면 더욱 좋다.

병화(丙火)가 희신으로 임수(壬水)에 근접하고 있으면, 강휘상영(江暉相映)으로 재물운이 강하고 일확천금(一攫千金)의 기회를 잡을 수도 있으나 갑목(甲木)이나 을목(乙木)이 있으면 더욱 좋으며 인목(寅木)이나 묘목(卯木) 중에 한 글자가 있어야 하는데 인목(寅木)이 더욱 좋다.

```
年 月 日 時
壬 壬 壬 己   坤命
寅 子 辰 酉   신강의설(身强宜洩)
辛 庚 己 戊 丁 丙 乙
亥 戌 酉 申 未 午 巳
```

자월임수(子月壬水)가 양인격(羊刃格)으로 비겁(比劫)이 과다하다. 일지는 자진합(子辰合)과 유진합(酉辰合)으로 양다리를 걸쳤으며, 제수(制水)하지 못하는 기토(己土)는 탁수(濁水)를 만들고 있다. 3개의 임수(壬水)가 범람(氾濫)하므로 만물에 해를 끼치게 된다.

당주는 괴강일주(魁罡日柱)의 특징대로 몇 번을 재혼해도 만족하는 남자를 만날 수 없으며 자식하고 사는 팔자로 득자이별을 형성시켰다.

연간임수(年干壬水)는 문창성(文昌星)에 좌(坐)하고 설기용신이므로 총명하고 재물복을 갖춘 언니이지만, 월간 임수(壬水)와 당주는 수시로 수국(水局)을 이루어 재성(財星)을 파극하고, 토류(土流)시키며 고사목(涸死木)을 만들고 있다.

그것도 부족하여 유진합(酉辰合)을 하며 식상(食傷)을 극(剋)하고 관성(官星)을 설기하여 죽음으로 몰아가고 있으며, 3개의 임수(壬水)가 불러온 정화(丁火)에 음란지합(淫亂之合)을 이루고 재물에 모든 마음이 가 있다. 사주가 이렇게 형성되면 전형적인 유흥업 화류계 팔자가 된다.

당주는 남편이 무능하다는 핑계로 다방 마담으로 일하면서, 오는 손님들에게 동서지간이 되었으니 부부 이별은 당연하다.

인생 후반에 형옥살(刑獄殺)로 갇혀 보는 몸이 되어 구속되는 일이 발생할 수도 있는데, 그것은 재물과 남자들로 인해서이다. 사주에서 수기(水氣)가 많으면 호색하게 되는데, 남자를 믿고 의지할 마음이 없으며 이용의 대상으로 삼으려 하고 능멸(凌蔑)하는 기운이 숨겨져 있다.

주위에 사람이 많지만, 마음 터놓고 말할 상대가 없는 외롭고 고독한 명식으로 성적 왜곡현상으로 나타난다. 이런 경우 나이 먹고 무속인으로 전향하는 사람도 많다.

年 月 日 時
庚 丁 壬 乙　坤命
戌 丑 寅 巳　신약용인(身弱用印)
丙 乙 甲 癸 壬 辛 庚 己
子 亥 戌 酉 申 未 午 巳

축월임수(丑月壬水)가 사시(巳時)를 만나 반갑지만, 신약하므로 경금(庚金)을 의지하게 되는데, 정화(丁火)에 가로막혀 있으므로 관인상생(官印相生)이 되지 않는다. 축월(丑月)은 임수(壬水)의 쇠지(衰地)로 점점 허약해져 가므로 접속생(接續生)을 이루는 경금(庚金)이나 신금(辛金)이 임수(壬水)에 근접하고 있어야 길하다.

입태월 무진(戊辰)과 시주을사(時柱乙巳)가 공망이고, 극신약에 몸이 쇠약하여 자식 생산이 어려워서 딸은 낳을 수 있지만, 아들은 낳기 어렵다.

혹은, 시주공망(時柱空亡)으로 무자식이 될 수도 있지만, 인중갑목(寅中甲木)이 있으므로 자식이 있기는 하지만, 갑목(甲木)을 대표해서 을목(乙木)

이 투출하였으나 공망이 되었고, 술토(戌土)에 입묘(入墓)하므로 당주의 사주에서는 무자식일 가능성이 더욱 크다. 그러나 남편 인연으로는 자식이 틀림없이 있게 된다.

당주는 갑술대운(甲戌大運)에 갑경충(甲庚沖)과 술토(戌土)는 일간을 극하고 축술형(丑戌刑)에 입태월 무진(戊辰)과 충(沖)이 되므로 혼파살(婚破殺)이 되어 결혼을 못 했다.

계유대운(癸酉大運)이 되어서야 금국(金局)을 이루고 안정을 이루므로, 38세 정해년(丁亥年) 일지록근(日支祿根)에 정임합(丁壬合)을 하므로 결혼하게 되었으나, 이미 예정된 대로 딸이 하나 있는 결혼 실패한 남자와 결혼하게 되었다.

年 月 日 時
甲 丙 壬 辛 乾命
子 寅 戌 丑 신강의설재(身强宜洩財)
丁 戊 己 庚 辛 壬 癸 甲
卯 辰 巳 午 未 申 酉 戌

인월임수(寅月壬水)가 신약하지 않고, 갑목(甲木)과 병화(丙火)가 월지에서 투출하므로 진신득용(眞身得用)이다. 인월(寅月)의 한랭기(寒冷氣)를 제거하고, 세상을 밝고 화평하게 하는 용신이므로 매우 길한 명식이다.

일간에 해(害)를 주는 글자가 없고 모두가 유력하므로 참으로 아름다운 명식인 것이다. 이 사주는 거부명식(巨富命式)에도 해당한다. 무엇 하나 부족함 없이 구조배합이 형성되었기 때문이다.

갑자(甲子) 병인(丙寅)으로 수생목(水生木) 목생화(木生火)하였고, 일지술토(日支戌土)가 관고(官庫)를 겸한 재고귀인(財庫貴人)으로 화국(火局)의 재물을 만들었고, 술중(戌中)의 신금(辛金) 모친은 신축(辛丑)으로 와서 관인상생(官印相生)을 이룬다.

일지술토(日支戌土)와 축토(丑土)에서 신금(辛金) 모친이 투출하였고 부친의 육신인 병인(丙寅)과 모친의 육신인 신축(辛丑)이 천합지암합(天合支暗合)을 하므로, 부모의 사이 또한 매우 좋은 형국으로 일간을 생조하므로 조상과 부모 그리고 자식과 손자녀까지 부귀를 이룬다.

당주는 의사, 사업가, 학자, 정치인, 법조인 등 어느 자리에 있어도 가족의 행복을 책임지고 대민봉사를 하며 일생을 멋지게 살아갈 수 있는 상류층이지만, 그렇다고 완전무결할 수는 없다.

임술백호(壬戌白虎) 일주가 자축공망(子丑空亡)으로 갑목(甲木)과 신금(辛金)이 공망이므로 복록이 깎인다. 그렇다 할지라도 월주는 제강본부로 최고로 중요하다고 해도 틀린 말은 아니다.

또한, 문창귀인(文昌貴人)과 재고귀인(財庫貴人)이 희신 작용을 하므로 사람됨이 총명하고 학예방면에 재능이 뛰어나며 기억력, 추리력, 창의력 등에 천부적인 재능을 소유하고 있는 팔방미인으로 어느 길로 가도 좋으나, 시지(時支) 천의성(天醫星)으로 의업관련 일이 제일 길하다.

보석처럼 영롱한 신금(辛金) 모친의 천의성(天醫星)의 젖을 먹고 성장하였기 때문이다. 당주의 부친은 많은 공부를 한 사람으로 관료 출신이며, 조모의 덕 또한 대길하고 조모가 명당 터에 있다고 판단하게 된다.

자식은 술중무토(戌中戊土)와 축중기토(丑中己土)이다. 그러므로 한 자식 가슴에 무덤 쓸 것을 상징하고 처성과 모친 또한 백호살(白虎殺)의 혈광사(血光死)에 노출되어 있다.

무진대운(戊辰大運) 모친이 사망했고, 기사대운(己巳大運) 을미년(乙未年), 처가 사망했다. 그리고 아들이 군인장교였으나 신미대운(辛未大運)에 폭발물 사고로 혈광사(血光死)하였다.

당주는 의학박사로 교수였으며 구제중생 활인(活人)으로 수많은 사람에게 새로운 생명을 주었고, 자신의 재물을 털어 수많은 사람을 병마에서 구원했으며, 참된 자연인으로 아름다운 삶을 살았다.

年 月 日 時
戊 乙 壬 丙   坤命
寅 卯 戌 午   종세격(從勢格)
甲 癸 壬 辛 庚 己 戊
寅 丑 子 亥 戌 酉 申

묘월임수(卯月壬水)가 화국(火局)과 묘술합(卯戌合)을 이루고, 인수(印綬)가 없으므로 왕희순세(旺喜順勢)를 따르는 명식으로 병화(丙火)가 용신이다. 비록 종격(從格)으로 구성되었지만, 을묘(乙卯)가 화국(火局)의 중간에 끼여 적군 아닌 적군이 되었으며 사주의 순일한 기운을 방해하는 작용을 하므로 문제가 있다.

병화(丙火)가 통관신으로 화해시키는 용신이므로, 당주는 해결사 팔자로 어디 가서든 꼭 필요한 사람으로 윗사람의 고민과 아랫사람의 고민을 풀어 주는 상담사이며 보건 복지, 활인업, 의업 등을 하라고 명(命)받고 온 사람이다.

무토(戊土)가 일지에서 투출하므로 남편이며 을목(乙木) 자식과는 묘술합(卯戌合)을 하므로 꼭 만나야 하는 자식이지만, 묘신작용(墓神作用)에 묘술합(卯戌合)으로 사망하거나 잘못되는 자식이 있을 것을 상징한다.

식재관(食財官)이 문호(門戶)를 세우고 있으므로 길하고, 남편과의 사이도 대단히 좋지만, 불 끄는 대운이므로 우울하다. 자식인 을목(乙木)이 밝고 화려하게 꽃 피우는 운이 중요한데, 눈비 오는 겨울로 가면 피웠던 꽃이 시들기 때문이다.

술토(戌土)는 재물창고의 희신이므로 돈 많은 귀부인이 될 수도 있지만, 대운이 흉하므로 평인일 뿐이다.

갑인대운(甲寅大運)은 귀공녀로 호의호식하며 지냈으나, 19세 계축대운(癸丑大運)은 먹장 같은 눈비가 내리고 목기(木氣)의 꽃밭이 고사목(涸死木)이 되는 운기이다.

비운에 결혼하는 것은 좋지는 않으나 인생사 내 마음대로 되는 것은 아니다. 무토(戊土) 남편의 육신인 무인(戊寅)과 계축대운(癸丑大運)이 천합지암합(天合支暗合)을 하므로 결혼하고 자식을 낳았다. 그러나 비운에 결혼하는 것은 불길함을 상징한다.

임자대운(壬子大運)은 병오양인(丙午羊刃)과 천충지충(天沖支沖)의 운으로 흉하다. 이런 경우 화재사건으로 하루아침에 길거리로 나앉을 수 있는 흉운이다.

인오술(寅午戌)과 묘술합(卯戌合)을 하는 중심세력인 시주 병오양인(丙午羊刃)이, 임자양인(壬子羊刃) 대운을 만나 천충지충(天沖支沖) 수화상전(水火相戰)을 하므로 사주 전체가 동(動)하고 예상치 못한 흉함이 오게 된다.

자식의 육신인 묘목(卯木) 또한 자묘상형살(子卯相刑殺)이 되었고, 을목(乙木) 자식이 자수대운(子水大運)에 병지(病地)를 만난 것이므로 병(病)든 것을 상징하는데, 35세 임자년(壬子年) 자식이 뇌성마비 장애인이 되었다.

年 月 日 時
庚 庚 壬 己   乾命
寅 辰 申 酉   신강의설(身强宜洩)
辛 壬 癸 甲 乙 丙 丁
巳 午 未 申 酉 戌 亥

진월임수(辰月壬水)가 신강하다. 일지신금(日支申金)에서 2개의 경금(庚金)이 투출하여 기신이 되었으므로 효신살과 편인(偏印)의 흉함이 나타나게 된다.

또한, 일간에 근접한 기토(己土)가 탁수(濁水)를 만드는 기신으로 인수(印綬)를 생조하여 탁기를 가중하므로 직업이 하천하고 자식 덕이 불미하다.

금다수탁(金多水濁)으로 탁기를 가중하지만, 설기분담(洩氣分擔)하는 수기(水氣)가 없으므로 우둔하게 되고 친구 형제의 덕이 없게 된다. 또한 수시로 금국(金局)을 만들어 용신을 극하고, 수국(水局)을 만들어 재난풍파

(災難風波)를 만드는 격이므로 답답하기만 하다. 이처럼 용신을 도식(倒食)하는 사주는 재물이 부족하고 직업이 하천(下賤)하며 결혼하기도 어렵다.

그러므로 건설현장 일용직이며, 혹은 차 운전이나 철도관련 일을 하기도 한다. 학령기 운인 신사대운(辛巳大運)은 인사신삼형(寅巳申三刑)이 동(動)하고 사신합(巳申合)과 사유합(巳酉合)이 되므로 공부하지 못하고 흘러가 버리는 운이다.

아버지는 청소부였는데, 새벽 도로청소 중 도주차량에 치여 흉액사를 당했다. 인중병화(寅中丙火)인 처는 병약하여 단명하거나 가출하는 격에 해당한다. 또한 인수(印綬)가 무서워서 들어오지 않으니, 부모 형제를 떠나서 오로지 자수성가하고 고아처럼 살아야 그나마 행복하다.

인목(寅木)의 남편인 경금(庚金)이 둘이니 결혼 실패한 여성으로, 인중(寅中)에 무토(戊土)가 있으므로 아들이 있는 여성과 인연이 될 수 있지만, 한국여자는 눈이 높아서 만나기는 어려울 것이다.

그러므로 인도, 태국, 베트남 여성으로 국제결혼도 할 수 있지만, 외국여자 데려올 돈이 없으니 결혼하지 못하고, 갑신대운(甲申大運)이 위험한 대운인데, 45세 갑술년(甲戌年) 사망했다. 당주는 결혼하지 못했고 건설현장의 일용직으로 알코올 중독자였다.

年 月 日 時
乙 辛 壬 庚　乾命
酉 巳 寅 戌　신강의설재(身强宜洩財)
庚 己 戊 丁 丙 乙 甲
辰 卯 寅 丑 子 亥 戌

사월임수(巳月壬水)가 사유합금(巳酉合金)에 경금(庚金)과 신금(辛金)이 혼잡투출(混雜透出)하여 편인격(偏印格) 신강으로, 인중병화(寅中丙火)가 용신이며 을목(乙木)이 희신이다.

술중무토(戌中戊土)를 용신으로 볼 수도 있으나 인수(印綬)만 왕성하게 하므로 도움 되지 않는다. 사월(巳月)에 술토(戌土)는 조토(燥土)이고 수기(水氣)의 흐름을 막으니 신약하다고 볼 수도 있지만, 신금(辛金)은 술토(戌土)에서 투출하고 인수(印綬)를 강화하므로 신약하지 않다.

경진대운(庚辰大運)은 조모님이 사망하는 운이다. 을목(乙木)의 육신은 유금(酉金)이고 경진대운(庚辰大運)과 천합지합(天合地合)을 하므로 을경합(乙庚合)으로 끌려가 사망하는 것이다.

당주는 인수과다(印綬過多)이므로 공부를 잘할 수 없으며 오히려 우둔해진다. 인수(印綬)를 설기흡수(洩氣吸收)할 수 있어야 능동적(能動的)이 되는데, 설기분담(洩氣分擔)하는 비겁(比劫)이 없으므로 금다수탁(金多水濁)의 형상으로 마마보이가 되어 우둔해지는데, 또는 자폐아(自閉兒)가 되기도 한다.

을해대운(乙亥大運)은 해인합(亥寅合)에 을목(乙木)의 뿌리가 되므로 을경합(乙庚合)은 동하기만 할 뿐이다. 또한 해수(亥水)는 임수(壬水)의 록근(祿根)으로 설기분담(洩氣分擔)을 하고 해사충(亥巳沖)으로 사유합(巳酉合)을 풀게 하며, 해인합(亥寅合)이 동하므로 당주는 돈을 벌기 위한 활발한 움직임으로 나타난다. 오히려 길운인 것이다.

합(合)으로 묶여 자신의 역할을 상실하고 있을 때 충(沖)으로 합(合)을 풀면 묶여 있던 천간이 자신의 본분을 찾게 되므로 길운이 되는 것이다.

```
年 月 日 時
庚 壬 壬 庚   坤命
子 午 申 戌   신강의극(身强宜剋)
辛 庚 己 戊 丁 丙 乙
巳 辰 卯 寅 丑 子 亥
```

오월임수(午月壬水)가 신강으로 만인의 필요 용수(用水)가 되어야 하지만, 그물을 써 주는 사람이 없으니 답답할 뿐이다. 일지신금(日支申金)에서 2개의 경금(庚金)과 2개의 임수(壬水)가 투출되어 기신이 되므로, 부부 해로가 어렵고 재물이 모이지 않으며 모친과 형제 자식 덕이 불미하다. 이 경우 부모 형제를 떠나서 타향에서 고아처럼 살아야 그나마 길하다.

반드시 있어야 할 식상(食傷)이 없는 급신이지(及身而止)로, 자식을 상징하는 목기(木氣)가 암장간에도 없으니 무자식으로 보이지만, 오중정화(午中丁火)와 정임합목(丁壬合木)으로 한 자식이 있고, 술중정화(戌中丁火)와 합목(合木)하여 한 자식이 있으나, 씨가 다른 자식으로 자식 신상에 문제가 있다.

우둔하거나 자폐 성향이 있는 자식으로 근심 걱정을 하며 살아야 하는 사주인데, 당주의 마음이 항상 식상(食傷) 자궁으로 향하기 때문에 문제가 될 수 있다.

기묘대운(己卯大運) 색정살(色情殺)이 동하여 결혼하고 큰 문제없이 사는 듯했으나, 무인대운(戊寅大運) 초에 외정하는 남자를 만났다.

37세 병자년(丙子年) 남편에게도 임수(壬水)라는 외정여자가 생기게 되었다. 그러므로 부부 서로 간부(姦夫) 간녀(姦女)를 숨겨 두고 있었다.

인목대운(寅木大運)은 충중봉합(沖中逢合)으로 반드시 좋아야 하지만, 인신충(寅申沖)이 발생하므로 자오충(子午沖)을 풀지 못한다. 그러므로 오중정화(午中丁火) 재물을 놓고 쟁탈전(爭奪戰)이 발생하는데, 39세 무인년(戊寅年) 부부 이별하고, 재산분할은 이루어지지 않았으며, 외정 남자인 술중무토(戌中戊土) 연하 남자에게 재혼하게 되었다.

그러나 시주공망(時柱空亡)으로 없는 남편이 되어야 하므로 스쳐 가는 남자는 될 수 있지만, 선인연의 남자와는 불인연이다. 다만 인연법을 적용하여 자오충(子午沖)을 풀게 하는 무술생(戊戌生)을 만나거나 을미생(乙未生)을 만나면 부부 해로할 수 있다.

年 月 日 時
辛 乙 壬 乙   乾命
丑 未 子 巳   신약용인(身弱用印)

甲癸壬辛庚己戊
午巳辰卯寅丑子

　　미월임수(未月壬水)가 년월주 천충지충(天沖支沖)으로 부모 조상의 환경이 좋지 않은 것을 상징하는데, 조부와 조모가 싸움을 하고, 모친과 조모가 싸우는 형태이다. 그러므로 신금(辛金) 모친은 일간을 생조하지 못하고, 을목(乙木) 조모는 재물을 생조하지 못한다. 또한 신금(辛金)은 임수(壬水)와 격(隔)하고 있으므로 토설생수(土洩生水)가 이루어지지 않으며, 축미충(丑未沖)의 싸움에 신금(辛金)을 돌보지 않으니 외로운 어머니로 문제가 있는 친정이다.
　　당주는 임자양인(壬子羊刃)으로 윗사람의 덕이 없으니 자수성가 팔자로 고독하고 외로운 팔자가 된다. 그런가 하면 자미원진(子未怨嗔)에 축미충(丑未沖)의 기토(己土)는 당주와 기토탁임(己土濁壬)으로 서로가 미워하는 형상으로 음덕(蔭德)을 기대하기 어렵다.
　　사중병화(巳中丙火)는 처이고 사중무토(巳中戊土)는 자식으로 당주와는 양호한 관계이다. 그러므로 두 자식 중에 아들은 좋은 관계이지만, 기토(己土) 딸은 걱정을 끼치는 자식이다.

　　임진대운(壬辰大運) 27세 정묘년(丁卯年) 결혼하고 평길했으며 신묘대운(辛卯大運) 또한 평길했다. 신금(辛金)이 토설생수(土洩生水)하고 묘미합(卯未合)으로 축미충(丑未沖)을 풀게 하므로 길하지만, 자묘상형살(子卯相刑殺)이 되므로 부부간에 불화가 있으며 직업변동, 수술 수, 식중독, 이비인후과 관련 질환이 생기고 모친과 사별하는 운이다.
　　43세 계미년(癸未年) 모친 사망하게 되었다. 이런 운기에 여자 잘못 만나 바람피우면 요즘에는 에이즈가 위험하다.
　　경인대운(庚寅大運)은 무난한 운기이지만, 그러나 인사형살(寅巳刑殺)에 일간을 더욱 신약하게 하므로 좋다고 할 수 없는 운으로 부친이 사망하는 운인데, 45세 을유년(乙酉年) 부친 사망했다. 55세 기축대운(己丑大運) 을 미년(乙未年)이나 57세 정유년(丁酉年)에는 딸자식 무덤을 쓰게 될 것이다.

年 月 日 時
丁 戊 壬 戊   坤命
亥 申 申 申   종강격(從强格)
己 庚 辛 壬 癸 甲 乙 丙
酉 戌 亥 子 丑 寅 卯 辰

신월임수(申月壬水)가 통근처가 없는 재관(財官)으로 종강격(從强格)을 형성하게 되는데, 그러므로 조토운(燥土運)이나 목화운(木火運)은 좋을 바 없으며 습토운(濕土運)과 금수운(金水運)이 길하다. 그런데 인수천간(印綬天干)이 없고 정화(丁火)와 무토(戊土)의 탁기가 심하므로 하격사주가 된다.

비겁(比劫)을 제수(制水)하는 2개의 무토(戊土)가 있다고 하지만 뿌리 없이 극허약하고, 인수(印綬)에 설기당하는 극무력한 관성(官星)이다.

암장간 포함 5개의 임수(壬水)에 쟁재(爭財)당하는 정화(丁火)이고, 일지와 같은 신금(申金)이 셋이며, 2개의 무토(戊土)가 남편을 자처하고 있으므로 부부 해로할 수 없으며 부부 풍파를 당하며 살아가는 운명이다.

급신이지(及身而止)로 무자식 팔자에도 해당하며, 언변에 두서가 없고 우둔한 편이지만, 인수(印綬)를 설기하는 해수(亥水)가 있으므로 일머리를 아는 사람이지만, 인덕이 없으므로 어려움에 처했을 때 도움 주는 사람을 못 만난다.

그러므로 남편 덕은 애초에 없으며 오히려 남편을 부양해야 하는 삶으로 일생 전문 기술직으로 직장 생활을 해야 한다. 남편이 고란살(孤鸞殺)로 왔으니 부부 해로하기가 어렵다. 몇 번을 재혼한다고 해도 양호한 남자와는 인연되지 않는다.

남편이 무능하거나 불구가 되기 쉽고, 건강한 남자일지라도 당주를 만나고 몇 개월이 지나면 허약한 남자로 변한다.

신해대운(辛亥大運) 35세 임술년(壬戌年) 부친 사망했다. 다음 해인 임자대운(壬子大運) 37세 계해년(癸亥年) 남편과 사별하게 되었다. 그 후 결혼을 못 하고 자폐증이 심한 아들과 함께 모친을 모시고 살고 있다.

이 사주에 자식이 있는 것은 세 개의 신금(申金)이 인목(寅木)을 도충(倒沖)해 오고 해중갑목(亥中甲木)이 있기 때문이다. 당주는 초교 교사로 지냈다.

年 月 日 時
戌 辛 壬 庚　坤命
戌 酉 子 子　신강의극(身强宜剋)
庚 己 戊 丁 丙 乙 甲
申 未 午 巳 辰 卯 寅

유월임수(酉月壬水)에 인수(印綬)가 혼잡(混雜)하며 금수(金水)가 태왕하다. 무토(戊土)가 술토(戌土)에 좌(坐)하므로 능히 용신이 될 자격이 있다. 그러나 신금(辛金)을 생조하며 두 개의 자중계수(子中癸水)에 암합(暗合)을 하고 있으며 탐생망극(貪生忘剋)이 되었다.

일간은 쌍칼 양인으로 무토(戊土)가 양인합살(羊刃合殺)이 된 것은 좋지만, 부성입묘(夫星入墓)에 암합기반(暗合羈絆)과 같아서 무능한 남편이다. 또한 남편의 정(情)은 타 여자에게 향하고 있으므로 못 믿을 남편이다.

천간은 무토(戊土) 신금(辛金) 임수(壬水)로 배합되어 살인상생(殺印相生)을 하고, 지지에서는 술토(戌土), 유금(酉金), 자수(子水)로 구성되어 상생(相生)하므로 분명히 좋아야 하지만, 신강하다고 좋은 것이 아니다.

사주의 모든 기운이 수기(水氣)로 모여 흘러가지 못하니 급신이지(及身而止)가 한스럽게 되었으며, 관살(官殺)은 탐생망극(貪生忘剋)으로 형성되어 무용지물(無用之物)과 같은 용신이 되니, 인생길의 장애가 산 너머 산이다.

임수(壬水)는 수화상조(水火相照)를 이루고 목기(木氣)를 성장시키는 삶의 기쁨을 얻어야 하지만, 성장시켜야 할 자식이 없으니 꿈이 없는 인생과 같아서 외화내빈(外華內貧)이다. 그러나 두 개의 자수(子水)가 오화(午火)를 도충(倒沖)하여 재물이 되었고 오술합(午戌合)으로 조후를 시켜 주니 불행 중 다행이다.

당주는 초운인 경신대운(庚申大運), 행복한 가정에서 부족함 없이 공부도 잘하면서 성장했으나 기미대운(己未大運) 초에 급전직하로 부친의 사업이 패재하였고, 대학 시절 여러 남자와 만나고 헤어지는 과정을 겪었다.

무오대운(戊午大運) 29세 병인년(丙寅年) 결혼을 했으나 33세 경오년(庚午年) 불러온 오화(午火)가 전실(塡實)이 되고, 두 개의 오화(午火)와 세 개의 자수(子水)가 수화상전(水火相戰)을 하므로 결국 헤어지게 되었고 무자식이었다.

그 후 화류계에 투신했고 정사대운(丁巳大運)에 정임합(丁壬合)과 사유합(巳酉合)으로 무자생(戊子生) 일본인의 한국의 현지처로 살아가는 고독한 여인이다.

年 月 日 時
戊 壬 壬 丁　坤命
子 戌 辰 未　신약용인(身弱用印)
辛 庚 己 戊 丁 丙 乙
酉 申 未 午 巳 辰 卯

술월임수(戌月壬水)가 신약으로 임진괴강(壬辰魁罡) 일주가 진술충(辰戌沖)에 과부살이 되었고, 자식궁이 기신으로 칠살(七殺)을 가중하므로 자식 덕과 부모 덕이 없는 팔자이다.

무토(戊土)는 진토(辰土)에서 투출하였고, 무토(戊土)의 육신인 자수(子水)는 당주의 육신인 진토(辰土)와 자진합(子辰合)을 하므로 나의 남편이 확실하지만, 월간임수(月干壬水)는 정화(丁火) 재물과 무토(戊土)가 자기 것이라 우기는 기신으로 남편의 후처이다.

당주는 정화(丁火) 재물과 무토(戊土)를 내 것으로 만들기 위해 치열한 경쟁심이 발생하는데, 비록 신약사주에서 비견(比肩)은 합력성분이라 하지만, 이 사주에서는 분리적으로 탈재(奪財)가 발생하고 남편 또한 탈관(奪官)을 당한다.

만혼이 길한 사주로 신체적 결함이 있거나 결혼 실패한 남자를 만나면 액운을 소멸하고 가는데, 그것 역시 내 마음대로 할 수 없는 일이므로 어찌할 수 없다.

술토(戌土)는 남편의 묘궁(墓宮)이고, 진토(辰土)는 일간의 묘궁(墓宮)이며, 미토(未土)는 자식의 묘궁(墓宮)으로 무자식이 될까 두렵고, 혹 자식을 낳는다 해도 한 자식 가슴에 무덤 쓰고 부친 또한 선망한다.

시주공망(時柱空亡)으로 정화(丁火)가 공망이고 탈재(奪財)를 당하므로 믿음을 주고 배신을 당하며, 돈이 깨진 독에 물 붓기로 모이지 않으며, 몇 번을 재혼을 해도 양호한 남자와는 인연되기 어렵다.

일지 수기창고(水氣倉庫)가 충돌하므로 혈액이상 질병이나 유방암 자궁암 위암에 노출되어 알 수 없는 질병이 발생하는데, 무속인에 해당하는 사주이다.

당주는 초운인 경신대운(庚申大運) 수국(水局)을 이루므로 풍족하고 여유로운 생활을 했으며 결혼하고 행복을 누렸지만, 기미대운(己未大運)이 들어오고 자궁염(子宮炎)을 수술하다 수술이 잘못되었고, 결국에는 종합적인 질병으로 변하여 35세 임술년(壬戌年) 사망하게 되었다.

年 月 日 時
癸 癸 壬 戊 乾命
未 亥 子 申 종왕격(從旺格)
壬 辛 庚 己 戊 丁 丙
戌 酉 申 未 午 巳 辰

해월임수(亥月壬水)가 수기(水氣)가 태왕하다. 무토(戊土)가 비겁(比劫)을 제압하는 용신이 되어야 하지만, 신금(申金)을 생조하며 두 개의 계수(癸水)에 암합(暗合)을 하고 탐합망극(貪合忘剋)으로 용신이 될 자격을 상실했다.

그러므로 종왕격(從旺格)이 형성되고 사주의 마음이 설기를 원하므로 목운(木運)이 길하며 무토(戊土)를 설기하는 서방운도 길하다. 태왕한 글자는 그 성질에 반해서 강제로 극(剋)해서는 안 되며 순리에 의한 설기가 무엇보다 길하다. 그러므로 용신이 될 듯하면서도 되지 못하는 경우가 많다.

이처럼 관성(官星)이 사주의 탁기로 작용하며, 왕신(旺神)인 수기(水氣)를 자극하므로 신의(信義)와 믿음이 없고 우둔(愚鈍)하며 모든 일을 힘으로 처리하고자 하며 관살(官殺)을 능멸한다.

고집 또한 강하며 인품이 졸렬하고, 화나면 물불을 가리지 않으며 상대를 꼭 이겨야만 직성이 풀린다. 옳은 것을 틀렸다고 하고, 틀린 것을 옳다 하며 하는 일에 두서가 없으며 겁이 없고 법질서를 무시하며 거리낌이 없다.

임술대운(壬戌大運)은 왕신(旺神)을 거역하므로 부모가 모두 사망하였고, 신유(辛酉) 경신대운(庚申大運)에는 토기(土氣)를 설기하고 수기(水氣)를 생조하므로 비록 요행을 바라는 행동을 했어도 흉한 일은 발생하지 않고 평길했다.

기미대운(己未大運)으로 바뀌고 정사(丁巳), 무오(戊午), 기미년(己未年)을 만나면서 수화상전(水火相戰)에 토수상전(土水相戰)이 벌어져 왕신대노(旺神大怒) 현상으로 화재가 발생하였고 한 가정의 다섯 식구가 모두 불에 타서 죽었다.

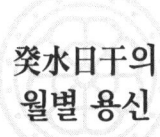

癸水日干의 월별 용신

계수(癸水)는 잉태한 새로운 생명을 음양(陰陽)으로 분별한다는 뜻이 있다. 즉, 만물의 모체는 수기(水氣)에 해당한다. 인간 또한 어머니의 자궁(子宮) 속 양막(羊膜)에서 액체인 양수(羊水)의 보호를 받아 성장하여 출산의 과정을 겪는 것처럼, 갑목(甲木) 또한 수기(水氣)의 보호를 받아 출생한다. 그러므로 계수(癸水)는 갑목(甲木)이 있어야 활동력과 삶의 희망이 충실해지게 된다.

계수(癸水)를 상징하는 자수(子水)에서, 종결(終結)과 시작을 나타내는 동지(冬至)가 들어 있으며, 계수(癸水)는 음중음(陰中陰)의 종점(終點)임과 아울러, 일양시생(一陽始生)의 양기(陽氣)의 출발점으로 수기(水氣)를 상징하는 겨울이며, 인체에서는 신장·방광으로 지혜를 상징한다.

수기(水氣)는 만물의 시초이고 근원신(根源神)으로 생명체의 근본 원소이다. 또한 우주를 창조한 본체로써 물질의 세 가지 형태로 기체(氣體) 액체(液體) 고체(固體)로 변한다. 따라서 생명의 시원(始原)인 종자(種子), 정자(精子), 난자(卵子), 원자(原子), 분자(分子), 전자(電子) 등이 수기(水氣)에 해당하는 자(子)를 사용하는 것은 이것을 의미한다.

계수(癸水)는 음수(陰水)이고 약수(弱水)로서, 하늘에서는 우로수(雨露水)를 상징하며, 땅에서는 졸졸 흐르는 시냇물이나 샘물과 같은 생수(生水)와 활수(活水), 원천(源泉)과 윤하수(潤下水)로서 사람이 먹고 마시는 생명수이다.

계수(癸水)는 십천간(十天干)의 마지막으로 생사(生死)가 교차하는 시기이다. 그러므로 죽음, 눈물, 어둠, 등을 상징하면서도 동시에 새로운 꿈과 목적이 발생한다. 이것은 동지(冬至)에서 일양시생(一陽始生)하기 때문이다. 그러므로 무엇인가 자신의 목적을 이루기 위해서 끊임없이 변화시키려고 한다.

특히, 자기는 하늘에서 내려온 것이라 여기며 높은 이상(理想)과 꿈을 간직하여 허무맹랑한 꿈속을 헤매는 사람이 많고, 항상 자기가 최고라는 착각 속에 사는 사람이 많다. 그러므로 주제파악을 못하기도 하며 황당무계한 짓을 잘하고 상식 이하의 행동이나 형이상(形而上)의 생각 속에 몰두하기도 한다.

수기성분(水氣成分) 자체가 변신이 자유로운 성분으로 구속(拘束)과 속박(束縛)당하는 것을 싫어하고 개방적이며, 즉흥적인 논리와 사상(思想)을 겸비하고 있으며 어떠한 환경에서도 자신을 변화시키는 능력이 탁월하다.

땅속으로 스며들거나 하늘에 올라가 구름이 되기도 하며, 계곡의 시원한 물이 되거나 우물물, 생명수와 같은 흐르는 물이므로 자연계의 꼭 필요한 존재로 자비심(慈悲心)과 냉정함을 겸비하고 외면은 인자하지만, 속으로는 일도양단(一刀兩斷)하는 냉정함을 지닌 사람이 많고, 혼자 독(毒)한 척하면서도 그 내면은 여린 마음이 함께한다.

대체로 계산력이 빠르며 자신을 위해서는 수단과 방법을 가리지 않고 목적을 달성하려고 한다. 또한 자존심이 강해서 남의 말을 듣지 않고 실행하여 낭패를 보는 일이 많다.

계수(癸水)는 겉으로는 따스한 듯하면서도 속으로는 냉정한 개인적인 성격이 강해서 이성교제에 문제가 따르기도 하는데, 이것은 왕성한 호기심에 의한 변화무쌍한 성질이 현실과 맞지 않는 괴리감(乖離感)이 있기 때문이다.

계수(癸水)는 갑목(甲木)으로 환원(還元)되기를 기다리는 시기와 같아서 인내력이 강한 사람이 많고, 음중음(陰中陰)으로 연약하면서도 타인의 도움을 받지 않으려는 자존심도 강하다.

수기(水氣)를 현무(玄武)라 하며 그 본성 파악이 쉽지 않은데, 10천간의 마지막인 계수(癸水)는 자연계 삼라만상을 여행한 격으로 백과사전과 같은 지식의 소유자가 많고, 음중음(陰中陰)이므로 소녀와 같은 감성과 노인네와 같은 해박한 지식을 소유하여 지모(智謀)가 뛰어나고 아이디어가 특출하다.

준법정신이 좋으며 임기응변에 능한 타입으로 변화에 민감하고, 상황 대처능력이 뛰어난 편이지만 자기 꾀에 자기가 당하는 일이 많다. 그러므로 계수일간(癸水日干)은 지도자가 되기보다는 참모나 보좌 역할이 더 잘 어울린다.

계수(癸水)는 상대방의 심리 파악을 잘함은 물론 마음 씀씀이도 자상한 편이지만, 자신의 실천력이 부족하거나 남의 어려운 일을 보면 말로는 잘하지만 큰 도움을 주지 못하는 단점도 있다.

특히, 어느 곳에서나 활용되는 물처럼 자유자재로 변신하고 적응할 수 있는 능력은 뛰어나지만, 변덕스럽거나 지조가 없는 사람도 많으며 색정(色情)과 분위기에 약한 단점이 있다.

또한, 비밀스럽게 감추고 있는 것들이 많은 편에 해당하고 자신을 잘 드러내지 않으며 그 마음속에 무엇을 생각하고 있는지 도무지 알 수 없는, 속모를 사람이 많은 편에 해당한다.

계수(癸水)는 기본적으로 졸졸 흐르는 물과 같아서 행동에 생기가 있고 활달하여 상대방의 상황에 따라 변신이 자유롭지만, 참견해야 할 일과 그렇지 않은 일을 구별하지 못하고 이익 없는 일에 참견을 하여 손해를 보는 일이 많다.

계수(癸水)는 수기(水氣)의 특징처럼 고정적으로 머물지 못하고 유동적인 변신을 좋아하므로, 도화성분(桃花成分)에 역마성분(驛馬成分)이 추가되어 역마도화(驛馬桃花)로 작용하며, 활달한 성품으로 신선한 변화를 좋아한다. 이때 화기(火氣)가 유력하면 많은 변화를 상징하지만, 음기(陰氣)가 왕성하면 활동력이 제한적이고 무력해진다.

대체로 사고방식이 개방적이지만, 무엇이든지 그 원인을 이치적으로 추리하는 탐구심이 있으므로 신기술 분야에 관심이 많으며, 항상 생각이 많은 사람으로 활동력이 있고 유통이 되는 분야에서는 일에 대한 흥미를 느끼지만, 목기(木氣)가 없는 급신이지(及身而止)라면 우울하고 게으른 사람이 되기도 한다.

계수(癸水)는 호기심이 많은 성품이므로 한곳에 안주하는 직업이나 사무실 등에서는 답답함을 느끼므로 능력을 발휘하기 어렵다. 이것은 수기(水氣)의 성질이 유통(流通)하기를 원하므로 자유를 지향하는 성격으로 구속(拘束)되어 살아가는 것에는 많은 스트레스가 발생한다.

그러므로 주부로서의 삶에는 만족하지 못하며 사회생활에 참여하고 싶어 한다. 그러나 전진하는 의욕은 강하지만 시작보다 끝마무리가 부족하고 처음 계획했던 일이 변질하거나 기회주의적인 성향으로 변하는 일이 많다.

대체로 다른 사람들과 동조를 잘하며 타협에도 능하여 대립하지 않는 성품으로 원만하지만, 한번 틀어지면 겨울철의 얼음처럼 차갑거나 냉정해지고, 의심이 많아서 남을 못 믿거나 포용력이 떨어지는 경향이 있다.

수기성분(水氣成分)은 밀착(密着)하는 힘과 응집력(凝集力)이 강하여 잘 뭉치는 통일성이 있지만 반대로 너무 진드기같이 달라붙어 괴롭히거나 한쪽으로 쉽게 치우치는 편향함이 내재한다.

계수(癸水)는 인성(印星)의 생조(生助) 받기가 어려우므로, 반드시 해수(亥水)나 자수(子水) 중 한 글자가 있어야 자신의 능력을 발휘할 수 있다. 그런데 금기(金氣)는 왕성하지만, 설기분담(洩氣分擔)하는 비겁(比劫)이 없으면 금다수탁(金多水濁)으로 우둔하게 변하여 어리석게 된다.

화기(火氣)가 과다하면 임수(壬水)와 달리 계수(癸水)는 빠르게 증발하므로 흉하다. 또한 토기(土氣)가 과다해도 구속받는 것을 싫어하는 계수(癸水)는 많은 스트레스로 작용하여 정신계 문제로 나타나는데, 차라리 이때는 왕희순세(旺喜順勢)를 따르는 것이 좋다.
 또한, 금다수탁(金多水濁)을 매우 싫어하므로 종왕격(從旺格)은 될지언정 종강격(從强格)은 흉하여 만사불성(萬事不成)이 되는 일이 많다.

 계수(癸水)는 경신금(庚辛金)으로부터 미운털이 박힌 자식처럼 귀염 받지 못하므로 모친에 대한 원망하는 마음이 잠재된 경우가 많은데, 이것은 모친 뿐만이 아니라 윗사람에 대해서도 좋은 감정을 지닐 수가 없다.
 오로지 아랫사람들을 좋아하는 성품으로 화초나 애완견을 좋아하는 특징이 강하며 경금정인(庚金正印)은 싫어하지만, 신금편인(辛金偏印)을 좋아하는데, 월지에 따른 오행 구성에 따라 많은 변화가 나타난다. 가령, 목화기(木火氣)가 왕성하면 경금(庚金)을 좋아하지만, 수기(水氣)가 적당하면 경금(庚金)보다는 신금(辛金)을 좋아한다.
 계수(癸水)는 인수(印綬)가 많다고 해서 신강한 것이 아니라 오로지 비겁(比劫)으로 신강신약이 결정된다. 계수(癸水)는 금기(金氣)로부터 생조받는 힘이 미약하므로 금기(金氣)가 왕성하고 설기분담(洩氣分擔)하는 비겁(比劫)이 없으면 금다수탁(金多水濁)으로 오히려 탁해진다.
 이때는 금운(金運)이 비운에 해당하는 일이 많으며, 화기(火氣)가 제금(制金)해 주기를 원하고 진토(辰土)에 통근함을 좋아한다.

 목기(木氣)가 과다하여 신약하면 목기(木氣)를 제어하며 계수(癸水)를 생조하는 경금(庚金)이 있기를 요구하고, 일간 외의 또 다른 계수(癸水)를 좋아한다.
 병화(丙火)에 의해서 신약할 때는 임수(壬水)가 도움이 되지만 계수(癸水)의 도움이 가장 좋다. 이때 계수(癸水)가 없고 기토(己土)에 의해서 신약할 때는 갑목(甲木)이나 을목(乙木)으로 기토(己土)를 제어하고 경금(庚金)이나 신금(辛金)의 토설생수(土洩生水)가 있어야 한다.
 수기(水氣)가 과다하여 신강할 때는 사주가 한랭해지고, 이때 을목(乙木)

은 고사목(枯死木)이 되는 일이 많은데 을목(乙木)은 자식이고 자궁이다. 그러므로 유산되는 일이 많고 자궁이 약하며 신경쇠약으로 질병이 될 수 있지만, 갑목(甲木)이라면 을목(乙木)보다는 더욱 안심이 된다.

이때 임수(壬水)와 함께 있다면 계수(癸水)가 강해지는 것이 아니라 임수(壬水)가 강해진다. 계수(癸水)가 중첩할 때는 한랭사주로 변하며 매사장애가 발생하는 일이 많으나 여름으로 화기(火氣)가 유력하면 형제, 동료의 덕이 크다.

계수(癸水)는 병화(丙火) 태양을 가리는 작용이므로 결과적으로 병화(丙火)의 나타남을 가리는 작용이 된다. 그러므로 병화(丙火)는 계수(癸水)를 싫어하지만, 계수(癸水)는 병화(丙火)를 좋아한다.

이때 처성인 병화(丙火)는 계수(癸水)로 인해서 고통을 당하고 장애와 구설을 만드는 남편을 만난 것이 된다. 그러므로 계수(癸水)로부터 해방되기를 원하지만, 계수(癸水) 남편은 처를 놓아 주지 않고 집착한다.

그러므로 처성인 병화(丙火)는 신경쇠약에 고생하게 되는데, 병화(丙火)와 계수(癸水)는 항상 격(隔)하고 있어야 한다.

정화(丁火)를 만난 계수(癸水)는 서로 간에 정이 없는 관계로, 계수(癸水)의 집착에 질려 하는 정화(丁火)이므로 서로 간에 정(情)이 발생하지 않는다.

이때 정화(丁火)가 허약하면 북풍한설(北風寒雪)에 꺼지는 불이 되고 신경쇠약으로 많은 고생을 할 수 있으며, 심장병이나 심근경색으로 말 한마디 못하고 흉사(凶死)하는 일도 있다.

계수(癸水)와 기토(己土)는 무해 무덕한 관계이다. 기토(己土)는 계수(癸水)로 인해서 생명을 얻고 전원옥답이 될 수 있으며, 계수(癸水)의 자식인 목기가 기토(己土)에서 성장하므로 서로에게 원망하는 마음이 없다. 그러나 계수(癸水)는 속박과 구속을 매우 싫어하므로 기토(己土)를 별로 좋아하지 않는다.

무토(戊土)는 얻는 것도 없으며 합(合)이라는 이유로 계수(癸水)를 사사건건 간섭하고 구속하므로 무토(戊土)로 인해서 숨 막히는 세월을 살게 되고 자유를 찾아 떠나고자 한다.

계수(癸水) 자체가 항상 신세계를 동경하고 호기심이 많아서 황당한 행동을 하는 일이 많은데, 나이 차이가 크게 나는 남자와 결혼을 하거나, 또는 딸같이 어린 여자와 결혼하는 일도 있다.

근접(近接)한 무계합(戊癸合)은 불미하므로 반드시 갑목(甲木)이 있어야 한다. 또는 신금(辛金)의 토설생수(土洩生水)가 있어서 무토(戊土)의 탐재망신(貪財亡身)을 설기해 주는 것이 좋다.

계수(癸水)는 경금(庚金)을 녹슬게 하므로, 경금(庚金) 모친으로서는 계수(癸水) 자식으로 인해서 망신을 당하고 게으른 모친이 되기 쉽다. 또한 경금(庚金)모친의 간섭이 집착으로 변하여 계수(癸水)를 사사건건 간섭하고, 숨 막히는 고통이 되거나 또는 계수(癸水) 자식을 완전히 포기해 버리기도 한다.

임수(壬水)를 유달리 좋아하는 신금(辛金)은 계수(癸水)를 별로 좋아하지 않는다. 그러나 계수(癸水)는 신금(辛金)을 매우 좋아하지만, 신금(辛金) 모친은 계수(癸水)로 인해서 망신을 당하는 일이 많다.

계수(癸水)는 자수(子水)의 대표성분이고 신금(辛金)은 유금(酉金)의 대표성분으로 서로 만나면 파살(破殺)과 귀문살(鬼門殺)이 되는데, 신금(辛金) 모친이 계수(癸水) 자식에게 파살(破殺)을 당하고, 그로 인해서 정신계 문제인 귀문관살(鬼門關殺)이 발생하게 된다.

계수(癸水)와 임수(壬水)는 서로 돕는 관계로 합력성분(合力成分)이 매우 강하며 임수(壬水)는 더욱 강해진다. 계수(癸水)가 신약할 때는 임수(壬水)의 덕을 크게 보지만, 신강하면 피해도 크다.

계수(癸水)와 계수(癸水)가 만나면 사주가 급격히 한랭해지지만, 목화(木火)가 유력하면 한랭피해는 발생하지 않으며, 목기과다(木氣過多)로 설기가 심하거나 화기왕성(火氣旺盛)할 때는 큰 도움을 얻게 되고 형제 동료의 덕이 크다.

그러나 조토과다(燥土過多)로 쇠약할 때는 계수(癸水)가 와도 큰 도움이 되지 않으며 사묘고충(四墓庫沖)이 발생하면 탁수(濁水)가 흘러내리므로 매우 흉하다. 계수(癸水)는 청정수일 때 가장 인기가 좋다.

병화(丙火)가 희신으로 작용하며 갑목(甲木)의 수설생화(水洩生火)가 있으면 일생 풍족한 생활을 하며, 학자와 같은 마음으로 많은 사람에게 유익함을 준다.

기토(己土)가 희신으로 계수(癸水)에 근접하고 있으며 병화(丙火)가 있으면, 관청이나 대기업 등 직장 생활에서 크게 성공할 수 있으며, 이때 갑목(甲木)이 있으면 더욱 좋으나 계수(癸水)가 신약하지 않아야 한다.

그러나 기토(己土)가 기신으로 근접하고 있으면 직업변동과 구설수가 많으며 큰 성공은 이루기 어렵고, 여명은 남편으로 인해서 고생을 하며, 남명은 속 썩이는 자식으로 인해서 편안하기 어렵다.

```
年 月 日 時
己 甲 癸 壬    乾命
酉 子 酉 子    윤하격(潤下格)
癸 壬 辛 庚 己 戊 丁
亥 戌 酉 申 未 午 巳
```

자월계수(子月癸水)의 모든 오행이 금수기(金水氣)로 이루어져 윤하격(潤下格)을 이룬다. 사주의 탁기인 기토(己土)를 합거하므로 길하다.

윤하격(潤下格)이 성격되기 위해서는 수국(水局)을 이루고 화국(火局)을 도충(倒沖)하여 조후를 성격시키거나, 해해(亥亥)가 사화(巳火)를 도충(倒沖)하거나, 자자(子子)가 오화(午火)를 도충(倒沖)하거나, 수방(水方)이나 수국(水局)을 이루고 탁기(濁氣)가 없으며 금수쌍청(金水雙淸)을 이루어야 귀격이 된다.

그런데 이 사주는 도충(倒沖)하는 기운이 없으므로 조후를 성격시키지 못한다. 그러므로 종격(從格)에서도 하격(下格)이 된다.

윤하격(潤下格)은 목기(木氣)가 있어서 수기(水氣)를 설기한다면, 지혜가 인(仁)으로 변하여 인의(仁義)를 아는 사람으로 길하지만, 유통되지 못하는 수기(水氣)는 난폭자로 변하여 성격적 편협함이 나타난다.

특히, 2개의 자유파(子酉破) 귀문관살(鬼門關殺)을 이루므로 정신계 문제가 발생한다. 성격적인 편고함이나 건강상의 문제로 발현되는 일이 많은데, 귀문살(鬼門殺)과 함께 신경선이 부목(浮木)되므로 폭 잡기 어려운 성질로 집착(執着)과 과대망상(誇大妄想) 등이 나타나게 된다.

당주는 신유대운(辛酉大運) 32세 경진년(庚辰年) 결혼했으나, 33세부터 들어오는 유금대운(酉金大運)에 3개의 유금(酉金)이 자형(自刑)을 하며 묘목(卯木)을 불러온 것은 좋지만, 자묘상형살(子卯相刑殺)에 자유파살(子酉破殺)과 귀문살(鬼門殺)을 발동시키므로 심한 정신계 문제와 바람기가 발생하여, 36세 갑신년(甲申年) 부부 이별 도장을 찍었다.

두 딸을 낳고, 아들을 못 낳는다는 갖은 구박에 심한 우울증과 좌절감 속에 이 사람은 아니라는 판단에 처는 손들게 되었다. 나중에 이 자식들이 업보를 받게 되어 한 자식이 사망하게 된다.

```
年 月 日 時
壬 辛 癸 癸   乾命
午 丑 酉 亥   신강의재(身强宜財)
壬 癸 甲 乙 丙 丁 戊
寅 卯 辰 巳 午 未 申
```

축월계수(丑月癸水)가 수기(水氣)가 과다한 군겁쟁재(群劫爭財)를 하므로 부친 단명에 가난하고 세상천지 믿을 사람이 없는 격이다. 특히 시주(時柱)가 쟁재(爭財)를 하는 기신이므로 말년 패재를 상징하며 일지효신살(日支

梟神殺)이 동하여 공방살(空房殺)이 되므로 부부 해로가 쉽지 않다.

수기(水氣)를 유통하는 목기(木氣)가 없는 급신이지(及身而止)로 불길한 운명이 되어 간다. 행운이 길한 듯하지만, 명식이 불미하므로 큰 발복은 이루어지지 않는다. 더구나 일지효신살(日支梟神殺)에서 천간이 투출해서 기신이 되었고, 일시주(日時柱) 공망으로 꿈과 희망이 없는 하층민 구조의 사주인데, 다만 대운이 길하여 천만다행이다.

겨울에 태어난 계유일주(癸酉日柱)는 축토(丑土)가 급각살(急脚殺)이다. 이 경우 어릴 적 불구가 되거나 살아가면서 대세운에 불구가 될 수도 있는데, 계묘대운(癸卯大運)은 태왕비겁(太旺比劫)을 설기하므로 분명 좋아야 하지만, 묘목(卯木)은 습목(濕木)으로 수설생화(水洩生火)가 미약하다. 더구나 오묘파살(午卯破殺)에 묘유충(卯酉沖)이 발생하므로 수설생화(水洩生火)를 하지 못한다.

당주는 24세 을사년(乙巳年) 묘유충(卯酉沖)을 보호하는 해수(亥水)가 충(沖)으로 깨어지니 교통사고로 다리를 절단하고 불구가 되었다.

묘유충(卯酉沖)에 유축합(酉丑合)이 풀리고 해사충(亥巳沖)까지 발생하므로, 신금(辛金) 현침살(懸針殺)이 을목(乙木)을 파극하게 된다. 이 사주의 신금(辛金)은 급각살(急脚殺)과 일지 효신살(梟神殺)에서 투출한 현침살(懸針殺)로 흉신악살이다.

年 月 日 時
辛 庚 癸 癸　坤命
巳 寅 卯 丑　신강의재(身强宜財)
辛 壬 癸 甲 乙 丙 丁
卯 辰 巳 午 未 申 酉

인월계수(寅月癸水)가 사축(巳丑)에 통근한 경신(庚辛)과 축토(丑土)에 통근한 2개의 계수(癸水)가 있으므로 신강하다. 인월(寅月)은 잔여추위가 많고 허박(虛薄)한 토기(土氣)로 산정붕괴(山頂崩壞)의 위험이 크므로 병화(丙

火) 태양이 화창하고 목설생토(木洩生土)를 해야 한다.

그러므로 사중병화(巳中丙火)가 용신이지만, 신금(辛金)에 명암합(明暗合) 되었고, 축중신금(丑中辛金)과 경금(庚金)이 또 있으므로 탐합기반(貪合羈絆)에 자신의 임무를 망각(忘却)한 것과 같다. 또한 사중경금(巳中庚金)과 사축합(巳丑合)에 두 개의 계수(癸水)가 투출되었고, 또 다른 계수(癸水)가 암장되어 있으므로 부친의 작첩으로 이복형제가 있음을 상징한다.

신금(辛金) 모친은 당주가 태어난 후 산후질병으로 신묘대운(辛卯大運) 6세 병술년(丙戌年) 사망하였고, 당주는 외조모 집에서 성장하게 되었다. 부친은 자식이 있는 여자에게 장가를 들었고 또 자식을 낳았다. 그래서 이복형제가 있다.

축중기토(丑中己土)는 남편이지만, 시간계수(時干癸水)의 남편이고, 백호살(白虎殺)에 입묘신(入墓神)으로 부부 헤어지거나 사별할 것을 상징한다.

계사대운(癸巳大運) 3개의 계수(癸水)가 무토(戊土)를 불러오니 결혼했으나, 사화대운(巳火大運) 신해년(辛亥年) 남편이 흉사했다.

후부는 사중무토(巳中戊土)이고 갑오대운(甲午大運) 재혼하고 편안한 삶을 살다가 미토대운(未土大運)에 또 한 차례 풍파를 겪게 되는데, 50대 초반에 사망 수가 강하다.

본남편은 사중무토(巳中戊土)이고 후부는 축중기토(丑中己土)일 듯하지만, 명식에 남편을 대표하는 오행이 우선이므로 축중기토(丑中己土)가 본남편이고, 사중무토(巳中戊土)는 후부이다. 나와 가까운 것이 먼저이고, 투출된 오행이 먼저이다.

```
年 月 日 時
丙 辛 癸 壬   乾命
子 卯 丑 子   식신용식신격(食神用食神格)
壬 癸 甲 乙 丙 丁 戊
辰 巳 午 未 申 酉 戌
```

자월계수(子月癸水)가 일지 백호살(白虎殺)을 자축합(子丑合)으로 묶은 것은 길하지만, 용신이 되어야 할 병화(丙火)가 탐합(貪合)으로 쓰러져 재물이 빈약하고 부친과 처덕이 부족하다.

수기(水氣)를 설기하는 묘목(卯木) 용신이 천을귀인 문창성으로 길한 듯 하지만, 수목응결(水木凝結) 고사목(涸死木)에 공망으로 흉하게 되었으나, 입태월 임오(壬午)가 있어서 천만다행이다.

임진(壬辰) 계사대운(癸巳大運)은 용신의 희신운으로 사축합(巳丑合)의 정(情)이 있고, 묘목(卯木)이 성장하는 운으로 반길반흉(半吉半凶)의 운으로, 당주는 문창성의 덕으로 교사직에 몸담게 되었으며 결혼도 했다.

갑오대운(甲午大運)은 길운이지만, 자오충(子午沖)에 합중봉충(合中逢沖)의 운으로 백호살(白虎殺)과 양인살(羊刃殺)이 살아나 교사직을 그만두게 되었으며, 부부 별거하다가 이별했다.

병화(丙火) 입장에서 보면 탐재괴인(貪財壞印)의 천합지형(天合支刑) 곤랑도화(滾浪桃花)이고, 관살(官殺)이 혼잡하므로 후처 명에 하천한 남자 인연이다.

을미대운(乙未大運)은 을신칠살(乙辛七殺)에 병신합(丙辛合)이 풀리고 축미충(丑未沖)에 관재구설, 손재의 운으로 만사불성의 운이다.

병신대운(丙申大運)은 그래도 안정을 찾지만 이어지는 정유대운(丁酉大運) 55세 경오년(庚午年) 자오묘유(子午卯酉) 왕지충(旺地沖)에 밥 수저를 놓았다.

```
年 月 日 時
辛 壬 癸 壬    乾命
巳 辰 巳 子    겁재겁탈격(劫財劫奪格)
辛 庚 己 戊 丁 丙 乙
卯 寅 丑 子 亥 戌 酉
```

진월계수(辰月癸水)가 신왕사주로 당주의 재능을 살려 움직이게 하는 인생 무대가 없으므로 뜻을 크게 세우지만 장애가 발생하고, 부부화합에는 태산이 가로막고 있어서 부부간의 정이 없다. 그러나 직업을 잘 선택한다면 사회적 성취도는 길한 바 있어서 경찰, 교도관, 군인, 정보 관련 직업이 매우 길하다.

신금(辛金) 모친은 수다금침(水多金沈)에 사신동주(死神同柱)로 모친선망이다. 월간임수(月干壬水) 형제는 묘신동주(墓神同柱)로 일찍 단명하는 형제이다.

또한, 임자양인(壬子羊刃)을 만나는 사중병화(巳中丙火) 부친은 막내 자식을 낳은 후 단명할 부친이다.

년지 사중병화(巳中丙火)는 첫 여자이고, 무토(戊土)는 첫 여자의 자식이며, 일지 사중병화(巳中丙火)는 두 번째 여자이고, 사중무토(巳中戊土)는 두 번째 여자의 자식이다.

결론은 두 번 결혼하게 되는데, 일지와 같은 사화(巳火)가 또 있고 사중무토(巳中戊土) 2개는 일주와 명암합(明暗合)을 하므로 두 여자와 두 자식에게 인연이 있게 되었고 무토(戊土) 자식들이 벌어오는 돈으로 생계를 유지하게 되었다.

당주의 처는 쟁재(爭財)를 당하므로 부부 이별하게 되는데, 또는 결혼 실패한 여자나 화류계 여자가 처가 되는 일도 많다. 비겁과다(比劫過多)한 사주는 이복형제가 있을 때가 많은데, 당주도 이복형제가 있다.

모친을 일찍 사별하고 부친이 사중경금(巳中庚金) 후모를 만나 시주(時柱) 임자양인(壬子羊刃)을 신자진(申子辰)으로 낳았다. 당주는 부친의 유전인자로 부친의 인생행로를 따라가게 된다.

그러므로 부친도 두 번 결혼했고 당주도 두 번 결혼했으나, 다행히 일지 사중무토(巳中戊土) 자식이 당주를 부양하므로 그나마 다행이다.

年 月 日 時
丁 乙 癸 乙   坤命
亥 巳 卯 卯   종아생재격(從兒生財格)
丙 丁 戊 己 庚 辛 壬
午 未 申 酉 戌 亥 子

사월계수(巳月癸水)가 해사충(亥巳沖)에 일간의 통근처가 깨어졌다. 그러므로 의지처가 없는 계수(癸水)는 왕희순세(旺喜順勢)를 좇아 을목(乙木)에 종(從)하는 종아격(從兒格)으로 종아불론(從兒不論) 신강약에 해당한다.

사중무토(巳中戊土) 남편은 해사충(亥巳沖)에 깨어진 남편으로 살아가면서 한 번은 패재를 당하며, 유산을 경험하고 한 자식은 불구가 될 가능성이 있다.

기유대운(己酉大運), 사유합(巳酉合)으로 해사충(亥巳沖)을 풀었다고 하지만, 묘유충(卯酉沖)이 되므로 사유합(巳酉合)은 성립하지 않으며 묘유충(卯酉沖)과 해사충(亥巳沖)이 발동한다.

그러므로 돈줄이 막히고 돈이 깨어져 나가며 직업변동이 되고, 교통액과 부부 불화하고, 돈을 벌어도 사막에 물 붓기이며 부친 사별하게 된다. 또한 신병신액(神病神厄)으로 작용하여 몸에 질병이 발생하고 칼 대는 수술수의 암시도 있다.

당주는 유금대운(酉金大運) 위장병으로 큰 고통을 당했고, 남편의 직장 이동으로 주말부부가 되어 무사히 넘기게 되었는데 자칫 부부 이별하는 운이다.

경술대운(庚戌大運)은 시주을묘(時柱乙卯)와 천합지합(天合地合)으로 묘술합화(卯戌合火)에 경을합목(庚乙合木)에 주택매매로 큰 이익을 보게 되었다.

그러나 다 좋은 것만은 아니다. 해사충(亥巳沖)을 묘목(卯木)이 해묘합(亥卯合)으로 설기하여 완화시키는 중에 묘술합(卯戌合)으로 해사충(亥巳沖)이 발동한다. 그러므로 남편 신상 이변수와 자식이 사망할 수도 있는 운이다.

경술대운(庚戌大運) 49세 을해년(乙亥年) 모친과 남편이 사망했다. 소아마비 불구아들이 결혼을 못 하고 당주와 살고 있으며, 초운인 남방운이 길하여 충분히 공부할 수 있었고 그 덕으로 초교 교사를 지냈다.

```
年 月 日 時
戊 戊 癸 戊    坤命
子 午 酉 午    신약용인격(身弱用印格)
丁 丙 乙 甲 癸 壬 辛
巳 辰 卯 寅 丑 子 亥
```

오월계수(午月癸水)가 신약으로 당주 자신이 쟁재(爭財)를 당하는 사주이다. 자수(子水)가 계수(癸水)의 건록(建祿)이라 하지만, 자오충(子午沖)에 쇠신왕충(衰神旺沖)으로 깨어지고, 유금(酉金)은 2개의 오화(午火)에 포위되어 극(剋)을 받으니 극무력한 유금(酉金)이다.

또한, 여름의 무토(戊土)는 계수(癸水)가 있어야 불모지(不毛地)가 되지 않으므로 계수(癸水)를 쟁재(爭財)하는 마음이 매우 강하다. 그런데 쓸모없는 남자들만 인연이 되는데도 계수(癸水)는 주제파악 못하고 많은 남자가 자기를 사랑한다고 생각하므로 자기를 모르는 여자이다.

한 여자에 두 남자가 붙어 교접(交接)하고 있는 형태이니 결혼상대로는 최하이다. 이런 여자에게는 똑같은 조건을 가진 남자들이 항상 꼬이고, 설령 결혼한다 해도 타 남자들의 유혹에 결혼생활을 유지할 수 없으며 일평생 남자들의 꼬임이 발생한다.

더구나 오월계수(午月癸水)가 필요용수로 미인이니 미인박명이 적용된다. 무오양인(戊午羊刃) 남자들이 무계합(戊癸合)으로 당주를 꼬여서 인신매매로 사창가에 팔아넘기는 일에도 해당하는데, 키워야 할 자식이 없고 남자들은 모두 흉신악살(凶神惡殺)이니 한 많은 팔자에 해당하는 것이다.

당주는 병진대운(丙辰大運) 21세 무신년(戊申年) 자오충(子午沖)을 풀고 신자진(申子辰) 삼합에 무계합(戊癸合)으로 결혼을 했으나 을묘대운(乙卯大運), 자오충(子午沖)과 묘유충(卯酉沖)이 살아나므로 31세 무오년(戊午年) 남편은 병(病)으로 죽었고, 뒤에 음란(淫亂)함이 상상을 뛰어넘었다.

을묘대운(乙卯大運)은 자오묘유(子午卯酉)의 편야도화(偏野桃花)가 발동하고 자묘형살(子卯刑殺)과 자유파(子酉破) 귀문살(鬼門殺)이 발동하므로 이때 바람나지 않는다면 정신 이상자가 된다.

年 月 日 時
戊 己 癸 壬 坤命
申 未 未 戌 신약용인(身弱用印)
戊 丁 丙 乙 甲 癸 壬
午 巳 辰 卯 寅 丑 子

미월계수(未月癸水)에 토기천간(土氣天干)이 투출하는 것은 매우 불미하다. 그런데 무기토(戊己土)가 혼잡으로 투출했으니 눈물로 얼룩진 삶을 살게 된다.

더구나 인수공망(印綬空亡)이니 천애고아와 같은 격으로, 부모 덕이 없으니 남편 덕도 없다. 무토(戊土)가 본부(本夫)이며 기토(己土)는 편부(偏夫)이지만, 10번을 재혼한다 해도 양호한 남자와는 인연이 되지 않는다.

기토(己土)는 평두살(平頭殺)로서 화개살(華蓋殺)에서 투출하므로 승려이다. 당주는 결혼 후 자식을 못 낳아 불공(佛供)을 드린다고 절간에 다니다가 전생의 남편이었던 기토(己土)를 만나 정을 통한 후 미중을목(未中乙木) 딸을 낳았다.

이런 경우 절이 아니라도 기토(己土)는 종교인으로 자기가 다니는 종교에서 사통(私通)하고 자식을 잉태하는 일이 많다. 그리고 불공드려 낳은 자식이라 말을 한다. 본 남편은 무자식이지만, 재혼 남자를 통해서만 자식을 낳을 수가 있기 때문이다.

임수(壬水)는 신금(申金)에서 투출하므로 모친의 자궁이 되는데, 미미술

(未未戌) 중의 3개의 정화(丁火)와 명암합을 하고 있다. 그러므로 모친은 돈 때문에 많은 남자를 만나서 합정하며 살아가는 모친으로 주모(酒母)였을 것이다.

또한, 많은 남자의 갈증(渴症)을 풀어 주는 물이 되는 모친이니 만인의 처이다. 예전에는 주모(酒母)였지만 요즘 시대에서는 기생이거나, 유흥업 종사자가 된다.

당주는 모친의 2번째 남자의 후처소생이고, 모친은 한 번 더 결혼하게 되었고 무오대운(戊午大運)에 무임칠살(戊壬七殺)과 오미합(午未合) 오술합(午戌合)으로 화기(火氣)에 의한 백호살 발동으로 흉사(凶死)하게 되었다.

그 후 당주는 너무 어려운 세월을 보내다가, 정사대운(丁巳大運) 23세 경오년(庚午年), 사신합(巳申合)과 오미합(午未合)에 경금(庚金)이 투출하므로 결혼하게 되었다. 병진대운(丙辰大運)은 화염조토(火炎燥土)를 가중하는 운으로 참으로 힘겨운 운이다.

을묘대운(乙卯大運) 또한 신약을 가중하는 운으로 흉하다. 그런데 38세 을유년(乙酉年) 남편이 첩(妾)을 데리고 집에 들어와 일부이녀(一夫二女)로 동거하게 되었다.

임수(壬水)는 남편의 첩이 되는데, 임수(壬水)의 육신인 술토(戌土)와 묘술합(卯戌合)을 하고 무토(戊土) 남편의 육신인 신금(申金)과 묘신암합(卯申暗合)을 이루므로 어찌할 수 없는 일이다.

갑인대운(甲寅大運), 남편 궁인 무신(戊申)과 천충지충(天沖支沖)하는 운으로 48세 을미년(乙未年), 남편은 임수(壬水)와 새살림을 차려 나가고 당주는 쓸쓸하게 지내다가, 갑인대운(甲寅大運)과 계축대운(癸丑大運)의 접목(椄木) 운인 56세 계묘년(癸卯年), 한(恨) 많은 세상 졸업장을 받았다. 그래도 승려와의 사이에서 낳은 딸이 암자 보살이 되어 제사상이라도 차려 주니 다행스러운 일이다.

年 月 日 時
癸 庚 癸 壬 坤命
未 申 亥 戌 신강의극(身强宜剋)
辛 壬 癸 甲 乙 丙 丁
酉 戌 亥 子 丑 寅 卯

신월계수(申月癸水)가 정인격(正印格)이지만 비겁과다(比劫過多) 명식으로 월지에서 임수(壬水)가 투출하여 겁탈격(劫奪格)에도 해당한다. 그러므로 겁탈(劫奪)을 막는 무토(戊土)와 경금(庚金)을 단련시키는 정화(丁火)가 꼭 필요한 사주이지만, 모두 암장(暗藏)되어 있고 투출된 글자가 없으니 하격이다.

술미(戌未)는 조토(燥土)로서 아직 잔여화기(殘餘火氣)가 남아 있으며, 미토상좌(未土上坐)의 계수(癸水)이고 술토상좌(戌土上坐)의 임수(壬水)이므로 능히 비겁(比劫)을 제압할 수 있으므로 관살(官殺)이 용신이다.

해중갑목(亥中甲木)이 있고 정화(丁火)와 무토(戊土)가 암장되어 있으므로 동남방 운으로 행한다면 의식주 걱정은 안 해도 될 사주이지만, 겁재(劫財)와 치열한 경쟁을 하는 삶이다. 깡패 기질로 남의 것도 내 것인 양 하고, 내 것은 내놓지 않는 인색한 성질이다.

술중정화(戌中丁火)와 미중정화(未中丁火)의 재물이 있다고 하지만, 임수(壬水)가 겁탈(劫奪)하므로 친구, 형제, 동료에게 사기당하고 믿은 도끼에 발등 찍혀 피눈물도 흘려 본다. 그러므로 의심증이 동하고 육친의 덕이 불미하다.

당주는 비겁과다(比劫過多)의 특징대로 일확천금을 꿈꾸며, 시기 질투가 많고 의심이 많으며, 게으르고 복권 맞는 행운을 기다리는 심리로 사기성 다단계 및 보험회사 증권 계모임 등을 하였다.

많은 남자를 만나도 길한 인연은 만나기 어려운 명식에 해당하는데, 해묘미합(亥卯未合)으로 목기(木氣)의 자식을 만드는 미중기토(未中己土)가 본부이지만, 년간계수(年干癸水)를 찾아 떠나는 남자이며, 후부 술중무토 (戌中戊土)는 결혼 실패한 남자이다.

쟁재(爭財)하는 사주에 식상(食傷)이 없는 사주로 욕심이 과다하고, 의부 (疑夫)까지 하며 남편 무시하고 극부(剋夫)하는 사주이다. 허구한 날 모여 앉아 고스톱으로 소일하며 돈이 생기면 복권 사다 긁고 앉아서, '나는 언제나 잘살까요?' '내 자식은 성공합니까?' 감 떨어지기 기다린다.

당주는 40대 을축대운(乙丑大運)의 삼형충(三刑冲)에 모든 재산 계모임에 탕진하고 부부 이별했으며, 후부(後夫)를 만나 살고 있다. 1남 1녀를 두었으나 아들은 전생인연으로 효도하는 자식이며 부를 누리지만, 딸은 불효자로 못마땅하다.

```
年 月 日 時
壬 己 癸 壬   坤命
辰 酉 未 子   종왕격(從旺格)
戊 丁 丙 乙 甲 癸 壬
申 未 午 巳 辰 卯 寅
```

유월계수(酉月癸水)가 비겁과다(比劫過多) 명식으로 유진합금(酉辰合金)에 기토(己土)는 유금(酉金)을 생조하고, 미토(未土) 또한 유금(酉金)을 생할 뿐 왕성한 수기(水氣)를 제어할 능력을 상실했다. 그러므로 유중신금(酉中辛金)이 토수(土水)의 통관용신이 된다.

급신이지(及身而止)에 자미원진(子未怨嗔)이고, 서로 간에 묘절신(墓絶神)이 동하며, 월주공망에 무능한 남편 인연으로 부부 해로할 수 없으며 피눈물도 흘려 보는데, 수다토류(水多土流) 당하는 남편으로 흉사(凶事)할 수도 있다.

두 개의 임수(壬水)는 시아버지와 남편의 첩을 상징하므로, 재혼하거나 후처 명이 된다. 그러므로 결혼 실패자, 신체장애인, 백두낭군 인연으로 당주가 직업을 가지고 일하면서 남편을 부양한다면 해로할 수 있지만, 남편

덕 보려다가는 부부 이별하게 된다.

정미대운(丁未大運) 27세 무오년(戊午年) 천합지합(天合地合)으로 결혼했으나, 병오대운(丙午大運) 32세 계해년(癸亥年) 군겁쟁재(群劫爭財) 수화상전(水火相戰)에 결국 도장 찍고 헤어졌다.

이때 이별하지 않았다면 남편이 수족을 절단하게 되었을 것이며, 신병신액에 많은 고생을 하게 되었을 것이다. 당주의 남편 궁이 간지(干支) 곡각평두(曲脚平頭)이며 유진합(酉辰合)에 임수(壬水)를 찾아 떠나가는 남편으로, 이미 부부 헤어질 것이 정해진 명식이다.

시주(時柱)가 식상(食傷)으로 가지 않고 겁재(劫財)가 되어 부부 해로를 못하도록 원진(怨嗔)으로 온 자식이 문제를 만드는 것이다.

당주는 목기창고에 좌(坐)하여 수공예품을 만들어 생계를 유지했으나, 34세 을축년(乙丑年) 을목(乙木)은 기토(己土)를 칠살(七殺)하고, 축미충(丑未沖)과 유축합(酉丑合) 자축합(子丑合)으로 급동(急動)하게 되는 세운으로, 재물손재 법정 출두하는 운이 되는데, 당주는 거래처 유부남과 정(情)을 통하고 돌아오다 교통사고로 외정 남자의 다리를 절단하게 되었다.

이것은 기(氣)의 동화작용(同化作用)에 의한 것으로, 꼭 남편이 아닐지라도 외정 남자는 내 사주의 남편과 같은 일이 발생하는 것으로, 수족 절단이 외정 남자에게도 나타나게 된다.

年 月 日 時
丁 庚 癸 己   乾命
亥 戌 酉 未   신약용인(身弱用印)
己 戊 丁 丙 乙 甲 癸
酉 申 未 午 巳 辰 卯

술월계수(戌月癸水)가 관인(官印)이 녹근유기(祿根有氣)하고, 일간 또한 해수(亥水)에 록근(祿根)하고 금백수청(金白水淸)하므로 길하다. 그러나 관인상생(官印相生)을 이루는 경금(庚金) 모친이 공망이며, 록근(祿根)하는 해수(亥水)가 공망이니 외화내빈(外華內貧)이 되었다.

계수일간(癸水日干)이 식상(食傷)이 없으면 목적이 없는 인생과 같아서 꿈을 상실한 것과 같은데, 활동무대가 없으니 아무리 좋은 재능을 가지고 있어도 그 재능을 펼치는 무대가 없는 것이므로 허무한 인생이 되는 일이 많다.

기토대운(己土大運) 6세 임진년(壬辰年) 아버지와 사별했으나 당주는 충분히 공부도 하고 평안했으나 정미대운(丁未大運)부터는 고난풍파 속으로 들어간다.

정화(丁火) 처는 해중임수(亥中壬水)에 명암합(明暗合)되어 있으며 공망이므로 부부 인연이 변한다는 암시력이 있게 되는데, 28세 갑인년(甲寅年) 결혼을 했으나 홍염살(紅艷殺)을 타고 온 정화(丁火) 처가 미토대운(未土大運) 바람나게 되었고, 당주는 건강이 급격히 안 좋아졌다.

병오대운(丙午大運), 오술합(午戌合)과 오미합(午未合)에 화기태왕(火氣太旺)으로 경금(庚金)을 극(剋)하고 물을 말려 버리니 40세 병인년(丙寅年) 왔던 곳으로 되돌아갔다.

경금(庚金) 모친은 술해천문(戌亥天文)으로 종교인이었고, 밤낮으로 자식 목숨 살려 달라고 빌고 또 빌었지만 야속한 신이었다.

필자의 사담이지만, 친구 목사의 처가 바람나서 가정으로 되돌려 달라고 30일 금식기도를 해도, 바람난 처의 마음을 돌리지 못했다. 운기가 하늘의 법칙성(法則性)이므로 그러하다.

年 月 日 時
壬 辛 癸 庚　　乾命
辰 亥 未 申　　종왕격(從旺格)
壬 癸 甲 乙 丙 丁 戊
子 丑 寅 卯 辰 巳 午

해월계수(亥月癸水)로, 겁재(劫財)가 세력을 잡으니 2등 인생으로 일시주 공망(日時柱空亡)이니 외화내빈(外華內貧) 인생이 되기 쉽다. 일지미토(日支未土)는 금수쌍청(金水雙淸)의 탁기일 뿐으로, 금기(金氣)를 생조하는 성분일 뿐 제방제수(堤防制水)하지 못한다. 그러므로 종왕격(從旺格)을 이루게 된다.

부친은 미중정화(未中丁火)이고, 첫 번째 처는 신금(辛金)으로 임수(壬水)를 낳았고, 경금(庚金)은 부친의 후처이며 당주의 모친이다. 왜냐면 부친 미중정화(未中丁火)는 해중임수(亥中壬水)와도 암합(暗合)을 하고, 신중임수(申中壬水)와도 암합(暗合)을 하고 있기 때문이다.

계수(癸水)가 임수(壬水)에 합류(合流)하므로 형제 동료들과는 사이가 좋다. 임수(壬水)는 이복 누님으로 돈이라면 목숨 걸고 탈재(奪財)하는 사람으로 즉흥적인 안하무인으로 바람기 또한 많다.

따라서 부친은 처덕이 없는 사람이다. 임자(壬子) 계축대운(癸丑大運)은 부모의 덕으로 평길했으며, 갑인대운(甲寅大運)은 조후하면서 왕성한 수기(水氣)를 설기하는 운으로, 당주가 가야 할 길을 정하는 운으로 독자적인 일을 찾아 개인사업을 하게 되었다.

그러나 금목상전(金木相戰)에 해인합(亥寅合)을 하므로 오로지 돈벌이에 마음이 가지만, 기대치에 미치지 못했고 을묘대운(乙卯大運), 목국(木局)으로 결혼하고 왕수(王水)를 설기하므로 좋을 듯하면서도 기대치에 미치지는 못한다.

맺음말

그동안 공부하시느라 수고 많이 하셨습니다.

"(新)사주 명리" 책은 "비부명리 중급편"의 미진한 부분을 수정한 재판(再版)입니다.

필자 나름대로는 최대한 알찬, 자연의 실상에 근접한 "(新)사주 명리"가 될 수 있도록 풀어 쓰려고 노력했지만, 그래도 부족한 부분이 많을 것으로 생각됩니다.

사주명리를 공부하기 위해서는 기초가 튼튼해야 사상누각(砂上樓閣)이 되지 않습니다. 그러므로 기초를 튼튼히 공부하실 수 있도록 구성하였으며, 각기 천간의 12개월 자연의 변화에 따른 격국용신과 용신 찾는 방법을 알 수 있도록 재구성했습니다만, 벗님들의 궁금한 것을 채워 주기에는 많이 부족할 것입니다.

현재의 천간지지의 글자가 있기 전, 자연의 실상을 글로 표현하여 10천간 12지지의 글자가 되어 현재의 사주명리가 된 것인바, 천간 지지의 모양은 자연의 형상입니다. 그런데 천변만화(千變萬化)하고 변화무쌍(變化無雙)한 자연을 글로 표현한다는 것이 범부(凡夫)밖에 못 되는 필자로서는 잘못 표현하고, 잘못 말한 것이 되지 않을까 겁이 앞섭니다. 큰 이해 있으셨으면 좋겠습니다.

사주명리를 공부하시는 벗님들께서는 책과 함께 유튜브 명리강의를 접하신다면 비부명리 초급편, 중급편, 고급편, 신살론, 일주론, 천간론 등의 동영상을 통하여 명리 공부를 하실 수 있을 것입니다.

벗님들께서 "(新)사주 명리" 책을 보시고 공부에 도움이 된다면 그 또한 필자의 업장소멸(業障消滅)이요 선행공덕(善行功德)이 될 것입니다.

모든 벗님께 감사함을 전합니다.
-벗님들 가정의 평안과 건강을 기원합니다.-

-대현(旲炫) 배상(拜上)-